Crimes Federais

Crimes Federais

DOUTRINA, JURISPRUDÊNCIA E ANÁLISE APLICADA
LEIS Nº 7.492/1986, 6.385/1976 E 11.343/2006
VOLUME 2

2024

Fausto Martin De Sanctis
Desembargador Federal do Tribunal Regional Federal da 3ª Região e escritor

ALMEDINA

CRIMES FEDERAIS
DOUTRINA, JURISPRUDÊNCIA E ANÁLISE APLICADA – VOLUME 2

AUTOR: Fausto Martin De Sanctis

DIRETOR ALMEDINA BRASIL: Rodrigo Mentz
EDITORA-CHEFE: Manuella Santos de Castro
EDITOR PLENO: Aurélio Cesar Nogueira
ASSISTENTES EDITORIAIS: Letícia Gabriella Batista e Tacila da Silva Souza

DIAGRAMAÇÃO: Almedina
DESIGN DE CAPA: FBA

ISBN: 9788584936588
Março, 2024

Dados Internacionais de Catalogação na Publicação (CIP)
(Câmara Brasileira do Livro, SP, Brasil)

Sanctis, Fausto Martin De
Crimes federais : doutrina, jurisprudência e
análise aplicada : volume 2 / Fausto Martin De
Sanctis. -- São Paulo : Almedina, 2024.

ISBN 978-85-8493-658-8

1. Crimes (Direito penal) - Leis e legislação
2. Direito penal - Brasil 3. Lavagem de dinheiro -
Leis e legislação - Brasil 4. Processo penal - Brasil
5. Sistema financeiro nacional - Leis e legislação
I. Título.

23-178287 CDU-343.1(81)

Índices para catálogo sistemático:

1. Brasil : Direito processual penal 343.1(81)
Eliane de Freitas Leite - Bibliotecária - CRB 8/8415

Este livro segue as regras do novo Acordo Ortográfico da Língua Portuguesa (1990).

EDITORA: Almedina Brasil
Rua José Maria Lisboa, 860, Conj. 131 e 132, Jardim Paulista | 01423-001 São Paulo | Brasil
www.almedina.com.br

SUMÁRIO

PARTE 5

Dos Crimes Contra o Sistema Financeiro Nacional

LEI Nº 7.492, DE 16.06.1986

1. Noções introdutórias

Críticos da Lei nº 7.492/1986:

a) Manoel Pedro Pimentel (a lei diante dos "seus evidentes defeitos e notórias imprecisões, não trará o resultado esperado, na luta contra os crimes do colarinho branco");[1]
b) Agapito Machado (o Brasil vem empobrecendo com a prática dos crimes de colarinho branco; seus autores terminam sem qualquer penalidade);[2]
c) Ela Wiecko V. de Castilho (ressalta a ineficiência da lei diante do poder conferido a certos grupos de definir os crimes que devam ser coibidos e diante da desarticulação das instâncias formais do poder tendentes à repressão desses tipos);[3]
d) Rodolfo Tigre Maia (regulação jurídica defeituosa, as forças da ordem desempenham uma função repressiva insuficiente e mesmo condescendente).[4]

Em vigor mesmo após a Constituição Federal de 1988: (STJ, RHC nº 60/RJ, Rel. Min. José Cândido de Carvalho Filho, 6ª T., *vu, DJ* 04.08.1989; CC nº 5.845/SP, Rel. Min. Anselmo Santiago, 3ª S, *vu*, 17.11.1994).

[1] *Crimes contra o sistema financeiro. Direito penal dos negócios.* São Paulo: Associação dos Advogados de São Paulo, 1990, p. 84.

[2] *Crimes do colarinho branco e contrabando/descaminho.* São Paulo: Malheiros, 1988, p. 82.

[3] *O controle penal nos crimes contra o sistema financeiro nacional.* Belo Horizonte: Del Rey, 1998, p. 136 e 286.

[4] *Dos crimes contra o sistema financeiro nacional: anotações à lei federal nº 7.492/86.* São Paulo Malheiros, 1996, p. 11.

2. Objeto jurídico

Proteção do Sistema Financeiro Nacional (SFN): STF – "a objetividade jurídica do crime contra o sistema financeiro nacional é a credibilidade das instituições financeiras (Min. Ayres Brito, em 06.09.2012, em seu voto na AP nº 470 – Mensalão); **STJ** – a Lei nº 7.492/1986 busca a preservação das instituições públicas e privadas que compõem o sistema financeiro, de modo a viabilizar a transparência, a licitude, a boa-fé, a segurança e a veracidade, que devem reger as relações entre estas e aplicadores, poupadores, investidores, segurados e consorciados. O objeto jurídico tutelado é a garantia da solvência das instituições financeiras e a credibilidade dos agentes do sistema" (CC nº 91162/SP, Rel. Min. Arnaldo Esteves, 3ª S., *vu*, *DJ* 02.09.2009); **STJ** – "Os crimes descritos na Lei nº 7.492/86 possuem como objeto jurídico a higidez do Sistema Financeiro e não a proteção patrimonial da instituição financeira" (CC nº 155853, Rel. Min. Joel Ilan Paciornik, 3ª S., *DJe* 11.05.2018) **TRF/4** – "sem um sistema financeiro íntegro temos a diminuição da riqueza circulante ou o menor acesso ao crédito, impedindo-se o desenvolvimento do país. A objetividade jurídica, portanto, nos crimes contra o sistema financeiro, é a higidez do meio circulante, garantindo-se a integridade das riquezas do país, sua boa circulação e o acesso facilitado e igualitário ao crédito, o que importa fator de progresso econômico" (ACR nº 2001.71.07.001562-1/RS, Rel. Des. Fed. Fábio Rosa, 7ª T., *vu*, em 10.12.2002).

Luciano Feldens, tratando dos denominados crimes do "colarinho branco", salienta que uma de suas características é justamente a aparência de licitude nas ações e que "(...) essa rede altamente intrincada onde se aloja o crime do 'colarinho branco', a traduzir, não raramente, um rol de operações disfarçadas que, isoladamente consideradas, poderiam não evidenciar ilicitude alguma, mas que unidas em torno do fim a ser alcançado não deixam dúvidas quanto à prática delitiva, passa ao mais incauto cidadão comum – ou ao próprio juiz – uma ideia de legal business." Conclui afirmando que, diante do mimetismo delituoso, imperiosa se torna a sagacidade dos operadores do direito, especialmente do magistrado, na condução e desfecho da ação penal.[5]

Algumas características dos crimes de "colarinho branco" podem ser destacadas, a saber:

[5] *Tutela penal de interesses difusos e crimes do colarinho branco*. Porto Alegre: Livraria do Advogado, 2002, p. 146/147.

a) **A complexidade das condutas e a opacidade daí resultante:** pressupõe conhecimentos muito específicos. As infrações perpetradas pelas grandes sociedades e no seu próprio interesse, frequentemente de cariz financeiro ou fiscal, pressupõem o domínio de um fluxo informacional que, regra geral, não está ao alcance da generalidade dos cidadãos. Há falta de visibilidade dos comportamentos delituosos;

b) **As dificuldades sentidas pela Justiça no sancionamento destas infrações:** indispensabilidade de conhecimentos muito específicos para a descoberta e a subsequente averiguação de tais condutas. O legislador revela, muitas vezes, problemas na regulamentação de matérias mais complexas e as autoridades judiciárias sentem, também, particulares dificuldades na apreciação das mesmas. Eduardo Correia[6] menciona *as dificuldades de processo*, que se tem que vencer, "como, por exemplo, o segredo nas sociedades, os sigilos bancário e fiscal, etc.; o desenvolvimento das empresas multinacionais com sedes e filiais em vários países; a especialização de matérias; o poder econômico ou político de certos grupos financeiros; a falta ou ineficácia da entreajuda internacional, etc." A melhor forma de tornar mais eficaz o controle de tais atividades passaria por uma fiscalização a cargo das próprias estruturas profissionais;

c) **O conflito latente ao invés do patente:** o fato de o criminoso de "colarinho branco" não necessitar, em regra, recorrer à violência para executar o crime, apesar de os resultados da conduta, muitas vezes, traduzirem-se num efeito violento sobre o objeto, associado à circunstância, também frequente, de ser suficiente a mera omissão, tornam menos perceptível a existência do conflito que deveria justificar a intervenção jurídico-penal;

d) **A difusão da vitimização:** do que até aqui se mencionou sobre a complexidade das condutas delituosas e a privilegiada posição de confiança de que beneficiam os infratores, as quais possibilitam uma grande discrição no cometimento do crime, por dispensarem a violência na execução, decorreria já uma explicação para a comum inconsistência da qualidade de vítima do crime de *colarinho branco*. A propósito do papel desempenhado pelas vítimas do *corporate crime*, Edwin Sutherland[7] salientou já o fato de elas raramente estarem em posição de lutar contra o infrator. Os consumidores, para além de desorganizados, carecem das informações necessárias à tomada de uma posição. A tolerância comunitária relativamente a várias

[6] Introdução ao direito penal econômico. *Revista de Direito e Economia*, nº 3, 1977, p. 3 e ss.

[7] *White-collar crime – The uncut version*. New haven: Yale University Press, 1983, p. 237.

manifestações da criminalidade de "colarinho branco" radicará, sobretudo, como bem adverte Manuel da Costa Andrade[8], no fato de estarmos perante "comportamentos cuja proibição não assenta num consenso social generalizado e só é possível à custa da vigência de sistemas normativos socialmente heterônomos e, nessa medida, impostos";

e) **A dispersão da responsabilidade:** a racionalização do trabalho e a especialização tiveram como consequência uma divisão de tarefas em cadeia. Cada pessoa torna-se responsável apenas por uma ínfima parcela do produto ou serviço final. E as dificuldades de prova da responsabilidade inerentes à divisão de tarefas acrescem se tivermos em conta que, para além da responsabilidade moral nem sempre coincidir com a autoria material, são frequentes os casos em que se alega inexistir uma intenção criminosa, invocando-se antes o descuido, a impreparação, a falta de condições. Jean Larguier[9] enumera algumas das versões em juízo: "fui audacioso – talvez mesmo um pouco estúpido – mas não maldoso; imprudente, mas sem má intenção; temerário, mas não desonesto";

f) **Grande variedade de sanções:** nesse sentido, Wilfried Jeandidier,[10] que revela a heterogeneidade da organização da repressão;

g) **Ambiguidade na classificação das condutas**;

h) **Limitado papel desempenhado pela lei**, prevalecendo as soluções informais e o controle interno exercido pela própria organização.

3. Sujeitos

a) **Ativo**: artigo 25 da Lei nº 7.492/1986 prevê como sujeitos ativos o controlador e os administradores de instituição financeira, assim considerados os diretores, gerentes) e o § 1º (equiparam-se aos administradores de instituição financeira o interventor, o liquidante ou o síndico). A Lei não tornou, entretanto, próprios todos os crimes nela previstos. José Paulo Baltazar Junior explica "até, porque, nos crimes praticados no âmbito do sistema financeiro, a instituição financeira pode figurar como: a) 'agente' do crime, por meio de seus representantes, lesando terceiros, estranhos à instituição financeira; b) vítima do crime; c) autor e vítima, quando o fato é praticado por um agente interno à instituição lesada; d) instrumento para a prática do crime, como se dá nos delitos de lavagem de dinheiro (Dolcini; Paliero:

[8] *A vítima e o problema criminal*. Coimbra, 1980, p. 88.

[9] *Droit pénal des affaires*. Paris: Armand Colin, 1992, p. 13.

[10] *Droit penal dês affaires*. Paris: Dalloz, 1996, p. 59.

20)[11]". Deve-se aferir se há expressa previsão no tipo penal, ou seja, se ele faz alusão aos sujeitos estampados no art. 25, ou, ainda que não faça, evidencie que a especial qualidade do sujeito é uma decorrência lógica do tipo penal. Caso contrário, tratar-se-á de delito comum.

b) **Passivo**: em regra, será o Estado, podendo concorrer com ele outros ofendidos que venham a ser lesados pelos autores dos crimes constantes desta Lei. Pode, inclusive, ser a própria instituição financeira no âmbito da qual tenha ocorrido a infração e seus investidores.

Artigo 1º

Considera-se instituição financeira, para efeito desta lei, a pessoa jurídica de direito público ou privado, que tenha como atividade principal ou acessória, cumulativamente ou não, a captação, intermediação ou aplicação de recursos financeiros de terceiros, em moeda nacional ou estrangeira, ou a custódia,[12] emissão, distribuição, negociação, intermediação ou administração de valores mobiliários.

Parágrafo único. Equipara-se à instituição financeira:

I – a pessoa jurídica que capte ou administre seguros, câmbio, consórcio, capitalização ou qualquer tipo de poupança, ou recursos de terceiros;

I-A – a pessoa jurídica que ofereça serviços referentes a operações com ativos virtuais, inclusive intermediação, negociação ou custódia; (Vide Lei nº 14.478, de 2022) 0Vigência

II – a pessoa natural que exerça quaisquer das atividades referidas neste artigo, ainda que de forma eventual.

Definição de instituição financeira contida na **Lei nº 4.595, de 31.12.1964**, que criou o Banco Central e o Conselho Monetário Nacional – **artigo 17:** "consideram-se instituições financeiras, para os efeitos da legislação em vigor, as pessoas jurídicas públicas ou privadas, que tenham como atividade principal ou acessória a coleta, intermediação ou aplicação de recursos financeiros próprios ou de terceiros, em moeda nacional ou estrangeira, e a custódia de

[11] BALTAZAR JUNIOR, José Paulo. *Crimes federais*. 10. ed. 2. tir. São Paulo: Saraiva, 2016, p. 611.

[12] Custódia de valores mobiliários, segundo o art. 24 da Lei nº 6.385, de 07.12.1976 (Lei que dispõe sobre o mercado de valores mobiliários e cria a Comissão de Valores Mobiliários), é o depósito para guarda, recebimento de dividendos e bonificações, resgate, amortização ou reembolso, e exercício de direitos de subscrição, sem que o depositário, tenha poderes, salvo autorização expressa do depositante em cada caso, para alienar os valores mobiliários depositados ou reaplicar as importâncias recebidas.

valor de propriedade de terceiros. **Parágrafo único.** Para os efeitos desta lei e da legislação em vigor, equiparam-se às instituições financeiras as pessoas físicas que exerçam qualquer das atividades referidas neste artigo, de forma permanente ou eventual."

Registre-se que o conceito de instituição financeira para fins penais estatuído no art. 1º da Lei nº 7.492/1986 difere do conceito geral (casos extrapenais) estatuído pelo art. 17 da Lei nº 4.595/1964, porquanto este último dispositivo abarca tanto recursos financeiros de terceiros quanto próprios, ou seja, tem maior amplitude neste ponto do que a norma penal, que fica restrita apenas à recursos financeiros de terceiros.

O Banco Central dispõe que "o Sistema Financeiro Nacional (SFN) é formado por um conjunto de entidades e instituições que promovem a intermediação financeira, isto é, o encontro entre credores e tomadores de recursos. É por meio do sistema financeiro que as pessoas, as empresas e o governo circulam a maior parte dos seus ativos, pagam suas dívidas e realizam seus investimentos." A referida autarquia federal também dispõe sobre os tipos de instituições que fazem parte do Sistema Financeiro Nacional – "os operadores são as instituições que ofertam serviços financeiros, no papel de intermediários",[13] elencando dentre estes operadores os bancos e as caixas econômicas (banco de câmbio, banco comercial, banco de desenvolvimento, de investimento, banco múltiplo); as administradoras de consórcios, as cooperativas de crédito, as corretoras e distribuidoras; as corretoras de câmbio e *fintechs*, além das demais instituições não bancárias (sociedade de crédito, financiamento e investimento; companhia hipotecária, agência de fomento, sociedade de crédito ao microempreendedor e à empresa de pequeno porte, associação de poupança e empréstimo, sociedade de arrendamento mercantil, sociedade de crédito imobiliário).[14]

Especificamente em relação às instituições de pagamento[15], a autarquia federal esclarece que "instituição de pagamento (IP) é a pessoa jurídica que viabiliza serviços de compra e venda e de movimentação de recursos, no âmbito de um arranjo de pagamento, sem a possibilidade de conceder empréstimos e financiamentos a seus clientes." Informa, ainda, que as "instituições de pagamento não são instituições financeiras, portanto não

[13] Disponível em https://www.bcb.gov.br/estabilidadefinanceira/sfn, Acesso em 02.06.2023.

[14] Disponível em: https://www.bcb.gov.br/estabilidadefinanceira/composicaosfn. Acesso em 02.06.2023.

[15] Disponível em: https://www.bcb.gov.br/estabilidadefinanceira/instituicaopagamento. Acesso em 02.06.2023.

podem realizar atividades privativas destas instituições, como empréstimos e financiamentos. Ainda assim, estão sujeitas à supervisão do Banco Central. Devem constituir-se como sociedade empresária limitada ou anônima."

Portanto, para a referida autarquia federal as instituições de pagamento não são instituições financeiras e não compõem o Sistema Financeiro Nacional, a despeito de serem reguladas e fiscalizadas pelo Banco Central.

No entanto, *s.m.j.*, poderá figurar como partícipe, auxiliando materialmente o agente do crime.

A Lei nº 12.865, de 09.10.2013, que dispõe sobre os arranjos de pagamento e as instituições de pagamento integrantes do Sistema de Pagamentos Brasileiro (SPB), no inciso III do art. 6º elenca quais as atividades que podem ser praticadas pelas instituições de pagamento, a saber: "III – instituição de pagamento – pessoa jurídica que, aderindo a um ou mais arranjos de pagamento, tenha como atividade principal ou acessória, alternativa ou cumulativamente: a) disponibilizar serviço de aporte ou saque de recursos mantidos em conta de pagamento; b) executar ou facilitar a instrução de pagamento relacionada a determinado serviço de pagamento, inclusive transferência originada de ou destinada a conta de pagamento; c) gerir conta de pagamento; d) emitir instrumento de pagamento; e) credenciar a aceitação de instrumento de pagamento; f) executar remessa de fundos; g) converter moeda física ou escritural em moeda eletrônica, ou vice-versa, credenciar a aceitação ou gerir o uso de moeda eletrônica; e h) outras atividades relacionadas à prestação de serviço de pagamento, designadas pelo Banco Central do Brasil;"

Além disso, em seu § 2º do art. 6º evidencia expressamente que "É vedada às instituições de pagamento a realização de atividades privativas de instituições financeiras, sem prejuízo do desempenho das atividades previstas no inciso III do caput".

A Terceira Seção do Superior Tribunal de Justiça já decidiu que se trata de instituição não financeira que executa serviços de pagamento em nome de terceiros (CC 159.891/SP, Rel. Ministro Joel Ilan Paciornik, Terceira Seção, julgado em 10.04.2019, DJe 23.04.2019).

Com efeito, o Sistema Financeiro Nacional abrange as instituições normativas, supervisoras e operadoras, agrupadas segundo questões monetárias, de seguros e de previdência.[16]

[16] PINHEIRO, Juliano L. *Mercado de capitais*. Disponível em: Minha Biblioteca, (9th edição). Grupo GEN, 2019.

O Conselho Monetário Nacional – CMN (órgão deliberativo máximo do Sistema Financeiro Nacional), o Conselho Nacional de Seguros Privados – CNSP (órgão responsável por estabelecer as diretrizes e normas atinentes aos seguros privados) e o Conselho Nacional de Previdência Complementar – CNPC (órgão que regula o regime de previdência complementar) são os órgãos normativos[17]. Já as entidades supervisoras[18] são o Bacen (mercado financeiro), a CVM (mercado de capitais), Superintendência de Seguros Privados (mercado de seguros privados e capitalização) e Superintendência Nacional de Previdência Complementar (mercado de previdência complementar).

A **Lei Complementar nº 105, de 10.01.2001** (dispõe sobre o sigilo das operações de instituições financeiras), também conceitua instituição financeira, em seu artigo **1º**: "as instituições financeiras conservarão sigilo em suas operações ativas e passivas e serviços prestados. **§ 1º.** São consideradas instituições financeiras, para os efeitos desta Lei Complementar: I – os bancos de qualquer espécie; II – distribuidoras de valores mobiliários; III – corretoras de câmbio e de valores mobiliários; IV – sociedades de crédito, financiamento e investimentos; V – sociedades de crédito imobiliário; VI – administradoras de cartões de crédito; VII – sociedades de arrendamento mercantil; VIII – administradoras de mercado de balcão organizado; IX – cooperativas de crédito; X – associações de poupança e empréstimo; XI – bolsas de valores e de mercadorias e futuros; XII – entidades de liquidação e compensação; XIII – outras sociedades que, em razão da natureza de suas operações, assim venham a ser consideradas pelo Conselho Monetário Nacional." **A Lei**

[17] "Os órgãos normativos exercem um papel de suma importância para todo o sistema financeiro. Eles são partes integrantes de um mesmo todo, estruturadas de forma a promover o desenvolvimento equilibrado do país e a servir aos interesses da coletividade; portanto, nada mais natural que possuam muitas características comuns, relativas a controles hierárquicos, estabilidade no cargo de diretor, competência de regulamentar e de fiscalizar". (Pinheiro, Juliano L. Mercado de Capitais. Disponível em: Minha Biblioteca, (9th edição). Grupo GEN, 2019).

[18] "As entidades supervisoras têm como atribuição a edição de normas que definam os parâmetros para a transferência de recursos dos agentes superavitários para os deficitários, bem como o controle do funcionamento das instituições que operacionalizam a intermediação financeira. As entidades supervisoras são divididas em quatro, segundo os mercados ou segmentos que supervisionam (...) Apesar de as entidades supervisoras serem quatro, elas estão subordinadas a três conselhos normativos (...) Tal fato se deve às questões monetárias tratadas pelo Bacen e CVM que são doutrinadas pelo Conselho Monetário Nacional." (PINHEIRO, Juliano L. *Mercado de capitais*. Disponível em: Minha Biblioteca, (9th edição). Grupo GEN, 2019).

nº 9.613, de 03.03.1998, alterada pela Lei nº 12.683, de 09.07.2012, de igual modo, fornece conceito de instituição financeira em seu artigo 9º.

Para **Eduardo Fortuna:**[19] "uma conceituação bastante abrangente de sistema financeiro poderia ser a de um conjunto de instituições que se dedicam, de alguma forma, ao trabalho de propiciar condições satisfatórias para a manutenção de um fluxo de recursos entre poupadores e investidores."

Dois grandes grupos: intermediários financeiros (captam poupança diretamente do público por sua própria iniciativa e responsabilidade e, posteriormente, aplicam esses recursos junto às empresas, através de empréstimos e financiamentos. Ex.: bancos comerciais, de investimento, de desenvolvimento, a Caixa Econômica, as sociedades de crédito financiamento e investimento e os bancos múltiplos) e **instituições auxiliares** (colocam em contato poupadores e investidores, facilitando o acesso destes àqueles. Ex.: bolsas de valores, que propiciam liquidez aos títulos emitidos pelas empresas, como as ações, sociedades corretoras e distribuidoras, constituindo-se no elemento de ligação entre poupadores e investidores, atuando na colocação de papéis das empresas junto ao público).

Segundo a natureza das operações de crédito, podem ser agrupadas em:[20]

a) **Instituições de Crédito a Curto Prazo** (Bancos Comerciais, Caixa Econômica, Bancos Cooperativos/Cooperativas de Crédito,[21] Bancos Múltiplos);

b) **Instituições de Crédito de Médio e Longo Prazos** (Bancos de Desenvolvimento, Bancos de Investimento, Caixas Econômicas, Bancos Múltiplos com Carteira de Investimento e Desenvolvimento, Sociedades de Crédito ao Microempreendedor, Agências de Fomento);

c) **Instituições de Crédito para Financiamento de Bens de Consumo Duráveis** (Sociedades de Crédito, Financiamento e Investimentos Financeiros, Caixa Econômica, Bancos Múltiplos com Carteira de Aceite);

[19] *Mercado Financeiro. produtos e serviços.* Rio de Janeiro: Qualitymark, 2004, p. 15.

[20] FORTUNA, Eduardo, *op.cit.*, p. 26.

[21] O art. 192 da CF, com a redação dada pela Emenda Constitucional nº 40/2003, define que "o sistema financeiro nacional, estruturado de forma a promover o desenvolvimento equilibrado do País e a servir aos interesses da coletividade, em todas as partes que o compõem, **abrangendo as cooperativas de crédito**, será regulado por leis complementares que disporão, inclusive, sobre a participação do capital estrangeiro nas instituições que o integram."

d) **Instituições de Crédito Imobiliário** (Caixa Econômica Federal, Associações de Poupança e Empréstimo, Sociedades de Crédito Imobiliário, Companhias Hipotecárias, Bancos Múltiplos com Carteira Imobiliária);

e) **Instituições de Intermediação no Mercado de Capitais** (Sociedades Corretoras/CCVM, Sociedades Distribuidoras/DTVM, Bancos de Investimento, Bancos Múltiplos com Carteira de Investimento, Agentes Autônomos de Investimento);

f) **Instituições de Seguros e Capitalização** (Seguradoras, Corretoras de Seguros, Entidades Abertas de Previdência Complementar, Entidades Fechadas de Previdência Complementar, Sociedades de Capitalização);

g) **Instituições de Arrendamento Mercantil – *Leasing*** (Sociedades de Arrendamento Mercantil, Bancos Múltiplos com Carteira de Arrendamento Mercantil).[22]

Definição penal de instituição financeira

Artigo 1º, *caput*, da Lei nº 7.492/1986: **captação**: (reunião, operação passiva, ex.: depósito bancário), **intermediação** (a instituição não assume os riscos do crédito, cobrando pela prestação de serviço) ou **aplicação de recursos financeiros de terceiros** (nada fala sobre recursos próprios, que atingiria o investidor individual e, em caso de prejuízo, não seria atingida a coletividade ou o SFN) ou **custódia, emissão, distribuição, negociação, intermediação** ou **administração de valores mobiliários** – a natureza dos atos é o que define.

Parágrafo único, I: equipara-se à instituição financeira a pessoa jurídica

[22] Confira-se, neste sentido, análise da incidência do art. 19 em que se retrata a conceituação de instituição financeira: "... para a configuração do delito, basta a obtenção, mediante fraude, de financiamento 'em instituição financeira', e a própria Lei 7.492/86, em seu artigo 1º, define o que, para os seus efeitos, deve se considerar instituição financeira, definição que não leva em consideração se há, ou não, a utilização de recursos advindos do Estado ou por este administrados, e que, além disso, abrange perfeitamente a instituição financeira com a qual, na espécie, os recorrentes teriam firmado o negócio jurídico. A única diferenciação que se faz é que, em tese, se o crime for praticado em detrimento de instituição financeira oficial ou por ela credenciada para o repasse de financiamento, incide, ainda, a causa de aumento da pena prevista no parágrafo único do artigo 19 da Lei 7.492/86. Cuida-se, por outro lado, de delito formal, que tem como como sujeito passivo principal o Estado e não a instituição financeira eventualmente lesada, até porque a norma penal objetiva assegurar, em última análise, a própria credibilidade do mercado financeiro e a proteção do investidor, o que não se cumpriria a contento, acaso o seu âmbito de incidência não abarcasse todas as instituições financeiras, quer se utilizem, ou não, de recursos advindos ou administrados pelo Estado" (REsp nº 706.871/RS, Rel. Ministro Celso Limongi (Desembargador Convocado do TJ/SP), 6ª T., *v.u.*, *DJe* 02.08.2010).

que capte ou administre seguros, câmbio, consórcio, capitalização ou qualquer tipo de poupança, ou recursos de terceiros;

Parágrafo único, I-A: equipara-se à instituição financeira a pessoa jurídica que ofereça serviços referentes a operações com ativos virtuais, inclusive intermediação, negociação ou custódia (**alteração trazida pela Lei nº 14.478, de 21.12.2022**);

Parágrafo único, II: equipara-se à instituição financeira a pessoa natural que exerça quaisquer das atividades referidas neste artigo, ainda que de forma eventual.

O *caput* do art. 1º, em sua primeira parte, traz o conceito de instituição financeira (esta considerada em seu sentido estrito – atividades das instituições financeiras típicas), sendo imprescindível para essa caracterização que os recursos financeiros sejam de terceiros. De outra senda, **a segunda parte do *caput* do art. 1º da Lei nº 7.492/1986**, considera que são instituições financeiras as pessoas jurídicas que atuam na custódia, emissão, distribuição, negociação, intermediação ou administração de valores mobiliários, tais como as bolsas de valores, as corretoras e distribuidoras de valores.

Neste ponto, importante questão diz respeito às **moedas digitais** que hodiernamente trazem um grande desafio ao mercado financeiro. Esta questão foi regulada pela Lei nº 14.478, de 21.12.2022, que dispõe sobre diretrizes a serem observadas na prestação de serviços de ativos virtuais e na regulamentação das prestadoras de serviços de ativos virtuais, cuja entrada em vigor ocorrerá 180 dias após a publicação oficial da referida Lei (art. 14).

Os **criptoativos** "são ativos virtuais, protegidos por criptografia, presentes exclusivamente em registros digitais, cujas operações são executadas e armazenadas em uma rede de computadores. Esses ativos surgiram com a intenção de permitir que indivíduos ou empresas efetuem pagamentos ou transferências financeiras eletrônicas diretamente a outros indivíduos ou empresas, sem a necessidade da intermediação de uma instituição financeira. Tal propósito serviria – inclusive – para pagamentos ou transferências internacionais. Atualmente existem centenas de criptoativos, dentre os quais o pioneiro e mais conhecido é o Bitcoin. Cada um deles funciona baseado em um conjunto de regras próprias, definidas pelos seus criadores e desenvolvedores."[23]

[23] Disponível em: https://www.investidor.gov.br/publicacao/Alertas/alerta_CVM_CRIPTOATIVOS_10052018.pdf. Acesso em 02.06.2023.

A **criptomoeda** até a entrada em vigor da aludida Lei não pode ser considerada moeda, tampouco valor mobiliário, culminando, nessa toada, sua negociação em um cenário paralelo das moedas oficiais.

Registre-se que o Senado Federal aprovou, em 04.05.2022, o PL 4401/2021, que foi convertido em dezembro de 2022 na Lei nº 14.478/2022, que dispõe sobre as diretrizes a serem observadas na prestação de serviços de ativos virtuais e na regulamentação das prestadoras de serviços de ativos virtuais, alterando o Código Penal para prever o crime de fraude com a utilização de ativos virtuais, valores mobiliários ou ativos financeiros, a Lei nº 7.492/1986 (ora em estudo) e a Lei nº 9.613/1998 (lavagem de dinheiro), para incluir as prestadoras de serviços de ativos virtuais no rol de instituições sujeitas às suas disposições.

De acordo com a lei, considera-se **ativo virtual** a representação digital de valor que pode ser negociada ou transferida por meios eletrônicos e utilizada para realização de pagamentos ou com propósito de investimento, não estando incluídos a moeda nacional e moedas estrangeiras; a moeda eletrônica, nos termos da Lei nº 12.865, de 9.10.2013; os instrumentos que provejam ao seu titular acesso a produtos ou serviços especificados ou a benefício proveniente desses produtos ou serviços, a exemplo de pontos e recompensas de programas de fidelidade; e representações de ativos cuja emissão, escrituração, negociação ou liquidação esteja prevista em lei ou regulamento, a exemplo de valores mobiliários e de ativos financeiros. Competirá a órgão ou entidade da Administração Pública Federal definido em ato do Poder Executivo estabelecer quais serão os ativos financeiros regulados (art. 3º).

Passa a estabelecer, ainda, como **prestadora de serviços de ativos virtuais** a pessoa jurídica que executa, em nome de terceiros, pelo menos um dos serviços de ativos virtuais, entendidos como: troca entre ativos virtuais e moeda nacional ou moeda estrangeira; troca entre um ou mais ativos virtuais; transferência de ativos virtuais; custódia ou administração de ativos virtuais ou de instrumentos que possibilitem controle sobre ativos virtuais; ou participação em serviços financeiros e prestação de serviços relacionados à oferta por um emissor ou venda de ativos virtuais. Ademais, o órgão ou a entidade da Administração Pública Federal indicado em ato do Poder Executivo poderá autorizar a realização de outros serviços que estejam, direta ou indiretamente, relacionados à atividade da prestadora de serviços de ativos virtuais (art. 5º).

A lei também dispõe que as prestadoras de serviços de ativos virtuais somente poderão funcionar no país mediante prévia autorização de órgão ou entidade da Administração Pública Federal (art. 2º), além de definir as diretrizes para a prestação desse serviço, cujos parâmetros deverão ser estabelecidos pelo órgão ou pela entidade da Administração Pública Federal definido em ato do Poder Executivo, devendo-se ressaltar: a livre iniciativa e a livre concorrência; boas práticas de governança, transparência nas operações e abordagem baseada em riscos; segurança da informação e proteção de dados pessoais; proteção e defesa de consumidores e usuários; proteção à poupança popular; solidez e eficiência das operações; e prevenção à lavagem de dinheiro e ao financiamento do terrorismo e da proliferação de armas de destruição em massa, em alinhamento com os padrões internacionais (art. 4º).

Outra previsão, é a atribuição por meio de ato do Poder Executivo a um ou mais órgãos ou entidades da Administração Pública Federal **a disciplina do funcionamento e a supervisão da prestadora de serviços de ativos virtuais** (art. 6º), além de atribuir competência ao órgão ou à entidade reguladora para autorizar funcionamento, transferência de controle, fusão, cisão e incorporação da prestadora de serviço de ativos virtuais (art. 7º, inciso I).

Já as instituições autorizadas a funcionar pelo Banco Central do Brasil poderão prestar exclusivamente o serviço de ativos virtuais ou cumulá-lo com outras atividades, na forma da regulamentação a ser editada por órgão ou entidade da Administração Pública Federal indicada em ato do Poder Executivo Federal (art. 8º).

Por fim, de acordo com a lei supramencionada, o parágrafo único do art. 1º da Lei nº 7.492/1986, passa a vigorar com a redação acrescida do item I-A:

> "Art. 1º (...)
> Parágrafo único (...)
> I-A – a pessoa jurídica que oferece serviços referentes a operações com ativos virtuais, inclusive intermediação, negociação ou custódia."

Objetiva-se com a Lei nº 14.478/2022 combater a prática dos crimes levados a efeito por meio dos criptoativos, estabelecendo parâmetros e mecanismos para proteger o mercado e os investidores.

Vale salientar que a Instrução Normativa nº 1.888, de 03.05.2019, da Receita Federal (alterada em parte pela Instrução Normativa nº 1.899, de 10.07.2019, da Receita Federal, disciplina a obrigatoriedade de prestação de informações relativas às operações realizadas com criptoativos à Secretaria

Especial da Receita Federal do Brasil (RFB). A Receita Federal consoante Solução de Consulta nº 214, de 20.12.2021, de lavra da Cosit, dispõe que é isento do imposto sobre a renda o ganho de capital auferido na alienação de criptomoedas cujo valor total das alienações em um mês, de todas as espécies de criptoativos ou moedas virtuais, independentemente de seu nome, seja igual ou inferior a R$ 35.000,00 (trinta e cinco mil reais).

A Terceira Seção do Superior Tribunal de Justiça preteritamente à normatização da matéria já decidiu que "a operação envolvendo compra ou venda de criptomoedas não encontra regulação no ordenamento jurídico pátrio, pois as moedas virtuais não são tidas pelo Banco Central do Brasil (BCB) como moeda, nem são consideradas como valor mobiliário pela Comissão de Valores Mobiliários (CVM), não caracterizando sua negociação, por si só, os crimes tipificados nos arts. 7º, II, e 11, ambos da Lei nº 7.492/1986, nem mesmo o delito previsto no art. 27-E da Lei nº 6.385/1976." (CC 161.123/SP, Rel. Ministro Sebastião Reis Júnior, Terceira Seção, julgado em 28.11.2018, DJe 05.12.2018).

Até a entrada em vigor da Lei nº 14.478/2022, mesmo na hipótese de o criptoativo ostentar contornos que o caracterize como valor mobiliário haveria a necessidade de autorização da CVM para que então fosse negociado, sob pena de atuação como instituição financeira sem autorização, o que faria incidir, assim, a Lei nº 7.492/1986.

Nesse sentido, o STJ já decidiu que:

> "HABEAS CORPUS. OPERAÇÃO EGYPTO. SUPOSTA INCOMPETÊNCIA DA JUSTIÇA FEDERAL. MANIFESTA IMPROCEDÊNCIA. CASO QUE OSTENTA CONTORNOS DISTINTOS DO CC Nº 161.123/SP (TERCEIRA SEÇÃO). DENÚNCIA OFERTADA, NA QUAL É NARRADA A EFETIVA OFERTA DE CONTRATO COLETIVO DE INVESTIMENTO ATRELADO À ESPECULAÇÃO NO MERCADO DE CRIPTOMOEDA. VALOR MOBILIÁRIO (ART 2º, IX, DA LEI Nº 6.385/1976). INCIDÊNCIA DOS CRIMES PREVISTOS NA LEI Nº 7.492/1986. COMPETÊNCIA DA JUSTIÇA FEDERAL (ART. 26 DA LEI Nº 7.492/1986), INCLUSIVE PARA PROCESSAR OS DELITOS CONEXOS (SÚMULA 122/STJ).
>
> **1. A Terceira Seção desta Corte decidiu que a operação envolvendo compra ou venda de criptomoedas não encontra regulação no ordenamento jurídico pátrio, pois as moedas virtuais não são tidas pelo Banco Central do Brasil (BCB) como moeda, nem são consideradas como valor mobiliário pela Comissão de Valores Mobiliários (CVM)**, não

caracterizando sua negociação, por si só, os crimes tipificados nos arts. 7º, II, e 11, ambos da Lei nº 7.492/1986, nem mesmo o delito previsto no art. 27-E da Lei nº 6.385/1976 (CC nº 161.123/SP, DJe 5/12/2018).

2. O incidente referenciado foi instaurado em inquérito (não havia denúncia formalizada) e a competência da Justiça estadual foi declarada exclusivamente considerando os indícios colhidos até a instauração do conflito, bem como o dissenso verificado entre os Juízes envolvidos, sendo que nenhum deles cogitou que o contrato celebrado entre o investigado e as vítimas consubstanciaria um contrato de investimento coletivo.

3. O caso dos autos não guarda similitude com o precedente, pois já há denúncia ofertada, na qual foi descrita e devidamente delineada a conduta do paciente e dos demais corréus no sentido de oferecer contrato de investimento coletivo, sem prévio registro de emissão na autoridade competente.

4. Se a denúncia imputa a efetiva oferta pública de contrato de investimento coletivo (sem prévio registro), não há dúvida de que incide as disposições contidas na Lei nº 7.492/1986, notadamente porque essa espécie de contrato consubstancia valor mobiliário, nos termos do art. 2º, IX, da Lei nº 6.385/1976.

5. Interpretação consentânea com o órgão regulador (CVM), que, em situações análogas, nas quais há oferta de contrato de investimento (sem registro prévio) vinculado à especulação no mercado de criptomoedas, tem alertado no sentido da irregularidade, por se tratar de espécie de contrato de investimento coletivo.

6. Considerando os fatos narrados na denúncia, especialmente os crimes tipificados nos arts. 4º, 5º, 7º, II, e 16, todos da Lei nº 7.492/1986, é competente o Juízo Federal para processar a ação penal (art. 26 da Lei nº 7.492/1986), inclusive no que se refere às infrações conexas, por força do entendimento firmado no Enunciado Sumular nº 122/STJ.

7. Ordem denegada."

(STJ, HC 530.563/RS, Rel. Ministro SEBASTIÃO REIS JÚNIOR, SEXTA TURMA, julgado em 05.03.2020, DJe 12.03.2020)

Portanto, em tais hipóteses, **e até a entrada em vigor da Lei nº 14.478/ /2022**, ou seja, se o criptoativo ostentar contornos que o caracterize como valor mobiliário será necessária autorização da CVM para sua negociação, sob pena de atuação como instituição financeira sem autorização, fazendo incidir, de tal modo, a Lei nº 7.492/1986.

Instituições financeiras por equiparação

O reconhecimento de uma instituição financeira decorre do exercício de atividades financeiras e não apenas com a existência de estrutura e sede próprias ou com o seu registro perante as autoridades competentes. A doutrina de Rodolfo Tigre Maia bem dimensiona a amplitude conferida ao conceito de instituição financeira, com o intuito de que nenhuma conduta lesiva ao Sistema Financeiro Nacional deixe de ser repreendida pela legislação:

> "Além das práticas de caráter estritamente financeiro, são também objeto de proteção as correlacionadas às atividades de seguros, câmbio, consórcio, capitalização ou qualquer tipo de poupança ou recursos de terceiros. Reforça-se, assim, a conclusão de que o elemento essencial que articula misteres econômicos tão diferenciados, para a Lei de Regência, é a presença da captação, gestão e aplicação de recursos de terceiros ou a operação com títulos e valores mobiliários."[24]

As instituições financeiras por equiparação dispostas no parágrafo único do art. 1º da Lei nº 7.492/1986 seriam aquelas que não se amoldam ao disposto no *caput* do referido normativo, mas que, para fins criminais, assim são igualadas.

Como mencionado anteriormente, o inciso I do parágrafo único do art. 1º equipara à instituição financeira a pessoa jurídica que venha a promover a captação ou a administração de seguros, câmbio, consórcio, capitalização ou qualquer tipo de poupança, ou recursos de terceiros, enquanto o inciso II equipara à instituição financeira a pessoa natural que exerça quaisquer das atividades referidas no referido artigo, ainda que de forma eventual.

Neste parágrafo único a ideia também é de que tais operações se perfaçam com recursos de terceiros.

a) A corretora de valores e câmbio

TRF/4 – "dessa forma, não restam dúvidas de que os denunciados, sem a devida autorização do órgão competente, fizeram operar dentro da Caixa Econômica Federal verdadeira casa de câmbio, realizando – diariamente – compra e venda de dólares. Portanto, deve ser mantida a condenação pela prática do delito insculpido no art. 16 da Leiº 7.492/1986." (ACR nº

[24] *Dos crimes contra o sistema financeiro nacional: anotações à lei federal nº 7.492/1986*. São Paulo: Malheiros, 1996, p. 31.

1994.70.00.010288-0/PR, Rel. Des. Fed. Élcio Pinheiro de Castro, 8ª T., *vu*, *D.E.* 11.02.2009)

TRF/3 – "a empresa MIAME-TUR TURISMO E CAMBIO LTDA. não só estava autorizada pelo Banco Central a operar, como realmente operava no mercado de câmbio, razão pela qual se enquadra perfeitamente no conceito de pessoa jurídica equiparada à instituição financeira." (ACR nº 2001.61.81.002367-7/SP, Rel. Des. Fed. José Lunardelli, 1ª T., *vu*, *DJe* 23.05.2011)

TRF/3 – "a empresa privada, que atua como corretora de valores e câmbio, é instituição financeira integrante do Sistema Financeiro Nacional, para efeito da Lei nº 7.492/1986." (HC nº 92.03.019058-9/SP, Rel. Des. Fed. Aricê Amaral, 2ª T., *vu*, *DOE* 03.11.1992)

Na doutrina há abalizado entendimento que considera as sociedades corretoras de câmbio instituições financeiras por equiparação, já que "são constituídas sob a forma de sociedade anônima ou por quotas de responsabilidade limitada, devendo constar na sua denominação social a expressão 'Corretora de Câmbio'. Têm por objeto social exclusivo a intermediação em operações de câmbio e a prática de operações no mercado de câmbio de taxas flutuantes. São supervisionadas pelo Banco Central do Brasil (Resolução CMN nº 1770, de 1990)."[25]

A referida Resolução do Conselho Monetário Nacional estabelece condições para a constituição, a organização e o funcionamento das sociedades corretoras de câmbio.

b) A pessoa física

TRF/3 – "a pessoa que exercia informalmente atividade de consórcio, como pessoa física, para complementar rendas de seu pequeno negócio, sem autorização do Banco Central (...) ainda que a atividade seja exercida de forma eventual." (ACR nº 96.03.095220-6/SP, Rel. Des. Fed. Sinval Antunes, 1ª T., *vu.*, *DJ* de 23.12.1997)

Atente-se que no julgado em comento restou comprovado que o réu, pessoa física, exercera atividade de consórcio, de forma eventual, para incrementar as vendas de sua pequena empresa de foto e vídeo, sem que tivesse qualquer autorização do Banco Central para administrar grupos de consórcio, incidindo, *in casu*, na conduta prevista no art. 16 da Lei nº

[25] BITENCOURT, Cezar Roberto; BREDA, Juliano. *Crimes contra o sistema financeiro nacional e contra o mercado de capitais*. 3. ed. São Paulo: Saraiva, 2014, p. 31.

7.492/1986. Considerou-se que para a configuração do delito não é requisito a comprovação de que o acusado tenha montado uma empresa para explorar o ramo de consórcios, captando clientela, fazendo-se passar por empresa regularmente autorizada e operando por meio de contratos que pudessem levar seus clientes a crer que se tratava de uma empresa legalmente constituída. O que caracteriza o art. 16 é justamente a informalidade, porque, do contrário, seria inócuo o disposto no art. 1º, parágrafo único, inciso II, do mesmo diploma legal (equipara-se à instituição financeira "a pessoa natural que exerça quaisquer das atividades referidas neste artigo, ainda que de forma eventual").

Portanto, a equiparação da pessoa natural à instituição financeira só poderá incidir quando restar provado que sua conduta, ainda que de forma individual, infringiu os interesses tutelados pela Lei nº 7.492/1986. Deverá haver a captação, intermediação e aplicação de recursos financeiros de terceiros.-

c) A pessoa física que capta recursos junto a terceiros a pretexto de investi-los no mercado financeiro, com promessa de rendimentos

TRF/3 – "Comprovou-se que o acusado efetivamente estruturou sua atividade de captação fraudulenta de investimentos, seja ainda na condição de pessoa física, a partir de 1994, ou a partir de 1996, por meio da pessoa jurídica 'Organizações Alencar Arraes', por ele gerida, de maneira apta a qualificá-las, em ambas as situações, como instituição financeira, por sua conformidade com o modelo legal de definição de instituição financeira contida no artigo 1º da Lei nº 7.492/1986." (ACR nº 1999.03.99.036879-2/SP, Rel. Des. Fed. Henrique Herkenhoff, 2ª T., *vu*, *DE* 23.10.2009)

STJ – "A pessoa natural só pode ser equiparada a instituição financeira quando tiver como atividade principal ou acessória, cumulativamente ou não, a captação, intermediação ou aplicação de recursos financeiros de terceiros, ainda que de forma eventual (art. 1º da Lei nº 7.492/1986)." (CC nº 31.072/RJ, Rel. Min. Hamilton Carvalhido, 3ª S, *vu*, *DJ* de 18.02.2002)

Helena Lobo da Costa,[26] ao tecer comentários à obra de Manoel Pedro Pimentel, no sentido de que não seria razoável equiparar a pessoa física à instituição financeira, assevera que: "o inciso II gera ainda mais discussões, em razão de equiparar a instituição financeira às pessoas físicas que exer-

[26] COSTA, Helena Lobo da. *Crimes contra o sistema financeiro nacional* [livro eletrônico]: comentários à lei 7.492, de 16.6.86 / Manoel Pedro Pimentel. 1. ed. São Paulo: Thomson Reuters Brasil, 2020.

çam 'quaisquer das atividades referidas neste artigo, ainda que de forma eventual', o que poderia levar à desproporcional incriminação de pessoas que apliquem recursos próprios e de forma eventual como se instituições financeiras fossem. Tal redação tem sido reiteradamente criticada pela doutrina, havendo relevante proposta de interpretação restritiva, única passível de salvar o dispositivo."

d) A empresa que realiza contratos de venda à prestação com entrega futura do bem

TRF/4 – "fazer operar instituição financeira sem a devida autorização (...) 7. Sendo inequívoca a prova acerca da captação de poupança popular por parte da empresa pertencente aos réus, indiscutível é a equiparação desta à instituição financeira, na forma do art. 1º, I, da Lei 7.492/86. 8. O elemento subjetivo específico do tipo, igualmente, restou demonstrado, porquanto os réus, além de não entregarem os bens contratados, sequer buscaram solucionar a questão mediante acordos extrajudiciais. Pelo contrário, simplesmente fecharam as portas de suas filiais, sem dar qualquer satisfação, a fim de não serem mais encontrados pelas vítimas." (ACR nº 2000.70.01.007178-9/PR, Rel. Des. Fed. Tadaaqui Hirose, 7ª T., *vu*, *DJU* de 18.10.2006); RSE nº 2003.70.00.034038-0/PR, Rel. Des. Fed. Maria de Fátima Freitas Labarrière, 7ª T., *vu*, j. 09.12.2003)

Não é considerada instituição financeira por equiparação

a) Agiota

Não se equipara a instituição financeira na medida em que não opera com recursos de terceiros. Há o empréstimo de dinheiro com recursos próprios, mediante a cobrança de juros abusivos, podendo caracterizar crime de usura (art. 4º da Lei nº 1.521/1951 – Lei de Economia Popular), de competência da Justiça Estadual.

Nesse sentido:

> "CONFLITO DE COMPETÊNCIA. PENAL. CRIME CONTRA O SISTEMA FINANCEIRO NACIONAL. INOCORRÊNCIA. INEXISTÊNCIA DE LESÃO A SERVIÇOS DA UNIÃO. CARACTERIZAÇÃO DO CRIME DE USURA. COMPETÊNCIA DA JUSTIÇA COMUM ESTADUAL.
>
> 1. A pessoa natural só poderá ser equiparada a instituição financeira quando tiver como atividade principal ou acessória, cumulativamente ou,

não, a captação, intermediação ou aplicação de recursos financeiros de terceiros, ainda que de forma eventual (artigo 1º da Lei nº 7.492/86).

2. "A cobrança de juros extorsivos em empréstimo de dinheiro realizado por particular, com recursos próprios, configura, em tese, o crime de usura, descrito no art. 4º da Lei de Economia Popular, a ser julgado pela Justiça Estadual, não se amoldando à Lei nº 7.492/86, que prevê os crimes contra o Sistema Financeiro Nacional." (CC nº 25.519/SP, Relator Ministro Felix Fischer, in DJ 19/6/2000).

3. Conflito conhecido para declarar competente o Juízo de Direito da 19ª Vara Criminal do Rio de Janeiro/RJ, suscitado."

(STJ, CC nº 31.072/RJ, Rel. Ministro Hamilton Carvalhido, Terceira Seção, julgado em 13.12.2001, DJ 18.02.2002, p. 232)

"PROCESSO PENAL. CONFLITO DE COMPETÊNCIA. 1. PRÁTICA, EM TESE, DE CRIME DE SONEGAÇÃO FISCAL DE IMPOSTO DE RENDA. AUSÊNCIA DE CONSTITUIÇÃO DEFINITIVA DO CRÉDITO TRIBUTÁRIO. INVIABILIDADE.INVESTIGAÇÕES. DESINTERESSE. JUSTIÇA FEDERAL. **2. EMPRÉSTIMOS A JUROS. AUSÊNCIA DE CAPTAÇÃO DE VALORES. CRIME DE USURA E NÃO DO ART. 16 DA LEI 7.492/86. COMPETÊNCIA DA JUSTIÇA ESTADUAL.**

1. O juízo federal, no caso, assinalou o desinteresse no prosseguimento das investigações em relação ao delito de sonegação fiscal de imposto de renda, em razão da ausência de constituição definitiva do crédito.

2. Na hipótese em que se cuida de empréstimos a juros, com valores próprios e não captados de terceiros, há, em tese, delito de usura e, não, contra o Sistema Financeiro.

3. Conflito conhecido para declarar competente o Juízo de Direito da Vara Criminal de Ribeirão do Pinhal/PR, ora suscitado."

(STJ, CC 99.305/PR, Rel. Ministra Maria Thereza de Assis Moura, Terceira Seção, julgado em 11.02.2009, DJe 20.02.2009)

Vale aqui também destacar o entendimento do STJ no sentido de que "a troca de cheques a juros, por pessoa física, é equiparada ao empréstimo feito por pessoa física, não sendo caso de incidência da Lei 7.492/86. Isso porque, como não demonstrado que o agente utilizava recursos de terceiros para a realização das trocas, inviável entender que o investigado se equipara a instituição jurídica, nos termos do art. 1º, II, do citado diploma legal. Precedentes." (CC 162.257/ES, Rel. Ministro Nefi Cordeiro, Terceira Seção, julgado em 12.06.2019, DJe 19.06.2019).

Entretanto, se caracterizado o uso de recursos de terceiros advindos da rentabilidade da atividade de agiotagem, poderá incidir a Lei nº 7.492/1986.

Outras situações

a) Doleiros

São equiparados a instituições financeiras, com fundamento no inciso II do parágrafo único do art. 1º da Lei nº 7.492/1986, tendo a própria Lei de regência estabelecido quem é instituição financeira para sua incidência não se poderia retirar de seu âmbito de aplicação pessoas físicas ou as sociedades de fato que atuem sem autorização do Banco Central do Brasil.

De acordo com o **STJ,** admite-se a equiparação dos chamados doleiros às instituições financeiras para que seja aplicada a Lei 7.492/1986: "No caso dos autos, tendo o édito repressivo consignado que o paciente seria 'um operador do mercado de câmbio paralelo e que se servia da conta em nome da *offshore* (...) e que seria o real proprietário da conta aberta em nome da (...) e que dela se serviu para a prática de operações financeiras ilegais do mercado de câmbio paralelo, sem qualquer registro ou contabilização, não há que se falar em atipicidade da sua conduta, uma vez que ela se subsome ao tipo constante do art. 4º da lei nº 7.492/1986" (Habeas Corpus nº 221.233-PR, Rel. Min. Jorge Mussi, 5 T, *v.u.*, *DJe* 03.12.2012).

Em sentido contrário, já houve o entendimento de que não é instituição financeira pessoa física ou aquele que vende *travelers* cheques a outros particulares. (**STJ** – CC nº 18.973/MG, Fernando Gonçalves, 3ª S., *vu*, *DJ* 09.12.1997)

b) Administradoras de Cartão de Crédito

Não eram consideradas instituições financeiras, já que recebem procuração dos contratantes para captar recursos junto ao sistema financeiro (**STJ** – RHC nº 4.783/SP, Cid Flaquer Scartezzini, 5ª T., *vu*, *DJ* 10.11.1997), cobrando, para o fornecimento do serviço, anuidades fixas e desvinculadas da efetivação de compras de mercadorias ou contratação de serviços. (**TRF/3** – HC nº 92.03.0249524/SP, Rel. Des. Fed. José Kallás, 2ª T., por maioria, *DJ* 01.03.1995)

A matéria foi revista, em face da **Súmula 283 do STJ**: "as empresas administradoras de cartão de crédito são instituições financeiras e, por isso, os juros remuneratórios por elas cobrados não sofrem as limitações da Lei de Usura."

De acordo com os ensinamentos de José Paulo Baltazar Junior, não seria aceitável que as empresas de cartão de crédito contem com a principal vantagem da condição de agente financeiro, podendo cobrar juros de mercado, sem os ônus daí decorrentes, inclusive nos aspectos criminais. Além disso, é certo que as operações com cartões de crédito, embora não configurem operações passivas ou ativas diretas das instituições financeiras, também propiciam ganhos a estas, caracterizando-se como intermediação.[27]

Neste sentido, confira-se o seguinte julgado: **TJ-MG** – "A administradora de cartão de crédito é instituição financeira e, como tal, não está sujeita à limitação de juros trazida pela Lei de Usura, a teor da Súmula 283 do STJ." (Apelação Cível nº 10702110293389001-MG, Rel. Des. Mariângela Meyer, 10ª Câmara Civil, *v.u.*, p. 07.03.2013)

Em sentido oposto, Helena Lobo da Costa[28], ao tecer comentários na obra de Manoel Pedro Pimentel, esclarece que "as administradoras de cartões de crédito não são consideradas instituições financeiras para fins penais, embora, em 2004, o Superior Tribunal de Justiça tenha editado a Súmula nº 283, que afirma serem elas instituições financeiras, e, por isso, podem cobrar juros remuneratórios sem as limitações da Lei de Usura. Ocorre que o próprio Banco Central não as considera instituições financeiras, devendo ser tidas como instituições de pagamento, que não podem praticar atividades típicas de instituições financeiras, exclusivas daquelas instituições autorizadas pelo Banco Central."

Em 2020, a Segunda Turma do STJ voltou a abordar o tema, promovendo uma distinção entre as operadoras de cartão de crédito em sentido estrito e as instituições financeiras que emitem cartão de crédito, dispondo, em breve síntese, que a intermediação promovida pelas primeiras "não tem natureza financeira porque a operadora de cartão de crédito não capta recursos de forma direta junto aos investidores no mercado financeiro – tal como faz uma instituição financeira no exercício de atividade privativa –, e sim representa o seu cliente junto a uma instituição financeira para obter o crédito necessário para o adimplemento da fatura." A íntegra da ementa foi a seguinte:

[27] BALTAZAR JUNIOR, José Paulo. *Crimes federais*. 10. ed. 2. tir. São Paulo: Saraiva, 2016. p. 607.

[28] COSTA, Helena Lobo da. *Crimes contra o sistema financeiro nacional* [livro eletrônico]: comentários à lei 7.492, de 16.6.86 / Manoel Pedro Pimentel. 1. ed. São Paulo: Thomson Reuters Brasil, 2020.

"ADMINISTRATIVO. ENUNCIADO ADMINISTRATIVO 2/STJ. AÇÃO CIVIL PÚBLICA OBJETIVANDO A CONDENAÇÃO DO CONSELHO MONETÁRIO NACIONAL E DO BANCO CENTRAL DO BRASIL NAS OBRIGAÇÕES DE REGULAMENTAR E FISCALIZAR AS OPERADORAS DE CARTÃO DE CRÉDITO.

1. Na origem, o Ministério Público Federal ajuizou ação civil pública contra a União e o Banco Central do Brasil com o propósito de buscar a condenação dos demandados na obrigação de fazer consistente na fiscalização das operadoras de cartão de crédito, as quais devem ser declaradas instituições financeiras e subordinadas à Lei 4.595/1964.

2. Em grau de apelação, o pedido foi julgado procedente sob o entendimento de que as empresas operadoras e administradoras de cartões de crédito, ligadas ou não a bancos, no exercício de suas atividades negociais, realizariam operações de empréstimo, de financiamento, ou de intermediação financeira, típicas operações de crédito, que constituiriam a essência das chamadas operações bancárias.

3. Ocorre que, conforme esclarece o BACEN em seu recurso especial, "dois tipos de instituições podem emitir cartões de crédito, quais sejam: 1) instituições financeiras, que emitem e administram cartões próprios ou de terceiros e concedem financiamento direto aos portadores; 2) administradoras em sentido estrito, que são empresas não financeiras que emitem e administram cartões próprios ou de terceiros, que não financiam os seus clientes".

4. Relativamente à instituição financeira que emite cartão de crédito, o inadimplemento da fatura dá ensejo à celebração de um contrato de mútuo, com elas próprias assumindo a posição de mutuante. Todavia, essa instituição já era fiscalizada pelo BACEN ao tempo da propositura da demanda, nos termos da art. 10, IX, da Lei 4.595/64, pois inequívoca a prática de típica operação financeira.

5. No que importa à operadora de cartão de crédito em sentido estrito –, o seu papel de intermediação entre o cliente e a instituição financeira para os fins de quitação da fatura não paga na integralidade não se confunde com a "intermediação financeira" do art. 17 da Lei 4.595/1964, pois, nessa hipótese, para financiar as dívidas de seus clientes, ela somente os representa perante as instituições financeiras, atuando como simples mandatária.

6. Dito de outra forma, essa intermediação não tem natureza financeira porque a operadora de cartão de crédito não capta recursos de forma direta junto aos investidores no mercado financeiro – tal como faz uma institui-

ção financeira no exercício de atividade privativa –, e sim representa o seu cliente junto a uma instituição financeira para obter o crédito necessário para o adimplemento da fatura.

7. Como possuem naturezas diversas as operações realizadas pelos dois tipos de operadoras de cartão de crédito, não se mostra apropriada a invocação da Súmula 283/STJ pelo acórdão recorrido, até porque os precedentes que deram ensejo à sua edição cuidaram de resolver questão diversa da aqui apresentada – enquadramento ou não das operadoras na Lei de Usura.

8. Em razão da falta de amparo legal que desse ensejo à atuação do CMN e do BACEN para normatizar e fiscalizar a atuação das operadoras em sentido estrito, o Governo Federal precisou editar a Medida Provisória 615, de 17/5/2013 – convertida na Lei 12.865/2013, fato ocorrido após a interposição dos recursos especiais.

9. Em suma: (a) as atividades das operadoras ligadas às instituições financeiras já eram fiscalizadas pelo BACEN ao tempo do ajuizamento da demanda, nos termos do art. 10, IX, da Lei 4.595/1964; (b) anteriormente à edição da MP 615/2013, não havia título legal que obrigasse as demandadas a regular e fiscalizar as atividades das operadoras de cartão de crédito em sentido estrito, pois a intermediação que essas fazem não tem natureza financeira para os fins do art. 17 da Lei 4.595/1964 – entendimento adotado na sentença de improcedência do pedido; (c) atualmente, existe previsão legal de normatização e fiscalização das operadoras em sentido estrito por parte do CMN e do BACEN, quadro que se formou com a edição da MP 615/2013, ocorrida no curso da demanda."

10. Recursos especiais da União e do Banco Central providos para julgar improcedentes os pedidos do Ministério Público Federal."

(STJ, REsp 1359624/SP, Rel. Ministro Mauro Campbell Marques, Segunda Turma, julgado em 10.03.2020, *DJe* 26.06.2020)

Nesse sentido, apesar de as administradoras de cartão de crédito em sentido estrito não serem consideradas instituições financeiras (são tidas como instituições de pagamento), poderão ser enquadradas nesta lei no caso de participação em atividade ilícita.

c) Empresas de Consórcio

No âmbito do **STJ** havia o entendimento de que não existia crime contra o SFN quando a empresa administradora de consórcios descumpria o pactuado e deixava de entregar o bem prometido ao consorciado, pois a conduta descrita atingia somente o interesse de particulares (CC nº 34280/SP, Rel. Min. Fernando Gonçalves, 3ª S., *vu*, *DJ* 17.03.2003).

Está, porém, consolidado o entendimento no sentido de que **são consideradas instituições financeiras por equiparação as empresas de consórcio** (**STF** – HC nº 83729-8/SC, Rel. Min. Marco Aurélio, 1ª T., *vu*, *DJ* 23.04.2004), como veio a ser pacificado pela 3ª Seção do **STJ** (CC nº 37.706/SP, Rel. Min. Fontes de Alencar, 3ª S., *vu*, *DJ* 22.09.2003; CC nº 108.105/SP, Rel. Min. Assusete Magalhães, 3ª S., julgado em 09.10.2013, *DJ* 30.10.2013 e CC nº 115.911/SP, Rel. Min. Ribeiro Dantas, 3ª S., *DJ* 19.05.2016).

Semelhante entendimento tem-se nos seguintes julgados (as empresas de consórcio são equiparadas a instituição financeira):

TRF/1 – RSE nº 58526-89.2010.4.01.3800/MG, Rel. Juiz Fed. Conv. Murilo Fernandes de Almeida, 3ª T., *vu*, *e-DJF1* 30.09.2011.

TRF/5 – ACR nº 8227/AL (2004.80.00.008597-1), Rel. Des. Fed. Edilson Pereira Nobre Júnior, 4ª T., *vu*, j. 04.10.2011, *DJE* 06.10.2011).

TRF/3 – ACR nº 16973, Rel. Des. Fed. André Nekatschalow, 5ª T., *DJ* 19.07.2005; ACR nº 25866, Rel. Hélio Nogueira, 1ª T., *DJ* 17.08.2017 e ACR nº 39277, Rel. Des. Fed. José Lunardelli, 11ª T, *DJ* 21.11.2013).

As Administradoras de Consórcio são pessoas jurídicas que prestam serviços relacionados à formação, à organização e à administração de grupos de consórcio, cabendo ao Banco Central autorizar a constituição destes grupos.

A Lei nº 11.795, de 08.10.2008, regulamentou o Sistema de Consórcio e instituiu o Banco Central como órgão regulador e fiscalizador (art. 7º) (esta Lei revogou o artigo 33 da Lei nº 8.177, de 01.03.1991, e o art. 7º, inc. I, da Lei nº 5.768, de 20.12.1971, que tratavam do tema).

Destaque-se, ademais, que o Superior Tribunal de Justiça ao se debruçar sobre a questão já decidiu que a simulação de consórcio por meio da "venda premiada", operada sem autorização do Banco Central do Brasil, configura crime contra o sistema financeiro, nos seguintes termos:

> "CONFLITO NEGATIVO DE COMPETÊNCIA ENTRE A JUSTIÇA ESTADUAL E A JUSTIÇA FEDERAL. INQUÉRITO POLICIAL. **VENDA PREMIADA. CAPTAÇÃO DE RECURSOS DE TERCEIROS. EQUIPARAÇÃO A INSTITUIÇÃO FINANCEIRA. AUSÊNCIA DE AUTORIZAÇÃO DO BANCO CENTRAL. CARACTERIZAÇÃO, EM TESE, DO DELITO DESCRITO NO ART. 16 DA LEI Nº 7.492/86.** COMPETÊNCIA DA JUSTIÇA FEDERAL.

1. O presente conflito negativo de competência deve ser conhecido, por se tratar de incidente instaurado entre juízos vinculados a Tribunais distintos, nos termos do art. 105, inciso I, alínea "d" da Constituição Federal - CF.

2. O núcleo da controvérsia consiste em definir se a "venda premiada" de motocicletas pode ser considerada uma simulação de consórcio de forma que a conduta descrita na denúncia possa se subsumir em tipos penais incriminadores descritos na Lei nº 7492/86, dentre eles, o crime tipificado no art. 16, consistente em operar instituição financeira, sem a devida autorização. Em outras palavras, discute-se se teria havido, em tese, prática de estelionato – tendo como vítima exclusivamente particulares – ou a prática de crime que afeta o sistema financeiro.

3. A venda premiada – ainda que levada a efeito sem autorização do Banco Central do Brasil e mesmo não caracterizando um consórcio puro – trata-se se um simulacro de consórcio, que capta e administra recursos de terceiros, de modo a se enquadrar no tipo penal previsto do art. 16 da Lei nº 7492/86. O fato de o indivíduo contemplado não precisar mais arcar com prestações demonstra apenas o alto risco do negócio, diante da possibilidade de não se conseguir o ingresso de outra pessoa para sustentar a viabilidade de aquisição dos bens.

4. Ademais, ainda que não haja identidade perfeita entre a venda premiada e o consórcio, é evidente de que não se trata de venda comum, na medida em que a pessoa jurídica capta recursos de terceiros, podendo, portanto, ser considerada instituição financeira a teor do art. 1º da Lei nº 7.492/06. Precedente (RHC 50.101/BA, Rel. Ministro SEBASTIÃO REIS JÚNIOR, Rel. p/ Acórdão Ministro FELIX FISCHER, TERCEIRA SEÇÃO, DJe 27/11/2015).

5. No caso concreto, está caracterizado, em tese, crime contra o sistema financeiro, cuja análise e julgamento compete à Justiça Federal, tendo em vista que, conforme apurado no inquérito policial, pessoa jurídica teria captado recursos de terceiros, sem autorização da autoridade competente, em atividade temerária diante da dificuldade de contemplação do sorteado na chamada venda premiada.

6. Conflito de competência conhecido para declarar que compete ao Juízo Federal da Vara Única de Redenção – SJ/PA, o suscitante."

(STJ, CC 160.077/PA, Rel. Ministro Joel Ilan Paciornik, Terceira Seção, julgado em 10.10.2018, DJe 19.10.2018)

"PENAL. RECURSO EM HABEAS CORPUS. **'COMPRA PREMIADA'. NECESSIDADE DE ANÁLISE DO CASO CONCRETO PARA FINS DE QUALIFICAÇÃO DO NEGÓCIO JURÍDICO CELEBRADO. CARACTERIZAÇÃO, NA HIPÓTESE EXAMINADA, DE VERDA-**

DEIRO SISTEMA DE CONSÓRCIO DISSIMULADO, DADA A PRESENÇA DE SEUS ELEMENTOS ESSENCIAIS E DE SUA CAUSA. AINDA QUE NÃO SE TRATASSE DE CONSÓRCIO, HÁ CAPTAÇÃO E ADMINISTRAÇÃO DE RECURSOS DE TERCEIROS.CRIME CONTRA O SISTEMA FINANCEIRO. COMPETÊNCIA DA JUSTIÇA FEDERAL.

RECURSO DESPROVIDO.

1. A fim de se verificar a caracterização de uma atividade como sendo própria de administradora de consórcio, para fins de enquadramento no artigo 16, p. único, I, da Lei nº 7.492/86, é necessário qualificar concretamente o negócio jurídico examinado. Para tanto, deve-se verificar a pactuação dos seus elementos essenciais (essentialia) e a sua causa.

2. No caso concreto, está-se diante de mecanismo que apresenta os elementos essenciais do sistema de consórcio: (a) contrato de adesão; (b) formado pela reunião de pessoas naturais ou jurídicas em grupos; (c) com prazo de duração previamente definido; (d) com número de cotas previamente determinados; (e) sob a organização de um administrador; (f) com a finalidade de propiciar a seus integrantes a aquisição de bens ou serviços; (g) por meio de autofinanciamento; e (h) ocorrendo a contemplação por meio de sorteio ou de lance.

3. A circunstância (acessória) de, em uma das formas de contratação pactuada, a contemplação implicar a isenção do sorteado de pagamentos posteriores, não afasta a sua natureza de verdadeiro consórcio – apenas indicia a sua inviabilidade econômica e seu possível caráter de "pirâmide financeira". Mas não é fundamento para afastar a natureza de consórcio, se presentes os elementos essenciais (essentialia), necessários e suficientes para a qualificação do negócio como consórcio.

4. A causa do negócio jurídico – a contratação de administradora para gerir grupos de pessoas com a finalidade de, mediante esforços econômicos comuns, adquirirem bens e serviços, sem a utilização de empréstimos ou financiamentos bancários – confirma estar-se diante de sistema de consórcio.

5. De todo modo, ainda que não se tratasse de verdadeiro consórcio, é inegável a existência de captação e administração de recursos de terceiros, elementos suficientes para o preenchimento do conceito de instituição financeira por equiparação previsto no artigo 16, p. único, I, da Lei nº 7.492/86.

6. Elementos que indicam, para fins de prosseguimento das investigações, a competência da Justiça Federal (CF, artigo 109, IV, c/c artigo 26 da Lei nº 7.492/86) 7. Recurso desprovido."

(STJ, RHC 55.173/ES, Rel. Ministra Maria Thereza de Assis Moura, Sexta Turma, julgado, DJ 12.11.2015)

d) Empresas de Faturamento Mercantil (*factoring*)

A jurisprudência tem sido no sentido de que as empresas de *factoring* não são consideradas instituições financeiras, uma vez que não praticariam atos próprios de instituições financeiras (**STJ** – HC nº 7.463, Rel. Min. Félix Fischer, 5ª T., *vu*, *DJ* 22.02.1999), embora o empréstimo e o desconto de títulos sejam atividades típicas de instituição financeira, o *factoring* "distancia-se da instituição financeira justamente porque seus negócios não se abrigam no direito de regresso e nem na garantia representada pelo aval ou endosso" (**STJ** – RHC nº 6394/RS, Rel. Min. Fernando Gonçalves, 6ª T., *vu*, *DJ* 30.06.1997); "em se tratando de *factoring*, este Superior Tribunal já decidiu que essa espécie de estabelecimento não se confunde com instituição financeira, mas sim empresa de fomento mercantil, com atividade meramente comercial, em que se ajusta a compra de créditos vencíveis, mediante preço certo e ajustado e com recursos próprios" (**STJ** – CC nº 98062/SP, Rel. Min. Jorge Mussi, 3ª S., *vu*, *DJe* 06.09.2010); "de acordo com o entendimento desta corte as empresas de *factoring* não se confundem com instituição financeira nem mesmo para os fins da Lei 7.492/1986" (**STJ** – CC nº 102350/MG, Rel. Min. OG Fernandes, decisão monocrática, 07.06.2010); "Na hipótese em que se cuida de empréstimos a juros, com valores próprios e não captados de terceiros, há, em tese, delito de usura e, não, contra o Sistema Financeiro" (**STJ**, CC nº 99305/PR, Rel. Min. Maria Thereza de Assis Moura, DJe 20.02.2009).

Para Cezar Roberto Bitencourt, as empresas de *factoring* "são instituições de fomento mercantil, destinadas a fornecer suporte gerencial a empresas produtoras de bens e serviços, adquirindo destas os créditos resultantes de vendas a terceiros e assumindo os riscos de eventual inadimplência dos devedores. Não é outro o entendimento de Antônio Carlos Donini, que sustenta: 'o empresário de *factoring* não opera uma instituição financeira, uma vez que a atividade de fomento mercantil não visa à captação de recursos, intermediação ou aplicação de recursos financeiros de terceiros. Mas apenas presta serviços de compra de créditos vencíveis, com recursos próprios e não de terceiros, mediante preço certo e ajustado com o faturizado. A atividade de *factoring* é tipicamente comercial, porque no *factoring* inexiste uma operação de crédito, tal como aquelas praticadas por bancos, mas tão somente uma venda à vista de créditos'."[29]

[29] DONINI, Antônio Carlos. *Crimes contra o sistema financeiro nacional e contra o mercado de capitais*. 3. ed. São Paulo: Saraiva, 2014, p. 208.

Na esteira da jurisprudência pátria, se uma empresa de *factoring* prevê direito de regresso ou exige garantia do cedente representada pelo aval ou endosso, não restará caracterizada a atividade de fomento mercantil. Ainda de acordo com os precedentes jurisprudenciais, as empresas de *factoring* não se amoldariam ao conceito disposto no art. 1º da Lei nº 7.492/1986, porquanto não operariam com recursos de terceiros, mas sim com recursos próprios.

Com efeito, o contrato mercantil de *factoring* pode ser conceituado como sendo aquele no qual há "uma relação jurídica entre duas empresas, em que uma delas entrega à outra um título de crédito, recebendo, como contraprestação, o valor constante do título, do qual se desconta certa quantia, considerada a remuneração pela transação."[30] Trata-se de negócio jurídico atípico em nosso sistema, de modo a ser possível cogitar-se da aplicação das regras atinentes à cessão de crédito previstas no Código Civil (arts. 286 e seguintes) a título de regência supletiva.

Importante ser dito que, na essência (vale dizer, desde que respeitados todos os aspectos e todas as características inerentes ao instituto), a atividade de *factoring* não pode ser equiparada àquelas desempenhadas por instituições financeiras na justa medida em que se depara com a execução de atividade de fomento mercantil estritamente comercial na qual há a celebração de negócio jurídico de compra de créditos vencíveis mediante o pagamento de certo preço previamente ajustado (normalmente com grande deságio) entre os celebrantes do contrato – a propósito: "(...) As empresas popularmente conhecidas como factoring desempenham atividades de fomento mercantil, de cunho meramente comercial, em que se ajusta a compra de créditos vencíveis, mediante preço certo e ajustado, e com recursos próprios, não podendo ser caracterizadas como instituições financeiras (...)" (STJ, CC 98.062/SP, Rel. Min. Jorge Mussi, Terceira Seção, julgado em 25.08.2010, DJe 06.09.2010).

Justamente por não se confundir com instituição financeira (raciocínio que tem como pressuposto a prática de operações estritamente nos limites consignados pela doutrina e pela jurisprudência para o contrato ora em comento), veda-se peremptoriamente que empresas de fomento mercantil levem a efeito operações com características a indicar serem inerentes a tais instituições ou que tenham o condão de desconfigurar o núcleo básico do contrato de *factoring* – corroborando o exposto: "(...) I – 'Factoring' não

[30] RIZZARDO, Arnaldo. *Factoring*. 3. ed., RT, 2004, p. 13.

se confunde com Instituição Financeira, sendo vedada à empresa de 'FACTORING' a prática de qualquer operação com as características privativas das instituições financeiras autorizadas a funcionar pelo Banco Central (...)" (STJ, HC 7.463/PR, Rel. Min. Felix Fischer, Quinta Turma, julgado em 13.10.1998, DJ 22.02.1999).

Na linha do que se vem expondo, um dos aspectos necessários para que o negócio entabulado entre particulares (empresa de *factoring* e terceiro) seja efetivamente um contrato com natureza de fomento mercantil está na assunção, pela *factoring*, do risco próprio da atividade, qual seja, ao se comprar um título (o que, por certo, se faz com um valor de deságio em face daquele declarado na cártula), a *factoring* assume, necessária e consequentemente, os riscos naturais de inadimplência considerado o emitente do título como referencial (tanto que se procede ao deságio a que foi feita indicação como mecanismo a viabilizar o negócio e a proporcionar lucro ao empresário).

Dentro de tal contexto, a doutrina especializada que se debruçou sobre o contrato mercantil de *factoring* (ou de fomento mercantil), de forma veemente, aponta que são características do expediente em tela a impossibilidade de se exigir garantia e de se exercer direito de regresso em face do apresentante do título justamente porque o risco da operação deve, por princípio e diante da natureza do negócio, ser integralmente considerado e assumido pela empresa de *factoring*. Apenas a título ilustrativo:

> "(...) a atividade de *factoring* distancia-se da atividade das instituições financeiras justamente porque seus negócios não se abrigam no direito de regresso nem na garantia representada pelo aval ou pelo endosso (...)."[31]

> "(...) a operação envolve grandes riscos para o faturizador, posto que não fica reservado o direito de se voltar contra o cliente, ou o titular do crédito transferido. Presente, ainda, a probabilidade do não-pagamento das contas por uma série de outros motivos. Em primeiro lugar, assim, cuida-se de um contrato aleatório. Não fica o factor com segurança no recebimento do valor constante do título. É que, no *factoring*, por não se considerar um contrato bancário, impede-se o estabelecimento de garantias reais. Não se admite o direito de regresso contra o endossante, ou o transferinte do título, a menos que tenha vícios o título (...) o faturizador assume a responsabilidade pela solvabilidade do devedor (...)."[32]

[31] BOITEUX, Fernando Netto. *Contratos mercantis*, 1. ed. Dialética, 2001, p. 236.

[32] RIZZARDO, Arnaldo. *Factoring*, 3. ed. RT, 2004, p. 41.

"(...) é princípio da essência do contrato de faturização o fato de não responder o faturizado, ao ceder os seus créditos, pela solvência do devedor, no caso o comprador, correndo, assim, por conta da empresa de faturização, o risco do não recebimento já que a mesma não pode se voltar contra o faturizado para que esse satisfaça a obrigação não cumprida pelo comprador (...)."[33]

Consigne-se, por oportuno, que a jurisprudência do C. Superior Tribunal de Justiça, há muito tempo, faz coro ao entendimento de que o contrato de *factoring* não se compagina com a estipulação de obrigação no sentido de que o apresentante do título fique como garante da operação anterior que ensejou a emissão do título de crédito:

"RECURSO DE 'HABEAS CORPUS'. EXAME APROFUNDADO DE PROVAS. CRIME. APELAÇÕES PRIVATIVAS DE INSTITUIÇÕES FINANCEIRAS. 'FACTORING'. RECURSO IMPROVIDO. (...) 2. O 'FACTORING' DISTANCIA-SE DA INSTITUIÇÃO FINANCEIRA JUSTAMENTE PORQUE SEUS NEGOCIOS NÃO SE ABRIGAM NO DIREITO DE REGRESSO E NEM NA GARANTIA REPRESENTADA PELO AVAL OU ENDOSSO (...)."

(RHC 6.394/RS, Rel. Min. Fernando Gonçalves, Sexta Turma, julgado em 09.06.1997, DJ 30.06.1997, p. 31083)

"DIREITO CIVIL E PROCESSUAL CIVIL. FOMENTO MERCANTIL – FACTORING. RESPONSABILIDADE DO CEDENTE. 1 – Na linha dos últimos precedentes desta Corte o faturizado não pode ser demandado regressivamente pelo pagamento da dívida. 2 – Agravo Regimental a que se nega provimento."

(AgRg no REsp 1305454/SP, Rel. Ministro Sidnei Beneti, Terceira Turma, julgado em 14.08.2012, DJe 04.09.2012)

"COMERCIAL E PROCESSUAL. RECURSO ESPECIAL. FAC-SÍMILE.TEMPESTIVIDADE. FACTORING. DIREITO DE REGRESSO. CLÁUSULA CONTRATUAL. NULIDADE. (...) 2. O risco assumido pelo faturizador é inerente à operação de factoring, não podendo o faturizado ser demandado para responder regressivamente, salvo se tiver dado causa ao inadimplemento dos contratos cedidos (...)."

(REsp 949.360/RN, Rel. Min. Antonio Carlos Ferreira, Quarta Turma, julgado em 17.12.2013, DJe 19.03.2014)

[33] MARTINS, Fran. *Contratos e obrigações comerciais*. 16. ed. Forense, 2010, p. 429.

"AGRAVO INTERNO NO AGRAVO EM RECURSO ESPECIAL. DIREITO CIVIL E EMPRESARIAL. CONTRATO DE FACTORING. CESSÃO DE CRÉDITO PRO SOLUTO (CC/2002, ARTS. 295 E 296). DUPLICATA EMITIDA PELA FATURIZADA COMO GARANTIA DOS TÍTULOS TRANSFERIDOS À FATURIZADORA. IMPOSSIBILIDADE. PRECEDENTES DO STJ. DECISÃO MANTIDA. AGRAVO NÃO PROVIDO. 1. A faturizadora não tem direito de regresso contra a faturizada sob alegação de inadimplemento dos títulos transferidos, porque esse risco é da essência do contrato de factoring. Precedentes (...)."

(AgInt no AREsp 638.055/SP, Rel. Ministro RAUL ARAÚJO, QUARTA TURMA, julgado em 17/05/2016, DJe 02/06/2016)

"COMERCIAL. AGRAVO INTERNO NO AGRAVO EM RECURSO ESPECIAL. CONTRATO DE 'FACTORING'. GARANTIA. RESPONSABILIDADE DA FATURIZADA PELO SIMPLES INADIMPLEMENTO DO TÍTULO. INEXISTÊNCIA. INTERPRETAÇÃO DE CLÁUSULAS E REEXAME DO CONJUNTO FÁTICO-PROBATÓRIO DOS AUTOS. INADMISSIBILIDADE. INCIDÊNCIA DAS SÚMULAS Nºs 5 E 7 DO STJ. DECISÃO MANTIDA. 1. Na linha dos precedentes desta Corte, não se admite a estipulação de garantia em favor da empresa de factoring no que se refere, especificamente, ao inadimplemento dos títulos cedidos, salvo na hipótese em que a inadimplência é provocada pela própria empresa faturizada, o que não é o caso dos autos. Precedentes (...)."

(AgInt no AREsp 374.373/SC, Rel. Min. Antonio Carlos Ferreira, Quarta Turma, julgado em 05.12.2017, DJe 11.12.2017)

"AGRAVO INTERNO NOS EMBARGOS DE DIVERGÊNCIA EM AGRAVO EM RECURSO ESPECIAL. FOMENTO MERCANTIL. DIREITO DE REGRESSO. ACÓRDÃO RECORRIDO. JURISPRUDÊNCIA CONSOLIDADA. CONSONÂNCIA. INVIABILIDADE DOS EMBARGOS DE DIVERGÊNCIA. AGRAVO DESPROVIDO.

1. "Em regra, a empresa de factoring não tem direito de regresso contra a faturizada – com base no inadimplemento dos títulos transferidos –, haja vista que esse risco é da essência do contrato de factoring. Essa impossibilidade de regresso decorre do fato de que a faturizada não garante a solvência do título, o qual, muito pelo contrário, é garantido exatamente pela empresa de factoring." (REsp 1.289.995/PE, Rel. Ministro LUIS FELIPE SALOMÃO, QUARTA TURMA)

2. São inadmissíveis os presentes embargos de divergência, pois a jurisprudência do Superior Tribunal de Justiça se firmou no mesmo sentido do acórdão embargado. Incidência da Súmula 168/STJ.

3. Agravo interno a que se nega provimento."

(STJ, AgInt nos EAREsp 1520417/ES, Rel. Ministro RAUL ARAÚJO, SEGUNDA SEÇÃO, julgado em 18/08/2021, DJe 24/08/2021)

Nesse diapasão e tendo como lastro o entendimento amplamente dominante anteriormente descrito, acaso presente no contrato de *factoring* cláusula na qual há a estipulação de que o apresentante do título fica obrigado, por qualquer expediente, a garantir o pagamento (vale dizer, a solvabilidade) do título de crédito (inclusive por meio de sua recompra), não mais se mostra possível cogitar-se de contrato de fomento mercantil ante a desnaturalização da operação, que passa a se assemelhar (e muito) com avença levada a efeito perante instituição financeira (na qual a obrigação entabulada é garantida das mais variadas formas – garantia fidejussória, garantia real, alienação fiduciária em garantia etc. – pelo tomador do crédito).

Importante destacar que, muitas vezes, a despeito de haver menção em minuta contratual de que se estaria a celebrar um contrato de fomento mercantil em seus termos convencionais e com suas características precípuas, nota-se a existência de cláusulas aptas a desconfigurar a natureza jurídica do expediente por preverem a obrigação do faturizado, por exemplo, em recomprar as cártulas que não foram liquidadas a tempo e a modo estabelecidos.

Não se mostra crível, em hipóteses como tais, asseverar que o contrato levado a efeito entre o faturizador e o faturizado teria natureza jurídica de *factoring* justamente diante da previsão de cláusula de responsabilização a recair sobre faturizado, de molde a fazer com que a avença reste ungida a expediente firmado por instituição financeira (que exige, para a realização dos seus afazeres, a apresentação de garantia por parte do tomador do crédito).

Nessas situações, porque o contrato celebrado entre o faturizador e o faturizado previa cláusula de garantia (materializada na obrigação do faturizado recomprar o título em caso de inadimplemento, por exemplo), cláusula esta que não se insere dentre aquelas próprias do contrato de fomento mercantil (cujo risco do negócio deve ficar integral e exclusivamente a cargo da empresa de *factoring*), tendo o condão de desnaturar a natureza jurídica da avença, passa a pessoa jurídica a atuar como instituição financeira na captação e na intermediação de recursos financeiros de terceiro (art. 1º da Lei nº 7.492/1986).

Também cumpre destacar que em 2013, a Terceira Seção do STJ, firmou entendimento no sentido de que "compete à Justiça Federal processar e julgar a conduta daquele que, por meio de pessoa jurídica instituída para a prestação de serviço de *factoring*, realize, sem autorização legal, a captação, intermediação e aplicação de recursos financeiros de terceiros, sob a promessa de que estes receberiam, em contrapartida, rendimentos superiores aos aplicados no mercado. Isso porque a referida conduta se subsome, em princípio, ao tipo do art. 16 da Lei nº 7.492/1986, consistente em fazer 'operar, sem a devida autorização, ou com autorização obtida mediante declaração falsa, instituição financeira, inclusive de distribuição de valores mobiliários ou de câmbio'. Ademais, nessa hipótese, apesar de o delito haver sido praticado por meio de pessoa jurídica criada para a realização de atividade de *factoring*, deve-se considerar ter esta operado como verdadeira instituição financeira, justificando-se, assim, a fixação da competência na Justiça Federal" (CC 115.338-PR, Rel. Min. Marco Aurélio Bellizze, *DJe* de 13.08.2013).

Observe-se, que no referido Conflito de Competência restou assentado que "a concessão de empréstimos a juros abusivos por empresas de *factoring* caracteriza crime de usura, previsto nos arts. 4º da Lei nº 1.521/1951 e 13 do Decreto nº 22.626/1933, e não delito contra o Sistema Financeiro Nacional, sendo, portanto, da competência da Justiça Estadual. Bem ainda restou definido que embora a *factoring* não se confunda com instituição financeira nos termos da legislação, nada impede que determinadas operações realizadas por essas empresas possam ser tipificadas na Lei nº 7.492/86, como na espécie, em que se verificou a prática de atividades típicas de instituições financeiras, na medida em que a despeito de a pessoa jurídica ter como objeto contratual o fomento mercantil, exorbitara das atividades próprias dessa atividade, promovendo, sem autorização legal, a captação, a intermediação e aplicação de recursos financeiros de terceiros."

e) Empresas de Previdência Privada (abertas e fechadas)

A entidade fechada de previdência privada, que capta e administra recursos destinados ao pagamento de benefícios de seus associados **equipara-se a instituição financeira** para fins de incidência da Lei nº 7.492/1986. Em julgamento ocorrido na 6ª Vara Federal Criminal de São Paulo, este entendimento foi adotado e mantido em todas as instâncias até o julgamento final pelo Colendo Supremo Tribunal Federal, como pode ser observado dos julgados abaixo ementados:

TRF/3 – "... No exame da preliminar de incompetência do juízo não se pode desviar os olhos da lei, que enquadra as companhias de seguros entre as instituições financeiras por equiparação, cabendo verificar se os questionamentos da defesa são compatíveis com a técnica adotada pelo legislador na construção da norma penal. Os defensores interpõem entre o tipo penal e o fato um bloco de elementos intermediários. Alegam que o AEROS opera sob controle da Secretaria de Previdência Complementar e não do Banco Central ou da Comissão de Valores Mobiliários e que não está sujeito às mesmas normas de tributação das instituições financeiras, tudo convergindo para uma suposta exigibilidade de complementação da norma penal por preceito estranho reconhecendo a condição da entidade como instituição financeira. Entretanto, o que existe entre o tipo penal e o fato é um nada, não há qualquer distância entre um e outro, não há mediação, não há, enfim, necessidade de reconhecimento exterior acerca do caráter da instituição porque a própria lei definidora dos delitos contra o sistema financeiro nacional se encarrega de preceituar sobre o que se considera instituição financeira para os efeitos penais nela previstos. A posição das entidades de previdência privada em sistema controlado por órgão normativo do Ministério da Previdência e Assistência Social reflete mera relação de exterioridade, de lugar ocupado pelas entidades no espaço institucional, que corre em paralelo e não age sobre a relação entre o fato e a norma penal. Nos termos da lei o AEROS é uma instituição financeira por equiparação e em nada interferem nesta concepção a submissão a este ou aquele órgão de fiscalização, participação no sistema de Previdência Privada, diversidade de tratamento tributário e elementos do gênero. A propósito, convém já a esta altura asseverar a completa irrelevância de aventado parecer subscrito pelo Procurador-Geral da SUSEP bem como da iniciativa do interventor do AEROS encaminhando à Polícia Estadual a peça de comunicação dos fatos tidos por delituosos, porquanto versam elementos meramente opinativos. Com efeito, é a lei e não as manifestações das referidas autoridades que constitui, que cria a figura da instituição financeira de direito penal e o que a lei prevê não é o enquadramento como instituição financeira de entes que estejam sob a fiscalização do Banco Central ou da CVM e que não pertençam a outros sistemas de atividades sujeitas ao controle estatal. A lei ministra definição das entidades financeiras e nomeia as assim consideradas por equiparação sem fazer remissão a complementos normativos externos. A Lei 7.492/86 pune condutas que, para configurarem delito, reclamam a condição do ente envolvido como instituição financeira, mas não institui uma norma penal em branco que necessitasse de integração. A Lei pune condutas praticadas no exercício de atividades de instituição financeira e define esta última. O elemento que integra os tipos penais dos artigos 4º e outros tem o seu conteúdo e alcance determinados pela própria lei que consigna definição de instituição financeira e nomeia as equiparadas. A condição do AEROS como instituição de previdência privada, de seguros, portanto, é uma verdade, que longe de conduzir a um juízo de atipicidade dos fatos no plano da Lei 7.492/86 confirma sua incidência. Na definição dos delitos a lei, destarte, não faz remissão a qualquer manifestação do poder público diversa de si mesma, não requisita qualquer complemento normativo, não deixa para o Banco Central, Secretaria de Previdência Complementar ou qualquer órgão dizer o que é e o que não é instituição financeira. É a própria lei que o diz. Tudo o que a defesa alega invocando a posição do AEROS como entidade integrante do Sistema de Previdência Privada só teria sentido se a lei se abstivesse de ministrar o conceito de instituição financeira e ainda relegasse semelhante atribuição à autoridade administrativa, só então deparando-se válido refutar a incidência da proibição penal em relação a entidades que não fossem consideradas instituições financeiras na órbita de atuação do Banco Central. Por identidade de razões a invocada diversidade de tratamento tributário das empresas de previdência privada em cotejo com as instituições financeiras propriamente ditas não serve de fundamento válido para a pretendida exclusão dos fatos do raio de incidência da Lei 7.492/86. No tocante à aludida liminar concedida na Ação Direta de Inconstitucionalidade nº 504-9 seu objeto é o artigo 29 da Lei 8.177/91, que equipara as entidades de previdência privada e outras às instituições financeiras e do sistema de distribuição do mercado de valores mobiliários em relação a suas operações nos respectivos mercados, dispondo sobre o cumprimento de diretrizes do Conselho Monetário Nacional para efeito de fiscalização do Banco Central e da Comissão de Valores Mobiliários e de aplicação de penalidades previstas nas Leis 4.595/64 e 6.385/76, matéria, portanto, atinente ao tratamento administrativo das referidas entidades, questão que, como já enunciado, é irrelevante para os efeitos penais, despido de interesse não sendo anotar que hipotético reconhecimento da necessidade de lei complementar para a sujeição das entidades de previdência privada às diretrizes, funcionamento e fiscalização do sistema financeiro nacional não implica absolutamente em igual exigência para a sujeição dos responsáveis por infrações criminais praticadas na gestão das entidades em comento no âmbito da legislação penal especial, em matéria criminal bastando a previsão em lei ordinária e assim estando observado o princípio da legalidade. Com efeito, se em vários momentos, em matéria tributária e administrativa, a Constituição exige a disciplina por lei complementar não dispõe do mesmo modo em matéria de direito penal, que é reservada à legislação ordinária, de modo que não se há cogitar de incompatibilidade do debatido preceito da Lei 7.492/86 com a Constituição, efetivamente não havendo óbice constitucional à sujeição dos responsáveis por tais delitos às mesmas penas cominadas em relação às instituições financeiras propriamente ditas ou até mais gravosas, em última análise verificando-se uma equiparação do delito quanto à pena, de modo que por opção do legislador os delitos cometidos na gestão de instituição de seguros poderiam até mesmo ser punidos com maior severidade se em vez da técnica da equiparação se adotasse outra a estes fins adequada. A defesa, porém, ainda vai além na sua argumentação, trazendo à discussão elementos de comparação já no próprio âmbito interno da previsão legal alusiva às empresas de seguros. Com efeito, verifica-se um giro na sustentação da tese de incompetência quando já não se alude propriamente às questões dos diversos sistemas administrativos controlados pelo Banco Central e Ministério da Previdência e Assistência Social, mas a distinções entre as empresas de previdência privada fechadas e as demais que operam no ramo dos seguros. Aqui a questão deve ser tratada à luz da teoria dos elementos do tipo. Como já foi dito, a lei define o conceito de instituição financeira e nomeia as como tal tratadas por equiparação. Insere-se nas figuras típicas um elemento normativo, cuidando-se de saber o que seja uma empresa de seguros, de consórcio etc. A questão que se coloca é se o elemento normativo se relaciona estritamente com a definição jurídica das atividades de seguros, se apenas demanda verificação da correspondência das atividades exercidas com o conceito da contratação de seguros, ou se permite a interferência de elementos estranhos na sua demarcação. A primeira solução é a que reconheço como verdadeira e é por isto que já antecipei que sustentar a condição do AEROS como entidade de previdência privada é confirmar a incidência da Lei 7.492/86. Quando a defesa ressalta as características do AEROS enquanto empresa de previdência privada que não oferece seus serviços ao público em geral, mas a uma parcela circunscrita aos funcionários de determinada empresa comporta-se como se na demarcação do elemento normativo fosse possível a introdução de diferenciações no miolo do gênero considerado. Duas razões pelo menos opõem-se à possibilidade alvitrada: uma a de que a lei refere-se às empresas de seguros sem fazer distinções e outra a de que os excogitados traços diferenciais deixam intactos os aspectos da entidade na técnica da lei capazes de causação de prejuízos aos interesses objeto da tutela penal. Tanto as instituições de captação, distribuição e aplicação de recursos referidas no 'caput' quanto as designadas no inciso I apresentam o traço comum da administração de recursos de terceiros. Um banco e uma empresa de seguros igualam-se na medida em que captam e operam com recursos de terceiros, com a diferença de que o primeiro tem o cumprimento de suas obrigações condicionado a prazos e a segunda ao evento da efetivação do risco e o cliente do banco visa o capital investido e o da seguradora a cobertura para eventual risco concretizado. Nos termos da lei a substância que dá suporte aos vários modos de operação no mercado previstos são os recursos de terceiros. É suficiente a condição dos valores envolvidos enquanto recursos de terceiros para que, praticadas as previstas condutas puníveis, produza a lei seus efeitos, deparando-se irrelevante a circunstância da destinação de serviços ao público em geral ou a uma parcela determinada de pessoas. Do ponto de vista da lei, em seu teor literal, que não faz distinções e teleológico, não podem afastar a incidência das sanções penais previstas as excogitadas circunstâncias do âmbito de atuação, pouco importando se a entidade colhe sua clientela na dispersão do público ou em seguimento definido e determinado. Despido de interesse ainda não é anotar que, também do ponto de vista empírico não se sustentam as alegações, bastando pensar que não há uma como que lei natural do mercado em decorrência da qual a clientela de uma empresa fechada tenha necessariamente de ser inferior à de toda e qualquer entidade que opera no âmbito do público em geral. Ademais, e agora saindo do plano da experiência e retornando à lei, a extensão de danos pela soma de pessoas prejudicadas é apenas um dentre vários fatores que se combinam na constituição da objetividade jurídica dos delitos. Convém ainda salientar que a participação da entidade no sistema de Previdência Complementar igualmente não retira a sua condição de instituição financeira para os efeitos penais, revelando-se descabidos paralelos com o INSS, órgão de execução do Regime Geral de Previdência Social que não administra recursos de terceiros, apenas operando o plano legal de benefícios e ainda com receitas públicas incluídas no orçamento da Seguridade Social. Pode-se criticar a extensão do conceito legal mas se trata aí de argumentação pré-legislativa que não interfere na aplicação da lei se por outra não é revogada, despido de interesse não sendo anotar que a amplitude do texto legal também comporta valoração positiva enquanto manifestação de vontade da sociedade demonstrando e deixando bem claro que não tolera os fatos previstos como ilícitos contra o Sistema Financeiro Nacional. O AEROS definitivamente enquadra-se como instituição financeira nos termos da Lei 7.492/86 e o processo e julgamento de delitos previstos na mesma lei, praticados na sua gestão, cabem à Justiça Federal, por força do artigo 26 do diploma legal, a partir dessa proposição definindo-se a questão pelas regras da competência por conexão estatuídas na lei processual penal. Com efeito, o AEROS é entidade sediada nesta Capital e a mais gravosa infração penal imputada, a de gestão fraudulenta, por lógica só pode ser concebida como praticada no local onde se encontra a sede da administração da empresa. Nos termos do artigo 78, II, 'a' do CPP, na determinação da competência por conexão ou continência prepondera a do lugar da infração à qual for cominada a pena mais grave, por força da norma processual firmando-se a competência do juízo de primeiro grau também em relação a condutas puníveis outras praticadas na sede do Banco GNPP no Rio de Janeiro, configurando-se as hipóteses previstas nos três incisos do artigo 76 do Código de Processo Penal, o primeiro em sua segunda figura e o segundo em sua primeira parte. Ainda no tocante à suposta competência da Justiça Estadual consigno que a aceitação da hipótese pressupunha a descaracterização do AEROS como instituição financeira com desclassificação dos fatos para a legislação penal comum, questão que já restou dirimida com a rejeição das correspondentes alegações da defesa, quanto à cláusula de eleição de foro no contrato de administração de carteira não podendo derrogar regras de ordem pública como as da competência processual penal, nesta observação não se podendo entrever nenhum reconhecimento de idoneidade do contrato, questão a ser apurada no mérito, mas apenas a apreciação, com emprego de princípio que afasta de plano a pretensão, de matéria também ventilada em recurso de defesa" (ACR nº 1999.03.99.039158-3, Rel. Des. Fed. Peixoto Júnior, 2ª T., *v.u.*, *DJU* de 30.04.2002).

No âmbito do STJ foi mantido este entendimento no julgamento da referida Ação Penal:

"5. Quando se negue que a entidade fechada de previdência privada não participa da natureza das instituições de seguro, a disposição inserta no inciso I do parágrafo único do artigo 1º da Lei nº 7.492/1986 requisita, pela sua própria letra, o emprego da interpretação analógica *intra legem*, enquanto faz equiparada à instituição financeira toda pessoa jurídica que, 'capte ou administre' 'recursos de terceiros', se análoga a 'pessoa jurídica que capte ou administre seguros, câmbio, consórcio, capitalização ou qualquer tipo de poupança', hipótese em que se enquadra o AEROS-Fundo de Pensão Multipatrocinado. 6. Desse modo, por força de natureza ou pela equiparação levada a cabo pela Lei 7.492/86 (artigo 1º, parágrafo único, inciso I, parte final), não há falar, relativamente às entidades fechadas de previdência complementar, na sua não recepção, nem na sua revogação pela Constituição Federal de 1988, à luz, respectivamente, da redação original do inciso II do seu artigo 192 ou da redação que lhe atribuiu a Emenda Constitucional nº 13, de 22 de agosto de 1996, que referiram, distintamente, estabelecimentos de seguro e de previdência entre outros, por incluído este último, estabelecimento de previdência, evidentemente, na disposição genérica da última parte do inciso I do parágrafo único do artigo 1º da Lei dos Crimes Contra o Sistema Financeiro Nacional" (HC nº 33674, Rel. Min. Hamilton Carvalhido, 6ª T., *vu*, *DJ* 13.09.2004; HC nº 26288/SP, Rel. Min. Hamilton Carvalhido, 6ª T., *vu*, *DJ* 11.04.2005).

No mesmo sentido, o STF no julgamento deste feito decidiu:

"3. As entidades de fundo de pensão estão incluídas no Sistema Financeiro Nacional. 4. Fraude cometida contra entidade previdenciária. 5. Aplicação da Lei nº 7.492/1986" (RHC nº 85094/SP, Rel. Min. Gilmar Mendes, 2ª T, *vu*, *DJ* 08.04.2005).

Este julgado confirmou a decisão acima citada do STJ e reafirmou que o envio das entidades fechadas de previdência para o capítulo constitucional reservado à Seguridade Social não teve por consequência a exclusão de tais instituições do Sistema Financeiro Nacional.

Acresça-se, outrossim, no sentido de que os Fundos de Pensão são considerados instituições financeiras por equiparação, já que captam e administram recursos financeiros de seus associados, seja a entidade fechada ou aberta (STF, RHC nº 85.094, Rel. Min. Gilmar Mendes, 2ª T., *vu*, *DJ* 15.02.2005; STF, nº HC 95.515, Rel. Min. Ellen Gracie, 2ª T., *vu*, 30.09.2008; STJ, HC nº 33.674, Rel. Min. Hamilton Carvalhido, 6ª T., *vu*, 25.05.2004; STJ, HC nº 26.288, Rel. Min. Hamilton Carvalhido, 6ª T., *vu*, 03.02.2005).

f) Estados-Membros

O **STF**, quando do julgamento do chamado "Escândalo dos Precatórios", decidiu pela **impossibilidade** de equiparação do Estado-Membro à instituição financeira, afirmando que "o Estado, ao emitir títulos da dívida pública (Letras Financeiras do Estado) e colocá-los no mercado, para obter recursos para o Tesouro, não atuou como se fosse instituição financeira. Na aplicação da lei penal, vigora o princípio da reserva legal. Somente os entes que se enquadrem no conceito de instituição financeira, definidos no art. 1º e parágrafo único da Lei 7.492/1986, é que respondem pelos tipos penais nela estabelecidos." (Inq nº 1690/PE, Rel. Min. Carlos Velloso, Tribunal Pleno, *v.u.*, *DJ* 30.04.2004). **No mesmo sentido:** AP nº 351/SC, Rel. Min. Marco Aurélio, 1ª Turma, *vu*, *DJ* 17.09.2004.

Portanto, a União, os Estados, Municípios e Distrito Federal não são considerados instituições financeiras, mesmo quando emitam ou distribuam títulos da dívida pública.

Discorda José Paulo Baltazar Júnior, por entender que as decisões acima citadas, "além de ignorar a possibilidade da interpretação analógica" prevista no art. 1º, parágrafo único, da Lei nº 7.492/1986, deixou impunes delitos extremamente graves e que teriam causado prejuízos imensos ao erário.

Para o autor seria plenamente admissível a equiparação dos Estados-Membros como instituições financeiras "ou mesmo considerar que os agentes públicos teriam agido, em tese, em conluio com as instituições financeiras responsáveis pela colocação dos títulos, interpretação que melhor protegeria o bem jurídico em tais casos, uma vez que os títulos da dívida pública circulam no mercado, captando poupança popular, sendo o dever de probidade dos agentes públicos até maior que o exigido dos particulares."[34]

g) Instituição de pagamento

Como mencionado anteriormente nesta obra, o Bacen elenca as instituições que compõem o SFN, identificando dentre os denominados "operadores", as instituições de pagamento[35]. No entanto, esclarece que "instituição de pagamento (IP) é a pessoa jurídica que viabiliza serviços de compra e venda e de movimentação de recursos, no âmbito de um arranjo de pagamento, sem a possibilidade de conceder empréstimos e financiamentos a seus clientes." Informa, ainda, que "instituições de pagamento não são instituições financeiras, portanto não podem realizar atividades privativas destas instituições, como empréstimos e financiamentos. Ainda assim, estão sujei-

[34] BALTAZAR JUNIOR, José Paulo. *Crimes federais*. 10. ed. 2. tir. São Paulo: Saraiva, 2016. p. 609.

[35] Disponível em: https://www.bcb.gov.br/estabilidadefinanceira/instituicaopagamento. Acesso em 02.06.2023.

tas à supervisão do Banco Central. Devem constituir-se como sociedade empresária limitada ou anônima."

Portanto, para a referida autarquia federal as instituições de pagamento não são instituições financeiras e não compõem o Sistema Financeiro Nacional, a despeito de serem reguladas e fiscalizadas pelo Banco Central.

A Lei nº 12.865, de 09.10.2013, que dispõe sobre os arranjos de pagamento e as instituições de pagamento integrantes do Sistema de Pagamento Brasileiro (SPB), no inciso III do art. 6º elenca quais as atividades que podem ser praticadas pelas instituições de pagamento, a saber: "III – instituição de pagamento – pessoa jurídica que, aderindo a um ou mais arranjos de pagamento, tenha como atividade principal ou acessória, alternativa ou cumulativamente: a) disponibilizar serviço de aporte ou saque de recursos mantidos em conta de pagamento; b) executar ou facilitar a instrução de pagamento relacionada a determinado serviço de pagamento, inclusive transferência originada de ou destinada a conta de pagamento; c) gerir conta de pagamento; d) emitir instrumento de pagamento; e) credenciar a aceitação de instrumento de pagamento; f) executar remessa de fundos; g) converter moeda física ou escritural em moeda eletrônica, ou vice-versa, credenciar a aceitação ou gerir o uso de moeda eletrônica; e h) outras atividades relacionadas à prestação de serviço de pagamento, designadas pelo Banco Central do Brasil."

Além disso, em seu § 2º do art. 6º evidencia expressamente que "É vedada às instituições de pagamento a realização de atividades privativas de instituições financeiras, sem prejuízo do desempenho das atividades previstas no inciso III do *caput*."

A Terceira Seção do STJ decidiu que não se equipara a instituição financeira a instituição de pagamento porquanto não capta ou administra recursos de terceiros, operando apenas como uma facilitadora de pagamentos:

> "CONFLITO NEGATIVO DE COMPETÊNCIA ENTRE A JUSTIÇA FEDERAL E A JUSTIÇA ESTADUAL. NOTITIA CRIMINIS ENCAMINHADA AO MINISTÉRIO PÚBLICO ESTADUAL. SUPOSTA FRAUDE PRATICADA CONTRA INSTITUIÇÃO DE PAGAMENTO. INEXISTÊNCIA DE CAPTAÇÃO OU ADMINISTRAÇÃO DE RECURSOS DE TERCEIROS. INSTITUIÇÃO QUE ATUA COMO FACILITADORA DE PAGAMENTO. VEDAÇÃO LEGAL À PRÁTICA DE ATOS DE INSTITUIÇÃO FINANCEIRA. INOCORRÊNCIA DE EQUIPARAÇÃO A INSTITUIÇÃO FINANCEIRA. CONFIGURAÇÃO, EM TESE, DE ESTELIONATO CONTRA PESSOA JURÍDICA PRIVADA. AUSÊNCIA DE INTERESSE DA UNIÃO. COMPETÊNCIA DA JUSTIÇA ESTADUAL.

1. O presente conflito negativo de competência deve ser conhecido, por se tratar de incidente instaurado entre juízos vinculados a Tribunais distintos, nos termos do art. 105, inciso I, alínea "d" da Constituição Federal - CF.

2. O núcleo da controvérsia consiste em definir a competência para prestar jurisdição na hipótese de suposta fraude praticada contra instituição de pagamento. Divergem os Juízos envolvidos no conflito sobre a possibilidade de equiparação de instituição de pagamento a instituição financeira e, consequentemente, sobre a configuração de crime contra o sistema financeiro ou estelionato. 3.Conforme definição do Banco Central do Brasil - BACEN, "instituição de pagamento (IP) é a pessoa jurídica que viabiliza serviços de compra e venda e de movimentação de recursos, no âmbito de um arranjo de pagamento, sem a possibilidade de conceder empréstimos e Financiamentos a seus clientes." Trata-se, portanto, de instituição não financeira que executa serviços de pagamento em nome de terceiros. Referidas instituições de pagamento possibilitam ao cidadão realizar pagamentos independentemente de relacionamentos com bancos e outras instituições financeiras. Assim, com o recurso financeiro movimentável, por exemplo, por meio de um cartão pré-pago ou de um telefone celular, o usuário pode portar valores e efetuar transações sem estar com moeda em espécie.

4. As características da instituição de pagamento - vedação de concessão de empréstimos e financiamento - já demonstram ausência de similitude com as instituições financeiras. Com efeito, a Lei nº 12.865, de 9 de outubro de 2013, em seu artigo 6º, é clara ao definir quais atividades podem ser praticadas pelas instituições de pagamento, proibindo expressamente que realizem atividades privativas de instituições financeiras.

5. Evidentemente, uma instituição de pagamento que desvirtue sua função precípua praticando de forma anômala atividade própria de instituição financeira, desrespeitando a norma de regência, poderia, em tese, praticar crime contra o sistema financeiro por equiparação.

Todavia, não é o caso dos autos, porque, na espécie, a instituição financeira figura como vítima de possível golpe.

6. No caso em análise, a dinâmica delituosa descrita na notitia criminis indica que um estabelecimento comercial teria induzido uma instituição de pagamento a erro, causando prejuízo alheio em proveito próprio.

Nesse contexto, identifica-se, em tese, prática de delito de estelionato em face de pessoa jurídica privada, não havendo qualquer interesse da União, ainda que reflexo, que possa justificar a competência da Justiça Federal, nos termos do art. 109, IV, da CF.

> 7. Conflito de competência conhecido para declarar competente o Juízo de Direito do Departamento de Inquéritos Policiais e Polícia Judiciária de São Paulo – SP – DIPO 3, o suscitado."
>
> (STJ, CC 159.891/SP, Rel. Ministro Joel Ilan Paciornik, Terceira Seção, julgado em 10.04.2019, DJe 23.04.2019)

No entanto, como bem explicitado em referido julgado, na hipótese de a instituição de pagamento desvirtuar o seu escopo "praticando de forma anômala atividade própria de instituição financeira, desrespeitando a norma de regência, poderia, em tese, praticar crime contra o sistema financeiro por equiparação."

Além disso, poderão incidir na lei no caso de participação em crime de terceiros (instituição financeira).

h) Operadora de plano de saúde

Há posicionamento no sentido da impossibilidade de equiparação a instituição financeira. Crime contra o Sistema Financeiro Nacional afastado. Possíveis crimes falimentares ou patrimoniais. Competência da justiça estadual. Em breve síntese, as operadoras de planos de saúde não poderiam ser equiparadas a instituições financeiras, a menos que fiquem caracterizadas como seguradoras. Nesse sentido:

> "Cuidou-se de conflito negativo de competência suscitado pelo Juízo Estadual em face de decisão de Juízo Federal que se reputou incompetente para julgar ação penal, na qual o sócio administrador de operadora de plano de saúde que teve sua falência decretada foi denunciado pela prática de gestão fraudulenta, por ter cometido uma série de ilegalidades, destacando-se a falta de recolhimento de tributos e contribuições ao FGTS e a ausência de contabilidade organizada e regular. O ponto controverso consistiu em saber se essa pessoa jurídica poderia ou não ser considerada instituição financeira por equiparação, nos termos do art. 1º parágrafo único, da Lei nº 7.492/86, e, assim, ser objeto do delito de gestão fraudulenta. Da leitura do dispositivo citado, percebe-se que a única possibilidade desse enquadramento seria na condição de captadoras e administradoras de seguros. Entretanto, as operadoras de planos de assistência à saúde não possuem natureza jurídica uniforme. Com base no artigo 1º, inciso II, da Lei nº 9.656/98 – regulamentado pela Resolução RDC nº 39 da ANS –, nota-se que o conceito de operadora de plano de assistência à saúde é bastante amplo: abrange cooperativas, sociedades "civis" (atualmente denominadas sociedades simples),

sociedades "comerciais" (atualmente sociedades empresárias) e entidades de autogestão. Além destas, também as sociedades seguradoras podem ser consideradas como operadoras de plano de assistência à saúde "desde que estejam constituídas como seguradoras especializadas nesse seguro", consoante os artigos 1º e 2º da Lei nº 10.185/2001 e que operem, obrigatoriamente, sob a forma de sociedade anônima, conforme resolução da ANS. A diferença fundamental entre as seguradoras e as demais operadoras de planos de assistência à saúde consiste na possibilidade que lhes é franqueada de negociarem – captarem e administrarem – seguro-saúde, que não se confunde com as demais formas de planos privados de assistência à saúde. O seguro-saúde é uma modalidade de contrato de seguro formalizado junto a seguradoras especializadas, destinado a proteger segurados e seus dependentes incluídos na apólice em situações de doenças e lesões estipuladas contratualmente. Nos termos da apólice, a seguradora obriga-se a reembolsar o segurado, ou pagar em nome deste e à sua ordem, despesas de natureza médico-hospitalar que resultem da ocorrência de eventos (sinistros) cobertos. Com base nessas premissas, constatou-se que a operadora de plano de saúde em análise no caso concreto não poderia ser considerada uma sociedade seguradora. No direito penal, é vedada a analogia *in malan partem*, por afronta ao princípio da legalidade (artigo 5º, XXXIX, Constituição, e artigo 1º do Código Penal), de modo que não é legítimo que se pretenda promover a equiparação das demais operadoras de planos privados de assistência à saúde às seguradoras para justificar uma imputação penal. Com isso, concluiu-se que a prática de fraudes à frente da operadora de plano de saúde em análise pode caracterizar, em tese, crimes contra o patrimônio – como estelionato e apropriação indébita – ou crimes falimentares, mas jamais um crime contra o sistema financeiro nacional. Assim sendo, a competência para o processamento e julgamento do feito recai sobre a Justiça Estadual."

(CC nº 148.110-MG, Rel. Min. Reynaldo Soares da Fonseca, Rel. para acórdão Min. Maria Thereza de Assis Moura, por maioria, *DJe* 13.12.2016)

Lado outro também há entendimento no sentido de que se equiparam às instituições financeiras:

"PENAL. PROCESSUAL PENAL. LEI Nº 7.492/86, ART. 17. PRELIMINAR. ATIPICIDADE. EMPRESA OPERADORA DE PLANO PRIVADO DE ASSISTÊNCIA À SAÚDE. INSTITUIÇÃO FINANCEIRA EQUIPARADA. SUJEITO ATIVO. ADMINISTRADOR DE FATO. AUTO-

RIA. ERRO DE PROIBIÇÃO. DOSIMETRIA. PENA-BASE. CONSEQUÊNCIAS DO DELITO. ATENUNATES DOS ARTS. 65, III, B E D, DO CÓDIGO PENAL. CONTINUIDADE DELITIVA. REGIME PRISIONAL.

1. As operadoras de plano privado de assistência à saúde consistem, em última análise, em sociedades seguradoras e os contratos de planos privados de assistência à saúde, em contratos de seguro, sendo, portanto, equiparadas à instituição financeira, de acordo com o art. 1º, parágrafo único, I, da Lei nº 7.492/86 (TRF 2ª Região, RESE nº 200950010044898, Rel. Des. Fed. Marcello Ferreira de Souza Granado, j. 24.02.10).

2. Respondem também pelos crimes contra o Sistema Financeiro Nacional os administradores de fato, ainda que não tenham sido formalmente designados gestores (STJ, HC nº 43.630, Rel. Min. Arnaldo Esteves Lima, j. 09.10.07; TRF 2ª Região, ACR 200051015201350, Des. Fed. André Fontes, j. 01.03.11; TRF 3ª Região, ACR nº 1999.03.99.110790-6, Rel. Des. Fed. Fausto De Sanctis, j. 03.09.02; TRF 4ª Região: HC nº 2001.04.01.085522-5, Rel. Des. Fed. Vladimir Passos de Freitas, j. 05.02.02; HC nº 2002.04.01.042201-5, Rel. Des. Fed. Luiz Fernando Wowk Penteado, j. 02.12.02) (...)."

(TRF DA 3ª REGIÃO, QUINTA TURMA, ACR 000660941 20134036105, REL. ANDRÉ NEKATSCHALOW, DATA:11/05/2015)

Diante da similitude aos contratos de seguro em geral, equiparam-se assim as operadoras de plano de saúde às instituições financeiras.

Artigo 2º

Imprimir, reproduzir ou, de qualquer modo, fabricar ou pôr em circulação, sem autorização escrita da sociedade emissora, certificado, cautela ou outro documento representativo de título ou valor mobiliário:

Pena – Reclusão, de 2 (dois) a 8 (oito) anos, e multa.

Parágrafo único. Incorre na mesma pena quem imprime, fabrica, divulga, distribui ou faz distribuir prospecto ou material de propaganda relativo aos papéis referidos neste artigo.

O **bem jurídico** objeto de tutela é "a regularidade formal do processo de emissão e negociação dos valores mobiliários e, por extensão, a credibilidade e a estabilidade do sistema financeiro nacional",[36] que, na forma do

[36] BITENCOURT, Cezar Roberto; BREDA, Juliano. *Crimes contra o sistema financeiro nacional e contra o mercado de capitais*. 3. ed. São Paulo: Saraiva, 2014, p. 36.

art. 192 da Constituição Federal, deve ser estruturado de forma a promover o desenvolvimento equilibrado do País e a servir aos interesses da coletividade. Busca-se resguardar, outrossim, o patrimônio dos investidores adquirentes desses documentos.

Imprimir (apor sinais gráficos, fazer a impressão de); reproduzir (imitar fielmente, copiar); fabricar (produzir, manufaturar, confeccionar); por em circulação (distribuir, passar a terceiros); certificado (documento que atesta compra de papéis ou de valor mobiliário); cautela (título provisório da ação, certificado que garante a propriedade de determinado número de ações); ou outro documento representativo de título ou valor mobiliário.

A Lei nº 6.385, de 07.12.1976, que preceitua sobre o mercado de valores mobiliários e cria a Comissão de Valores Mobiliários, em seu art. 2º, dispõe que são valores mobiliários sujeitos ao regime da Lei: as ações, debêntures e bônus de subscrição; os cupons, direitos, recibos de subscrição e certificados de desdobramento relativos aos valores mobiliários referidos no inciso II; os certificados de depósito de valores mobiliários; as cédulas de debêntures; as cotas de fundos de investimento em valores mobiliários ou de clubes de investimento em quaisquer ativos; as notas comerciais; os contratos futuros, de opções e outros derivativos, cujos ativos subjacentes sejam valores mobiliários; outros contratos derivativos, independentemente dos ativos subjacentes; e quando ofertados publicamente, quaisquer outros títulos ou contratos de investimento coletivo, que gerem direito de participação, de parceria ou de remuneração, inclusive resultante de prestação de serviços, cujos rendimentos advêm do esforço do empreendedor ou de terceiros.

O § 1º do art. 2º prescreve que estão excluídos do regime desta Lei, os títulos da dívida pública federal, estadual ou municipal; os títulos cambiais de responsabilidade de instituição financeira, exceto as debêntures.

As três primeiras figuras (imprimir, reproduzir e fabricar), em verdade, possuem semelhança, devendo tais expressões ser compreendidas no contexto de se criar um certificado, cautela ou outro documento representativo de título ou valor mobiliário.

O documento relativo ao título não necessariamente será em meio físico, neste sentido o **STF** decidiu que: "o termo 'documento' não se restringe 'a qualquer escrito ou papel'. O legislador do novo Código Civil, atento aos avanços atuais, conferiu-lhe maior amplitude, ao dispor, no art. 225 que '[a]s reproduções fotográficas, cinematográficas, os registros fonográficos e, em geral, quaisquer outras reproduções mecânicas ou eletrônicas de fatos ou de coisas fazem prova plena destes, se a parte, contra quem forem exibidos, não lhes impugnar a exatidão'. Ordem denegada" (RHC nº 95689/SP. Rel. Min. Eros Grau, 2ª T., *vu*, *DJe* de 17.10.2008).

O delito se perfaz pela ausência de autorização escrita da sociedade emissora ("sem autorização escrita da sociedade emissora" – elemento normativo). Não basta mera autorização oral.

Manoel Pedro Pimentel[37] esclarece que "a expressão – sem autorização escrita da sociedade emissora – indica uma particular condição justificativa da conduta. Se houver autorização a conduta será lícita; se não houver, será ilícita."

Como se vê, é necessário que a conduta ocorra sem o conhecimento da sociedade emissora. Portanto, a ausência de autorização para as condutas de imprimir, reproduzir, fabricar ou por em circulação certificado, cautela e outros documentos representativo de título ou valor mobiliário, permite a adequação típica.

Não se trata de falsificação do documento, mas de uma forma especial desta. Se as condutas acima não demandam falsificação, sua nulidade reside na ausência de autorização da sociedade emissora, sendo suficiente que sua fabricação ou colocação em circulação se dê à revelia da sociedade emissora. "É, digamos, uma espécie *sui generis* de fraude, distinguindo-se do gênero *falsum*."[38]

Com este raciocínio, Juliano Breda[39] esclarece que "o documento representativo de valor mobiliário pode, inclusive, ser verdadeiro, mas basta à consumação que a circulação seja feita sem a autorização prevista em lei."

Não obstante não conste do parágrafo único o elemento normativo "sem autorização escrita da sociedade emissora", somente poderá incorrer no tipo aquele que imprimir, fabricar, divulgar, distribuir ou fazer distribuir prospecto ou material de propaganda relativo aos papéis referidos neste artigo nas condições descritas no *caput*, desde que seja observado o seu elemento normativo. Ora, se assim não se entender, seria considerado crime toda e qualquer publicidade sobre títulos ou valores mobiliários.

É **crime comum**, pode ser perpetrado por qualquer pessoa, e **material**, já que sua consumação ocorre com a impressão, reprodução ou fabricação,

[37] PIMENTEL, Manoel Pedro. *Crimes contra o sistema financeiro nacional* [livro eletrônico]: comentários à lei 7.492, de 16.6.86. 1. ed. São Paulo: Thomson Reuters Brasil, 2020.

[38] BITENCOURT, Cezar Roberto; BREDA, Juliano. *Crimes contra o sistema financeiro nacional e contra o mercado de capitais*. 3. ed. São Paulo: Saraiva, 2014, p. 39.

[39] BREDA, Juliano. *Crimes contra o sistema financeiro nacional* [livro eletrônico]: comentários à lei 7.492, de 16.6.86 / Manoel Pedro Pimentel. 1. ed. São Paulo: Thomson Reuters Brasil, 2020.

perfectibilizando-se, portanto, com a concretização destas ações, hipóteses nas quais se admite a tentativa, já que permitem fracionamento. Como exemplo, na hipótese de ser o agente identificado no instante em que dá início à reprodução ou fabricação do certificado, cautela ou outro documento representativo de título ou valor mobiliário.

A seu turno, a conduta disposta no *caput* "por em circulação", bem ainda as descritas no parágrafo único "divulga", "distribui" e "faz distribuir" são crimes formais, não se admitindo, em regra, a tentativa.

José Carlos Tortima[40] ao discorrer sobre a conduta de "por em circulação", faz uma importante consideração ao afirmar que "é de difícil concretização a hipótese de conseguir alguém que um título circule no mercado sem autorização da sociedade emissora, não sendo o mesmo falso. Não se pode esquecer que tais papéis só podem ser distribuídos ao público após devidamente registrados na Comissão de Valores Mobiliários (art. 19 da Lei nº 6.385/1976). E, obviamente, tal registro requisita prévia e expressa solicitação escrita da sociedade emissora interessada no lançamento dos títulos."

Cuida-se de crime de ação múltipla, de modo que a prática de apenas um dos verbos nucleares do tipo penal caracterizará o delito. Na hipótese de o mesmo indivíduo imprimir, sem autorização escrita da sociedade emissora, documento representativo de título ou valor mobiliário e o colocar em circulação, haverá apenas um delito.

O parágrafo único estabelece que incorre na mesma pena do *caput* quem imprime, fabrica, divulga, distribui ou faz distribuir prospecto ou material de propaganda relativo aos papéis referidos neste artigo (certificado, cautela ou outro documento representativo de título ou valor mobiliário), ciente de que tais foram produzidos sem autorização escrita da sociedade emissora.

Procura-se impedir a propagação por meio de publicidade e desta forma proteger o funcionamento dos mercados de valores mobiliários em bolsa de valores, de mercadorias e de futuros e no mercado de balcão, além do próprio investidor. Busca-se obstar a difusão dos papéis irregulares mencionados no *caput* o que poderia causar uma lesividade muito maior ao bem jurídico protegido.[41] A divulgação ou a distribuição deve atingir um grande

[40] *Crimes contra o sistema financeiro nacional: uma contribuição ao estudo da Lei nº 7.492/1986*. 2. ed. Rio de Janeiro: Lumen Juris, 2002, p. 18-19.

[41] GONÇALVES, Diego Vilhena. Ariovaldo M. (coord.). *Temas relevantes no direito penal econômico e processual penal*. São Paulo: Federal, 2007. p. 47.

número de pessoas, podendo-se considerar atípica a conduta se se voltar a apenas um destinatário.

Há que ser feita uma distinção entre o tipo do art. 2º e o do art. 7º da Lei nº 7.492/1986. No art. 2º pune-se a confecção de papéis representativos de títulos ou valores mobiliários que preexistem, enquanto no art. 7º estes títulos ou valores mobiliários configuram o próprio objeto da proteção.

Além disso, o *caput* do art. 2º refere-se à falta de "autorização escrita da sociedade emissora e o artigo 7º, inciso IV, menciona a ausência de autorização prévia da autoridade competente, o que seria um plus, ou seja, neste caso a emissão, oferecimento ou negociação é de títulos que dependam de autorização prévia para circulação; no tipo em estudo (art. 2º) não, eles são de livre circulação, porém, é necessário que a decisão nesse sentido seja tomada pela sociedade emitente."[42]

Admite-se a celebração de acordo de não persecução penal, a teor do que dispõe art. 28-A[43] do Código de Processo Penal, introduzido pela Lei nº 13.964/2019, diante da previsão da pena cominada para o delito de reclusão, de 02 (dois) a 08 (oito) anos, e multa.

[42] PAULA, Áureo Natal de. *Crimes contra o sistema financeiro nacional e o mercado de capitais.*2. ed. Curitiba: Juruá, 2007, p. 57.

[43] Art. 28-A. Não sendo caso de arquivamento e tendo o investigado confessado formal e circunstancialmente a prática de infração penal sem violência ou grave ameaça e com pena mínima inferior a 4 (quatro) anos, o Ministério Público poderá propor acordo de não persecução penal, desde que necessário e suficiente para reprovação e prevenção do crime, mediante as seguintes condições ajustadas cumulativa e alternativamente: (Incluído pela Lei nº 13.964, de 2019) (Vigência)
I – reparar o dano ou restituir a coisa à vítima, exceto na impossibilidade de fazê-lo; (Incluído pela Lei nº 13.964, de 2019) (Vigência)
II – renunciar voluntariamente a bens e direitos indicados pelo Ministério Público como instrumentos, produto ou proveito do crime; (Incluído pela Lei nº 13.964, de 2019) (Vigência)
III – prestar serviço à comunidade ou a entidades públicas por período correspondente à pena mínima cominada ao delito diminuída de um a dois terços, em local a ser indicado pelo juízo da execução, na forma do art. 46 do Decreto-Lei nº 2.848, de 7 de dezembro de 1940 (Código Penal); (Incluído pela Lei nº 13.964, de 2019) (Vigência)
IV – pagar prestação pecuniária, a ser estipulada nos termos do art. 45 do Decreto-Lei nº 2.848, de 7 de dezembro de 1940 (Código Penal), a entidade pública ou de interesse social, a ser indicada pelo juízo da execução, que tenha, preferencialmente, como função proteger bens jurídicos iguais ou semelhantes aos aparentemente lesados pelo delito; ou (Incluído pela Lei nº 13.964, de 2019) (Vigência)
V – cumprir, por prazo determinado, outra condição indicada pelo Ministério Público, desde que proporcional e compatível com a infração penal imputada. (Incluído pela Lei nº 13.964, de 2019) (Vigência)

Artigo 3º

Divulgar informação falsa ou prejudicialmente incompleta sobre instituição financeira: Pena – Reclusão, de 2 (dois) a 6 (seis) anos, e multa.

Havia o antecedente da Lei nº 5.250, de 09.02.1967 (Lei de Imprensa), em seu artigo 16, de cujo inciso II teria sido revogado parcialmente, e o inciso IV, totalmente, porém foi declarada a inconstitucionalidade da referida Lei pelo STF.[44]

O art. 177, § 1º, inciso I, do Código Penal, possui semelhante disposição.[45] Distingue-se, no entanto, da norma do art. 3º porquanto elenca os agentes que podem perpetrar o delito (delito próprio) e os meios que podem ser empregados para realizar a afirmação falsa. Deste modo, o dispositivo da norma especial ao não definir as pessoas que podem praticar o crime possui um alcance maior, já que não impõe qualidade ou condição especial.

Observe-se que a Lei de Economia Popular (Lei nº 1.521, de 26.12.1951) dispõe no artigo 3º, incisos VII a X,[46] fatos que se aproximam das figuras

[44] No julgamento da Arguição de Descumprimento de Preceito Fundamental (ADPF 130), publicada no Diário da Justiça de 06.11.2009, a maioria dos ministros do Supremo Tribunal Federal entendeu que a Lei nº 5.250, de 09.02.1967 (Lei de Imprensa), não foi recepcionada pela Constituição de 1988.

[45] *Art. 177 – Promover a fundação de sociedade por ações, fazendo, em prospecto ou em comunicação ao público ou à assembleia, afirmação falsa sobre a constituição da sociedade, ou ocultando fraudulentamente fato a ela relativo:*

Pena – reclusão, de um a quatro anos, e multa, se o fato não constitui crime contra a economia popular.

§ 1º – Incorrem na mesma pena, se o fato não constitui crime contra a economia popular: (Vide Lei nº 1.521, de 1951)

I – o diretor, o gerente ou o fiscal de sociedade por ações, que, em prospecto, relatório, parecer, balanço ou comunicação ao público ou à assembleia, faz afirmação falsa sobre as condições econômicas da sociedade, ou oculta fraudulentamente, no todo ou em parte, fato a elas relativo.

[46] *Art. 3º. São também crimes desta natureza:*

(...)

VII – dar indicações ou fazer afirmações falsas em prospectos ou anúncios, para fim de substituição, compra ou venda de títulos, ações ou quotas;

VIII – exercer funções de direção, administração ou gerência de mais de uma empresa ou sociedade do mesmo ramo de indústria ou comércio com o fim de impedir ou dificultar a concorrência;

IX – gerir fraudulenta ou temerariamente bancos ou estabelecimentos bancários, ou de capitalização; sociedades de seguros, pecúlios ou pensões vitalícias; sociedades para empréstimos ou financiamento de construções e de vendas e imóveis a prestações, com ou sem sorteio ou preferência por meio de pontos ou quotas; caixas econômicas; caixas Raiffeisen; caixas mútuas, de beneficência, socorros ou empréstimos; caixas de pecúlios, pensão e aposentadoria; caixas construtoras; cooperativas; sociedades de economia coletiva, levando-as à falência ou à insolvência, ou não cumprindo qualquer das cláusulas contratuais com prejuízo dos interessados;

descritas no artigo 177 do Código Penal. Tal circunstância determina a subsidiariedade do tipo previsto no § 1º do artigo 177 do Código Penal, porquanto somente restará tipificado *se o fato não constitui crime contra a economia popular*, preceito secundário do § 1º desse artigo do estatuto penal.

Neste caso, há necessidade do emprego de dois princípios. Além do princípio da subsidiariedade, deve ser utilizado o da especialidade.

No entanto, para aplicar o primeiro princípio é "fundamental definir a espécie de crime que determinado fato constitui. Essa definição somente poderá ser encontrada, com segurança, por meio do princípio da especialidade. Considera-se especial uma norma penal, em relação à outra geral, quando reúne todos os elementos desta, acrescidos de mais alguns, denominados especializantes. Isto é, a norma especial acrescenta elemento próprio à descrição típica prevista na norma geral."[47]

Existe no tipo previsto no artigo 3º da Lei nº 7.492/1986 especial proteção de confiança do Sistema Financeiro Nacional a fim de evitar especulações, porque a divulgação de informação falsa pode, por exemplo, ocasionar saque desenfreado de valores pelos correntistas junto às instituições financeiras, em evidente prejuízo ao sistema, desestabilizando o mercado e colocando em risco o patrimônio de seus investidores.

O bem jurídico tutelado por este artigo volta-se ainda à proteção da instituição financeira contra a qual são realizadas as condutas e à proteção dos investidores que podem ser prejudicados pela privação de informações corretas ou pela obtenção de informações falsas ou prejudicialmente incompletas.

A mensagem tornada pública, de conhecimento de terceiros e, por exemplo, de outras instituições financeiras, veiculando informações falsas sobre a situação econômico-financeira é capaz de ocasionar efeito cascata e multiplicador, pois é fato que o mercado financeiro é sensível a boatos e a notícias infundadas, merecendo reprimenda a conduta que possa afetar a credibilidade de uma instituição financeira junto a seus acionistas e cor-

X – fraudar de qualquer modo escriturações, lançamentos, registros, relatórios, pareceres e outras informações devidas a sócios de sociedades civis ou comerciais, em que o capital seja fracionado em ações ou quotas de valor nominativo igual ou inferior a um mil cruzeiros com o fim de sonegar lucros, dividendos, percentagens, rateios ou bonificações, ou de desfalcar ou de desviar fundos de reserva ou reservas técnicas.
Pena – detenção, de 2 (dois) anos a 10 (dez) anos, e multa, de vinte mil a cem mil cruzeiros.

[47] BITENCOURT, Cezar Roberto; BREDA, Juliano. *Crimes contra o sistema financeiro nacional e contra o mercado de capitais*. 3. ed. São Paulo: Saraiva, 2014, p. 44.

rentistas e, por conseguinte, abalar o Sistema Financeiro Nacional como um todo.

A *mens legis* busca assegurar a normalidade e a estabilidade deste, cuidando para evitar que boatos e notícias inverídicas acerca do funcionamento de empresas ou de seus resultados possam se prestar à especulação e causar-lhes instabilidade.

Objetiva-se, outrossim, evitar a divulgação de dados que possam propiciar a obtenção de lucros abusivos ou de vantagens indevidas por seus dirigentes em detrimento de eventuais contratantes ou investidores.

O ato de calar a informação é atípico por ausência de previsão legal.

O "verbo, que a lei emprega, é o de **'divulgar'**, que significa vulgarizar, tornar conhecido, propalar ou publicar. A expressão, segundo os fundamentos da língua, é incompatível com a postura de calar um fato, pois esta compreende posição contrária àquela, quando o indivíduo não fala, emudece, mantém segredo, não diz palavra, silencia."[48]

Infere-se, portanto, que a incriminação de uma pessoa, por ausência de prestação de informação sobre atividades de uma instituição financeira, é ato que não encontra respaldo legal.

A informação falsa ou prejudicialmente incompleta necessita, porém, ter potencialidade lesiva para atingir o bem jurídico e influir negativamente na regularidade e credibilidade das operações a serem realizadas por uma instituição financeira. É necessário, portanto, que a informação tenha relevância, a fim de que tenha capacidade lesiva.

A prejudicialidade da informação contida na parte final do tipo relaciona-se ao fato de ser incompleta, isto é, "imperfeita, parcial, adulterada, pois, ao omitir aspectos fáticos relevantes sobre o que, na verdade, ocorre na instituição financeira, passa-se a ter dela uma errônea visão."[49]

Não há necessidade que a divulgação, nesta hipótese, seja falsa, porquanto a falsidade já consta da primeira figura, assim, deve-se entender por "informação prejudicialmente incompleta" aquela informação insuficiente, tendenciosa, deturpada, passível de causar prejuízo à instituição financeira, ao investidor e, em consequência, ao Sistema Financeiro Nacional por vei-

[48] TRF3 – *Habeas Corpus* nº 90030431027, Juiz Fed. Pedro Rotta, 1ª T., por maioria, *DOE* de 30.09.1991, p. 95.

[49] PRADO, Luiz Regis. *Direito penal econômico: ordem econômica, relações de consumo, sistema financeiro, ordem tributária, sistema previdenciário, lavagem de capitais, crime organizado.* 4. ed. rev., atual e ampl. São Paulo: RT, 2011, p. 161.

cular um retrato infiel da instituição financeira, não consentâneo com a realidade.

Pode ocorrer por meio da omissão de circunstâncias inerentes à instituição, daí que a divulgação parcial ou alterada dos fatos induziria os destinatários da notícia a uma equivocada percepção sobre a real situação da instituição financeira.

Sintetizando: "informação prejudicialmente incompleta não deixa de ser uma modalidade *sui generis* de informação falsa, pois informação incompleta, truncada, parcial, quando tendenciosa ou especialmente dirigida a confundir, enganar ou criar um juízo equivocado sobre a instituição financeira, não deixa de ser falsa. (...) Não é necessário que a informação tenha caráter sigiloso para tipificar o crime, sendo suficiente que sua falsidade refira-se à situação, dado ou fato relevante e tenha potencial para produzir dano, efetivo ou potencial, para a instituição, para o sistema financeiro ou para a própria coletividade."[50]

Em julgado proferido em sede de *Habeas Corpus* perante o Superior Tribunal de Justiça restou bem caracterizada a ocorrência de divulgação de informação falsa sobre instituição financeira[51] por Parlamentar em entrevista coletiva por ele convocada, sem nexo causal com o exercício do seu mandato, na medida em que tal conduta, *in casu*, teria exorbitado o limite da simples opinião, não tendo sido albergada pela prerrogativa da imunidade material.

Naquele específico caso, ficou patenteado pelo STJ que o acusado prestou declarações à sociedade com informações inverídicas acerca da situação de uma instituição financeira, gerando prejuízos a ela.

Entendeu-se que a inviolabilidade civil e penal das opiniões, palavras e votos dos membros das Casas Legislativas está adstrita ao efetivo exercício do cargo, ainda que fora da tribuna, desde que tenham sido proferidas em razão da função parlamentar. Evidenciado o dolo de se valer do mandato para divulgar informações falsas sobre instituição financeira, tal garantia não se presta a impedir a responsabilização pelo crime previsto no art. 3º da Lei nº 7.492/86".

[50] BITENCOURT, Cezar Roberto; BREDA, Juliano. *Crimes contra o sistema financeiro nacional e contra o mercado de capitais*. 3. ed. São Paulo: Saraiva, 2014, p. 47-48.

[51] Confira dados extraídos do julgamento perante o Superior Tribunal de justiça do *Habeas Corpus* nº 238.481-ES (2012/0069772-3), Rel. Min. Laurita Vaz, 5ª T., *v.u.*, *DJe* 30.11.2012.

No entanto, o caso subiu ao STF, decidindo-se que:

"HABEAS CORPUS – ATO MONOCRÁTICO – ADEQUAÇÃO. O habeas corpus mostra-se adequado quer se trate de ato individual, quer de Colegiado. HABEAS CORPUS VERSUS REVISÃO CRIMINAL. O habeas corpus não faz as vezes da revisão criminal, pressupondo a prática de ato de constrição à margem da ordem jurídica e a alcançar, na via direta ou indireta, a liberdade de ir e vir do cidadão, devendo as premissas fáticas surgirem dos pronunciamentos judiciais contrários à defesa. IMUNIDADE PARLAMENTAR – PALAVRAS E OPINIÕES. Surge, uma vez existente o nexo de causalidade entre o que veiculado e o mandato parlamentar, a imunidade. IMUNIDADE PARLAMENTAR – IMPRENSA – ENTREVISTA. O fato de o parlamentar haver concedido entrevista coletiva relativamente à divulgação de informações sobre a situação patrimonial e contábil de instituição financeira estadual não afasta a imunidade prevista no artigo 53, combinado com o 27, § 1º, da Constituição Federal."

(HC 115397, Rel.: Marco Aurélio, Primeira Turma, julgado em 16.05.2017, processo eletrônico DJe-173 divulg 04.08.2017 public 07.08.2017)

Jurisprudência: configura o crime a mensagem de correio eletrônico para vários destinatários contendo informações potencialmente prejudiciais a uma determinada instituição financeira (**TRF/3** – ACR nº 2000.61.81.001250-0/SP, Rel. Des. Fed. André Nabarrete, 5ª T., *vu*, *DJU*. 17.09.2003); **não há o crime**, porém, se simples repetição de declarações já veiculadas na imprensa (**TRF/3** – Inquérito nº 95.03.045368-2/SP, Rel. Des. Fed. Souza Pires, Órgão Especial, por maioria, *DJ* 09.09.1997); **também não configura o crime** a conduta de reproduzir fatos já anteriormente e amplamente divulgados, de notório conhecimento. "Em se tratando do crime previsto no artigo 3º da Lei nº 7.492/1986, que tipifica a conduta de divulgar informação falsa ou prejudicialmente incompleta sobre instituição financeira, imprescindível a existência de *dolus malus*, ou seja, a divulgação com o intuito malévolo" (**TRF/3** – ACR nº 1999.61.81.003808-8, Rel. Des. Fed. Suzana Camargo, 5ª T., *vu*, *DJU* 23.05.2007).

Registre-se que neste último julgado a Sentença de primeiro grau considerou, acertadamente, que, do mesmo modo que as instituições financeiras merecem ser protegidas contra a divulgação de falsas informações que possam, de algum modo, abalar sua credibilidade, seus correntistas e o público em geral também detêm o direito à informação, ainda que os prognósticos dos subscritores da notícia não venham a se confirmar. Observou-se que talvez com esse procedimento não fossem eles, na maioria das ocasiões, surpreendidos com o fato já consumado.

O nosso Direito Penal não acolheu a responsabilidade objetiva para a responsabilização do agente e, especificamente na hipótese do artigo 3º da Lei nº 7.492/1986, não basta ser a notícia falsa, mas é necessário que o autor saiba da falsidade e mesmo assim a divulgue, sob pena de entendimento contrário levar ao cerceamento do direito à informação e à liberdade de imprensa. É essencial, portanto, à caracterização do delito, a consciência do agente de que a informação é falsa ou prejudicialmente incompleta.

A denúncia deve descrever com clareza a informação falsa ou prejudicialmente incompleta, apontando a vontade e a consciência do agente em praticar o crime e obter o resultado pretendido, qual seja a divulgação de tais informações que não correspondem à realidade.

É crime comum, pode ser perpetrado por qualquer pessoa (vai além daquelas descritas no art. 25 da Lei nº 7.492/1986), não exigindo qualidade ou condição especial, e **de mera conduta**, já que sua consumação ocorre com a divulgação sem que se imponha qualquer resultado.

Basta tão-somente o conhecimento, por terceiro, da falsa ou prejudicialmente incompleta notícia.

O tipo subjetivo está consubstanciado no dolo, não se exigindo especial fim de agir. Não há previsão da modalidade culposa.

Não há exigência de que a informação atinja um grande número de pessoas, já que ela tem aptidão para se propagar por qualquer meio ou modo e alcançar um indeterminado número, repercutindo negativamente sobre a instituição financeira.

Para Cezar Roberto Bitencourt "na modalidade de divulgar *informação falsa*, trata-se de **crime de perigo abstrato**, bastando a prática efetiva da divulgação para consumar-se a ação. Na modalidade de *prejudicialmente incompleta*, trata-se de **perigo concreto**, devendo-se demonstrar a potencialidade lesiva da prejudicialidade da informação incompleta, sob pena de não se configurar a figura típica."[52]

Note-se, no entanto, *s.m.j.*, que a informação falsa ou prejudicialmente incompleta necessita da potencialidade lesiva para atingir o bem jurídico

[52] BITENCOURT, Cezar Roberto; BREDA, Juliano. *Crimes contra o sistema financeiro nacional e contra o mercado de capitais*. 3. ed. São Paulo: Saraiva, 2014, p. 54.

e influir negativamente na regularidade e credibilidade das operações a serem realizadas por uma instituição financeira.

Conquanto se trate de **crime comum,** o sujeito ativo deve exercer ou se encontrar numa posição que lhe confira credibilidade para divulgar informação falsa ou prejudicialmente incompleta sobre instituição financeira, porquanto se não representar a instituição financeira, "não pertencer a nenhum órgão, entidade ou instituição fiscalizadora, oficial ou extraoficial, ou não gozar de determinado *status* no mercado financeiro, de capitais, mercadológico ou similar, que relevância a declaração de um anônimo poderia ter nesse mundo especializado"?[53]

Há, portanto, necessidade de a informação relacionar-se a fato ou circunstância que possua capacidade ofensiva, potencialidade lesiva, não bastando a divulgação de pormenores que não possuam relevância para atentar contra a credibilidade da instituição financeira.

A informação deve se relacionar a aspectos atinentes a situação econômico-financeira da instituição, a sua atividade, a sua segurança, a elementos sensíveis de sua gestão, a programas de desenvolvimento, etc.

O **sujeito passivo**, além do Sistema Financeiro Nacional, seria a instituição financeira a respeito da qual tenha sido divulgada a informação falsa ou prejudicialmente incompleta e os investidores que possam se ver prejudicados.

Por fim, há que se mencionar que a Lei nº 11.101, de 09.02.2005 (que regula a recuperação judicial, a extrajudicial e a falência do empresário e da sociedade empresária), prevê o crime de "divulgação de informações falsas em seu artigo 170 (divulgar ou propalar, por qualquer meio, informação falsa sobre devedor em recuperação judicial, com o fim de levá-lo à falência ou de obter vantagem)."

Admite-se a celebração de acordo de não persecução penal, nos termos do art. 28-A do Código de Processo Penal, introduzido pela Lei nº 13.964/2019, diante da previsão da pena cominada para o delito de reclusão, de 02 (dois) a 06 (seis) anos, e multa.

Artigo 4º (gestão fraudulenta ou temerária de instituição financeira)

Gerir fraudulentamente instituição financeira:

Pena – Reclusão, de 3 (três) a 12 (doze) anos, e multa.

[53] Op. cit. p. 46.

Parágrafo único. Se a gestão é temerária:
Pena – Reclusão, de 2 (dois) a 8 (oito) anos, e multa.

A potencialização do risco imanente à atividade econômica guarda estreita relação com os tipos "gestão fraudulenta e gestão temerária", agora em exame, e com o interesse político-criminal de tutela do sistema financeiro.

A monetarização das relações conferiu papel de relevo ao sistema financeiro exatamente porque, segundo Marcelo Almeida Ruivo, "o destaque dado à financeirização econômica, em grande medida, decorre da sua alta capacidade destrutiva caracterizada pela dinâmica de condução dos efeitos em cascata que gera apreensão tanto na economia local, quanto na global. Esta dinâmica é interpretada como sendo o risco financeiro, proporcionado pela arquitetura internacional de alta volatilidade e inerente à vida contemporânea, que, por sua vez, demanda dos agentes políticos atentas ações capazes de conformar e de gerenciar a nova ordem."[54]

Ao discorrer sobre "a relevância constitucional e a tutela penal do Sistema Financeiro Nacional: pontos de contato em uma unidade de sentido", o autor referido[55] demonstra não existir direito de caráter absoluto ou livre de regulamentações, de modo que a livre-iniciativa não consiste caso insigne capaz de justificar a criação de uma exceção:

> "Todas as liberdades, componentes do seu conteúdo múltiplo apresentam, portanto, regulamentações e delimitações para o seu exercício pleno. No contexto do Sistema Financeiro Nacional, encontra-se o direito de acesso a um ambiente negocial equilibrado, criação e gestão de empresas subordinado às determinações tanto do Banco Central (BACEN), quanto da Comissão de Valores Mobiliários (CVM). Do mesmo modo, a oferta de produtos e oportunidades de negócios aos investidores deve ocorrer nos limites do regramento emitido pelo BACEN, assim como das normas específicas de direito civil e de direito consumeirista, no atinente às cláusulas contratuais. Toda atividade não contrária à ordem jurídica poderá ser desempenhada livremente desde que contida entre os limites máximos dos caminhos assinalados pela poliédrica Constituição Econômica."

[54] RUIVO, Marcelo Almeida. *Criminalidade financeira: contribuição à compreensão da gestão fraudulenta*. Porto Alegre: Livraria do Advogado, 2011, p. 17-18.
[55] RUIVO, Marcelo Almeida, *op. cit.*, p. 36-37.

Algumas ações potencialmente lesivas mereceram, então, especial atenção, de modo que sua criminalização se impõe, figurando o Direito Penal como aquele capaz de intervir para proteger os valores do sistema financeiro do ataque de condutas sociais que lhes são ofensivas. A proteção penal, por óbvio, somente deve ser adotada quando for a única via de tutela diante da fragmentariedade e subsidiariedade do Direito Penal (*ultima ratio legis*).[56]

A criminalização de condutas atentatórias aos valores ou a interesses econômico-sociais relacionados ao Sistema Financeiro Nacional – diante da amplitude com que se propagam as consequências danosas dos crimes financeiros – encontrou, também nas palavras do já citado Marcelo Almeida Ruivo, em sua dissertação de mestrado,[57] campo seguro, ao ponderar que:

> "... Tudo leva a crer que a imprescindibilidade das finanças para a economia contemporânea, assim como para eficácia operatória de um grupo de direitos fundamentais, indubitavelmente conexos à dignidade da pessoa humana, são indicadores da relevância social de alguns interesses componentes da complexa realidade do Sistema Financeiro Nacional. Apesar de não existir mandato expresso de criminalização, deve-se notar que também não há – e isso não é irrelevante – impedimento à criminalização das condutas, de modo que determinados valores, ainda quando não ordenados de forma ostensiva, possuem ressonância constitucional."

O artigo 4º em seu *caput* e parágrafo único não definiu o que sejam "gestão fraudulenta e gestão temerária", levando parte da doutrina e da jurisprudência em julgados proferidos nos primeiros anos que se sucederam à edição da Lei nº 7.492/1986 a tê-los por inconstitucionais por ofensa ao princípio da reserva legal.

Por "gestão fraudulenta" deve-se compreender todo ato de administração no âmbito da empresa, dentre os poderes conferidos, ainda que apenas de fato, que visa à percepção de vantagem indevida em prejuízo alheio, empregando o administrador artifícios que levam a erro os demais administradores. Já a "gestão temerária" exige a prática de ato que potencialmente coloca em risco a normalidade econômica da empresa. Em ambos os casos

[56] DIAS, Jorge de Figueiredo. *Direito penal. Parte geral. Questões fundamentais da doutrina geral do crime.* Coimbra: Coimbra, 2004, p. 19.

[57] RUIVO, Marcelo Almeida, *op. cit.*, p. 45-46.

exige-se administração que fuja aos padrões normais da atividade empresarial e comprometimento da higidez financeira da instituição.

Não cabe alegar a insubsistência da Lei nº 7.492/1986 em face do preceptivo inscrito no artigo 192 da Constituição Federal, sob o argumento de atipicidade constitucional do diploma infraconstitucional dado que o dispositivo determina que leis complementares regulem o Sistema Financeiro Nacional, o que levaria a uma ab-rogação implícita, ou seja, supressão total da Lei nº 7.492/1986.

O normativo constitucional regula o Sistema Financeiro Nacional com vistas ao seu desenvolvimento equilibrado, na medida em que deva ser organizado mediante leis complementares para promover o desenvolvimento sustentável do País e servir aos interesses da coletividade, atuando sob a fiscalização da administração pública federal. Contudo, seu disciplinamento – preceito da recepção – coube à Lei nº 4.595, de 31.12.1964, como se fosse verdadeira lei complementar.

A Lei nº 7.492/1986 estabeleceu – como corolário do princípio da reserva legal (art. 5º, XXXIX, CF) – a tutela penal pela incriminação de comportamentos que, lesando o Sistema Financeiro Nacional ou expondo-o a perigo de dano, devam se submeter ao poder punitivo estatal. Não houve qualquer afronta aos princípios da reserva legal e da taxatividade da norma penal pelos preceitos incriminadores da Lei nº 7.492/1986, uma vez que – como é notório – respeitou-se o processo legislativo de então.

Não há que se alegar infração ao artigo 25 dos Atos das Disposições Constitucionais Transitórias.[58] Não houve ato de delegação do Poder Legis-

[58] "Art. 25. Ficam revogados, a partir de cento e oitenta dias da promulgação da Constituição, sujeito este prazo a prorrogação por lei, todos os dispositivos legais que atribuam ou deleguem a órgão do Poder Executivo competência assinalada pela Constituição ao Congresso Nacional, especialmente no que tange a:
I – ação normativa;
II – alocação ou transferência de recursos de qualquer espécie.
§ 1º – Os decretos-lei em tramitação no Congresso Nacional e por este não apreciados até a promulgação da Constituição terão seus efeitos regulados da seguinte forma:
I – se editados até 2 de setembro de 1988, serão apreciados pelo Congresso Nacional no prazo de até cento e oitenta dias a contar da promulgação da Constituição, não computado o recesso parlamentar;
II – decorrido o prazo definido no inciso anterior, e não havendo apreciação, os decretos-lei alí mencionados serão considerados rejeitados;
III – nas hipóteses definidas nos incisos I e II, terão plena validade os atos praticados na vigência dos respectivos decretos-lei, podendo o Congresso Nacional, se necessário, legislar sobre os efeitos deles remanescentes.

lativo. Ao contrário, entendeu o legislador caber ao Conselho Monetário Nacional, como órgão disciplinador e, ao Banco Central, como órgão executor, "cumprir e fazer cumprir as disposições" daquela Lei (arts. 4º e 9º, ambos da Lei nº 4.595, de 31.12.1964). Trata-se, pois, de puro ato de processo legislativo de molde não haver aplicação o referido artigo dos Atos das Disposições Constitucionais Transitórias.

A Lei nº 4.595/1964 dispõe sobre a Política e as Instituições Monetárias, Bancárias e Creditícias e criou o Conselho Monetário Nacional. Este órgão normativo possui a finalidade de formular a política da moeda e do crédito como previsto nesta Lei, objetivando o progresso econômico e social do País (art. 2º).

São inúmeros os objetivos da política do Conselho Monetário Nacional, desde, dentre eles, zelar pela liquidez e solvência das instituições financeiras (art. 3º, inciso VI); coordenar as políticas monetária, creditícia, orçamentária, fiscal e da dívida pública, interna e externa (art. 3º, inciso VII).

Ao Banco Central compete, dentre tantas, atribuições, exercer o controle do crédito sob todas as suas formas; efetuar o controle dos capitais estrangeiros, nos termos da lei; exercer a fiscalização das instituições financeiras e aplicar as penalidades previstas (art. 10, incisos VI, VII, IX, da Lei nº 4.595/1964), bem ainda atuar no sentido do funcionamento regular do mercado cambial, da estabilidade relativa das taxas de câmbio e do equilíbrio no balanço de pagamentos, podendo para esse fim comprar e vender ouro e moeda estrangeira, bem como realizar operações de crédito no exterior, inclusive as referentes aos Direitos Especiais de Saque, e separar os mercados de câmbio financeiro e comercial (art. 11, inciso III, da Lei nº 4.595/1964).

Remarque-se que a norma incriminadora estampada no art. 4º, *caput*, da Lei nº 7.492/1986, contém descrição típica aberta e a existência de elemento normativo (fraudulentamente) – passível de demarcação conceitual – não afronta, por esse motivo, o princípio da legalidade citado.

Não há, portanto, afronta ao preceito da reserva legal, apesar do tipo reclamar apreciação mais acurada da conduta, por conduzir a um juízo de valor e por levar à interpretação termo jurídico ou extrajurídico, característica dos tipos anormais.

§ 2º – Os decretos-lei editados entre 3 de setembro de 1988 e a promulgação da Constituição serão convertidos, nesta data, em medidas provisórias, aplicando-se-lhes as regras estabelecidas no art. 62, parágrafo único."

De se observar que juízo de valoração com especial cuidado cabe proceder, *ad exemplum*, no conceito de pequeno valor no furto (artigo 155, § 2º, do Código Penal), de mulher inexperiente ou honesta nos crimes de sedução e rapto (artigos 217 e 219, ambos do Código Penal, revogados pela Lei nº 11.106/2005), e nem por isso alegou-se violação do princípio da legalidade, pois a suposta indeterminação de conceitos só existe na ausência de apreciação mais detida.

Sobreleva registrar a existência, em nosso ordenamento jurídico, de tipos abertos (os culposos, *ad exemplum*) ou a existência de diversas normas penais contendo elementos normativos, como, por exemplo, aquele contido no art. 171, *caput*, parte final, do Código Penal, que, semelhantemente ao artigo 4º, *caput*, em foco, aduz a "qualquer outro meio fraudulento" e nem por isso se cogita de violação ao princípio da legalidade e da inaplicabilidade das referidas normas incriminadoras.

Guilherme Calmon Nogueira da Gama e Abel Fernandes Gomes, acertadamente, pugnam pela constitucionalidade da norma do mencionado art. 4º. Citam Zaffaroni e Pierangeli, que advertiram que a confecção de tipos penais fechados ou legais é um ideal do qual o legislador deverá aproximar-se o quanto possível, mas que em determinadas ocasiões, por mais extremado que seja o legislador, jamais conseguirá prever todas as maneiras pelas quais a conduta incriminada poderá ser praticada, pelo que a elaboração de tipos abertos ou judiciais será constitucional.

E continuam:

> "(...) na verdade a Lei nº 7.492/1986 prevê infrações que não se circunscrevem especificamente à área do sistema financeiro nacional, mas atentam contra bens ou interesses jurídicos de caráter transindividual insertos na órbita da ordem econômica, que, de qualquer modo, são ligados a uma esfera imensa de pessoas naturais, jurídicas (de direito público e privado) e à coletividade (...). Como exigir, então, do legislador, a precisão na sua definição e a estrita elaboração de tipos fechados nessa área? Parece-nos insustentável a posição que pugna pela inconstitucionalidade da criação de tipos abertos, contidos no art. 4º, caput, e parágrafo único da Lei nº 7.492/86, uma vez que, dentro daquele critério de análise recomendado por ZAFFARONI e PIERANGELI, as circunstâncias justificaram a opção pela elaboração de tipos abertos."[59]

[59] *Temas de direito penal e processo penal: em especial na justiça federal*. Rio de Janeiro: Renovar, 1999, p. 219/221.

A *mens legis* na edição da norma incriminadora em estudo, ao excluir do seu preceito primário o resultado naturalístico como elementar do crime, foi a de criar um tipo anormal, que requer a aferição de elemento normativo do tipo, diante da impossibilidade de uma previsão apriorística de todas as modalidades de conduta fraudulenta ou temerária que possam ocorrer na gestão de uma instituição financeira.

Cabe, então, ao Poder Judiciário a função integrativa da norma e, desse modo, fomentar um instrumento jurídico que se ajuste continuamente aos fatos sociais, à evolução das práticas financeiras e aos ilícitos que possam daí advir. A interpretação da conduta incriminada deverá sempre guardar um caráter teleológico, em que o grau de antijuridicidade será proporcional ao grau de afetação à objetividade jurídica da norma.

O delito tipificado no art. 4º, *caput* e parágrafo único, da Lei nº 7.492/ /1986, configura **crime próprio**, uma vez que somente pode ser cometido por quem detém o poder de direção, conforme rol expressamente previsto no art. 25 do mesmo diploma legal.

Diante do fato de que, apenas em 1988, com a edição da mais recente Constituição Federal, adotou-se a responsabilização da pessoa jurídica, a Lei nº 7.492/1986 houve por bem indicar quais pessoas físicas, no seio das instituições financeiras, pudessem estar sujeitas aos delitos contra o Sistema Financeiro Nacional, não excluindo, por óbvio, eventuais coautores e partícipes.

Admite-se, portanto, a **coautoria ou participação** de quem praticou atos em conjunto com os responsáveis pela gestão, possuindo influência sobre a realização das atividades ilícitas.

Se restar demonstrado o conluio de um administrador, diretor ou gerente da instituição com os demais réus, mesmo que estes não ostentem tal qualidade, podem participar da prática criminosa, caso tenham apoiado material ou moralmente sua execução (inteligência do artigo 29 do Código Penal).[60]

O STF tem julgado no sentido de que:

> "HABEAS CORPUS. PROCESSUAL PENAL. SUBSTITUTIVO DE RECURSO CONSTITUCIONAL. INADEQUAÇÃO DA VIA ELEITA. INÉPCIA DA DENÚNCIA. FALTA DE JUSTA CAUSA. ALEGAÇÃO DEFENSIVA VEICULADA APÓS A SENTENÇA CONDENATÓRIA. PRECLUSÃO. **CRIME CONTRA O SISTEMA FINANCEIRO**. TRAN-

[60] STJ, Habeas Corpus nº 292.979/DF, Rel. Min. Felix Fischer, 5ª T., j. 28.04.2015.

CAMENTO DA AÇÃO PENAL. EXCEPCIONALIDADE NÃO CONFIGURADA. **COAUTORIA E PARTICIPAÇÃO EM CRIME DE GESTÃO FRAUDULENTA. ART. 4º DA LEI 7.492/1986.**

1. Contra a denegação de habeas corpus por Tribunal Superior prevê a Constituição Federal remédio jurídico expresso, o recurso ordinário. Diante da dicção do art. 102, II, a, da Constituição da República, a impetração de novo habeas corpus em caráter substitutivo escamoteia o instituto recursal próprio, em manifesta burla ao preceito constitucional.

2. De acordo com a jurisprudência desta Suprema Corte, a superveniência do édito condenatório prejudica o exame da tese defensiva da falta de justa causa e preclusa a alegação de inépcia da denúncia quando suscitada após a sentença penal condenatória ser exarada. Precedentes.

3. Não se exigem, quando do recebimento da denúncia, a cognição e a avaliação exaustiva da prova ou a apreciação exauriente dos argumentos das partes, bastando o exame da validade formal da peça e a verificação da presença de indícios suficientes de autoria e de materialidade.

4. Suficiente a descrição das condutas imputadas à paciente, bem como as provas citadas na denúncia para o recebimento e o trâmite da ação penal por crime de gestão fraudulenta de instituição financeira (art. 4º, caput, da Lei nº 7.492/1986). A discussão a respeito da suficiência da imputação e das provas para a condenação é questão de mérito e não de validade formal da denúncia.

5. O trancamento da ação penal na via do habeas corpus só se mostra cabível em casos excepcionalíssimos, quando manifesta a atipicidade da conduta, a presença de causa extintiva de punibilidade ou a ausência de suporte probatório mínimo de autoria e materialidade delitivas.

6. Em princípio, respondem, pelo crime de gestão fraudulenta de instituição financeira, os gestores e administradores da entidade. Terceiros estranhos ao sistema financeiro podem responder pelo mesmo crime quando concorrem, a título de coautoria ou participação, nas condutas delitivas. As normas dos arts. 29 e 30 do Código Penal são regras gerais aplicáveis a todos os delitos, salvo expressa disposição legal em contrário, inexistente na Lei nº 7.492/1986.

7. Habeas corpus extinto sem resolução de mérito."

(STF, HC nº 104447, Rel. Ministra Rosa Weber, Primeira Turma, julgado em 12.09.2017, acórdão eletrônico DJe-234 divulg 11-10-2017 public 13-10-2017)

Assim, pode haver a imputação pelo crime de gestão fraudulenta ou temerária, ainda que o agente não mantenha relação profissional com a instituição financeira. Por certo, há que se ter a autoria de ao menos uma das pessoas com as especiais qualidades exigidas pelo tipo.

Portanto, mesmo aqueles que não detenham a qualidade especial exigida para o art. 4º podem incorrer nas penas a estes delitos cominadas, bastando que ao menos um dos agentes se revista da especial qualidade exigida pelo tipo e os demais participantes tenham conhecimento desta circunstância. O ordenamento jurídico permite a comunicabilidade de circunstâncias de caráter pessoal, quando elementares ao tipo, com espeque no artigo 30 do Código Penal.

Contra: Roberto Delmanto, Roberto Delmanto Júnior e Fábio de Almeida Delmanto,[61] que o qualificam como **crime de mão própria**.

O STF outrora também já julgou nesse sentido, imputando ao réu a participação no crime de gestão fraudulenta por ter sido avalista de empréstimos supostamente simulados, concedidos pelo Banco BMG ao Partido dos Trabalhadores. Considerou que não poderiam responder os particulares, sequer em coautoria, ao entendimento de que a interpretação sistemática da Lei afastaria a possibilidade de haver gestão fraudulenta por terceiro estranho à administração do estabelecimento bancário.

Entendeu-se que o particular estranho à administração da instituição financeira não implementaria o gerenciamento da instituição, não podendo, por conseguinte, dizer-se que veio a fazê-lo fraudulentamente ("CRIME FINANCEIRO – GESTÃO FRAUDULENTA – LEI Nº 7.492/86 – RELAÇÃO PENAL SUBJETIVA – TERCEIRO ESTRANHO AO ESTABELECIMENTO BANCÁRIO. A interpretação sistemática da Lei nº 7.492/86 afasta a possibilidade de haver gestão fraudulenta por terceiro estranho à administração do estabelecimento bancário") (HC nº 93.553/MG, Rel. Min. Marco Aurélio, Tribunal Pleno, por maioria, *DJe* 04.09.2009).

A despeito disso, como já mencionado, o Pretório Excelso também já sinalizou quanto ao artigo 4º, *caput*, da Lei nº 7.492/1986 que "terceiros estranhos ao sistema financeiro podem responder pelo mesmo crime quando concorrem, a título de coautoria ou participação, nas condutas delitivas" (HC nº 104447, Rel. Ministra Rosa Weber, Primeira Turma, julgado em 12.09.2017, acórdão eletrônico DJe-234 divulg 11.10.2017 public. 13.10.2017).

Passa-se, a seguir, ao exame pormenorizado de cada uma das condutas:

[61] *Leis penais especiais comentadas*. Rio de Janeiro: Renovar, 2006, p. 140-141.

Gestão fraudulenta

A partir do quanto deduzido acima insta perquirir o bem jurídico tutelado pelo artigo 4º, *caput*, da Lei nº 7.492/1986, notadamente diante da importância da veracidade das informações transmitidas pelas instituições financeiras.

Poder-se-ia dizer que o crime de "gestão fraudulenta" objetiva tutelar um bem jurídico dúplice supraindividual e de titularidade difusa, formado pela união de dois valores socioeconômicos penalmente dignos. De um lado, a verdade e a transparência e, de outro, o patrimônio dos aplicadores.

Busca-se a veracidade e a transparência na gestão do patrimônio visando à proteção da confiança no sistema financeiro, a fim de evitar condutas que tenham relevância penal diante da possibilidade de colocar em perigo a proteção do patrimônio.[62]

Pretende-se que uma instituição financeira, um dos elementos basilares do Sistema Financeiro Nacional (objeto da tutela da Lei nº 7.492/1986), seja administrada com transparência, lisura, honradez e licitude sob pena do comprometimento à credibilidade deste e, até, à sua existência.

Por gestão fraudulenta, como já se afirmou precedentemente, deve-se compreender todo ato de administração no âmbito da empresa, dentre os poderes conferidos, ainda que apenas de fato, que visa à percepção de vantagem indevida em prejuízo alheio, empregando o administrador artifícios que levam a erro os demais administradores.

A condução dos negócios de uma instituição financeira pressupõe liberdade para agir e tomar decisões, deste modo, há entendimento de parte da doutrina no sentido de que o gerente de uma agência bancária, em regra, não exerce atividade típica de gestão. Falta-lhe poder decisório no âmbito da instituição financeira. O setor gerencial, "especialmente de agências ou de contas, fica com limitada ou quase nenhuma margem para decidir estratégias ou operações, e que são sempre as menos significativas, no emaranhado de negócios que são objetos da atividade-fim das instituições financeiras."[63]

Todavia, há situações em que ele pode praticar crime de gestão fraudulenta se ficar configurado que suas ações fraudulentas possuem um maior alcance, desviando vultosos valores em seu proveito, valendo-se, para tanto, da posição que ocupa no âmbito da instituição financeira. Haveria neste

[62] RUIVO, Marcelo Almeida, *op. cit.*, p. 106-107.

[63] BITENCOURT, Cezar Roberto; BREDA, Juliano. *Crimes contra o sistema financeiro nacional e contra o mercado de capitais*. 3. ed. São Paulo: Saraiva, 2014, p. 58.

caso, a má-fé na condução da gerência da agência bancária, mediante o emprego de ardis e artifícios com o objeto de obtenção de indevida vantagem.[64]

A jurisprudência do STJ tem entendido que "nos crimes contra o sistema financeiro, os gerentes de instituição bancária, bem como os ocupantes de cargo de diretoria, são penalmente responsáveis, a teor do disposto no art. 25 da Lei nº 7.492/86, considerando possuírem parcela do poder de comando da instituição e administração dos capitais movimentados (...)" (REsp 1115275, Rel. Ministro ADILSON VIEIRA MACABU, Desembargador convocado do TJ/RJ, SEXTA TURMA, DJe 4.11.2011).

Em outro julgado, igualmente destacou-se que "o gerente de agência bancária pode ser sujeito ativo do crime de gestão fraudulenta de instituição financeira" (STJ, AgRg no REsp 1475677/RS, Rel. Ministro NEFI CORDEIRO, SEXTA TURMA, DJe 21.05.2018).

No mesmo sentido:

> "PENAL. AGRAVO REGIMENTAL NO RECURSO ESPECIAL. CRIME CONTRA O SISTEMA FINANCEIRO. ART. 25 DA LEI Nº 7.492/86. **GESTÃO FRAUDULENTA E GESTÃO TEMERÁRIA.** GERENTES DE AGÊNCIA BANCÁRIA. SUJEITO ATIVO.POSSIBILIDADE. INEXISTÊNCIA DE PODER DE GESTÃO. AUSÊNCIA DE PREQUESTIONAMENTO. ABSOLVIÇÃO PELA PRÁTICA DO DELITO TIPIFICADO NO ART. 22 DA LEI Nº 7.492/86. AUSÊNCIA DE INTERESSE RECURSAL ANTE O RECONHECIMENTO DA PRESCRIÇÃO DA PRETENSÃO PUNITIVA PELO TRIBUNAL DE ORIGEM. AGRAVO REGIMENTAL DESPROVIDO.
>
> 1. A jurisprudência desta Corte é pela possibilidade de gerentes de agência bancária serem sujeitos ativos dos delitos de gestão fraudulenta e de gestão temerária, desde que na análise do caso concreto esteja configurada a atuação com uso de poderes próprios de gestão.
>
> 2. Carece de prequestionamento a tese de ausência de poder de gestão para configuração do delito do art. 4º da Lei nº 7.492/86, embora tenha constado do voto vencido, conforme Súmula 320 do Superior Tribunal de Justiça – STJ.

[64] Na Apelação criminal nº 0101576-0 do T.R.F. da 1ª Região, decisão unânime em 06.03.1996, Rel. Des. Fed. Tourinho Neto, considerou-se a existência da gestão fraudulenta na conduta do gerente de uma agência de estabelecimento de crédito que a dirige empregando fraudes, ardis, como permitindo saque sobre saldo bloqueado, autorizando indevidamente desbloqueio de cheques antes do prazo de compensação.

3. O pleito absolutório carece de interesse recursal, porquanto o reconhecimento da prescrição da pretensão punitiva pelo Tribunal de origem se equipara ao acolhimento da absolvição no que diz respeito aos efeitos da condenação. Precedentes.

4. Agravo regimental desprovido."

(STJ, AgRg no REsp 1374090/PR, Rel. Ministro JOEL ILAN PACIORNIK, QUINTA TURMA, julgado em 07/08/2018, DJe 15/08/2018)

Portanto, quando restar evidenciado que o gerente detém poder de decisão, independentemente das diretrizes emitidas pela instituição financeira, e agir contrariando a boa práxis bancária, poderá ser a ele imputado o crime de gestão fraudulenta, desde que haja inequívocas provas neste sentido. Sob este espeque, deverá estar caracterizado que o gerente de agência ostente autonomia e independência no âmbito da sua unidade bancária.

Não se deve esquecer que "a interpretação em matéria penal repressiva deve ser sempre restritiva, e somente nesse sentido negativo é que se pode admitir o arbítrio judicial, sem ser violada a taxatividade do princípio da reserva legal. A seguinte expressão de Nelson Hungria ilustra muito bem esse raciocínio: 'Não pode ser temido o *arbitrium judicis* quando destinado a evitar, *pro libertate*, a excessiva amplitude prática de uma norma penal inevitavelmente genérica.'"[65]

Não se pode deixar de afirmar que a caracterização do delito de gestão fraudulenta somente ocorre após a constatação de prejuízo ou da prática de ato potencialmente lesivo ao bem jurídico. A reprimenda penal justifica-se ao se levar em conta a lesão do bem jurídico protegido, a confiança no sistema e o patrimônio de terceiros, não sendo de supor imprescindível o efetivo prejuízo material, mas o desvalor da conduta em face do que deseja o legislador tutelar.

É que, como bem preleciona Rodolfo Tigre Maia, o artigo nomina os agentes que:

"(...) pelas características gerais dos ilícitos em estudo (em que a instituição é muita vez, o veículo de sua prática), pelas especificidades das instituições financeiras (estruturas verticalizadas de poder), por força das vicissitudes de seu funcionamento (sujeitando-se a processos de intervenção, liquidação e falência) e, especialmente, pelos poderes de gestão de que estão investidos,

[65] BITENCOURT, Cezar Roberto; BREDA, Juliano. *Crimes contra o sistema financeiro nacional e contra o mercado de capitais*. 3. ed. São Paulo: Saraiva, 2014, p. 65.

normalmente serão os responsáveis pela prática dos crimes preconizados na Lei de Regência."[66]

A gestão fraudulenta de instituição financeira, como já se viu, caracteriza-se pela prática de atos ilícitos por parte dos administradores, manifestada por manobras ardilosas e pela perpetração de fraudes. O autor acima citado (Rodolfo Tigre Maia), ao comentar o art. 4º, *caput*, da Lei nº 7.492/1986, esclarece que se configura conduta fraudulenta na gestão de instituição financeira:

> "Qualquer ação ou omissão humana hábil a enganar, a ludibriar terceiros, levando-os a uma situação de erro, falsa representação da realidade ou ignorância desta, quer através do uso de ardil (...), quer mediante artifício (...), quer por meio de simples mentira, quer ainda por intermédio de omissão da verdade."[67]

O delito do art. 4º, *caput*, da Lei nº 7.492/1986, não reclama, para sua configuração, a ocorrência de efetivo prejuízo para terceiros, caracterizando-se como **delito formal e ou de perigo**, não exigindo, para que se perfaça, nenhum complemento, sendo certo que a partir do advento da norma citada restou arredada a demanda de algum resultado fenomênico, ao revés do que ocorria com o diploma que antigamente regia o tipo penal (Lei nº 1.521/1951, art. 3º, IX).

Oportuno transcrever mais uma vez o magistério de Guilherme Calmon Nogueira da Gama e Abel Fernandes Gomes sobre a natureza do tipo penal constante do art. 4º, *caput*, da Lei nº 7.492/1986:

> "Trata-se, ademais, de crime doloso, mas não exige qualquer resultado naturalístico para consumar-se, diferentemente do que ocorria com a disposição legal que antes incriminava essa conduta, contida no art. 3º, IX, da Lei nº 1.521/51, o qual ainda previa o advento da insolvência, da falência ou o prejuízo de interessados, como consequência da gestão fraudulenta ou temerária. O legislador quis antecipar o resultado normativo do delito a ser punido, prevenindo até mesmo a ocorrência do mero perigo, aumentando também a sanção cominada. (...) Em virtude disso, estamos diante de um crime formal e de perigo."[68]

[66] *Op. cit.*, p. 143-144.

[67] *Op. cit.*, p. 55.

[68] *Op. cit.*, p. 212.

O Superior Tribunal de Justiça já decidiu que o crime de gestão fraudulenta disposto no art. 4º, *caput*, da Lei nº 7.492/1986, é formal:

> "AGRAVO REGIMENTAL NO AGRAVO EM RECURSO ESPECIAL. PENAL. CRIME CONTRA O SISTEMA FINANCEIRO NACIONAL. GESTÃO FRAUDULENTA. ART. 4º, CAPUT, DA LEI Nº 7.492/86. AÇÃO PENAL. JUSTA CAUSA. EXISTÊNCIA. DELITO FORMAL. POTENCIALIDADE LESIVA DEMONSTRADA. ATOS PRATICADOS EM DESACORDO COM LEIS E REGULAMENTOS. AGRAVO REGIMENTAL PROVIDO PARA CONHECER DO AGRAVO E NEGAR-LHE PROVIMENTO.
>
> 1. O tipo penal do art. 4º da Lei 7.492/86 é crime formal consumando-se mediante a comprovação da gestão fraudulenta, independentemente da efetiva lesão ao patrimônio de instituição financeira ou prejuízo dos investidores, poupadores ou assemelhados.
> 2. A existência de justa causa para a ação penal, reconhecida pelo Tribunal de origem, autoriza o seu prosseguimento para a apuração do delito de gestão fraudulenta.
> 3. Agravo regimental provido para conhecer do agravo em recurso especial e negar-lhe provimento."
>
> (AgRg no AREsp 926.372/SP, Rel. Ministro NEFI CORDEIRO, SEXTA TURMA, julgado em 15/12/2016, DJe 02/02/2017)

O mesmo entendimento foi adotado pelo STJ no julgamento do AgRg no REsp 1877651/PR, Rel. Ministro Joel Ilan Paciornik, Quinta Turma, julgado em 14.09.2021, *DJe* 20.09.2021.

No mesmo sentido: "o crime do art. 4º, caput, da Lei nº 7.492/1986 possui natureza formal, não sendo necessária a produção de resultado naturalístico para a sua consumação. Assim, o fato de que a gestão fraudulenta levou à liquidação extrajudicial e posterior falência da instituição, não é elemento inerente ao tipo penal, mas constitui fundamento idôneo e concreto que permite a negativação das consequências do delito" (STJ, REsp nº 1815123/SP, Rel. Ministra Laurita Vaz, Sexta Turma, julgado em 15.12.2020, DJe 18.12.2020).

Crimes de perigo: "o tipo penal contido no art. 4º da Lei nº 7.492/1986, consiste em crime de perigo, não sendo necessária a produção de resultado naturalístico em razão da gestão fraudulenta (...). A repercussão da ruína de uma instituição financeira, de maneira negativa em relação às outras instituições, caracteriza o crime de perigo" (**STF** – HC nº 95515, Rel. Min. Ellen Gracie, 2ª T., *v.u.*, *DJe* 24.10.2008).

Pode-se defender, no entanto, que não obstante a presunção de perigo da conduta na modalidade da gestão fraudulenta possa "servir como motivo para a positivação do ilícito na norma penal, mas a mesma motivação, repita-se, suficiente para justificar a criação formal do crime de perigo abstrato, não pode ser mantida e fundar por si só a condenação no momento aplicativo."[69] Caberá ao órgão acusatório demonstrar a modalidade de perigo a que foi submetido o bem jurídico tutelado pela norma.

Para a caracterização do crime de gestão fraudulenta não há a necessidade de que a instituição financeira sofra lesão efetiva ao seu patrimônio, tampouco que haja prejuízo aos investidores, poupadores ou assemelhados. Basta que o(s) ato(s) fraudulento(s) seja(m) praticado(s) colocando em risco o Sistema Financeiro para que se caracterize o delito.

Guilherme Calmon Nogueira da Gama e Abel Fernandes Gomes acima citados discorrendo sobre a estrutura do tipo do artigo 4º, *caput,* da Lei nº 7.492/1986, assim estatuem:[70]

> "A conduta incriminada no art. 4º, caput, da Lei nº 7.492/1986, é a de 'gerir fraudulentamente instituição financeira', cuja pena cominada é de três a doze anos de reclusão e multa. O núcleo desse tipo penal consubstancia-se no conceito de gerir, que significa administrar, dirigir ou gerenciar, tomar decisões, exercer a direção da instituição financeira (...). O elemento descritivo e normativo do tipo vem expresso em 'fraudulentamente'. O termo 'fraude' engloba todo tipo de ação ou omissão que implique manobras dispostas a enganar, ludibriar, induzir ou manter alguém em erro, no que tange à gestão das instituições financeiras. Trata-se de fraude como gênero, do qual o ardil, o artifício e a mentira, entre outros meios enganosos, são espécies. O objeto jurídico da tutela deste dispositivo legal é a segurança e credibilidade do sistema financeiro nacional, bem como os interesses dos investidores, do mercado de capitais e a solidez da poupança popular. As atividades desempenhadas pelas instituições financeiras delimitadas no artigo 1º e seu parágrafo único da Lei em exame reclamam proteção legal. São atividades que devem ser desempenhadas dentro de princípios de confiança, segurança, transparência, certeza e licitude, os quais uma vez violados por qualquer manobra fraudulenta, oriunda daqueles que exercem a gestão da instituição, acarretarão a prática deste crime do art. 4º, *caput.*"

[69] RUIVO, Marcelo Almeida. *Criminalidade financeira: contribuição à compreensão da gestão fraudulenta.* Porto Alegre: Livraria do Advogado, 2011, p. 170.

[70] *Op. cit.*, p. 210-211.

Prosseguem estes autores, citando que:[71]

> "Já dizia GALDINO SIQUEIRA que toda atividade patrimonial que se desenvolve nos limites do justo exige o amparo da lei, sendo essencialmente inerente a esta a *bona fide*, a qual não pode ser surpreendida pelo engano, pela quebra da relação de confiança. A seu turno, TIGRE MAIA acrescenta que toda atividade que tenha por finalidade o desenvolvimento econômico da sociedade insere-se dentro de um contexto de grande interesse social e da coletividade, seja essa atividade estritamente comercial ou patrimonial, seja aquela ligada ao sistema financeiro nacional. Por essas razões, aduz o referido autor que há que se conjugar, na definição do bem jurídico tutelado, os interesses da empresa com a função social que encerra e as exigências do bem comum."

A fraude, *in casu*, deve ser interpretada como aquela "conduta destinada a turvar a transparência da gestão da empresa de modo a encobrir a verdade e colocar em situação de significante perigo o patrimônio dos sócios, correntistas, investidores e usuários do sistema financeiro."[72]

Desta forma, na exegese do tipo penal, a compreensão da elementar "fraude" deve ser realizada de acordo com seu uso sistemático, no sentido de logro, artifício, manobra ardilosa para iludir, e também em observância à acepção em que o termo "fraude" é utilizado no Código Penal (*ad exemplum*, nos delitos contra o patrimônio, contra a organização do trabalho e contra os costumes).

Assim, a compreensão do alcance da expressão "gerir fraudulentamente" instituição financeira é essencial para que se possa estabelecer se alcançaria todo ato de administração que causa ou possa causar prejuízo, com artifício (fraudulenta) ou que saia da normalidade (riscos fora do normal).

Há entendimento doutrinário no sentido de que bastaria um ato (**habitual impróprio** ou **acidentalmente impróprio**) admitindo, pois, a capacidade de uma única conduta isolada realizar a elementar do tipo.

Guilherme Calmon Nogueira da Gama e Abel Fernandes Gomes revelam, na esteira de Rodolfo Tigre Maia,[73] diz tratar-se de crime habitual impróprio ou acidentalmente habitual, "pois a prática reiterada de condutas fraudulentas na gestão da instituição não configurará pluralidade de crimes, senão a própria gestão fraudulenta. Mas para a caracterização do crime, bastará a prática de um único ato fraudulento de gestão."

[71] *Op. cit.*, p. 211-212.

[72] RUIVO, Marcelo Almeida. *Criminalidade financeira: contribuição à compreensão da gestão fraudulenta*. Porto Alegre: Livraria do Advogado, 2011, p. 153.

[73] *Op. cit.*, p. 213.

Este também é o entendimento jurisprudencial que tem preponderado: "é possível que um único ato tenha relevância para consubstanciar o crime de gestão fraudulenta de instituição financeira, embora sua reiteração não configure pluralidade de delitos." (**STF** – HC nº 89364, Rel. Min. Joaquim Barbosa, 2ª T., *v.u.*, *DJe* 18.04.2008). Em idêntico sentido: "o requisito da habitualidade para a caracterização do crime de gestão fraudulenta é dispensável pela jurisprudência pátria (Precedente: STJ, 5ª T., REsp 617.191/SP, rel. Laurita Vaz, j. 21.03.2006, DJe 05.06.2006) (**STF**, AP 892, Rel. Luiz Fux, Primeira Turma, julgado em 26.02.2019, acórdão eletrônico DJe-104 divulg 17.05.2019 public 20.05.2019).

O **STJ**, de igual modo, tem entendido que "um ato isolado pode até não se caracterizar como gestão na Ciência da Administração, mas não se pode esconder e nem negar que é passível de sanção criminal, caso reúna na sua natureza os elementos próprios de tipo penal; o prolongamento no tempo ou o encadeamento desse ato com outros que lhe sejam subsequentes não são essenciais ou estruturantes do tipo, pois expressam apenas circunstâncias ou acidentes." (HC nº 64.100/RJ, Rel. Min. Napoleão Nunes Maia Filho, 5ª T., *vu, DJ* 10.09.2007) e, ainda, **STJ**, HC nº 110767/RS, Rel. Min. Napoleão Nunes Maia Filho, 5ª T., *DJe* 03.05.2010; Resp. nº 899630/PR, Rel. Min. Laurita Vaz, 5ª T, *vu, DJe* 13.09.2010. Ainda, **TRF/2** – ACR nº 2000.51.01.533022-7, Rel. Des. Fed. Marcello Ferreira de Souza Granado 1ª T., por maioria, *DJ* 10.12.2010.

No ano de 2021 o STJ decidiu que:

"PENAL. PROCESSO PENAL. AGRAVO REGIMENTAL NO RECURSO ESPECIAL. **CRIME CONTRA O SISTEMA FINANCEIRO NACIONAL. ART. 4º, CAPUT, DA LEI Nº 7.492/86.** 1) VIOLAÇÃO A DISPOSITIVO CONSTITUCIONAL. ANÁLISE DESCABIDA. 2) VIOLAÇÃO AO ART. 619 DO CÓDIGO DE PROCESSO PENAL? CPP. AUSÊNCIA DE OMISSÃO RELEVANTE. 2.1) PREQUESTIONAMENTO NA FORMA DO ART. 1025 DO CÓDIGO DE PROCESSO CIVIL? CPC. 3) VIOLAÇÃO AO ART.231 DO CPP. PETIÇÃO COM DOCUMENTAÇÃO JUNTADA DIAS ANTES DO JULGAMENTO DO RECURSO DE APELAÇÃO. TRIBUNAL DE JUSTIÇA QUE NÃO ACOLHEU A TESE DEFENSIVA. 4) VIOLAÇÃO AO ART. 41 DO CPP. INÉPCIA DA DENÚNCIA. VIOLAÇÃO AO ART. 395, III, DO CPP. FALTA DE JUSTA CAUSA.PREJUDICADO POR SENTENÇA. 5) VIOLAÇÃO AO ART. 616 DO CPP. TESE VEICULADA NO TRIBUNAL DE ORIGEM APENAS EM EMBARGOS DE DECLARAÇÃO.INOVAÇÃO RECURSAL NÃO ADMITIDA.

INOCORRÊNCIA DE VIOLAÇÃO AO ART. 619 DO CPP. 6) VIOLAÇÃO AO ART. 158 DO CPP. DESCABIDA REITERAÇÃO DE PEDIDO FORMULADO E JÁ ANALISADO EM HABEAS CORPUS. 7) VIOLAÇÃO AO ART. 402 DO CPP. NECESSIDADE DE DILIGÊNCIAS NÃO CONSTATADAS. 8) VIOLAÇÃO AO **ART. 4º, CAPUT, DA LEI Nº 7.492/86.** ABSOLVIÇÃO. ÓBICE DA SÚMULA Nº 7 DO SUPERIOR TRIBUNAL DE JUSTIÇA STJ. 8.1) **CRIME HABITUAL IMPRÓPRIO**. 9) VIOLAÇÃO AO ART. 59 DO CP. PREJUÍZO NÃO É INERENTE AO TIPO PENAL DO ART. ART. 4º, CAPUT, DA LEI Nº 7.492/86.9.1) CONSEQUÊNCIAS. 9.2) CULPABILIDADE. 9.3) ÓBICE DA SÚMULA Nº 7 DO STJ. 9.4) COMPENSAÇÃO DE CIRCUNSTÂNCIAS JUDICIAIS FAVORÁVEIS COM DESFAVORÁVEIS. NÃO CABIMENTO. 9.5) MONTANTE (QUANTUM) DE EXASPERAÇÃO DA PENA-BASE. 10) VIOLAÇÃO AO ART. 60 DO CP. VALOR DO DIA-MULTA.

ÓBICE DA SÚMULA Nº 7 DO STJ. 11) AGRAVO REGIMENTAL DESPROVIDO.

(...)

8.1. "Pacificou-se nos Tribunais Superiores o entendimento de que o crime de gestão fraudulenta classifica-se como habitual impróprio, bastando uma única ação para que se configure. Precedentes do STJ e do STF" (HC 284.546/SP, Rel. Ministro JORGE MUSSI, QUINTA TURMA, julgado em 1º/3/2016, DJe 8/3/2016).

9. "O tipo penal do art. 4º da Lei 7.492/86 é crime formal consumando-se mediante a comprovação da gestão fraudulenta, independentemente da efetiva lesão ao patrimônio de instituição financeira ou prejuízo dos investidores, poupadores ou assemelhados" AgRg no AREsp 926.372/SP, Rel. Ministro NEFI CORDEIRO, SEXTA TURMA, julgado em 15/12/2016, DJe 2/2/2017).

(...)."

(AgRg no REsp 1877651/PR, Rel. Ministro JOEL ILAN PACIORNIK, QUINTA TURMA, julgado em 14.09.2021, *DJe* 20.09.2021)

Dada a gravidade e autonomia das ações e omissões de *per si*, exige-se a simples prática de uma conduta potencialmente lesiva de administração para o enquadramento nos delitos de gestão.

Entendimento contrário levaria a absurda admissão da possibilidade de o administrador cometer um único ato fraudulento ou temerário durante sua gestão e levar a instituição financeira à inadimplência, sem que nenhuma responsabilidade penal pudesse advir por tal conduta.

Interessante, neste aspecto, a proposição também sustentando que um ato de gestão, em face da capacidade ofensiva da conduta para o Direito Penal, pode ser suficiente à caracterização do tipo:

> "Uma única conduta de gestão pode ser simultaneamente ofensiva aos valores verdade e transparência e ao patrimônio, a ponto de, até mesmo ameaçar sensivelmente a confiança no SFN. Situação, portanto, em que nada interessaria a regularidade dos outros atos de gestão para fins de caracterização do crime de gestão fraudulenta."[74]

Doutra parte, por este raciocínio, o reconhecimento da tipicidade da prática de um único ato isolado, mas que apresente relevância penal, não induz ao reconhecimento de pluralidade de crimes quando os atos "fizerem parte de uma cadeia ou de uma manifestação de exercício profissional habitual."[75]

Todavia, **mais remotamente entendia-se na jurisprudência em sentido diverso** à consideração de que a descrição de um só ato, isolado no tempo, não legitimava denúncia pelo delito de gestão fraudulenta, no caso de o acusado ser mero partícipe, por ter efetivado uma única operação, através da inserção de dados falsos no sistema corporativo, a saber: **TRF/4** – "a descrição de um só ato, isolado no tempo, sem influência na gestão da instituição, nem sucessão de práticas contínuas, realizadas em determinado contexto e lapso de tempo, não legitima denúncia pelo delito inserto no art. 4º." (Conflito de Jurisdição nº 0009566-38.2011.404.0000/SC, Rel. Élcio Pinheiro de Castro, 4ª S., *vu*, *DJ* 24.02.2012); **STJ** – "não há como tipificar gestão fraudulenta ou temerária pinçando um ato isolado da atuação do dirigente da instituição financeira, pois, apesar da atecnia na definição um tanto vaga do tipo, há de existir 'habitualidade', pluralidade de atos na condução dos negócios do banco" (REsp nº 897864/PR, Rel. Min. Maria Thereza de Assis Moura, 6ª T., *vu*, *DJe* 29.11.2010).

No entanto, vale frisar, como mencionado anteriormente, que a posição predominante hodiernamente nos Tribunais Superiores é no sentido de que é possível um único ato de gestão fraudulenta para que se caracterize o delito, sendo certo que, na hipótese de perpetração de vários atos fraudulentos ainda assim haverá crime único, dependendo, porém, de cada caso concreto (crime habitual impróprio ou acidentalmente habitual).

[74] RUIVO, Marcelo Almeida. *Criminalidade financeira: contribuição à compreensão da gestão fraudulenta*. Porto Alegre: Livraria do Advogado, 2011, p. 149.

[75] *Op. cit.* p. 150.

Portanto, considero que o delito de gestão fraudulenta (crime habitual impróprio ou acidentalmente habitual) pode se aperfeiçoar com um único ato isolado, entretanto, com maior razão a reiteração de atos no caso concreto também possa ensejar a consecução de diversos delitos. Tudo dependerá da finalidade almejada e da produção de lesões distintas. Nesta linha de raciocínio, se houver diversos atos de gestão que envolvam operações distintas, em períodos diversos e modo de consecução e dolo igualmente díspares, e considerados isoladamente puderem resultar risco ou prejuízo a terceiros e à própria instituição financeira, não haverá que se falar em crime único, mas sim em concurso de crimes.

Neste sentido também pontou o Ministro Rogerio Schietti Cruz na relatoria do *Habeas Corpus* (HC nº 444.389/SP, Sexta Turma, julgado em 22.09.2020, *DJe* de 30.09.2020) conquanto tenha ao final aderido ao entendimento dos demais julgadores da Sexta Turma do C. STJ que firmaram compreensão (observando precedente do C. STF) de que no delito habitual impróprio ou acidentalmente habitual, entre os quais se insere a gestão temerária (e também a fraudulenta), um único ato é capaz de consumar o crime, muito embora a reiteração de atos não constitua delito autônomo, mas mero desdobramento desta habitualidade, de modo que a reiteração não corresponde ao concurso de crimes. O eminente Ministro reservou capítulo próprio de seu voto para externar seu posicionamento, valendo destacar: "Ora, se o delito pode se aperfeiçoar com um único ato, não é possível afirmar, de modo genérico, que a realização de diferentes atos não pode constituir uma pluralidade de delitos. A própria definição sobre o que vem a ser crime habitual impróprio, que pode configurar o delito com uma única conduta, acaba por contrariar essa ideia."

De outra senda, há entendimento no sentido de que não se admite a gestão fraudulenta na modalidade omissiva ante a falta de previsão legal, notadamente porque o ato de gerir, em regra, pressupõe a prática de uma ação, reiterada, incompatível com uma postura meramente omissiva. Esta interpretação evita a responsabilização objetiva, até porque "os crimes omissivos devem ainda estar estritamente vinculados ao princípio da legalidade. Para que fosse possível essa incriminação deveria haver uma tipificação autônoma da infração do dever de impedir práticas manipuladoras no mercado, como ocorre em Portugal, no crime do art. 379, nº 3, do Código de Valores Mobiliários. O simples conhecimento da realização de uma infração penal ou mesmo a concordância psicológica caracterizam, no máximo, conivência, que não é punível, nem a título de participação, se não constituir, pelo menos, alguma forma de contribuição causal, ou, então, constituir, por si mesma, uma infração típica. Tampouco será responsabilizado como partícipe quem, tendo ciência da realização de um delito, não o denuncia às autoridades, salvo se tiver o dever jurídico de fazê-lo."[76]

A despeito da existência desse entendimento, há julgado do STF (AP nº 892, Rel. Luiz Fux, Primeira Turma, julgado em 26.02.2019, acórdão eletrônico DJe-104 divulg 17.05.2019, public 20.05.2019) dando conta de que "a gestão fraudulenta no âmbito doutrinário é reconhecida por força do ardil, compreendido **via condutas comissivas ou omissivas**, desde que, em quaisquer dos casos, vise a induzir terceiras pessoas em erro. Trata-se, por exemplo, da não inclusão deliberada, nos balanços ou registros da instituição, de informações concernentes à situação de higidez financeira, com o objetivo de iludir terceiros investidores e/ou órgãos oficiais de fiscalização do mercado."

Em referido julgado, entendeu-se que não se tratou "de uma única operação de garantia de crédito que deixou de ser levada a registro por iniciativa do réu com o objetivo de induzir em erro um número determinado de investidores. Diferentemente, cuida-se de dezenas de operações financeiras, somando aproximadamente R$ 30 milhões, que, ao longo de um período de seis meses (entre março e setembro de 2000), deixaram, por iniciativa do réu, de ser levadas a registro, com o objetivo de induzir em erro não apenas o BACEN, como uma coletividade de investidores". Consignou-se, ainda, que "a omissão quanto ao registro contábil das operações de emissão de cartas-fianças é penalmente relevante, porque, justamente, caracteriza o ardil necessário para qualificar os atos de gestão realizados pelo réu como fraudulentos. Ocorre que a aludida omissão foi engendrada propositalmente pelo réu (...) com o intuito de induzir o BACEN em erro acerca da situação patrimonial daquela pessoa jurídica, considerando que, caso aquele órgão fiscalizador tomasse conhecimento de que a SUL FINANCEIRA garantira, em um intervalo pouco inferior a um ano, operações de crédito de risco em valor superior a seis vezes o seu próprio patrimônio líquido, cassaria a autorização daquela entidade privada para operar como instituição financeira, diante da evidente possibilidade de que não viesse a possuir suporte financeiro para honrar com as obrigações assumidas."

Responsabilidade subjetiva por serem garantes

Não menos importante registrar que determinados indivíduos, ao assumirem o compromisso de bem e fielmente desempenharem o cargo de dire-

[76] BITENCOURT, Cezar Roberto; BREDA, Juliano. *Crimes contra o sistema financeiro nacional e contra o mercado de capitais*. 3. ed. São Paulo: Saraiva, 2014, p. 66.

tor, por exemplo, assumem, também, todas as responsabilidades inerentes a este cargo, de modo que podiam agir para evitar o resultado, mormente porque figuram na posição de garantes.

Os diretores possuem a responsabilidade de proteger o bem jurídico e, portanto, de impedir condutas lesivas atentatórias ao Sistema Financeiro Nacional ao assumirem seus encargos. Nesses termos, citando-se como exemplo o contexto de uma sociedade anônima, incide a regra do artigo 158, §1º, da Lei nº. 6.404, de 15 de dezembro de 1976, que deixa claro o dever de evitar o resultado, *in verbis*:

> "Art. 158. O administrador não é pessoalmente responsável pelas obrigações que contrair em nome da sociedade e em virtude de ato regular de gestão; responde, porém, civilmente, pelos prejuízos que causar, quando proceder:
>
> I – dentro de suas atribuições ou poderes, com culpa ou dolo;
>
> II – com violação da lei ou do estatuto.
>
> § 1º O administrador não é responsável por atos ilícitos de outros administradores, salvo se com eles for conivente, se negligenciar em descobri-los ou se, **deles tendo conhecimento, deixar de agir para impedir a sua prática**. Exime-se de responsabilidade o administrador dissidente que faça consignar sua divergência em ata de reunião do órgão de administração ou, não sendo possível, dela dê ciência imediata e por escrito ao órgão da administração, no conselho fiscal, se em funcionamento, ou à assembleia-geral."

Portanto, incide a regra do artigo 13, §2º, "a", do Código Penal, quanto à posição de garante dos administradores de Sociedades Anônimas, com fundamento no dever legal, fazendo valer a regra que os obriga ao dever de cuidado, a saber:

> "Art. 13 – O resultado, de que depende a existência do crime, somente é imputável a quem lhe deu causa. Considera-se causa a ação ou omissão sem a qual o resultado não teria ocorrido
>
> (...)
>
> § 2º – A omissão é penalmente relevante quando o omitente devia e podia agir para evitar o resultado. O dever de agir incumbe a quem:
>
> a) tenha por lei obrigação de cuidado, proteção ou vigilância;
>
> (...)."

Como se vê, em havendo omissão penalmente relevante em que os agentes deram causa ao resultado delituoso omitindo-se do dever de evitar as irregularidades na operacionalização de uma instituição financeira, por exemplo, já que a lei impunha a eles obrigação de cuidado e vigilância, bem como a obrigação de agirem no sentido de evitar irregularidades, não há que se falar em responsabilização objetiva, mas de imputação àqueles que se omitiram dolosamente quando, pela lei, tinham o dever de agir.

Nessa linha de argumentação, trago à colação acórdão de minha relatoria, julgado em 21.02.2018, por unanimidade, pela Décima Primeira Turma do TRF/3:

> "PENAL E PROCESSO PENAL. APELAÇÃO CRIMINAL. GESTÃO FRAUDULENTA DE INSTITUIÇÃO FINANCEIRA. LEI Nº 7.492/1986, ART. 4º, *CAPUT*. INAPLICABILIDADE DO DISPOSTO NA SÚMULA Nº 524 DO STF. RESPONSABILIZAÇÃO SUBJETIVA DOS AUTORES. MANUTENÇÃO DA SENTENÇA CONDENATÓRIA.
>
> 1 – A condenação dos réus pela prática do delito de gestão fraudulenta de instituição financeira se deu, essencialmente, em razão da constatação de que aplicações relacionadas ao produto denominado RENDCONTA eram realizadas sem a autorização expressa dos correntistas, em descumprimento ao que dispunha a resolução nº 2.411/1997 do Conselho Monetário Nacional, o que se fazia, conforme a conclusão a que chegou o r. Juízo *a quo*, com o objetivo de ver reduzido o montante vertido em depósitos compulsórios junto ao BACEN.
>
> 2 – De acordo com a defesa, a circunstância que embasou a condenação já estava presente nos autos de outra representação/inquérito que deu origem à Ação Penal nº 2002.61.81.006789-2, sendo que, naquela ocasião, o i. representante do MPF teria optado por não incluir esse fato (o de que aplicações foram realizadas sem autorização dos clientes) no objeto da denúncia. Afirma-se que, se, naquele feito, a denúncia foi recebida 'apenas em relação a outros fatos' (fl. 1.1158), isto significaria que o r. Juízo admitiu (implicitamente) o arquivamento em relação ao fato de as aplicações terem sido realizadas sem autorização dos clientes, de modo que não poderia outra ação penal ter sido iniciada, sob pena de afronta ao disposto na Súmula nº 524, do STF. Todavia, para que se cogitasse aplicar o disposto nessa Súmula, o arquivamento deveria ter sido expresso, já que, no chamado arquivamento implícito, não há fundamentação, requerimento ou decisão, o que impossibilita (ou ao menos dificulta) a aferição acerca de ter havido adequada apreciação das provas e de sua suficiência, isto é, acerca de ter ou não havido, eventualmente, burla aos princípios da obrigatoriedade e da indisponibilidade da ação penal pública.
>
> 3 – É verdade que, nos autos nº 2002.61.81.006789-2, se deixou de incluir na denúncia fato que dizia respeito 'à apropriação de recursos

de clientes, na modalidade de desvio de recursos depositados à vista para aplicações financeiras do interesse do Banco BMD S/A – Rend Conta' – fl. 1194), pois não havia 'prova suficiente (fl. 1194). Contudo, é evidente que, naqueles autos, a análise por parte do MPF se deu sob o enfoque de eventuais prejuízos causados aos clientes, conduta que, em tese, configuraria o delito tipificado no art. 5º da Lei nº 7.492/1986, enquanto que, no presente feito, o enfoque foi outro, dirigido à lesão aos interesses ligados à política monetária e à fiscalização do Sistema Financeiro Nacional, o que levou o MPF a denunciar pela prática do delito tipificado no art. 4º da Lei nº. 7.492/1986. Nos presentes autos, o que se apurou não foi a existência de prova suficiente de que os agentes teriam se apropriado de recursos de clientes, mas sim de que teriam cometido fraude contra o Sistema Financeiro Nacional, esta consistente em realizar aplicações sem a autorização de clientes, com o intuito de diminuir o montante vertido em depósitos compulsórios junto ao BACEN. Se, por um lado, é certo que, depois de expressamente ordenado o arquivamento de um inquérito, por falta de base probatória, fica obstado, em princípio, o oferecimento de nova denúncia (ou aditamento), a menos que se tenha notícia de outras provas (inteligência da Súmula nº 524 do STF), por outro lado, não há qualquer previsão restritiva ou vedação legal a que, caso tenha havido erro de subsunção, nova denúncia seja oferecida, independentemente do advento de novas provas, tendo em vista o princípio da obrigatoriedade da ação penal pública.

4 – Em princípio, o produto RENDCONTA, em si, nada tem de irregular, pois buscar reduzir o depósito compulsório junto ao BACEN, isto é, buscar possuir mais recursos livres para a realização de sua atividade, é conduta que acompanha a lógica da economia de mercado. Todavia, essa vantagem se torna indevida a partir do momento em que, com a finalidade de obtê-la, os agentes se valem de meios fraudulentos, agindo, p. ex., em desacordo com o que determinam as leis e regulamentos que regem as atividades desempenhadas no âmbito das instituições financeiras. Em face da constatação de que o produto RENDCONTA teria sido implementado sem a expressa a autorização dos titulares das contas-corrente, isto é, sem a observância do disposto no art. 1º da Resolução nº 2.411/1997 do Conselho Monetário Nacional, agiu bem o r. Juízo *a quo* ao concluir pela ocorrência de fraude, por meio da qual os agentes obtiveram, indevidamente, vantagem consistente na redução da base de cálculo do depósito compulsório, o que, evidentemente, causou prejuízo ao Sistema Financeiro Nacional.

5 – É incontroverso o fato de que os acusados eram diretores das instituições financeiras mencionadas (BANCO BMD S/A e BMD S/A CORRETORA

DE CÂMBIO E VALORES MOBILIÁRIOS), bem como restou comprovado que ambos participavam ativamente da gestão dessas instituições na época. Inclusive, as provas demonstraram elevado grau de conhecimento dos agentes sobre as operações financeiras realizadas no âmbito dessas instituições, incluídas aquelas narradas na denúncia. Considerando os cargos ocupados pelos apelantes e tendo em vista as evidências de seu efetivo envolvimento na administração das instituições, não poderia ser outra a conclusão senão a de que de que houve dolo (vontade consciente de praticar manobras ardilosas de gestão), isto é, de que os acusados tinham conhecimento da fraude perpetrada na operacionalização do produto RENDCONTA.

6 – Em relação a OSCAR FAKHOURY, é patente a conclusão de que este participou ativamente das operações incriminadas, na medida em que é dele a assinatura que consta das Notas de Negociação de Título, emitidas para registrar operações de compra e venda de opções flexíveis de ouro e dólar. Inclusive, a irregularidade relacionada à ausência de anuência dos clientes foi claramente descrita nos relatórios de auditoria interna endereçados à diretoria, sendo que, à fl. 23 destes relatórios, consta visto do acusado OSCAR, datado de 01/1998, o que revela que, não obstante a proposta interna de implementação do RENDCONTA contivesse a observação de que deveria ser exigida autorização prévia do cliente para débito em conta-corrente (fl. 13 do apenso I), este réu tinha plena ciência de que, na prática, tal determinação era flagrantemente descumprida.

7 – Em relação a MÁRCIO ROBERTO ZARZUR, apesar de não constar a assinatura dele em nenhum dos documentos, é inegável que este acusado tinha plena ciência da existência do produto RENDCONTA e da vantagem que este proporcionava à instituição, já que, durante o interrogatório judicial, ele admitiu ter tomado conhecimento da criação do RENDCONTA quando o produto foi aprovado por Comitê do qual participava na condição de representante dos acionistas. Ademais, se os relatórios de auditoria interna, os quais descreviam a fraude na operacionalização do RENDCONTA, foram encaminhados à diretoria, da qual MÁRCIO ROBERTO ZARZUR participava, não poderia ser outra a conclusão senão a de que houve omissão dolosa por parte deste diretor.

8 – Todos os requisitos caracterizadores de crime omissivo impróprio estão presentes, quais sejam, o preenchimento dos elementos objetivos do tipo penal, uma situação típica ou de perigo para o bem jurídico, o poder de agir e a posição de garantidor. Ambos os acusados deviam e podiam agir para evitar o resultado, mormente porque figuram na posição de garantes. É preciso esclarecer que, ao assumirem o compromisso de bem e fielmente

desempenharem o cargo de diretor, assumiram, também, todas as responsabilidades inerentes a este cargo.

9 – Os diretores possuem a responsabilidade de proteger o bem jurídico e, portanto, de impedir condutas lesivas atentatórias ao Sistema Financeiro Nacional ao assumirem seus encargos. Nesses termos, incidem as regras do artigo 158, § 1º, da Lei nº 6.404/1976, que deixa claro o dever de evitar o resultado, e do artigo 13, §2º, 'a', do Código Penal, quanto à posição de garante dos administradores de Sociedades Anônimas, com fundamento no dever legal. As empresas das quais os acusados eram diretores são Sociedades Anônimas, fazendo valer a regra que os obriga ao dever de cuidado. Portanto, houve omissão penalmente relevante por ambos os acusados, responsáveis que são pelo delito, isto é, ambos deram causa ao resultado delituoso omitindo-se do dever de evitar as irregularidades na operacionalização do RENDCONTA, já que a lei impunha a eles obrigação de cuidado e vigilância, bem como a obrigação de agirem no sentido de evitar tais irregularidades. Não se trata de responsabilização objetiva, mas de imputação àqueles que se omitiram dolosamente quando, pela lei, tinham o dever de agir.

10 – Não obstante se esteja tratando de um tipo penal aberto, em que a conduta não está inteiramente descrita e o delito pode ser praticado por meio dos mais diversos expedientes, reputo que a circunstância de, *in casu*, a fraude ter envolvido percentual elevado de contas bancárias deve ser identificada como elemento acidental, apto a justificar a exasperação da pena base (e não como elemento inserto no próprio tipo penal). A constatação de que um percentual baixíssimo (cerca de um por cento) dos correntistas cadastrados no RENDCONTA anuiu expressamente ao produto é circunstância que torna a conduta ainda mais gravosa e que, portanto, justifica a majoração da pena.

11 – Apelação da defesa a que se nega provimento. Manutenção da r. sentença condenatória."

(TRF3, Apelação Criminal nº 2005.61.81.002883-8, Rel. Desembargador Federal Fausto De Sanctis, Décima Primeira Turma, julgado em 21.02.2018, *DJe* 23.02.2018)

Gestão temerária

Interessante questão que se coloca seria a abrangência a ser conferida à definição de "gestão temerária", em princípio vaga e imprecisa, o que poderia representar uma violação ao princípio da legalidade, ao praticamente transferir para o magistrado a definição de seu conceito.[77]

[77] PIMENTEL, Manoel Pedro. *Crimes contra o sistema financeiro nacional:* comentários à Lei 7.492, de 16/6/86. São Paulo: RT, 1987, p. 52.

Esta questão nos parece superada, como já salientado em relação à "gestão fraudulenta", diante dos reiterados julgados que bem delimitam a questão.

Nesse sentido, transcreve-se excerto do acórdão proferido no *Habeas Corpus* nº 96.03.077760-9 (**TRF/3** – Rel. Des. Fed. Sylvia Steiner, 2ª T., por maioria, *DJU* 21.05.1997): "na interpretação do elemento normativo, tem-se por temerária a gestão abusiva, inescrupulosa, imprudente, arriscada além do aceitável nas atividades peculiares, que ponha em risco os bens protegidos pela norma – a saúde financeira da instituição, o patrimônio dos investidores, a confiança do mercado e dos negócios e a harmonia do sistema financeiro como um todo. 4. Não pode ser tida por temerária a gestão que, por diversos anos e em milhares de operações, obteve lucros e crescimento para a instituição e para os investidores, havendo-se com prejuízo apenas em insignificante número de operações, que redundaram em prejuízo mínimo, num curto espaço de tempo, suportado pela própria instituição."

O STF posicionou-se no sentido de que a indeterminação do tipo penal previsto no art. 4º, parágrafo único, da Lei nº 7.492/1986 não se mostra em grau suficiente para configurar ofensa ao princípio da legalidade, nos seguintes termos:

> "Agravo regimental no recurso extraordinário com agravo. Matéria criminal. Crime contra o Sistema Financeiro Nacional. Alegação de inconstitucionalidade do art. 4º, parágrafo único, da Lei nº 7.492/86 (gestão temerária). Inexistência. Precedentes. Agravo regimental não provido. 1. A indeterminação do tipo penal previsto no art. 4º, parágrafo único, da Lei nº 7.492/86 não se mostra em grau suficiente para configurar ofensa ao princípio constitucional da legalidade, porquanto perfeitamente apreensível no contexto das condutas de natureza formal tipificadas no âmbito do direito penal econômico, visando a coibição de fraudes e descumprimentos de regras legais e regulamentares que regem o mercado financeiro. 2. Diante da impossibilidade de previsão e descrição de todos os atos temerários que poderiam ser praticados em uma instituição financeira, o legislador se valeu do elemento normativo do tipo traduzido no adjetivo "temerária", absolutamente válido no direito penal. 3. Agravo regimental ao qual se nega provimento."
>
> (ARE nº 953446 AgR, Rel. Dias Toffoli, Segunda Turma, julgado em 29.06.2018, processo eletrônico DJe-174 divulg 23.08.2018 public 24.08.2018)

A configuração do delito em tela, exige a existência de conduta impetuosa, que ponha em risco a instituição financeira, em razão da não observância das normas atinentes à execução das suas atividades. Trata-se de conduta que, embora não fraudulenta, demonstre ter agido o administrador com desprezo às mínimas garantias de segurança e liquidez exigidas para o exercício das atividades fomentadas pela instituição financeira, colocando-a em risco. Essa conduta, por óbvio, acaba por promover efetivo perigo de lesão ao bem jurídico tutelado, com real risco para o Sistema Financeiro Nacional.

A gestão temerária seria a realizada com excessiva crença no sucesso que a previsibilidade normal demonstra ser improvável, com assunção de riscos audaciosos e desmedidos em transações perigosas em que o dinheiro alheio é inescrupulosamente arriscado.

Nesta modalidade não se exige a fraude, tal como na gestão fraudulenta, mas apenas a temeridade na gestão da instituição financeira, a partir da tomada de riscos excessivos. Mas quais seriam as balizas identificadoras desses riscos excessivos?

Especificamente no que diz respeito a esta questão, ou seja, o que se deveria entender por temeridade na gestão da instituição financeira, a jurisprudência tem tentado balizar parâmetros objetivos a fim de se chegar a um consenso.

O Superior Tribunal de Justiça esclareceu que "a temeridade da gestão é elemento valorativo global do fato (Roxin) e, como tal, sua valoração é de competência exclusiva da ordem jurídica e não do agente. Para a caracterização do elemento subjetivo do delito não é necessária a vontade de atuar temerariamente; o que se exige é que o agente, conhecendo as circunstâncias de seu agir, transgrida voluntariamente as normas regentes da sua condição de administrador da instituição financeira" (REsp 1613260/SP, Rel. Ministra Maria Thereza de Assis Moura, Sexta Turma, julgado em 09/08/2016, DJe 24/08/2016).

Da leitura do voto da e. Relatora, a constitucionalidade do tipo penal em razão da indeterminação do termo temeridade de gestão deve ser levado a efeito a partir de "uma 'interpretação conforme' à Constituição, através de uma redução teleológica do seu campo de incidência. Para tanto, é preciso afastar da incidência da norma penal os casos que se encontrem cobertos pelo risco permitido na esfera da atividade financeira. Desse modo, a *contrario sensu*, deve-se entender que o tipo penal de gestão temerária pressupõe a violação de deveres extrapenais." Ainda de acordo com o voto:

> "Tais deveres são impostos por diversas normas jurídicas que dispõem sobre a conduta requerida dos administradores de instituições financeiras no que diz respeito aos limites de risco admissíveis. Se é verdade que o risco é ínsito à atividade das instituições financeiras, os seus limites são estabelecidos normativamente.
>
> Inicialmente, destaque-se que, nos termos do artigo 153 da Lei das S.A. (Lei nº 6.404/1976) – aplicável às instituições financeiras privadas pois, por

força do artigo 24 da Lei nº 4.595/1964, à exceção das cooperativas de crédito, todas elas deverão constituir-se sob a forma de sociedade anônima – 'o administrador da companhia deve empregar, no exercício de suas funções, o cuidado e a diligência que todo homem ativo e probo costuma empregar na administração dos seus próprios negócios'. Esse princípio, aliás, também se acha estatuído no artigo 1.011 do Código Civil, segundo o qual 'o administrador da sociedade deverá ter, no exercício de suas funções, o cuidado e a diligência que todo homem ativo e probo costuma empregar na administração de seus próprios negócios'. São as primeiras diretrizes a indicar o que é uma gestão responsável – e, portanto, não temerária – de uma sociedade qualquer. Mais do que cuidado e diligência, quem lida profissionalmente com bens, valores ou dinheiro alheio tem de possuir o conhecimento técnico adequado.

Tais normas, porém, são ainda muito genéricas para serem utilizadas como critério de determinação do risco proibido. É preciso examinar as regras específicas, veiculadas por órgãos como o Conselho Monetário Nacional, o Banco Central do Brasil e a Comissão de Valores Mobiliários, para perquirir se os administradores das instituições financeiras superaram o risco admitido pelas normas pressupostas pelo tipo penal.

E tal violação às normas de regência da atividade financeira tem de ser dolosas, já que não está prevista forma culposa de cometimento do delito tipificado no artigo 4º, p. ún., da Lei nº 7.492/1986. Assim, como mencionado, nos termos do artigo 18, p. ún., do Código Penal, 'salvo os casos expressos em lei, ninguém pode ser punido por fato previsto como crime, senão quando o pratica dolosamente'. Mas é preciso que se compreenda exatamente qual é o conteúdo do dolo de que deve estar imbuído o agente.

Ao examinar o delito em questão, Luís Greco ressalta que a elementar *temerariamente* não consubstancia elemento normativo em sentido tradicional, mas, sim, *elemento valorativo global do fato* (Dolo e gestão temerária (art. 4º, parágrafo único, Lei 7.492/86). *Boletim* IBCCRIM. São Paulo: IBCCRIM, ano 19, nº 229, dez./2011, pp. 7-8)

A categoria do elemento valorativo global do fato foi desenvolvida por Claus Roxin, que diferencia tais elementos dos tradicionais elementos normativos pela circunstância de que aqueles antecipam o juízo acerca da antijuridicidade. Assim, não se pode entender tal elementar como configurada e, em seguida, ter-se o fato por justificado: a presença de uma causa justificante implica a negação da própria existência da elementar da valoração global (*Strafrecht: Allgemeiner Teil.* 4. auf. München: Beck, 2006. pp. 301-302).

Tomemos outro exemplo dessa espécie de elemento, para melhor compreensão. No crime de violação de correspondência (CP, art. 151) – caracterizado pela conduta de 'devassar indevidamente o conteúdo de correspondência fechada, dirigida a outrem' –, se alguém atua em estado de necessidade (justificante), não age indevidamente. Quem age indevidamente, age antijuridicamente. A relevância desta distinção se mostra mais evidente exatamente na fixação do conteúdo do dolo relativo a tais elementos. Diversamente do que se passa em relação aos elementos normativos, 'o dolo referido a elementares de valoração global do fato não pode conter uma valoração leiga da existência dessa elementar, como no caso das tradicionais elementares normativas' (GRECO, Luis. Op. cit. p. 8). Por isso Roxin distingue, nos elementos de valoração global do fato, os pressupostos fáticos da valoração e a valoração em si mesma. O dolo se refere somente aos pressupostos fáticos – e não sobre a valoração.

Voltemos ao exemplo da violação de correspondência, mencionado por Luis Greco e por Alaor Leite (Claus Roxin, 80 anos. *Revista Liberdades*. São Paulo: IBCCRIM, nº 07, mai.-ago./2011, p. 99; sem destaques no original):

Para dizê-lo com um exemplo: o vizinho de A sai de viagem por uma semana e pede a A que abra as cartas que porventura chegarem nesse ínterim. Uma semana depois, o vizinho retorna, mas A, que disso não se apercebe e não se lembra de que dia se trata, abre uma carta dirigida a seu vizinho. Aqui, A erra sobre um pressuposto fático da valoração, agindo, portanto, sem dolo. Se A, porém, sabendo do retorno do vizinho, supuser que nada há de indevido em continuar a abrir-lhe a correspondência – afinal, são grandes amigos! – ele agirá dolosamente, sendo de admitir-se mero erro de proibição (evitável).

Aplicando essas premissas ao delito de gestão temerária, assim se pronuncia Luis Greco (*Op. cit.* p. 8; sem destaques no original):

Retornando a nosso tipo em questão: a elementar 'temerariamente' não é mero elemento normativo em sentido tradicional, e sim um elemento valorativo global do fato. Afinal, não é possível qualificar uma gestão de temerária sem, simultaneamente, declará-la antijurídica. O caráter temerário da gestão adianta o juízo de antijuridicidade. Com isso, fica claro qual o conteúdo do dolo em relação a este elemento: o agente tem de conhecer os atos que está praticando, bem como todas as características que fundamentarão o caráter temerário de seu agir. Por exemplo, ele tem de saber que está concedendo empréstimos sem as garantias necessárias, que está ignorando dados relevantes, tem de conhecer a dimensão do risco a que está expondo a instituição etc. É irrelevante para o dolo, contudo, que o agente considere ainda assim defensável, não temerário, o seu agir – aqui haveria no máximo um erro de proibição (art. 21, CP). A valoração do ato de gestão como temerário é de competência exclusiva da ordem jurídica e não do agente.

Em suma: para a caracterização do elemento subjetivo do delito não é necessária a vontade de atuar temerariamente; o que se exige é que o agente, conhecendo as circunstâncias de seu agir, transgrida voluntariamente as normas regentes da sua condição de administrador da instituição financeira.

Na síntese do ex-Ministro Sepúlveda Pertence, o que deve ser comprovado é a 'consciência e vontade da inobservância dos cuidados obrigatórios, segundo as regras do Banco Central' (voto proferido no HC 87440, Rel. Min. Carlos Britto, Primeira Turma, j. 08/08/2006, DJ 02/03/2007) ou, acrescento, de outros entes reguladores da atividade financeira. É irrelevante se o agente considera que age temerariamente."

Como se vê, referido entendimento estabelece diretrizes objetivas a fim de compreender o significado de gestão temerária, a qual deve advir das normas administrativas que regulamentam os riscos permitidos na condição de administrador da instituição financeira.

A I Jornada de Direito e Processo Penal, realizada pelo Centro de Estudos Judiciários do Conselho da Justiça Federal (CEJ/CJF), realizada de 10 a 14 de agosto de 2020, aprovou 32 enunciados, valendo destacar quanto ao tema, o Enunciado nº 23, estatuindo que "o crime de gestão temerária de instituição financeira exige a demonstração da violação das regras e parâmetros objetivos de gerenciamento de riscos e limites operacionais na administração, intermediação e aplicação de recursos de terceiros, instituídos pelas autoridades de regulação do sistema financeiro nacional."

O objeto da proibição da "gestão temerária" pretendido pelo legislador não seria apenas o resultado danoso, "mas sim a situação de risco causada pela ação do administrador excessivamente arrojado que, por exemplo, opere em níveis elevadíssimos de alavancagem em mercado de derivativos. Nesta perspectiva, irrelevante seria indagar sobre o resultado (lucro ou prejuízo): o crime já estará consumado no momento da operação. Portanto, o legislador optou por tutelar o bem jurídico ameaçado de lesão pela conduta preliminar potencialmente gravosa, pouco importando, ao menos em tese, o efetivo resultado."[78]

[78] FRAGOSO, Rodrigo. *gestão temerária de instituição financeira* (Disponível em: <*http://www.fragoso.com.br/ptbr/arq_pdf/artigos/arquivo71.pdf*>. Acesso em 23.03.2012).

Tal elemento configura-se pela afoiteza, audácia das transações e pelo seu risco previsível aferido pela violação das regras e parâmetros objetivos de gerenciamento, que se afasta do risco imanente a qualquer atividade financeira.

Em síntese, a consumação do delito de gestão temerária de instituição financeira não exige a ocorrência de efetivo prejuízo à instituição financeira, requerendo, tão somente, a presença de conduta, que tenha deixado de observar as regras cabíveis na consecução das atividades da instituição financeira, colocando esta em risco e, consequentemente, o Sistema Financeiro Nacional.

O delito de gestão temerária, portanto, é formal e de perigo abstrato. Eventual prejuízo acarretado decorrente dessa atuação (frise-se, não exigido para a sua consumação), é fundamento idôneo a justificar a exasperação da pena em razão das consequências do delito.

Trata-se de crime próprio, respondendo pelo crime as pessoas dispostas no art. 25 da Lei nº 7.492/1986, sendo certo que terceiros estranhos ao sistema financeiro também poderão responder pelo delito de gestão temerária, a teor do que dispõe os artigos 29 e 30, ambos do Código Penal.

Tal como ocorre no delito de gestão fraudulenta, o gerente de agência poderá cometer o crime desde que ostente autonomia e independência (STJ, AgRg no REsp 1374090/PR, Rel. Ministro Joel Ilan Paciornik, Quinta Turma, julgado em 07.08.2018, DJe 15.08.2018).

Demais disso, somente admite a forma dolosa, consubstanciada no conhecimento de atuar contrariamente às regras que estabelecem quais os riscos de atuação permitidos pelos administradores na gestão da instituição financeira. Nesse sentido: (STJ, REsp 1613260/SP, Rel. Ministra Maria Thereza de Assis Moura, Sexta Turma, julgado em 09/08/2016, DJe 24/08/2016).

Juliano Breda e Nicole Trauczynski,[79] ao tecerem comentários à obra de Manoel Pedro Pimentel, esclarecem que "o crime do parágrafo único do art. 4º só pode ser praticado com dolo, caracterizado pela ação consciente de administrar de modo temerário a instituição financeira, com violação das regras objetivas de regulamentação dos riscos permitidos nas operações. O tipo subjetivo exige, portanto, conjuntamente, a vontade consciente de descumprir regra objetiva de comportamento imposta pelas autoridades de

[79] PIMENTEL, Manoel Pedro. *Crimes contra o sistema financeiro nacional* [livro eletrônico]: *comentários à lei 7.492, de 16.6.86* / 2. ed. São Paulo: Thomson Reuters Brasil, 2020.

regulação do sistema, por exemplo, o Banco Central, a CVM, a SUSEP, e a consciência de que a conduta é potencialmente lesiva ao patrimônio de terceiros investidores ou da própria instituição financeira."

Ainda sobre o tema de gestão temerária, cumpre registrar que o STF na Ação Penal nº 892 (Rel. Luiz Fux, Primeira Turma, julgado em 26.02.2019, acórdão eletrônico DJe-104 divulg 17.05.2019, public 20.05.2019) teve a oportunidade de traçar a distinção entre a gestão fraudulenta e a gestão temerária, atentando-se ao fato de tutelarem o mesmo bem jurídico. De acordo com o julgado "o objetivo do legislador ao criminalizar a gestão temerária não foi o de penalizar a conduta do gestor de induzir terceiras pessoas em erro para auferir vantagem, mas sim a conduta que, embora praticada abertamente, sem qualquer ardil ou tentativa de ocultação, atente, quando acarretar risco injustificável ou desproporcional ao universo de investidores, contra a higidez da instituição financeira administrada."

Pontuou ainda que:

> "A gestão fraudulenta, prevista no art. 4º, *caput*, da Lei 7.492/1986 caracteriza-se penalmente pela conduta de gerir fraudulentamente instituição financeira, crime que não se confunde com aquele previsto no parágrafo único do mesmo art. 4º (gestão temerária de instituição financeira), de menor lesividade e menor gravidade penal, embora ambos visem a tutelar o mesmo bem jurídico, qual seja, a estabilidade e higidez do sistema financeiro nacional. 2. A tutela penal das duas condutas, em linhas gerais, visa a resguardar a atuação segura das instituições financeiras, mormente em consideração à volatilidade e risco financeiro que são inerentes a uma economia de natureza globalizada, de cujo regular funcionamento é fiadora a confiança dos investidores na higidez das aludidas instituições. 3. a gestão fraudulenta diferencia-se da gestão temerária, porquanto a primeira consubstancia-se na prática de atos de gestão de uma instituição financeira, pelo emprego de fraude, ardil ou qualquer manobra de natureza desleal que vise a induzir terceiras pessoas em erro e, desse modo, produzir um ou mais resultados predeterminados pelo agente, que age com dolo, associada à obtenção de vantagem indevida em proveito próprio ou alheio."

Jurisprudência acerca de gestão temerária ao longo do tempo: autorização para empréstimo a empresa reconhecidamente inadimplente por instituição financeira (**STJ** – REsp. nº 617191/SP, Rel. Min. Laurita Vaz, 5ª T., *v.u.*, *DJ* 05.06.2006); "ao contrário da gestão fraudulenta, na gestão temerária o agente atua abertamente, sem a prudência devida, ou com demasiada confiança, assumindo riscos audaciosos. A concessão de empréstimos sem as garantias necessárias e em desacordo com as normas administrativas constitui, em tese, nos casos em que não há ardil nem qualquer expediente fraudulento, gestão temerária." (**TRF/4** – ACR 2000.70.01.001118-5, Rel. Victor Luiz dos Santos Laus, 7ª Turma, *D.E.* 18.03.2010); "em caso de emprego de dinheiro, reiteradamente, de maneira contrária às normas internas da instituição" (**TRF/4** – ACR nº 2001.04.01.056399-8/RS, Rel. Des. Fed. José Luiz Germano da Silva, 7ª T., *vu*, *DJ* 03.03.2004); "os atos de gestão temerária ocorreram principalmente por meio de concessões de empréstimos sem atendimento aos princípios de seletividade, garantia, liquidez, e diversificação dos riscos, a clientes em restrições cadastrais ou sem ficha cadastral atualizada ou caracterizada como renovações sucessivas de empréstimos com incorporações de juros e encargos da transação anterior" (**TRF/1** – ACR nº 001799-22.2001.4.01.3802/MG, Rel. Des. Fed. Mário César Ribeiro, 4ª T., *vu*, *e-DJ1* 15.03.2010); no caso de uma DTVM que "experimentou elevados prejuízos ao realizar operações *day trade* no mercado de opções com outro, em benefício de terceiros e em detrimento da instituição, visto que as relações de negócio da BM&F dos dias referidos evidenciam a identidade das contrapartes envolvidas, os preços de compra e venda próximos ao máximo e mínimo respectivos, condutas enquadradas no conceito de gestão temerária, diante dos riscos audaciosos em transações perigosas ou inescrupulosamente arriscando dinheiro alheio" (**TRF/3** – ACR nº 200303990176938/SP, Rel. Des. Fed. André Nabarrete, 5ª T., *vu.*, 20.09.2004); "O tipo penal da gestão fraudulenta tem a fraude como elemento essencial. Ainda que a conduta tida como fraudulenta não seja necessariamente uma prática criminosa, deve ser uma atividade enganosa e imbuída de má-fé, praticada pelo administrador da pessoa jurídica, o que não se observou no presente caso. 2. Ao contrário da gestão fraudulenta, a gestão temerária não exige uma conduta ardilosa, enganosa por parte do administrador. A fraude não é elemento essencial do tipo penal, sendo suficiente à caracterização do delito a prova de uma atuação dolosa que coloca a instituição financeira em risco. 3. Ainda que não esteja comprovado que as operações de opção flexível de câmbio objetivassem a prática do crime do art. 17, parágrafo único, II, da Lei nº 7.492/86, os elementos probatórios presentes nos autos são mais do que suficientes a provar que tais operações representaram risco excessivo à instituição financeira administrada pelo acusado e, mais ainda, que causaram efetivo prejuízo a esta." (**TRF/3** – ACR 0008197-06.2000.4.03.6181, Rel. Des. Fed. Nino

Toldo, 11ª Turma, e-DJF3 Judicial, data:25.11.2016); "a gestão temerária é punida não pelo risco que representa para a própria instituição, mas pela interferência nociva que tem no sistema financeiro, não se enquadrando na figura penal a má condução dos negócios da instituição ou a inoperância ou incompetência de seus administradores, exceto quando afetarem a normalidade do mercado financeiro e que tenham eles agido com dolo" (**TRF/1** – ACR nº 1998.01.00.014560-5/DF, Rel. Des. Fed. Osmar Tognolo, 3ª T, por maioria, *DJ* 30.09.1999).

Dolo eventual: há precedentes no sentido de que é possível – **STF**, Rel. Min. Sidney Sanches, HC nº 75677; **STJ** – "esta Corte já afirmou, em mais de uma oportunidade, que o elemento volitivo apto a embasar a imputação pelo crime de gestão temerária é o dolo indireto na modalidade eventual" (HC nº 125853/ SP, Rel. Min. Napoleão Nunes Maia Filho, 5ª T., *v.u.*, *DJ* 01.03.2010); "no crime de gestão temerária, a conduta é caracterizada pelo dolo eventual na medida em que o agente, tendo a previsão do resultado, assume o risco realizando a conduta indiferente aos danos ao sistema financeiro" (**TRF/3** – ACR nº 2006.03.99.037298-4/SP, Rel. Des. Fed. Cecília Mello, 2ª T., *vu*, *DJ* 20.05.2010).

No julgado do STJ ficou consignado ser necessária a demonstração de que o acusado anteviu e aceitou o risco lesivo à instituição financeira, porém não qualquer risco, já que lidar com áleas é próprio das atividades fomentadas pela iniciativa privada, mormente quando afetas à área bancária, mas sim a submissão do negócio a um perigo qualificado, inadmissível, que torna em tudo mais iminente a derrocada da instituição

Princípio da Insignificância

Inaplicável por cuidar-se de crime de perigo que se consuma com a simples realização do tipo, sendo desnecessária a existência de prejuízo às vítimas. (**STJ** – Resp nº 637742/PR, Rel. Min. José Arnaldo Fonseca, 5ª T, *vu*, *DJ* 07.11.2005; **TRF/3** – ACR nº 1999.03.99.110790-6/SP, Juiz Fed. Conv. Fausto De Sanctis, 5ª T., *vu*, *DJU* 24.06.2003).

Este princípio somente possibilita a exclusão da esfera da tipicidade, condutas que, pela insuficiência de sua lesividade, não chegam a atingir o bem jurídico tutelado, resultando, por conseguinte, atípicas as condutas imputadas. Estabelece que para que uma conduta seja considerada típica não basta apenas a sua adequação formal aos elementos descritos abstratamente na norma, fazendo-se necessário que a lesividade da atuação seja de tal monta que haja substancial ofensa ao bem jurídico tutelado.

No crime de gestão temerária, como preleciona José Carlos Tórtima:[80] "o bem jurídico a ser tutelado pela norma é a estabilidade e a higidez do Sistema Financeiro Nacional, indispensável à eficiente execução da política econômica do governo. Secundariamente, protegem-se, através de severa ameaça penal, os investidores e o próprio mercado financeiro das funestas consequências de possíveis 'quebras' de instituições, causadas pela cupidez ou irresponsabilidade de seus gestores."

Desta feita, sendo objeto secundário de proteção da norma o patrimônio dos investidores e o próprio mercado financeiro, é que pode haver prejuízo material concreto a pessoas, determinadas, ou não. Não obstante, o possível dano gerado pela conduta não se afigura adequado para qualificá-la como insignificante ou não, mormente porque a extensão do prejuízo ao bem jurídico tutelado não é passível de quantificação.

Trata-se também de crime **habitual impróprio**, tal qual sustentado em relação à "gestão fraudulenta".

Havia o entendimento do STJ no sentido de ser mais plausível considerar que o crime do art. 4º, parágrafo único, da Lei nº 7.492/1986, exige para a sua consumação a existência de habitualidade, ou seja, uma sequência de atos, na direção da instituição financeira, perpetrados com desmedido arrojo (**STJ** – HC nº 97357/GO, Rel. Min. Maria Thereza de Assis Moura, 6ª T., *v.u.*, *DJe* 18.10.2010).

Sob esta ótica, tendo em vista a natureza habitual deste crime, poder-se-ia considerar difícil a ocorrência da modalidade tentada. Assim, atos, isoladamente considerados, seriam um indiferente penal.

Neste mesmo sentido, há corrente doutrinária que considera ser necessária a atuação sequencial do gestor na função de direção, mediante a análise dos seus atos durante um dado período de tempo. Roberto Delmanto, Roberto Delmanto Júnior e Fábio M. de Almeida Delmanto também sufragam esta tese:[81] "O núcleo é o mesmo do *caput*, qual seja, a gestão, que é a resultante do ato de gerir. Igualmente requer-se, assim, certa habitualidade de condutas, inexistindo gestão 'de um ato só'."

De acordo com esse raciocínio, não pode haver o exame fragmentado de cada operação de crédito entabulada pela instituição financeira, desprezando-se a dimensão de todas as operações realizadas e da própria administração como um todo. Deve haver o exame da totalidade da administração

[80] *Crimes contra o sistema financeiro nacional: uma contribuição ao estudo da Lei nº 7.492/1986*. 2. ed. Rio de Janeiro: Lumen Juris, 2002, p. 51.

[81] *Leis penais especiais comentadas*. Rio de Janeiro: Renovar, 2006, p. 143.

de uma instituição financeira para se aferir a ocorrência do crime de gestão temerária e como propugnam estes autores deve resultar do exame, "numa cadeia sequencial e abrangente de toda atividade gestora que, tendo início, meio e fim, faça persistir, em seu todo, a temeridade da gestão."[82]

No entanto, posteriormente, a jurisprudência do STJ "firmou a compreensão de que no delito habitual impróprio ou acidentalmente habitual, entre os quais se insere a gestão temerária, um único ato é capaz de consumar o crime, muito embora a reiteração de atos não constitua delito autônomo, mas mero desdobramento dessa habitualidade, de modo que a reiteração não corresponde ao concurso de crimes" (HC 444.389/SP, Rel. Ministro Rogerio Schietti Cruz, Sexta Turma, julgado em 22.09.2020, DJe 30.09.2020).

No mesmo sentido:

> "HABEAS CORPUS. PENAL. PROCESSO PENAL. AÇÃO PENAL ORIGINÁRIA. TRF3. CRIME CONTRA O SISTEMA FINANCEIRO NACIONAL (LEI Nº 7.492/1986). GESTÃO TEMERÁRIA (ART. 4º, PARÁGRAFO ÚNICO, DA MESMA LEI). ADMINISTRADOR DO BANESPA. BIS IN IDEM CONFIGURADO. ABSOLVIÇÃO.
>
> 1. O crime de gestão temerária de instituição financeira caracteriza-se como crime acidentalmente habitual, razão pela qual, embora um único ato seja suficiente para a configuração do crime, a sua reiteração não configura pluralidade de delitos. Precedentes do STJ e do STF.
>
> 2. Na hipótese dos autos, mesmo sendo praticados os atos de gestão temerária em situações distintas e com aparentes finalidades diversas, de rigor a aplicação do posicionamento jurisprudencial consolidado, tanto no Superior Tribunal de Justiça quanto no Supremo Tribunal Federal, no sentido de que o crime de gestão temerária de instituição financeira (art. 4º, parágrafo único, da Lei nº 7.492/1986) é habitual impróprio ou acidentalmente habitual, pois um único ato pode ser suficiente para a configuração do crime, mas a repetição de atos não configura pluralidade de delitos.
>
> 3. Existindo a condenação anterior, transitada em julgado, do ora paciente Nelson Mancini Nicolau, também pela gestão temerária como administrador da mesma instituição, Banespa, segundo narram as denúncias, em datas próximas, com todos os atos praticados no mesmo exercício, no ano de 2006, configura-se o alegado bis in idem, envolvendo a Ação

[82] *Op. cit.*, p. 87.

Penal nº 2006.03.00.026541-0, já transitada em julgado, e a Ação Penal nº 2006.03.00.008798-1, objeto do REsp nº 1.

352.043/SP.

4. Ordem concedida para reconhecer o bis in idem e absolver o ora paciente Nelson Mancini Nicolau, nos termos do art. 386, VI, do CPP, das imputações constantes da Ação Penal nº 2006.03.00.008798-1."

(STJ, HC 391.053/SP, Rel. Ministro Sebastião Reis Júnior, Sexta Turma, julgado em 30.05.2019, DJe 02.08.2019)

O STF também tem julgado no sentido de que:

"1. Embargos de declaração. Recurso extraordinário. Teses articuladas no recurso extraordinário não suscitadas no Tribunal a quo. Recurso não conhecido, nos termos da Súmula 282 do STF. Inexistência de omissão na decisão embargada. Embargos rejeitados. **2. Crime de gestão temerária de instituição financeira. Lei 7.492/86, art. 4º, parágrafo único. Crime acidentalmente habitual. Embora um único ato seja apto à configuração da conduta tipificada, a sua reiteração não configura pluralidade de delitos**. Precedentes. Concessão de habeas corpus de ofício para excluir da condenação o aumento resultante da continuidade delitiva."

(STF, AI 714266 AgR-ED, Rel. Ministro Gilmar Mendes, Segunda Turma, julgado em 05.02.2013, acórdão eletrônico DJe-040 divulg 28.02.2013 public 01.03.2013)

Concurso de crimes

a) Artigos 4º e 16: "cabível a aplicação simultânea dos artigos 4º, parágrafo único, e 16 da Lei nº 7.492/1986 a uma empresa comercial, eis que a autorização concedida pelo Poder Público para atuar no âmbito próprio não substitui aquela específica, outorgada pelo Banco Central" (TRF/4 – ACR nº 2002.04.01.052325-7/PR, Rel. Des. Fed. Maria de Fátima Freitas Labarrère, 7ª T., *vu, DJ* 26.11.2003); No mesmo sentido de que a instituição não autorizada ou indevidamente autorizada também pode ser gerida fraudulentamente: "os tipos penais dos artigos 4º e 16 não são incompatíveis, porquanto podem ser praticados em concurso formal, ou seja, podem configurar-se com apenas uma conduta do agente" (STF – HC nº 93.368/PR, Rel. Min. Luiz Fux, 1ª T., *vu, DJ* 25.08.2011; De idêntico modo, como bem sufragado pelo STF, sob pena de se ferir o princípio da isonomia: "Revestem-se de caráter autônomo as condutas tipificadas no art. 4º e no art. 16, ambos da Lei nº 7.492/86, que define os crimes contra o Sistema Financeiro Nacional, de tal modo que o comportamento do agente que comete o delito de gestão fraudulenta de instituição financeira (art. 4º) mostra-se também compatível com a prática do crime de operação de instituição financeira não autorizada (art. 16). – É que o delito de gestão fraudulenta tanto pode ser cometido em instituição financeira autorizada quanto em instituição financeira não autorizada pelo Branco Central do Brasil (BACEN), sob pena de atribuir-se inadmissível tratamento privilegiado àquele – não importando se pessoa física ou jurídica – que atua, ilegalmente, sem a necessária e prévia autorização do BACEN, nos diversos segmentos abrangidos pelo sistema financeiro nacional: (a) mercado monetário, (b) mercado de crédito, (c) mercado de câmbio e (d) mercado de capitais." – **STF** – RHC nº 117270 AgR, Rel. Celso de Mello, 2ª T., j. 06.10.2015); "a gerência fraudulenta de instituição não guarda necessária relação com a sua autorização para funcionar, razão pela qual, é possível concluir que uma instituição financeira, corretamente autorizada, seja gerida fraudulentamente ou não e, do mesmo modo, também é possível que o crime do artigo 4º ocorra com a instituição não autorizada ou indevidamente autorizada." (**STJ** – RHC nº 19.909/PR, Rel. Des. Conv. TJ/MG Jane Silva, 5ª T., *v.u.*, *DJ* 03.12.2007)

O STJ em acórdão proferido pela 5ª Turma, em 20.11.2012, decidiu que operador de instituição financeira irregular também pode ser condenado por gestão fraudulenta. O processo envolvia evasão de divisas no caso Banestado, sendo o acusado condenado por gestão fraudulenta de instituição financeira não autorizada.

Segundo a denúncia do Ministério Público, ele chegou a movimentar mais de US$ 77 milhões via empresa *offshore* com conta na agência do banco em Nova Iorque. O Ministro Relator Jorge Mussi considerou que há uma compreensão mais abrangente do delito de gestão fraudulenta de instituição financeira.

Destacou que o artigo 4º visa tutelar o mercado financeiro e que se deve levar em conta o conceito de instituição financeira previsto no artigo 1º da mesma Lei. "Como se pode verificar da definição legal de instituição financeira, esta não se restringe às regulares, abrangendo, também, todas as pessoas jurídicas e físicas que captem ou administrem seguros, câmbio, consórcio, capitalização ou qualquer tipo de poupança ou recursos de terceiros, ainda que sem autorização do Banco Central do Brasil", observou o Relator.

Para ele, "tendo a própria legislação de regência estabelecido as características de uma instituição financeira para efeitos de aplicação da lei, não se pode excluir de seu âmbito de incidência as pessoas físicas ou as sociedades de fato que operem sem a autorização do Banco Central, as quais estão inseridas no artigo 1º."

Afirmou no voto que qualquer interpretação em sentido contrário acabaria privilegiando aquele que gerencia fraudulentamente instituição financeira irregular, estimulando a proliferação de entes e pessoas que atuam sem a devida autorização do Banco Central (STJ, *Habeas Corpus* nº 2011.0242212-0, 5ª T., *v.u.*, *DJe* 03.12.2012).

Há, no entanto, julgados do **STJ não permitindo o concurso entre os delitos de gestão fraudulenta (art. 4º, *caput*) e de operação de instituição financeira sem autorização (art. 16)**: "a ideia de incriminação instituída pela Lei nº 7492/1986 levou em conta, de um lado, crimes praticados por agentes financeiros regulares e, de outro, por instituições que, sem a autorização de funcionamento, invadem o mercado com a finalidade de realizar negócios escusos e contrários à higidez do sistema, assim, a prática de gestão fraudulenta pressupõe a existência de empresa ou pessoa habilitada a atuar de forma legal, não se aplicando, por certo, aos agentes clandestinos, pois estes estão compreendidos no tipo do art. 16 da Lei 7492/1986." (REsp nº 897.656/PR, Rel. Min. Maria Thereza de Assis Moura, 6ª T., *v.u.*, *DJe* 19.12.2008). **No mesmo sentido**: "nota-se que o cometimento do primeiro delito denota a existência de uma instituição financeira autorizada, enquanto o segundo pressupõe exatamente o contrário, a existência de uma empresa que funcione como instituição financeira sem que lhe tenha sido permitido atuar dessa forma" (**STJ** – HC nº 197569/PR, Rel. Min. Og Fernandes, 6ª T., *vu*, *DJe* 18.10.2011).

TRF3 – "Conforme já decidido no âmbito desta C. Décima Primeira Turma, o crime de gestão fraudulenta (art. 4º, *caput*, da Lei 7.492/86) pressupõe a existência de instituição financeira formalmente constituída. Nota-se na própria dicção daquele tipo que gerir 'fraudulentamente' significa deturpar, com o uso doloso de expedientes de fraude e ardil, a regular gestão de instituição financeira. Não poderia haver regular gestão de instituição financeira que é, ela própria, algo irregular, ou seja, que nem sequer está autorizada a funcionar como tal. O próprio binômio 'gestão fraudulenta/gestão regular' fica inviabilizado diante da impossibilidade de haver 'gestão regular' quando o próprio ente gerido não é pessoa jurídica autorizada a desenvolver sua atividade precípua, isto é, não é ela própria algo regular. Na hipótese de haver instituição financeira irregular, não há 'gestão fraudulenta', mas 'operação irregular de instituição financeira', conduta esta que se amolda ao art. 16 da Lei 7.492/86..." (Apelação Criminal nº

0005875-25.2006.4.03.6109/SP, Rel. Des. Fed. José Lunardelli, 11ª Turma, *v.u.*, *D.E.* de 12.06.2017).

Adoto o entendimento de que não é justo aquele que gere fraudulenta ou temerariamente instituição financeira regular ser mais gravemente apenado do que aquele que gere fraudulenta ou temerariamente instituição financeira irregular. Logo, aplica-se o concurso tanto para instituição financeira regular quanto para irregular. A ideia seria a de que haveria ofensa ao princípio da isonomia se não se punisse a gestão fraudulenta de instituição financeira irregular.

b) Artigos 4º, 5º, 6º e 10: "HABEAS CORPUS. CRIMES CONTRA O SISTEMA FINANCEIRO NACIONAL. GESTÃO FRAUDULENTA. APROPRIAÇÃO INDÉBITA E DESVIO. SONEGAÇÃO DE INFORMAÇÃO OU PRESTAÇÃO DE INFORMAÇÃO FALSA. ARTS. 4º, CAPUT, 5º, CAPUT, E 6º DA LEI Nº 7.492/1986. PRETENSÃO DE APLICAÇÃO DO PRINCÍPIO DA CONSUNÇÃO. CÁLCULO DA PENA-BASE. PARECER ACOLHIDO.

1. Os crimes dos arts. 5º ("Apropriar-se, quaisquer das pessoas mencionadas no art. 25 desta lei, de dinheiro, título, valor ou qualquer outro bem móvel de que tem a posse, ou desviá-lo em proveito próprio ou alheio"), 6º ("Induzir ou manter em erro, sócio, investidor ou repartição pública competente, relativamente a operação ou situação financeira, sonegando-lhe informação ou prestando-a falsamente") e 10 ("Fazer inserir elemento falso ou omitir elemento exigido pela legislação, em demonstrativos contábeis de instituição financeira, seguradora ou instituição integrante do sistema de distribuição de títulos de valores mobiliários") podem, eventualmente, ser perpetrados de forma autônoma e dissociada da conduta delituosa inserta no art. 4º ("Gerir fraudulentamente instituição financeira"), todos da Lei nº 7.492/1986."(REsp nº 1.290.073/ES, Ministra Laurita Vaz, Quinta Turma, DJe 23.05.2014).

2. As instâncias ordinárias concluíram que ficou devidamente comprovada a gestão fraudulenta da SOPOUPE, que veio a falir; que ocorreu a falsificação: a) das cópias contábeis de cheques empregados para o desvio de valores, no período de novembro de 1994 a dezembro de 1996; b) dos contratos de adesão relacionados a consorciados já contemplados; e c) das notas fiscais referentes a esses contratos fictícios; como também que ficou comprovado o desvio de R$ 1.290.617,68 dos consorciados da referida sociedade empresária em benefícios dos pacientes e das empresas R. E. E.

Administração, Participação e Empreendimentos S/A e São Paulo Veículos, Peças e Serviços S/A – pessoas jurídicas que também eram por eles administradas; bem assim, que ficou comprovada a apresentação de documentação com inserções falsas ao Banco Central do Brasil com o fito de induzir a autarquia em erro. Assim, os pacientes foram condenados pelos crimes tipificados nos arts. 4º, caput, 5º, caput, e art. 6º da Lei nº 7.492/1986.

3. No caso, o próprio Tribunal Regional concluiu que os acusados adotaram, de forma sistemática, a prática de elaborar falsos documentos para ocultar irregularidades na gestão da empresa, notadamente o desvio de recursos dos consorciados. Tais documentos, que resultaram da gestão fraudulenta da SOPOUPE, foram apresentados à fiscalização do BACEN, conduta essa que se amolda ao art. 6º da Lei nº 7.492/1986, mas que, praticada como meio para a gestão fraudulenta, deve ser por esta absorvida.

4. Quanto aos crimes tipificados nos arts. 4º e 5º da referida lei, é inviável a aplicação do princípio da consunção, uma vez que os crimes de gestão fraudulenta e de peculato-apropriação se diferenciam quanto ao tipo objetivo, objeto material e consumação, atingindo objetos materiais distintos. Precedentes.

5. Quanto à dosimetria da pena, afastada a condenação pelo art. 6º e refeito o cálculo, não é perceptível, quanto aos crimes remanescentes, a inobservância dos parâmetros legais ou a flagrante desproporcionalidade, sendo descabida sua revisão, ante a necessidade de proceder à reanálise das circunstâncias que permearam a prática dos delitos, sobretudo no que tange às consequências e ao tempo de duração da ação criminosa.

6. Ordem concedida, em parte, apenas para afastar a condenação pelo crime inscrito no 6º da Lei nº 7.492/1986 e, em consequência, alterar a pena dos pacientes para 5 anos e 10 meses de reclusão e 56 dias-multa, mantido o acórdão no que resta. Não tem mais efeito a liminar deferida."

(STJ, HC nº 351.960/SP, Rel. Ministro Sebastião Reis Júnior, Sexta Turma, julgado em 20.06.2017, DJe 26.06.2017)

Do crime omissivo impróprio ou comissivo por omissão

O artigo 13, *caput*, do Código Penal, exige relação de causalidade para a configuração do resultado típico, cuja causa consubstancia-se na ação ou omissão que levou à ocorrência do resultado descrito na norma penal. Por seu turno, o § 2º do referido dispositivo, traz à lume as hipóteses em que há relevância da omissão para fins penais, que estão relacionadas às situações em que o agente devia e podia agir, a fim de que não se configurasse o resultado típico previsto na norma penal.

Nesse sentido, o artigo 13 do Código Penal estabelece que:

"Art. 13 – O resultado, de que depende a existência do crime, somente é imputável a quem lhe deu causa. Considera-se causa a ação ou omissão sem a qual o resultado não teria ocorrido. (Redação dada pela Lei nº 7.209, de 11.7.1984)

(...)

§ 2º - A omissão é penalmente relevante quando o omitente devia e podia agir para evitar o resultado. O dever de agir incumbe a quem: *(Incluído pela Lei nº 7.209, de 11.7.1984)*

a) tenha por lei obrigação de cuidado, proteção ou vigilância; *(Incluído pela Lei nº 7.209, de 11.7.1984)*

b) de outra forma, assumiu a responsabilidade de impedir o resultado; *(Incluído pela Lei nº 7.209, de 11.7.1984)*

c) com seu comportamento anterior, criou o risco da ocorrência do resultado. *(Incluído pela Lei nº 7.209, de 11.7.1984)*"

Em resumo, o dispositivo em tela informa que a omissão é penalmente relevante quando o omitente devia e podia agir para evitar o resultado. Por outro lado, o dever de agir compete a quem: a) tenha por lei obrigação de cuidado, proteção ou vigilância; b) de outra forma, assumiu a responsabilidade de impedir o resultado; c) com seu comportamento anterior, criou o risco da ocorrência do resultado.

Acerca da possibilidade de omissão penalmente relevante cumpre registrar jurisprudência do Superior Tribunal de Justiça no tocante à existência de conduta comissiva por omissão, conforme se depreende do julgado abaixo:

"PENAL E PROCESSO PENAL. RECURSO EM HABEAS CORPUS. 1. HOMICÍDIO CULPOSO POR OMISSÃO. ACIDENTE DE TRABALHO. IMPUTAÇÃO AOS SÓCIOS. INÉPCIA DA DENÚNCIA. NÃO VERIFICAÇÃO. 2. POSIÇÃO DE GARANTE. OMISSÃO E NEGLIGÊNCIA DESCRITAS. 3. OBSERVÂNCIA DO ART. 41 DO CPP. AMPLA DEFESA GARANTIDA. 4. RECURSO EM HABEAS CORPUS IMPROVIDO.

1. Os recorrentes foram denunciados por homicídio culposo por omissão, em razão de negligência ao permitir ambiente de trabalho inseguro e omissão relacionada ao descumprimento das diversas Normas Regulamentadoras de observância obrigatória descritas na inicial. A hipótese dos autos traz, portanto, dois elementos normativos: omissão e culpa, ambos descritos na inicial acusatória, motivo pelo qual não há se falar em inépcia.

2. Não há necessidade de se descrever a conduta individualizada de cada um dos recorrentes porque o que se imputa é exatamente a ausência de conduta, a ausência do dever de cuidado legalmente atribuído aos recorrentes. Com efeito, nos crimes comissivos por omissão atribui-se a responsabilidade penal àquele que possui dever jurídico especial de agir para evitar o resultado, ou seja, ao garante. Os recorrentes, qualificados como sócios do grupo Aço Cearense, possuem, em tese, o dever de agir, haja vista terem, por lei, obrigação de cuidado, proteção ou vigilância, com relação a seus funcionários. Dessa forma, não é possível, na via eleita, trancar a ação penal por inépcia da denúncia, porquanto devidamente narrada a imputação, a qual se apoia em conduta omissiva e negligente dos recorrentes.

3. Assim, 'não pode ser acoimada de inepta a denúncia formulada em obediência aos requisitos traçados no artigo 41 do Código de Processo Penal, descrevendo perfeitamente as condutas típicas, cuja autoria é atribuída aos pacientes devidamente qualificado, circunstâncias que permitem o exercício da ampla defesa' (HC 183.660/RJ, Rel. Ministro Jorge Mussi, Quinta Turma, julgado em 14/02/2012, DJe 29/02/2012). 4. Recurso em habeas corpus improvido."

(STJ – RHC – RECURSO ORDINARIO EM HABEAS CORPUS – 53018 2014.02.77716-5, Min. Reynaldo Soares da Fonseca, 5ª Turma, *DJE* de 30.06.2017)

Em se tratando do crime de gestão temerária deve-se perquirir a situação em que se encontra o agente a quem é imputado o crime. Há que se perscrutar o cargo por ele assumido junto à administração financeira, se se lhe impõe o dever de fiscalização das operações e serviços, conforme previsão estatutária, e se se fazem presentes todos os requisitos caracterizadores de crime omissivo impróprio, quais sejam, o preenchimento dos elementos objetivos do tipo penal, uma situação típica ou de perigo para o bem jurídico, o poder de agir e a posição de garantidor.

Há de se indagar também se o agente devia e podia agir para evitar o resultado, mormente por ostentar posição de garante, na medida em que ao assumir o compromisso de bem e fielmente desempenhar o cargo de gestão, assume, também, todas as responsabilidades inerentes a este cargo.

Assim, na análise do caso concreto, o magistrado, à vista dos fatos narrados na denúncia, deverá proceder a uma análise perfunctória para aferir se se está, no mínimo, diante de omissão penalmente relevante, o que, em sendo positivado, será suficiente para a inclusão do denunciado no polo passivo da Ação Penal.

Por oportuno, frise-se não se tratar de responsabilização objetiva, mas de imputação àquele que teria se omitido dolosamente quando, pela lei, tinha o dever de agir. Nesse sentido, trago à colação o seguinte julgado, em que fui Relator para acórdão:

"PROCESSO PENAL. HABEAS CORPUS. CRIME DO ARTIGO 4º, PARÁGRAFO ÚNICO, DA LEI Nº 7.492, DE 16 DE JUNHO DE 1986, C.C. O ARTIGO 69 DO CÓDIGO PENAL. GESTÃO TEMERÁRIA DE INSTITUIÇÃO FINANCEIRA. RESPONSABILIDADE POR OMISSÃO. DEVER DE FISCALIZAÇÃO DAS OPERAÇÕES E SERVIÇOS. OMISSÃO PENALMENTE RELEVANTE. TRANCAMENTO DA AÇÃO PENAL. ORDEM DENEGADA.

– O paciente foi denunciado nos autos da Ação Penal nº 0003965-32.2016.403.6102, pela prática, em tese, de delitos de gestão temerária, em concurso material, nos termos do artigo 4º, parágrafo único, da Lei nº 7.492, de 16 de junho de 1986, c.c. o artigo 69 do Código Penal.

– A configuração do delito de gestão temerária de instituição financeira, previsto no artigo 4º, parágrafo único, da Lei nº 7.492, de 16 de junho de 1986, exige a existência de conduta impetuosa, que ponha em risco a instituição financeira, em razão da não observância das normas atinentes à execução das suas atividades. Trata-se de conduta que, embora não fraudulenta, demonstre ter agido o administrador de forma irresponsável, com desprezo às mínimas garantias de segurança e liquidez exigidas para o exercício das atividades fomentadas pela instituição financeira, colocando-a em risco. Essa conduta, por óbvio, acaba por promover efetivo perigo de lesão ao bem jurídico tutelado, com real risco para o Sistema Financeiro Nacional. Em síntese, a consumação do delito de gestão temerária de instituição financeira não exige a ocorrência de efetivo prejuízo à instituição financeira, requerendo, tão somente, a presença de conduta, que tenha deixado de observar as regras cabíveis na consecução das atividades da instituição financeira, colocando esta em risco e, consequentemente, o Sistema Financeiro Nacional.

– O artigo 13, caput, do Código Penal revela que a omissão é penalmente relevante quando o omitente devia e podia agir para evitar o resultado. Por outro lado, o dever de agir compete a quem: a) tenha por lei obrigação de cuidado, proteção ou vigilância; b) de outra forma, assumiu a responsabilidade de impedir o resultado; c) com seu comportamento anterior, criou o risco da ocorrência do resultado. No caso concreto, s.m.j., essa é a situação em que se encontra o paciente.

– No caso concreto, da leitura do artigo 33, caput, do Estatuto da Cooperativa de Crédito dos Plantadores de Cana de Sertãozinho (Sicoob/SP–Cocred), depreende-se que a administração da Cooperativa seria exercida por uma Diretoria composta de 5 (cinco) membros, todos associados, eleitos pela Assembleia Geral para um mandato de 4 (quatro) anos, sendo obrigatória, ao término de cada período do mandato, a renovação de, no mínimo, 1/3 (um terço) dos seus componentes, com as denominações de Diretor-Presidente, Diretor-Administrativo, Diretor-Operacional e 2 (dois) Diretores Vogais. De outro giro, o artigo 35, inciso II, do referido Estatuto, determina que as deliberações da Cooperativa seriam tomadas com a maioria dos membros presentes. Além disso, o artigo 36, caput, estabelece que compete à Diretoria, dentro dos limites da lei e deste Estatuto, atendidas as decisões ou recomendações da Assembleia Geral, planejar e traçar normas para as operações e serviços da Cooperativa e controlar os resultados. Por fim, nos termos da alínea "p" do § 1º do artigo 36, constitui atribuição da Diretoria Geral estabelecer as normas de controle das operações e serviços, verificando, mensalmente, no mínimo, o estado econômico-financeiro da Cooperativa e o desenvolvimento das operações e atividades em geral, através de balancetes da contabilidade e demonstrativos específicos. Nesse sentido, o Relatório do Banco Central do Brasil, quando da análise dos supostos responsáveis pelas operações realizadas pela Cooperativa tisnadas de irregularidades, imputou ao paciente responsabilidade por omissão, pois, na qualidade de Diretor Vogal, tinha o dever de verificar o estado econômico-financeiro, o desenvolvimento das operações e as atividades em geral da sociedade.

– Dos elementos constantes no presente writ, ao contrário do alegado pelo paciente, as atribuições do Diretor Vogal não se limitariam, s.m.j., à substituição de diretores em suas ausências ou impedimentos inferiores a 60 dias corridos, ou, ainda, nos casos de vacância dos cargos de Diretor Presidente, Diretor Administrativo ou Diretor Operacional. Pelo contrário. O cargo assumido pelo paciente junto à Diretoria da Cooperativa impunha-lhe o dever de fiscalização das operações e serviços, conforme consta do Estatuto da Cooperativa, uma vez que ele fazia parte da Diretoria. De outra banda, todos os requisitos caracterizadores de crime omissivo impróprio estão presentes, quais sejam, o preenchimento dos elementos objetivos do tipo penal, uma situação típica ou de perigo para o bem jurídico, o poder de agir e a posição de garantidor. O paciente, da análise do Estatuto Social da

Cooperativa, devia e podia agir para evitar o resultado, mormente porque figura na posição de garante. É preciso esclarecer que, ao assumir o compromisso de bem e fielmente desempenhar o cargo de diretor, assumiu, também, todas as responsabilidades inerentes a este cargo.

– Em análise perfunctória, à vista dos fatos narrados na denúncia, estar-se-ia, no mínimo, diante de omissão penalmente relevante, o que seria suficiente para a inclusão do réu no polo passivo da Ação Penal subjacente. Por oportuno, friso não se tratar de responsabilização objetiva, mas de imputação àquele que teria se omitido dolosamente quando, pela lei, tinha o dever de agir.

– Tendo em vista que, à época da celebração dos contratos constantes da denúncia, o paciente ostentava a qualidade de Diretor Vogal, tinha ele o dever jurídico de evitar o resultado típico, uma vez que detinha a obrigação de assim agir. Demais disso, ainda que não conste a participação do paciente nos contratos celebrados pela Sicoob-Cocred, é certo que ele tinha conhecimento da sua celebração, até porque, uma das sociedades beneficiadas era a CAP Agropecuária e Industrial Ltda, na qual ele figura no quadro societário.

– O trancamento da Ação Penal subjacente, s.m.j., mostra-se prematuro, tendo em vista a existência de elementos suficientes para a configuração da materialidade delitiva e indícios de autoria do paciente, de modo que deve remanescer hígida a relação jurídica processual-penal, até sentença final a ser prolatada pelo Juízo a quo, quando então será possível aquilatar em toda plenitude a responsabilidade penal do paciente pelos fatos atribuídos a ele na exordial acusatória.

– Ordem denegada."

(TRF 3ª Região, 11ª Turma, HC nº 5023496-21.2018.4.03.0000, Rel. Desembargador Federal José Marcos Lunardelli, Rel. p/acórdão: Desembargador Federal Fausto De Sanctis, julgado em 27.05.2019, Intimação via sistema data: 28.05.2019)

Remarque-se que se o agente, à época da celebração de contratos a que se imputem irregularidades, ostentava a qualidade, por exemplo, de diretor da instituição financeira, tinha o dever jurídico de evitar o resultado típico, uma vez que detinha a obrigação de assim agir.

Demais disso, ainda que na denúncia não conste a participação do agente nos contratos tidos por ilícitos, é certo que tinha conhecimento da sua celebração já que a lei impunha a eles obrigação de cuidado e vigilância, bem como a obrigação de agirem no sentido de evitar tais irregularidades.

Desse modo, o trancamento da Ação Penal mostrar-se-á prematuro, tendo em vista a existência de elementos suficientes para a configuração da materialidade delitiva e indícios de autoria do agente, de modo que deve remanescer hígida a relação jurídica processual-penal, até sentença final a ser prolatada, quando então será possível mensurar e aquilatar em toda plenitude a responsabilidade penal pelos fatos atribuídos na exordial acusatória.

Na linha desse entendimento, cumpre destacar o julgado abaixo do Colendo Superior Tribunal de Justiça:

> "PROCESSUAL PENAL. HABEAS CORPUS SUBSTITUTIVO DE RECURSO ORDINÁRIO. NÃO CABIMENTO. PECULATO. ART. 312, § 1º, DO CÓDIGO PENAL. SUPOSTA INÉPCIA DA DENÚNCIA. NÃO CONFIGURAÇÃO. ART. 41 DO CÓDIGO DE PROCESSO PENAL ATENDIDO. SUPOSTO EQUÍVOCO NA CAPITULAÇÃO JURÍDICA. AUSÊNCIA DE AFRONTA AO DIREITO DE DEFESA QUANTO AOS FATOS. TRANCAMENTO DA AÇÃO PENAL. SUPOSTA AUSÊNCIA DE JUSTA CAUSA. CRIME COMISSIVO POR OMISSÃO (OMISSÃO IMPRÓPRIA). ALEGADA AUSÊNCIA DO DEVER LEGAL DE IMPEDIR O RESULTADO. VERIFICAÇÃO. AMPLO REEXAME DA MATÉRIA FÁTICO-PROBATÓRIA. HABEAS CORPUS NÃO CONHECIDO. I – A Terceira Seção desta Corte, seguindo entendimento firmado pela Primeira Turma do col. Pretório Excelso, firmou orientação no sentido de não admitir a impetração de habeas corpus em substituição ao recurso adequado, situação que implica o não-conhecimento da impetração, ressalvados casos excepcionais em que, configurada flagrante ilegalidade apta a gerar constrangimento ilegal, seja possível a concessão da ordem de ofício. II – Não há que se falar em inépcia da denúncia quando a exordial acusatória atende aos requisitos determinados pelo art. 41 do Código de Processo Penal, possibilitando a ampla defesa à denunciada. III – A suposta equivocada capitulação jurídica encartada na denúncia não enseja o trancamento da ação penal, uma vez que o réu se defende dos fatos e não dos artigos de lei que se lhe imputam, podendo a inicial acusatória ser objeto de aditamento pelo Parquet ou de emendatio libelli na sentença. Precedentes. IV – O trancamento da ação penal constitui medida excepcional, justificada apenas quando comprovadas, de plano, sem necessidade de análise aprofundada de fatos e provas, a atipicidade da conduta, a presença de causa de extinção de punibilidade ou a ausência de prova da materialidade ou de indícios mínimos de autoria, o que não ocorre na espécie. V – A alegada ausência de justa causa por não ter a paciente o dever legal de evitar o resultado, fundamento utili-

zado para o recebimento da denúncia e instauração da ação penal, é matéria que deve ser dirimida com a instrução criminal, mediante detida apreciação do conjunto fático-probatório. Desta forma, a análise da questão demanda, necessariamente, amplo reexame da matéria fático-probatória, procedimento à toda evidência incompatível com a estreita via do habeas corpus. VI - A jurisprudência desta Corte Superior firmou-se no sentido de que a propositura da ação penal exige tão somente a presença de indícios mínimos e suficientes de autoria. A certeza será comprovada ou afastada durante a instrução probatória, prevalecendo, na fase de oferecimento da denúncia, o princípio do *in dubio pro societate. Habeas Corpus* não conhecido."

(HC - HABEAS CORPUS - 392735 2017.00.60714-4, FELIX FISCHER, STJ - QUINTA TURMA, *DJE* de 25.09.2017)

Artigo 5º Apropriar-se, quaisquer das pessoas mencionadas no art. 25 desta lei, de dinheiro, título, valor ou qualquer outro bem móvel de que tem a posse, ou desviá-lo em proveito próprio ou alheio: Pena - Reclusão, de 2 (dois) a 6 (seis) anos, e multa.

Parágrafo único. Incorre na mesma pena qualquer das pessoas mencionadas no art. 25 desta lei, que negociar direito, título ou qualquer outro bem móvel ou imóvel de que tem a posse, sem autorização de quem de direito.

Trata-se de crime próprio podendo ser praticado pelos administradores, controladores, diretores ou gerentes de instituição financeira, liquidante e administrador da massa. O tipo exige uma condição especial do sujeito ativo consubstanciada no exercício de uma das funções mencionadas no art. 25 da lei de regência.

Esta condição como **elementar do crime** em questão comunica-se ao particular que possa concorrer para sua prática, desde que sabedor da qualidade ostentada pelo sujeito ativo (inteligência do art. 30 do C.P.). Pode haver a coparticipação de pessoa diversa das nominadas do referido art. 25 da Lei nº 7.492/1986.

Note-se que o pressuposto deste crime de apropriação indébita financeira é a anterior posse lícita.

Consumação: na modalidade "apropriar-se" quando o agente realiza ato de disposição do bem como se dono fosse. **É crime material** por exigir resultado naturalístico, consumando-se com a inversão da natureza da posse. Ex.: "É típica a conduta livre e consciente do réu, administrador do Plano de Consórcio, apropriando-se da diferença para menos obtida junto às revendas de automóveis, deixando de repassar tal vantagem ao Fundo de Reserva do Grupo Consorciado. De acordo com regulamentação do Ministério da Fazenda, o desconto obtido pela Administradora de Consórcio deve ser repassado ao consorciado e não ser indevidamente apropriado pelo administrador do plano, caracterizando o delito previsto no art. 5º da Lei 7492/86. 5. Em razão do caráter argentário do crime, dando maior substância à reprimenda penal por crime cometido em desrespeito à confiança depositada pelo consorciado, eleva-se a pena pecuniária, fixada no mínimo, em dez vezes, na forma do art. 33 da Lei 7492/86" (**TRF/4** - ACR nº 96.04.19982-0, Rel. Des. Fed. Tânia Terezinha Cardoso Escobar, 2ª T., *vu*, *DJ* 15.01.1997); "este momento é o da consumação do crime, que é o da inversão da natureza da posse, conforme leciona Cezar Roberto Bitencourt" (**TRF/2** - ACR nº 5764, Rel. Des. Fed. Vigdor Teitel, 1ª T., por maioria, *DJ* 10.12.2010).

A seu turno, na modalidade "desviá-lo" o crime consuma-se quando houver a alteração do destino da posse inicial. Por sua vez, na hipótese descrita no parágrafo único "negociar", quando restar caracterizado o negócio jurídico.

Em todos os casos o crime é material, sendo admissível a tentativa.

Relação consuntiva com o art. 4º:

"A norma do artigo 4º, *caput*, da Lei nº 7.492/1986, não incrimina resultado material, naturalístico, que porventura venha a ocorrer e que, por lógico, diz respeito à obtenção de alguma vantagem indevida – patrimonial, ainda que indireta. Se, porém, a vantagem patrimonial indevida é consequência da própria gestão, o resultado material não demandaria outra classificação de conduta, sendo suficiente para a punição a norma definidora da gestão fraudulenta. O crime definido no artigo 4º, *in casu*, absorveu os delitos de apropriação/desvio e de fraude a investidor. A mesma relação consuntiva há de ser negada entre a norma do artigo 4º e a do artigo 7º, inciso IV. 7. Recurso parcialmente provido para reconhecimento quanto à absorção dos delitos de desvio/apropriação (art. 5º, *caput*) e fraude à fiscalização ou ao investidor (art. 9º) pela norma incriminadora da gestão fraudulenta (artigo 4º, caput) e consequente modificação no *quantum* de pena aplicada a cada um dos Recorrentes" (**STF** - AI nº 818863/SP, Rel. Min. Ellen Gracie Northfleet, decisão monocrática, *DJ* 30.03.2011).

Em outro julgado colacionado, observa-se com nitidez a distinção entre o tipo do artigo 5º e do artigo 4º da Lei 7.492/1986, como segue: "se o agente cometeu o crime de gestão temerária, ao aplicar o dinheiro em conta sem correção, quando deveriam aplicá-lo em conta de poupança, como intuito de salvar, segundo afirma, a instituição por ele dirigida, não praticou o crime do art. 5º da Lei 7.492, de 1986 – desvio do dinheiro em proveito dessa mesma instituição. Pelo mesmo fato, não pode o agente responder por dois crimes. IV. Se as circunstâncias para o aumento da pena decorrem do próprio crime, não podem ser consideradas para agravá-las" (**TRF1** – ACR nº 96.01.49200-3/RO, Rel. Des. Fed. Tourinho Neto, 3ª T., por maioria, *DJ* 10.10.1997).

Não se desconhece, porém, precedente da Quinta Turma do **STJ** que, por distinguir os bens jurídicos tutelados, afasta a aplicação do princípio da consunção, por considerar serem crimes autônomos: "I – O art. 4º da Lei nº 7.492/86 descreve o crime de gestão fraudulenta de instituição financeira, tutelando o Sistema Financeiro Nacional e sua credibilidade pública. Já o art. 5º da mesma lei protege a relação de confiança dos negócios jurídicos desta área e o patrimônio dos investidores. II – Se os dispositivos tutelam objetos jurídicos diversos, não há que se falar em conflito aparente de normas, mas de concurso formal, caso em que o agente, mediante uma só ação ou omissão, pratica dois ou mais crimes" (REsp nº 585.770/RS, Rel. Min. Gilson Dipp, 5ª T., *v.u.*, *DJ* 16.11.2004).

Mais recentemente, esta mesma Turma definiu que "não há subsunção entre os crimes cujos bens jurídicos tutelados são distintos, não se podendo afirmar que um seria meio necessário para o outro" (STJ, AgRg no AREsp nº 509.926/SP, Rel. Min. Reynaldo Soares da Fonseca, *DJe* 22.06.2015).

A Sexta Turma do STJ também apresenta julgado no sentido de que "não há subsunção entre os crimes cujos bens jurídicos tutelados são distintos, não se podendo afirmar que um seria meio necessário para o outro." (STJ, AgRg no AREsp 608.646/ES, Rel. Ministro Sebastião Reis Júnior, Sexta Turma, julgado em 20.10.2015, DJe 10.11.2015); "Quanto aos crimes tipificados nos arts. 4º e 5º da referida lei, é inviável a aplicação do princípio da consunção, uma vez que os crimes de gestão fraudulenta e de peculato-apropriação se diferenciam quanto ao tipo objetivo, objeto material e consumação, atingindo objetos materiais distintos. Precedentes" (STJ, HC 351.960/SP, Rel. Ministro Sebastião Reis Júnior, Sexta Turma, julgado em 20.06.2017, DJe 26.06.2017).

Portanto, a gestão fraudulenta algumas vezes absorverá atos de apropriação indébita por parte dos gestores prevista no art. 5º da Lei nº 7.492/1986, outras vezes não. Tudo depende da análise se houve desígnios autônomos. Em havendo, não haverá a consunção da gestão fraudulenta pela apropriação indébita.

É crime próprio que não conflita com o art. 168-A do C.P.: "o crime de apropriação indébita do artigo 5º da Lei nº 7.492/1986 é crime próprio; somente pode ser praticado pelo controlador e pelos administradores de instituição financeira, assim considerados os diretores e gerentes. Daí não se cogitar, no caso, de conflito de normas. Se existisse, a circunstância de tratar-se de crime próprio importaria em que fosse tomada como específica a norma incriminadora da Lei nº 7.492/86. E não guardaria relevância o fato de a pena ser mais elevada do que a cominada para os crimes dos artigos 168-A, do Código Penal, e 2º, II, da Lei nº 8.137/1990, o que resulta de opção do legislador no sentido de reprimir com mais rigor o crime de apropriação indébita quando praticado pelas pessoas referidas no artigo 25 da Lei nº 7.492/1986" (**STF** – HC nº 89227/CE, Rel. Min. Eros Grau, 2ª T., *vu*, *DJ* 27.04.2007).

Importante observar a distinção entre os objetos materiais do *caput* e de seu parágrafo único. Enquanto no primeiro a apropriação ou o desvio se dá em relação "a dinheiro, título, valor ou qualquer outro bem móvel de que tem a posse", no parágrafo único há negociação pelo sujeito ativo de "direito, título ou qualquer outro bem móvel ou imóvel de que tem a posse, sem autorização de quem de direito."

O bem jurídico objeto de tutela do art. 5º (apropriação indébita financeira), segundo ensinamento de Cezar Roberto Bitencourt e Juliano Breda, seria "a inviolabilidade patrimonial da própria instituição financeira, dos investidores, em particular, e da coletividade, em geral, especialmente em relação ao direito de propriedade, e não ao direito possessório. Na verdade, protege o direito de propriedade, direta e imediatamente, contra eventuais abusos do possuidor que possa ter a intenção de dispor de tais bens como se seus fossem."[83]

O artigo 5º tutela a relação de confiança inerente aos negócios jurídicos celebrados perante o Sistema Financeiro Nacional e imanentes ao patrimônio da instituição financeira e dos investidores.

Três são as condutas: "apropriar-se, desviá-lo" (*caput*) e "negociar" (parágrafo único). Nas duas primeiras figuras, exige-se, além do dolo, que

[83] BITENCOURT, Cezar Roberto; BREDA, Juliano. *Crimes contra o sistema financeiro nacional e contra o mercado de capitais*. 3. ed. São Paulo: Saraiva, 2014, p. 100.

a apropriação ou o desvio sejam feitos em proveito próprio (na primeira figura) e em proveito próprio ou alheio (na conduta desviar), de modo que se ausente este elemento subjetivo não restará configurado o crime.

Portanto, nas condutas previstas no "caput" atinentes à apropriação e ao desvio, além da vontade e consciência de realizar a conduta descrita no tipo (na apropriação a intenção definitiva de tornar sua a coisa e no desvio alterar o destino daquilo que originalmente lhe fora confiado para finalidade distinta), há ainda a necessidade de que tais condutas sejam levadas a efeito com o especial fim de agir caracterizado na expressão "em proveito próprio ou alheio."

Se o desvio "operar-se em benefício da própria instituição financeira, não haverá apropriação indébita financeira, propriamente, mas o desvio do objeto material poderá configurar outro crime, e não este".[84] No que tange à terceira figura ("negociar"), não há qualquer obrigatoriedade da presença de elemento subjetivo especial do injusto (tal como exigido no "caput"). Constitui figura autônoma.

O parágrafo único não se trata de apropriação indébita, punindo-se a atuação do diretor, gerente, interventor e liquidante que venha a negociar direito, título ou bens de que tenha a posse, sem autorização de quem de direito da instituição financeira.

Pune-se a negociação sem autorização. O resultado desta transação não favorecerá o agente, mas continuará pertencendo e será destinado ao titular ou investidor.[85]

Manoel Pedro Pimentel[86] explica que "o crime descrito no parágrafo único distingue-se das formas anteriores, pois o verbo indica uma única ação: negociar. Trata-se de comportamento definido, e portanto há uma única forma de execução do delito. Neste contexto, o sentido que melhor se adapta ao vocábulo é comerciar, seja por venda ou por permuta, por empréstimo oneroso ou não, por dação em pagamento ou em garantia pignoratícia. A cláusula – sem autorização de quem de direito – é um elemento normativo do tipo, cuja presença deve constatar-se, sob pena de descaracterizar-se o delito, pois se o negócio for feito com a devida autorização, não haverá ilícito penal."

[84] *Op. cit,* p. 111.

[85] STOCO, Rui. *Crimes contra o sistema financeiro nacional.* São Paulo: RT, 2017, p. 221.

[86] PIMENTEL, Manoel Pedro. *Crimes contra o sistema financeiro nacional* [livro eletrônico]: comentários à lei 7.492, de 16.6.86. 1. ed. São Paulo: Thomson Reuters Brasil, 2020.

A pena cominada é de reclusão, de 02 (dois) a 06 (seis) anos, e multa, admitindo-se a celebração do acordo de não persecução penal, nos termos do art. 28-A do Código de Processo Penal.

Artigo 6º Induzir ou manter em erro, sócio, investidor ou repartição pública competente, relativamente a operação ou situação financeira, sonegando-lhe informação ou prestando-a falsamente: Pena – Reclusão, de 2 (dois) a 6 (seis) anos, e multa.

Este tipo é semelhante ao artigo 171 do Código Penal, porém, não menciona a ocorrência de prejuízo, tampouco a obtenção de vantagem indevida. Não obstante tenha o legislador se valido de alguns elementos do crime de estelionato, não há no delito em exame a necessidade de comprovação do elemento subjetivo especial no sentido de obtenção de vantagem ilícita "para si ou para outrem". O eventual prejuízo neste tipo constituirá, ao contrário do estelionato, mero exaurimento do crime.

O STJ já teve a oportunidade de traçar a distinção entre os referidos delitos, destacando que "há clara distinção em relação ao delito de estelionato. O delito do art. 6º da Lei 7.492/86 constitui crime formal (não é necessária a ocorrência de resultado, eventual prejuízo econômico caracteriza mero exaurimento), e não material; não prevê o especial fim de agir do sujeito ativo (para si ou para outrem); não exige, como elemento obrigatório, o meio fraudulento (artifício, ardil, etc.), apenas a prestação de informação falsa ou omissão de informação verdadeira" (REsp 1405989/SP, Rel. Ministro Sebastião Reis Júnior, Rel. p/ Acórdão Ministro Nefi Cordeiro, Sexta Turma, julgado em 18.08.2015, DJe 23.09.2015).

As expressões "operação ou situação financeira" devem ser entendidas como as que circundam transações realizadas no âmbito do Sistema Financeiro Nacional, sendo de nota que situação financeira "significa a posição, o estado ou a condição financeira de uma entidade, sociedade, pessoa ou de um estabelecimento; refere-se às condições de liquidez de qualquer pessoa, grupo ou entidade em determinado momento, ou seja, está diretamente relacionada à disponibilidade de saldo líquido, haveres financeiros, moedas ou bens conversíveis em moeda, etc."[87] Assim, a sonegação de informa-

[87] BITENCOURT, Cezar Roberto; BREDA, Juliano. *Crimes contra o sistema financeiro nacional e contra o mercado de capitais*. 3. ed. São Paulo: Saraiva, 2014, p. 122.

ção ou a sua prestação falsa devem se restringir a estes dois aspectos, pois qualquer outra informação não tipificará as condutas descritas no art. 6º, podendo, por certo, configurar outro crime.

O **bem jurídico** do tipo previsto no artigo 6º da Lei nº 7.492/1986 "pretende resguardar a confiança inerente às relações jurídicas e negociais existentes entre os agentes em atuação no sistema financeiro (sócios das instituições financeiras, investidores e os órgãos públicos que atuam na fiscalização do mercado), protegendo-os, ainda, contra potenciais prejuízos decorrentes da omissão ou prestação de informações falsas acerca das operações financeiras. Na forma omissiva o sujeito ativo, através de informação falsa ou da omissão de informação verdadeira, induz a erro o sujeito passivo fazendo com que represente de maneira equivocada ou até mesmo ignore a realidade. Na forma comissiva por omissão, o autor deve se revestir da posição de garante, ou seja, deve possuir o dever de revelar a informação adequada" (**TRF/2** – ACR nº 2000.51.01.509117-8, Rel. Des. Fed. Sergio Schwaitzer, 6ª T., *vu*, *DJU* 15.02.2005).

O legislador intentou assegurar ao "sócio, investidor ou à repartição pública competente" o acesso às informações acerca dos aspectos operacionais e financeiros da instituição financeira, fazendo-se necessária a presença da vontade livre e consciente do agente de praticar o tipo objetivo. Suficiente, portanto, o dolo, representado pela vontade e consciência de enganar, não havendo a exigência de especial fim de agir. Todavia, há necessidade de que a conduta tenha potencialidade de causar lesão ao bem jurídico tutelado, em consonância com o princípio da ofensividade.

Cite-se como exemplo da prática delitiva, a divulgação de falsas informações acerca de lucros fictícios que possibilita à instituição financeira servir-se do mercado de capitais, com a finalidade de captar recursos através da emissão de ações e de promover o pagamento de dividendos aos seus acionistas.

O bem jurídico dirige-se, pois, "ao perigo que representa para a solidez material e moral do sistema financeiro, existente no descontrole das autoridades, o qual deriva da sonegação ou da falsidade de informações sobre a situação financeira de instituições financeiras ou sobre determinada operação realizada, que se comunicadas fidedigna e integralmente, e a tempo, à autoridade central, poderiam ser contornadas, regularizadas e saneadas, em prol do interesse público convergente" (**STF** – Agravo de Instrumento de Decisão que não admitiu Recurso Extraordinário nº 807874/RJ, Rel. Min. Ellen Gracie, 2ª T., decisão monocrática, *DJe* 06.09.2010).

Neste julgado, que negou seguimento ao Agravo acima citado (CPC, art. 557, *caput*), a eminente Relatora Min. Ellen Gracie, teceu valiosas considerações sobre o tipo do artigo 6º, como segue:

"No caso, quando as distribuidoras não registraram tais operações de títulos no SELIC, violaram obrigação geral de informação fidedigna e completa, conforme determinado pelo BACEN, sobre dados necessários ao desempenho de suas funções de controle e fiscalização, conforme disposto no art. 37 da Lei nº 4.595/1964. A tutela jurídico-penal desta obrigação, outrossim, é a do art. 6º da Lei nº 7.492/1986, e a repartição pública responsável por regular e fiscalizar o sistema financeiro e as repercussões de sua utilização na atividade econômica e financeira como um todo, padeceu com a omissão do registro das operações, omissão essa que foi essencial para permitir a utilização do sistema à margem da legalidade, com repercussão na área fiscal.

A complexidade com que o sistema financeiro nacional como um todo opera no sistema econômico nacional, justifica que a autoridade central esteja aparelhada para funcionar e controlar as diversas atividades financeiras e suas repercussões nas diversas áreas da macroeconomia, razão pela qual é plenamente justificável a tutela penal da fidedignidade e integralidade das informações sobre situação financeira de instituições financeiras e de suas operações, o que permite que o BACEN seja, assim, a primeira via de contato na aferição da regularidade da atividade econômico/financeira geral a bem do interesse de todos. Por essa razão, é que se tem como legítima e constitucional a tutela penal do art. 6º da Lei nº 7.492/1986, que se tem por violado, que é uma tutela mais antecipada que a do art. 4º, porque já atua no campo do perigo abstrato, presumindo-se que o descontrole da autoridade fiscalizadora, derivado da sonegação e da falsidade das informações, dada a natureza complexa do sistema financeiro, já é capaz de possibilitar afetação ao sistema como um todo."

A seu turno, o Superior Tribunal de Justiça já decidiu que "o art. 6º da Lei nº 7.492/1986 tutela, especificamente, a inviolabilidade e a credibilidade do mercado de capitais, protegendo o Sistema Financeiro Nacional da disseminação de informações fraudulentas, potencialmente lesivas a sua estabilidade" (CC 111.961/SP, Rel. Ministro Sebastião Reis Júnior, Terceira Seção, julgado em 26.10.2011, DJe 09.11.2011).

A expressão "repartição pública competente" pode ser compreendida como sendo aquelas entidades ou órgãos encarregados da normatização do sistema financeiro nacional e que detenham atribuição legal para proceder à fiscalização das atividades financeiras.

Neste grupo estaria abarcado o Banco Central, a Comissão de Valores Mobiliários, a Superintendência Nacional de Previdência Complementar e Superintendência Nacional de Seguros Privados. Vale dizer, instituições que, por meio de seus servidores, devem zelar pela regularidade e controle da atuação do Sistema Financeiro.

Para a configuração deste tipo tem que restar clara a ação fraudulenta levada a cabo pelo agente, sendo certo que os meios fraudulentos para manter em erro (sócio, investidor ou repartição pública competente) são: sonegação de informação ou a prestação falsa desta.

O sujeito ativo pode ser qualquer pessoa, que, dispondo de informação relevante relacionada à "operação ou situação financeira", pode ser capaz de cometer o delito, para sonegá-la ou prestá-la falsamente.

Manoel Pedro Pimentel[88] informa que "a imprecisa redação do dispositivo, deixa uma dúvida: poderia um contador ou auditor praticar a conduta descrita no tipo, independentemente de solicitação do diretor ou do gerente, visando a alcançar objetivos de caráter pessoal? Neste caso, não seria destoante afirmar que seria legitimamente considerado sujeito ativo. Por isso, admitimos que será considerado sujeito ativo desta infração qualquer pessoa que, dispondo da informação devida, a sonegue ou a preste falsamente, induzindo ou mantendo em erro sócio, investidor ou repartição pública competente. Principalmente neste último caso, da sonegação ou da informação falsa, prestada a repartição pública competente, qualquer pessoa poderá ser sujeito ativo."

Todavia, há entendimento no sentido de que o delito somente poderá ocorrer se for praticado pelas pessoas elencadas no artigo 25 da Lei nº 7.492/1986, tratando-se de crime próprio, porquanto somente o administrador da instituição financeira poderia, de modo juridicamente relevante, praticar a conduta descrita no tipo (**TRF/4** – ACR nº 2004.04.01.044253-9/PR, Rel. Des. Fed. Paulo Afonso, 8ª T., *vu*, *DE* 22.11.2007).

O STJ apresenta julgado no sentido de que podem ser sujeitos ativos do crime previsto no art. 6º da Lei nº 7.492/1986 pessoas naturais que se fizeram passar por membro ou representante de pessoa jurídica que não tinha autorização do Bacen para funcionar como instituição financeira.

[88] PIMENTEL, Manoel Pedro. *Crimes contra o sistema financeiro nacional* [livro eletrônico]: comentários à lei 7.492, de 16.6.86. 1. ed. São Paulo: Thomson Reuters Brasil, 2020.

Tutela-se o exercício clandestino e desautorizado de atividades financeiras, tratando-se de crime comum, que não exige peculiar qualidade do sujeito ativo (REsp 1.405.989-SP, Rel. originário Min. Sebastião Reis Júnior, Rel. para o acórdão Min. Nefi Cordeiro, 6ª T., por maioria, *DJe* de 23.09.2015).

Posteriormente, o Superior Tribunal de Justiça decidiu que "quanto ao tipo penal do art. 6º da Lei nº 7.492/1986, 'somente quem detém informação relevante referente a operação ou situação financeira da instituição pode ser qualificado a cometer o crime. Pode até não pertencer à instituição, porém o mais comum é que integre seus quadros' (...) (NUCCI, Guilherme de Souza. Leis penais e processuais penais comentadas. 7. ed. rev. atual e ampl. São Paulo: Editora Revista dos Tribunais, 2013. p. 641 e 646)" (RHC nº 137.571/SC, Rel. Min. Reynaldo Soares da Fonseca, Quinta Turma, julgado em 23.03.2021, DJe 29.03.2021.

Trata-se de **crime formal**, pois não há necessidade de comprovação de prejuízo e tampouco da obtenção de vantagem ilícita; não exige resultado decorrente da conduta e consuma-se no momento em que se presta a falsa informação ou a oculta (**STJ** – CC nº 91162/SP, Arnaldo Esteves Lima, 3ª S., *vu*, *DJe* 02.09.2009). Eventual prejuízo econômico caracteriza mero exaurimento.

Não há exigência de um resultado, que o agente obtenha alguma vantagem, bastando a ação de induzir ou manter em erro as pessoas referidas no tipo. Portanto, a informação a ser prestada deve ser apta a induzir ou manter em erro os destinatários.

Já se decidiu que "a simples constatação de que determinado procedimento adotado pelos administradores de instituição financeira redundaria em benefício para esta não constitui, por si só, substrato idôneo para aferir se os acusados agiram com dolo de praticar a conduta vedada no art. 6º da Lei nº 7.492/86. Hipótese em que não restou provada a entabulação de 'pacto formal' entre os acusados e os investidores da instituição com o propósito de induzir em erro a fiscalização do Banco Central" (**TRF/4** – ACR nº 2001.71.00.023024-5/RS, Rel. Des. Fed. Paulo Afonso Brum Vaz, 8ª T., *vu*, *DJU* 22.02.2006).

As condutas de "induzir" (criar um erro) ou "manter em erro" (aproveita-se da existência de um erro preexistente) sugerem que quando o legislador utiliza-se destas expressões, "deve-se entender a conduta delitiva em que o agente cria uma situação fática desvirtuada da realidade ou consolida tal situação em que já se encontra a vítima, gerando nesta um estado de ânimo propício à concreção da vantagem ilícita objetivada por aquele."[89]

Segundo José Carlos Tórtima:[90] "o tipo penal em estudo foi introduzido pela Lei nº 7.492/1986, não se registrando, quanto ao mesmo, qualquer precedente normativo específico em nosso ordenamento jurídico penal. Entretanto, o art. 157, § 1º, da Lei nº 6.404/76 (Lei das Sociedades Anônimas), já revelava a preocupação do legislador com as informações relativas às operações e quaisquer outros atos e fatos relevantes das companhias abertas, a serem obrigatoriamente prestadas por seus administradores aos acionistas, por ocasião das assembleias gerais ordinárias, embora sem estabelecer qualquer sanção penal para violação do referido dever."

Apesar de os tipos penais dos arts. 4º, *caput*, e 6º, da Lei nº 7.492/1996 objetivarem a reprimenda de condutas distintas, a gestão fraudulenta possui uma fórmula linguística mais ampla, abarcando, por vezes, conduta que se insere no art. 6º, condensando tais bens jurídicos numa cláusula de fechamento.[91] Desse modo, pelo princípio da subsidiariedade, pode haver a punição apenas a título de gestão fraudulenta, uma vez ser este o delito mais gravemente apenado na lei dos crimes contra o Sistema Financeiro Nacional.

Assim, no julgamento do referido precedente, concluiu-se que ainda que seja a hipótese de os acusados terem adotado, de forma sistemática, a prática de elaborar falsos documentos para ocultar irregularidades na gestão da empresa, notadamente o desvio de recursos dos consorciados, tais documentos, que resultaram da gestão fraudulenta, foram apresentados à fiscalização do BACEN, conduta essa que se amolda ao art. 6º da Lei nº 7.492/1986, mas que, praticada como meio para a gestão fraudulenta, deve ser por esta absorvida.

Jurisprudência:

TRF/2 – "Todavia, a simulação de prejuízo controlado, inclusive com posterior pulverização dos dividendos entre os reais investidores, às escondidas do SELIC, não deixou de afetar outro fragmento do bem jurídico con-

[89] PRADO, Luiz Regis Prado. *Direito penal econômico: ordem econômica, relações de consumo, sistema financeiro, ordem tributária, sistema previdenciário, lavagem de capitais, crime organizado*. 4. ed. rev., atual. e ampl. São Paulo: RT, 2011. p. 171.

[90] *Crimes contra o sistema financeiro nacional: uma contribuição ao estudo da Lei nº 7.492/1986*. Rio de Janeiro: Ed. Lumen Juris, 2002, p. 68.

[91] STJ, Habeas Corpus nº 351.960-SP, Rel. Min. Sebastião Reis Júnior, 6ª T., v.u., *DJe* de 26.06.2017.

tido na Lei nº 7.492/86, aquele indicado no art. 6º, que dispõe..." (ACR nº 3401/RJ, Des. Fed. Abel Gomes, 1ª T., *vu*, *DJU* 07.05.2009).

TRF/3 – "o delito tipificado no artigo 6º da Lei nº 7492/86 também restou caracterizado, na medida em que a pessoa jurídica anunciava, inveridicamente, que a custódia do ouro era feita por instituições de renome e credibilidade nacionais (...), induzindo em erro o investidor quanto à situação financeira do investimento, mediante a transmissão de informações falsas" (ACR nº 2003.03.99.022650-4, Rel. Juiz Fed. Conv. Luciano de Souza Godoy, 1ª T., *vu*, *DJU* 22.08.2006).

TRF/4 – "O tipo subjetivo do art. 6º da Lei nº 7.492/86 não exige um 'especial fim de agir', consumando-se o delito com a mera concretização do tipo, no caso na modalidade de 'prestar informação falsa, induzindo ou mantendo em erro a repartição pública competente'. 5. Com o objetivo de mascarar a real finalidade conferida aos dólares adquiridos junto ao mercado, e provavelmente utilizados fora dos limites delineados na Consolidação de Normas Cambiais para as Agências de Turismo, os réus forjaram informações sobre supostas operações de câmbio manual, tudo para justificar as posições cambiais da empresa junto ao Banco Central. 6. A imposição de sanção administrativa não afasta eventual responsabilidade criminal, em face da independência entre as esferas administrativa e penal, constituindo searas estanques, conforme iterativa jurisprudência. 7. Não há falar em crime meramente tentado, uma vez que o Banco Central restou efetivamente induzido e mantido em erro, tomando conhecimento da falsidade somente após a instauração do procedimento administrativo" (ACR nº 2000.71.00.037560-7, Rel. Des. Fed. Tadaaqui Hirose, 7ª T., *vu*, *D.E* 24.10.2007).

TRF/4 – "4. Verificada que a falsa informação para omitir o real titular da remessa ao exterior apresentou-se como meio para alcançar o fim de evasão de divisas, aí esgotando-se sua potencialidade lesiva, tem-se configurada hipótese de incidência do princípio da consunção, restando o delito do art. 6º da Lei nº 7.492/86 absorvido pelo crime do art. 22, parágrafo único, do mesmo diploma legal" (ACR nº 2000.70.05.004240-5/PR, 8ª T, Rel. Des. Fed. Artur César de Souza, *v.u*, *D.E* de 22.01.2009).

TRF/4 – "9. A doutrina aponta que o crime de gestão fraudulenta absorverá os delitos dos arts. 6º, 7º, 9º, 10 e 17 da Lei 7.492/86, bem como o de falsidade ideológica, sempre que as fraudes que caracterizariam a ocorrência de tais delitos sirvam exatamente à caracterização da gestão fraudulenta, sendo o caso de consunção" (ACR nº 5026820-28.2015.4.04.7200,

7ª T, Rel. Desemb. Salise Monteiro Sanchotene, juntado aos autos em 09.03.2021).

A pena cominada é de reclusão, de 02 (dois) a 06 (seis) anos, e multa, admitindo-se a celebração do acordo de não persecução penal, nos termos do art. 28-A do Código de Processo Penal.

Artigo 7º Emitir, oferecer ou negociar, de qualquer modo, títulos ou valores mobiliários:

I – falsos ou falsificados;

II – sem registro prévio de emissão junto à autoridade competente, em condições divergentes das constantes do registro ou irregularmente registrados;

III – sem lastro ou garantia suficientes, nos termos da legislação;

IV – sem autorização prévia da autoridade competente, quando legalmente exigida:

Pena – Reclusão, de 2 (dois) a 8 (oito) anos, e multa.

Bem jurídico: protege a higidez dos títulos (credibilidade do SFN), o patrimônio dos investidores, além da fé pública que possui o mercado mobiliário e financeiro. Secundariamente protege a inviolabilidade e a credibilidade do mercado de capitais, sendo imprescindível assegurar a retidão da emissão, da compra e da venda de títulos e valores mobiliários.[92]

Objeto material: títulos ou valores mobiliários com as condições descritas nos incisos I a IV.

A Lei nº 6.385, de 07.12.1976 (disciplinou o mercado de valores mobiliários e criou a CVM), em seu artigo 2º fornece a definição de valores mobiliários – papéis representativos de bens e direitos –, com a redação dada pela Lei nº 10.303, de 31.10.2001):

> "Art. 2º São valores mobiliários sujeitos ao regime desta Lei:
>
> I – as ações, debêntures e bônus de subscrição;
>
> II – os cupons, direitos, recibos de subscrição e certificados de desdobramento relativos aos valores mobiliários referidos no inciso II;
>
> III – os certificados de depósito de valores mobiliários;
>
> IV – as cédulas de debêntures;

[92] BITENCOURT, Cezar Roberto; BREDA, Juliano. *Crimes contra o sistema financeiro nacional e contra o mercado de capitais*. 3. ed. São Paulo: Saraiva, 2014, p. 131.

V – as cotas de fundos de investimento em valores mobiliários ou de clubes de investimento em quaisquer ativos;

VI – as notas comerciais;

VII – os contratos futuros, de opções e outros derivativos, cujos ativos subjacentes sejam valores mobiliários;

VIII – outros contratos derivativos, independentemente dos ativos subjacentes; e

IX – quando ofertados publicamente, quaisquer outros títulos ou contratos de investimento coletivo, que gerem direito de participação, de parceria ou de remuneração, inclusive resultante de prestação de serviços, cujos rendimentos advêm do esforço do empreendedor ou de terceiros.

§ 1º Excluem-se do regime desta Lei:

I – os títulos da dívida pública federal, estadual ou municipal;

II – os títulos cambiais de responsabilidade de instituição financeira, exceto as debêntures.

§ 2º Os emissores dos valores mobiliários referidos neste artigo, bem como seus administradores e controladores, sujeitam-se à disciplina prevista nesta Lei, para as companhias abertas.

§ 3º Compete à Comissão de Valores Mobiliários expedir normas para a execução do disposto neste artigo, podendo:

I – exigir que os emissores se constituam sob a forma de sociedade anônima;

II – exigir que as demonstrações financeiras dos emissores, ou que as informações sobre o empreendimento ou projeto, sejam auditadas por auditor independente nela registrado;

III – dispensar, na distribuição pública dos valores mobiliários referidos neste artigo, a participação de sociedade integrante do sistema previsto no art. 15 desta Lei;

IV – estabelecer padrões de cláusulas e condições que devam ser adotadas nos títulos ou contratos de investimento, destinados à negociação em bolsa ou balcão, organizado ou não, e recusar a admissão ao mercado da emissão que não satisfaça a esses padrões."

Para Juliano Lima Pinheiro[93], "segundo as Leis nº 6.385/76 e nº 10.303/01, os valores mobiliários são todo investimento em dinheiro ou em bens suscetíveis de avaliação monetária, realizado pelo investidor em razão

[93] PINHEIRO, Juliano L. *Mercado de capitais*. Disponível em: Minha Biblioteca, (9th edição). Grupo GEN, 2019.

de uma captação pública de recursos, para fornecer capital de risco a um empreendimento, em que ele, o investidor, não tem ingerência direta, mas do qual espera obter ganho ou benefício futuro."

São valores mobiliários "(i) todos os listados nos incisos I ao VIII do artigo 2º da Lei 6385/76; (ii) quaisquer outros criados por lei ou regulamentação específica, como os certificados de recebíveis imobiliários – CRI's, os certificados de investimentos audiovisuais e as cotas de fundos de investimento imobiliário – FII, entre outros; e (iii) quaisquer outros que se enquadrem no inciso IX da Lei, conforme citado acima."[94]

Trata-se de **crime comum** para as condutas de "oferecer" e negociar", bem como **crime próprio** para a conduta "emitir" na medida em que esta última somente pode ser perpetrada por gestor ou administrador de instituição financeira. Nesse mesmo sentido, Cezar Roberto Bitencourt[95], Luiz Regis Prado[96] e Juliano Breda.

As condutas descritas no tipo penal consistem em "emitir", "oferecer" ou "negociar" (delito de ação múltipla ou de conteúdo variado), sendo certo que se o agente praticar mais de uma delas responderá por crime único.

"Emitir" é colocar em circulação, lançar no mercado, não sendo suficiente a mera formação do documento (título ou valor mobiliário).

Luiz Regis Prado[97], neste ponto, assevera que "se aquele que elabora e subscreve o título não o põe em circulação imediatamente, não pratica o delito. Entretanto, se o faz, e terceiro põe o título em circulação com a sua aquiescência, responde como partícipe ou coautor desse terceiro. Daí se conclui que a conduta do agente pode, ou não, ser precedida da formação, por ele próprio, do título que emite, isto é, que coloca em circulação."

A seu turno, "oferecer" é expor, ofertar à venda; "negociar" é transacionar, exercer atos de comércio.

Manoel Pedro Pimentel[98] explica que "o tipo objetivo adquire uma larga extensão com o acréscimo da expressão *de qualquer modo*, que não se refere

[94] Disponível em: https://www.investidor.gov.br/menu/Menu_Investidor/valores_mobiliarios/introducao.html. Acesso em 17.02.2022.

[95] BITENCOURT, Cezar R. *Tratado de direito penal econômico*. Disponível em: Minha Biblioteca, Editora Saraiva, 2016. v. 1.

[96] PRADO, Luiz Regis. *Direito penal econômico*. Disponível em: Minha Biblioteca, (9th edição). Grupo GEN, 2021.

[97] PRADO, Luiz Regis. *Direito penal econômico*. Disponível em: Minha Biblioteca, (9th edição). Grupo GEN, 2021.

[98] PIMENTEL. Manoel Pedro. *Crimes contra o sistema financeiro nacional* [livro eletrônico]: comentários à lei 7.492, de 16.6.86. 1. ed. São Paulo: Thomson Reuters Brasil, 2020.

apenas ao verbo *negociar*, mas também às demais condutas. Portanto, a interpretação do dispositivo leva a admitir que qualquer que seja o modo da emissão, do oferecimento ou da negociação, o crime se aperfeiçoará."

O inciso I do art. 7º dispõe que o título ou valor mobiliário deve ser falso ou falsificado. "Falso" é o título ou valor mobiliário produzido (total ou parcialmente), sem autorização. É aquele confeccionado, que imita o verdadeiro. "Falsificado" é o título ou valor mobiliário verdadeiro, porém que sofreu adulteração. Em ambas as hipóteses, há a necessidade da potencialidade lesiva, devendo ser hábil para enganar, induzir em erro.

Luiz Regis Prado[99] afirma que "o *falso* ou o *falsificado* devem ter potencial capacidade de se fazer passar por verdadeiros, pois, se são inócuos, facilmente perceptíveis, objetivamente inidôneos para enganar, incapazes de apreciação jurídica, não se configura o delito."

O inciso II do art. 7º tipifica a conduta atinente à emissão, oferecimento ou negociação de título ou valor mobiliário sem registros prévios de emissão junto à autoridade competente, em condições divergentes das constantes do registro, ou ainda, irregularmente registrados.

Nenhuma emissão de valores mobiliários será distribuída no mercado sem prévio registro na Comissão de Valores Mobiliários (artigos 19 e 20 da Lei nº 6.385/1976), que deverá manter também registro para a negociação no mercado (art. 21 da Lei nº 6.385/1976).[100]

[99] PRADO, Luiz Regis. *Direito penal econômico*. Disponível em: Minha Biblioteca, (9th edição). Grupo GEN, 2021.

[100] "Art. 19. Nenhuma emissão pública de valores mobiliários será distribuída no mercado sem prévio registro na Comissão.

§ 1º – São atos de distribuição, sujeitos à norma deste artigo, a venda, promessa de venda, oferta à venda ou subscrição, assim como a aceitação de pedido de venda ou subscrição de valores mobiliários, quando os pratiquem a companhia emissora, seus fundadores ou as pessoas a ela equiparadas.

§ 2º – Equiparam-se à companhia emissora para os fins deste artigo:

I – o seu acionista controlador e as pessoas por ela controladas;

II – o coobrigado nos títulos;

III – as instituições financeiras e demais sociedades a que se refere o Art. 15, inciso I;

IV – quem quer que tenha subscrito valores da emissão, ou os tenha adquirido à companhia emissora, com o fim de os colocar no mercado.

§ 3º – Caracterizam a emissão pública:

I – a utilização de listas ou boletins de venda ou subscrição, folhetos, prospectos ou anúncios destinados ao público;

II – a procura de subscritores ou adquirentes para os títulos por meio de empregados, agentes ou corretores;

Juliano Breda[101] esclarece que "o processo de registro de emissão pública de valores mobiliários é de atribuição da Comissão de Valores Mobiliários (CVM), mediante procedimento específico e regulado por leis e normas administrativas, que estabelecem não apenas a necessidade de autorização prévia da autoridade, quando legalmente exigida (inciso IV), mas as condições em que a oferta pública poderá ocorrer.

José Paulo Baltazar Junior e Victor Eduardo Rios Gonçalves[102] também afirmam que "o registro prévio de emissão de valores mobiliários, que se dá junto à CVM, está previsto nos arts. 19, § 4º, e 21 da Lei nº 6.385/76 e 82 da LSA e destina-se a conferir maior segurança às operações, servindo como instrumento para que a CVM possa verificar o cumprimento da legislação, antes mesmo de iniciada a negociação dos títulos. Ao efetuar o registro, a CVM não analisa o mérito da negociação, ou seja, a conveniência ou não

III – a negociação feita em loja, escritório ou estabelecimento aberto ao público, ou com a utilização dos serviços públicos de comunicação.
§ 4º – A emissão pública só poderá ser colocada no mercado através do sistema previsto no Art. 15, podendo a Comissão exigir a participação de instituição financeira.
§ 5º – Compete à Comissão expedir normas para a execução do disposto neste artigo, podendo:
I – definir outras situações que configurem emissão pública, para fins de registro, assim como os casos em que este poderá ser dispensado, tendo em vista o interesse do público investidor;
II – fixar o procedimento do registro e especificar as informações que devam instruir o seu pedido, inclusive sobre:
a) a companhia emissora, os empreendimentos ou atividades que explora ou pretende explorar, sua situação econômica e financeira, administração e principais acionistas;
b) as características da emissão e a aplicação a ser dada aos recursos dela provenientes;
c) o vendedor dos valores mobiliários, se for o caso;
d) os participantes na distribuição, sua remuneração e seu relacionamento com a companhia emissora ou com o vendedor.
§ 6º – A Comissão poderá subordinar o registro a capital mínimo da companhia emissora e a valor mínimo da emissão, bem como a que sejam divulgadas as informações que julgar necessárias para proteger os interesses do público investidor.
§ 7º – O pedido de registro será acompanhado dos prospectos e outros documentos quaisquer a serem publicados ou distribuídos, para oferta, anúncio ou promoção do lançamento.
Art. 20. A Comissão mandará suspender a emissão ou a distribuição que se esteja processando em desacordo com o artigo anterior, particularmente quando:
I – a emissão tenha sido julgada fraudulenta ou ilegal, ainda que após efetuado o registro;
II – a oferta, o lançamento, a promoção ou o anúncio dos valores se esteja fazendo em condições diversas das constantes do registro, ou com informações falsas dolosas ou substancialmente imprecisas."

[101] BREDA, Juliano. Manoel Pedro Pimentel. *Crimes contra o sistema financeiro nacional* [livro eletrônico]: comentários à lei 7.492, de 16.6.86 / 1. ed. São Paulo: Thomson Reuters Brasil, 2020.

[102] JUNIOR, José Paulo, B. e Victor Eduardo Rios Gonçalves. *Esquematizado – legislação penal especial.* Disponível em: Minha Biblioteca, (8th edição). Saraiva, 2021.

da realização da operação para o investidor. O objetivo do registro é assegurar o cumprimento do princípio da *full disclosure*."

Por sua vez, o inciso III do art. 7º tipifica a conduta de quem emitir, oferecer ou negociar títulos os valores mobiliários, "sem lastro ou garantia suficientes, nos termos da legislação". Tal expressão "sem lastro suficiente" quer dizer que os títulos ou valores mobiliários foram emitidos, oferecidos ou negociados sem a existência de suporte financeiro suficiente para acobertar o resgate oportuno. Já a expressão "sem garantia suficiente" significa que além de os títulos ou valores mobiliários não ostentarem lastro suficiente, também não apresentam garantia de cobertura de qualquer outro tipo, de forma a não oferecerem segurança aos investidores e ao mercado financeiro.

Observe-se, no caso do inciso III do art. 7º, que somente se concretizará o delito se o agente, embora não tenha lastro, não possua outra garantia.

Por fim, o inciso IV versa sobre títulos ou valores mobiliários que forem emitidos, oferecidos ou negociados sem autorização prévia da autoridade competente, quando legalmente exigida.

O tipo subjetivo está representado pelo **dolo**, caracterizado pela vontade de emitir, oferecer ou negociar títulos ou valores mobiliários, que se encontrem nas condições descritas em seus incisos (I a IV). Não há a exigência do elemento especial do injusto, tampouco prevista a modalidade culposa.

É **crime formal** consumando-se com a realização das condutas "emitir, oferecer ou negociar" títulos ou valores mobiliários, em quaisquer das hipóteses delineadas nos incisos I a IV (falsos ou falsificados; sem registro prévio de emissão junto à autoridade competente, em condições divergentes das constantes do registro ou irregularmente registrados; sem lastro ou garantia suficientes, nos termos da legislação e sem autorização prévia da autoridade competente, quando legalmente exigida. Não há exigência da produção concreta de um resultado, consumando-se com a simples realização de uma das ações.

Nas modalidades "emitir" e "oferecer" não se admite a tentativa, porquanto inviável o seu fracionamento. A seu turno, na modalidade "negociar" é possível a tentativa.

Como bem prelecionado por Juliano Breda[103], na conduta "negociar" admite-se em tese a tentativa, mas como o tipo penal pune o mero oferecimento, a efetiva negociação, se realizada por quem ofereceu, será pós fato impunível.

[103] BREDA, Juliano. *Crimes contra o sistema financeiro nacional* [livro eletrônico]: comentários à lei 7.492, de 16.6.86 / Manoel Pedro Pimentel. 1. ed. São Paulo: Thomson Reuters Brasil, 2020.

A pena cominada é de reclusão, de 02 (dois) a 08 (oito) anos, e multa, admitindo-se a celebração do acordo de não persecução penal, nos termos do art. 28-A do Código de Processo Penal.

Artigo 8º Exigir, em desacordo com a legislação, juro, comissão ou qualquer tipo de remuneração sobre operação de crédito ou de seguro, administração de fundo mútuo ou fiscal ou de consórcio, serviço de corretagem ou distribuição de títulos ou valores mobiliários: Pena – Reclusão, de 1 (um) a 4 (quatro) anos, e multa.

A Lei nº 4.595, de 31.12.1964, em seu artigo 4º, IX, confere ao Conselho Monetário Nacional o poder de limitar, sempre que necessário, as taxas de juros, descontos, comissões e qualquer outra forma de remuneração de operações e serviços bancários ou financeiros, inclusive os prestados pelo Banco Central da República do Brasil, assegurando taxas favorecidas aos financiamentos que se destinem a promover: recuperação e fertilização do solo; reflorestamento; combate a epizootias e pragas, nas atividades rurais; eletrificação rural; mecanização; irrigação e investimentos indispensáveis às atividades agropecuárias etc.

Se houver cobrança fora do âmbito do Sistema Financeiro Nacional, restará caracterizado o artigo 4º, "a", da Lei nº 1.521, de 26.12.1951 (usura), porquanto o empréstimo pessoal de dinheiro a terceiro, ainda que a juros abusivos, não configura crime contra o Sistema Financeiro Nacional (**STJ** – CC nº 96.0018155-1 (16.721/SP), Rel. Min. José Dantas, 3ª S., *vu, DJ* 30.06.1997).

O tipo tutela a higidez das negociações realizadas no mercado financeiro. Protege-se a lisura das operações realizadas pelas instituições financeiras e o patrimônio daqueles que utilizam o Sistema Financeiro contra exigências ilegais na concretização de operações financeiras. Cuida-se, pois, de crime pluriofensivo.

Trata-se de crime comum, podendo ser praticado por qualquer pessoa.

Cezar Roberto Bitencourt[104] explica que "além do rol especial constante do art. 25, qualquer pessoa pode ser sujeito ativo dessa infração penal, além de admitir naturalmente as figuras da coautoria e da participação. Contudo,

[104] BITENCOURT, Cezar Roberto. *Tratado de direito penal econômico*. Disponível em: Minha Biblioteca, Saraiva, 2016. v. 1.

embora se trate de *crime comum*, há um mínimo necessário de exigência, qual seja a de que o sujeito ativo exerça ou se encontre numa situação ou posição que lhe autorize *poder exigir* ou condicionar a operação desejada ao cumprimento de sua exigência, devendo, portanto, pelo menos, ser um *operador do mercado financeiro*. A mesma *exigência* fora do mercado, isto é, fora do âmbito do sistema financeiro, não será abrangida pelas normativas deste diploma legal, constituindo, por conseguinte, crime da competência da justiça estadual."

Guilherme de Souza Nucci também entende **tratar-se de crime comum**: "o sujeito ativo pode ser qualquer pessoa, embora acabe sendo, pela própria natureza da conduta, alguém ligado às atividades descritas no tipo (operação de crédito ou de seguro, serviço de administração de fundo mútuo ou fiscal etc)."[105]

Importa aqui também registrar a lição de José Paulo Baltazar Júnior quando afirma tratar-se de crime comum:

> "Assim é que, de modo geral, os delitos previstos na LCSFN somente se perfectibilizam quando tais condutas se derem no âmbito do SFN, ou mais restritivamente, das instituições financeiras.
>
> Há expressa menção a tanto nos arts. 3º, 4º, 10, 12, 13, 14, 15, 16, 18, 19 e 20 da Lei em comento. Em outros tantos dispositivos, há menção a valores mobiliários, como ocorre nos arts. 2º, 7º, 8º, 9º, 16 e 18.
>
> A expressão sistema financeiro nacional aparece como elementar no tipo do art. 23. Em outros, a limitação fica clara pelo sujeito ativo, como ocorre nos arts. 5º e 17, que somente podem ser cometidos pelas pessoas arroladas no art. 25 da Lei.
>
> Em alguns delitos, porém, não há menção literal à instituição financeira, ao sistema financeiro nacional ou a valores mobiliários, nem, tampouco, limitação do sujeito ativo, de forma clara. É o que ocorre com os delitos dos arts. 6º, 8º, em sua parte inicial, e 11. Mesmo nestes, porém, interpretada a lei em seu conjunto, é razoável supor que somente ocorrerão os crimes desta lei se o fato se der no âmbito de uma instituição financeira ou do sistema financeiro nacional. Caso inexista tal condição, o fato será atípico ou desclassificado para outra norma penal."[106]

[105] NUCCI, Guilherme de Souza. *Leis penais e processuais penais comentadas*. 2. ed. rev., atual. e ampl. São Paulo: RT, 2007, p. 975.

[106] BALTAZAR JUNIOR, José Paulo. *Crimes federais*. 10. ed. 2. tir. São Paulo: Saraiva, 2016, p. 656.

Norma penal em branco: diante da elementar normativa "em desacordo com a legislação." Há, portanto, necessidade de complemento e, segundo José Paulo Baltazar Junior, "o termo 'legislação' é mais amplo que lei, de modo que as regras sobre os limites da exigência poderão estar fixadas em ato normativo de hierarquia inferior à lei, que complementam, aqui, a norma penal."[107] Embora esteja determinada a sanção, a proibição veiculada na norma penal em branco deverá ser obtida a partir do exame de uma norma complementar.

O crime resta consumado com a simples exigência (quando a vítima toma conhecimento da imposição), não sendo necessário o recebimento do juro, comissão ou quaisquer das outras figuras previstas no tipo, tratando-se, portanto, de **crime formal.** A conduta reprimida pelo legislador consiste no fato de o agente "exigir" (em desacordo com a legislação), sendo irrelevante o fato de o sujeito passivo anuir ou não à indevida exigência. Na hipótese desta imposição ser atendida, ficará caracterizado o mero exaurimento do crime. Não se admite a tentativa.

O tipo subjetivo é o dolo, consubstanciado na vontade livre e consciente de exigir (em desacordo com a legislação) juro, comissão ou qualquer tipo de remuneração sobre operação de crédito ou de seguro, administração de fundo mútuo ou fiscal ou de consórcio, serviço de corretagem ou distribuição de títulos ou valores mobiliários.

Não há a exigência de qualquer elemento subjetivo especial do injusto. Também não está prevista a forma culposa.

Há julgado no sentido de que se não comprovada nos autos a efetiva cobrança não há o crime (**TRF/4** – ACR. nº 2000.04.01.059233-7/RS, Rel. Des. Fed. Vladimir Freitas, 7ª T., *vu, DJ* 09.04.2003). Aqui, o Relator entendeu que em nenhum momento presenciou-se de forma inconteste a alegada exigência de valores. Daí que, meras alusões ao fato, não seriam suficientes à consumação do delito. Considerou ter havido, de fato, uma negociação acerca da remuneração que seria devida em virtude do empréstimo irregular, mas, da exigência, nos autos não teria havido prova suficiente e hábil para configurar o crime.

Antônio Carlos Rodrigues da Silva sobre o crime ora sob análise tem o seguinte entendimento:

> "O tipo em questão possui irmão gêmeo descrito no art. 316, § 1º, do Código Penal, que assim se expressam: 'Exigir, para si ou para outrem,

[107] *Op. cit.*, p. 657.

direta ou indiretamente, ainda que fora da função ou antes de assumi-la, mas em razão dela, vantagem indevida' e '§ 1º: Se o funcionário exige tributo ou contribuição social que sabe ou deveria saber indevido.' (...) Tipo objetivo: o núcleo da figura delitiva é exigir, do latim *exigere,* significando reclamar, demandar, impor, ordenar. Consagrou-se na jurisprudência, para tipos semelhantes, o entendimento de que há, na base da incriminação, *o metus publicae potestatis,* ou seja, o temor de represálias."[108]

Manoel Pedro Pimentel[109] também pondera que "a conduta descrita no tipo é *exigir,* que na doutrina penal tem o sentido de *reclamar como obrigação, impor, ordenar.* Tal como ocorre no crime de *extorsão,* o sujeito ativo constrange a vítima a lhe conceder a vantagem indevida. O temor provocado naquele que sofre o constrangimento é que o leva a ceder à exigência."

No entanto, há doutrinadores apontando para o fato de que para crimes contra o Sistema Financeiro Nacional seria inadequado a utilização do verbo nuclear "exigir", tal como previsto para os crimes de extorsão e concussão.

Cezar Roberto Bitencourt[110]explica que "na verdade, para que se configure o delito, é necessário que a vantagem exigida seja indevida, isto é, taxas excessivas não correspondam, no todo ou em parte, à disposição legal. É equivocado e despropositado falar-se em temor, nesta infração penal, que, se tem sentido lá nos crimes contra o patrimônio ou mesmo contra a pessoa, é incompreensível e até inaceitável nos crimes contra o sistema financeiro, em que 'as armas' são de outra natureza, e ninguém impõe medo ou constrange alguém. Ademais, raramente, para não dizer nunca, no mercado financeiro se poderá comprovar ocorrência de eventual exigência, como consta do texto legal. Seria razoável, para possibilitar a criminalização de alguma operação excessivamente onerosa, que se utilizassem verbos nucleares como 'solicitar', 'estipular' ou 'acordar' remuneração (juro, comissão etc.) contra lege."

De toda forma, pune-se a conduta do agente que impõe a outrem uma obrigação, quer impondo ou quer compelindo. Há, portanto, necessidade

[108] SILVA. Antônio Carlos Rodrigues da. *Crimes do colarinho branco.* Brasília: Brasília Jurídica, 1999, p. 79.

[109] PIMENTEL, Manoel Pedro. *Crimes contra o sistema financeiro nacional* [livro eletrônico]: comentários à lei 7.492, de 16.6.86 / Manoel Pedro Pimentel. 1. ed. São Paulo: Thomson Reuters Brasil, 2020.

[110] BITENCOURT, Cezar R. *Tratado de direito penal econômico.* Disponível em: Minha Biblioteca, Editora Saraiva, 2016. v. 1.

de restar configurada a exigência de vantagem indevida consubstanciada em juro, comissão ou qualquer tipo de remuneração em desacordo com a legislação sobre operação referida neste tipo penal, não bastando para a incidência do artigo 8º a mera adesão do ofendido.

Se se tratar de adesão do ofendido ou de solicitação a conduta será atípica, podendo, no entanto, configurar eventual estelionato ou corrupção passiva.

Também cumpre salientar que a vantagem indevida deve ter cunho econômico. Pode, ainda, ser presente ou futura.

Percebe-se, ademais, que o legislador se valeu do termo "qualquer tipo de remuneração" a fim de abarcar toda e qualquer forma de retribuição cobrável pelas instituições financeiras, tais como taxa ou comissão de permanência, corretagem, taxa de administração, fundo de caixa, prêmio.

Há jurisprudência no sentido da possibilidade de absorção deste tipo pelo do artigo 16 da Lei nº 7.492/1986: "tendo a exordial narrado que os agentes, de forma clandestina, captavam recursos de terceiros, mediante remuneração superior à do mercado, repassando os valores a outrem sob a forma de empréstimos, com elevada taxa de juros, é possível falar, em tese, no tipo do art. 16 da Lei dos Crimes do Colarinho Branco. 2. *In casu,* descabido cogitar da aplicação do art. 8º da mencionada norma. Por um lado, a cobrança de juros irregulares era um dos pilares da conduta de 'fazer operar instituição financeira' de forma ilegal, e, por outro, não se encontra presente a elementar 'exigência', imprescindível para a caracterização do tipo" (**TRF4**, ACR nº 2005.04.01.023831-0/RS, Rel. Des. Fed. Élcio Pinheiro de Castro, 8ª T., *vu, DJ* 13.08.2008).

A pena cominada é de reclusão, de 01 (um) a 04 (quatro) anos, e multa, admitindo-se a celebração do acordo de não persecução penal, nos termos do art. 28-A do Código de Processo Penal.

Artigo 9º Fraudar a fiscalização ou o investidor, inserindo ou fazendo inserir, em documento comprobatório de investimento em títulos ou valores mobiliários, declaração falsa ou diversa da que dele deveria constar: Pena – Reclusão, de 1 (um) a 5 (cinco) anos, e multa.

A conduta descrita neste artigo possui semelhança com a falsidade ideológica (art. 299, CP), contudo, o falso descrito no tipo do art. 9º desta Lei não é o crime em si, mas somente o meio de realização do crime nele previsto, que é exatamente a fraude praticada contra a fiscalização ou o investidor. Já o art. 299 do Estatuto Penal Repressivo, veda-se a própria falsidade ideológica.

Também cumpre salientar que a conduta disposta no art. 9º não prevê a forma omissiva, tal como ocorre na primeira parte do crime de falsidade ideológica – art. 299 do CP ("**omitir,** em documento público ou particular, declaração que dele devia constar, ou nele inserir ou fazer inserir declaração falsa ou diversa da que devia ser escrita, com o fim de prejudicar direito, criar obrigação ou alterar a verdade sobre fato juridicamente relevante").

Para Cezar Roberto Bitencourt "a diferença mais relevante das duas figuras reside no especial fim de agir consagrado em cada tipo penal: no tipo especial (art. 9º), o fim é fraudar a fiscalização ou o investidor, ao passo que na falsidade ideológica do Código Penal, o especial fim é prejudicar direito, criar obrigação ou alterar a verdade sobre fato juridicamente relevante. Mas até mesmo esse elemento subjetivo especial do injusto dos dois tipos é parecido, com a diferença de que o tipo em exame é mais específico (fraudar a fiscalização ou o investidor), enquanto o fim especial do art. 299 é mais abrangente."[111]

A fraude deve recair sobre documento que comprove investimento em títulos ou valores mobiliários. Se outro for o documento não se perfaz o tipo do artigo 9º, podendo, muitas das vezes, configurar crime contra a ordem tributária se o intento for a sonegação fiscal.

Bem jurídico: protege a credibilidade do mercado de capitais, a veracidade das informações que devem permear os negócios travados no âmbito do Sistema Financeiro |Nacional, o patrimônio dos investidores e da instituição financeira, além da fé pública que possuem os títulos e valores mobiliários. Cuida-se, portanto, de crime pluriofensivo.

Acerca da objetividade material, pertinente as considerações de que "não se faça confusão entre os bens jurídicos 'fé pública', 'patrimônio' e 'regular funcionamento dos mercados de capitais' com o bem material constante do tipo que é 'documento comprobatório de investimento em títulos ou valores mobiliários', ou seja, o objeto tangível, presente no mundo físico exterior, sobre o qual se incorporam os valores sociais que o direito visa proteger."[112]

[111] BITENCOURT, Cezar Roberto; BREDA, Juliano. *Crimes contra o sistema financeiro nacional e contra o mercado de capitais.* 3. ed. São Paulo: Saraiva, 2014, p. 149.

[112] PAULA, Áureo Natal de. *Crimes contra o sistema financeiro nacional e o mercado de capitais.* 2. ed. Curitiba: Juruá, 2007, p. 187.

Trata-se de **crime comum,** podendo ser praticado por qualquer pessoa, ou seja, além daquelas descritas no art. 25 da Lei nº 7.492/1986. Admite-se a coautoria e a participação.

Manoel Pedro Pimentel[113] esclarece: "admite-se que este crime será praticado mais frequentemente pelo diretor ou pelo gerente de uma instituição financeira, ou pelas pessoas a eles equiparadas por lei, mas tal probabilidade não exclui outros eventuais autores. Mesmo um funcionário, que não tenha encargo de gerência, poderá praticar este crime, como autor direto, se lhe incumbir a execução de atos autônomos, que ensejem a realização do tipo penal, com o dolo concorrente."

Como mencionado, a conduta descrita no artigo ora sob análise é comissiva, consubstanciada pelo verbo fraudar, a qual é levada a efeito em desfavor do investidor ou do órgão público competente.

A fraude pode ser realizada inserindo-se ou fazendo-se inserir declaração falsa ou diversa da que deveria constar (em documento comprobatório de investimento em títulos ou valores mobiliários).

Trata-se de espécie de falsidade ideológica, e, portanto, não diz respeito ao aspecto formal do documento, mas sim ao seu conteúdo (a ideia nele contida). Demais disso, o falso deve ser hábil a induzir a vítima em erro e versar sobre fato juridicamente relevante.

Na modalidade "inserir" a falsidade é realizada diretamente pelo próprio agente, enquanto na forma "fazer inserir" realizada por interposta pessoa.

Luiz Regis Prado[114] aduz que na hipótese de "fazer inserir" "é preciso que a pessoa a quem se atribuiu a feitura do documento, nos casos de falsidade ideológica mediata (o documento é elaborado por terceiro, que não o responsável pela declaração a quem incumbe o dever de veracidade), desconheça a falsidade; isto é, a efetiva inserção da mentira ou a omissão da verdade no texto do documento deve ser de *credulitate.* Do contrário, há também a responsabilização do autor direto do documento, em concurso."

No julgamento da Ação Penal envolvendo o AEROS – Fundo de Pensão Multipatrocinado tive oportunidade de consignar que o crime restará configurado na hipótese de produção de documentos pela instituição bancá-

[113] PIMENTEL, Manoel Pedro. *Crimes contra o sistema financeiro nacional* [livro eletrônico]: comentários à lei 7.492, de 16.6.86 / Manoel Pedro Pimentel. 1. ed. São Paulo: Thomson Reuters Brasil, 2020.

[114] PRADO, Luiz Regis. *Direito penal econômico.* Disponível em: Minha Biblioteca, (9th edição). Grupo GEN, 2021.

ria contendo informes inverídicos das operações com recursos do fundo de pensão.

Este entendimento restou confirmado pelo **TRF3** no julgamento da ACR nº 1999.03.99.039158-3 (Rel. Des. Fed. Peixoto Júnior, 2ª T., *v.u.*, *DJU* de 30.04.2002) ao registrar ter a denúncia narrado não apenas fatos sobre as operações e situação financeira do Banco GNPP, mas de induzimento em erro do investidor AEROS, acerca de seus investimentos, de suas aplicações, de modo que os fatos narrados enquadraram-se no artigo 9º da Lei nº 7.492/1986.

Observe-se que o tipo descreve a ocorrência de "declaração falsa ou diversa da que deveria constar."

A primeira, na lição de Cezar Roberto Bitencourt, seria "aquela que contraria o real conteúdo que deveria ter, não corresponde ao conteúdo autêntico que deveria apresentar" e, a segunda, "não é falsa, mas tampouco corresponde ao real conteúdo que deveria ter, tratando-se, por conseguinte, ainda que também seja verdadeira, de declaração inoportuna, impertinente e inútil, porque fora de propósito ou fora do contexto."[115]

O **tipo subjetivo** é o dolo, caracterizado pela consciência e vontade de fraudar a fiscalização ou o investidor, inserindo ou fazendo inserir declaração falsa ou diversa da que deveria constar em documento comprobatório de investimento em títulos ou valores mobiliários.

Há a necessidade de que o agente tenha conhecimento da falsidade da declaração[116].

Não há previsão para a modalidade culposa.

Consuma-se com a mera inserção da declaração falsa ou diversa da que deveria constar.

Não se exige a ocorrência do prejuízo, tratando-se de **crime formal**.

Cabe aqui fazer a seguinte distinção: na forma de "inserir" o delito consuma-se no momento em que o agente finaliza o documento no qual inseriu a falsidade. Na modalidade "fazer inserir" a consumação ocorre com o lançamento da declaração falsa realizada por terceiro sob mando do agente.

A pena cominada é de reclusão, de 01 (um) a 05 (cinco) anos, e multa, admitindo-se a celebração do acordo de não persecução penal, nos termos do art. 28-A do Código de Processo Penal.

[115] BITENCOURT, Cezar Roberto; BREDA, Juliano. *Crimes contra o sistema financeiro nacional e contra o mercado de capitais*. 3. ed. São Paulo: Saraiva, 2014, p. 150.

[116] PRADO, Luiz Regis. *Direito penal econômico*. Disponível em: Minha Biblioteca, (9th edição). Grupo GEN, 2021.

Artigo 10 Fazer inserir elemento falso ou omitir elemento exigido pela legislação em demonstrativos contábeis de instituição financeira, seguradora ou instituição integrante do sistema de distribuição de títulos de valores mobiliários: Pena – Reclusão, de 1 (um) a 5 (cinco) anos, e multa.

O art. 9º desta Lei tipifica a conduta de fraudar a fiscalização ou o investidor, inserindo ou fazendo inserir, em documento comprobatório de investimento em títulos ou valores mobiliários, declaração falsa ou diversa da que dele deveria constar, ao passo que o art. 10 tipifica a conduta de fazer inserir elemento falso ou omitir elemento exigido pela legislação, em demonstrativos contábeis de instituição financeira, seguradora ou instituição integrante do sistema de distribuição de títulos de valores mobiliários.

Assim, não obstante aparentemente semelhantes, a diferença ressai do fato de que o falso descrito no art. 9º não é o crime em si, ao contrário do art. 10 que prevê como crime fazer inserir elemento falso ou a omissão de elemento exigido pela legislação.

No art. 9º o falso constitui o meio ou o modo de realização do crime, que é a fraude praticada contra a fiscalização ou o investidor. A fraude se dá inserindo ou fazendo inserir declaração falsa ou diversa da que deveria constar. No art. 10 as condutas incriminadas são **fazer inserir** elemento falso ou **omitir** elemento exigido pela legislação em demonstrativos contábeis.

A Lei nº 7.492/1986 colima a preservação das instituições públicas e privadas que integram o Sistema Financeiro, de modo a viabilizar a transparência, a licitude, a boa-fé, a segurança e a veracidade que devem nortear e conduzir as relações entre estas e os aplicadores, os investidores etc.

O **objeto jurídico** é a garantia da solvência das instituições financeiras e a credibilidade dos agentes do sistema, a veracidade das informações que devem permear os negócios travados no âmbito do Sistema Financeiro Nacional, e, neste específico tipo, objetiva-se a proteção dos investidores e dos credores das instituições financeiras, as quais devem conferir transparência às demonstrações contábeis de forma a ter-se ciência de sua situação financeira. Além disso, a própria fé pública dos demonstrativos contábeis das instituições financeiras.

O **objeto material** são os demonstrativos contábeis de instituição financeira, seguradora ou instituição integrante do sistema de distribuição de títulos de valores mobiliários.

O conceito de demonstrativos contábeis utilizado no dispositivo incriminador deve ser buscado em sede diversa da penal, exemplificativamente, o empregado no âmbito da Lei nº 6.404, de 15.12.1976 (que dispõe sobre as Sociedades por Ações).[117]

[117] SEÇÃO II – Demonstrações Financeiras – Disposições Gerais – Art. 176. Ao fim de cada exercício social, a diretoria fará elaborar, com base na escrituração mercantil da companhia, as seguintes demonstrações financeiras, que deverão exprimir com clareza a situação do patrimônio da companhia e as mutações ocorridas no exercício: I – balanço patrimonial; II – demonstração dos lucros ou prejuízos cumulados; III – demonstração do resultado do exercício; e IV – demonstração dos fluxos de caixa; e (Redação dada pela Lei nº 11.638,de 2007) V – se companhia aberta, demonstração do valor adicionado. (Incluído pela Lei nº 11.638 de 2007) § 1º As demonstrações de cada exercício serão publicadas com a indicação dos valores correspondentes das demonstrações do exercício anterior. § 2º Nas demonstrações, as contas semelhantes poderão ser agrupadas; os pequenos saldos poderão ser agregados, desde que indicada a sua natureza e não ultrapassem 0,1 (um décimo) do valor do respectivo grupo de contas; mas é vedada a utilização de designações genéricas, como "diversas contas" ou 'contas-correntes". § 3º As demonstrações financeiras registrarão a destinação dos lucros segundo a proposta dos órgãos da administração, no pressuposto de sua aprovação pela assembleia-geral. § 4º As demonstrações serão complementadas por notas explicativas e outros quadros analíticos ou demonstrações contábeis necessárias para esclarecimento da situação patrimonial e dos resultados do exercício. § 5 As notas explicativas devem: (Redação dada pela Lei nº 11.941, de 2009) I – apresentar informações sobre a base de preparação das demonstrações financeiras e das práticas contábeis específicas selecionadas e aplicadas para negócios e eventos significativos; (Incluído pela Lei nº 11.941, de 2009) II – divulgar as informações exigidas pelas práticas contábeis adotadas no Brasil que não estejam apresentadas em nenhuma outra parte das demonstrações financeiras; (Incluído pela Lei nº 11.941, de 2009) III – fornecer informações adicionais não indicadas nas próprias demonstrações financeiras e consideradas necessárias para uma apresentação adequada; e (Incluído pela Lei nº 11.941, de 2009) IV – indicar: (Incluído pela Lei nº 11.941, de 2009) a) os principais critérios de avaliação dos elementos patrimoniais, especialmente estoques, dos cálculos de depreciação, amortização e exaustão, de constituição de provisões para encargos ou riscos, e dos ajustes para atender a perdas prováveis na realização de elementos do ativo; (Incluído pela Lei nº 11.941, de 2009) b) os investimentos em outras sociedades, quando relevantes (art. 247, parágrafo único); (Incluído pela Lei nº 11.941, de 2009) c) o aumento de valor de elementos do ativo resultante de novas avaliações (art. 182, § 3º); (Incluído pela Lei nº 11.941, de 2009) d) os ônus reais constituídos sobre elementos do ativo, as garantias prestadas a terceiros e outras responsabilidades eventuais ou contingentes; (Incluído pela Lei nº 11.941, de 2009) e) a taxa de juros, as datas de vencimento e as garantias das obrigações a longo prazo; (Incluído pela Lei nº 11.941, de 2009) f) o número, espécies e classes das ações do capital social; (Incluído pela Lei nº 11.941, de 2009) g) as opções de compra de ações outorgadas e exercidas no exercício; (Incluído pela Lei nº 11.941, de 2009) h) os ajustes de exercícios anteriores (art. 186, § 1º); e (Incluído pela Lei nº 11.941, de 2009) i) os eventos subsequentes à data de encerramento do exercício que tenham, ou possam vir a ter, efeito relevante sobre a situação financeira e os resultados futuros da companhia. (Incluído pela Lei nº 11.941, de 2009). § 6º A companhia fechada com patrimônio líquido, na data do balanço, inferior a R$ 2.000.000,00 (dois milhões de reais) não será obrigada à elaboração e publicação da demonstração dos fluxos de caixa.(Redação dada

Assim, não é qualquer substrato de escrituração contábil que pode constituir objeto material da falsidade, mas aquele baseado na escrituração corrente das empresas, confeccionado usualmente.

O sujeito ativo pode ser qualquer pessoa, tratando-se, portanto, de crime comum, que não exige qualquer especial condição do agente. No entanto, mais comumente serão aquelas elencadas no art. 25 da Lei nº 7.492/1986.

Como explicitado por Cezar Roberto Bitencourt,[118] "na realidade, além do rol especial constante do art. 25, qualquer pessoa pode ser sujeito ativo dessa infração penal, além da possibilidade normal de coautoria e participação. No entanto, nessa infração penal, o mais adequado é que o sujeito ativo seja quem tem poder de mando para poder fazer inserir informação falsa em demonstrativos fiscais."

Por outro lado, José Paulo Baltazar Junior preconiza que "a lei é expressa ao declarar que somente haverá o crime em se tratando de instituição financeira, de modo que a conduta praticada em pessoa jurídica não financeira

pela Lei nº 11.638,de 2007). § 7º A Comissão de Valores Mobiliários poderá, a seu critério, disciplinar de forma diversa o registro de que trata o § 3º deste artigo. (Incluído pela Lei nº 11.941, de 2009). **Escrituração** – Art. 177. A escrituração da companhia será mantida em registros permanentes, com obediência aos preceitos da legislação comercial e esta Lei e aos princípios de contabilidade geralmente aceitos, devendo observar métodos ou critérios contábeis uniformes no tempo e registrar as mutações patrimoniais segundo o regime de competência. § 1º As demonstrações financeiras do exercício em que houver modificação de métodos ou critérios contábeis, de efeitos relevantes, deverão indicá-la em nota e ressaltar esses efeitos. § 2º A companhia observará exclusivamente em livros ou registros auxiliares, sem qualquer modificação da escrituração mercantil e das demonstrações reguladas nesta Lei, as disposições da lei tributária, ou de legislação especial sobre a atividade que constitui seu objeto, que prescrevam, conduzam ou incentivem a utilização de métodos ou critérios contábeis diferentes ou determinem registros, lançamentos ou ajustes ou a elaboração de outras demonstrações financeiras. (Redação dada pela Lei nº 11.941, de 2009) I – (revogado); (Redação dada pela Lei nº 11.941, de 2009) II – (revogado). (Redação dada pela Lei nº 11.941, de 2009) § 3º As demonstrações financeiras das companhias abertas observarão, ainda, as normas expedidas pela Comissão de Valores Mobiliários e serão obrigatoriamente submetidas a auditoria por auditores independentes nela registrados. (Redação dada pela Lei nº 11.941, de 2009) § 4º As demonstrações financeiras serão assinadas pelos administradores e por contabilistas legalmente habilitados. § 5º As normas expedidas pela Comissão de Valores Mobiliários a que se refere o § 3º deste artigo deverão ser elaboradas em consonância com os padrões internacionais de contabilidade adotados nos principais mercados de valores mobiliários. (Incluído pela Lei nº 11.638 de 2007) § 6º As companhias fechadas poderão optar por observar as normas sobre demonstrações financeiras expedidas pela Comissão de Valores Mobiliários para as companhias abertas. (Incluído pela Lei nº 11.638 de 2007).

[118] BITENCOURT, Cezar Roberto. *Tratado de direito penal econômico*. Disponível em: Minha Biblioteca, Editora Saraiva, 2016. v. 1.

não configurará o crime em questão, podendo, eventualmente, ser meio para sonegação fiscal ou mesmo configurar delito de falsidade ideológica. A menção a seguradora ou instituição integrante do sistema de distribuição de títulos e valores mobiliários é ociosa, pois tais empresas são consideradas instituições financeiras nos termos do art. 1º da própria LCSFN."[119]

Norma penal em branco: diante do termo "elemento exigido pela legislação" – não é norma em sentido estrito.

O crime consuma-se na modalidade "fazer inserir" com o lançamento de elemento falso e na modalidade omitir com a omissão do elemento exigido pela legislação em demonstrativos contábeis.

O elemento falso deve ser declarado no demonstrativo financeiro, não estando inserida neste tipo a conduta de escriturar operações já irregulares nos demonstrativos contábeis.

Com a conduta prevista no art. 10, por exemplo, cria-se fato contábil objetivando registro de receitas, em curto período de tempo, de forma a inflar os resultados financeiros de maneira artificial, uma vez que tais operações, além de inverossímeis se comparadas com a prática usual de mercado, são manifestamente simuladas.

Deve haver manipulação dos resultados contábeis, de modo a oferecer resultados irreais, apenas com intuito de apresentar a instituição com uma saúde financeira que efetivamente não possui.

A inserção de "elemento falso" ou a omissão de "elemento exigido pela legislação" necessariamente deve recair sobre fato que possua relevância idônea a alterar a substância dos demonstrativos contábeis, ficando fora do alcance do tipo meras irregularidades na confecção do documento.

Percebe-se que o tipo objetivo está caracterizado pelos verbos "fazer inserir" (realizada por interposta pessoa) e "omitir", não tendo sido prevista a conduta de "inserir".

Uma crítica à redação deste artigo seria a de que o legislador excluiu a forma direta e imediata de realização da conduta criminalizada ("inserir"), já que há referência à expressão "fazer inserir elemento falso."

Neste aspecto é a precisa lição de Cezar Roberto Bitencourt quando assevera que "pela esdrúxula redação utilizada no texto legal, ficou excluída da criminalização a realização direta da conduta ou, em outros termos, se o agente, por si mesmo, inserir elemento falso em demonstrativos contábeis de instituição financeira, não praticará o crime aqui descrito ante os sagra-

[119] BALTAZAR JUNIOR, José Paulo. *Crimes federais*. 10. ed. 2. tir. São Paulo: Saraiva, 2016, p. 660.

dos princípios da reserva legal e da taxatividade da tipicidade estrita. Não era outro o magistério de Pimentel, que, na década de oitenta, pontificou: 'a opção do legislador não incluiu o verbo inserir e, com isso, provocou consequências relevantes. A redação do dispositivo, excluindo a forma direta de agir, provocou a esse título – inserir – a atipicidade do fato.' Estamos diante de um dos paradoxos jurídicos mais absurdos: inserir elemento falso não é crime, mas fazer inserir o é, ou seja, mandar fazer constitui crime, mas fazê-lo, pessoalmente, não o é. Em outros termos, o desvalor da ação não está em praticar falsidade ideológica, mas em mandar alguém praticá-la ou, em uma linguagem mais clara, em se utilizar de interposta pessoa para falsificar demonstrativos contábeis de instituição financeira."[120]

O **tipo subjetivo** é o dolo, consistente na vontade de fazer inserir e de omitir, consciente de que faz inserir o elemento falso ou de que omite elemento exigido pela legislação.

Não está prevista a forma culposa.

Jurisprudência:

TRF/1 – "autoria e materialidade do crime previsto no art. 10 da Lei 7.492/1986 suficientemente comprovadas em razão da inexistência de registros de operação de *trading accounts* realizadas em livros próprios ou com equívocos nos seus lançamentos pelos condenados" (ACR nº 1999.33.00.009069-0/BA, Rel. Des. Fed. Cândido Ribeiro, 3ª T., *vu, e-DJ* 29.01.2010).

TRF/2 – "manipular documentos de forma a ocultar a real situação patrimonial da companhia" (ACR nº 200202010121102 (3227), Rel. Juiz Fed. Conv. Aluisio Gonçalves de Castro Mendes, 1ª T. Esp., por maioria, 10.03.2010, *EDJ* 13.04.2010). Importante mencionar passagem do voto que bem demonstra o alcance das condutas elencadas neste tipo do artigo 10 para o Sistema Financeiro Nacional se não houver estrita retidão na contabilidade das instituições financeiras: "Observo, ainda, que o longo período em que perduraram os delitos, ao todo sete anos, denota a sua contumácia e perseverança em atuar em detrimento do Sistema Financeiro Nacional, o desprezo ante qualquer possibilidade de punição e a ausência de vacilações na manipulação do grande número de funcionários exigidos pela sofisticação técnica do crime. Ademais, o desprezo aos investidores, órgãos

[120] BITENCOURT, Cezar Roberto; BREDA, Juliano. *Crimes contra o sistema financeiro nacional e contra o mercado de capitais*. 3. ed. São Paulo: Saraiva, 2014, p. 157-158.

públicos de fiscalização, empregados e público em geral, no que diz com a enganosa imagem do banco e enorme desinformação imposta ao mercado, revelam uma maior censurabilidade de suas condutas. Sobre esse ponto, ressalto que a alavancagem artificial de resultados permitiu ao BNSA, dentre outras consequências, fácil captação de recursos junto ao mercado investidor, mediante subscrição de novas ações, e distribuição de dividendos aos acionistas sobre os lucros supostamente apurados, incorrendo, desse modo, seus administradores nas condutas típicas descritas na inicial, que importaram prejuízo acentuadamente superior a 10 bilhões de dólares, suportado exclusivamente pela economia nacional, isto é, toda a sociedade brasileira. Os altos números de crescimento, divulgados em todos os balancetes e balanços do banco, conferiam ao BNSA perfil de companhia estável e próspera, destacando-o em relação às demais instituições financeiras, cujos níveis de evolução eram bem mais modestos, considerado o recrudescimento da inflação à época. Embora na realidade tecnicamente quebrado, a aparentemente sólida imagem do BNSA disseminada no mercado, alicerçada ainda – esclareça-se – em vasta e generosa campanha publicitária, permitiu que a instituição promovesse a distribuição de dividendos em todos os exercícios financeiros, cuja soma alcançou a cifra de mais de 145 milhões de dólares (fl. 123 do laudo contábil) e o desdobramento de suas ações, assegurando-lhe, por quatro vezes, fácil captação de recursos no mercado de capitais."[121]

TRF/4 – "a emissão de CDB's em favor de parentes de diretor da instituição financeira, com preço unitário maior que o do mercado, pode importar em violação do art. 10 da Lei 7492 pela referência falsa a PU diverso do verdadeiro, mas não constitui, em tese, empréstimo proibido ou adianta-

[121] Confira-se capítulo sobre as intervenções e liquidações de bancos no Brasil: "Assim, todos os balanços do Banco Nacional de 1986 a 1995 foram escandalosamente fraudados para encobrir uma instituição arruinada, que não tinha dinheiro para pagar suas dívidas. Para encobrir o rombo, o gerente Clarimundo escolheu um grupo de 642 contas correntes que pertenciam a pequenos clientes que tinham tomado empréstimos do Nacional mas nunca haviam pago e, em vez de cobrá-los, passou a dar-lhes empréstimos milionários fictícios. Não havia dinheiro na transação e o dono da conta não ficava sabendo. Nos balanços do Nacional, no entanto, esses números passaram a mostrar ao público que o banco tinha créditos bons e em grande volume a receber. Esses créditos começaram com uma soma de cerca de US$ 600 milhões e, à medida que a mágica continuou funcionando, porque o rombo só aumentava, os créditos fraudados chegaram a R$ 4,6 bilhões. Alinhados na coluna do patrimônio, davam a falsa impressão de que o Nacional era uma instituição rica e sólida" (CANDELORO, Ana Paula P., DE RIZZO, Maria Balbina Martins; PINHO, Vinicius. Compliance 360º: riscos, estratégias, conflitos e vaidades no mundo corporativo. São Paulo: Trevisan Ed. Universitária, 2012, p. 405).

mento vedado" (HC nº 96.04.55623-1/RS, Rel. Des. Fed. Volkmer de Castilho, 1ª T., *vu*, *DJ* 02.04.1997).

A pena prevista é a de reclusão, de 1 (um) a 5 (cinco) anos, e multa, admitindo-se o acordo de não persecução criminal estatuído no artigo 28-A do Código de Processo Penal.

Artigo 11 Manter ou movimentar recurso ou valor paralelamente à contabilidade exigida pela legislação: Pena - Reclusão, de 1 (um) a 5 (cinco) anos, e multa.

Contabilidade paralela ou "caixa dois": "manter" (conservar, demanda habitualidade); "movimentar" (mover, girar).

Pune-se a conduta do sujeito de manter ou movimentar recurso ou valor sem contabilizar a operação, quando houver exigência legal, mantendo, portanto, um registro à parte, um resultado contábil registrado de forma espúria.

O **bem jurídico** visa à tutela do Sistema Financeiro Nacional.

De igual modo, tutela o direito de acionistas, investidores e aplicadores, além de proteger o patrimônio público que, na hipótese de administração irregular da instituição financeira, "não poderá contar com os impostos que decorrem das operações, que serão reduzidos à parte contabilizada, sendo os referentes à outra parte sonegados, sendo então também protegida a boa execução da política de arrecadação tributária."[122]

Como se vê, reflexamente, também poderá repercutir no próprio sistema tributário, porquanto a contabilidade paralela possibilita a sonegação fiscal.

O **sujeito ativo** deve ser aquele que mantém ou movimenta recurso ou valor paralelamente à contabilidade exigida pela legislação. Pode ser qualquer pessoa, tratando-se, portanto, de crime comum, não se exigindo qualquer condição especial do agente. No entanto, mais comumente serão aquelas pessoas elencadas no art. 25 da Lei nº 7.492/1986.

Cezar Roberto Bitencourt, em sua concepção, entende que sujeito ativo seriam os controladores e administradores das instituições financeiras (art. 25, *caput*), bem como o interventor e o liquidante (art. 25, §1º), mas

[122] PAULA, Áureo Natal de. *Crimes contra o sistema financeiro nacional e o mercado de capitais*. 4 ed. Curitiba: Juruá, 2009, p. 241.

não considera tratar-se de crime próprio "até porque o tipo penal não faz exigência de qualquer qualidade ou condição do sujeito ativo. Somente as peculiares é que levam a presumir quem sejam os autores mais prováveis das ações tipificadas, mas esse aspecto não autoriza definir como crime próprio."[123]

Nicole Trauczynski[124] também se posiciona no sentido de tratar-se de crime comum "em regra, serão sujeitos ativos aqueles previstos no artigo 25 da lei em apreço, porém, tratando-se de crime comum, quaisquer outros funcionários da instituição financeira ou *extraneus*, que agirem em concurso com aqueles, poderão ser sujeitos ativos do delito. Não há obstáculo à participação de terceiros, desde que tenham consciência da ilicitude de suas condutas."

Em sentido diverso, ou seja, de que se trata de crime próprio, devendo ser praticado apenas por uma das pessoas relacionadas no art. 25 da Lei nº 7.492/1986: Manoel Pedro Pimentel, Luiz Regis Prado e José Paulo Baltazar Júnior.

Há julgado do **TRF/4** no sentido de que: "afigura-se incabível, na espécie, a condenação dos corréus pelo delito de manter contabilidade paralela (art. 11 da Lei 7.492/86) porquanto não eram responsáveis pela administração da empresa" (ACR nº 2005.04.01.046447-3, Élcio Pinheiro de Castro, 8ª T., *vu*, *D*.E 08.01.2009).

Norma penal em branco: diante do termo "contabilidade exigida pela legislação" – que deve obedecer às normas expedidas pelo Conselho Monetário Nacional (art. 4º, inciso XII, da Lei nº 4.595/1964 – "XII – expedir normas gerais de contabilidade e estatística a serem observadas pelas instituições financeiras"). Nesta hipótese não há necessidade de que se cuide de lei somente, havendo crime mesmo quando houver infringência a ato normativo. Demanda, portanto, integração com disposições diversas do âmbito penal.

Objeto material: é o **recurso** ou **valor** mantidos ou movimentados paralelamente à contabilidade exigida pela legislação. Para Rodolfo Tigre

[123] BITENCOURT, Cezar Roberto; BREDA, Juliano. *Crimes contra o sistema financeiro nacional e contra o mercado de capitais*. 3. ed. São Paulo: Saraiva, 2014, p. 165.

[124] TRAUCZYNSKI, Nicole. *Crimes contra o sistema financeiro nacional* [livro eletrônico]: comentários à lei 7.492, de 16.6.86 / 1. ed. São Paulo: Thomson Reuters Brasil, 2020.

Maia[125] são os objetos materiais que expressam qualquer bem passível de valoração econômica – dólares, moeda nacional, ações, imóveis, móveis etc.

A **consumação** ocorre na modalidade "manter" com a manutenção de recurso ou valor paralelamente à contabilidade exigida pela legislação (**crime permanente** – a consumação se protrai no tempo) e na modalidade "movimentar", consuma-se no instante em que o sujeito movimenta o recurso ou o valor naquela condição (**crime formal**).

O delito consiste na prática conhecida como "caixa dois", usualmente tem por fim a sonegação fiscal, o atendimento de despesas que não possam ser comprovadas, a fraude contra acionistas minoritários ou o aumento do ganho dos administradores ou gerentes, conquanto tais finalidades não sejam essenciais à configuração do delito.

Cezar Roberto Bitencourt[126] entende que "criminaliza-se, na verdade, a omissão constituída pela não contabilização de receitas da instituição financeira e do resultado de operações e movimentações financeiras alheias à escrituração contábil oficial."

Embora o dispositivo não o diga expressamente, deve ser entendido como aplicável apenas às instituições financeiras, como tais elencadas no art. 1º, uma vez que normatiza apenas comportamento de instituições financeiras e outras assemelhadas.

Neste sentido, decidiu o **STJ**: "a conduta tipificada no art. 11 da Lei 7.492/86, de manter ou movimentar valores sem a devida contabilização, tem âmbito restrito a instituição financeira, o que não se verificou no caso." (Ação Penal nº 643/MT (2008/0065053-6), Rel. Min. Teori Albino Zavascki, CE, *vu*, *Dje* 23.02.2012); **STJ** – "como se pressupõe contabilidade exigida pela legislação, o art. 11 pressupõe instituição financeira formal e materialmente constituída. Se incompossíveis, em tese, os arts. 11 e 16, também e principalmente no caso concreto, impõe-se se reconheça sem configuração o ilícito previsto no art. 11. Se se fazia operar, sem autorização, instituição financeira, do operador não se poderiam exigir, ao mesmo tempo, escorreita contabilidade e declarações fiscais também escorreitas. Implicaria a admissão da autoacusação" (HC nº 60.444/SP, Nilson Naves, 6ª T., por maioria, *Dje* 05.05.2008).

[125] MAIA, Rodolfo Tigre. Dos crimes contra o sistema financeiro nacional*: anotações à Lei Federal nº 7.492/86*. São Paulo: Malheiros, 1996. p. 33.

[126] BITENCOURT, Cezar Roberto. *Tratado de direito penal econômico*. Disponível em: Minha Biblioteca, Editora Saraiva, 2016. v.1.

A norma não abarca a manutenção de contabilidade paralela em empresas comerciais ou industriais que não sejam instituições financeiras, podendo configurar outros crimes, dentre eles, sonegação fiscal.

O **tipo subjetivo** é o dolo, consistente na consciência da existência da contabilidade paralela e na vontade de assim operar. Não há a necessidade de especial fim de agir, sendo irrelevante perquirir a finalidade da contabilidade paralela.

Não está prevista a forma culposa.

Jurisprudência:

TRF/4 – "a sistemática realização de operações cambiais por casa de câmbio sem registros no SISBACEN subsome-se ao tipo penal do artigo 11 da Lei nº 7.492/1986, e não ao artigo 21, parágrafo único, da LCSFN, porquanto a informação omitida do BANCO CENTRAL é posterior à realização da transação realizada à margem do sistema oficial" (ACR nº 2003.71.00039514-0, Rel. Des. Fed. Paulo Afonso, 8ª T., *vu*, DJ 11.03.2010).

TRF/4 – "... a propósito, insta consignar que o Sistema Financeiro Nacional busca o equilíbrio e a segurança das relações comerciais e econômicas, diretrizes que se consubstanciam mediante mecanismos de controle aos quais se integram não apenas o Banco Central do Brasil, mas também a necessária contabilidade procedida pelas próprias instituições privadas. Nessa perspectiva, a atividade (penalmente típica) de movimentar recursos sem a devida escrituração encontra-se sobejamente demonstrada, sendo farto o lastro probatório, o qual, frise-se, restou bem consolidado na sentença combatida. Com efeito, os documentos e testemunhos citados corroboram à saciedade a operação irregular da empresa administrada pelos réus, especialmente no que tange ao registro da tramitação do dinheiro pelas diversas contas bancárias. Vale reiterar que no centro das condutas encontra-se a gestão por meio de 'laranjas', situação que, por si só, dispensa maior fundamentação para dar como caracterizado o tipo penal" (ACR nº 2003.04.01.050798-0/SC, Rel. Des. Fed. Élcio Pinheiro de Castro, 8ª T., *vu*, DE 19.11.2007).

TRF/4 – "Configura o delito do artigo 11 da Lei 7.492/86 a conduta de realizar operações de câmbio sem o registro formal, mantendo uma contabilidade paralela" (ACR nº 5059152-62.2012.4.04.7100, Rel. Des. Fed. Leandro Paulsen, 8ª T., juntado aos autos em 08.09.2016).

TRF/3 – "DIREITO PENAL. APELAÇÕES CRIMINAIS. CRIME CONTRA O SISTEMA FINANCEIRO. LEI 7.492/86. ARTIGO 11. CÓDIGO PENAL. ARTIGO 288. CONTABILIDADE PARALELA. AUTORIA E

MATERIALIDADE COMPROVADAS. QUADRILHA COMPROVADA. ALTERAÇÕES NA DOSIMETRIA PENAL.

1. Réus que geriam de fato casa de câmbio em cuja administração se operava amplo esquema de contabilidade paralela, que ocultava do Banco Central do Brasil a grande maioria dos recursos movimentados no estabelecimento.

2. Autoria e materialidade comprovadas, tanto em relação ao crime previsto no art. 11 da Lei 7.492/86 quanto em relação ao delito tipificado no art. 288 do Código Penal.

3. Dolo atestado.

4. Alterações na dosimetria penal.

5. Apelação de Márcio Amarasco parcialmente provida. Demais recursos desprovidos." (Ap. – Apelação Criminal nº 60910 – 0012743-89.2009.4.03.6181, Rel. Des. Federal José Lunardelli, julgado em 16.02.2016, e-DJF3 Judicial 1 DATA:25.02.2016)

A pena prevista é a de reclusão, de 1(um) a 5 (cinco) anos, e multa, admitindo-se o acordo de não persecução criminal estatuído no artigo 28-A do Código de Processo Penal.

Artigo 12 Deixar, o ex-administrador de instituição financeira, de apresentar, ao interventor, liquidante, ou síndico, nos prazos e condições estabelecidas em lei as informações, declarações ou documentos de sua responsabilidade: Pena – Reclusão, de 1 (um) a 4 (quatro) anos, e multa.

As razões que levaram o legislador à elaboração deste tipo penal mereceram especiais considerações do doutrinador Luiz Regis Prado, destacando, dentre as quais: "o fato de que, sendo o Banco Central o maior responsável pelas liquidações extrajudiciais, e analisando as situações fáticas que ocorriam, pode constatar as falhas mais frequentes, inclusive a de que o liquidante, em razão das vantagens que a sua função oferecia, prolongava ao máximo o andamento do procedimento de liquidação e seu posterior encerramento."[127]

Referido artigo cumpre com os objetivos do BACEN, fazendo com que os ex-administradores de instituição financeira cooperem obrigatoriamente

[127] *Curso de direito penal econômico*, p. 190.

nos processos de intervenção, liquidação extrajudicial e falência, impondo com que apresentem declarações ou documentos de sua responsabilidade, nos prazos e condições estatuídos em lei, de modo a agilizar tais procedimentos.

Note-se que o artigo 12 da Lei nº 7.492/1986, assim como os imediatamente subsequentes (arts. 13,14 e 15), abordam questões atreladas aos institutos da intervenção, da liquidação extrajudicial e da falência. Especificamente quanto ao art. 12 utiliza os termos "interventor", "liquidante" e "síndico" (atualmente denominado administrador judicial pela Lei de falência).

As instituições financeiras estão sujeitas à realização da intervenção e da liquidação extrajudicial, ambas levadas a efeito pelo Bacen, a teor do que dispõe a Lei nº 6.024/1974 ("as instituições financeiras privadas e as públicas não federais, assim como as cooperativas de crédito, estão sujeitas à intervenção ou à liquidação extrajudicial, em ambos os casos efetuada e decretada pelo Banco Central do Brasil" – art. 1º). Ainda, de acordo com o art. 52 da Lei nº 6.024/1974 aplica-se a intervenção e a liquidação extrajudicial às sociedades ou empresas que integram o sistema de distribuição de títulos ou valores monetários no mercado de capitais (artigo 5º, da Lei nº 4.728, de 14 de julho de 1965), assim como as sociedades ou empresas corretoras de câmbio.

Também cumpre destacar que a Lei nº 11.101/2005, que regula a recuperação judicial, a extrajudicial e a falência do empresário e da sociedade empresária, em seu art. 2º, inc. II, exclui as instituições financeiras do regime ali previsto. No entanto, mais adiante, no art. 197, esclarece que enquanto não forem aprovadas as respectivas leis específicas, a Lei nº 11.101/2005 deve ser aplicada subsidiariamente, no que couber, aos regimes previstos no Decreto-Lei nº 73, de 21 de novembro de 1966 (dispõe sobre as seguradoras), na Lei nº 6.024, de 13 de março de 1974 (dispõe sobre a intervenção e a liquidação extrajudicial de instituições financeiras), no Decreto-Lei nº 2.321, de 25 de fevereiro de 1987 (institui, em defesa das finanças públicas, regime de administração especial temporária, nas instituições financeiras privadas e públicas não federais), e na Lei nº 9.514, de 20 de novembro de 1997 (dispõe sobre o Sistema de Financiamento Imobiliário, institui a alienação fiduciária de coisa imóvel).

Dentro deste contexto, *s.m.j*, as instituições financeiras, nos casos cabíveis, podem estar sujeitas a falência, de modo que se mantém a análise dos tipos penais descritos nos artigos 12 a 15 da Lei nº 7.492/1986 envolvendo as terminologias "síndico" (atualmente identificado como administrador judicial) e "falência", já que, subsidiariamente, pode ser aplicada a Lei de falência naquilo que não conflitar com os normativos supramencionados, em especial com a Lei nº 6.024/1974.

José Paulo Baltazar Junior consigna que "o art. 2º, II, da LF exclui as instituições financeiras do regime ali previsto. No entanto, o art. 197 da mesma lei ressalva a aplicabilidade subsidiária do diploma, no que couber, aos regimes previstos no DL 73/66, que trata das seguradoras; na Lei 6.024/74, no DL 2.321/87 e na Lei 9.514/97, até a aprovação das respectivas leis específicas (Pacheco: 450). Com isso, conclui-se que as instituições financeiras continuam sujeitas à falência, de modo que os delitos em questão podem ser cometidos pelo, administrador judicial, como é chamado na nova lei o antigo síndico, em caso de falência de instituição financeira."[128]

O tipo penal prevê a hipótese de deixar de apresentar, abster-se, revelador de uma omissão, em que se deixa de fazer algo, nos prazos e nas condições previstas em lei.

Sujeito ativo: A norma exige uma qualidade especial do sujeito ativo, que somente poderá ser o ex-administrador, ou seja, ex-gerente ou ex-diretor.

Helena Lobo da Costa[129] explicita que "sujeito ativo é o ex-administrador de instituição financeira, tratando-se de delito especial (ou crime próprio). As figuras a ele equiparadas (interventor, liquidante, síndico) não cometem tal crime (salvo em concurso com o ex-administrador, na modalidade participação) por absoluta falta de previsão legal e impossibilidade de se interpretar esse ponto com base em analogia. Ademais, há outras figuras típicas destinadas a sancionar comportamentos destas outras pessoas."

Em relação ao concurso de pessoas, Manoel Pedro Pimentel[130] também ensina que "quanto ao concurso de pessoas, somente nas hipóteses de participação, mediante instigação ou auxílio, pode dar-se o concurso, por tratar-se de crime de mera conduta, o qual, já vimos, não admite a coautoria direta."

[128] BALTAZAR JUNIOR, José Paulo. *Crimes federais*. 10. ed. 2. tir. São Paulo: Saraiva, 2016, p. 666.

[129] COSTA, Helena Lobo da. *Crimes contra o sistema financeiro nacional* [livro eletrônico]: comentários à lei 7.492, de 16.6.86 / 1. ed. São Paulo: Thomson Reuters Brasil, 2020.

[130] PIMENTEL, Manoel Pedro. *Crimes contra o sistema financeiro nacional* [livro eletrônico]: comentários à lei 7.492, de 16.6.86 / 1. ed. São Paulo: Thomson Reuters Brasil, 2020.

No mesmo sentido, Luiz Regis Prado[131] "a coautoria não é admissível, mas a participação não sofre nenhum obstáculo."

Nesta toada, o ex-administrador de instituição financeira deve cooperar com a intervenção, com a liquidação extrajudicial ou com a falência, sendo certo que tal imposição de prestar colaboração, por meio da apresentação das informações, declarações ou documentos de sua responsabilidade, visou conferir celeridade aos procedimentos.

Objetiva-se proteger a credibilidade do mercado financeiro na medida em que a regularidade, transparência e agilidade do processo de intervenção, de eventual liquidação ou de falência de uma instituição financeira contribuem para a formação de uma imagem positiva, com reflexos na execução da política econômica do governo, além de proteger o patrimônio do investidor.

Norma penal em branco: diante do termo "nos prazos e condições estabelecidas em lei" – deve ser complementado por outro dispositivo legal, obedecendo, via de regra, os prazos estabelecidos na Lei nº 6.024, de 13.03.1974.

Esta Lei dispõe sobre a intervenção e a liquidação extrajudicial de instituições financeiras, e dá outras providências. Ela determina ao ex-administrador de instituição financeira entregar ao interventor (art. 10), no prazo de cinco dias, contados da posse deste, declaração, assinada em conjunto por todos eles, de que conste a indicação: do nome, nacionalidade, estado civil e endereço dos administradores e membros do Conselho Fiscal que estiverem em exercício nos últimos 12 meses anteriores à decretação da medida (alínea "a"); dos mandatos que, porventura, tenham outorgado em nome da instituição, indicando o seu objeto, nome e endereço do mandatário (alínea "b"; dos bens imóveis, assim como dos móveis, que não se encontrem no estabelecimento (alínea "c"); da participação que, porventura, cada administrador ou membro do Conselho Fiscal tenha em outras sociedades, com a respectiva indicação (alínea "d").

O art. 20 da Lei nº 6.024/1974 dispõe que se aplicam ao processo da liquidação extrajudicial, as disposições relativas ao processo da intervenção, constantes dos artigos 8º, 9º, 10 e 11, desta Lei, de modo que o prazo para que o ex-administrador entregue ao liquidante informações, declarações ou documentos de sua responsabilidade também será de cinco dias.

[131] PRADO, Luiz Regis. *Direito penal econômico*. Disponível em: Minha Biblioteca, (9th edição). Grupo GEN, 2021.

Trata-se de **crime de mera conduta:** pois resta consumado com a não apresentação, ao interventor, liquidante ou síndico (administrador judicial) das informações, declarações ou documentos de responsabilidade do ex-administrador, nos prazos e condições estabelecidas em lei.

O crime se perfectibiliza no momento em que se esgota o prazo para a apresentação das informações, declarações ou documentos ao interventor, liquidante ou síndico.

Dispensa a ocorrência de resultado naturalístico. Não se admite a tentativa.

Pune-se a não realização de uma ação que o autor deveria realizar, contudo, há de se atentar que a omissão do ex-administrador pode estar acobertada pelo direito constitucional de não se autoincriminar.

Tipo subjetivo: cuida-se de crime doloso, caracterizado pela vontade livre e consciente de deixar de apresentar, nos prazos e nas condições estabelecidas em lei, informações, declarações ou documentos de sua responsabilidade.

Não se exige elemento especial do tipo subjetivo ou demonstração da finalidade buscada pelo agente, tal como a vontade de causar prejuízo ou obter proveito.

Também não está prevista a modalidade culposa.

A pena prevista é a de reclusão, de 1 (um) a 4 (quatro) anos, e multa, admitindo-se o acordo de não persecução penal estatuído no artigo 28-A do Código de Processo Penal.

Artigo 13 Desviar bem alcançado pela indisponibilidade legal resultante de intervenção, liquidação extrajudicial ou falência de instituição financeira.

Pena – Reclusão, de 2 (dois) a 6 (seis) anos, e multa.

Parágrafo único. Na mesma pena incorre o interventor, o liquidante ou o síndico que se apropriar de bem abrangido pelo caput deste artigo, ou desviá-lo em proveito próprio ou alheio.

"Desviar" é alterar o destino. "Apropriar-se" é tomar para si. O tipo visa dar garantia aos credores.

Objeto material: bem alcançado pela indisponibilidade legal resultante de intervenção, liquidação extrajudicial ou falência de instituição financeira.

O art. 36 da Lei nº 6.024/1974 (dispõe sobre a intervenção e a liquidação extrajudicial de instituições financeiras, e dá outras providências) versa acerca da indisponibilidade dos bens dos administradores de instituições financeiras em intervenção e liquidação extrajudicial.[132]

Ao tratar da indisponibilidade, Manoel Pedro Pimentel[133] aduz que "criou-se o instituto da indisponibilidade visando a dar garantias aos credores, quanto ao ressarcimento de prejuízos sofridos, em consequência da intervenção, da liquidação extrajudicial, ou da falência de instituição financeira. Funciona esse instituto como uma verdadeira penhora dos bens, móveis e imóveis, do administrador, perdendo este a plena disponibilidade dos mesmos, restringindo-se, assim, o próprio direito dominial. Em geral, os bens continuam na posse do administrador submetido ao processo de intervenção, de liquidação extrajudicial, ou de falência, possuindo-os, todavia, com as devidas restrições legais. Se deles abrir mão, desviando-os da sua finalidade, que é dar garantia aos credores, ofenderá o Estado, com o desrespeito à determinação legal de indisponibilidade."

[132] Art. 36. Os administradores das instituições financeiras em intervenção, em liquidação extrajudicial ou em falência, ficarão com todos os seus bens indisponíveis não podendo, por qualquer forma, direta ou indireta, aliená-los ou onerá-los, até apuração e liquidação final de suas responsabilidades.
§ 1º A indisponibilidade prevista neste artigo decorre do ato que decretar a intervenção, a extrajudicial ou a falência, atinge a todos aqueles que tenham estado no exercício das funções nos doze meses anteriores ao mesmo ato.
§ 2º Por proposta do Banco Central do Brasil, aprovada pelo Conselho Monetário Nacional, a indisponibilidade prevista neste artigo poderá ser estendida:
a) aos bens de gerentes, conselheiros fiscais e aos de todos aqueles que, até o limite da responsabilidade estimada de cada um, tenham concorrido, nos últimos doze meses, para a decretação da intervenção ou da liquidação extrajudicial,
b) aos bens de pessoas que, nos últimos doze meses, os tenham a qualquer título, adquirido de administradores da instituição, ou das pessoas referidas na alínea anterior desde que haja seguros elementos de convicção de que se trata de simulada transferência com o fim de evitar os efeitos desta Lei.
§ 3º Não se incluem nas disposições deste artigo os bens considerados inalienáveis ou impenhoráveis pela legislação em vigor.
§ 4º Não são igualmente atingidos pela indisponibilidade os bens objeto de contrato de alienação, de promessa de compra e venda, de cessão de direito, desde que os respectivos instrumentos tenham sido levados ao competente registro público, anteriormente à data da decretação da intervenção, da liquidação extrajudicial ou da falência.

[133] PIMENTEL, Manoel Pedro. *Crimes contra o sistema financeiro nacional* [livro eletrônico]: comentários à lei 7.492, de 16.6.86 / 1. ed. São Paulo: Thomson Reuters Brasil, 2020.

Objeto jurídico: tutela-se o patrimônio da instituição financeira, dos investidores, acionistas e credores e a própria regularidade e funcionamento do Sistema Financeiro Nacional.

Para Cezar Roberto Bitencourt, o bem jurídico protegido é a inviolabilidade patrimonial da instituição financeira cujo passivo deve ser, ainda que parcialmente, coberto pelo patrimônio de seus administradores, desde que fique demonstrado, no encerramento de processo instituído pela Lei nº 6.024/74, que resultou, total ou parcialmente, de culpa daqueles. Além disso, "tutela-se o direito dos acionistas, dos investidores e dos aplicadores de serem, proporcionalmente, ressarcidos em eventuais prejuízos que sofrerem em razão da má ou temerária administração da referida instituição financeira."[134]

Para o referido autor, protege-se, secundariamente, "a lisura, a correção e a honestidade das operações atribuídas e realizadas pelas instituições financeiras e assemelhadas. O bom e regular funcionamento do sistema financeiro reside na confiança que goza perante a coletividade em geral e perante acionistas e investidores, em particular. A credibilidade, repetindo, é um atributo que garante o regular e exitoso funcionamento do sistema financeiro como um todo."[135]

O ***caput*** cuida-se de **crime comum** (qualquer pessoa poderá praticá-lo, desde que tenha a posse ou detenção da coisa) e o **parágrafo único** tem-se a hipótese de **crime próprio**, já que se refere ao interventor, liquidante ou síndico (administrador judicial).

Quanto ao **tipo subjetivo** tem-se no *caput* o dolo, caracterizado pela ciência da indisponibilidade dos bens e a vontade de desviá-los, não se exigindo elemento subjetivo especial.

No parágrafo único, as figuras ali descritas igualmente exigem o dolo. Na conduta de se apropriar exige-se a ciência da indisponibilidade dos bens e a vontade de o interventor, liquidante ou síndico (administrador judicial) se apropriar. A seu turno, na conduta desviar, além do dolo do interventor, liquidante ou síndico (administrador judicial), exige-se, ainda, motivo especial consubstanciado na expressão "em proveito próprio ou alheio."

Consumação: consuma-se com o efetivo desvio do bem, mesmo que não haja proveito para o agente ou prejuízo a terceiro (*caput*) e com a apro-

[134] BITENCOURT, Cezar Roberto; BREDA, Juliano. *Crimes contra o sistema financeiro nacional e contra o mercado de capitais*. 3. ed. São Paulo: Saraiva, 2014, p. 177.

[135] BITENCOURT, Cezar Roberto. *Tratado de direito penal econômico*. Disponível em: Minha Biblioteca, Editora Saraiva, 2016. v.1.

priação desse bem ou com o seu desvio em proveito próprio ou alheio (parágrafo único). Neste último caso, a conduta ocorrerá quando os bens tornados indisponíveis forem entregues por seu titular para o interventor, liquidante ou síndico. Assim, o crime se consumará no momento em que o sujeito deveria restituir a coisa e não o faz.

Cuida-se, também, de **norma penal em branco** diante da expressão "bem alcançado pela indisponibilidade legal." A indisponibilidade de tais bens, como afirmado acima, tem previsão legal no art. 36 da Lei nº 6.024/1974.

No art. 5º, *caput*, há previsão da apropriação, por quaisquer das pessoas mencionadas no art. 25, de dinheiro, título, valor ou qualquer outro bem móvel de que tenha a posse, ou desviá-lo em proveito próprio ou alheio, enquanto no art. 13 há previsão de que os bens sejam indisponíveis.

Há, pois, certa coincidência de condutas, com ênfase na indisponibilidade decorrente de intervenção, liquidação extrajudicial ou falência.

A pena cominada é a de reclusão de 2 (dois) a 6 (seis) anos, e multa, admitindo-se a celebração de acordo de não persecução penal (art. 28-A do CPP).

Artigo 14 Apresentar em liquidação extrajudicial, ou em falência de instituição financeira, declaração de crédito ou reclamação falsa, ou juntar a elas título falso ou simulado:

Pena – Reclusão, de 2 (dois) a 8 (oito) anos, e multa.

Parágrafo único. Na mesma pena incorre o ex-administrador ou falido que reconhecer, como verdadeiro, crédito que não o seja.

A declaração de crédito na liquidação extrajudicial está regulamentada nos arts. 22 e 23, ambos da Lei nº 6.024, de 13.03.1974 (Lei que dispõe sobre a intervenção e a liquidação extrajudicial de instituições financeiras), a saber:

> "Art. 22. Se determinado o prosseguimento da liquidação extrajudicial o liquidante fará publicar, no Diário Oficial da União e em jornal de grande circulação do local da sede da entidade, aviso aos credores para que declarem os respectivos créditos, dispensados desta formalidade os credores por depósitos ou por letras de câmbio de aceite da instituição financeira liquidanda.
>
> § 1º No aviso de que trata este artigo, o liquidante fixará o prazo para a declaração dos créditos, o qual não será inferior a vinte, nem superior a qua-

renta dias, conforme a importância da liquidação e os interesses nela envolvidos.

§ 2º Relativamente aos créditos dispensados de habilitação, o liquidante manterá, na sede da liquidanda, relação nominal dos depositantes e respectivos saldos, bem como relação das letras de câmbio de seu aceite.

§ 3º Aos credores obrigados a declaração assegurar-se-á o direito de obterem do liquidante as informações, extratos de contas, saldos e outros elementos necessários à defesa dos seus interesses e à prova dos respectivos créditos.

§ 4º O liquidante dará sempre recibo das declarações de crédito e dos documentos recebidos."

"Art. 23. O liquidante juntará a cada declaração a informação completa a respeito do resultado das averiguações a que procedeu nos livros, papéis e assentamentos da entidade, relativos ao crédito declarado, bem como sua decisão quanto à legitimidade, valor e classificação.

Parágrafo único. O liquidante poderá exigir dos ex-administradores da instituição que prestem informações sobre qualquer dos créditos declarados."

Bem jurídico: tutela-se o patrimônio da instituição financeira e, por conseguinte, de seus credores que possuem o direito de receber valores ao término do processo de liquidação extrajudicial.

No parágrafo único objetiva-se proteger "os mesmos bens jurídicos contra a conivente e fraudulenta conduta do próprio ex-administrador, que valida a postulação de crédito inexistente ou apenas superior ao realmente devido. Nas palavras de Áureo Natal de Paula, 'o que a lei visa coibir é a conivência do ex-administrador com eventual tentativa de fraude a regular liquidação do ativo e solvência do passivo, vez que é dever indicar precisamente quais são os créditos legítimos e quais são ilegítimos'."[136]

Tutela-se, ademais, o regular funcionamento do Sistema Financeiro Nacional e a fé pública.

Tipo objetivo: As condutas previstas no "caput" são a apresentação de declaração de crédito ou reclamação falsas, ou a juntada a elas de título falso ou simulado.

Tem-se, portanto, a ação de "apresentar", que significa oferecer, mostrar, exibir, bem como a de "juntar", cujo significado é o de unir, anexar.

136 BITENCOURT, Cezar Roberto; BREDA, Juliano. *Crimes contra o sistema financeiro nacional e contra o mercado de capitais*. 3. ed. São Paulo: Saraiva, 2014, p. 187.

Ambas as hipóteses devem ser interpretadas no contexto da postulação de crédito.

O parágrafo único traz a conduta perpetrada pelo ex-administrador ou falido de reconhecer crédito que não seja verdadeiro.

Manoel Pedro Pimentel esclarece que "as falsidades materiais ou ideológicas precedem as condutas descritas no caput, caracterizando-se essas infrações como crimes remetidos, que são aqueles que têm como objeto material o produto de um crime anterior, concorrente com as infrações cometidas posteriormente."

Registre-se, ademais, que somente haverá o delito se o documento tiver aptidão para a realização do falso.

Neste ponto, Helena Lobo da Costa aduz que "tratando-se de condutas que consistem, conforme já se observou, em modalidades de falso, é fundamental a idoneidade da falsidade para a configuração do delito, isto é, o documento apresentado deve ser apto a enganar o destinatário, criando uma percepção equivocada da realidade documentada. Do contrário, estará configurado crime impossível."[137]

Objeto material: no "caput" é a "declaração de crédito" ou a "reclamação falsa" ou ainda, o "título falso ou simulado."

No parágrafo único, é o crédito que não seja verdadeiro.

Luiz Regis Prado[138] distingue tais figuras:

> "Entende-se por *declaração de crédito* 'o pedido que o credor dirige ao juiz, solicitando sua admissão ao concurso de credores. Com a declaração do crédito, peça processual que dá azo à verificação do crédito, submete ao exame jurisdicional a legitimidade de seu crédito e a classificação a que tem direito'.
>
> *Reclamação falsa* vem a ser a referente ao pedido de restituição do bem previsto no art. 85 da Lei 11.101/2005 (Lei de Falências).https://jigsaw.minhabiblioteca.com.br/books/9786559641192/epub/OEBPS/Text/18_chapter05.xhtml?favre=brett - pg209a6. No delito em estudo, essa reclamação deve ser falsa, isto é, em desconformidade com a realidade, o mesmo ocorrendo em relação ao *título falso*. Acerca da falsidade, são válidas as considerações anteriormente feitas quando da análise de outros dispositivos.

[137] COSTA, Helena Lobo da. *Crimes contra o sistema financeiro nacional* [livro eletrônico]: comentários à lei 7.492, de 16.6.86 / Manoel Pedro Pimentel. 1. ed. São Paulo: Thomson Reuters Brasil, 2020.

[138] PRADO, Luiz Regis. Direito penal econômico. Disponível em: Minha Biblioteca, (9th edição). Grupo GEN, 2021.

No tocante ao *título simulado*, convém salientar que é aquele proveniente de uma simulação, ou seja, de uma afirmação enganosa visando a justamente encobrir a verdadeira intenção de quem a faz. O título simulado é o que tem aparência contrária à realidade, o que externa uma coisa para encobrir outra, que na verdade se pretende. Em outros termos, 'resulta de uma intenção que não é a verdadeira, e que se disfarça por esse fingimento'. O que foi declarado – e consta, pois, do título – não existe, ou existe como mero subterfúgio para atingir outra finalidade.

No parágrafo único, a conduta descrita é *reconhecer*, que tem o significado de dar atestação de veracidade, de proclamar autêntico o crédito que não o é (delito é de ação única, instantâneo e de dano)."

Há entendimento[139] no sentido de que o termo "reclamação" deve ser interpretado como sendo "impugnação", porquanto o art. 25, parágrafo único, da Lei nº 6.024/1974 (versa sobre a intervenção e liquidação extrajudicial das instituições financeiras), dispõe que após a publicação mencionada neste artigo,[140] qualquer interessado poderá impugnar a legitimidade, valor, ou a classificação dos créditos constantes do referido quadro.

A despeito disso, como já mencionado anteriormente, Luiz Regis Prado preleciona que "reclamação" deve ser interpretado como pedido de restituição de bem, a teor do que dispõe o art. 85 da Lei nº 11.101/2005 (Lei de Falências): "Art. 85. O proprietário de bem arrecadado no processo de falência ou que se encontre em poder do devedor na data da decretação da falência poderá pedir sua restituição."

O ***caput*** cuida-se de **crime comum** e o **parágrafo único** tem-se a hipótese de **crime próprio**, já que se refere ao ex-administrador e ao falido.

No *caput* o sujeito ativo será aquele que apresentar título de crédito ou reclamação falsa ou juntar título falso ou simulado. Não se exige qualidade ou condição especial do agente.

Já o parágrafo único, tratando-se de crime próprio, somente pode ser perpetrado pelo ex-administrador ou pelo falido, porquanto somente estes

[139] MAIA, Rodolfo Tigre. *Dos crimes contra o sistema financeiro nacional*. São Paulo: Malheiros, 1996. p. 103.

[140] Art. 25. Esgotando o prazo para a declaração de créditos e julgados estes, o liquidante organizará o quadro geral de credores e publicará, na forma prevista no artigo 22, aviso de que dito quadro, juntamente com o balanço geral, se acha afixado na sede e demais dependências da entidade, para conhecimento dos interessados.

teriam legitimidade para "reconhecer, como verdadeiro, crédito que não o seja", vale dizer, crédito inexistente.

É **crime formal:** na modalidade do *caput* e do parágrafo único, por não depender da ocorrência de qualquer resultado ou finalidade específica.

Quanto ao **tipo subjetivo** tem-se no *caput* o dolo, caracterizado pela vontade livre e consciente de apresentar declaração de crédito ou reclamação falsa, ou de juntar título falso ou simulado, não se exigindo elemento subjetivo especial. É imprescindível que o indivíduo saiba sobre a falsidade.

No parágrafo único, a figura descrita igualmente exige o dolo, devendo o agente ter ciência de que o crédito não é verdadeiro.

Não se admite a modalidade culposa.

A pena prevista é a de reclusão, de 2 (dois) a 8 (oito) anos, e multa, sendo admissível a celebração de acordo de não persecução penal, desde que presentes os demais pressupostos (art. 28-A do Código de Processo Penal).

Artigo 15 Manifestar-se falsamente o interventor, o liquidante ou o síndico a respeito de assunto relativo a intervenção, liquidação extrajudicial ou falência de instituição financeira:

Pena – Reclusão, de 2 (dois) a 8 (oito) anos, e multa.

O **bem jurídico** tutelado é a veracidade das manifestações expendidas em temas relacionados à intervenção, liquidação extrajudicial ou falência de instituição financeira, bem ainda o patrimônio de terceiros e da própria instituição financeira.

Visa-se proteger a higidez do Sistema Financeiro Nacional e obstar que a situação da instituição financeira se deteriore em razão da má atuação daqueles detentores do *múnus* público. Destes agentes exige-se atuação escorreita, já que respondem pela administração da instituição financeira que se encontra em liquidação extrajudicial, em processo de intervenção ou falência, tendo, portanto, a obrigação de preservar os ativos de investidores.

Tutela-se, ademais, a fé pública.

Cezar Roberto Bitencourt pontua que "tutela-se como bem jurídico a regularidade e a boa marcha dos processos de liquidação, intervenção e falência das instituições financeiras ou entidades equiparadas. Protege-se, em outros termos, o regular saneamento ou extinção das instituições financeiras que tiverem dificuldade em oferecer garantia, segurança e credibilidade quanto a sua capacidade de honrar seus compromissos com credores, investidores e acionistas. Além das instituições financeiras, têm o objetivo de salvaguardar os interesses de credores e investidores. Em sentido semelhante, manifesta-se Áureo de Paula: 'A fé pública nessas manifestações, que geralmente são por escrito, sendo portanto documentos, e o regular saneamento ou extinção das instituições financeiras. Em segundo lugar, o patrimônio da própria instituição financeira, o de seus sócios, dos investidores e quem quer que tenha direito de crédito para com elas, entre eles o próprio Estado pelos créditos tributários, vez que a conduta de manifestações infiéis quase sempre tem por finalidade fraudar a plena realização do ativo'. Secundariamente, à evidência, protege, igualmente, o sistema financeiro nacional contra os maus administradores e, nessa hipótese, contra interventor, liquidante e síndico que, porventura, afastem-se de seus compromissos éticos, que as respectivas funções lhes exigem."

O **objeto material** é a manifestação falsa.

A conduta incriminada é a manifestação falsa, por parte do interventor, liquidante ou síndico (administrador judicial) a respeito de assunto pertinente às suas atribuições relacionadas à intervenção, à liquidação extrajudicial ou à falência. **Pode ser escrita ou oral.**

O art. 8º da Lei nº 6.024/1974 dispõe que "independentemente da publicação do ato de sua nomeação, o interventor será investido, de imediato, em suas funções, mediante termo de posse lavrado no 'Diário' da entidade, ou, na falta deste, no livro que o substituir, com a transcrição do ato que houver decretado a medida e que o tenha nomeado" e o art. 16 estabelece que "a liquidação extrajudicial será executada por liquidante nomeado pelo Banco Central do Brasil, com amplos poderes de administração e liquidação, especialmente os de verificação e classificação dos créditos, podendo nomear e demitir funcionários, fixando-lhes os vencimentos, outorgar e cassar mandatos, propor ações e representar a massa em Juízo ou fora dele."

O interventor e o liquidante passam a responder pela administração da instituição financeira após a intervenção ou liquidação de modo que exercem um *múnus* público.

Crime próprio: praticado tão somente pelas pessoas nominadas no artigo (interventor, o liquidante ou o síndico).

É possível o **concurso de pessoas**, tanto da coautoria quanto participação.

O **tipo subjetivo** é o dolo, caracterizado pela consciência de que a manifestação é falsa e a vontade de assim proceder. Não se exige elemento subjetivo especial.

Não se admite a modalidade culposa.

Crime formal: não impõe a ocorrência de um resultado naturalístico, mas entende-se que a manifestação falsa deva ser relevante de tal forma a poder afetar a confiança dos credores e do Sistema Financeiro Nacional como um todo. Não é necessário, portanto, que a conduta acarrete algum prejuízo ou vantagem indevida. Na hipótese de isso ocorrer estaremos diante de mero exaurimento do crime.

Portanto, o crime se consuma com a concretização da manifestação falsa.

A pena prevista é a de reclusão, de 2 (dois) a 8 (oito) anos, e multa, sendo admissível a celebração de acordo de não persecução penal, desde que presentes os demais pressupostos (art. 28-A do Código de Processo Penal).

Artigo 16 Fazer operar, sem a devida autorização, ou com autorização obtida mediante declaração falsa, instituição financeira, inclusive de distribuição de valores mobiliários ou de câmbio: Pena – Reclusão, de 1 (um) a 4 (quatro) anos, e multa.

O artigo 16 da Lei nº 7.492/1986 ab-rogou o artigo 44, § 7º, da Lei nº 4.595/1964, que estabelecia: "quaisquer pessoas físicas ou jurídicas que atuem como instituição financeira, sem estar devidamente autorizadas pelo Banco Central da República do Brasil, ficam sujeitas à multa referida neste artigo e detenção de 1 (um) a 2 (dois) anos, ficando a esta sujeitos, quando pessoa jurídica, seus diretores e administradores."

A Lei nº 13.506, de 13.11.2017, dispondo sobre o processo administrativo sancionador nas esferas de atuação do Banco Central do Brasil e da Comissão de Valores Mobiliários, revogou expressamente o artigo 44 da Lei nº 4.595/1964, que dispunha sobre as penalidades a que se submeteriam as instituições financeiras, seus diretores, membros de conselhos administrativos, fiscais e semelhantes, e gerentes, quando houvesse infrações aos dispositivos da aludida lei, sem prejuízo de outras sanções previstas naquele diploma legal.

O artigo 10, inciso X, da Lei nº 4.595/1964, ainda em vigor, estatui competir privativamente ao Banco Central conceder autorização às instituições financeiras, a fim de que possam funcionar no País, instalar ou transferir suas sedes, ou dependências, inclusive no exterior, ser transformadas, fundidas, incorporadas ou encampadas, praticar operações de câmbio, crédito real e venda habitual de títulos da dívida pública federal, estadual ou municipal, ações debêntures, letras hipotecárias e outros títulos de crédito ou mobiliários, ter prorrogados os prazos concedidos para funcionamento, alterar seus estatutos e alienar ou, por qualquer outra forma, transferir o seu controle acionário.[141]

Além disso, o art. 18 da Lei nº 4.595/1964, mais adiante, reforça que as instituições financeiras somente poderão funcionar no país mediante prévia autorização do Bacen ou decreto do Poder Executivo quando forem estrangeiras.

O Banco Central esclarece que "o Sistema Financeiro Nacional (SFN) é formado por um conjunto de entidades e instituições que promovem a intermediação financeira, isto é, o encontro entre credores e tomadores de recursos. É por meio do sistema financeiro que as pessoas, as empresas e o governo circulam a maior parte dos seus ativos, pagam suas dívidas e realizam seus investimentos."[142]

A referida autarquia federal também estatui sobre os tipos de instituições que fazem parte do Sistema Financeiro Nacional – "os operadores são as instituições que ofertam serviços financeiros, no papel de intermediários"[143], elencando dentre estes operadores os bancos e as caixas econômicas; as administradoras de consórcios, as cooperativas de crédito, as corretoras e distribuidoras; as corretoras de câmbio e *fintechs*, além das demais instituições não bancárias (sociedade de crédito, financiamento e investimento; companhia hipotecária, agência de fomento, sociedade de crédito ao microempreendedor e à empresa de pequeno porte, associação

[141] Art. 10. Compete privativamente ao Banco Central da República do Brasil:

(...)

X – Conceder autorização às instituições financeiras, a fim de que possam: (Renumerado pela Lei nº 7.730, de 31.01.1989)

a) funcionar no País;

b) instalar ou transferir suas sedes, ou dependências, inclusive no exterior;

c) ser transformadas, fundidas, incorporadas ou encampadas;

d) praticar operações de câmbio, crédito real e venda habitual de títulos da dívida pública federal, estadual ou municipal, ações Debêntures, letras hipotecárias e outros títulos de crédito ou mobiliários;

e) ter prorrogados os prazos concedidos para funcionamento;

f) alterar seus estatutos.

g) alienar ou, por qualquer outra forma, transferir o seu controle acionário. (Incluído pelo Del nº 2.321, de 25.02.1987).

[142] Disponível em https://www.bcb.gov.br/estabilidadefinanceira/sfn, Acesso em 02.06.2023.

[143] Disponível em https://www.bcb.gov.br/estabilidadefinanceira/sfn, Acesso em 02.06.2023.

de poupança e empréstimo, sociedade de arrendamento mercantil e sociedade de crédito imobiliário).[144]

Competirá, portanto, ao Bacen a autorização de funcionamento das instituições financeiras, nos termos da alínea "a" do inciso X do art. 10, bem como do art. 18, ambos da Lei nº 4.595/1964.

Para um aprofundamento maior do tema, a Resolução CMN nº 4.970, de 25.11.2021 (que revogou a Resolução nº 4.122, de 02.08.2012, do Bacen que tratava do tema) também disciplina os processos de autorização relacionados ao funcionamento de agências de fomento, associações de poupança e empréstimo, bancos comerciais, bancos de câmbio, bancos de desenvolvimento, bancos de investimento, bancos múltiplos, companhias hipotecárias, cooperativas de crédito, sociedades de arrendamento mercantil, sociedades corretoras de câmbio, sociedades corretoras de títulos e valores mobiliários, sociedades de crédito direto, sociedades de crédito, financiamento e investimento, sociedades de crédito imobiliário, sociedades de crédito ao microempreendedor e à empresa de pequeno porte, sociedades distribuidoras de títulos e valores mobiliários, sociedade de empréstimo entre pessoas e confederações de serviço (as três últimas acrescidas pela Resolução CMN nº 5.062, de 16.02.2023)."

A Resolução nº 2.788/2000 do BACEN, que dispõe sobre a constituição e o funcionamento de bancos comerciais e bancos múltiplos sob controle acionário de cooperativas centrais de crédito, bem como a Resolução CMN nº 3.426/2006, que estatui sobre a constituição e o funcionamento de instituições financeiras especializadas na realização de operações de câmbio (bancos de câmbio), igualmente reforçam o entendimento sobre a necessidade de autorização do Banco Central para o funcionamento de tais instituições financeiras.

As *fintechs* (empresas que introduzem inovações nos mercados financeiros por meio do uso intenso de tecnologia, com potencial para criar novos modelos de negócios – atuam por meio de plataformas *online* e oferecem serviços digitais inovadores relacionados ao setor), foram regulamentadas em abril de 2018 por meio das Resoluções nºs 4.656 e 4.657, ambas do Conselho Monetário Nacional.[145] Nesse sentido, para entrarem em operação – para intermediação entre credores e devedores por meio de negociações

[144] Disponível em: https://www.bcb.gov.br/estabilidadefinanceira/composicaosfn. Acesso em 02.06.2023.

[145] Disponível em: https://www.bcb.gov.br/estabilidadefinanceira/fintechs. Acesso em 02.06.2023.

realizadas em meio eletrônico, as *fintechs* de crédito que quiserem atuar como Sociedade de Crédito Direto (SCD) ou como Sociedade de Empréstimo entre Pessoas (SEP) devem solicitar autorização[146] ao Banco Central.

As corretoras de câmbio atuam, exclusivamente, no mercado de câmbio, intermediando operações entre clientes e bancos ou comprando e vendendo moeda estrangeira de/para seus clientes, diretamente ou através de correspondentes cambiais (empresas contratadas por instituições financeiras e demais instituições autorizadas pelo Banco Central para a prestação de serviços de atendimento no mercado de câmbio). Também podem negociar moeda estrangeira no mercado interbancário e realizar operações com instituições financeiras no exterior. A diferença com relação aos bancos que operam em câmbio é que estes, além de atuarem sem limites de valor, podem realizar outras modalidades de operação como financiamentos a exportações e importações, além de adiantamentos sobre contratos de câmbio.[147]

Elas "são constituídas sob a forma de sociedade anônima ou por quotas de responsabilidade limitada, devendo constar na sua denominação social a expressão 'Corretora de Câmbio'. Têm por objeto social exclusivo a intermediação em operações de câmbio e a prática de operações no mercado de câmbio de taxas flutuantes. São supervisionadas pelo Banco Central do Brasil (Resolução CMN nº 1770, de 1990)."[148]

Aludida Resolução estabelece condições para a constituição, a organização e o funcionamento das sociedades corretoras de câmbio, explicitando em seu art. 2º do Regulamento Anexo que "a constituição e o funcionamento de sociedade corretora de câmbio e de suas dependências dependem de prévia autorização do Banco Central do Brasil." No mesmo sentido, a Resolução CMN nº 4.970/2021 citada anteriormente.

Destaque-se, ademais, a Resolução nº 3.568/2008 do Bacen (dispõe sobre o mercado de câmbio e dá outras providências), que, notadamente em seus artigos 1º e 2º, estabelece: "Art. 1º o mercado de câmbio brasileiro compreende as operações de compra e de venda de moeda estrangeira e as operações com ouro-instrumento cambial, realizadas com instituições

[146] Disponível em: https://www.bcb.gov.br/estabilidadefinanceira/fintechs. Acesso em 02.06.2023.

[147] Disponível em: https://www.bcb.gov.br/estabilidadefinanceira/corretorascambio. Acesso em 02.06.2023.

[148] BITENCOURT, Cezar Roberto; BREDA, Juliano. *Crimes contra o sistema financeiro nacional e contra o mercado de capitais*. 3. ed. São Paulo: Saraiva, 2014, p. 31.

autorizadas pelo Banco Central do Brasil a operar no mercado de câmbio, bem como as operações em moeda nacional entre residentes, domiciliados ou com sede no País e residentes, domiciliados ou com sede no exterior". "Parágrafo único. Incluem-se no mercado de câmbio brasileiro os pagamentos e transferências internacionais realizados por meio de serviço de pagamento ou transferência internacional e as transferências postais internacionais. (Redação dada, a partir de 1º.10.2021, pela Resolução CMN nº 4.942, de 9.9.2021)". "Art. 2º As autorizações para a realização de operações no mercado de câmbio podem ser concedidas pelo Banco Central do Brasil a bancos múltiplos, bancos comerciais, caixas econômicas, bancos de investimento, bancos de desenvolvimento, bancos de câmbio, sociedades de crédito, financiamento e investimento, sociedades corretoras de títulos e valores mobiliários, sociedades distribuidoras de títulos e valores mobiliários, sociedades corretoras de câmbio e, a critério do Banco Central do Brasil, instituições de pagamento autorizadas a funcionar pelo Banco Central do Brasil. (Redação dada, a partir de 1º.10.2021, pela Resolução CMN nº 4.942, de 9.9.2021.)" – evidenciando a necessidade de autorização do Bacen para que se possa operar no mercado de câmbio.

Além disso, a Lei nº 14.286, de 29.12.2021 (dispõe sobre o mercado de câmbio brasileiro, o capital brasileiro no exterior, o capital estrangeiro no País e a prestação de informações ao Banco Central do Brasil), em seu art. 3º dispõe que "as operações no mercado de câmbio podem ser realizadas somente por meio de instituições autorizadas a operar nesse mercado pelo Banco Central do Brasil, na forma do regulamento a ser editado por essa autarquia."

As corretoras de títulos e valores mobiliários (CTVM) e as distribuidoras de títulos e valores mobiliários (DTVM) atuam nos mercados financeiro e de capitais e no mercado cambial intermediando a negociação de títulos e valores mobiliários entre investidores e tomadores de recursos. São constituídas sob a forma de sociedade anônima ou por quotas de responsabilidade limitada e supervisionadas tanto pelo Banco Central quanto pela Comissão de Valores Mobiliários.[149]

O art. 3º da Lei nº 4.728, de 14.07.1965 (disciplina o mercado de capitais e estabelece medidas para o seu desenvolvimento) dispõe sobre a competência do Banco Central para a autorização e funcionamento, valendo des-

[149] Disponível em: https://www.bcb.gov.br/estabilidadefinanceira/corretoradistribuidora. Acesso em 02.06.2023.

tacar, ademais, que o art. 3º do Regulamento Anexo à Resolução CMN nº 1.655, de 26.10.1989, com a redação dada pela Resolução CMN nº 3.485, de 02.08.2007, também dispõe que a constituição e o funcionamento de sociedade corretora dependem de autorização do Bacen. A Resolução CMN nº 4970, de 25.11.2021 do Bacen anteriormente mencionada também aponta para esta necessidade.

O Banco Central também é responsável pela normatização, autorização, supervisão e controle das atividades do sistema de consórcios. O art. 7º da Lei nº 11.795, de 08.10.2008, esclarece que compete a referida autarquia "I – conceder autorização para funcionamento, transferência do controle societário e reorganização da sociedade e cancelar a autorização para funcionar das administradoras de consórcio, segundo abrangência e condições que fixar." Da mesma forma a Circular do Bacen nº 3.433, de 03.02.2009, também dispõe que incumbe à autarquia a autorização para o funcionamento das administradoras de consórcios.

Necessitam ainda de autorização do Banco Central para funcionamento as cooperativas de crédito (consideram-se cooperativas de crédito a cooperativa singular de crédito, a cooperativa central de crédito e a confederação de crédito constituída por cooperativas centrais de crédito), consoante o art. 1º, parágrafo único, da Resolução CMN nº 5.051, de 25.11.2022, que dispõe sobre a organização e o funcionamento de cooperativas de crédito, além da Lei Complementar nº 130, de 17.04.2009 (dispõe sobre o Sistema Nacional de Crédito Cooperativo) com as alterações promovidas pela Lei Complementar nº 196, de 24.08.2022, que, em seu artigo 1º, preceitua: "As instituições financeiras constituídas sob a forma de cooperativas de crédito e as confederações de serviço constituídas por cooperativas centrais de crédito sujeitam-se ao disposto nesta Lei Complementar, bem como, no que couber, à legislação aplicável ao Sistema Financeiro Nacional (SFN) e às sociedades cooperativas".

As sociedades de crédito, financiamento e investimento (SCFI), conhecidas como "financeiras" são instituições privadas que fornecem empréstimo e financiamento para aquisição de bens, serviços e capital de giro, igualmente necessitando de autorização e sendo supervisionadas pelo Bacen.[150] A Resolução CMN nº 4.970, de 25.11.2021, dispõe nesse sentido.

As companhias hipotecárias são consideradas instituição financeira, sendo autorizadas e supervisionadas pelo Banco Central e regulada não só

[150] Disponível em: https://www.bcb.gov.br/estabilidadefinanceira/scfi. Acesso em 02.06.2023.

por esta autarquia, como também pelo Conselho Monetário Nacional. Deve ser constituída sob a forma de sociedade anônima e a expressão "Companhia Hipotecária" deve constar de sua denominação social.[151] A Resolução CMN nº 4.970, de 25.11.2021, dispõe nesse sentido.

Em relação às agências de fomento, a Resolução nº 2.828/2001 do Bacen estabelece em seu art. 1º "que dependem de autorização do Banco Central do Brasil a constituição e o funcionamento de agências de fomento sob controle acionário de Unidade da Federação, cujo objeto social é financiar capital fixo e de giro associado a projetos na Unidade da Federação onde tenham sede." A Resolução CMN nº 4.970, de 25.11.2021, igualmente dispõe nesse sentido.

O funcionamento da Sociedade de Crédito ao Microempreendedor e à Empresa de Pequeno Porte do mesmo modo depende de prévia autorização do Banco Central do Brasil.

A Sociedade de Crédito Imobiliário (SCI) é um tipo de instituição financeira especializada no financiamento habitacional, integrante do Sistema Financeiro da Habitação (SFH). A SCI é constituída na forma de sociedade anônima e é supervisionada pelo Banco Central. Deve constar de sua denominação social a expressão crédito imobiliário.[152] A Resolução CMN nº 4.970, de 25.11.2021, do Bacen versa sobre essa necessidade de autorização.

São também consideradas instituições financeiras e dependem de autorização do Banco Central do Brasil a Associação de Poupança e Empréstimo (APE) (instituição criada para facilitar aos associados a aquisição da casa própria e captar, incentivar e disseminar a poupança. Os depositantes tornam-se associados da instituição).[153]

A constituição e o funcionamento das pessoas jurídicas que tenham como objeto principal de sua atividade a prática de operações de arrendamento mercantil também dependem de autorização do Banco Central do Brasil (Resolução CMN nº 4.970, de 25.11.2021).

Não menos importante destacar que os **criptoativos**, dentre os quais o mais conhecido é o Bitcoin, **foram objeto de regulamentação pelo ordenamento jurídico somente em dezembro de 2022**, cuja entrada em vigor

[151] Disponível em: https://www.bcb.gov.br/estabilidadefinanceira/companhiahipotecaria. Acesso em 02.06.2023.

[152] Disponível em: https://www.bcb.gov.br/estabilidadefinanceira/sociedadecreditoimobiliario. Acesso em 02.06.2023.

[153] https://www.bcb.gov.br/estabilidadefinanceira/associacaopoupancaemprestimo. Acesso em 02.06.2023.

da aludida legislação ocorrerá no prazo de 180 da sua publicação, assim, antes desta data, não havendo regulamentação, quer seja pelo Bacen, quer seja pela CVM, não pode ser considerada moeda, tampouco valor mobiliário, culminando, nessa toada, em um cenário paralelo das moedas oficiais.

Consigne-se, como já mencionado quando do estudo do art. 1º, que o Senado Federal aprovou, em 04.05.2022, o PL 4401/2021, que se converteu na Lei nº 14.478/2022, que dispõe sobre diretrizes a serem observadas na prestação de serviços de ativos virtuais e na regulamentação das prestadoras de serviços de ativos virtuais, alterando o Código Penal, a Lei nº 7.492/1986 (ora em estudo) e a de nº 9.613/1998 (lavagem de dinheiro), para incluir as prestadoras de serviços de ativos virtuais no rol de instituições sujeitas às suas disposições.

Vale salientar que a Instrução Normativa nº 1.888, de 03.05.2019, da Receita Federal, disciplina a obrigatoriedade de prestação de informações relativas às operações realizadas com criptoativos à Secretaria Especial da Receita Federal do Brasil (RFB) e foi alterada parcialmente pela Instrução Normativa nº 1.899, de 10.07.2019, da Receita Federal. A Receita Federal consoante Solução de Consulta nº 214, de 20.12.2021, de lavra da Cosit, dispõe que é isento do imposto sobre a renda o ganho de capital auferido na alienação de criptomoedas cujo valor total das alienações em um mês, de todas as espécies de criptoativos ou moedas virtuais, independentemente de seu nome, seja igual ou inferior a R$ 35.000,00 (trinta e cinco mil reais).

Portanto, do exposto, uma *Exchange* de *bitcoins* pode funcionar sem autorização do Bacen.

A despeito disso, **até que entre em vigor a Lei nº 14.478/2022**, na hipótese de o criptoativo ostentar contornos que o caracterize como valor mobiliário, por exemplo, haverá a necessidade de autorização da CVM para que então possa ser negociado, sob pena de atuação como instituição financeira sem autorização, fazendo incidir, assim, a Lei nº 7.492/1986.

Nesse sentido, o STJ já decidiu que:

> "HABEAS CORPUS. OPERAÇÃO EGYPTO. SUPOSTA INCOMPETÊNCIA DA JUSTIÇA FEDERAL. MANIFESTA IMPROCEDÊNCIA. CASO QUE OSTENTA CONTORNOS DISTINTOS DO CC Nº 161.123/SP (TERCEIRA SEÇÃO). DENÚNCIA OFERTADA, NA QUAL É NARRADA A EFETIVA OFERTA DE CONTRATO COLETIVO DE INVESTIMENTO ATRELADO À ESPECULAÇÃO NO MERCADO DE CRIPTOMOEDA. VALOR MOBILIÁRIO (ART 2º, IX, DA LEI

Nº 6.385/1976). INCIDÊNCIA DOS CRIMES PREVISTOS NA LEI Nº 7.492/1986. COMPETÊNCIA DA JUSTIÇA FEDERAL (ART. 26 DA LEI Nº 7.492/1986), INCLUSIVE PARA PROCESSAR OS DELITOS CONEXOS (SÚMULA 122/STJ).

1. A Terceira Seção desta Corte decidiu que a operação envolvendo compra ou venda de criptomoedas não encontra regulação no ordenamento jurídico pátrio, pois as moedas virtuais não são tidas pelo Banco Central do Brasil (BCB) como moeda, nem são consideradas como valor mobiliário pela Comissão de Valores Mobiliários (CVM), não caracterizando sua negociação, por si só, os crimes tipificados nos arts. 7º, II, e 11, ambos da Lei nº 7.492/1986, nem mesmo o delito previsto no art. 27-E da Lei nº 6.385/1976 (CC nº 161.123/SP, DJe 5/12/2018).

2. O incidente referenciado foi instaurado em inquérito (não havia denúncia formalizada) e a competência da Justiça estadual foi declarada exclusivamente considerando os indícios colhidos até a instauração do conflito, bem como o dissenso verificado entre os Juízes envolvidos, sendo que nenhum deles cogitou que o contrato celebrado entre o investigado e as vítimas consubstanciaria um contrato de investimento coletivo.

3. O caso dos autos não guarda similitude com o precedente, pois já há denúncia ofertada, na qual foi descrita e devidamente delineada a conduta do paciente e dos demais corréus no sentido de oferecer contrato de investimento coletivo, sem prévio registro de emissão na autoridade competente.

4. Se a denúncia imputa a efetiva oferta pública de contrato de investimento coletivo (sem prévio registro), não há dúvida de que incide as disposições contidas na Lei nº 7.492/1986, notadamente porque essa espécie de contrato consubstancia valor mobiliário, nos termos do art. 2º, IX, da Lei nº 6.385/1976.

5. Interpretação consentânea com o órgão regulador (CVM), que, em situações análogas, nas quais há oferta de contrato de investimento (sem registro prévio) vinculado à especulação no mercado de criptomoedas, tem alertado no sentido da irregularidade, por se tratar de espécie de contrato de investimento coletivo.

6. Considerando os fatos narrados na denúncia, especialmente os crimes tipificados nos arts. 4º, 5º, 7º, II, e 16, todos da Lei nº 7.492/1986, é competente o Juízo Federal para processar a ação penal (art. 26 da Lei nº 7.492/1986), inclusive no que se refere às infrações conexas, por força do entendimento firmado no Enunciado Sumular nº 122/STJ.

7. Ordem denegada."

(STJ, HC 530.563/RS, Rel. Ministro SEBASTIÃO REIS JÚNIOR, SEXTA TURMA, julgado em 05.03.2020, DJe 12.03.2020).

No que diz respeito às instituições de pagamento, como mencionado anteriormente nesta obra, o Bacen elenca as instituições que compõem o SFN, identificando dentre os denominados "operadores", as instituições de pagamento.[154] No entanto, esclarece que "instituição de pagamento (IP) é a pessoa jurídica que viabiliza serviços de compra e venda e de movimentação de recursos, no âmbito de um arranjo de pagamento, sem a possibilidade de conceder empréstimos e financiamentos a seus clientes." Informa, ainda, que "instituições de pagamento não são instituições financeiras, portanto não podem realizar atividades privativas destas instituições, como empréstimos e financiamentos. Ainda assim, estão sujeitas à supervisão do Banco Central. Devem constituir-se como sociedade empresária limitada ou anônima."

Sob este espeque, para a referida autarquia federal as instituições de pagamento não são instituições financeiras e não compõem o Sistema Financeiro Nacional, a despeito de serem reguladas e fiscalizadas pelo Banco Central.

A Lei nº 12.865, de 09.10.2013, que dispõe sobre os arranjos de pagamento e as instituições de pagamento integrantes do Sistema de Pagamentos Brasileiro (SPB), no inciso III do art. 6º elenca quais as atividades que podem ser praticadas pelas instituições de pagamento, a saber: "III – instituição de pagamento – pessoa jurídica que, aderindo a um ou mais arranjos de pagamento, tenha como atividade principal ou acessória, alternativa ou cumulativamente: a) disponibilizar serviço de aporte ou saque de recursos mantidos em conta de pagamento; b) executar ou facilitar a instrução de pagamento relacionada a determinado serviço de pagamento, inclusive transferência originada de ou destinada a conta de pagamento; c) gerir conta de pagamento; d) emitir instrumento de pagamento; e) credenciar a aceitação de instrumento de pagamento; f) executar remessa de fundos; g) converter moeda física ou escritural em moeda eletrônica, ou vice-versa, credenciar a aceitação ou gerir o uso de moeda eletrônica; e h) outras atividades relacionadas à prestação de serviço de pagamento, designadas pelo Banco Central do Brasil."

[154] Disponível em: https://www.bcb.gov.br/estabilidadefinanceira/instituicaopagamento. Acesso em 02.06.2023.

Ademais, em seu § 2º do art. 6º evidencia expressamente que "É vedada às instituições de pagamento a realização de atividades privativas de instituições financeiras, sem prejuízo do desempenho das atividades previstas no inciso III do caput."

A Terceira Seção do STJ decidiu que não se equipara a instituição financeira a instituição de pagamento porquanto não capta ou administra recursos de terceiros, operando apenas como uma facilitadora de pagamentos.

> "CONFLITO NEGATIVO DE COMPETÊNCIA ENTRE A JUSTIÇA FEDERAL E A JUSTIÇA ESTADUAL. NOTITIA CRIMINIS ENCAMINHADA AO MINISTÉRIO PÚBLICO ESTADUAL. SUPOSTA FRAUDE PRATICADA CONTRA INSTITUIÇÃO DE PAGAMENTO. INEXISTÊNCIA DE CAPTAÇÃO OU ADMINISTRAÇÃO DE RECURSOS DE TERCEIROS. INSTITUIÇÃO QUE ATUA COMO FACILITADORA DE PAGAMENTO. VEDAÇÃO LEGAL À PRÁTICA DE ATOS DE INSTITUIÇÃO FINANCEIRA. INOCORRÊNCIA DE EQUIPARAÇÃO A INSTITUIÇÃO FINANCEIRA. CONFIGURAÇÃO, EM TESE, DE ESTELIONATO CONTRA PESSOA JURÍDICA PRIVADA. AUSÊNCIA DE INTERESSE DA UNIÃO. COMPETÊNCIA DA JUSTIÇA ESTADUAL.
>
> 1. O presente conflito negativo de competência deve ser conhecido, por se tratar de incidente instaurado entre juízos vinculados a Tribunais distintos, nos termos do art. 105, inciso I, alínea "d" da Constituição Federal - CF.
>
> 2. O núcleo da controvérsia consiste em definir a competência para prestar jurisdição na hipótese de suposta fraude praticada contra instituição de pagamento. Divergem os Juízos envolvidos no conflito sobre a possibilidade de equiparação de instituição de pagamento a instituição financeira e, consequentemente, sobre a configuração de crime contra o sistema financeiro ou estelionato. 3.Conforme definição do Banco Central do Brasil - BACEN, "instituição de pagamento (IP) é a pessoa jurídica que viabiliza serviços de compra e venda e de movimentação de recursos, no âmbito de um arranjo de pagamento, sem a possibilidade de conceder empréstimos e Financiamentos a seus clientes." Trata-se, portanto, de instituição não financeira que executa serviços de pagamento em nome de terceiros. Referidas instituições de pagamento possibilitam ao cidadão realizar pagamentos independentemente de relacionamentos com bancos e outras instituições financeiras. Assim, com o recurso financeiro movimentável, por exemplo, por meio de um cartão pré-pago ou de um telefone celular, o usuário pode portar valores e efetuar transações sem estar com moeda em espécie.

4. As características da instituição de pagamento – vedação de concessão de empréstimos e financiamento – já demonstram ausência de similitude com as instituições financeiras. Com efeito, a Lei nº 12.865, de 9 de outubro de 2013, em seu artigo 6º, é clara ao definir quais atividades podem ser praticadas pelas instituições de pagamento, proibindo expressamente que realizem atividades privativas de instituições financeiras.

5. Evidentemente, uma instituição de pagamento que desvirtue sua função precípua praticando de forma anômala atividade própria de instituição financeira, desrespeitando a norma de regência, poderia, em tese, praticar crime contra o sistema financeiro por equiparação.

Todavia, não é o caso dos autos, porque, na espécie, a instituição financeira figura como vítima de possível golpe.

6. No caso em análise, a dinâmica delituosa descrita na notitia criminis indica que um estabelecimento comercial teria induzido uma instituição de pagamento a erro, causando prejuízo alheio em proveito próprio.

Nesse contexto, identifica-se, em tese, prática de delito de estelionato em face de pessoa jurídica privada, não havendo qualquer interesse da União, ainda que reflexo, que possa justificar a competência da Justiça Federal, nos termos do art. 109, IV, da CF.

7. Conflito de competência conhecido para declarar competente o Juízo de Direito do Departamento de Inquéritos Policiais e Polícia Judiciária de São Paulo – SP – DIPO 3, o suscitado."

(STJ, CC 159.891/SP, Rel. Ministro Joel Ilan Paciornik, Terceira Seção, julgado em 10.04.2019, DJe 23.04.2019).

No entanto, como bem delineado em referido julgado, na hipótese de a instituição de pagamento desvirtuar o seu escopo "praticando de forma anômala atividade própria de instituição financeira, desrespeitando a norma de regência, poderia, em tese, praticar crime contra o sistema financeiro por equiparação."

Não menos importante destacar que em relação às seguradoras a necessidade de autorização está prevista no artigo 74 do Decreto Lei nº 73, de 21.11.1966 (Dispõe sobre o Sistema Nacional de Seguros Privados, regula as operações de seguros e resseguros e dá outras providências).

A rígida regulamentação e fiscalização das instituições financeiras é medida necessária a fim de garantir o regular funcionamento do Sistema Financeiro Nacional. O **bem jurídico** visa tutelar este Sistema, o patrimônio dos investidores e eventuais prejudicados, além da própria instituição financeira.

Cezar Roberto Bitencourt[155] assevera que "o bem jurídico tutelado, novamente, é a inviolabilidade e a credibilidade do sistema financeiro, zelando pela regularidade e a correção do funcionamento e da operacionalização das instituições financeiras. Para o bom e regular funcionamento do sistema financeiro, é indispensável que se assegure a correção e a regularidade de todas as instituições financeiras. Tutela-se igualmente o patrimônio e os interesses econômico-financeiros dos investidores e das próprias instituições financeiras, bem como dos acionistas das referidas instituições. Protege-se, enfim, o interesse estatal na fiscalização do mercado financeiro em geral, visando assegurar a sua estabilidade e credibilidade, indispensáveis para seu regular funcionamento."

Tipo objetivo: O tipo penal incrimina quem faz operar, sem a devida autorização, ou com autorização obtida mediante declaração falsa instituição financeira, inclusive de distribuição de valores mobiliários ou de câmbio.-

Há a presença do elemento normativo "instituição financeira", que exige a complementação advinda do artigo 1º da própria Lei nº 7.492/1986, que, como já visto, para fins penais, considera como instituição financeira, em linhas gerais, a pessoa jurídica ou física que fizer operar recursos financeiros de terceiros, de modo que a utilização de recursos próprios para o fim de concessão de um empréstimo, por exemplo, não será abarcado pelo tipo descrito no artigo 16 da Lei nº 7.492/1986.

Registre-se, outrossim, que o conceito de instituição financeira para fins penais estatuído no art. 1º da Lei nº 7.492/1986 difere do conceito geral (casos extrapenais) elencado pelo art. 17 da Lei nº 4.595/1964, porquanto este último dispositivo abarca tanto recursos financeiros de terceiros quanto próprios, ou seja, tem maior amplitude neste ponto do que a norma penal, que fica restrita apenas à recursos financeiros de terceiros.

Agiotagem: não se equipara a instituição financeira na medida em que não opera com recursos de terceiros. Há o empréstimo de dinheiro com recursos próprios, mediante a cobrança de juros abusivos, podendo caracterizar crime de usura.

Repise-se, as entidades que administrem somente recursos próprios – e não de terceiros – não são consideradas instituições financeiras para os fins da Lei nº 7.492/1986, de modo que a cobrança de juros, taxas ou comis-

155 BITENCOURT, Cezar Roberto. *Tratado de direito penal econômico*. Disponível em: Minha Biblioteca, Editora Saraiva, 2016. v. 1.

são extorsivos, acima do limite legalmente permitido, incide sobre a Lei de Usura (art. 4º da Lei nº 1.521, de 26.12.1951), de competência da Justiça Estadual. Esta Lei busca proteger a economia popular.

A expressão "sem a devida autorização" contida no tipo penal revela que incidirá a sanção penal nos casos em que houver a necessidade de autorização pelo órgão competente, tal como evidenciado anteriormente.

O STJ já decidiu que a decisão administrativa do Bacen atestando a ausência de irregularidade da atuação da empresa implica no reconhecimento da ausência de justa causa para a imputação do crime do art. 16 da Lei nº 7.492/1986. Nessa toada, haverá a atipicidade da conduta de "fazer operar, sem a devida autorização, instituição financeira" quando o próprio órgão regulador reconhecer a inexistência de situação irregular (AgRg no HC 78.169/SP, Rel. Ministro ROGERIO SCHIETTI CRUZ, SEXTA TURMA, julgado em 14.02.2017, *DJe* 23.02.2017).

Também não é necessário que haja aparência de instituição financeira, no sentido de estrutura organizacional. Nessa toada, fazer operar não exige estrutura semelhante a uma instituição financeira, bastando a prática de atos de natureza financeira.

O crime pode ser perpetrado pelo agente que faz operar instituição financeira sem a existência de autorização, bem ainda quando a faz operar a partir de autorização obtida por meio fraudulento.

A fraude referida neste artigo 16 deve ser aquela de conteúdo ideológico e não material, como assevera Cezar Roberto Bitencourt. Deve ser a falsidade ideológica que versa sobre o conteúdo do documento ou título, vale dizer, "afeta-o tão somente em sua ideação, no pensamento que seu texto encerra."[156] A declaração não verdadeira deve estar relacionada à autorização de funcionamento da instituição financeira concedida pelo Banco Central.

Referido autor conclui que "a declaração falsa, como meio de obter autorização de funcionamento, é aquela que contraria o real conteúdo que deveria ter, não correspondendo ao conteúdo autêntico que deveria apresentar, mas com idoneidade suficiente para viabilizar a autorização de funcionamento de instituição financeira."[157]

Demais disso, qualquer outra declaração não verdadeira atinente a aspectos não atrelados ao funcionamento de instituição financeira não se amoldará à figura descrita no art. 16 da Lei nº 7.492/1986.

[156] BITENCOURT, Cezar Roberto; BREDA, Juliano. *Crimes contra o sistema financeiro nacional e contra o mercado de capitais*. 3. ed. São Paulo: Saraiva, 2014, p. 210.

[157] *Op. cit.*, p. 209.

De outra senda, o crime habitual "é o que contém comportamentos idênticos e repetidos, que só se perfazem em decorrência de uma ação reiterada,"[158] vale dizer, as condutas, consideradas isoladamente, não são consideradas crimes.

O crime ora sob análise trata-se de **crime habitual impróprio ou acidentalmente habitual**, sendo que apenas uma conduta tem relevância para configurá-lo, embora sua reiteração não corresponda à pluralidade de crimes.

Nessa linha, de se tratar de crime habitual impróprio, é o entendimento de Rodolfo Tigre Maia:

> "É incriminada pelo dispositivo a ação de 'fazer operar instituição financeira'. O núcleo verbal permite duas aproximações exegéticas, que conduzem a diferentes patamares de aplicação da norma:
>
> **a)** A primeira aponta para a necessidade da criação de uma estrutura organizacional análoga à de uma instituição financeira regular, própria ou equiparada, quer efetivamente realizando atividades financeiras sem objetivar precipuamente lesar seus usuários, quer simulando-as ou distorcendo-as, como meio para lograr os incautos que busquem seus serviços. Em resumo, nesta perspectiva o tipo exigiria, para além do mero exercício de atividade financeira, a presença de um simulacro, da fachada de uma instituição financeira legítima ou, mesmo, de uma ramificação não autorizada de uma instituição legalmente habilitada a funcionar. Esta visão traz implícita a caracterização do ilícito como crime habitual próprio, exigindo a prática reiterada das ações previstas no tipo para caracterizá-lo.
>
> **b)** A segunda abordagem concentra-se na identificação da presença de 'atividade financeira própria ou por equiparação', bastando o reconhecimento do exercício desautorizado de qualquer ato negocial característico de tais instituições, consoante definidas pelo art. 1º da Lei de Regência, para conformar a incidência típica, independente de a mesma se dar no âmbito ou não de um arcabouço estrutural/funcional similar ao usado por esta, ou de ser reiteradamente praticada, aos moldes da primeira enunciação.
>
> (...)
>
> Qual a melhor exegese? Estamos que é a fornecida pela segunda posição. A uma, porque o tipo objetivo é inequívoco: trata-se não de criar, ou de organizar, ou de realizar múltiplas operações, mas de fazer operar, qual seja,

[158] PRADO, Luiz Régis. *Curso de direito penal brasileiro*. 7. ed. rev., v. 1, atual. e ampl. São Paulo: RT, 2007, p. 35.

por em funcionamento, atuar no mercado como instituição financeira; e o que a identifica como tal, ao menos neste dispositivo, é exatamente 'realizar atividade financeira, quer própria, quer equiparada por envolver recursos de terceiros'. A duas, porque a Lei de Regência, em seu art. 1º, parágrafo único, I, estende sua incidência às atividades financeiras eventualmente realizadas por pessoas físicas, equiparando-as às instituições financeiras, deixando manifesto que considera relevante para fins de repressão tais espécies de condutas. Finalmente, a criação de uma instituição financeira como mera 'fachada' para lograr terceiros, sem que se realizem efetivamente operações financeiras, ao menos por equiparação (v.g. consórcios, seguros etc.), configuraria estelionato e não crime contra o SFN. É que, como já sublinhamos, a Constituição reservou ao Estado o poder de autorizar e disciplinar o funcionamento de tais instituições para preservar os investidores e o mercado.

(...)

Não há necessidade da causação de prejuízos a terceiros ou de reiteração da prática de atividades financeiras, **configurando-se delito habitual impróprio de perigo abstrato.**"[159]

Helena Lobo da Costa entende que considerar tal delito como crime habitual impróprio seria "muito questionável dogmaticamente, pois crime habitual que pode configurar-se pela prática de um só ato não é habitual. Parece que o autor quer defender a existência de um crime instantâneo, cuja reiteração leva também a um crime único."

A despeito disso, fazer operar implica um conjunto de atos que isoladamente considerados são típicos, ao contrário do crime habitual próprio."

A configuração típica da conduta nos limites insculpidos no tipo penal elencado no art. 16 da Lei nº 7.492/1986 independe da realização habitual em se operar, sem a devida autorização ou mediante declaração falsa, instituição financeira, bastando uma atuação neste desiderato para que o crime reste perfectibilizado, tratando-se de crime habitual impróprio ou acidentalmente habitual.

Todavia, a reiteração/habitualidade em se operar instituição financeira ao arrepio da presença de autorização ou mediante declaração falsa é aspecto que, ainda que não seja de relevo para a tipificação penal, deve ser levado em consideração pelo julgador quando da fixação da reprimenda que se está impondo ao agente criminoso, especificamente no contexto da

[159] MAIA, Rodolfo Tigre. *Dos crimes contra o sistema financeiro nacional: anotações à lei federal nº 7.492/1986*. São Paulo: Malheiros, 1996, p. 107-109.

sua 1ª fase de cálculo (pena-base) sob o pálio das circunstâncias ou das consequências da infração penal.

Sujeito ativo pode ser qualquer pessoa física que opere instituição financeira irregular ou que se valha de outrem para operá-la, bem como aqueles relacionados no art. 25 desta Lei. Trata-se, pois, de crime comum. No mesmo sentido: José Paulo Baltazar Jr.[160] e Helena Lobo da Costa.[161]

Manoel Pedro Pimentel restringe a autoria do art. 16 aos dirigentes de instituição financeira, diretores, gerentes, administradores, excluída a possibilidade de ser cogitada a prática do delito por pessoa que não seja juridicamente responsável por uma instituição financeira, bem como a pessoa física que pratique a agiotagem (em razão da exclusão no art. 1º desta Lei, pelo Veto Presidencial, da expressão recursos financeiros "próprios"[162]).[163] No mesmo sentido: Luiz Regis Prado.[164]

Tipo subjetivo: é o dolo, caracterizado pela vontade de fazer operar instituição financeira com a consciência de que atua sem a devida autorização ou mediante declaração falsa.

Não está prevista a modalidade culposa.

Jurisprudência:

Empréstimo a juros abusivos por empresa de *factoring* não é conduta prevista no artigo 16: As empresas popularmente conhecidas como *factoring* desempenham atividades de fomento mercantil, de cunho meramente comercial, em que se ajusta a compra de créditos vencíveis,

160 BALTAZAR JUNIOR, José Paulo. *Crimes federais*. Disponível em: Minha Biblioteca, (11th edição). Saraiva, 2017.

161 COSTA, Helena Lobo da. *Crimes contra o sistema financeiro nacional* [livro eletrônico]: comentários à lei 7.492, de 16.6.86 / Manoel Pedro Pimentel. 1. ed. São Paulo: Thomson Reuters Brasil, 2020.

162 Observe-se que a justificativa do Veto Presidencial deu-se por considerar-se que "no art. 1º, a expressão 'próprios ou', porque é demasiado abrangente, atingindo o mero investidor individual, o que obviamente não é o propósito do legislador. Na aplicação de recursos próprios, se prejuízo houver, não será para a coletividade, nem para o sistema financeiro; no caso de usura, a legislação vigente já apena de forma adequada quem a praticar. Por outro lado, o art. 16 do Projeto alcança as demais hipóteses possíveis, ao punir quem opera instituição financeira sem a devida autorização (Mensagem 252 da Justificativa do Veto Presidencial). Disponível em: http://www.planalto.gov.br/ccivil_03/leis/1980-1988/Msg/VepL7492-86.pdf. Acesso em 23.10.2017.

163 *Crimes contra o sistema financeiro nacional*: comentários à Lei 7.492, de 16.07.1986. São Paulo: RT, 1987, p. 124.

164 PRADO, Luiz Regis. *Direito penal econômico*. Disponível em: Minha Biblioteca, (9th edição). Grupo GEN, 2021.

mediante preço certo e ajustado, e com recursos próprios, não podendo ser caracterizadas como instituições financeiras. Ademais, a cobrança de taxas, juros abusivos e a imposição de condições extravagantes para continuidade das operações de descontos de títulos por força de empréstimo tomado, além das garantias impostas, adequam-se tipicamente ao artigo 4º da Lei nº 1.521/1951 em detrimento da subsunção a algum tipo penal previsto na Lei nº 7.492/1986 (**STJ** – CC nº 98062/SP, Rel. Min. Jorge Mussi, 3ª S., *vu, DJe* de 06.09.2010).

Também no sentido de apenas responder por usura: STJ – Os fatos narrados na denúncia sugerem operações de empréstimo a juros exorbitantes e troca de cheques para particulares e lojas, realizadas entre particulares, sem intermediação de instituição financeira. Na hipótese em que se cuida de empréstimos a juros, com valores próprios e não captados de terceiros, há, em tese, delito de usura e, não, contra o Sistema Financeiro (CC nº 99305/PR, Min. Maria Thereza de Assis Moura, 3ª S, *vu, DJe* de 20.02.2009); a cobrança de juros extorsivos em empréstimo de dinheiro realizado por particular, com recursos próprios, configura, em tese, o crime de usura, descrito no art. 4º da Lei de Economia Popular, a ser julgado pela Justiça Estadual, não se amoldando à Lei nº 7.492/1986. (CC nº 31.072/RJ, Rel. Min. Hamilton Carvalhido, 3ª S, *vu, DJ* 18.02.2002)

Insta destacar, no entanto, que é possível a prática do delito estampado no artigo 16 da Lei nº 7.492/1986 por empresa regular, por exemplo uma empresa de *factoring*, e que posteriormente passe a atuar clandestinamente em operações típicas de instituição financeira.

Sobre o tema destaque-se o seguinte julgado da 3ª Seção do Superior Tribunal de Justiça:

> "CONFLITO NEGATIVO DE COMPETÊNCIA. SOCIEDADE EMPRESARIAL DE FACTORING. CAPTAÇÃO E APLICAÇÃO DE RECURSOS DE TERCEIROS SEM A DEVIDA AUTORIZAÇÃO LEGAL. OPERAÇÕES EXCLUSIVAS DE INSTITUIÇÕES FINANCEIRAS. CRIME CONTRA O SISTEMA FINANCEIRO NACIONAL (ART. 16 DA LEI Nº 7.492/86). COMPETÊNCIA DO JUÍZO FEDERAL.
>
> 1. A concessão de empréstimos a juros abusivos por empresas de factoring caracteriza crime de usura, previsto nos arts. 4º da Lei nº 1.521/51 e 13 do Decreto nº 22.626/33, e não delito contra o sistema financeiro nacional, sendo, portanto, da competência da Justiça Estadual. Precedentes.
>
> 2. Na hipótese, constatou-se que os sócios da Ourofacto Factoring Ltda. realizavam, sem autorização legal, a captação, intermediação e aplicação de

recursos financeiros de terceiros, sob a promessa de que receberiam, em contrapartida, rendimentos superiores aos aplicados no mercado, em torno de 1,5% a 2,5% ao mês, operando como verdadeira instituição financeira, o que configura, em tese, o crime previsto no art. 16 da Lei nº 7.492/86, cuja competência é da Justiça Federal.

3. Embora a factoring não se confunda com instituição financeira nos termos da legislação, nada impede que determinadas operações realizadas por essas empresas possam ser tipificadas na Lei nº 7.492/86, como na espécie, em que se verificou a prática de atividades típicas de instituições financeiras, exorbitando-se das atividades próprias do faturamento mercantil.

4. Conflito conhecido para reconhecer a competência do Juízo Federal da 3ª Vara Criminal e Juizado Especial Criminal de Curitiba/PR, o suscitante."

(CC 115.338/PR, Rel. Ministro MARCO AURÉLIO BELLIZZE, TERCEIRA SEÇÃO, julgado em 26/06/2013, DJe 13/08/2013)

Não é considerado usura quando há captação de recursos de terceiros, que depois são mutuados: TRF/2 – AC nº 2001.02.01.032332-6/RJ, Rel. Des. Fed. Sergio Feltrin Correa, 2ª T., *vu*, *DJ* de 23.12.2002; TRF/4 – ACR nº 2005.04.01.009764-6, Rel. Des. Fed. Néfi Cordeiro, 7ª T., *vu*, *DJ* 17.05.2006, e ACR nº 2000.71.13.00026-5/RS, Rel. Des. Fed. Fábio Rosa, 7ª T., *vu*, *DJ* 29.10.2002.

Pirâmides financeiras não configuram crime previsto no art. 16 da Lei nº 7.492/1986 e sim o delito tipificado no art. 2º, inciso IX, da Lei nº 1.521/1951: o Boletim de Proteção do Consumidor/Investidor CVM/SENACON (SENACON é órgão de coordenação do Sistema Nacional de Defesa do Consumidor) divulgou informação acerca destes esquemas irregulares de captação de recursos, apontando que: "o 2º Boletim de Proteção do Consumidor/Investidor, sobre investimentos irregulares, esclarece que as pirâmides financeiras são esquemas irregulares e insustentáveis de captação de recursos da população. Os lucros prometidos são pagos com os aportes dos novos participantes, que pagam para aderir à estrutura ('investimento inicial'). A adesão de novos membros permite o desenvolvimento da pirâmide, até que a velocidade de sua expansão não seja suficiente para pagar todos os compromissos. Atrasos nos pagamentos levarão ao desmoronamento do esquema, gerando prejuízos especialmente para os novos aderentes, que por terem ingressado mais recentemente, não terão tempo para recuperar o que foi 'investido'. O que ocorre é que a pirâmide, normalmente, busca um negócio legítimo para dar aparência de regularidade à sua atividade irregular. Nessa situação, os golpistas podem utilizar tanto anúncios de investimentos (extratos, comprovantes e mesmo resgates são proporcionados enquanto há recursos de novos 'investidores') como de oferta de trabalho e, como a experiência internacional demonstra, em vários casos, tais golpes são anunciados como possibilidades de participar de empreendimento de vendas diretas, com remuneração multinível."[165]

As pirâmides financeiras tipificam crime contra a economia popular, previsto no inciso IX do art. 2º da Lei nº 1.521, de 26.12.1951, na conduta de obter ou tentar obter ganhos ilícitos em detrimento do povo ou de número indeterminado de pessoas mediante especulações ou processos fraudulentos ("bola de neve", "cadeias", "pichardismo" e quaisquer outros equivalentes).

O STJ já decidiu que:

> "CONFLITO NEGATIVO DE COMPETÊNCIA. JUSTIÇA FEDERAL X JUSTIÇA ESTADUAL. INQUÉRITO POLICIAL. INVESTIMENTO DE GRUPO EM CRIPTOMOEDA. PIRÂMIDE FINANCEIRA. CRIME CONTRA A ECONOMIA POPULAR. COMPETÊNCIA DA JUSTIÇA ESTADUAL.
>
> 1. O presente conflito negativo de competência deve ser conhecido, por se tratar de incidente instaurado entre juízos vinculados a Tribunais distintos, nos termos do art. 105, inciso I, alínea "d" da Constituição Federal – CF.
>
> 2. "A operação envolvendo compra ou venda de criptomoedas não encontra regulação no ordenamento jurídico pátrio, pois as moedas virtuais não são tidas pelo Banco Central do Brasil (BCB) como moeda, nem são consideradas como valor mobiliário pela Comissão de Valores Mobiliários (CVM), não caracterizando sua negociação, por si só, os crimes tipificados nos arts. 7º, II, e 11, ambos da Lei nº 7.492/1986, nem mesmo o delito previsto no art. 27-E da Lei nº 6.385/1976" (CC 161.123/SP, Rel. Ministro SEBASTIÃO REIS JÚNIOR, TERCEIRA SEÇÃO, DJe 5/12/2018).
>
> 3. Conforme jurisprudência desta Corte Superior de Justiça, "a captação de recursos decorrente de 'pirâmide financeira' não se enquadra no conceito de 'atividade financeira', para fins da incidência da Lei nº 7.492/1986, amoldando-se mais ao delito previsto no art. 2º, IX, da Lei 1.521/1951 (crime

[165] Disponível em: http://www.justica.gov.br/noticias/boletim-explica-a-diferenca-entre--piramide-financeira-e-marketing-multinivel/boletimconsumidorinvestidor-6.pdf. Acesso em 02.06.2023.

contra a economia popular) (CC 146.153/SP, Rel. Ministro REYNALDO SOARES DA FONSECA, TERCEIRA SEÇÃO, DJe 17/5/2016).

4. Na espécie, o Juízo Estadual suscitado discordou da capitulação jurídica de estelionato, mas deixou de verificar a prática, em tese, de crime contra a economia popular, cuja apuração compete à Justiça Estadual nos termos da Súmula 498 do Supremo Tribunal Federal – STF.

Ademais, ao declinar da competência, o Juízo suscitado não demonstrou especificidades do caso que revelassem conduta típica praticada em prejuízo a bens, serviços ou interesse da União. Em resumo, diante da ausência de elementos que revelem ter havido evasão de divisas ou lavagem de dinheiro em detrimento a interesses da União, os autos devem permanecer na Justiça Estadual.

5. Conflito conhecido para, considerando o atual estágio das investigações documentado no presente incidente, declarar a competência do Juízo de Direito da 2ª Vara Criminal de Jundiaí, o suscitado."

(CC 170.392/SP, Rel. Ministro Joel Ilan Paciornik, Terceira Seção, julgado em 10.06.2020, *DJ* 16.06.2020)

Incide, portanto, a Súmula nº 498 do STF "Compete à Justiça dos Estados, em ambas as instâncias, o processo e o julgamento dos crimes contra a economia popular."

Há, contudo, entendimento em sentido oposto,[166] de ser reconhecido o delito tipificado no art. 16 da Lei nº 7.492/1986 diante das operações conhecidas como "pirâmides financeiras". Confira-se o seguinte julgado: "1. Segundo consta das informações fornecidas pela autoridade impetrada, a Embrasystem, empresa sediada na cidade de Indaiatuba/SP e a BBOM, situada na cidade de Santana do Parnaíba/SP, atuariam no mercado oferecendo a possibilidade de associação dos consumidores, mediante pagamento de taxa de associação e mensalidade pelo prazo de 36 meses, durante os quais os associados se dedicariam a arrebanhar novos associados, cada qual se comprometendo a pagar as mencionadas taxas e a trazer novos associados, caracterizando, segundo o Ministério Público Federal, pirâmide financeira, uma vez que a entrada no sistema não assegura recuperação do investimento. (...) 6. Identifica-se no presente caso atividade da empresa

[166] José Paulo Baltazar Junior também adota o entendimento de configurar crime contra a economia popular, pois não há, desde o início, intenção de remunerar efetivamente o investidor, ou até mesmo admite a ocorrência do crime de estelionato. *Crimes federais*. 10. ed. 2. tir. São Paulo: Saraiva, 2016, p. 674.

como instituição *financeira*, considerando-se o relato dos fatos apurados no inquérito policial e a norma prevista no art. 1º da Lei nº 7.492" (**TRF3** – Mandado de Segurança nº 0008526-43.2014.4.03.0000, Rel. Des. Fed. Luiz Stefanini, 1ª Seção, *v.u.*, *e-DJF3* de 17.09.2014).

Venda premiada: o Superior Tribunal de Justiça ao tratar sobre a questão já decidiu que a simulação de consórcio por meio da "venda premiada", operada sem autorização do Banco Central do Brasil, caracteriza o crime contra o Sistema Financeiro previsto no artigo 16 da Lei nº 7.492/1986, inserindo-se na definição do artigo 1º, parágrafo único, inciso I, da referida legislação, equiparando-se à instituição financeira (STJ, CC nº 160.077/PA, Rel. Ministro Joel Ilan Paciornik, Terceira Seção, julgado em 10.10.2018, *DJe* 19.10.2018).

Concurso com Lavagem de Dinheiro: há dúvidas, já que, apesar de teoricamente a conduta ofender dois bens jurídicos distintos, não haveria como concluir que o produto do crime (dinheiro auferido com a instituição não autorizada) seria a concretização de uma das fases da Lavagem de Dinheiro (até então não se observaria a conduta típica de Lavagem, mas desdobramento da infração subjacente). Porém, se houve aplicação desses recursos em atividade marginal, deve-se reconhecer também o delito de Lavagem de Dinheiro.

Há entendimento jurisprudencial acerca da configuração do crime de operação de instituição financeira sem autorização como subjacente à lavagem: **TRF/4** – "Os crimes de operação de instituição financeira sem autorização da autoridade competente e evasão de divisas constituem, por si só, um nefasto instrumento para a ocultação de bens provenientes dos mais variados delitos, independentemente de se apurar se cada cliente do 'doleiro' ora acusado enveredou pelo mundo do crime" (ACR nº 200570000342051, Rel. Des. Fed. Paulo Afonso Brum Vaz, 8ª T, *v.u.*, *D.E.* de 10.03.2010).

Concurso com crime de falso: é possível desde que o delito de falsidade não se esgote no crime do artigo 16 da Lei nº 7.492/1986.

Concurso com gestão fraudulenta: é possível. Ora, se o funcionamento da instituição financeira ocorre sem autorização ou mediante declaração falsa, afastar a ocorrência do crime de gestão fraudulenta privilegiaria quem opera irregularmente.

Nesse sentido: "os tipos penais dos artigos 4º e 16 não são incompatíveis, porquanto podem ser praticados em concurso formal, ou seja, podem configurar-se com apenas uma conduta do agente" (STF – HC nº 93.368/PR, Rel. Min. Luiz Fux, 1ª T., *vu*, *DJ* 25.08.2011).

Da mesma forma, como explicitado pelo STF, sob pena de se ferir o princípio da isonomia: "Revestem-se de caráter autônomo as condutas tipificadas no art. 4º e no art. 16, ambos da Lei nº 7.492/86, que define os crimes contra o Sistema Financeiro Nacional, de tal modo que o comportamento do agente que comete o delito de gestão fraudulenta de instituição financeira (art. 4º) mostra-se também compatível com a prática do crime de operação de instituição financeira não autorizada (art. 16). – É que o delito de gestão fraudulenta tanto pode ser cometido em instituição financeira autorizada quanto em instituição financeira não autorizada pelo Branco Central do Brasil (BACEN), sob pena de atribuir-se inadmissível tratamento privilegiado àquele – não importando se pessoa física ou jurídica – que atua, ilegalmente, sem a necessária e prévia autorização do BACEN, nos diversos segmentos abrangidos pelo sistema financeiro nacional: (a) mercado monetário, (b) mercado de crédito, (c) mercado de câmbio e (d) mercado de capitais." (STF – RHC nº 117270 AgR, Rel. Celso de Mello, 2ª T., j. 06.10.2015); "a gerência fraudulenta de instituição não guarda necessária relação com a sua autorização para funcionar, razão pela qual, é possível concluir que uma instituição financeira, corretamente autorizada, seja gerida fraudulentamente ou não e, do mesmo modo, também é possível que o crime do artigo 4º ocorra com a instituição não autorizada ou indevidamente autorizada" (STJ – RHC nº 19.909/PR, Rel. Des. Conv. TJ/MG Jane Silva, 5ª T., *v.u.*, *DJ* 03.12.2007).

O STJ em acórdão proferido pela 5ª Turma, em 20.11.2012, decidiu que operador de instituição financeira irregular também pode ser condenado por gestão fraudulenta. O processo envolvia evasão de divisas no caso Banestado, sendo o acusado condenado por gestão fraudulenta de instituição financeira não autorizada.

Para o Relator Jorge Mussi, "tendo a própria legislação de regência estabelecido as características de uma instituição financeira para efeitos de aplicação da lei, não se pode excluir de seu âmbito de incidência as pessoas físicas ou as sociedades de fato que operem sem a autorização do Banco Central, as quais estão inseridas no artigo 1º." Afirmou no voto que qualquer interpretação em sentido contrário acabaria privilegiando aquele que gerencia fraudulentamente instituição financeira irregular, estimulando a proliferação de entes e pessoas que atuam sem a devida autorização do Banco Central (STJ, *Habeas Corpus* nº 2011.0242212-0, 5ª T., *v.u.*, *DJe* 03.12.2012).

Há, todavia, julgados do STJ não permitindo o concurso entre os delitos de gestão fraudulenta (art. 4º, *caput*) e de operação de instituição financeira sem autorização (art. 16): "a ideia de incriminação instituída pela Lei nº 7492/1986 levou em conta, de um lado, crimes praticados por agentes financeiros regulares e, de outro, por instituições que, sem a autorização de funcionamento, invadem o mercado com a finalidade de realizar negócios escusos e contrários à higidez do sistema, assim, a prática de gestão fraudulenta pressupõe a existência de empresa ou pessoa habilitada a atuar de forma legal, não se aplicando, por certo, aos agentes clandestinos, pois estes estão compreendidos no tipo do art. 16 da Lei 7492/1986" (REsp nº 897.656/PR, Rel. Min. Maria Thereza de Assis Moura, 6ª T., *v.u.*, *DJe* 19.12.2008). No mesmo sentido: "nota-se que o cometimento do primeiro delito denota a existência de uma instituição financeira autorizada, enquanto o segundo pressupõe exatamente o contrário, a existência de uma empresa que funcione como instituição financeira sem que lhe tenha sido permitido atuar dessa forma" (STJ - HC nº 197569/PR, Rel. Min. Og Fernandes, 6ª T., *vu, DJe* 18.10.2011).

A prática de outras condutas utilizando instituição financeira não autorizada não obsta a incidência dos tipos penais previstos na Lei em estudo. Anote-se, nesse diapasão, o seguinte precedente: "Se a lei considerasse com exclusividade responsáveis pelos delitos previstos só as pessoas vinculadas à instituição financeira regularmente autorizada, estaria esvaziando o conteúdo da proibição do art. 16, semelhante argumentação, ensejando a lembrança da velha regra de exegese que reclama interpretação de modo a não aniquilar a própria lei. O artigo 25 remete à definição de instituição financeira ministrada pelo art. 1º, nenhum dos dispositivos distinguindo entre instituições financeiras regulares e irregulares, de modo que os administradores de instituições financeiras não autorizadas pelo Poder Público podem ser responsabilizados, inclusive pelas demais infrações penais previstas" (**TRF/3** - ACR nº 2000.03.99.018296-2/SP, Rel. Des. Fed. Peixoto Junior, 2ª T., *vu, DJU* 28.07.2003).

Trata-se de **crime de mera conduta e de perigo abstrato.** Não exige a ocorrência de prejuízo a terceiros ou o proveito econômico para o agente.

O delito do artigo 27-E da Lei nº 6.358/1976, alterado pela Lei nº 10.303/2001, é especial em relação ao artigo 16 da Lei nº 7.492/1986.

A despeito de ambos os tipos penais serem similares, possuem um fator que os distingue. Isto porque no tipo do artigo 16 da Lei nº 7.492/1986 o sujeito ativo atua no mercado financeiro, de câmbio e de valores mobiliários, enquanto o tipo previsto no artigo 27-E da lei retrocitada fica adstrito ao mercado de valores mobiliários.

Cezar Roberto Bitencourt destaca que "a lei posterior restringe o âmbito de atuação – somente ao mercado de valores mobiliários –, mas amplia as condutas proibidas, na medida que incrimina também o exercício de quaisquer das atividades vinculadas ao mercado de valores mobiliários, algo inocorrente no art. 16 da lei anterior."[167]

Em suma, não há que se falar em revogação do art. 16 da Lei nº 7.492/ /1986, devendo o crime do art. 27-E da Lei nº 6.358/1976 prevalecer quando versar sobre condutas atinentes ao mercado de valores mobiliários.

Também cumpre salientar que a Lei nº 14.286, de 30.12.2021, que dispõe sobre o Mercado de Câmbio brasileiro, especificamente em seu art. 19 estatui que "o disposto nesta Lei não se aplica a operações de compra ou venda de moeda estrangeira em espécie, no valor de até US$ 500,00 (quinhentos dólares dos Estados Unidos da América) ou seu equivalente em outras moedas, realizadas no País, de forma eventual e não profissional, entre pessoas físicas."

Tal normativo complementa indiretamente o crime estampado no artigo 16 da Lei nº 7.492/1986, porquanto autoriza o comportamento do agente que realizar operação de compra e venda de moeda estrangeira em espécie, no valor de até US$ 500,00 ou seu equivalente em outras moedas, realizadas no país, de forma eventual e não profissional, entre pessoas físicas, o que implica, em tal hipótese, no afastamento do delito de fazer operar instituição financeira sem autorização legal.

A pena prevista é a de reclusão, de 1 (um) a 4 (quatro) anos, e multa, admitindo-se a celebração de acordo de não persecução penal, desde que presentes os demais pressupostos (art. 28-A do Código de Processo Penal).

Artigo 17 Art. 17. Tomar ou receber crédito, na qualidade de qualquer das pessoas mencionadas no art. 25, ou deferir operações de crédito vedadas, observado o disposto no art. 34 da Lei nº 4.595, de 31 de dezembro de 1964: (Redação dada pela Lei nº 13.506, de 2017)

Pena – Reclusão, de 2 (dois) a 6 (seis) anos, e multa.

Parágrafo único. Incorre na mesma pena quem:

I – em nome próprio, como controlador ou na condição de administrador da sociedade, conceder ou receber adiantamento de honorários,

[167] *Op. cit.*, p. 211.

remuneração, salário ou qualquer outro pagamento, nas condições referidas neste artigo;

II – de forma disfarçada, promover a distribuição ou receber lucros de instituição financeira.

A Lei nº 13.506, de 13.11.2017, alterou o artigo 17 da Lei nº 7.492/1986, bem como o artigo 34 da Lei nº 4.595, de 31.12.1964.

A redação anterior do art. 17, *caput*, da Lei nº 7.492/1986, vale dizer, antes da alteração promovida pela Lei nº 13.506/2017, assim dispunha:

> "Art. 17. Tomar ou receber, qualquer das pessoas mencionadas no art. 25 desta lei, direta ou indiretamente, empréstimo ou adiantamento, ou deferi-lo a controlador, a administrador, a membro de conselho estatutário, aos respectivos cônjuges, aos ascendentes ou descendentes, a parentes na linha colateral até o 2º grau, consanguíneos ou afins, ou a sociedade cujo controle seja por ela exercido, direta ou indiretamente, ou por qualquer dessas pessoas:
>
> Pena – Reclusão, de 2 (dois) a 6 (seis) anos, e multa."

A partir das alterações introduzidas pela referida legislação, as redações dos artigos 17 da Lei nº 7.492/1986 e do art. 34 da Lei nº 4.595/1964 passaram a ser as seguintes:

> "Art. 17. Tomar ou receber crédito, na qualidade de qualquer das pessoas mencionadas no art. 25, ou deferir operações de crédito vedadas, observado o disposto no art. 34 da Lei no 4.595, de 31 de dezembro de 1964. (Redação dada pela Lei nº 13.506, de 2017)
>
> Pena – Reclusão, de 2 (dois) a 6 (seis) anos, e multa."

> "Art. 34. É vedado às instituições financeiras realizar operação de crédito com a parte relacionada. (Redação dada pela Lei nº 13.506, de 2017)
>
> I – (revogado); (Redação dada pela Lei nº 13.506, de 2017)
>
> II – (revogado); (Redação dada pela Lei nº 13.506, de 2017)
>
> III – (revogado); (Redação dada pela Lei nº 13.506, de 2017)
>
> IV – (revogado); (Redação dada pela Lei nº 13.506, de 2017)
>
> V – (revogado); (Redação dada pela Lei nº 13.506, de 2017)
>
> § 1º (Revogado). (Redação dada pela Lei nº 13.506, de 2017)
>
> § 2º (Revogado). (Redação dada pela Lei nº 13.506, de 2017)
>
> § 3º Considera-se parte relacionada à instituição financeira, para efeitos deste artigo: (Incluído pela Lei nº 13.506, de 2017)

I – seus controladores, pessoas físicas ou jurídicas, nos termos do art. 116 da Lei nº 6.404, de 15 de dezembro de 1976; (Incluído pela Lei nº 13.506, de 2017)

II – seus diretores e membros de órgãos estatutários ou contratuais; (Incluído pela Lei nº 13.506, de 2017)

III – o cônjuge, o companheiro e os parentes, consanguíneos ou afins, até o segundo grau, das pessoas mencionadas nos incisos I e II deste parágrafo;(Incluído pela Lei nº 13.506, de 2017)

IV – as pessoas físicas com participação societária qualificada em seu capital; e (Incluído pela Lei nº 13.506, de 2017)

V – as pessoas jurídicas: (Incluído pela Lei nº 13.506, de 2017)

a) com participação qualificada em seu capital; (Incluído pela Lei nº 13.506, de 2017)

b) em cujo capital, direta ou indiretamente, haja participação societária qualificada; (Incluído pela Lei nº 13.506, de 2017)

c) nas quais haja controle operacional efetivo ou preponderância nas deliberações, independentemente da participação societária; e (Incluído pela Lei nº 13.506, de 2017)

d) que possuírem diretor ou membro de conselho de administração em comum. (Incluído pela Lei nº 13.506, de 2017)

§ 4º Excetuam-se da vedação de que trata o caput deste artigo, respeitados os limites e as condições estabelecidos em regulamentação: (Incluído pela Lei nº 13.506, de 2017)

I – as operações realizadas em condições compatíveis com as de mercado, inclusive quanto a limites, taxas de juros, carência, prazos, garantias requeridas e critérios para classificação de risco para fins de constituição de provisão para perdas prováveis e baixa como prejuízo, sem benefícios adicionais ou diferenciados comparativamente às operações deferidas aos demais clientes de mesmo perfil das respectivas instituições; (Incluído pela Lei nº 13.506, de 2017)

II – as operações com empresas controladas pela União, no caso das instituições financeiras públicas federais;(Incluído pela Lei nº 13.506, de 2017)

III – as operações de crédito que tenham como contraparte instituição financeira integrante do mesmo conglomerado prudencial, desde que contenham cláusula contratual de subordinação, observado o disposto no inciso V do art. 10 desta Lei, no caso das instituições financeiras bancárias; (Incluído pela Lei nº 13.506, de 2017)

IV – os depósitos interfinanceiros regulados na forma do inciso XXXII do caput do art. 4o desta Lei;(Incluído pela Lei nº 13.506, de 2017)

> V – as obrigações assumidas entre partes relacionadas em decorrência de responsabilidade imposta a membros de compensação e demais participantes de câmaras ou prestadores de serviços de compensação e de liquidação autorizados pelo Banco Central do Brasil ou pela Comissão de Valores Mobiliários e suas respectivas contrapartes em operações conduzidas no âmbito das referidas câmaras ou prestadores de serviços; e (Incluído pela Lei nº 13.506, de 2017)
>
> VI – os demais casos autorizados pelo Conselho Monetário Nacional. (Incluído pela Lei nº 13.506, de 2017)
>
> § 5º Considera-se também realizada com parte relacionada qualquer operação que caracterize negócio indireto, simulado ou mediante interposição de terceiro, com o fim de realizar operação vedada nos termos deste artigo. (Incluído pela Lei nº 13.506, de 2017)
>
> § 6º O Conselho Monetário Nacional disciplinará o disposto neste artigo, inclusive a definição de operação de crédito, de limites e de participação qualificada. (Incluído pela Lei nº 13.506, de 2017)."

É certo que, de acordo com o princípio *tempus regit actum*, aplica-se a lei vigente ao tempo do fato, de modo que a lei penal posterior não deve, em princípio, retroagir, a menos que se trate de *lex mitior*, isto é, salvo se essa lei, de uma forma ou de outra, for benéfica ao acusado (inteligência do art. 5º, XL, da CF e do art. 2º, parágrafo único, do CP).

A redação atual do art. 17 da Lei nº 7.492/1986, em termos gerais e sob alguns aspectos, favorece os acusados em geral, já que, a partir da vigência da Lei nº 13.506/2017, foram estabelecidas **seis circunstâncias em que houve *abolitio criminis*,** isto é, seis exceções à caracterização de *operação de crédito vedada* (*vide* os seis incisos do parágrafo 4º do art. 34 da Lei nº 4.595/1964), a saber:

> "1 – operações realizadas em condições compatíveis com as de mercado, sem benefícios adicionais ou diferenciados comparativamente às operações deferidas aos demais clientes de mesmo perfil;
>
> 2 – operações com empresas controladas pela União, no caso das instituições federais;
>
> 3 – operações que tenham como contraparte instituição integrante do mesmo conglomerado prudencial, desde que contenham cláusula contratual de subordinação, observada a determinação de que compete privativamente ao BACEN realizar operações de redesconto e empréstimos a instituições financeiras bancárias;
>
> 4 – depósitos interfinanceiros regulados pelo CMN;

5 – obrigações assumidas entre partes relacionadas em decorrência de responsabilidade imposta a membros de compensação e demais participantes de câmaras ou prestadores de serviços de compensação e de liquidação autorizados pelo BACEN ou pela CVM e suas respectivas contrapartes em operações conduzidas no âmbito das referidas câmaras ou prestadores de serviços;

6 – demais casos autorizados pelo CMN."

Atente-se que não se há de falar em supressão da figura criminosa prevista no art. 17 da Lei nº 7.492/1986. A conduta de tomar ou receber crédito, bem como a conduta de deferir operações de crédito vedadas continua incriminada (princípio da continuidade normativo-típica), não obstante as alterações introduzidas pela Lei nº 13.506/2017. Inclusive, a pena cominada continua idêntica.

O que houve foi que, após as alterações introduzidas pela Lei nº 13.506/2017, o art. 17 da Lei nº. 7.492/1986 **se tornou norma penal em branco**, isto é, passou a necessitar do complemento oriundo do art. 34 da Lei nº 4.595/1964 para ser aplicado, o qual descreve o conceito de "**operação de crédito vedada** como sendo aquela realizada com **parte relacionada**, esta entendida como sendo controladores (pessoas físicas ou jurídicas), diretores e membros de órgãos estatutários ou contratuais e respectivos cônjuges, companheiros e parentes, consanguíneos ou afins, até o segundo grau, além de pessoas físicas com participação societária qualificada em seu capital e de pessoas jurídicas: a) com participação qualificada em seu capital, b) em cujo capital, direta ou indiretamente, haja participação societária qualificada, c) nas quais haja controle operacional efetivo ou preponderância nas deliberações, independentemente da participação societária, d) que possuírem diretor ou membro de conselho de administração em comum."

Com efeito, antes de ser alterado, o art. 17 da Lei nº 7.492/1986 não exigia qualquer complemento para a caracterização do crime, isto é, trazia em seu próprio bojo o conceito de "empréstimo ou adiantamento vedados como sendo aqueles deferidos a controlador, a administrador, a membro de conselho estatutário, aos respectivos cônjuges, aos ascendentes ou descendentes, a parentes na linha colateral até o 2º grau, consanguíneos ou afins, ou a sociedade cujo controle seja por ela exercido, direta ou indiretamente, ou por qualquer dessas pessoas." A partir das alterações introduzidas pela Lei nº 13.506/2017, o art. 17 da Lei nº 7.492/1986 passou a não ser mais aplicável por si só, já que, para concretizar essa norma, o intérprete precisará recorrer a complemento contido em outra lei, vale dizer, ao conceito de *operações de crédito vedadas* contido no art. 34 da Lei nº 4.595/1964.

Por um lado, a redação atual da lei é, em geral, mais favorável ao acusado, já que acrescenta seis exceções à configuração do delito (*vide* incisos I ao VI do parágrafo 4º do art. 34 da Lei nº 4.595/1964), ou seja, situações em que se imporá o reconhecimento de *abolitio criminis*, de modo que, presentes quaisquer destas seis circunstâncias, a lei nova deverá retroagir e se aplicar aos fatos anteriores à sua vigência. Por outro, não se pode ignorar que houve, também, a ampliação do conceito de *parte relacionada* para incluir, por exemplo, também pessoas físicas ou jurídicas com *participação qualificada* (cuja definição, por sua vez, será disciplinada pelo CMN, nos termos do parágrafo 6º do art. 34 da Lei nº 4.595/1964), previsão normativa que, em tese, poderá desfavorecer os acusados em geral e que, portanto, somente se aplicará aos fatos posteriores à vigência da Lei nº 13.506/2017. Em suma, deverá o julgador apreciar cada caso concreto à luz tanto da lei anterior quanto da lei posterior e, após comparar os resultados, escolher aquele que mais favorecer o agente.

Assim, há de se observar que, em situações que tenham ocorrido anteriormente à alteração da lei, deve-se observar se não se verifica nenhuma das exceções previstas nos incisos I a VI do parágrafo 4º do art. 34 da Lei nº 4.595/1964. Em não havendo, se concluirá que a alteração legislativa em nada modificará a situação posta.

Se se constatar, por exemplo, que valores pertencentes a uma pessoa jurídica foram ilegalmente adiantados (ou emprestados) para a empresa controladora, ou seja, operações de crédito vedadas foram efetivamente deferidas pelo administrador, (inclusive sem a cobrança de juros, não se havendo, sequer, de falar em caracterização da situação prevista no parágrafo 4º, inc. I, do art. 34 da Lei nº 4.595/1964, isto é, em operações realizadas em condições compatíveis com as de mercado ou em empréstimos sem benefícios adicionais ou diferenciados comparativamente às operações deferidas aos demais clientes de mesmo perfil), não se cogitará na hipótese de a conduta perpetrada ter sido abrangida pela *abolitio criminis*.

Para Marina Pinhão Coelho Araújo, o parágrafo 4º do art. 34 da Lei nº 4.595/1964, ao excetuar a proibição de determinadas operações, está limitando a intervenção penal aos casos em que efetivamente há perigo de que interesses privados possam se sobrepor aos interesses institucionais em unidades financeiras.[168]

[168] ARAÚJO, Marina Pinhão Coelho. *Crimes contra o sistema financeiro nacional* [livro eletrônico]: comentários à lei 7.492, de 16.6.86 / Manoel Pedro Pimentel. 1. ed. São Paulo: Thomson Reuters Brasil, 2020.

O **tipo objetivo** criminaliza as condutas de tomar (contrair, conseguir), ou receber (aceitar, obter, acolher) crédito, ou deferir (autorizar, conceder) operações de crédito vedadas (*caput*); conceder ou receber adiantamento de honorários, remuneração, salário, ou qualquer outro pagamento (inciso I do parágrafo único) e, de forma disfarçada, promover a distribuição ou receber lucros de instituição financeira (inciso II do parágrafo único).

Vale notar que o *caput* do art. 17 não prevê como elemento do tipo que os valores transferidos de uma sociedade para a outra pertençam a elas próprias ou que os recursos devem ser advindos de terceiros ou mediante captação no mercado.

O artigo não faz esta distinção. Pode ser de recursos próprios, já que o tipo tutela a credibilidade e segurança das atividades econômicas, visando à boa gestão administrativa, independentemente da prova da potencialidade lesiva da operação vedada para a saúde financeira da instituição.

A vedação de determinados tipos de operação visa impedir que se possa camuflar a real situação financeira das empresas operadoras do mercado e, por conseguinte, colocar em risco, por exemplo, o capital da empresa controladora e de suas coligadas.

Uma crítica que se faz a empréstimos ou adiantamento nestas condições, conforme contextualiza José Paulo Baltazar Junior em sua obra, é que "um fator de quebra, presente em quase todos os casos de liquidação extrajudicial, são os negócios realizados pelas instituições financeiras com pessoas a elas ligadas. Muita vez estão na origem do processo de deterioração, que precede a quebra, pois as operações que a instituição faz no interesse de controladores e administradores são frequentemente fonte de prejuízos operacionais, cuja acumulação leva a instituição à insolvência; outras vezes surgem no processo de deterioração, se o controlador recorre a esse tipo de negócios para aumentar (aparentemente) o capital social da instituição, ou tenta realizar lucros especulativos que diminuam prejuízos acumulados; e, quase sempre, estão presentes no final do processo de deterioração, quando o empresário financeiro perde as esperanças de evitar a quebra e procura apropriar-se de parte do patrimônio da instituição. A importância dos negócios com pessoas ligadas como fator de quebra das instituições financeiras recomenta sua estrita regulamentação pela lei e o aperfeiçoamento dos instrumentos de verificação do cumprimento das normas legais.[169]

[169] SOUZA, Renato A. Gomes de. Empréstimos ou Adiantamentos a Pessoas Ligadas. *Revista de direito mercantil, industrial, econômico e financeiro*, Ano XXXIV (Nova Série), nº 99, jul/set. 1995, p. 24-65.

O legislador objetivou coibir determinadas operações; a fim de preservar o equilíbrio financeiro da instituição.

Certamente, as condições que seriam oferecidas em tais operações seriam melhores que as no mercado e, por conseguinte, poderiam ocasionar prejuízos.

A proteção do sistema financeiro tem lugar com a mera realização da conduta proibida no núcleo do tipo. Este crime se concretiza com a simples conduta do agente, vale dizer, se perfaz, por exemplo, com o empréstimo concedido por instituição financeira a empresa coligada do mesmo grupo econômico, de modo que a eventual utilização de recursos próprios não afasta o tipo, podendo, no entanto, o proveito obtido influir por ocasião da dosimetria da pena.

Arnaldo Malheiros Filho,[170] em irretocável artigo acerca deste tema, ponderou que "partindo da ideia de que somente o bem jurídico justifica a edição da norma penal e de que o bem jurídico tutelado pelas figuras previstas na Lei nº 7.492/86 é a estabilidade do sistema financeiro nacional, chega-se à conclusão de que a *ratio* da proibição de empréstimos de instituições financeiras a suas controladas é a chamada autoconcentração de risco, prejudicial à saúde da instituição autoconcentrada e, por consequência, de todo o sistema. Traduz-se: se uma instituição financeira empresta para empresa do grupo com outro objeto social, o risco do empréstimo fica sendo o desempenho de um dos braços do próprio grupo; se a tomadora fracassar em seus negócios, o grupo perde duas vezes: na tomadora, pelo seu fracasso, e, na instituição financeira, pela inadimplência da devedora. É possível, portanto, que esse tipo de negócio ponha em risco o bem jurídico, significando perigo potencial à estabilidade do sistema financeiro."

Em relação ao **bem jurídico** tutelado, Cezar Roberto Bitencourt esclarece que "trata-se, mais uma vez, de crime pluriofensivo, violando bens jurídicos diversos, atentando, concretamente, não apenas contra o sistema financeiro nacional, como também contra o patrimônio da instituição financeira, além dos interesses patrimoniais dos sócios, acionistas e investidores. No dispositivo *sub examen* aparece claramente a preocupação com a vulnerabilidade do sistema financeiro que repousa na credibilidade, na confiabilidade do próprio sistema que somente seu equilíbrio, higidez e funcionalidade podem assegurar perante a coletividade. Adota-se, neste caso, uma

170 Crimes contra o sistema financeiro: as triangulações e a doutrina da estrada de Santos. *Revista do Advogado da Associação dos Advogados de São Paulo*, nº 53, p. 36.

política de controle e combate a métodos nepotistas, os quais podem levar ao desequilíbrio e até a quebra da instituição financeira afetada."[171]

O inciso I do parágrafo único do art. 17 dispõe que incorre na mesma pena do *caput* quem em nome próprio, como controlador ou na condição de administrador da sociedade, conceder ou receber adiantamento de honorários, remuneração, salário ou qualquer outro pagamento, nas condições referidas neste artigo.

Deve-se destacar que este dispositivo admite interpretação analógica mediante o elemento normativo "ou qualquer outro pagamento." Assim, ainda que se admita tal interpretação, é necessário que se observe a natureza dos pagamentos elencados, a saber, honorários, salários e remuneração, limitadores da interpretação analógica.[172]

O inciso II do parágrafo único do art. 17 dispõe que incorre na mesma pena do *caput* quem de forma disfarçada, promover a distribuição ou receber lucros de instituição financeira.

O ato de disfarçar "reside somente na ação de distribuir ou receber, e não no objeto (lucro), que é verdadeiro. Em outros termos, somente se pode distribuir ou receber, simulada, disfarçada ou verdadeiramente, lucro existente, verdadeiro, real, e jamais lucro inexistente. Caso contrário, o texto legal teria dito 'distribuir ou receber lucro simulado ou disfarçado', mas não o fez, não cabendo, portanto, ao intérprete fazê-lo, sob pena de legislar ilegitimamente."[173]

Promover "possui o sentido de dar causa, sem que o agente execute os atos materiais para tanto, necessariamente, sendo sucedida pelo recebimento efetivo dos lucros. A distribuição disfarçada de lucros é a sua entrega de forma sub-reptícia, fraudulenta, de modo que o fato não seja levado ao conhecimento e possa causar, potencialmente, prejuízo a outros sócios, investidores ou à fiscalização."[174]

O **sujeito ativo** do delito em questão apenas pode ser pessoa que detém poder de comando, participa da administração e/ou possui ingerência nas decisões acerca das diretrizes a serem tomadas. Atente-se que não basta a mera ocupação formal de cargo no organograma empresarial, é preciso que

[171] BITENCOURT, Cezar Roberto. *Tratado de direito penal econômico.* Disponível em: Minha Biblioteca, Editora Saraiva, 2016. v.1.

[172] Op. cit., p. 230.

[173] BITENCOURT, Cezar Roberto; BREDA, Juliano. *Crimes contra o sistema financeiro nacional e contra o mercado de capitais.* 3. ed. São Paulo: Saraiva, 2014, p. 231.

[174] BALTAZAR JUNIOR, José Paulo. *Crimes federais.* 10. ed. 2.tir. São Paulo: Saraiva, 2016, p. 684.

o agente exerça ativamente a atividade de gestão ou de controle/fiscalização no âmbito da instituição financeira ou empresa equiparada.

Trata-se, portanto, de crime próprio, que somente pode ser praticado pelas pessoas elencadas no art. 25 da Lei nº 7.492/1986.

Na situação prevista no parágrafo único, inciso I, do art. 17, somente o controlador ou o administrador da sociedade podem conceder ou receber adiantamento de honorários, remuneração, salário ou qualquer outro pagamento. O inciso II do parágrafo único prevê incorrer na mesma pena do *caput* aquele que "de forma disfarçada, promover a distribuição ou receber lucros de instituição financeira." Seria, neste caso, as pessoas nominadas no *caput* deste artigo.

Muitas das vezes, o administrador adota a dinâmica, por exemplo, de que os "adiantamentos" serão compensados no mês seguinte com os serviços prestados e faturados pela empresa controlada, usando ainda o pretexto de que os mencionados adiantamentos não causam qualquer prejuízo, com a inocorrência de qualquer resultado. Sustenta-se, muitas das vezes, que os chamados delitos de perigo abstrato não passam de crimes de mero capricho, de modo que não haveria razão para se invocar a *ultima ratio* de Direito Penal em casos que não envolvem dano ou perigo sério, real, concreto de ocorrência de dano.

É sabido, no entanto, que, quanto à relação entre conduta e resultado naturalístico, doutrina e jurisprudência classificam os tipos penais em: **i)** ***crimes materiais***, que se consumam com a ocorrência do resultado naturalístico; **ii)** ***crimes formais***, que se consumam independentemente do resultado naturalístico, embora seja possível que este ocorra; **e iii)** ***crimes de mera conduta***, que se consumam com a simples conduta e em relação aos quais não é possível ocorrer um resultado naturalístico. Além disso, quanto ao grau de intensidade do resultado, os delitos costumam ser classificados como: **a)** ***crimes de dano***, que se consumam com a efetiva lesão ao bem jurídico tutelado; **e b)** ***crimes de perigo***, que se consumam com a mera exposição do bem jurídico tutelado a uma situação de perigo. Estes últimos de subdividem em: **b1)** ***crimes de perigo concreto***, que se consumam com a efetiva comprovação de exposição a perigo; **e b2)** ***crimes de perigo abstrato***, em relação aos quais basta a prática da conduta para haver consumação, já que a lei traz uma presunção *juris et de jure* de que aquela conduta gera perigo.

Não ignoro a existência de corrente doutrinária minoritária no sentido de que os chamados crimes de perigo abstrato seriam inconstitucionais, pois violariam o princípio da lesividade. Todavia, comungo do pensamento de que os crimes de perigo abstrato são legítimos e constitucionais, já que a tutela da dignidade humana e dos direitos fundamentais passa, também, pela preservação dos interesses difusos e pela contenção dos riscos inerentes à sociedade contemporânea, de modo que, em se tratando de proteção de bens jurídicos supra individuais, justamente pela qualidade particular desses bens, é imprescindível que o legislador atue na esfera anterior à da lesão, idealizando a proibição de condutas que gerem perigo indesejado à sociedade.

Em relação ao crime previsto no art. 17, *caput,* da Lei nº 7.492/1986, cuja redação indica apenas a conduta, sem qualquer menção a um resultado naturalístico, prevalece o entendimento jurisprudencial no sentido de se tratar de delito de mera conduta e de perigo abstrato, o que significa dizer que o delito ora analisado prescinde da ocorrência de dano efetivo, isto é, consuma-se, simplesmente, pela prática das condutas descritas no tipo penal (*tomar, receber, deferir*), independentemente da demonstração de qualquer prejuízo ou outro resultado naturalístico. Eventual ocorrência de resultado material deverá ser sopesada quando da dosimetria da pena.

Nesse sentido, confiram-se os seguintes julgados:

> "PROCESSUAL PENAL. "HABEAS CORPUS" SUBSTITUTIVO DE RECURSO ORDINARIO. TRANCAMENTO DA AÇÃO PENAL. ART. 17 DA LEI 7.492/1986. ARQUIVAMENTO DO PROCEDIMENTO ADMINISTRATIVO.
>
> (...)
>
> III – O DELITO ENFOCADO (ART. 17 DA LEI 7.492/1986) É DE MERA CONDUTA, PRESCINDINDO-SE, PARA ADEQUAÇÃO TIPICA, DE PREJUIZO PARA OS CONSORCIADOS.
>
> (...)."
>
> (STJ, QUINTA TURMA, HC 5582, REL. FELIX FISCHER, DATA: 23/03/1998)

> "RECURSO ESPECIAL. CRIME DO COLARINHO BRANCO (LEI 7.492/86). ART. 17. EMPRÉSTIMO VEDADO A COLIGADA. **CRIME DE MERA CONDUTA**. INEXISTÊNCIA DE RECURSO DE TERCEIROS. FUNDAMENTO INIDÔNEO PARA AFASTAR A HIPÓTESE TÍPICA. OUTRAS CIRCUNSTÂNCIAS DE EXCLUSÃO DA CULPA QUE DEPENDEM DA PROVA.
>
> – Segundo reiterada jurisprudência desta Corte, o crime tipificado no art. 17 da Lei 7.492/86 se conforma com a mera conduta do agente, isto é, se aperfeiçoa com o simples empréstimo realizado por instituição financeira

a empresa coligada do mesmo grupo econômico, razão por que a assertiva de utilização de recursos próprios não afasta a indicação delitiva, podendo servir, ao contrário, para a análise da culpabilidade em momento próprio. Inexistindo elementos seguros de constatação da exclusão da culpa, é de se reconhecer a inviabilidade do trancamento da ação por meio da via estreita do habeas corpus. Recurso provido para que se dê sequência à ação penal."

(STJ, SEXTA TURMA, RESP 200201151018, REL. MARIA THEREZA DE ASSIS MOURA, DJE DATA:22/02/2010)

"ART. 17 DA LEI Nº 7.492/86. CONSÓRCIO. COMPETÊNCIA. TIPICIDADE. MULTA. FIXAÇÃO EM SALÁRIOS MÍNIMOS. CONSTITUCIONALIDADE. CORREÇÃO MONETÁRIA.

(...)

5) O tipo penal em apreço é de perigo e não de dano. A simples ameaça de lesão é suficiente para o enquadramento na conduta típica.

(...)."

(TRF DA 4ª REGIÃO, SÉTIMA TURMA, ACR 200204010085771, REL. JOSÉ LUIZ BORGES GERMANO DA SILVA, DJ 30/10/2002)

"PENAL - CRIME CONTRA O SISTEMA FINANCEIRO NACIONAL - DENÚNCIA - INÉPCIA AFASTADA - TIPICIDADE - ADEQUAÇÃO DA CONDUTA AO TIPO PREVISTO NO ART. 17 DA LEI 7492/86 - MATERIALIDADE E AUTORIA DELITIVAS - COMPROVAÇÃO - RESPONSABILIDADE PESSOAL - ERRO DE PROIBIÇÃO - AFASTAMENTO - PRINCÍPIO DA INSIGNIFICÂNCIA - NÃO APLICAÇÃO - PROVIMENTO DO RECURSO - EXTINÇÃO DA PUNIBILIDADE PELA PRESCRIÇÃO DA PRETENSÃO PUNITIVA.

(...)

3 - O art. 17 da Lei 7492/86 tem por objetivo vedar aos dirigentes de instituição financeira beneficiar-se de sua posição privilegiada para deliberar em benefício próprio, sem as cautelas da atuação profissional diligente e de acordo com a boa técnica comercial, de forma a colocar em risco o sistema financeiro nacional.

4 - A ausência de prejuízo à instituição financeira não constitui circunstância capaz de afastar a tipicidade do delito, por tratar-se de crime de mera conduta, que dispensa para a sua consumação, a necessidade de qualquer resultado material ou prejuízo econômico.

5 - Os conhecimentos acumulados ao longo da atividade profissional dos acusados, bem como a vivência no meio bancário não lhes permitiriam des-

conhecer a ilegalidade dos referidos empréstimos, ou, ao menos, a duvidosa licitude dos mesmos, não havendo, dessa forma, falar-se em erro escusável.

6 – Na aplicação do princípio da insignificância deve o julgador avaliar não apenas a repercussão econômica do proceder, mas os interesses atingidos e a importância da conduta dentro do contexto social. O crime objeto do art. 17 da Lei 7.492/86 é de mera conduta e perigo abstrato, sendo irrelevante a ocorrência de dano ou a importância **dele.** O interesse tutelado pela norma jurídica em questão não se traduz em um determinado valor econômico (...)."

(TRF DA 3ª REGIÃO, SEGUNDA TURMA, ACR 200003990137385, REL. SYLVIA STEINER, DJU DATA: 03/12/2002)

Na descrição do tipo penal em questão, a lesividade foi já apreciada de antemão pelo legislador, que levou em consideração objetivamente a conduta realizada.

Ademais, independentemente de se estar ou não tratando de crime de perigo abstrato, há de se considerar que o que é decisivo para a valoração acerca de uma conduta ser ou não penalmente relevante é a incompatibilidade desta com a norma penal, ou seja, o que importa é saber se a conduta corresponde com o tipo de fato com respeito ao qual a norma penal estabeleça um dever de evitar. O deferimento de operação de crédito vedada (ou a mera tomada ou recebimento de crédito) é conduta que o legislador pretende evitar, sob pena de incremento do risco de lesão ao bem jurídico tutelado (higidez do Sistema Financeiro Nacional).

Note-se que mesmo que os recursos posteriormente sejam devolvidos e que a conduta perpetrada pelo agente não gere prejuízo efetivo a terceiros, em se tratando do delito de *operações de crédito vedadas*, a adequação típica prescinde de prejuízo financeiro a terceiros, ou seja, a mera conduta já é suficiente para a caracterização do crime, independentemente de ter ou não havido prejuízo ou de os valores terem ou não sido restabelecidos.

As condutas de conceder ou receber adiantamento de honorários, remuneração, salário, ou qualquer outro pagamento (inciso I do parágrafo único) e, de forma disfarçada, promover a distribuição ou receber lucros de instituição financeira (inciso II do parágrafo único) também são de mera conduta.

Em regra, é inadmissível a tentativa.

Tipo subjetivo: é o dolo, não se exigindo elemento subjetivo especial.

Não está prevista a modalidade culposa.

Jurisprudência

STJ – "Segundo reiterada jurisprudência desta Corte, o crime tipificado no art. 17 da Lei 7.492/1986 se conforma com a mera conduta do agente, isto é, se aperfeiçoa com o simples empréstimo realizado por instituição financeira a empresa coligada do mesmo grupo econômico, razão por que a assertiva de utilização de recursos próprios não afasta a indicação delitiva, podendo servir, ao contrário, para a análise da culpabilidade em momento próprio" (REsp nº 466168/SP, Rel. Min. Maria Thereza de Assis Moura, 6ª T, por maioria, *DJe* 22.02.2010).

TRF/3 – "A propriedade dos recursos financeiros repassados é irrelevante, sendo indiferente se se tratava de recursos próprios ou de terceiros, uma vez que a conduta punível se resume ao empréstimo de empresa controladora para a controlada, independente de onde foram captados os recursos para o empréstimo" (Embargos Infringentes e de Nulidade 11351 (0104950-64.1996.4.03.6181), Rel. para Acórdão Des. Fed. Ramza Tartuce, 5ª T, por maioria, e-*DJF3* 12.04.2010).

Mera conduta: não é necessário o prejuízo. A ocorrência deste é mero exaurimento do delito. O **STJ** tem entendido que o delito tipificado no art. 17 da Lei nº 7.492/1986 é de mera conduta, ficando caracterizado ainda que os recursos transferidos à empresa coligada sejam exclusivamente de propriedade da própria administradora, sem prejuízo aos consorciados (REsp nº 331.393/SP, Rel. Min. Hamilton Carvalhido, 6ª T., *vu*, *DJ* 02.02.2004).

Admite-se a celebração de acordo de não persecução penal, a teor do que dispõe art. 28-A do Código de Processo Penal, introduzido pela Lei nº 13.964/2019, diante da previsão da pena cominada para o delito de reclusão, de 02 (dois) a 06 (seis) anos, e multa.

Artigo 18 Violar sigilo de operação ou de serviço prestado por instituição financeira ou integrante do sistema de distribuição de títulos mobiliários de que tenha conhecimento, em razão de ofício: Pena – Reclusão, de 1 (um) a 4 (quatro) anos, e multa.

Antes, o sigilo já era protegido: artigos 153, 154 e 325, todos do Código Penal; Lei nº 4.595, de 31.12.1964, artigo 38, § 7º (Revogado pela Lei Complementar nº 105, de 10.01.2001).

Os artigos 1º e 2º, ambos da Lei Complementar nº 105, de 10.01.2001, tratam do sigilo das operações de instituições financeiras e o artigo 10 (neste, não há delimitação do sujeito ativo – trata-se de crime comum) prevê pena de reclusão de um a quatro anos, e multa, a sua quebra; logo, derrogou o artigo 18 porquanto não abrange todas as hipóteses deste último.

Nesse sentido, quando a violação do sigilo for levado a efeito pelos agentes do art. 25, aplicar-se-á a Lei nº 7.492/1986. Ao contrário, a Lei Complementar nº 105, de 10.01.2001.

O art. 1º da Lei Complementar nº 105/2001 estatui que as instituições financeiras conservarão sigilo em suas operações ativas e passivas e serviços prestados. O § 1º estatui que são consideradas instituições financeiras, para os efeitos desta Lei Complementar: os bancos de qualquer espécie; distribuidoras de valores mobiliários; corretoras de câmbio e de valores mobiliários; sociedades de crédito, financiamento e investimentos; sociedades de crédito imobiliário; administradoras de cartões de crédito; sociedades de arrendamento mercantil; administradoras de mercado de balcão organizado; cooperativas de crédito; associações de poupança e empréstimo; bolsas de valores e de mercadorias e futuros; entidades de liquidação e compensação; outras sociedades que, em razão da natureza de suas operações, assim venham a ser consideradas pelo Conselho Monetário Nacional. O § 2 dispõe que as empresas de fomento comercial ou *factoring*, para os efeitos desta Lei Complementar, obedecerão às normas aplicáveis às instituições financeiras previstas no § 1º.

As empresas de consórcio e seguros são instituições financeiras por equiparação para fins penais, mas não figuram no rol de instituições financeiras obrigadas ao dever de sigilo (artigo 1º, § 1º, da Lei Complementar nº 105/2001). Assim, na hipótese de um administrador da empresa de consórcio divulgar indevidamente informações sobre operação da empresa, responderá pelo delito previsto no art. 18 da Lei nº 7.492/1986 e não pelo delito tipificado no art. 10 da Lei Complementar nº 105/2001.

No mesmo sentido, José Paulo Baltazar Junior e Victor Eduardo Rios Gonçalves.[175]

Especificamente no que diz respeito ao artigo 18 ora em epígrafe, tem-se que o **tipo objetivo** prevê a conduta de violar (devassar, divulgar, revelar) operação ou serviço prestado por instituição financeira ou integrante do sis-

[175] BALTAZAR JUNIOR, José Paulo; GONÇALVES, Victor Eduardo Rios. *Esquematizado – legislação penal especial*. Disponível em: Minha Biblioteca, (8th edição). Editora Saraiva, 2021.

tema de distribuição de títulos mobiliários de que tenha conhecimento, em razão de ofício.

Referida violação deve estar relacionada ao sigilo imposto a determinadas operações e serviços prestados pelas instituições financeiras, cuja relevância deve ser mantida a fim de preservar a própria solidez e confiabilidade do Sistema Financeiro Nacional.

O **tipo subjetivo** é o dolo, com a consciência da existência do sigilo e atuar vocacionado a propagá-lo.

Admite-se a celebração de acordo de não persecução penal, a teor do que dispõe art. 28-A do Código de Processo Penal, introduzido pela Lei nº 13.964/2019, diante da previsão da pena cominada para o delito de reclusão, de 01 (um) a 04 (quatro) anos, e multa.

Artigo 19 Obter, mediante fraude, financiamento em instituição financeira:

Pena – Reclusão, de 2 (dois) a 6 (seis) anos, e multa.

Parágrafo único. A pena é aumentada de 1/3 (um terço) se o crime é cometido em detrimento de instituição financeira oficial ou por ela credenciada para o repasse de financiamento.

Fraude na obtenção de financiamento. Trata-se de forma especial de estelionato.

Financiamento "são mútuos obtidos para utilização do crédito em finalidade específica, contratualmente prevista. Existem linhas de financiamento conforme o bem a ser adquirido ou a atividade a ser realizada pelo mutuário. Há razões operacionais, econômicas e sociais para que essas linhas ofereçam prazos e taxas de juros distintas. Financiamento possui uma destinação específica, estando vinculado ao custeio de determinado empreendimento ou aquisição, já o empréstimo possui destinação livre, podendo ser empregado de acordo com as conveniências e interesses do seu tomador."[176]

O financiamento, objeto material referido neste dispositivo legal, "normalmente é decorrente de algum programa oficial de governo, com custos subsidiados, destinado ao fomento de algum projeto, empreendimento

[176] TORTIMA, José Carlos. *Crimes contra o sistema financeiro nacional*. 3. ed. Rio de Janeiro: Lumen Juris, 2011, p. 123.

ou aquisição que apresente reconhecida relevância social. Essa finalidade fomentadora do progresso, melhoria ou criação de oportunidades para a coletividade como um todo justifica a sua maior proteção jurídica, atribuindo-se lhe, inclusive, dignidade penal."[177]

Apesar da similaridade com o delito de estelionato, a pena prevista no art. 19 da Lei nº 7.492/1986 é superior àquele justamente em razão do bem jurídico tutelado.

O **objeto jurídico** compreende a proteção do Sistema Financeiro Nacional, o patrimônio das instituições financeiras, do investidor e a própria fé pública.

O crime tipificado no art. 19 desta Lei protege a segurança do financiamento e a política de crédito. Na visão de José Carlos Tórtima "a tutela jurídica imediata é exercida aqui sobre o patrimônio da própria instituição financeira, oficial ou particular, bem como a fé pública no mercado financeiro e que de forma mediata, a proteção é também estendida ao Sistema Financeiro Nacional, como um todo, cuja estabilidade sabidamente depende da regularidade no funcionamento das unidades que o compõem."[178]

É **crime comum** (qualquer pessoa; não se cuida de crime de mão própria, como já decidiu o **STJ**, que admitiu a possibilidade de autoria mediata – REsp nº 761.354/PR, Rel. Min. Felix Fischer, 5ª T., *v.u.*, *DJ* 16.10.2006) **e formal** (a consumação ocorre com a obtenção do financiamento, no momento da assinatura do contrato, sendo desnecessário o prejuízo econômico para a instituição financeira ou para o governo). Não há exigência de que o agente obtenha proveito indevido em prejuízo alheio. O financiamento é a vantagem ilícita, o proveito obtido pela conduta ilícita.

No entanto, diversamente, Marina Pinhão Coelho Araújo, em comentários no livro de Manoel Pedro Pimentel, considera crime material por entender que não basta a assinatura do contrato de financiamento, já que as instituições financeiras podem impedir a consumação da obtenção fraudulenta por seus mecanismos de controle, o que configuraria a tentativa de fraude prevista no art. 19.[179]

[177] BITENCOURT, Cezar Roberto; BREDA, Juliano. *Crimes contra o sistema financeiro nacional e contra o mercado de capitais*. 3. ed. São Paulo: Saraiva, 2014, p. 248.

[178] TORTIMA, José Carlos. *Crimes contra o sistema financeiro nacional*. 3. ed. Rio de Janeiro: Lumen Juris, 2011, p. 122.

[179] ARAÚJO, Marina Pinhão Coelho. *Crimes contra o sistema financeiro nacional* [livro eletrônico]: comentários à lei 7.492, de 16.6.86 / Manoel Pedro Pimentel. 1. ed. São Paulo: Thomson Reuters Brasil, 2020.

O meio fraudulento deve ser idôneo para induzir a vítima em erro. Se a inidoneidade do meio fraudulento for absoluta estar-se-á diante de crime impossível pela absoluta ineficácia do meio empregado.

O tipo legal do art. 19 pressupõe a existência de fraude anterior, voltada para a finalidade de obtenção do financiamento em instituição financeira. Já o tipo inserido no art. 20 pressupõe a regular obtenção de financiamento, mas com desvio de finalidade na sua aplicação.

Em relação ao crime ora sob análise, Rodolfo Tigre Maia tece as seguintes considerações:[180]

> "A estrutura típica não oferece maior complexidade, eis que articulada através de conduta semelhante à da preconizada para o crime de estelionato, tipo bastante sedimentado em nosso sistema penal.
>
> Ao contrário deste, todavia, aqui não há qualquer especial fim de agir ('para si ou para outrem') adicionado ao delito direto imanente ao ilícito e nem se cogita da produção de qualquer resultado material ('em prejuízo alheio') para além do consubstanciado na própria obtenção do financiamento.
>
> Cuida-se da percepção de numerário, eis que o financiamento nada mais é do que um contrato de mútuo, oneroso ou gratuito, em que o mutante é induzido em erro através da conduta fraudulenta do mutuário, ação que poderá estar evidenciada pela utilização de documentos inverídicos, para comprovação do atendimento dos requisitos ou garantias fixados à obtenção dos recursos (balanços 'maquiados', certidões falsas etc.), pela omissão de informações relevantes acerca das condições financeiras da empresa requerente, pelo estabelecimento de projetos fictícios para aplicação dos recursos obtidos etc. Destarte, v.g, 'a utilização de documentos alheios para elaboração de contrato fraudulento visando obtenção de financiamento, além da alienação posterior de bem dado à garantia, devidamente demonstrados, caracteriza crime contra o Sistema Financeiro Nacional, previsto na norma do art. 19 da Lei 7.492/86'.
>
> No que concerne ao eventual concurso de crimes, o estelionato é superado pelo princípio da especialidade, e o falso documental pelo princípio da consunção, se a falsidade tiver seu potencial lesivo exaurido na obtenção fraudulenta do financiamento, ao teor da jurisprudência sumulada do STJ. Posição, aliás, data venia, da qual divergimos radicalmente, não só por esta-

[180] *Dos crimes contra o sistema financeiro nacional: Anotações à lei federal nº 7.492/1986*. São Paulo: Malheiros, p. 123/125.

rem em questão diferentes objetividades jurídicas, sujeitos passivos diversos e crimes com reprimendas de diferenciada gravidade, a evidenciar a presença de concurso material.

Melhor seria, ainda que por política criminal, pelo menos, adotar-se aplicação da regra do concurso ideal de crimes. O início da execução neste delito material ocorre com a apresentação do pedido de financiamento e a consumação ocorrerá com a efetiva locação dos recursos do financiamento à disposição do pleiteante.

Assim, descoberta a fraude antes da concessão, haverá tentativa e, por seu turno, a efetiva utilização dos recursos obtidos constitui mero exaurimento, com reflexos apenas na fixação da pena. Por outro lado, ainda que adimplido regularmente o contrato de financiamento irregularmente obtido, ainda assim estará configurado crime. O parágrafo único estabelece uma causa especial de aumento da pena nas hipóteses em que os recursos são diretamente obtidos de instituição financeira oficial, quais sejam, aquelas controladas por entes de direito público interno ou de instituições privadas autorizadas, por estas, para repasse de financiamentos. O que importa é a natureza de dinheiro público que reveste os recursos do financiamento, e a presença de instituição financeira pública com financiadora.

A maior gravidade é justificável pela origem pública dos recursos fornecidos, de que decorre que o prejuízo atingirá toda coletividade, além de significar o desatendimento da finalidade social, que deve nortear a utilização de numerário público."

O crime previsto no art. 19 da Lei nº 7.492/1986 é uma forma especial de estelionato, não obstante não conste do tipo a obtenção de vantagem ilícita em prejuízo alheio.

Não haverá a tipificação da lei especial quando se tratar, por exemplo, "de obtenção de vantagem indevida por meio de abertura de crédito pessoal, de uso do limite do cheque especial e da emissão de cheque sem fundos, utilizando-se de documento de identidade falsa, fazendo-se passar por outra pessoa."[181]

Princípio da Insignificância. Não aplicação

Como já destacado, o tipo penal delineado no art. 19, *caput*, da Lei nº. 7.492/1986, diz respeito à obtenção de financiamento em instituição finan-

[181] PAULSEN, Leandro. *Crimes federais*. São Paulo: Saraiva, 2017, p. 305.

ceira mediante fraude, cuidando-se de crime formal, que independe de resultado naturalístico para sua configuração. Consuma-se, portanto, com a obtenção do financiamento, sem a necessidade da ocorrência do prejuízo econômico para a instituição financeira ou para o mercado financeiro. Vale salientar que os crimes contra o Sistema Financeiro, sob um primeiro enfoque, não têm como pressuposto a ocorrência de prejuízo econômico, quantificável, porquanto precipuamente tutelam bem intangível, que corresponde à credibilidade do próprio Sistema Financeiro Nacional. De modo secundário, em algumas oportunidades, resvalará no patrimônio da instituição financeira e do próprio investidor.

De outra senda, o princípio da insignificância deve ser interpretado à luz dos postulados da mínima intervenção do Direito Penal e da *ultima ratio* como forma de afastar a aplicação do Direito Penal a fatos de somenos importância (e que, portanto, podem ser debelados com supedâneo nos demais ramos da Ciência Jurídica – fragmentariedade do Direito Penal). Dentro desse contexto, a insignificância tem o condão de afastar a tipicidade da conduta sob o aspecto material ao reconhecer que ela possui um reduzido grau de reprovabilidade e que houve pequena ofensa ao bem jurídico tutelado, remanescendo apenas a tipicidade formal, ou seja, adequação entre fato e lei penal incriminadora. Diante deste cenário, não deve ser admitida a aplicação do princípio da insignificância aos crimes perpetrados contra o Sistema Financeiro Nacional, já que, como visto, estes tutelam, primeiramente, interesse do próprio Estado, traduzido na estabilidade e higidez do mercado financeiro resvalando ainda no interesse patrimonial eventualmente envolvido. Nesse sentido, colaciono os seguintes julgados do Superior Tribunal de Justiça:

> "RECURSO ESPECIAL. PENAL E PROCESSO PENAL. ART. 19 DA LEI 7.492/86. FINANCIAMENTO EM INSTITUIÇÃO FINANCEIRA MEDIANTE FRAUDE. CRIMES CONTRA O SISTEMA FINANCEIRO. PRINCÍPIO DA INSIGNIFICÂNCIA. IMPOSSIBILIDADE DE APLICAÇÃO. MULTA. PRESTAÇÃO PECUNIÁRIA SUBSTITUTIVA. PARCELAMENTO. LIMITE DE 30% DA RENDA DECLARADA. POSSIBILIDADE. VALOR FIXADO. SÚMULA 7/STJ. REVOLVIMENTO EM MATÉRIA FÁTICO-PROBATÓRIA. RECURSOS IMPROVIDOS.
>
> 1. Firmou-se a jurisprudência desta Corte no sentido de que inaplicável o princípio da insignificância aos crimes contra o sistema financeiro, tendo em vista a necessidade de maior proteção à sua estabilidade e higidez (AgRg no AREsp 975.414/TO, Rel. Ministro SEBASTIÃO REIS JÚNIOR, SEXTA TURMA, DJe 30/05/2017). Precedentes.

(...)."

(STJ, T1 – Sexta Turma, REsp 1580638/RS, Rel. Min. Nefi Cordeiro, j. 22/08/2017, Dje 31/08/2017)

"AGRAVO REGIMENTAL EM AGRAVO EM RECURSO ESPECIAL. PENAL E PROCESSUAL PENAL. VIOLAÇÃO DO ART. 617 DO CPP. REFORMATIO IN PEJUS. INOVAÇÃO RECURSAL. PRECEDENTE. VIOLAÇÃO DO ART. 619 DO CPP. REDISCUSSÃO DA CAUSA. AUSÊNCIA DE ERRO, OMISSÃO, OBSCURIDADE OU CONTRADIÇÃO. PRECEDENTES. INEXISTÊNCIA DE OMISSÃO NO ACÓRDÃO RECORRIDO. VIOLAÇÃO DOS ARTS. 386, III, DO CPP, E 17 DA LEI Nº 7.429/1986. PLEITO ABSOLUTÓRIO. REEXAME DE PROVAS. SÚMULA 7/STJ. PRINCÍPIO DA INSIGNIFICÂNCIA. INAPLICABILIDADE EM CRIMES CONTRA O SISTEMA FINANCEIRO. PRECEDENTES. DISSÍDIO JURISPRUDENCIAL NÃO DEMONSTRADO. FALTA DE COTEJO ANALÍTICO. ART. 255 E PARÁGRAFOS DO RISTJ.

Agravo regimental improvido."

(AgRg no AREsp 975.414/TO, Rel. Ministro SEBASTIÃO REIS JÚNIOR, SEXTA TURMA, julgado em 23/05/2017, DJe 30/05/2017)

"AGRAVO REGIMENTAL NO AGRAVO EM RECURSO ESPECIAL. PENAL. CRIME CONTRA O SISTEMA FINANCEIRO NACIONAL. COMPETÊNCIA. JUSTIÇA FEDERAL. DESCLASSIFICAÇÃO. ESTELIONATO MAJORADO. IMPOSSIBILIDADE. NECESSIDADE DE REVOLVIMENTO DO CONJUNTO FÁTICO-PROBATÓRIO. VEDAÇÃO. SÚMULA 7/STJ. PRINCÍPIO DA INSIGNIFICÂNCIA. INAPLICABILIDADE. ORIENTAÇÃO JURISPRUDENCIAL DOMINANTE.

1. A jurisprudência desta Corte Superior de Justiça é no sentido de que compete à Justiça Federal processar e julgar os crimes praticados contra o Sistema Financeiro Nacional – ex vi art. 26 da Lei 7.492/1986 e art. 109, VI, da Constituição. Precedente da 3ª Seção.

2. A pretensão do recorrente voltada à desclassificação de sua conduta para a figura típica do art. 171, § 3º, do CP, é obstada pelo óbice da Súmula 7/STJ, que veda o reexame aprofundado de aspectos fático-probatórios em sede de recurso especial.

3. A jurisprudência desta Corte Superior não admite a incidência do princípio da insignificância como causa supralegal de exclusão da tipicidade de conduta enquadrada como crime contra o Sistema Financeiro Nacional. Precedentes.

4. O agravante não trouxe elementos suficientes para infirmar a decisão agravada, que, de fato, apresentou a solução que melhor espelha a orientação jurisprudencial do Superior Tribunal de Justiça sobre a matéria.

5. Agravo regimental improvido."

(STJ, T5 – Quinta Turma, AgRg no AREsp 830806/SP, Rel. Min. Reynaldo Soares da Fonseca, j. 10/05/2016, Dje 16/05/2016)

A Décima Primeira Turma do Eg. TRF/3 igualmente tem julgado apontando que:

"PENAL. PROCESSO PENAL. CRIME CONTRA O SISTEMA FINANCEIRO. ARTIGO 19 DA LEI 7.492/86. CRIME FORMAL. INAPLICABILIDADE PRINCÍPIO DA INSIGNIFICANCIA. ABSOLVIÇÃO SUMÁRIA. INOCORRÊNCIA DE HIPÓTESE. SENTENÇA REFORMADA. RECEBIMENTO DA DENÚNCIA RATIFICADO. APELO PROVIDO.

1. O delito de obter empréstimo em instituição financeira utilizando-se de meio ou expediente fraudulento configura crime formal, que independe de prejuízo ou lesão efetiva à vítima direta para sua configuração, bastando que se perfaça o nexo entre o texto abstrato do tipo e a circunstância concreta apurada em um processo criminal. Precedente do C. STJ. Doutrina.

2. O tipo contido no art. 19 da Lei 7.492/86 tutela na esfera penal não somente a solidez do sistema financeiro, mas também sua credibilidade e suas condições de operação, que são afetadas por tentativas ou operações como as descritas na denúncia de fls. 107/108. Não se protegem, pois, apenas os recursos do sistema financeiro como um todo, ou da instituição financeira especificamente vitimada pelo delito concreto, mas a higidez do sistema em sentido amplo, que pode ser traduzida como todas as condições de credibilidade e proteção não apenas das instituições financeiras, mas, principalmente, de todo o sistema econômico que as utiliza, em especial os pequenos clientes e consumidores que são indiretamente afetados pelos crimes contra o sistema financeiro, por terem que arcar (mediante pagamento das "taxas bancárias" e demais cobranças para fundos efetivadas para fins de cobertura das fraudes que alguns perpetram), ao fim e ao cabo, com os custos gerados às próprias instituições financeiras por fraudes de toda espécie. Esse fenômeno constitui verdadeira translação econômica dos impactos de práticas delitivas contra o sistema financeiro, e deve ser avaliado como consequência dos crimes praticados contra este.

3. Trata-se, em suma, de delito pluriofensivo, instituído em defesa de diversos bens jurídicos, e que, nesses termos, independe de uma men-

suração exata e concreta de lesão para sua configuração, mormente se tal mensuração de potenciais ou efetivos prejuízos for feita tomando por base apenas o poderio econômico de uma instituição do porte da suposta vítima direta da prática apurada nestes autos (o Banco Itaú S.A.).

4. O valor exato do financiamento não possui relação com a configuração concreta do tipo penal constante do art. 19 da Lei 7.492/86. O elemento essencial é que se obtenha financiamento de qualquer valor, utilizando-se, para tanto, de expediente fraudulento apto a, ao menos de início, conseguir operar o resultado (ainda que a ação eficiente dos mecanismos de controle da própria instituição ou do aparato estatal impeça a consumação final do delito, ou ainda, seu exaurimento). Tal fato constitui, por si, o delito, afetando os bens jurídicos afetados pelo enunciado normativo em comento.

5. O princípio da insignificância não poderia ser aplicado à espécie, ainda que se entenda que o tipo constante do art. 19 da Lei 7.492/86 constitui crime material (de resultado). A significância da lesão (nos termos do que descreveu a preambular acusatória) é clara, e, embora não pudesse causar abalo grave no patrimônio da vítima (banco de grande porte), afeta tanto os seus recursos (ainda que em pequena escala) quanto, e em maior medida, a credibilidade do sistema financeiro e da própria eficácia social das normas penais, no seu aspecto preventivo geral, ou seja, do próprio sentimento social generalizado de ausência de efetividade da norma que pune condutas consideradas pelo ordenamento como penalmente ilícitas.

6. Inocorrentes in concreto as hipóteses para absolvição sumária, deve o recebimento da denúncia ser ratificado, com o regular seguimento do feito no juízo de origem.

7. Apelo ministerial provido."

(TRF3, ACR nº 0001997-58.2012.4.03.6117/SP, Décima Primeira Turma, Relator Desembargador Federal José Lunardelli, D.E 16.12.2015)

Assim, o valor do prejuízo causado com o financiamento obtido mediante fraude (artigo 19 da Lei nº 7.492/1986) não deve ser tomado para fins de aplicação do postulado em comento, ainda que de pequena monta, porquanto, como visto o crime também macula bem jurídico consistente na higidez do Sistema Financeiro Nacional (dano imaterial).

Vale consignar que o Supremo Tribunal Federal adota critérios para a aplicação do princípio da insignificância, que devem incidir cumulativamente: a) mínima ofensividade da conduta do agente; b) nenhuma periculosidade social da ação; c) reduzido grau de reprovabilidade do comportamento e; d) inexpressividade da lesão jurídica provocada. Como se vê, o Pretório Excelso reconhece o preceito em alguns casos, entretanto, requer a existência cumulativa das quatro condições essenciais a orientar a irrelevância da tipicidade penal. Logo, a jurisprudência de nossa Corte maior determina a aplicação do princípio de forma criteriosa e realizada caso a caso. (STF, 1ª Turma, RHC 144675/MS, Rel. Ministro Luiz Fux, DJe 28.09.2017)

A nossa corte Maior também já dispôs que "o princípio da insignificância não haveria de ter como parâmetro tão só o valor do bem, devendo ser analisadas as circunstâncias do fato e o reflexo da conduta do agente no âmbito da sociedade, para decidir sobre seu efetivo enquadramento na hipótese do crime de bagatela." (HC nº 108.512/BA, rel. Min. Luiz Fux, 1ª Turma, j. 04.10.2011 - Informativo 643)

A par de tais considerações, mesmo que se tome o suposto valor do financiamento em um valor ínfimo, embora não tenha o condão de afetar o patrimônio da instituição financeira, ainda remanesce a significância da lesão, porquanto como mencionado anteriormente, a credibilidade do Sistema Financeiro Nacional também é objeto da proteção penal. Igualmente não se pode deixar de considerar que a conduta atinge consumidores de forma mediata já que afetados pelo crime financeiro diante do aumento do custo dos financiamentos dado a inadimplência, não atendendo, portanto, a todos os requisitos adotados pelo Pretório Excelso como necessários à aplicação do princípio da insignificância.

Jurisprudência ao longo do tempo:

STJ - Crime instantâneo: consuma-se por ocasião da obtenção do financiamento de modo fraudulento (CC nº 81.987/SP, Rel. Min. Arnaldo Esteves Lima, 3ª S., *v.u.*, *DJe* 27.05.2009).

TRF/3 - A causa especial de aumento de pena do parágrafo único ocorre quando o crime se dá em detrimento de instituição financeira oficial ou por ela credenciada para o repasse de financiamento ("no crime do parágrafo único do artigo 19 da Lei 7.492/86 o prejuízo ao Sistema Financeiro Nacional, a União e as instituições financeiras decorre do fato de que a instituição financeira concede o financiamento com benefícios e juros mais baixos, condições de pagamento mais favoráveis, em face da existência de subsídios governamentais e incentivos fiscais para esse tipo de financiamento. 6. Conseguindo o réu obter mais de um financiamento para as áreas de suas Fazendas, não poderia obtê-los com juros reduzidos e com forma de pagamento mais benéfica, tendo em vista que já obteve com o primeiro financiamento, empréstimo esse com condições mais favoráveis justamente para viabilizar a sua colheita. Em última análise, o Sistema Financeiro Nacional resta abalado com a prática dessas fraudes e a União também sofre prejuízo, já que, para esse tipo de financiamento também existe isenção fiscal de IOF. 7. Ainda que tenha o réu quitado os financiamentos ou substituído a garantia, subsiste o crime, visto que ele se caracteriza com a simples obtenção do financiamento mediante fraude." (ACR nº 2000.03.99.024502-9/SP, Rel. Des. Fed. Ramza Tartuce, 5ª T., *vu*, *DJU* 10.07.2007)

STJ – "1. Para a incidência da causa de aumento do art. 19, parágrafo único, da Lei nº 7.492/1986 é suficiente que o crime tenha sido cometido em detrimento de instituição financeira oficial ou por ela credenciada para o repasse de financiamento. Não é necessário que o valor financiado por meio de fraude advenha de verba oriunda de programa governamental, pois na elementar da majorante não há essa exigência específica. 2. Praticado o delito em desfavor da Caixa Econômica Federal, empresa pública federal e, portanto, instituição financeira oficial, é devida a aplicação da majorante" (STJ, REsp nº 1840408/RS, Rel. Ministra Laurita Vaz, Sexta Turma, julgado em 13.10.2020, *DJ* 23.10.2020).

STJ – "O tema foi amplamente debatido em precedente no qual esta Corte Superior manteve sua jurisprudência no sentido de que o crime tipificado no art. 19 da Lei nº 7.492/86 não exige, para a sua configuração, efetivo ou potencial abalo ao Sistema Financeiro." (EDcl no AgRg no CC 156.185/MG, Rel. Ministro REYNALDO SOARES DA FONSECA, TERCEIRA SEÇÃO, DJe 7/5/2018)" (STJ, AgRg no AgRg no AREsp 1642491/SP, Rel. Ministro Joel Ilan Paciornik, Quinta Turma, julgado em 19.05.2020, *DJ* 29.05.2020).

TRF1 – Obtenção de financiamento mediante duplicatas simuladas (ACR nº 1997.35.00.006277-2/GO, Rel. Des. Fed. I'talo Fioravanti Sabo, 4ª T., *vu*, *eJF* 16.10.2009); obtenção de financiamento na CEF com documento ideologicamente falso (**TRF/1** – ACR nº 0028186-38.2009.4.01340-0/DF, Rel. Des. Fed. Carlos Olavo, 3ª T., *vu*, *DJ* 13.01.2012).

TRF/3 – Obtenção de financiamento agrícola em duplicidade (ACR nº 6014/PR, Rel. Des. Fed. Ramza Tartuce, 5ª T., *vu*, *DJ* 09.05.2011).

TRF/4 – Falsificação de declaração com valores salariais para obtenção de financiamento (ACR nº 2002.04.04.049705-9/PR, Rel. Des. Fed. Volkmer de Castilho, 8ª T., *vu*, j. 28.05.2003).

Jurisprudência acerca da inexistência do crime:

TRF/1 – "ao firmar declaração de próprio punho de estar quite com as contribuições e tributos federais" (ACR nº 20003500010787-2/GO, Rel. Des. Fed. Tourinho Neto, 3ª T., *vu*, *DJ* 03.08.2007).

TRF/4 – Quando a falsidade recai sobre dados irrelevantes (ACR nº 7.463/SC, Rel. Des. Fed. Fábio Rosa, 7ª T., *vu*, *DJ* 24.04.2002).

Da competência jurisdicional

A questão da competência jurisdicional para o tratamento dos casos de crime previsto no artigo supramencionado tem ganhado bastante realce com o avolumar dos fatos em investigação, notadamente quando se percebe que meros financiamentos chamados de Abertura de Crédito para Financiamento de Bens e/ou Serviços, têm atraído a competência da Justiça Federal, basicamente por força da qualificação de um dos polos contratantes. Por exemplo, veículos automotores, como carros e motocicletas, têm sido obtidos pela população graças ao grande volume creditício oferecido por várias instituições, inclusive financeiras, com a intermediação de concessionárias do setor.

Insta perquirir se o fato de um banco ou instituição figurar no polo da relação creditícia ou se houver vinculação do valor concedido ao bem teria o condão de deslocar a competência para a Justiça Federal. Numa análise perfunctória, fácil seria a conclusão de que tais fatos amoldar-se-iam ao disposto no artigo 19 da Lei nº 7.492, de 16.06.1986, sendo de competência desta Justiça Federal, consoante artigo 109, inciso VI, da Constituição Federal de 05.10.1988, que dispõe:

> "Art. 109. Aos juízes federais compete processar e julgar:
>
> VI – os crimes contra a organização do trabalho e, nos casos determinados por lei, contra o sistema financeiro e a ordem econômico-financeira."

Não parece ser tão simples a questão. Como dito anteriormente, o tipo penal delineado em referido artigo tutela precipuamente bem intangível, que corresponde à credibilidade do próprio Sistema Financeiro, desejando de fato constituir num instrumento para a proteção do Sistema Financeiro Nacional. Disso não há qualquer dúvida. Mas, todo e qualquer financiamento, tendo por polo passivo uma instituição financeira, quando obtido de forma fraudulenta, deve merecer a apreciação pela Justiça Federal?

Com efeito, quando para a satisfação de uma necessidade qualquer de seu protagonista, a avença atinge potencialmente o patrimônio alheio, não implica que tal fato ensejaria o comprometimento do Sistema Financeiro Nacional como um todo, porquanto se assim fosse seria consagrar interpretação que conferiria extrema cautela do legislador e uma desarrazoada subtração de competência da Justiça Estadual.

Para o efeito da legislação específica, financiamento significa a operação de crédito concedida com destinação específica o que obriga a demonstração da aplicação de recursos. Constitui, apesar desta definição conceitual, mero contrato de empréstimo, o que não autoriza, em termos materiais, apesar da peculiaridade, o deslocamento de competência da Justiça Estadual para a Justiça Federal.

Nos termos da Circular de lavra do Banco Central do Brasil nº 1.273, de 29.12.1987 (a qual foi revogada pela Resolução CMN nº 4.966, de 22.11.2021, mas que, por ora, continua em vigor, já que esta última apenas entrará em vigor a partir de 01.01.2025), empréstimos são as operações realizadas sem destinação específica ou vínculo à comprovação da aplicação dos recursos, sendo certo que os financiamentos são as operações realizadas com destinação específica, vinculadas "à comprovação da aplicação dos recursos." A diferenciação de tais conceitos encontra-se, também, esclarecida na página eletrônica do Banco Central do Brasil, em que "empréstimo" é definido como a situação em que "a pessoa ou a empresa contrata a operação e não especifica como utilizará o dinheiro que pode ser usado livremente", ao passo que "financiamento" é definido como a situação em que "a pessoa ou a empresa contrata a operação para comprar um bem ou adquirir um serviço específico, como no caso de financiamento de um veículo ou uma moto. Geralmente o bem financiado serve como garantia do financiamento e, por isso, os juros, nessas situações, costumam ser menores."[182]

Nessa toada, apesar de alguns julgados diferenciarem financiamento de empréstimo, este gênero do qual aquele configura espécie, caracterizado, o primeiro, pela finalidade empreendedora, isto é, a necessidade de subsidiar diversas atividades de fomento (cf. STJ, Conflito de Competência nº 112.244/SP, v.u., j. 25.08.2010; STJ, Agravo Regimental no Recurso Especial nº 510779/MT, Ministro Convocado Celso Limongi, v.u., j. 23.02.2010; e TRF/4, Apelação Criminal nº 2003.71.00.042536-3/RS, Rel. Desembargador Federal Paulo Afonso Brum Vaz, v.u., j. em 19.03.2009), certo é que para o suposto efeito de firmar a competência da Justiça Federal, aparen-

[182] Disponível em https://www.bcb.gov.br/cidadaniafinanceira/tiposemprestimo. Acesso em 02.06.2023.

tememente não houve a análise sob o enfoque da natureza da operação e sua relevância frente ao Sistema Financeiro Nacional.

Sob esta ótica, não obstante esta definição conceitual de financiamento, trata-se, por exemplo, na situação de obtenção de crédito para a aquisição de carros/motocicletas, de mero contrato de empréstimo, o que não autoriza, em termos materiais, apesar da peculiaridade, o deslocamento de competência.

Ora, o que deve nortear a interpretação não seria meramente a qualidade de um dos sujeitos da relação negocial, ou seja, inserir-se no rol das instituições financeiras ou a estas equiparadas (artigo 1º da Lei nº 7.492/1986), tampouco o fato de os recursos servirem para a aquisição de um determinado bem, mas, tão-somente, a natureza efetiva da operação e sua relevância para o Sistema Financeiro Nacional.

Desta feita, não haveria a perfeita subsunção de fatos à norma do artigo 19 da Lei 7.492/1986, quando houver financiamento perante instituição financeira, a despeito de possuir alguma destinação específica e vinculação dos recursos, na hipótese, por exemplo, de inexistir uma orquestração hábil a abalar a higidez do Sistema Financeiro Nacional. A interpretação não poderia enveredar por conclusão que apenas levasse em conta a distinção entre empréstimo e financiamento, e assim concluir esta última modalidade como sendo de competência federal.

Na verdade, os contratos firmados para o financiamento de um bem móvel possuem a nítida natureza de contrato de caráter privado, cabendo ao Poder Público, tão-somente, a fiscalização e a adequação normativa, uma atividade de regulação que visa à proteção e defesa do consumidor evitando que haja práticas abusivas por parte de instituições bancárias.

Inserem-se no campo das relações de consumo o que força as instituições financeiras evitarem a imposição de obrigações excessivamente onerosas, reconhecendo-se a vulnerabilidade do consumidor.

Aliás, no mais das vezes, os Contratos de Crédito Direto ao Consumidor ou de Abertura de Crédito para Financiamento de Bens e/ou Serviços trazem invariavelmente rol excessivo de garantias destacando-se: o fato de constituírem título executivo extrajudicial; previsão de pagamento de multa e comissão de permanência no caso de inadimplemento; o fato de obrigar, em caso de contratação de seguro, a indicação da credora como beneficiária exclusiva da apólice securitária; a entrega em alienação fiduciária à credora do bem financiado, com possibilidade desta proceder a execução por quantia certa ou a busca e apreensão sem consulta ou anuência; juros elevados;

e, finalmente, a emissão de uma Nota Promissória emitida pelo financiado, com mesma data do vencimento da operação de crédito.

Não caberia proteção desnecessária às instituições financeiras, com a inclusão de tal modalidade de contratação na definição do tipo de "colarinho branco", até pelo fato de, em várias hipóteses, elas próprias concederem, por interpostas pessoas (um terceiro, uma concessionária ou empresa comercial) tais empréstimos a pessoas sem condições financeiras para honrar suas dívidas, ou que estas comprometam significativamente os vencimentos percebidos, ou mesmo, a indivíduos desconhecidos ou sequer objeto de uma verificação da capacidade econômica mais detida, tamanha é a certeza do ganho com a atividade desenvolvida, que encontra lastro nas próprias e extensas garantias previstas, cujas eventuais inadimplências normalmente são compensadas apenas com as taxas elevadas de remuneração do crédito concedido.

Portanto, está-se diante de uma atividade de caráter essencialmente privado, um serviço prestado por instituição financeira ao mercado de consumo, mediante remuneração, com cobertura mais que suficientemente garantida, o que faz incidir a regra do artigo 3º, parágrafo 2º, da Lei nº 8.078, de 11.09.1990 (Código de Defesa do Consumidor), considerado constitucional pelo Supremo Tribunal Federal (ADIN nº 2591, em 07.06.2006), *in verbis*:

> "Art. 3º (...)
>
> § 2º Serviço é qualquer atividade fornecida no mercado de consumo, mediante remuneração, inclusive as de natureza bancária, financeira, de crédito e securitária, salvo as decorrentes das relações de caráter trabalhista."

Como discorre Milton Fornazari Júnior[183] "bens duráveis destinados ao mero consumo, tais como a aquisição de veículos, motos, microcomputadores etc., ainda que se denominem 'financiamentos', na verdade são espécies de contratos de mútuo/empréstimos estritamente privados sem a presença do caráter empreendedor ou da atividade estatal de fomento, concedidos muitas das vezes em terminais eletrônicos ou via Internet, sem a observância de rigorosas cautelas."

[183] Da distinção do financiamento das demais operações de crédito para fins da configuração do crime previsto no artigo 19 da Lei nº 7.492/86, *Revista Criminal*, Ano 03, vol. 06, jan/mar 2009, p. 151/162.

Ora, parece que não seria defensável que um mero ato jurídico básico que retrate com fidelidade as relações entre a moeda e o crédito, típico contrato de empréstimo de coisa fungível, ainda que vinculado a um determinado bem, fosse atingir o Sistema Financeiro Nacional em sua integralidade. Não se vislumbra sequer risco potencial a este.

O artigo 19 da excogitada lei federal somente pode possuir efetividade quando a fraude ao contrato de financiamento implicar numa orquestração relevante, atingindo ou não mais de uma instituição financeira, ou na hipótese de financiamento de vários bens visando a atividade de fomento mercantil.

Aí, nestas hipóteses, haveria que se invocar o artigo 109, inciso VI (crimes contra o Sistema Financeiro Nacional), da Constituição Federal.

Assim, por não se verificar ofensa, nem mesmo potencial, ao Sistema Financeiro Nacional em sua integralidade (atipicidade material, a despeito da tipicidade formal), porquanto a natureza de tal modalidade de concessão de crédito volta-se exclusivamente ao interesse privado de forma preponderante, risco calculado, digerido pelo mercado e pouco consistente (quantidade e grau de garantias previstas e interveniência de terceiros no controle do preenchimento das condições econômicas devidas), deve-se repensar a competência da Justiça Federal por fatos que aparentemente enquadrar-se-iam no crime previsto no artigo 19 da Lei nº 7.492/1986, mas que, em verdade, toca e releva apenas a interesses de cunho exclusivamente patrimonial e privado. Dessa análise, salutar também seria a apreciação do legislador.

Artigo 20 Aplicar, em finalidade diversa da prevista em lei ou contrato, recursos provenientes de financiamento concedido por instituição financeira oficial ou por instituição credenciada para repassá-lo:

Pena – Reclusão, de 2 (dois) a 6 (seis) anos, e multa.

Desvio de finalidade dos recursos vinculados a financiamento obtido com um objetivo específico.

Segundo Manoel Pedro Pimentel, "trata-se de previsão de um desvio de finalidade do financiamento, o que poderia ser considerado um engano a posteriori, revelando que a intenção do agente não era a de cumprir a lei ou o contrato, quanto à destinação dos recursos provenientes do financiamento."[184]

[184] *Crimes contra o sistema financeiro nacional – comentários à Lei 7.492, de 16.6.1986.* São Paulo: RT, 1987, p. 147.

Ainda de acordo com o referido autor "o solicitante, no caso desta infração, apresenta como verdadeira uma finalidade que autoriza a concessão, mas ao obter o financiamento aplica os recursos em finalidade diversa, não prevista na lei ou no contrato."

Utilização irregular dos recursos liberados por instituições financeiras oficiais ou particulares, credenciadas para empregá-los em atividade econômica distinta da prevista em lei ou em contrato.

Os recursos financeiros liberados em favor do agente, usualmente concedidos em condições privilegiadas, com custos subsidiados, em regra, destinar-se-iam a fomentar segmentos industriais, sociais, agropecuários etc.

As instituições públicas "são órgãos auxiliares da execução da política de crédito do governo federal, sendo o Banco Nacional de Desenvolvimento Econômico o principal instrumento de execução da sua política de investimentos. O Banco do Brasil, além de um banco múltiplo, é agente financeiro do governo federal e executor da sua política oficial de crédito rural. A Caixa Econômica Federal operacionaliza as políticas do governo federal para a habitação popular e o saneamento básico, tendo, ainda, forte atuação na realização da política de crédito imobiliário, especialmente para a população de baixa renda, além de administrar as loterias, gerir fundos como o FGTS e realizar programas como o PIS."[185]

Pode-se compreender que além de o agente se beneficiar das vantagens de um financiamento concedido em condições privilegiadas, estaria prejudicando terceiros que poderiam ter recebido os recursos concedidos por instituição financeira oficial ou credenciada para repassá-los e aplicá-los no verdadeiro objetivo para o qual realmente se destinavam.

A **objetividade jurídica** visa à proteção da ordem econômica e financeira do Estado consubstanciada na execução da política de crédito, na forma preconizada no art. 22, VII, da CF (art. 22: Compete privativamente à União legislar sobre: (...) VII – política de crédito, câmbio, seguros e transferência de valores). Deve haver a aplicação dos recursos na concretização das metas socioeconômicas que presidiram sua concessão, enfim, visa-se proteger a regular implementação da política econômica.[186]

O desvio de tais recursos também resvala no patrimônio das próprias instituições financeiras.

[185] PAULSEN, Leandro. *Crimes federais*. São Paulo: Saraiva, 2017, p. 293.

[186] MAIA, Rodolfo Tigre. *Dos crimes contra o sistema financeiro nacional: anotações à lei federal nº 7.492/1986*. São Paulo: Malheiros, 1996, p. 125.

Cezar Roberto Bitencourt aduz que o objeto material é o financiamento "obtido em instituição financeira oficial ou credenciada para repassá-lo. Financiamento distingue-se de empréstimo, que é uma operação rotineira das instituições financeiras e pode ter destinação livre, segundo as necessidades e interesses do tomador. Financiamento, por sua vez, tem destinação específica, sendo vinculado a determinado empreendimento ou aquisição de determinado bem, propriedade, coisa ou direito."[187]

Este autor esclarece que o elemento normativo consubstanciado na expressão "finalidade diversa da prevista em lei ou contrato" significa somente aplicação que contrariar expressa previsão legal ou contratual. Assim, estando ausentes estes dois instrumentos jurídicos – lei e contrato – não resta configurado o crime. Quando o agente aplica os recursos em finalidade diversa da prevista em lei ou contrato significa que ele substitui a vontade legal ou contratual por seu arbítrio, por sua vontade unilateral, aplicando os recursos em finalidade distinta.[188]

Tipo subjetivo: é o dolo, consistente na vontade livre e consciente de aplicar os recursos oriundos de financiamento em finalidade que o agente saiba ser distinta daquela para a qual foram liberados.

Não está prevista a modalidade culposa.

É crime comum e prescinde de indicação, na denúncia, da destinação dos recursos obtidos mediante financiamento (**TRF/4** – ACR nº 1999.71.01.000.734-9/RS, Rel. Des. Fed. Tadaaqui Hirose, 7ª T., *vu*, *DJ* 24.02.2011) e **formal** consuma-se no momento da aplicação dos recursos em finalidade diversa.

A fraude revela-se após a obtenção do financiamento, consumando-se com a efetiva aplicação dos recursos em finalidade diversa da estabelecida na lei ou no contrato, sendo desnecessário a demonstração do que foi efetivamente feito com os valores desviados. Logo, ainda que o desvio atenda a uma finalidade lícita restará configurado o crime, não se exigindo, ademais, que haja prejuízo à instituição financeira ou eventual obtenção de vantagem pelo agente.

Basta, portanto, a alteração da finalidade do financiamento.

Sujeito ativo: trata-se de crime comum, podendo a conduta de aplicar em finalidade diversa ser praticada por qualquer pessoa.

[187] BITENCOURT, Cezar Roberto; BREDA, Juliano, *op. cit.*, p. 255.
[188] BITENCOURT, Cezar Roberto; BREDA, Juliano, *op. cit.*, p. 259.

Há julgado no sentido de que "nada impede que respondam, como partícipes, os funcionários da instituição financeira, responsáveis pela liberação da verba, quando cientes de sua destinação ilícita (dolo) ou, ainda, quando não observados os cuidados necessários à liberação da verba, com a ciência de que, em consequência desta inobservância, a mesma poderia ser desviada (dolo eventual)" (**STJ** – HC nº 13.869/RS, Rel. Min. Gilson Dipp, 5ª Turma, *vu*, *DJ* 29.10.2001).

Operação "mata-mata" – não há o crime se plenamente autorizado pela instituição bancária, visando aplicação de parte do financiamento para pagamento de débitos para com a mesma instituição, remanescentes de outras safras (**TRF/4** – ACR nº 2000.70.03.001527-5, Rel. Des. Fed. Tadaaqui Hirose, 7ª T., *vu*, *DJ* 30.08.2005; ACR nº 2000.04.01.092988-5/RS, Rel. Des. Fed. Élcio Pinheiro de Castro, 8ª T., *vu*, *DJ* 22.04.2002). Nestes casos, em regra, o crédito é concedido com a anuência da instituição financeira a fim de liquidar operação anterior que tinha a mesma finalidade. Assim, ficando comprovada a aplicação dos recursos de acordo com o estipulado no momento da celebração do contrato, restaria atendida a finalidade a que o crédito se destinou.

Admite-se a celebração de acordo de não persecução penal, a teor do que dispõe art. 28-A do Código de Processo Penal, introduzido pela Lei nº 13.964/2019, diante da previsão da pena cominada para o delito de reclusão, de 02 (dois) a 06 (seis) anos, e multa.

Artigo 21 Atribuir-se, ou atribuir a terceiro, falsa identidade, para realização de operação de câmbio:

Pena – Detenção, de 1 (um) a 4 (quatro) anos, e multa.

Parágrafo único. Incorre na mesma pena quem, para o mesmo fim, sonega informação que devia prestar ou presta informação falsa.

Tipo objetivo: Falsa identidade (artigo 307, CP) com o especial fim de agir – para realização de operação câmbio (troca de moeda por outra). Identidade: idade, filiação, nacionalidade, estado civil, profissão.

Marina Pinhão Coelho Araújo explica que "para que se impute falsa identidade a alguém é preciso que seja oficializada a conduta pelos meios possíveis e aptos a tal intento. Nos contratos de câmbio, esta imputação de identidade dá-se pela identificação do Cadastro de Pessoas Físicas no Brasil, ou no caso de empresa, de pessoas jurídicas."

No "caput" as condutas previstas são "atribuir-se" ou "atribuir a terceiro" falsa identidade, enquanto no parágrafo único a conduta é "sonegar informação" ou "prestar informação falsa."

A conduta descrita neste artigo tem por finalidade obstar que o agente mediante falsa identidade, realize operação de câmbio, e, ainda, na forma do parágrafo único, o legislador pretendeu vedar a conduta daquele que sonega informação que devia prestar ou presta informação falsa, com a finalidade de realizar operação de câmbio.[189]

No parágrafo único, como elemento normativo tem-se a expressão *informação* compreendida como o dado ou os dados acerca de algo ou de alguém. A sonegação da informação ou sua prestação falsa possui como objetivo específico a realização de operação de câmbio.

Veja-se:

> "No caso dos autos, ficou comprovado que a ação dos réus consistiu em prestar informações falsas ao Banco Central do Brasil, relacionando-se às formas equiparadas das elementares de ambos os tipos, porém, sem a finalidade especial de 'realização de operação de câmbio', exigida pelo artigo 21, uma vez apurado que a conduta teve como intenção justificar uma operação financeira anterior, inexistindo as operações de câmbio discriminadas nos comprovantes de venda de moeda estrangeira encaminhados à autarquia." (**TRF/4** – ACR nº 2000.71.00.037560-7/RS, Tadaaqui Hirose, 7ª T., *vu.*, *D.E* 24.10.2007)

Cezar Roberto Bitencourt preleciona que este delito deve ser praticado de forma idônea, isto é, com capacidade de enganar os operadores da instituição financeira. Salienta que:

> "Nesse sentido, é o magistério de Hungria que, analisando o art. 307 do Código Penal, afirma: 'não é, porém, necessário que o agente inculque ou simule integralmente identidade que não é a sua, bastando que o faça de modo idôneo a enganar e a criar ensejo à obtenção de indevida vantagem. Ademais, convém destacar, a falsidade da identidade não se caracteriza com a simples não correspondência de um ou outro de seus dados, ou com alguns deles, quando permitem a identificação da pessoa propriamente. Em outras palavras, erro, equívoco ou não correspondência de alguns dados

[189] PRADO. Luiz Regis. *Direito penal econômico: ordem econômica, relações de consumo, sistema financeiro, ordem tributária, sistema previdenciário, lavagem de capitais, crime organizado.* 4ª ed. rev., atual e ampl. São Paulo: RT, 2011, p. 216.

identificatórios, por mais relevantes que sejam, se não impedirem a identificação da pessoa como a própria, não caracterizam o crime, que é, não se pode ignorar, falsa identidade e não falsos dados ou atribuir-se dados não verdadeiros, requisitos ou informações relativos à sua identidade ou a de terceiro."[190]

Objeto jurídico: tutela-se a segurança e a lisura nas operações de câmbio e, por via de consequência, do mercado financeiro. A credibilidade do Sistema Financeiro Nacional, além da própria fé pública.

Acerca do tema, preceitua Rodolfo Tigre Maia:[191]

> "A realização de operações de câmbio, por sua repercussão ao nível da política cambial, quer no da incidência tributária, deve ser cercada de toda transparência possível e sujeita-se ao estrito controle das autoridades públicas responsáveis pela fiscalização do setor. Em consequência, neste tipo penal objetiva-se, precipuamente, a proteção da regularidade das operações de compra e venda de moeda estrangeira e, secundariamente, a fé pública indispensável à segurança das relações jurídicas."

Marina Pinhão Coelho Araújo considera que "Apesar de ser um crime de falso e atentar contra a credibilidade do sistema financeiro, viola, essencialmente, as regras do mercado cambiário. O mapeamento das reservas e das transferências assim como os proprietários destes valores, representa importante valor para a política cambiária nacional. Ressalte-se que as criptomoedas e a diminuição das fronteiras financeiras – a partir das transferências de moedas que não estão referenciadas como oficiais de um único país – são um desafio aos paradigmas do mercado financeiro assim como estruturado na maior parte do mundo."

Sujeito ativo: é qualquer pessoa, não se exigindo qualidade ou condição pessoal, permitindo o concurso de pessoas.

O **tipo subjetivo** do *caput* é representado pelo dolo, consubstanciado na vontade consciente de irrogar-se falsa identidade ou de atribuí-la a alguém, ao qual se deve acrescer um elemento subjetivo especial, a saber: o propósito de realizar operação de câmbio.

[190] BITENCOURT, Cezar Roberto; BREDA, Juliano. *Crimes contra o sistema financeiro nacional e contra o mercado de capitais*. 3. ed. São Paulo: Saraiva, 2014, p. 265.

[191] *Dos crimes contra o sistema financeiro nacional – anotações à lei federal nº 7.492/86*. São Paulo: Malheiros, 1996, p. 129.

No parágrafo único também se exige o elemento subjetivo doloso especial consubstanciado na expressão "para o mesmo fim" (realização da operação de câmbio).

Consumação: consuma-se com a falsa atribuição (a si ou a terceiro) da identidade mendaz ("caput"), independentemente de qualquer consequência (vantagem ou dano) ulterior, desde que idônea a produzi-la. Cuida-se de delito de mera conduta.

O parágrafo único prevê as condutas de sonegar informação e prestar informação falsa, tratando-se, também, de crime de mera conduta. Sua consumação se dá com a mera atividade do agente.[192]

Jurisprudência:

"1. Da mesma forma que o art. 4º, o art. 21 da Lei nº 7.492/86 ('Atribuir-se, ou atribuir a terceiro, falsa identidade, para realização de operação de câmbio') se consubstancia igualmente em proibição de comportamento fraudulento, com a finalidade de obter a realização de operação de câmbio. Destaque-se, ainda, que o art. 4º objetiva a higidez e segurança das instituições financeiras e das atividades daí decorrentes, incluindo-se, nesse âmbito, as operações de câmbio, que é justamente o bem jurídico tutelado pelo art. 21. A diferença marcante entre as condutas fraudulentas dispostas nos arts. 4º e 21 da Lei nº 7.492/86, reside na circunstância de que o primeiro é crime próprio, somente podendo ser executado por pessoas que tenham a condição de gerir a instituição financeira, sendo estas indicadas pelo art. 25 do mesmo diploma, e o segundo, crime comum, podendo ser praticado por qualquer pessoa. Nesse sentido, se a conduta perpetrada foi levada a efeito mediante o manejo de falsa identidade – que permitiu a abertura das contas 'fantasmas' – e revestindo-se os acusados da especial condição de gerentes de agência bancária, a conduta se subsume ao tipo do art. 4º da Lei nº 7.492/86. A condenação pelo art. 21 implicaria *bis in idem*, porquanto a fraude seria punida como parte de um todo (gestão fraudulenta) e como crime autônomo." (**TRF/2** – ACR nº 1995.51.01.031586-0/RJ, Rel. Des. Fed. Liliane Roriz, 2ª T., *vu.*, *DJU* 18.03.2009)

"Inicialmente, trago à baila trecho do V. Acórdão proferido pelo Superior Tribunal de Justiça, no julgamento do RESP 800280, pela propriedade da transcrição doutrinária nele versada acerca da objetividade jurídica da

192 MACHADO, Agapito. *Crimes do colarinho branco e contrabando/descaminho*. São Paulo: Malheiros, 1998, p. 58.

norma contida no tipo penal previsto no art. 21, parágrafo único, da Lei nº 7.492/86, e segundo a qual *verbis* 'tem por objetivo impedir a conduta daquele que sonega informação que devia prestar ou presta informação falsa com o especial fim de realizar operação de câmbio (Luiz Régis Prado in 'Direito Penal Econômico', Ed. Revista dos Tribunais, 1ª edição, 2004, pág. 324).

Tutela-se a segurança e lisura nas operações de câmbio e, em última análise o próprio mercado financeiro e a fé pública (Paulo José da Costa Jr., M. Elizabeth Queijo e Charles M. Machado in 'Crimes do Colarinho Branco', ed. saraiva, 1ª edição, 2000, pág. 130).

Por operação de câmbio (elemento normativo do tipo) entende-se aquela que envolve a compra e venda de moedas e papéis representativos de moeda' (Maria Helena Diniz in 'Dicionário Jurídico – Vol. 3', Ed. Saraiva, pág. 447).

O tipo objetivo prevê as condutas de sonegar informação e prestar informação falsa, tratando-se, portanto, de crime de mera conduta sua consumação se dá com a mera atividade do agente (Agapito Machado in 'Crimes do Colarinho Branco', Ed. Malheiros, 1ª edição, 1998, pág. 58).

Assim, o tipo penal descrito no artigo 21 da Lei nº 7492/1986, ao proteger a regularidade das operações de compra e venda de moeda estrangeira, dispensou a necessidade de obtenção da vantagem ilícita para a consumação do delito, e na modalidade prevista no seu parágrafo único, veiculou derivação do crime de falsidade ideológica, admitindo a realização do verbo da conduta típica de duas formas: uma omissiva de sonegar informações e outra comissiva de prestar informação falsa, ambas com o objetivo de realizar operação de câmbio, sendo que esta última admite as modalidades 'inserir ou fazer inserir', assim como no falsum ideológico, em que o agente cria uma informação fictícia ou altera de qualquer modo o conteúdo da informação verdadeira, visando realizar operação de câmbio." (**TRF/3** – ACR nº 2000.61.81.000385-6/SP, Rel. Des. Fed. Henrique Herkenhoff, 2ª T., *vu*, *DJU* 02.05.2008)

A pena prevista é a de detenção, de 1 (um) a 4 (quatro) anos, e multa. Admite-se a celebração de acordo de não persecução penal, nos termos do artigo 28-A do Código de Processo Penal.[193]

[193] Art. 28-A. Não sendo caso de arquivamento e tendo o investigado confessado formal e circunstancialmente a prática de infração penal sem violência ou grave ameaça e com pena mínima inferior a 4 (quatro) anos, o Ministério Público poderá propor acordo de não persecução penal,

Artigo 22 Efetuar operação de câmbio não autorizada, com o fim de promover evasão de divisas do País:

Pena – Reclusão, de 2 (dois) a 6 (seis) anos, e multa.

Parágrafo único. Incorre na mesma pena quem, a qualquer título, promove, sem autorização legal, a saída de moeda ou divisa para o exterior, ou nele mantiver depósitos não declarados à repartição federal competente.

Objeto jurídico: o tipo penal ora sob análise tutela a higidez e o equilíbrio das reservas cambiais brasileiras, a adequada formatação da política econômica e do mercado cambial brasileiro.

Marina Pinhão Coelho Araújo, ao tecer importantes comentários à obra de Manoel Pedro Pimentel, bem elucida que "alguns desafios impõem-se à proteção e controle das reservas cambiais: as criptomoedas representam, com toda certeza, o maior deles. Pela forma como funcionam – ignorando a existência das fronteiras entre os países – e pela facilidade de circulação de valores, sem necessidade de informação de proprietários e de compradores e vendedores. Ameaçam as políticas cambiais nacionais e o conteúdo de suas divisas. Em muitos casos já não faz mais sentido pensar em câmbio centralizado, tendo em vista transferência de valores realizada integral-

desde que necessário e suficiente para reprovação e prevenção do crime, mediante as seguintes condições ajustadas cumulativa e alternativamente: (Incluído pela Lei nº 13.964, de 2019) (Vigência)

I – reparar o dano ou restituir a coisa à vítima, exceto na impossibilidade de fazê-lo; (Incluído pela Lei nº 13.964, de 2019) (Vigência)

II – renunciar voluntariamente a bens e direitos indicados pelo Ministério Público como instrumentos, produto ou proveito do crime; (Incluído pela Lei nº 13.964, de 2019) (Vigência)

III – prestar serviço à comunidade ou a entidades públicas por período correspondente à pena mínima cominada ao delito diminuída de um a dois terços, em local a ser indicado pelo juízo da execução, na forma do art. 46 do Decreto-Lei nº 2.848, de 7 de dezembro de 1940 (Código Penal); (Incluído pela Lei nº 13.964, de 2019) (Vigência)

IV – pagar prestação pecuniária, a ser estipulada nos termos do art. 45 do Decreto-Lei nº 2.848, de 7 de dezembro de 1940 (Código Penal), a entidade pública ou de interesse social, a ser indicada pelo juízo da execução, que tenha, preferencialmente, como função proteger bens jurídicos iguais ou semelhantes aos aparentemente lesados pelo delito; ou (Incluído pela Lei nº 13.964, de 2019) (Vigência)

V – cumprir, por prazo determinado, outra condição indicada pelo Ministério Público, desde que proporcional e compatível com a infração penal imputada. (Incluído pela Lei nº 13.964, de 2019) (Vigência) mente em plataformas de criptomoedas virtuais, sem qualquer vínculo com a estrutura monetária nacional."[194]

Art. 22, "caput"

Tipo objetivo: no "caput" do referido artigo, está descrita uma **primeira modalidade de evasão** – "efetuar operação de câmbio não autorizada, com o fim de promover evasão de divisas". Contém diversos elementos normativos. Por **operação de câmbio** entende-se "operação de compra e venda de moeda estrangeira" ou "troca de moeda" (real por dólar, p. ex.).

As **divisas** são necessárias para o pagamento de dívidas contraídas no exterior e para o equilíbrio das reservas cambiais, sendo privativo do BACEN o direito de guardar moedas e divisas estrangeiras, bem como a administração exclusiva da operação de ingresso no país e sua saída.

Para Cezar Roberto Bitencourt, "o vocábulo 'divisas' é mais um elemento constante tanto do 'caput' como do parágrafo único, que tem significado cambial, econômico-financeiro, fiscal e jurídico, e deve ser interpretado, nessa diversidade de áreas do conhecimento, como atributo representativo de disponibilidades internacionais que um país possui para fazer frente ao comércio internacional. Consideram-se divisas, em outras palavras, as disponibilidades internacionais que um país possui em função de exportação de mercadorias, de serviços, empréstimos de capitais (venda de tecnologia, direitos de patente etc.) e podem ser representadas por títulos de crédito (consubstanciados em moeda estrangeira), tais como ordens de pagamento, letras de câmbio, cheques, entre outros, resgatáveis no exterior."[195]

De acordo com a jurisprudência, o conceito da expressão "divisas" depende de um juízo de valor para adquirir sentido jurídico e em nada ofende os princípios penais da legalidade, taxatividade e tipicidade (**TRF/4** – ACR nº 1999.04.01.069388-5/PR, Rel. Des. Fed. Fábio Rosa, 7ª T., por maioria, *DJ* 16.01.2002). São "letras, cheques, ordens de pagamento etc., convertíveis em moedas estrangeiras, ou às próprias moedas" (**Dicionário Houaiss**) ou ainda um "título que permite a um residente do país receber moeda ou mercadoria de um residente no exterior" (**Dicionário Aurélio**). Podem ser "cheques sacados contra bancos" (**STJ** – HC nº 10.329/PR, Rel.

[194] ARAÙJO, Marina Pinhão Coelho. *Crimes contra o sistema financeiro nacional* [livro eletrônico]: comentários à lei 7.492, de 16.6.86 / Manoel Pedro Pimentel. 1. ed. São Paulo: Thomson Reuters Brasil, 2020.

[195] Bitencourt, Cezar R. *Tratado de direito penal econômico*. Disponível em: Minha Biblioteca, Editora Saraiva, 2016. v.1.

Min. Edson Vidigal, 5ª T., *vu*, *DJ* 27.09.1999) ou "cheques sacados contra praças no exterior" (**TRF/4** – ACR nº 1999.04.01.059260-6/PR, Rel. Des. Fed. Ellen Gracie, 1ª T., *vu*, *DJ* 19.01.2000). Divisas podem, também, ser "ouro, como ativo financeiro ou instrumento cambial, conforme o disposto no DL nº 581/1969 e na Lei nº 4595/1964, art. 11, III" (**STJ** – HC nº 8133/RS, 6ª T., Rel. Min. Vicente Leal, *vu*, j. 19.09.2000, *DJ* de 12.02.2001).

Evasão: saída clandestina do país.[196]

Trata-se de norma penal em branco, já que se utiliza da expressão "realizar operação de câmbio **não autorizada**", exigindo que a sua integração se dê por outro normativo.

Neste ponto, cumpre registrar que as operações de câmbio devem ser levadas a efeito por meio de estabelecimentos autorizados, valendo citar o disposto no art. 10, X, "d", da Lei nº 4.595/1964, estabelecendo que: "Art. 10. Compete privativamente ao Banco Central da República do Brasil: X – Conceder autorização às instituições financeiras, a fim de que possam: (...) d) praticar operações de câmbio, crédito real e venda habitual de títulos da dívida pública federal, estadual ou municipal, ações Debêntures, letras hipotecárias e outros títulos de crédito ou mobiliários."

Sob este raciocínio, apenas subsistirá o delito do "caput" do art. 22 quando a operação de câmbio efetuada com o objetivo de evadir divisas for não autorizada.

Como bem explicitado por José Paulo Baltazar Jr.[197] a ausência de autorização não pode ser confundida com a fraude, desnecessária para a caracterização do crime em questão, mas que poderá ser utilizada como meio para a realização da operação de câmbio com o fim de evasão divisas, equivalendo, para fins de adequação típica, à operação não autorizada. Ainda, de acordo com o autor, "não há exigência de autorização prévia para a realização de câmbio, sendo os controles efetuados 'a posteriori'. A regulamentação cambial ainda exige, porém, o registro das operações, de modo que a sua realização fraudulenta ou clandestina segue sendo não autorizada e, portanto, criminosa."

O núcleo da conduta é efetuar (executar, fazer, realizar, efetivar) operação de câmbio não autorizada, com o fim de promover a evasão de divisas do país (crime comissivo). Prevalece o entendimento de que, para a **con-**

[196] MAIA, Rodolfo Tigre. *Dos crimes contra o sistema financeiro nacional: anotações à lei federal nº 7.492/1986*. São Paulo: Malheiros, 1996, p. 133.

[197] BALTAZAR JÚNIOR, José Paulo. *Crimes federais*. Disponível em: Minha Biblioteca, (11th edição). Saraiva, 2017.

sumação dessa modalidade de "evasão de divisas", basta que haja operação de câmbio em desacordo com as respectivas normas reguladoras e que esta tenha sido feita com objetivo de evasão, tratando-se de **delito formal**, não importando se a efetiva evasão ocorreu para a sua caracterização.

A conduta efetuar operação de câmbio não autorizada deve ser levada a efeito com a intenção de promover a evasão de divisas, mas não é necessário, destaque-se mais uma vez, que a evasão ocorra para a consumação do delito. Sob este espeque, o **tipo subjetivo** é o dolo, acrescido do direcionamento em promover a saída de divisas do país. Ausente este, não subsistirá o delito estampado no "caput."

Manoel Pedro Pimentel esclarece que somente haverá o crime previsto no "caput" quando o agente tiver essa intenção especial de promover a evasão de divisas do país, de modo que, se a intenção for a de obter vantagem de outra natureza, não se caracterizará o crime, porquanto não estará presente o intuito de promover a evasão de divisas.[198]

Ainda sobre o tema, José Paulo Baltazar Junior e Victor Rios Gonçalves explicam que "o crime do *caput* é formal e se consuma com a efetivação das operações de câmbio não autorizadas, sendo desnecessária a efetiva saída do numerário do País, o que se constitui em elemento subjetivo, e não objetivo, do delito (STJ, AgRg-REsp 1.691.688, Fischer, 5ª T., 24/05/2018). Caso sobrevenha a efetiva saída do numerário, após a realização de operação de câmbio fraudulenta, prevalecerá o delito do parágrafo único, restando absorvido o crime do 'caput'. Cuida-se de crime progressivo, em que resta absorvido o primeiro delito, que é formal, subsistindo o crime material que lhe sucedeu."[199]

Nessa linha de entendimento, restará caracterizado o delito do "caput" do art. 22 quando for efetuada operação de câmbio não autorizada com o fim de promover a evasão de divisas, ao passo que, na hipótese de efetivamente ocorrer a evasão de divisas, subsistirá o delito estampado na primeira parte do parágrafo único do art. 22.

Note-se que, nas operações identificadas como dólar-cabo, em que há a transferência de titularidade de numerário entre o Brasil e o exterior sem que, para tanto, haja a saída física das divisas, em se entendendo que o iní-

[198] PIMENTEL, Manoel Pedro. *Crimes contra o sistema financeiro nacional* [livro eletrônico]: comentários à lei 7.492, de 16.6.86 / Manoel Pedro Pimentel. 1. ed. São Paulo: Thomson Reuters Brasil, 2020.

[199] GONÇALVES, Victor Eduardo, R. *et alli.* Esquematizado – *Legislação penal especial.* Disponível em: Minha Biblioteca, (8th edição). Saraiva, 2022.

cio da transação da operação no Brasil já consuma a evasão de divisas pelo disposto no "caput" do art. 22 (efetuar operação de câmbio com a intenção de promover a evasão), a comprovação do recebimento dos valores no exterior caracterizará o delito da primeira parte do parágrafo único do art. 22.

Portanto, caso a operação de câmbio objetivando a transferência por dólar-cabo gere a disponibilidade das divisas ou moedas no exterior, haverá o crime progressivo. Como explicitado por José Paulo Baltazar Junior, a operação de câmbio com o fim de transferência por sistema informal caracteriza o crime do "caput" do art. 22, enquanto a efetiva remessa fará incidir a primeira parte do parágrafo único, que é a evasão de divisas propriamente dita.[200]

Não se admite a modalidade culposa.

O **objeto material** são as divisas.

O **sujeito ativo** é comum, podendo o crime ser perpetrado por qualquer pessoa. Nesse sentido: **STJ** – "o delito do art. 22 da Lei nº 7.492/1986 configura crime comum e sujeita todo agente que faça operação de câmbio não autorizada, visando à evasão de divisas" (RHC nº 9.281/PR, Rel. Min. Gilson Dipp, 5ª T., *vu*, *DJ* 30.10.2000); "o ilícito insculpido no art. 22 da Lei nº 7.492/1986 é crime comum, de forma que a sanção a ele cominada se aplica a qualquer pessoa que realize operação de câmbio não autorizada" (**TRF/4** – HC nº 2002.04.01.028979-0, Rel. Des. Fed. Élcio Pinheiro de Castro, 8ª T., *vu*, *DJU* 28.08.2002); **TRF/4** (ACR nº 2003.70.00.051539-8/PR, Rel. Des. Fed. Paulo Afonso Brum Vaz, 8ª T., *vu*, *DE* 13.05.2009).

Jurisprudência: Gerente de banco – "sendo responsável exclusivo por fechamento de contratos de câmbio em banco comercial que simula importação com contrato e guia inidôneos, possibilitando evasão de divisas do país, incorre nas penas do art. 22, *caput*, da Lei nº 7.492/1986" (**TRF/2** – ACR nº 2000.02.01.027891-2/RJ, Rel. Des. Fed. Nizete Rodrigues, 5ª T., *vu*, *DJ* 20.02.2002); Elemento subjetivo – requer o elemento subjetivo do injusto "com o fim de" (**TRF/4** – RSE nº 2002.04.01.012440-5/SC, Rel. Des. Fed. Fábio Rosa, 7ª T., *vu*, *DJ* 26.11.2002).

Art. 22, parágrafo único, primeira parte

Há, ainda, no parágrafo único (primeira parte), a descrição de uma **segunda modalidade** de "evasão de divisas", a qual diz respeito ao agente

[200] BALTAZAR JÚNIOR, José Paulo. *Crimes federais*. Disponível em: Minha Biblioteca, (11th edição). Saraiva, 2017.

que promove, a qualquer título, a saída de moeda ou divisas para o exterior sem autorização legal.

O núcleo da conduta é promover (executar, realizar), a qualquer título, a saída de moeda ou divisas para o exterior sem autorização legal (crime comissivo).

Assim como no "caput", o **sujeito ativo** é comum, podendo o crime ser levado a efeito por qualquer pessoa.

O **objeto material:** moeda ou divisas.

Nesse caso, prevalece o entendimento de que **o delito se consuma** com a efetiva saída (sem autorização) da reserva monetária do Brasil (delito de resultado), mesmo que de maneira "oblíqua" (não física), tal como ocorre nas operações clandestinas realizadas a cabo e sem o controle do Banco Central (*vide* STJ, Quinta Turma, AgRg no REsp 1691688/RS, Rel. Ministro Felix Fischer, julgado em 24.05.2018, DJe de 30.05.2018). Nesse sentido, o crime se consuma no momento em que o agente, diretamente ou com auxílio material de terceiros, logra a saída da moeda ou divisas: se a evasão é em espécie, tal ocorrerá com a transposição de nossas fronteiras pelo agente que porta a moeda ou as divisas; se a evasão é por meio de câmbio-sacado, p. ex., a consumação se dará com a concretização da operação capaz de gerar a disponibilidade no exterior.

Portanto, a conduta de promover a saída de moeda ou divisas abarca não somente a remessa ou o transporte físico dos valores, mas também a transferência eletrônica, inclusive a realizada por sistema informal, como nas operações denominadas "dólar-cabo" (STF, AP nº 470, Relator Ministro Joaquim Barbosa, Tribunal Pleno, 17.12.2012).

Sob esta ótica, em alguns casos, como mencionado anteriormente, prescinde-se da saída física da moeda do território nacional, perfectibilizando-se o delito no momento em que o agente goza de sua disponibilidade no exterior. Ao revés, na hipótese de se tratar de evasão em espécie, o crime se consuma com a efetiva saída de moeda ou valores, transpondo nossas fronteiras.

Em linhas gerais, trata-se de modalidade que se relaciona ao envio (clandestino e/ou fraudulento e/ou sem a necessária declaração à repartição federal competente) de divisas (estas entendidas como a própria moeda ou seus títulos representativos, tais como letras de câmbio, ordens de pagamento, cheques etc) ou de moeda para outro país, do que resulta, geralmente, ausência de pagamento dos tributos devidos, além de prejuízo à política econômica e cambial.

Note-se que, embora a atividade de transporte de moeda seja, em princípio, lícita, haverá crime sempre que a remessa ou saída dos valores ocorrer de forma: a) *clandestina*, com a remessa ou transporte físico sem declaração; b) *fraudulenta*, com a remessa por meio físico ou eletrônico escudada em documento falso; ou c) com prestação de informação falsa ou remessa de valor acima do limite em relação ao qual é exigida a declaração.[201]

Há que se registrar que não se exige autorização específica para cada ato de remessa, mas sim que as operações sejam efetivadas de acordo com os atos normativos de lavra do Banco Central do Brasil e realizadas exclusivamente por meio de instituições autorizadas.

O elemento normativo "sem autorização legal" diz respeito ao descompasso com as condições estatuídas na Lei nº 14.286, de 29.12.2021 tratando-se, pois, **de norma penal em branco.**

Para a satisfação desta elementar, basta que a conduta realizada esteja em desconformidade com as normas de regência e não que ocorra à míngua de autorização expressa, no sentido de haver um ato específico que autorize a operação.

Em linhas gerais, tem-se entendido que a elementar "sem autorização legal" deve ser compreendida como presente quando a remessa de valores ao exterior ocorrer de forma clandestina ou fraudulenta.

A propósito, é importante mencionar que o artigo 14 da Lei nº 14.286, de 29.12.2021,[202] que dispõe sobre o mercado de câmbio brasileiro, o capital

---

201 BALTAZAR JÚNIOR, José Paulo. *Crimes federais*. Disponível em: Minha Biblioteca, (11th edição). Saraiva, 2017.

202 O artigo 65, parágrafo 1º, inciso I, da Lei nº 9.069/1995, **que regulava entrada e saída física de valores do país, antes da entrada em vigor da Lei nº 14.286/2021, tendo sido revogado por esta Lei, estabelecia que o limite para o transporte manual de quantias desacompanhadas de DPV** – Declaração de Porte de Valores – **era de R$10.000,00** – dez mil reais (ou quantia equivalente em moeda estrangeira): "**Art. 65** O ingresso no País e a saída do País de moeda nacional e estrangeira devem ser realizados exclusivamente por meio de instituição autorizada a operar no mercado de câmbio, à qual cabe a perfeita identificação do cliente ou do beneficiário. (Redação dada pela Lei nº 12.865, de 2013) (Revogado pela Lei nº 14.286, de 2021). **§ 1º** Excetua-se do disposto no caput deste artigo o porte, em espécie, dos valores: I – quando em moeda nacional, até R$ 10.000,00 (dez mil reais); II – quando em moeda estrangeira, o equivalente a R$ 10.000,00 (dez mil reais); III – quando comprovada a sua entrada no País ou sua saída do País, na forma prevista na regulamentação pertinente. **§ 2º** O Banco Central do Brasil, segundo diretrizes do Conselho Monetário Nacional, regulamentará o disposto neste artigo, dispondo, inclusive, sobre a forma, os limites e as condições de ingresso no País e saída do País de moeda nacional e estrangeira. (Redação dada pela Lei nº 12.865, de 2013). **§ 3º** A não observância do contido neste artigo, além das sanções penais previstas na legislação específica, e após

brasileiro no exterior, o capital estrangeiro no país e a prestação de informações ao Banco Central do Brasil, estabelece que o limite para o transporte manual de quantias desacompanhadas de DPV – Declaração de Porte de Valores – é de até US$ 10.000,00 – dez mil dólares dos Estados Unidos da América (ou quantia equivalente em outras moedas):

> "Art. 14. O ingresso no País e a saída do País de moeda nacional e estrangeira devem ser realizados exclusivamente por meio de instituição autorizada a operar no mercado de câmbio, à qual caberá a identificação do cliente e do destinatário ou do remetente.
>
> § 1º O disposto no caput deste artigo não se aplica ao porte, em espécie, de valores:
>
> I – até US$ 10.000,00 (dez mil dólares dos Estados Unidos da América) ou seu equivalente em outras moedas; e
>
> II – cuja entrada no País ou saída do País seja comprovada na forma do regulamento de que trata o § 4º deste artigo.
>
> § 2º Observadas as diretrizes do Conselho Monetário Nacional, o Banco Central do Brasil regulamentará as disposições do caput deste artigo e poderá dispor sobre:
>
> I – a forma, os limites e as condições de ingresso no País e saída do País de moeda nacional ou estrangeira;
>
> II – os tipos de instituições autorizadas a operar no mercado de câmbio que não poderão efetuar o ingresso no País e a saída do País de moeda nacional ou estrangeira, considerados o porte, a natureza e o modelo de negócio das instituições.
>
> § 3º O descumprimento do disposto neste artigo acarretará, após o devido processo legal, o perdimento do valor excedente aos limites referidos no § 1º deste artigo em favor do Tesouro Nacional, além das sanções penais previstas na legislação específica.
>
> § 4º Compete à Secretaria Especial da Receita Federal do Brasil do Ministério da Economia regulamentar o disposto no § 1º deste artigo e aplicar a penalidade de perdimento de que trata o § 3º deste artigo, na forma dos §§ 1º, 2º, 3º, 4º, 5º e 6º do art. 89 da Medida Provisória nº 2.158-35, de 24 de agosto de 2001, e de demais disposições constantes da legislação aplicável."

o devido processo legal, acarretará a perda do valor excedente dos limites referidos no § 1º deste artigo, em favor do Tesouro Nacional."

Como se vê, **para a saída de valores em espécie (física)**, haverá a necessidade de declaração quando o montante estipulado pela legislação assim o exigir. Atualmente, ela é realizada eletronicamente por meio da e-DBV (Declaração eletrônica de bens do viajante) e apresentada à fiscalização aduaneira para validação.[203]

Observe-se que a Lei nº 14.286, de 29.12.2021 (que promove alterações no mercado de câmbio brasileiro e também complementa o crime de evasão de divisas), revogou o art. 65 acima mencionado. Aludida legislação entrou em vigor após decorrido 1 (um) ano de sua publicação oficial (*DOU* 30.12.2021), estando vigente desde 30.12.2022.[204]

Como se registou a atual lei do mercado de câmbio alterou os valores de ingresso e saída do país de moeda nacional e estrangeira ou o seu equivalente em outra moeda, especificando, em seu art. 14, "caput", que "o ingresso no País e a saída do País de moeda nacional e estrangeira devem ser realizados exclusivamente por meio de instituição autorizada a operar no mercado de câmbio, à qual caberá a identificação do cliente e do destinatário ou do remetente", tendo no inciso I do § 1º estatuído que o disposto no "caput" não se aplica ao porte, em espécie, de valores até US$ 10.000,00 (dez mil dólares dos Estados Unidos da América) ou seu equivalente em outras moedas.

Embora a Lei que dispõe sobre mercado de câmbio esteja em vigor desde 30.12.2022, importante destacar qual seria o entendimento adequado no que diz respeito à aplicação imediata, ou não, de normas penais mais benéficas no período da *vacatio legis*.

A Lei nº 14.286/2021, ao estabelecer como limite um patamar maior (até dez mil dólares americanos ou seu equivalente em outras moedas) do que os dez mil reais ou o seu equivalente em moedas alienígenas delineados no revogado § 1º do art. 65 da Lei nº 9.069/1995, por se tratar de uma norma penal com caracteres mais benéficos, implementou a *abolitio criminis* no período da *vacatio legis* para aquelas condutas em que o porte em espécie para o exterior, sem a devida declaração à Receita Federal, ficasse entre os aludidos limites, impondo a extinção da punibilidade (art. 107, inciso III, do CP) do delito de evasão de divisas?

Rodrigo de Grandis tece considerações no sentido de que "ainda que sob 'vacatio legis', a lei existe juridicamente, e se encontra perfeita e completa. O lapso temporal existente entre a publicação e a sua efetiva vigência

[203] Disponível em: https://www.edbv.receita.fazenda.gov.br/edbv-viajante/pages/declaracaoSaida/criar/criarDeclaracaoSaidaInfoBagagem.jsf. Acessado em 02.06.2023.

[204] Art. 29. Esta Lei entra em vigor após decorrido 1 (um) ano de sua publicação oficial.

serve tão somente ao propósito de a norma ser de conhecimento da sociedade em geral e de os órgãos encarregados de aplicá-la e executá-la se prepararem adequadamente para isso. Os dispositivos penalmente benignos da Lei 14.286/2021 refletem uma nova visão estatal acerca do mercado de câmbio brasileiro e, sob uma perspectiva político-criminal, não se justifica que o Estado continue a impor a pena em prejuízo de valores jurídicos fundamentais do transgressor da norma quando a considera inútil, anacrônica e iníqua. Sendo assim, parece-me que os princípios constitucionais da legalidade e da retroatividade da lei penal mais benéfica – permeados pela necessidade de preservação intransigente da dignidade da pessoa humana – não podem ser obstaculizados pelo legislador ordinário, devendo ter eficácia imediata em relação ao agente que, em virtude de uma dada situação concreta, pode potencialmente ser alcançado pelos seus efeitos benignos. Essa indeclinável imposição de caráter constitucional e legal sucederá no caso do delito de evasão de divisas previsto no artigo 22, parágrafo único, primeira parte, da Lei 7.492/1986, em função da majoração do patamar para a declaração obrigatória de porte de valores em espécie, implementada no artigo 14, §1º, da Lei 14.286/2021, que contempla, como anotado alhures, uma notável hipótese de 'abolitio criminis'."[205]

A conduta se tornou atípica desde que os valores estejam abaixo do preconizado na atual Lei que dispõe sobre o mercado de câmbio sendo coerente que a lei penal que se mostra mais benéfica retroaja seus efeitos no período da *vacatio legis* em conformidade com o que preceitua a Constituição Federal (art. 5º, inciso XL) ao determinar que a lei penal deva retroagir se em benefício do agente.

No que diz respeito à **saída eletrônica ou escritural**, necessariamente deverá ser realizada por meio de instituição autorizada a operar no mercado de câmbio, à qual cabe a perfeita identificação do cliente ou do beneficiário, nos termos do "caput" do art. 14 da Lei nº 14.286, de 29.12.2021.

Como se vê, a legislação permite, em relação ao valor de até US$ 10.000,00 – ou o seu equivalente em moeda alienígena (art. 14 da Lei nº 14.286/2021), tão somente a saída física de moeda sem comunicação às autoridades brasileiras. Por outro lado, na hipótese de saída escritural de moeda para o exterior por meio de transferência eletrônica, a lei exige o processamento do envio exclusivamente por meio do sistema bancário, com

[205] *Aspectos penais da nova Lei do Mercado de Câmbio*. Disponível em: https://www.anpr.org.br/imprensa/artigos/26039-aspectos-penais-da-nova-lei-do-mercado-de-cambio. Acesso em 02.06.2023.

perfeita identificação do cliente ou beneficiário, para quaisquer valores a serem remetidos, não havendo que se falar em atipicidade da conduta ainda que o *quantum* seja inferior ao estipulado pelas normas administrativas para a saída dos valores em espécie (STJ, AgRg nº 1686730/RS, Min. Maria Thereza de Assis Moura, Sexta Turma, DJe 14.04.2018).

O sistema conhecido como "dólar-cabo" consiste em operação de câmbio sacado à distância, em que determinado agente, com o intuito de remeter reservas ao exterior, as deposita na conta bancária de outro agente no Brasil, o qual, geralmente com o auxílio de um ou mais doleiros (intermediários), entrega o correspondente em conta no exterior indicada pelo primeiro agente. Consiste, pois, em sistema de remessa de valores alternativo e paralelo ao sistema bancário ou financeiro tradicional, o qual tem por base a confiança e se operacionaliza por meio de compensações. Trata-se de operação não autorizada, isto é, à margem do mercado oficial, já que a legislação determina que remessas de valores ao exterior devem ocorrer exclusivamente por meio de transferências bancárias (com perfeita identificação do cliente ou beneficiado). Portanto, a prática de "dólar-cabo" caracteriza evasão de divisas.

Especificamente no que diz respeito a essas operações "dólar-cabo", o STJ já destacou que é típica a remessa de dólar-cabo em valores inferiores ao limite estabelecido pelas normas administrativas para o transporte físico de valores, esclarecendo que "no caso das operações 'dólar-cabo' existe uma grande facilidade na realização de centenas ou até milhares de operações fragmentadas sequenciais. É muito mais simples do que a transposição física, por diversas vezes, das fronteiras do país com valores inferiores a R$ 10.000,00. Admitir a atipicidade das operações do tipo 'dólar-cabo' com valores inferiores a R$ 10.000,00 é fechar a janela, mas deixar a porta aberta para a saída clandestina de divisas" (STJ, Resp nº 153.5956/RS, Min. Maria Thereza de Assis Moura, Sexta Turma, DJe 09.03.2016).

O STF também apresenta julgado no sentido de que, "nas transações conhecidas como operações dólar-cabo, não é possível utilizar o valor de R$ 10.000,00 (dez mil reais) como parâmetro para a configuração do crime de evasão de divisas, uma vez que a exceção prevista no artigo 65, § 1º, da Lei 9.069/95 refere-se apenas à saída de valores em espécie" (STF, Agravo Regimental no Habeas Corpus nº 155693000007665, Rel. Luiz Fux, Primeira Turma, Sessão Virtual de 17.08.2018 a 23.08.2018).

Tais jurisprudências consideraram o limite anterior disposto no artigo 65 da Lei nº 9.069/1995, o qual foi revogado pelo mencionado artigo 14 da Lei nº 14.286, de 29.12.2021.

Aliás, como já pontuado em tópico anterior, no sistema de dólar-cabo, caso a operação de câmbio visando a transferência a cabo venha a gerar, de fato, disponibilidade financeira no exterior, o delito será o da primeira parte do parágrafo único do art. 22, ocorrendo crime progressivo. Isto é, a operação de câmbio com o fim de transferência por sistema informal caracteriza o crime do "caput" do art. 22, enquanto a operação de câmbio com a efetiva remessa fará incidir a primeira parte do parágrafo único, que é a evasão de divisas propriamente dita.[206]

Também cumpre registrar que, em voto proferido nos autos do HC nº 157.604/RJ (publicado no informativo nº 914 do STF), menciona-se a expressão "dólar-cabo invertido", concluindo-se que a ação de efetuar operação de câmbio não autorizada com o fim de promover a internalização de capital estrangeiro não configuraria evasão de divisas. Por oportuno, transcreve-se trecho do voto proferido pelo Exmo. Ministro Gilmar Mendes naquela oportunidade:

> "A operação de dólar-cabo invertido, que consistiria em efetuar operação de câmbio não autorizada com o fim de promover a internalização de capital estrangeiro, não se enquadra na evasão de divisas, na forma do caput do art. 22. Além disso, não há que se cogitar de seu enquadramento no tipo do parágrafo único do art. 22, uma vez que não podemos presumir que a internalização decorra de valores depositados no exterior e não declarados à autoridade financeira no Brasil. Ainda, cabe lembrar que o crime de 'manter depósitos não declarados' no exterior só se perfectibiliza se o dinheiro estivesse depositado no exterior na virada do ano e não fosse declarado ao Banco Central no ano seguinte, e nada disso consta do decreto de prisão." (STF, 2ª Turma, Habeas Corpus nº 157.604/RJ, Rel. Min. Gilmar Mendes, julgado em 04.09.2018)

Note-se que não se trata de entendimento pacificado, mas sim de posicionamento adotado em julgamento de Habeas Corpus, de modo que a questão acerca de a operação "dólar-cabo invertido" caracterizar ou não evasão de divisas permanece sendo objeto de discussão entre os juristas.

Não obstante, filio-me a posicionamento diverso, qual seja, o de que o texto normativo do parágrafo único do art. 22 da Lei nº 7.492/1986 imputa o crime de evasão de divisas a todos os envolvidos na transação ("dólar-

[206] BALTAZAR JÚNIOR, José Paulo. *Crimes federais*. Disponível em: Minha Biblioteca, (11th edição). Saraiva, 2017.

-cabo") da qual tenha resultado remessa irregular de divisas ao exterior, inclusive àquele que, de maneira consciente e voluntária, tenha fornecido sua conta bancária no Brasil para depósito dos valores (virtualmente remetidos) correspondentes. Se, por um lado, é certo que a intenção daquele que pratica "dólar-cabo invertido" é, simplesmente, a de internalizar divisas (e não a de remetê-las ao exterior), por outro, é sabido que, sem a participação desse agente em uma das pontas dessa sofisticada cadeia criminosa, o esquema "dólar-cabo" e, por consequência, a remessa sem registro de divisas ao exterior, não se viabilizaria.

Não menos importante salientar que as operações de importação podem ser pagas por meio de contratos de câmbio celebrados com agentes autorizados pelo Bacen, caracterizando saída de divisas para fins de controle das reservas cambiais, na medida em que o crédito decorrente será liberado no exterior.

A conduta consubstanciada na celebração de contrato de câmbio vinculado a importações fictícias, com a efetiva remessa de valores ao exterior, amolda-se perfeitamente ao disposto na primeira parte do parágrafo único do artigo 22 da Lei nº 7.492/1986, diante da consecução de modo fraudulento, o que perfaz a remessa não autorizada.

Se um indivíduo remeter ilegalmente ao exterior determinada quantia a título de pagamento à vista de importações sem o correspondente ingresso de mercadorias em solo brasileiro, bem como prestar informações falsas ao BACEN para a realização de operação de câmbio valendo-se de contratos simulados, estes relacionados à suposta aquisição de produto junto a uma empresa no exterior, ainda que o faça com o intermédio de Corretora de Câmbios Títulos e Valores Mobiliários S/A, estará promovendo evasão de divisas.

Por outro lado, as autoridades de fiscalização terão que comprovar que as mercadorias supostamente importadas jamais ingressaram em território nacional e que não houve o repatriamento dos valores. Assim, estaria revelado que tais contratos não passaram de simulação para justificar a realização de operações de câmbio não autorizadas com o objetivo de promover evasão de divisas.

Como já mencionado anteriormente, o crime de evasão de divisas pode ser levado a efeito por diversos mecanismos, desde a simples saída do país com porte de dinheiro em valor superior ao disposto na legislação, até complexos sistemas de envio ilegal de valores ao exterior, o que, neste último caso, ensejará o recrudescimento da pena (STJ, Resp nº 1535956/RS, Min.

Maria Thereza de Assis Moura, Sexta Turma, DJe 09.03.2016 e AgRg no HC nº 644.074/PR, Rel. Min. Jesuíno Rissato – Desembargador Convocado do TJDFT, Quinta Turma, *DJ* 27.09.2021).

Portanto, os sofisticados e tortuosos esquemas de evasão de divisas que dificultam a persecução penal merecem maior reprimenda quando da fixação da pena-base, em especial com a valoração negativa do vetor circunstâncias do crime. Do mesmo modo, o *quantum* efetivamente evadido também deve ser levado em consideração no sopesamento da pena-base, pelo vetor consequências do crime.

Nesse sentido: "(...) 1.1. Segundo as instâncias ordinárias, para o delito do art. 22, parágrafo único, da Lei nº 7.492/86, constatou-se a evasão de US$ 700.000,00 (setecentos mil dólares), montante que justifica a valoração negativa das consequências do crime. Ainda, foram identificadas remessas para diversos países, justificando a valoração negativa das circunstâncias do crime." (STJ, AgRg no AREsp nº 1711688/SP, Rel. Min. Joel Ilan Paciornik, Quinta Turma, julgado em 23.11.2021, *DJe* 26.11.2021); "(...) 2. O envio de elevado montante ao exterior, mais de U$2.000.000,00 (dois milhões de dólares), sem comunicação às autoridades brasileiras produz repercussão nas reservas cambiais do país e constitui motivo idôneo para a elevação da pena-base por função das consequências" (STJ, AgRg no REsp nº 1465912/RS, Rel. Min. Maria Thereza de Assis Moura, Sexta Turma, julgado em 08.02.2018, DJe 19.02.2018).

O **tipo subjetivo** é o dolo, caracterizado pela vontade livre e consciente de promover, a qualquer título, a saída de divisas para o exterior sem autorização legal. Não se exige especial elemento subjetivo do tipo. Nesse sentido: "É firme a jurisprudência dos Tribunais Superiores no sentido de que a conduta tipificada na primeira parte do parágrafo único do artigo 22 da Lei dos Crimes contra o Sistema Financeiro Nacional, diversamente daquela descrita no 'caput' do referido dispositivo legal, não exige elemento subjetivo próprio para que seja consumado o delito, bastando, para tanto, o envio de moeda ao exterior sem a devida autorização legal" (STJ, AgRg no REsp nº 1430360/RS, Rel. Ministra Maria Thereza de Assis Moura, Sexta Turma, *DJe* 13.11.2017).

Jurisprudência:

"(...) 1. O crime de evasão de divisas, previsto no art. 22 da Lei nº 7.492/86, pressupõe a remessa de disponibilidades cambiais para o exterior. Em outras palavras, a norma penal prevê como criminosa a conduta de evadir moedas ou divisas. 2. Na hipótese, não foi ressaltada a saída de moedas ou divisas, mas a compra, no Paraguai, de veículo produto de furto/roubo praticado no Brasil. Portanto, a conduta investigada não se enquadra no fato típico supramencionado." (STJ, CC nº 178.639/PR, Rel. Ministra Laurita Vaz, Terceira Seção, julgado em 23.06.2021, *DJe* 01.07.2021)

"(...) a jurisprudência de ambas as Turmas componentes da 3ª Seção desta Corte tem entendido que, no delito de evasão de divisas, 'a experiência do agente é valor de maior reprovação social, não se constituindo em elementar do crime ou seu elemento subjetivo' (HC 200.292/PR, Rel. Ministro ROGERIO SCHIETTI CRUZ, Rel. p/ Acórdão Ministro NEFI CORDEIRO, SEXTA TURMA, julgado em 07/08/2014, DJe 03/09/2014). Precedente: HC 206.145/PR, Rel. Ministra LAURITA VAZ, QUINTA TURMA, julgado em 22/05/2012, DJe 05/06/2012.

8. Como decorrência dessa orientação, o alto nível de conhecimento que o réu detém do funcionamento do mercado de câmbio e de trâmites negociais internacionais não constitui elementar do delito de evasão de divisas e pode ser utilizado como justificativa para reputar maior a reprovabilidade de sua conduta e, por consequência, para majorar a pena base.

9. Agravo regimental a que se nega provimento."

(STJ, AgRg nos EREsp nº 1535956/RS, Rel. Min. Reynaldo Soares da Fonseca, Terceira Seção, julgado em 25.05.2016, *DJe* 01.06.2016)

Doleiros: normalmente remetem recursos ilegalmente para o exterior e, visando não serem rastreados por meio de cheques ou por contas de terceiros ("laranjas"), utilizaram largamente de contas correntes mantidas em instituições bancárias de Foz do Iguaçu. Vale citar o seguinte julgado: "pratica o crime do artigo 22 da Lei nº 7.492/86, aquele que deposita, pessoalmente ou por meio de terceiros conhecidos por 'laranjas', quantia em conta tipo 'CC5', que são contas-correntes pertencentes a residentes no Brasil que têm domicílio no exterior, como se o depósito fosse de recursos originários de Ciudad Del Este, Paraguai, quando na verdade são nacionais, regra geral de natureza ilícita, tudo porque tal ação permite que a importância depositada fique disponível para saque em praça bancária estrangeira, na moeda de conveniência do interessado." (**TRF/4** – ACR nº 2002.04.01.049689-8/PR, Rel. Des. Fed. Vladimir Freitas, 7ª T., *vu, DJ* 29.04.2003)

Art. 22, parágrafo único, segunda parte: manutenção de valores não declarados no exterior

Por fim, há, ainda, uma **terceira modalidade** de "evasão de divisas", também prevista no parágrafo único do referido artigo (segunda parte), a qual diz respeito ao agente que mantém, no exterior, depósitos não declarados ao órgão competente. Nesse caso, não é necessário que o cidadão promova efetiva saída de moeda ou divisa, mas, simplesmente, que ele mantenha no exterior depósitos não declarados à repartição federal competente.

Em suma, o cidadão que não fizer a declaração à repartição federal competente no prazo determinado, praticará o crime de evasão de divisas na modalidade "manter depósito no exterior não declarado à repartição federal competente". Nesse caso, o dinheiro pode ter sido enviado corretamente ou recebido licitamente no exterior, p. ex., já que o que é relevante, para efeitos penais, é saber se o agente se omitiu quanto à existência desse valor perante a autoridade competente. Trata-se, pois, de crime omissivo que se consuma a partir de passada a data em que o dever de informar deveria ter sido cumprido.

Marina Pinhão Coelho Araújo, cita importante compreensão de Miguel Reale Jr. (*Evasão de Divisas e suas formas típicas* – texto não publicado, p. 06.), bem elucidando que o autor "defendeu, em texto recente, ser a conduta final do parágrafo único crime omissivo, por caracterizar-se por conduta de deixar de informar, mesmo o núcleo do tipo sendo uma ação propositiva. 'O crime é omissivo, mas a partir da ocorrência de determinada situação consistente em ter depósito no exterior, deixando de declarar a existência do mesmo à repartição federal competente'. Assim entendido, o conteúdo da proibição não se caracteriza como uma mera manutenção no exterior; o delito configura-se a partir da obrigação de informar, à autoridade brasileira, a omissão nas declarações". Marina Pinhão Coelho Araújo, no entanto, finaliza dispondo que "a nosso ver, a conduta típica não é exclusivamente omissiva. Isso porque *manter* é o verbo nuclear, e mesmo aceitando que a mera manutenção não é típica, desde que devidamente informada para as autoridades competentes, é preciso conjugar a manutenção acima de cem mil dólares em 31 de dezembro e a não declaração ao Banco Central para que o conjunto típico esteja completo."[207]

[207] ARAÚJO, Marina Pinhão Coelho. *Crimes contra o sistema financeiro nacional* [livro eletrônico]: comentários à lei 7.492, de 16.6.86 / Manoel Pedro Pimentel. 1. ed. São Paulo: Thomson Reuters Brasil, 2020.

Como dito anteriormente, entendo que se trata de crime omissivo, cuja consumação ocorrerá a partir de passada a data em que o dever de informar deveria ter sido levado a efeito.

O núcleo da conduta é "manter" (conservar) depósitos no exterior.

Manter depósito no exterior não é crime. O crime somente se configura se tal manutenção não for comunicada à "repartição federal competente", e nos exatos moldes por ela estabelecidos.

Manoel Pedro Pimentel, ao tratar sobre o tema, explica que a norma incrimina o fato de alguém manter depósitos (em moeda ou divisas) no exterior não declarados, ou seja, sem conhecimento da repartição federal competente, já que tal conduta frustra a finalidade da política econômica do governo permitindo que aludidos bens fiquem de fora da esfera de administração do Bacen e à livre disposição do particular. Ao mesmo tempo, viabiliza que sejam omitidos à Receita Federal, propiciando a sonegação de tributos.[208]

Trata-se de **norma penal em branco** já que o dispositivo necessita de complementação revelada pela expressão "depósitos não declarados **à repartição federal competente.**"

E qual seria tal repartição federal competente?

Repartição federal competente

a) BACEN: conforme entendimento consagrado em 2011 pelo Juiz Federal Marcelo Costenaro Cavali, **com o qual me coaduno**, a comunicação somente deveria ser realizada ao BACEN:[209]

> "Inicialmente, é preciso frisar que as pessoas físicas e jurídicas domiciliadas no país possuem o dever de declarar a existência de depósitos mantidos no exterior a duas repartições públicas distintas: a Receita Federal do Brasil (artigo 25, § 4º, da Lei nº 9.250/1995; artigos 798 e 804 do Decreto nº 3.000, de 26 de março de 1999) e ao Banco Central do Brasil (artigo 1º do Decreto-lei nº 1.060 de 1969). Entretanto, a meu ver, **a** partir de 2001 – os fatos tidos por criminosos na denúncia se iniciam em 2003 –, somente a

[208] PIMENTEL, Manoel Pedro. *Crimes contra o sistema financeiro nacional* [livro eletrônico]: comentários à lei 7.492, de 16.6.86. 1. ed. São Paulo: Thomson Reuters Brasil, 2020.

[209] O magistrado, ao proferir decisão de Absolvição Sumária, em 16.05.2011, nos autos nº 0009361-25.2008.403.6181 da Sexta Vara Federal Criminal Especializada de São Paulo, considerou ser necessária apenas a autorização do BACEN, conforme pode ser verificado da transcrição de excerto daquele *decisum*.

falta de declaração ao Banco Central, nos moldes por este estabelecidos, é que caracteriza o crime. Isso porque, se o bem jurídico protegido pela norma é a boa execução da política econômica nacional, sob o aspecto, primordialmente, da política cambial, por meio da obtenção de dados concretos para a sua adequada elaboração, havendo regulamentação administrativa própria do Banco Central, exigindo a declaração ('Declaração de Capitais Brasileiros no Exterior'), não se vislumbra razão para que se entenda que a repartição federal competente a que alude o tipo seja, ainda hoje, a Receita Federal. Somente no período em que tal controle, feito pelo Banco Central, dava-se por intermédio da colaboração da Receita Federal, ou seja, até o ano-base 2000, é que se deve entender como repartição federal competente tal órgão para fins de aplicação do artigo 22, parágrafo único, *in fine*, da Lei nº 7.492/86. Após esse período, para fins de verificação de crime contra o sistema financeiro nacional, apenas interessa perquirir se houve, ou não, a declaração da existência do depósito no exterior ao Banco Central. Os Tribunais Regionais Federais têm decidido que a repartição competente era a Receita Federal até 2000 e, a partir de 2001, é, apenas, o Banco Central. Assim, reconhece-se como 'atípica a manutenção de depósitos no exterior sem declaração à repartição federal competente, capitulada na segunda parte do parágrafo único do art. 22 da Lei nº 7.492/86, quando os valores mantidos em instituição financeira alienígena estiverem abaixo da quantia que o Banco Central do Brasil dispensa a Declaração de Capitais Brasileiros no Exterior' (TRF4, HC 2009.04.00.025952-7, Sétima Turma, Relator p/ Acórdão Paulo Afonso Brum Vaz, D.E. 30.09.2009). Vale destacar, do voto do Relator p/ Acórdão, Rel. Des. Fed. Paulo Afonso Vaz, o entendimento de que 'o dever de informar ao fisco federal sobre a existência de contas bancárias no exterior, após a Circular 3.071/2001 do BC, não está tipificado no artigo 22, parágrafo único, *in fine*, da Lei 7.492/86, mas apenas e tão somente na Lei 8.137/90, cuja configuração delitiva pressupõe a constituição definitiva do crédito tributário'. No mesmo sentido, confiram-se os seguintes precedentes do E. TRF da 3ª Região (...) 'IV – Resta claro que a repartição federal competente mencionada na Lei dos Crimes contra o Sistema Financeiro à qual deveriam ser declarados os depósitos é o Banco Central, nos moldes do seu artigo 22, eis que, apenas se se tratasse de crimes contra a ordem tributária, o dispositivo aplicável seria o da Lei 8.137/90, e o órgão competente, então, seria a Secretaria da Receita Federal, de sorte que tal alegação sustentada pelos impetrantes não merece prosperar. V – Anoto, ainda, que em 28/11/1996, o Conselho Monetário

Nacional editou a Resolução nº. 2.337, cujo artigo 1º reitera a necessidade de os investimentos brasileiros no exterior serem registrados. Em 2001 a Resolução nº. 2.911 ratificou a exigência de registro e, após, vieram Cartas-Circulares estabelecendo determinações mais abrangentes e mesmo acerca de valores. Fato é que, a exigência de registro perante o BACEN existe desde 1996, pelo menos. Não obstante, entendo que outros pormenores devem ser analisados durante a instrução penal e não na estreita via do habeas corpus, a qual não admite dilação probatória (...)' – (HC 200803000164649, Segunda Turma, Rel. Rel. Des. Fed. Cotrim Guimarães, julg. 18.11.2008, DJ 27.11.2008). Encampam a tese de que o bem jurídico protegido pela norma é, em sentido amplo, a política cambial brasileira, mediante defesa direta da obtenção de dados fidedignos para a sua correta formulação. A falta de declaração à Receita Federal do Brasil acerca da existência de depósitos mantidos no exterior pode resultar na prática do crime de sonegação fiscal, mediante omissão de receitas (art. 1º, inciso I, da Lei nº 8.137/1990), o qual, nos termos da Súmula Vinculante nº 24, do Supremo Tribunal Federal, não se tipifica antes do lançamento definitivo do tributo. Mas, e esse é o ponto, em nada interfere com o bem jurídico protegido pelo tipo penal do artigo 22, parágrafo único, *in fine,* da Lei 7.492/1986, eis que compete ao Banco Central coletar as informações pertinentes aos depósitos para subsidiar a formulação da política cambial (e econômica) brasileira. Pois bem. Estabelecida a premissa de que a repartição federal competente para o recebimento da declaração de manutenção de depósitos no exterior é o Banco Central do Brasil, resta verificar qual era, à época dos fatos expostos, o valor mínimo que impunha a prática de tal ato, bem como a forma de cumprimento de tal obrigação. A Circular nº 2.911, de 29 de novembro de 2001, autorizou o BACEN a fixar os limites e as condições da declaração de capitais brasileiros fora do território nacional. Em 7 de dezembro de 2001, foi editada a Circular nº 3.071 do Banco Central do Brasil, que disciplinou a Declaração Anual de Capitais Brasileiros no Exterior a partir de 2002, com data base de 31.12.2001, nos seguintes termos: 'Art. 1º. As pessoas físicas e jurídicas residentes, domiciliadas, ou com sede no país, assim conceituadas na legislação tributária, devem informar, anualmente, ao Banco Central do Brasil, os valores de qualquer natureza, os ativos em moeda e os bens e direitos mantidos fora do território nacional, por meio de declaração na forma a ser disponibilizada na página do Banco Central do Brasil na Internet (...) a partir de 02 de janeiro de 2002. Art. 2º. (...) Art. 3º. As informações referentes ao ano de 2001, com data-base em 31 de dezembro, devem ser prestadas no período de 02 de janeiro a 31 de março de 2002. Art. **4º.** Os detentores de ativos cujo total, em 31 de dezembro de 2001, seja inferior ao equivalente a R$ 10.000,00 (dez mil reais) ficam dispensados de prestar a declaração de que trata esta Circular.' Tal regulamentação vem sendo renovada anualmente (Circulares nºs 3.110/02, 3.181/03, 3.225/04, 3.278/05, 3.313/06, 3.345/07, 3.384/08 e 3.342/09) tendo sido modificado o limite mínimo para obrigatoriedade da declaração. Tal limite, que era originariamente de R$ 10.000,00, conforme exposto acima, passou a ser de R$ 200.000,00, ainda para a data-base de 31.12.2001, nos termos do art. 1º da Circular nº 3.110/2002; de R$ 300.000,00, para a data-base 31.12.2002, de acordo com o artigo 3º da Circular nº 3.181/2003 e de US$ 100.000,00, desde 2003, conforme as Circulares nºs 3.225/2004, 3.278/2005, 3.345/2007, 3.384/2008 e 3.342/2009. Assim, o crime somente se perfectibiliza se não houver a declaração da manutenção de depósitos no exterior, em valor superior ao estabelecido pelo Banco Central, em 31 de dezembro de cada ano (...). Entendo que, em regra, deve-se exigir a prova da existência do depósito em 31 de dezembro do respectivo ano, em valor superior ao previsto na regulamentação normativa. Contudo, essa assertiva não deve ser vista de maneira peremptória. É bastante comum a obtenção, pelo Ministério Público Federal, de extrato bancário que demonstra a existência de depósitos mantidos no exterior, em valor superior ao estabelecido pelo Banco Central, no correr do ano, no qual se verifica que, antes da data-base, os valores foram transferidos para outras instituições financeiras, muitas vezes localizadas em países com garantia de sigilo quanto à titularidade do dinheiro (paraísos fiscais). Nesses casos, embora não se trate propriamente de exigência de prova de excludente de ilicitude por parte do seu titular, a existência dos depósitos em valor superior ao estabelecido administrativamente, em data próxima à data-base de 31 de dezembro, constitui forte indício de que, também nesta data, o valor não fora internalizado no país. Para ilidir a presunção decorrente de tal indício, basta que o réu comprove que o dinheiro foi internalizado – ou, até mesmo, sacado ou gasto – antes de 31 de dezembro."

Assim sendo, por este entendimento, a manutenção de valor no exterior não seria suficiente para caracterizar o delito do art. 22, parágrafo único, segunda parte, da Lei nº 7.492/1986, se não há prova de que, em nenhum momento, o saldo existente na conta, tenha sido superior ao limite exigido para obrigatoriedade da declaração. No caso de ser inferior, não se impõe a seu proprietário a obrigação de declarar a sua manutenção ao Banco Central, mas, sim, à Receita Federal, uma questão penal-tributária que não guarda relação alguma com o crime de evasão de divisas. Portanto, em assim sendo, estar-se-á diante de hipótese de atipicidade.

Com o entendimento de que a repartição federal competente seria apenas o Bacen destaque-se o seguinte julgado:

> "AGRAVO REGIMENTAL. RECURSO ESPECIAL. JULGAMENTO UNIPESSOAL. INEXISTÊNCIA DE VIOLAÇÃO AO PRINCÍPIO DO COLEGIADO. PRECEDENTES. CRIME CONTRA O SISTEMA FINANCEIRO. EVASÃO DE DIVISAS. COMUNICAÇÃO DE DEPÓSITOS NO EXTERIOR QUE, INICIALMENTE, ERA FEITA À RECEITA FEDERAL, MAS, A PARTIR DA CIRCULAR Nº 3071/2001, PASSOU A SER EFETUADA AO BACEN. INCIDÊNCIA DO CRIME PREVISTO NO ART. 22 DA LEI Nº 7.492/1986. AGRAVO NÃO PROVIDO.
>
> 1. A despeito de ser justificável a decisão monocrática que aprecia o mérito do recurso especial calcado na jurisprudência predominante, com a ressalva de minha compreensão pessoal mais rígida sobre o tema – consignada na decisão proferida na RCD no REsp nº 942.407/SP (DJe 3/6/2014) –, esta Corte assinala que "não viola o princípio da colegialidade a decisão monocrática do relator, tendo em vista a possibilidade de submissão do julgado ao exame do órgão colegiado, mediante a interposição de agravo regimental" (AgRg no HC nº 348.179/MS).
>
> 2. O dever de informação ao Banco Central já se impunha, em tese, desde o Decreto-Lei nº 1.060/1969. Entretanto, o referido dispositivo legal carecia de regulamentação que estabelecesse a maneira e as condições para declaração. Assim, a obrigação de declarar valores depositados no exterior, até o ano de 2001, ficou a cargo da Receita Federal, porquanto era obrigatório que constasse tal informação na declaração de imposto de renda, hipótese dos autos.
>
> 3. Somente em 2001 é que sobreveio a edição da Circular nº 3.071/2001 do Banco Central (autorizada pela Resolução nº 2.911/2001 do Conselho Monetário Nacional), a qual previa que os depósitos mantidos no ano de 2001 deveriam ser declarados ao Bacen. A partir de então, o Banco Central passou a ser o destinatário exclusivo da declaração de que trata o parágrafo único do art. 22 da referida lei (foram editadas, anualmente, sucessivas circulares tratando da questão), o que se mostra consentâneo com a própria natureza do bem jurídico tutelado e com as diretrizes do art. 1º do Decreto-Lei nº 1.060/1969.
>
> 4. Agravo regimental não provido."
>
> (STJ, AgRg no REsp 1134047/PR, Rel. Ministro Rogerio Schietti Cruz, Sexta Turma, julgado em 25.04.2017, *DJe* 04.05.2017)

b) BACEN E RECEITA FEDERAL: por este entendimento, a comunicação deverá ser feita tanto ao Banco Central do Brasil quanto à Receita Federal do Brasil, de modo que o crime restará consubstanciado a partir da ausência de declaração a uma ou outra repartição.

De acordo com esta vertente, o ato de manter depósitos no exterior, à revelia do Banco Central, não só é hábil a frustrar a regularidade das operações cambiais, violando o Sistema Financeiro Nacional, consubstanciado este como bem jurídico tutelado pela norma diretamente, mas também a arrecadação tributária, quando não forem declarados à Receita Federal, afetando, inclusive, a Ordem Tributária, protegida indiretamente pela norma do artigo 22, parágrafo único, última parte, da Lei nº 7.492/1986.

Nesse sentido, ou seja, da necessidade de dupla declaração (Receita Federal do Brasil e Banco Central), colaciono o seguinte julgado do TRF/4 (AC nº 200372000101742, Rel. Des. Fed. Néfi Cordeiro, 7ª. T., *vu*, *DJ* 26.5.2009): "A manutenção de depósito de valores no exterior, sem a declaração ao órgão competente, Receita Federal ou Banco Central, configura o delito de evasão de divisas previsto no parágrafo único do artigo 22 da Lei nº 7.492/86."

Também com esse entendimento: Victor Eduardo Rios Gonçalves e José Paulo Baltazar Junior.[210]

Feitas tais digressões e considerando o entendimento por mim adotado no sentido de que a partir de 2001 a repartição federal competente é apenas o Bacen, passo a tecer as seguintes considerações.

O ato normativo integrativo emanado pelo Banco Central do Brasil, definindo a forma pela qual seriam declarados os valores mantidos no exterior, foi estabelecido desde o Decreto-lei nº 1.060, de 21.10.1969 ("**art. 1º**. Sem prejuízo das obrigações previstas na legislação do imposto de renda, as pessoas físicas ou jurídicas ficam obrigadas, na forma, limites e condições estabelecidas pelo Conselho Monetário Nacional, a declarar ao Banco Central do Brasil, os bens e valores que possuírem no exterior, podendo ser exigida a justificação dos recursos empregados na sua aquisição. **Parágrafo único**. A declaração deverá ser atualizada sempre que houver aumento ou diminuição dos bens, dinheiros ou valores, com a justificação do acréscimo ou da redução"), revogado pela Lei do mercado de câmbio (Lei nº 14.286/2021), que em seu art. 10, I, dispõe: "Compete ao Banco Central do Brasil: I –

[210] GONÇALVES, Victor Eduardo, R. *et alli*. *Esquematizado – legislação penal especial*. Disponível em: Minha Biblioteca, (8th edição). Saraiva, 2022.

regulamentar e monitorar os capitais brasileiros no exterior e os capitais estrangeiros no País quanto a seus fluxos e estoques."

A despeito de o Decreto-lei nº 1.060 remontar a 1969, a sua regulamentação veio ocorrer apenas em 2001, com a Circular do Bacen nº 3.071/2001, que dispôs não apenas quanto ao limite para a exigência de declaração dos depósitos no exterior, mas também estabeleceu que a declaração do patrimônio no exterior deveria ser realizada aos 31.12 de cada ano-base. A partir de 2001, os normativos que sucederam a Circular nº 3.071, como se verá adiante, apresentaram limites que variaram ao longo do tempo.

Quanto a tais limites estabelecidos para a declaração junto ao BACEN, como já mencionado, tem-se que, aos 07.12.2001, foi editada a Circular nº 3.071, pelo Banco Central do Brasil, disciplinando a Declaração anual de Capitais Brasileiros no Exterior a partir de 2002, com data base de 31.12.2001 ("**Art. 1º.** As pessoas físicas ou jurídicas residentes, domiciliadas ou com sede no País, assim conceituadas na legislação tributária, devem informar, anualmente, ao Banco Central do Brasil, os valores de qualquer natureza, os ativos em moeda e os bens e direitos detidos fora do território nacional, por meio de declaração na forma a ser disponibilizada na página do Banco Central do Brasil na Internet, endereço www.bcb.gov.br – Capitais Brasileiros no Exterior, a partir de 2 de janeiro de 2002.(...). **Art. 3º** As informações referentes ao ano de 2001, com data-base em 31 de dezembro, devem ser prestadas no período de 2 de janeiro a 31 de março de 2002. **Art. 4º** Os detentores de ativos cujo total, em 31 de dezembro de 2001, seja inferior ao equivalente a R$10.000,00 (dez mil reais) ficam dispensados de prestar a declaração de que trata esta Circular)."

Como se percebe, a partir de 2001 e com as sucessivas Circulares que se seguiram, de lavra do Banco Central do Brasil, estabeleceu-se a necessidade da apresentação da declaração acerca de depósitos mantidos no exterior, a depender do montante, da seguinte forma:

a) **Em 2001**, de acordo com a Circular nº 3.071/2001, dispensava-se a declaração de depósitos mantidos no estrangeiro que fossem inferiores ao equivalente a R$10.000,00. Com a Circular nº 3.110/2002, alterando a Circular nº 3.071/2001, ainda para a data base de 31.12.2001, tal valor passou a ser de R$ 200.000.00 (inferior ao equivalente a duzentos mil reais);

b) **Em 2002**, de acordo com a Carta Circular nº 3.181/2003, o valor passou a ser de R$300.000.00 – valores somados que totalizem montante inferior ao equivalente a trezentos mil reais;

c) **Desde 2003**, consoante as Cartas Circulares nºs 3.225/2004, 3.278/2005, 3.345/2007, 3.384/2008 e 3.342/2009, o montante passou a ser de US$ 100.000,00 (totalizem montante inferior a cem mil dólares dos Estados Unidos ou seu equivalente em outras moedas);

d) **Resolução CMN nº 3.854/2010**, dispôs sobre a declaração de bens e valores possuídos no exterior por pessoas físicas ou jurídicas residentes, domiciliadas ou com sede no país, e manteve a isenção no patamar mínimo de US$ 100.000,00 (cem mil dólares americanos) ou seu equivalente em outras moedas. Confira-se também Circular nº 3.624/2013 (estabeleceu períodos de entrega da Declaração de Capitais Brasileiros no Exterior (CBE), referentes às datas-base de 31 de dezembro, 31 de março, 30 de junho e 30 de setembro de cada ano). O artigo 2º da referida Resolução nº 3.854/2010, com a alteração promovida pela Resolução CMN nº 4.841, de 30 de julho de 2020, que entrou em vigor em 01.09.2020, elevou o limite de obrigatoriedade de declaração de US$ 100.000,00 (cem mil dólares americanos) para US$1.000.000,00 (um milhão de dólares americanos), ou seu equivalente em outras moedas. Ambas resoluções foram revogadas.

e) **Resolução BCB nº 279, de 31.12.2022 (Regulamenta a Lei nº 14.286, de 29.12.2021, para dispor sobre o capital brasileiro no exterior)** revogou a Resolução CMN nº 3.854/2010. Esta Resolução dispõe sobre fluxos, estoques e prestação de informações de capitais brasileiros no exterior, entendidos como os valores, os bens, os direitos e os ativos de qualquer natureza detidos fora do território nacional por residentes (art. 1º). Para fins desta Resolução, são considerados também como capitais brasileiros no exterior os financiamentos, empréstimos diretos e créditos comerciais concedidos no País a não residentes (parágrafo único).

Atualmente, os capitais mantidos no exterior devem ser declarados ao Banco Central, anualmente ou trimestralmente, conforme o enquadramento. O artigo 10 da Resolução BCB nº 279, de 31.12.2022, estabelece que: "A declaração anual deve ser enviada quando os capitais brasileiros no exterior, na data-base anual, totalizarem quantia igual ou superior a US$1.000.000,00 (um milhão de dólares dos Estados Unidos da América) ou seu equivalente em outras moedas. Parágrafo único. A data-base da declaração anual é 31 de dezembro". E o artigo 11 dispõe que: "A declaração trimestral deve ser enviada quando os capitais brasileiros no exterior, na data-base trimestral, totalizarem quantia igual ou superior a US$100.000.000,00 (cem milhões de dólares dos Estados Unidos da América) ou seu equivalente em outras moedas. Parágrafo único. As datas-bases das declarações trimestrais são 31 de março, 30 de junho e 30 de setembro".

Por exemplo, a manutenção no exterior de saldo igual ou superior a US$ 1.000.000,00 ou equivalente em outras moedas, em 31 de dezembro de cada ano-base sem declaração à autoridade competente (Bacen), é passível de criminalização no âmbito do art. 22 da Lei nº 7.492/1986.

No entanto, entende-se que, se o valor mantido no exterior, considerando o montante estabelecido nas sucessivas Circulares do BACEN, a partir de 2001, sempre esteve abaixo dos patamares estabelecidos pela autarquia federal, mesmo assim persiste a obrigatoriedade da declaração perante a Receita Federal do Brasil, sob pena de se configurar um ilícito penal-tributário após a constituição definitiva do crédito tributário, mas não o delito do artigo 22 da Lei nº 7.492/1986.

Não há, porém, que se entender pela atipicidade dos fatos delituosos (relativos à Lei nº 7.492/1986) que antecederam as Circulares do Banco Central estipulando os valores para isenção da declaração.

Tais normativos (Circulares) dizem respeito à matéria cambial, tratando-se, *s.m.j*, nos termos do art. 3º do Código Penal, de leis excepcionais, porquanto acabam por regrar situações de anormalidades econômicas, de acordo com as necessidades de controle sinalizadas pelo Bacen.

Neste sentido, propugna-se: "não se trata, pois, de retroatividade, mas sim de ultratividade da norma excepcional, cuja consequência é a punição do agente pelos fatos ocorridos durante a vigência desta espécie normativa, a teor do artigo 3º do Código Penal. Assim, não é possível retroagir a lei mais favorável quando os fatos ocorreram sob a égide das sucessivas normativas editadas pelo Banco Central que alteraram as importâncias isentas de declaração. Com mais razão, não se poderá cogitar de retroatividade dos limites estabelecidos nessas Circulares para os fatos anteriores ao ano de 2001, quando todo e qualquer valor deveria ser declarado à Receita Federal (declarações de ajuste anual)."[211]

Andrei Zenker Schmidt e Luciano Feldens[212] também pontuam que "é correto afirmar, então, que estamos diante de uma política cambial que varia conforme a necessidade de controle desempenhado pelo Banco Central. Ora, uma vez constatado que tais normas administrativas complemen-

[211] CARLO VELHO, Masi. *O crime de evasão de divisas na era da globalização*. Porto Alegre: Pradense, 2013, p. 116/117.

[212] O delito de evasão de divisas 20 anos depois: sua redefinição típica em face das modificações da política cambial brasileira. *Revista opinião jurídica*, 2006, p.29.

tam a figura típica, não poderia resultar outra conclusão que não a de que estamos diante de uma norma penal em branco, de natureza excepcional, nos termos do art. 3º do CP. Vale dizer: a adequação típica da conduta de manter depósito no estrangeiro, nos exatos termos do art. 22, parágrafo único, *in fine*, da Lei nº 7.492/86, pressupõe que o agente não tenha feito a declaração relacionada à Circular que tratava do respectivo período em que tal depósito foi mantido, não se podendo falar em retroatividade de *lex mitior* no caso de superveniência do aumento do limite legal para a declaração." Concluem os autores que "eventual aumento do limite, no ano posterior, não suprime a ilicitude da conduta relativa ao depósito mantido ilegalmente no ano anterior."

Especificamente no que diz respeito à Resolução CMN nº 4.841, de 30 de julho de 2020, que entrou em vigor em 01.09.2020 (e que foi posteriormente revogada pela Resolução BCB nº 279, de 31.12.2022), elevando o limite de obrigatoriedade de declaração de US$ 100.000,00 (cem mil dólares americanos) para US$1.000.000,00 (um milhão de dólares americanos), Rodrigo de Grandis,[213] no entanto, propugnou entendimento diverso. Segundo o autor:

> "A inaplicabilidade do dogma da retroatividade da lei penal mais benéfica autorizada no art. 3º do Código Penal reclama que as circunstâncias excepcionais que impelem a edição do comando normativo que complementa o crime de evasão de divisas tipificado no art. 22 parágrafo único, parte final, da Lei 7.492/1986, estejam concreta e motivadamente evidenciadas. Esse indeclinável requisito de ordem jurídico-constitucional não se verificou na Resolução CMN 4.841/2020, que aumentou o limite de declaração ao BACEN de US$ 100.000.00 (cem mil dólares dos Estados Unidos da América) para quantia igual ou superior a US$ 1.000.000,00 (um milhão de dólares dos Estados Unidos da América), ou seu equivalente em outras moedas. Dessa forma, todos os agentes que, antes de 1º de setembro de 2020, mantiveram depósitos no estrangeiro inferiores a US$ 1.000.000,00 (um milhão de dólares dos Estados Unidos da América) sem a correspondente declaração ao BACEN, terão a punibilidade extinta com fundamento no art. 107, III, do Código Penal (*abolitio criminis*)."

[213] O crime de evasão de divisas e a retroatividade benéfica da Resolução CMN 4.841/2020, *Boletim IBCCRIM*, ano 30, nº 354, maio de 2022.

Não menos importante destacar que a Lei nº 13.254, de 13.01.2016, regulamentou a regularização cambial e tributária de ativos mantidos no exterior, dispondo sobre o Regime Especial de Regularização Cambial e Tributária (RERCT) de recursos, bens ou direitos de origem lícita, não declarados ou declarados incorretamente, remetidos, mantidos no exterior ou repatriados por residentes ou domiciliados no País.

A regulamentação desta lei se deu por meio da Instrução Normativa nº 1.627, de 11.03.2016, da Receita Federal do Brasil, com as sucessivas alterações (sendo a última a IN nº 1.875, de 14.03.2019).

Tipo subjetivo: é o dolo, caracterizado pela consciência e vontade de manter depósitos não declarados à repartição federal competente.

O **objeto material:** os depósitos mantidos no exterior sem a informação à repartição federal competente.

Jurisprudência:

Entendimento consagrado pelo STF na Ação Penal nº 470 (Caso Mensalão) em relação ao crime tipificado no art. 22, parágrafo único, segunda parte:

> "MANUTENÇÃO DE DEPÓSITOS NÃO DECLARADOS NO EXTERIOR (ART. 22, PARÁGRAFO ÚNICO, SEGUNDA PARTE, DA LEI 7.492/1986). SALDO INFERIOR A US$ 100.000,00 NAS DATAS-BASE FIXADAS PELO BANCO CENTRAL DO BRASIL. DESNECESSIDADE, NESSE CASO, DE DECLARAÇÃO DOS DEPÓSITOS EXISTENTES. IMPROCEDÊNCIA DO PEDIDO.
>
> A manutenção, ao longo de 2003, de conta no exterior com depósitos em valor superior aos cem mil dólares americanos previstos na Circular nº 3.225/2004 e na Circular nº 3.278/2005 do Banco Central do Brasil não caracteriza o crime descrito no art. 22, parágrafo único, segunda parte, da Lei 7.492/1986, se o saldo mantido nessa conta era, em 31.12.2003 e em 31.12.2004, inferior a US$ 100.000,00, o que dispensa o titular de declarar ao Banco Central os depósitos existentes, conforme excepcionado pelo art. 3º dessas duas Circulares."
>
> "Há o crime 'se inserida a conduta do agente que, através de subterfúgio, por interposta pessoa, mantenha, de fato, depósitos clandestinos no exterior." (**TRF/4** – ACR nº 96.04.08940-4/RS, Rel. Des. Fed. Guilherme Beltrami, 1ª T., *vu*, *DJ* 09.04.2002)

Concurso com Lavagem de Dinheiro: há posicionamento no sentido de que não se poderia considerar como subjacente à lavagem o crime de evasão, na hipótese de os valores evadidos (que constituem *bens, direitos ou valores provenientes*) referirem-se a ilícitos praticados anteriormente à ação de remessa de recursos ao exterior. Neste caso, a evasão apenas constituiria meio para a execução de uma das fases da lavagem. Para essa corrente, a expressão "provenientes", constante do tipo de lavagem, diz com aquilo que é originário, significando, tão somente, os frutos ou produtos do crime, o lucro obtido direta ou indiretamente. Ao revés, entende-se que, no crime de evasão, considerado isoladamente, os valores remetidos ao exterior constituem objeto material, porquanto a conduta recai sobre a coisa (valores ou divisas), dispensando a existência pretérita de um crime.

É importante ressaltar, contudo, que o mencionado entendimento (no sentido de que não se poderia considerar o crime de evasão de divisas como subjacente à lavagem) não é unânime. Note-se que, em se tratando do delito de evasão de divisas, **objeto e produto do crime se confundem**. Há quem defenda, portanto, que, independentemente de qual tenha sido a origem dos valores (lícita ou ilícita), se estes tiverem sido objeto de evasão (prática que, *per si*, é um fato típico) e, posteriormente (ou concomitantemente, na hipótese de concurso formal impróprio, p. ex.), vierem a ser ocultados e/ou dissimulados, caracterizar-se-á, também, a prática de lavagem de dinheiro. Nesse contexto, entende-se ser perfeitamente possível que o delito subjacente conexo à lavagem seja o de evasão de divisas, mormente porque o numerário evadido constitui, além de objeto, também produto daquele crime financeiro, de modo que, em havendo a ocultação e/ou dissimulação de tais valores (provenientes da evasão), existirá nexo de origem entre crime subjacente e a conduta de lavagem.

Em se adotando este último posicionamento (no sentido de que é sim possível considerar o crime de evasão de divisas como subjacente à lavagem), uma das questões que se coloca é a de saber se um único modo de agir, por exemplo, o de realizar remessas irregulares de valores ao exterior via sistema "dólar-cabo", poderia ou não servir de base para a prática de dois delitos distintos (em concurso), quais sejam, o de evasão de divisas e o de lavagem de dinheiro. Note-se que na hipótese exemplificada a conduta de realizar operação "dólar-cabo" caracteriza, em princípio, apenas o cometimento do delito de evasão de divisas (e não do delito de lavagem). Apenas se haverá de falar em lavagem de dinheiro se, na conduta do agente, se puder identificar, também, a prática de uma das fases da lavagem de dinheiro (ocultação ou colocação ou conversão ou *placement;* controle, dissimulação ou *layering;* integração ou *integration*; reciclagem ou *recycling*). Nessa situação, comprovada a origem ilícita dos valores "lavados", o agente responderá apenas pela prática de lavagem, mas não pela prática de evasão de divisas via dólar-cabo, não se havendo de falar em concurso entre a evasão de divisas e a lavagem, mas sim em consunção (o que vai ao encontro daquele entendimento, antes mencionado, no sentido de que a evasão apenas constituiria meio para a execução de uma das fases da lavagem).

Mais adequada, contudo, parece ser a posição de que é perfeitamente possível a ocorrência de concurso (inclusive formal impróprio) entre esses delitos (de evasão de divisas e lavagem), tendo-se em vista que, nos termos da teoria do concurso formal, uma conduta pode atingir dois resultados, isto é, pode gerar um delito financeiro e ao mesmo tempo gerar lavagem de dinheiro, porque o âmbito de proteção do bem jurídico pelo legislador é diverso. Em outras palavras, tem-se que a prática de evasão de divisas por meio de operação "dólar-cabo" pode caracterizar ou não, **a depender do caso concreto**, também a prática do delito de lavagem de dinheiro (em concurso), não havendo qualquer óbice a que a lavagem de dinheiro concorra formalmente com a infração subjacente.

A título de exemplo, se a hipótese fosse de realização de operação dólar-cabo acompanhada de ocultação da quantia evadida em contas bancárias mantidas no exterior em nome de *offshore* constituída em paraíso fiscal, impor-se-ia o reconhecimento da prática, em concurso, tanto de evasão de divisas quanto de lavagem de dinheiro. Nesse sentido, confira-se:

> "PENAL. APELAÇÃO CRIMINAL. COOPERAÇÃO INTERNACIONAL EM MATÉRIA PENAL. MLAT. REGRAS PROCESSUAIS DO ESTADO REQUERIDO. TRADUÇÃO. IRREGULARIDADE. INOCORRÊNCIA. OPERAÇÃO DE INSTITUIÇÃO FINANCEIRA IRREGULAR. GESTÃO FRAUDULENTA. IMPOSSIBILIDADE. EVASÃO DE DIVISAS ATRAVÉS DE OPERAÇÕES DE "DOLÁR-CABO". LAVAGEM DE DINHEIRO. CONCURSO MATERIAL.
>
> 1. No Decreto nº 3.810/2001, que promulgou o acordo de cooperação em matéria penal entre Brasil e EUA, consta, no artigo V, item 3, que "as solicitações serão executadas de acordo com as leis do Estado Requerido, a menos que os termos deste Acordo disponham de outra forma. O método de execução especificado na solicitação deverá, contudo, ser seguido, exceto no que tange às proibições previstas nas leis do Estado Requerido". Por conseguinte, não há falar em cerceamento de defesa quando a prova teste-

munhal requerida exclusivamente pela defesa não é admitida pelo Estado Requerido.

2. Nem todos os documentos redigidos em língua estrangeira devem ser traduzidos, mas apenas aqueles que se fizerem necessários, consoante preclara disposição do art. 236 do CPP.

3. A condenação pelo crime do gestão fraudulenta impõe-se com o objetivo de punir racionalmente a prática de inúmeras fraudes tipificadas ao longo da Lei dos Crimes do Colarinho Branco (artigos 5º, 6º, 7º, 9º, 10º, 11, 13, 14, 15, 17, § u., II, 19 e 21) quando perpetradas à frente da gestão de uma instituição financeira.

4. Contudo, cuidando-se de instituição financeira operada sem autorização da autoridade competente para a realização de transferências internacionais – conduta recriminada no artigo 16 da LCSFN –, revela-se descabida a condenação pelo crime do artigo 4º, caput, da Lei 7.492/86, que pressupõe a gestão de uma instituição financeira regular, conforme jurisprudência pacificada deste Colegiado.

5. Dessarte, impõe-se o afastamento da condenação pelo crime de gestão fraudulenta em prol da responsabilização criminal pelos crimes capitulados nos artigos 16 e 22, haja vista que, além da operação de instituição financeira equiparada sem autorização para transferências internacionais, ficou sobejamente demonstrado o firme propósito de promover milionária evasão de divisas do país durante mais de quatro anos, mediante transações de "dólar-cabo", efetuadas a partir da offshore constituída em paraíso fiscal, praticando, inclusive, a segunda figura delitiva do parágrafo único do artigo 22 da LCSFN, isto é, a manutenção de depósitos no exterior sem declaração à autoridade competente.

6. Os crimes de operação de instituição financeira sem autorização da autoridade competente e evasão de divisas constituem, por si só, um nefasto instrumento para a ocultação de bens provenientes dos mais variados delitos, independentemente de se apurar se cada cliente do "doleiro" ora acusado enveredou pelo mundo do crime.

7. Não ficando configurada a absorção do crime de evasão de divisas pelo delito de lavagem de dinheiro quando o agente promove, na condição de "doleiro", a evasão de divisas para os seus clientes e oculta a milionária quantia evadida nas contas bancárias mantidas no exterior, em nome de offshore constituída em paraíso fiscal, impõe-se a aplicação do concurso material de delitos, consoante iterativa jurisprudência deste Tribunal."

(TRF4, Oitava Turma, ACR – Apelação Criminal nº 2005.70.00.034205-2, Julg. em 03.03.2010, Rel. Paulo Aforno Brum Vaz, D.E. de 10.03.2010)

Reitere-se, porém, que, mesmo existindo posicionamento no sentido de que é sim possível considerar o crime de evasão de divisas como subjacente (e conexo) à lavagem e não obstante haja possibilidade de concurso (inclusive formal impróprio) entre os delitos de evasão de divisas e lavagem de dinheiro, a mera constatação de que o agente participou de transações "dólar-cabo" (no exemplo citado) não basta para que lhe seja automaticamente imputada, além da prática de evasão de divisas, também a prática de lavagem de dinheiro. Para que a lavagem se caracterize, é imprescindível que haja, para além de remessas irregulares de valores, efetiva ocultação e/ou dissimulação da origem e/ou propriedade dos valores que tenham sido objeto (e produto) do delito de evasão de divisas.

A pena cominada é de 02 a 06 anos de reclusão e multa, sendo cabível a celebração de acordo de não persecução penal, a teor do que dispõe o artigo 28 do Código de Processo Penal.

Artigo 23 Omitir, retardar ou praticar, o funcionário público, contra disposição expressa de lei, ato de ofício necessário ao regular funcionamento do sistema financeiro nacional, bem como a preservação dos interesses e valores da ordem econômico-financeira:

Pena – Reclusão, de 1 (um) a 4 (quatro) anos, e multa.

Trata-se de **forma especial de prevaricação (art. 319 do CP)**.

Bem jurídico: o regular funcionamento do Sistema Financeiro Nacional, além da preservação dos interesses e valores da ordem econômico-financeira. A moralidade e a probidade administrativa.

Cezar Roberto Bitencourt entende que "o bem jurídico protegido é a probidade de função pública, sua respeitabilidade, bem como a integridade de seus funcionários vinculados ao sistema financeiro nacional (...). Essa criminalização objetiva, enfim, impedir procedimento que ofende e degrada o bem jurídico – interesse da administração pública – quando o funcionário age em desacordo com os deveres que lhe são inerentes ao cargo e à função. Tutela, igualmente, a funcionalidade, a credibilidade e a eficiência do sistema financeiro, sua probidade institucional. Protege-se, na verdade, a probidade do sistema financeiro, sua respeitabilidade, bem como a integridade das instituições financeiras, mas particularmente, neste dispositivo legal, protege-se a fidelidade do funcionário público, especialmente aquele que tiver alguma relação funcional com o sistema financeiro."

Pune-se a conduta do funcionário vinculado ao sistema financeiro que omite, retarda ou pratica ato de ofício contra expressa disposição em lei, atentando ao regular funcionamento do sistema financeiro nacional, bem como à preservação dos interesses e valores da ordem econômico-financeira.

O **tipo objetivo** prevê três condutas, havendo comportamentos omissivos (verbos nucleares omitir e retardar) e comissivo (verbo praticar).

Omitir é deixar de praticar, de fazer. Quedar-se inerte com o objetivo de não perpetrar ato de ofício quando a atuação era necessária para resguardar o regular funcionamento do Sistema Financeiro Nacional e a preservação dos interesses e valores da ordem econômico-financeira.

Retardar é realizar algo fora do tempo, protelar, adiar, atrasar. Aqui, o ato é perpetrado sem a observância de prazos estabelecidos ou quando não existir prazo o agente o pratica a destempo.

A seu turno, praticar é realizar, ou seja, o agente leva a efeito o ato de ofício contra expressa disposição de lei. Cezar Roberto Bitencourt ensina que na conduta "praticar ato de ofício" o agente substitui a vontade da lei pelo seu livre arbítrio "praticando, não o ato que é de seu dever praticar, mas outro contrário à 'disposição expressa de lei'. Mais que ilegítimo, trata-se de ato ilegal, como prescreve o dispositivo em estudo."

Note-se que tanto na forma comissiva quanto na omissiva, deverá haver violação de disposição expressa de lei.

O **objeto material** é o ato de ofício do funcionário público, o qual deverá estar dentro da esfera de atribuição do agente.

Se o funcionário público detiver certa discricionariedade quanto a prática do ato de ofício, *s.m.j.*, não haverá que se falar no delito ora sob análise, desde que não haja arbitrariedade.

É tipo **próprio** – somente funcionário público, com atribuições de ofício de atuar perante o Sistema Financeiro e aos interesses e valores da ordem econômico-financeira.

Tipo subjetivo: José Paulo Baltazar Junior lembra que "o tipo subjetivo é o dolo, ausente o elemento subjetivo típico da prevaricação (CP, art. 319), consistente na vontade de satisfazer interesse ou sentimento pessoal."[214]

[214] BALTAZAR JÚNIOR, José Paulo. *Crimes federais*. Disponível em: Minha Biblioteca, (11th edição). Saraiva, 2017.

Portanto, no crime de prevaricação inserto no Estatuto Penal, há o elemento subjetivo do injusto, representado pelo especial fim de agir "para satisfazer interesse ou sentimento pessoal", enquanto no artigo 23 da Lei nº 7.492/1986, o tipo subjetivo está caracterizado pelo dolo, consubstanciado pela consciência e vontade de omitir, retardar ou praticar, contra disposição expressa de lei, ato de ofício necessário ao regular funcionamento do sistema financeiro nacional, bem como à preservação dos interesses e dos valores da ordem econômico-financeira, sem a exigência do elemento subjetivo especial.

Elisa Fernandes Blasi explica que o elemento subjetivo é o dolo "consistente no conhecimento e na vontade do agente em praticar a conduta vedada pela norma, com o conhecimento de todos os elementos que conformam a tipicidade objetiva do delito. Assim, para fins da imputação pelo delito previsto no artigo 23 ora em comento, o agente deverá omitir ou retardar a prática de determinado ato de ofício, com o conhecimento de que se trata de ato necessário ao regular funcionamento do sistema financeiro nacional e à preservação dos interesses e valores da ordem econômico-financeira. Neste sentido, o agente deve ter o conhecimento de que a omissão ou o retardo são condutas injustificadas, contrárias ao direito, isto é, ao seu dever funcional de agir. Igualmente, para a imputação do agente pela hipótese delitiva de praticar ato de ofício contra disposição expressa em lei, aquele deverá ter o conhecimento de que a sua conduta é contrária à determinada disposição legal."[215]

Não há previsão da modalidade culposa.

Na modalidade comissiva, consubstanciada na prática de ato de ofício contra expressa disposição legal, **a consumação ocorrerá** com a execução do ato. Já nas modalidades omissivas "omitir" e "retardar", com a omissão ou o retardamento do ato.

A pena cominada é de 01 a 04 anos de reclusão e multa, sendo cabível a celebração de acordo de não persecução penal, nos termos do artigo 28-A do Código de Processo Penal.

[215] BLASI. Elisa Fernandes. *Crimes contra o sistema financeiro nacional* [livro eletrônico]: comentários à lei 7.492, de 16.6.86 / Manoel Pedro Pimentel. 1. ed. São Paulo: Thomson Reuters Brasil, 2020.

Da aplicação e do Procedimento Criminal

Artigo 25 São penalmente responsáveis, nos termos desta lei, o controlador[216] e os administradores de instituição financeira,[217] assim considerados os diretores, gerentes (Vetado).

§ 1º Equiparam-se aos administradores de instituição financeira (vetado) o interventor, o liquidante ou o síndico.

§ 2º Nos crimes previstos nesta Lei, cometidos em quadrilha ou coautoria, o coautor ou partícipe que através de confissão espontânea revelar à autoridade policial ou judicial toda a trama delituosa terá a sua pena reduzida de 1 (um) a 2/3 (dois terços).

[216] Lei nº 6.404, de 15.12.1976 (Lei que dispõe sobre as Sociedades por Ações) **SEÇÃO IV Acionista Controlador Deveres** Art. 116. Entende-se por acionista controlador a pessoa, natural ou jurídica, ou o grupo de pessoas vinculadas por acordo de voto, ou sob controle comum, que: a) é titular de direitos de sócio que lhe assegurem, de modo permanente, a maioria dos votos nas deliberações da assembleia-geral e o poder de eleger a maioria dos administradores da companhia; e b) usa efetivamente seu poder para dirigir as atividades sociais e orientar o funcionamento dos órgãos da companhia. Parágrafo único. O acionista controlador deve usar o poder com o fim de fazer a companhia realizar o seu objeto e cumprir sua função social, e tem deveres e responsabilidades para com os demais acionistas da empresa, os que nela trabalham e para com a comunidade em que atua, cujos direitos e interesses deve lealmente respeitar e atender. Art. 116-A. O acionista controlador da companhia aberta e os acionistas, ou grupo de acionistas, que elegerem membro do conselho de administração ou membro do conselho fiscal, deverão informar imediatamente as modificações em sua posição acionária na companhia à Comissão de Valores Mobiliários e às Bolsas de Valores ou entidades do mercado de balcão organizado nas quais os valores mobiliários de emissão da companhia estejam admitidos à negociação, nas condições e na forma determinadas pela Comissão de Valores Mobiliários. (Incluído pela Lei nº 10.303, de 2001)

[217] Lei nº 6.404, de 15.12.1976 (Lei que dispõe sobre as Sociedades por Ações) **SEÇÃO III Administradores Normas Comuns** Art. 145. As normas relativas a requisitos, impedimentos, investidura, remuneração, deveres e responsabilidade dos administradores aplicam-se a conselheiros e diretores. Art. 146. Apenas pessoas naturais poderão ser eleitas para membros dos órgãos de administração. (Redação dada pela Lei nº 14.195, de 2021) § 1º A ata da assembleia-geral ou da reunião do conselho de administração que eleger administradores deverá conter a qualificação e o prazo de gestão de cada um dos eleitos, devendo ser arquivada no registro do comércio e publicada. (Redação dada pela Lei nº 10.303, de 2001) § 2º A posse de administrador residente ou domiciliado no exterior fica condicionada à constituição de representante residente no País, com poderes para, até, no mínimo, 3 (três) anos após o término do prazo de gestão do administrador, receber: (Redação dada pela Lei nº 14.195, de 2021) I – citações em ações contra ele propostas com base na legislação societária; e (Incluído pela Lei nº 14.195, de 2021) II – citações e intimações em processos administrativos instaurados pela Comissão de Valores Mobiliários, no caso de exercício de cargo de administração em companhia aberta. (Incluído pela Lei nº 14.195, de 2021).

O art. 25 objetivou definir quem são os responsáveis penais pela prática dos delitos previstos na Lei nº 7.492/1986, estabelecendo o controlador e os administradores da instituição financeira, assim considerados os diretores e gerentes. Equiparou, ainda, aos administradores de instituição financeira o interventor, o liquidante ou o síndico.

A lei, no entanto, não tornou próprios todos os crimes nela previstos. Deverá ser aferido se há expressa previsão legal no tipo penal, ou seja, se ele faz alusão aos sujeitos estampados no art. 25 da referida *lex specialis*. Ainda que não o faça, mesmo assim, deverá ser verificada se a especial qualidade do sujeito é uma decorrência lógica do tipo penal. Em caso negativo, tratar-se-á de crime comum.

Sob este enfoque, o art. 4º da Lei nº 7.492/1986 (gestão fraudulenta e gestão temerária) não menciona textualmente que os sujeitos ativos desses crimes são os estampados no art. 25 ("Art. 4º Gerir fraudulentamente instituição financeira"; "Parágrafo único. Se a gestão é temerária"), todavia, por meio de interpretação lógica nos permite inferir que aquele que gere uma instituição financeira são os administradores, diretores e gerentes. Já o art. 5º da referida legislação, faz alusão expressa no sentido de que quem perpetra o crime são as pessoas do art. 25 da Lei nº 7.492/1986 ("Art. 5º Apropriar-se, quaisquer das pessoas mencionadas no art. 25 desta lei, de dinheiro, título, valor ou qualquer outro bem móvel de que tem a posse, ou desviá-lo em proveito próprio ou alheio").

Além do artigo 4º, também são crimes próprios os artigos 5º, 7º (apenas na conduta "emitir"), 12, parágrafo único do art. 13, parágrafo único do art. 14, art. 15, art. 17, parágrafo único do art. 21 e art. 23).

Não se excluiu, por óbvio, eventuais coautores e partícipes. Por exemplo, nos crimes de gestão fraudulenta e gestão temerária (crimes próprios), é possível a coautoria ou participação de quem praticou atos em conjunto com os responsáveis pela gestão, possuindo influência sobre a realização das atividades ilícitas, de modo que se restar demonstrado o conluio de um administrador, diretor ou gerente da instituição com os demais réus, mesmo que estes não ostentem tal qualidade, podem participar da prática criminosa, caso tenham apoiado material ou moralmente sua execução (inteligência do artigo 29 do Código Penal).[218]

O STF também tem julgado nesse sentido: "Em princípio, respondem, pelo crime de gestão fraudulenta de instituição financeira, os gestores e admi-

[218] STJ, Habeas Corpus nº 292.979/DF, Rel. Min. Felix Fischer, 5ª T., j. 28.04.2015.

nistradores da entidade. Terceiros estranhos ao sistema financeiro podem responder pelo mesmo crime quando concorrem, a título de coautoria ou participação, nas condutas delitivas. As normas dos arts. 29 e 30 do Código Penal são regras gerais aplicáveis a todos os delitos, salvo expressa disposição legal em contrário, inexistente na Lei nº 7.492/1986" (STF, HC nº 104447, Rel. Ministra Rosa Weber, Primeira Turma, julgado em 12.09.2017, acórdão eletrônico DJe-234 divulg 11-10-2017 public 13-10-2017).

Dessa forma, no delito ora exemplificado (art. 4º da Lei nº 7.492/1986), mesmo aqueles que não ostentem a qualidade especial exigida para tipo penal podem incorrer nas penas a estes delitos cominadas, bastando que ao menos um dos agentes se revista da especial qualidade exigida e os demais participantes tenham conhecimento desta circunstância. O ordenamento jurídico permite a comunicabilidade de circunstâncias de caráter pessoal, quando elementares ao tipo, com fulcro no artigo 30 do Código Penal.

Também cumpre salientar que o gerente de agência bancária pode figurar como sujeito ativo, por exemplo, de crime de gestão fraudulenta ou temerária, aliás, entendimento diverso ensejaria a impossibilidade de o responsável por órgão descentralizado de uma instituição financeira responder pelo cometimento destes delitos, de modo que parte dos infratores que porventura os praticasse estaria à margem do controle estatal em atos lesivos ao Sistema Financeiro Nacional.

Vale dizer, não importa que o agente não se integre ao alto escalão da instituição financeira, bastando que, na condição de gerente detenha reais poderes de gestão e que suas decisões possam ser adotadas sem qualquer consulta prévia ao superior hierárquico. Deve ostentar autonomia e independência no âmbito de sua agência.

Juliano Breda entende que "a exegese admissível é restringir o denominado poder de gestão àquele que possuir a capacidade autônoma e independente de praticar atos próprios de instituição financeira: captação, intermediação ou negociação de títulos ou valores mobiliários e os responsáveis pelos serviços financeiros. Por autonomia e independência, entende-se a ausência de autorização de qualquer outra pessoa hierarquicamente superior para a prática dos atos de captação, negociação e intermediação. (...) A autonomia refere-se à ausência de consulta, autorização ou concordância de pessoa com poderes de veto sobre determinada operação (...)."[219]

[219] *Gestão fraudulenta de instituição financeira e dispositivos processuais da lei 7.492/86*. São Paulo: Renovar, 2002, p. 67-68.

O Superior Tribunal de Justiça tem entendido que "nos crimes contra o sistema financeiro, os gerentes de instituição bancária, bem como os ocupantes de cargo de diretoria, são penalmente responsáveis, a teor do disposto no art. 25 da Lei nº 7.492/86, considerando possuírem parcela do poder de comando da instituição e administração dos capitais movimentados (...)" (REsp nº 1115275, Rel. Ministro Adilson Vieira Macabu, Desembargador convocado do TJ/RJ, Sexta Turma, *DJ* 04.11.2011).

Em outro julgado, também se destacou que "o gerente de agência bancária pode ser sujeito ativo do crime de gestão fraudulenta de instituição financeira." (STJ, AgRg no REsp 1475677/RS, Rel. Ministro Nefi Cordeiro, Sexta Turma, *DJ* 21.05.2018). No mesmo sentido: "A jurisprudência desta Corte é pela possibilidade de gerentes de agência bancária serem sujeitos ativos dos delitos de gestão fraudulenta e de gestão temerária, desde que na análise do caso concreto esteja configurada a atuação com uso de poderes próprios de gestão" (STJ, AgRg no REsp 1374090/PR, Rel. Ministro Joel Ilan Paciornik, Quinta Turma, julgado em 07.08.2018, *DJ* 15.08.2018).

Como se vê, quando restar evidenciado que o gerente detém poder de decisão, independentemente das diretrizes emitidas pela instituição financeira, e agir contrariando a boa práxis bancária, poderá ser ele penalmente responsável, desde que haja inequívocas provas neste sentido. Deverá, nessa toada, estar caracterizado que o gerente de agência ostente autonomia e independência no âmbito da sua unidade bancária.

Donde se conclui que os gerentes podem praticar atos que infringem o Sistema Financeiro Nacional, sendo penalmente responsáveis pelos delitos, estando incluídos no art. 25 da Lei nº 7.492/1986. Por exemplo, os gerentes de uma agência bancária detêm poder decisório, podendo conceder empréstimos, manipular recursos de terceiros, autorizar a abertura de contas, dentre outras atividades, embora não sejam diretamente responsáveis pelos rumos da instituição financeira.

Não menos importante registrar que determinados indivíduos, ao assumirem o compromisso de bem e fielmente desempenharem o cargo de diretor, por exemplo, assumem, também, todas as responsabilidades inerentes a este cargo, de modo que podem agir para evitar o resultado, mormente porque figuram na posição de garantes.

Os diretores possuem a responsabilidade de proteger o bem jurídico e, portanto, de impedir condutas lesivas atentatórias ao Sistema Financeiro Nacional ao assumirem seus encargos. Portanto, incide a regra do artigo 13, §2º, "a", do Código Penal, quanto à posição de garante dos administradores, com fundamento no dever legal, fazendo valer a regra que os obriga ao dever de cuidado.

Em havendo omissão penalmente relevante em que os agentes deram causa ao resultado delituoso omitindo-se do dever de evitar as irregularidades na operacionalização de uma instituição financeira, por exemplo, já que a lei impunha a eles obrigação de cuidado e vigilância, bem como a obrigação de agirem no sentido de evitar irregularidades, não há que se falar em responsabilização objetiva, mas de imputação àqueles que se omitiram dolosamente quando, pela lei, tinham o dever de agir.

Nessa linha de argumentação, vide julgado (TRF3, Apelação Criminal nº 2005.61.81.002883-8, Rel. Desembargador Federal Fausto De Sanctis, Décima Primeira Turma, julgado em 21.02.2018, DJe 23.02.2018).

Elisa Blasi[220], ao debater o teor do art. 25 da Lei nº 7.492/1986, especificamente quanto à análise individual da reponsabilidade criminal pelos atos cometidos no âmbito da pessoa jurídica, aduz que o referido normativo procurou inicialmente estabelecer uma responsabilidade objetiva, na medida em que a imputação penal aos controladores e administradores da instituição financeira, assim considerados os diretores e os gerentes, se daria a partir do cargo desenvolvido à frente da instituição financeira, o que não poderia ocorrer. Explica que a interpretação deverá ser no sentido de que as pessoas físicas "responderão pelos atos praticados pelas pessoas jurídicas, mas esta responsabilidade será individual e subjetiva diante da identificação da prática da hipótese delitiva pelo agente."

Entende, ainda, que um diretor de instituição financeira, por exemplo, de acordo com o contrato social, pode ter a posição de garante, mas, no entanto, nem por isso deve ser responsabilizado por tal circunstância, devendo suas funções efetivamente exercidas lhe conceder "a possibilidade real e física de agir para evitar a criação ou o incremento de risco não permitido."

Jurisprudência:

TRF3: "O réu ocupava o cargo de gerente, relacionado pelo art. 25 da Lei nº 7.492/86. A jurisprudência entende que a norma do art. 25 não esgota o rol dos responsáveis penais pelos delitos tipificados na Lei nº 7.492/86, sendo certo que também aquele que detém, apenas de fato, o

[220] BLASI. Elisa Fernandes. *Crimes contra o sistema financeiro nacional* [livro eletrônico]: comentários à lei 7.492, de 16.6.86 / Manoel Pedro Pimentel. 1. ed. São Paulo: Thomson Reuters Brasil, 2020.

domínio da ação punível, encontra-se passível de enquadramento no tipo penal do art. 4º, respondendo também pelos crimes contra o Sistema Financeiro Nacional os administradores de fato, ainda que não tenham sido formalmente designados gestores (STJ, HC nº 43.630, Rel. Min. Arnaldo Esteves Lima, j. 09.10.07; TRF 3ª Região, ACR nº 1999.03.99.110790-6, Rel. Des. Fed. Fausto de Sanctis j. 03.09.02; TRF 2ª Região, ACR 200051015201350, Des. Fed. André Fontes, j. 01.03.11; TRF 4ª Região, HC nº 2002.04.01.042201-5, Rel. Des. Fed. Luiz Fernando Wowk Penteado, j. 02.12.02; HC nº 2001.04.01.085522-5, Rel. Des. Fed. Vladimir Passos de Freitas, j. 05.02.02)" (TRF 3ª Região, ACR nº 5001463-84.2019.4.03.6181, Rel. Desembargador Federal André Custodio Nekatschalow, julgado em 11.05.2021, DJ 14.05.2021).

TRF4: "Autoria confirmada. De acordo com a Teoria do Domínio Funcional do Fato, conseguimos definir, claramente, a conduta realizada por cada imputado e, "quando nos referimos ao domínio do fato, não estamos querendo dizer que o agente deve ter o poder de evitar a prática da infração penal a qualquer custo, mas sim que, com relação à parte do plano criminoso que lhe foi atribuída, sobre esta deverá ter domínio funcional" (TRF4, ACR nº 5026820-28.2015.4.04.7200, Sétima Turma, Relatora Salise Monteiro Sanchotene, juntado aos autos em 09.03.2021).

STJ: "Nos crimes de autoria coletiva, o preenchimento dos requisitos do art. 41 do Código de Processo Penal se dá com a descrição do liame existente entre o agir dos acusados e a suposta prática delituosa, ainda que a inicial acusatória não descreva, de forma minuciosa, as atuações individuais"; "A pessoa física responde pelos fatos típicos por ela praticados no âmbito da empresa que ela mesma controla e administra, não importando o fato de a conta bancária aberta para tal finalidade estar em nome da empresa, e não em nome dos denunciados" (AgRg no REsp nº 1463883/PR, Rel. Ministro João Otávio de Noronha, Quinta Turma, julgado em 17.08.2021, DJ 20.08.2021).

"A atuação específica do agravante, outrossim, está suficientemente descrita na denúncia: seria ele o coordenador dos corréus responsáveis pelo recebimento e pela manutenção no exterior de valores da organização criminosa não declarados ao órgão competente. São crimes praticados por organização criminosa estruturada, com clara divisão de tarefas. O fato de a inicial acusatória não ter descrito nenhuma conduta do agravante de ataque ao núcleo do tipo criminal não implica o seu trancamento. Pelo contrário, a imputação, verossímil o bastante para que se dê início à persecução penal, de que o agravante seria o comandante dos doleiros acusados nos crimes, caso comprovada, no curso da instrução criminal, será causa de maior apenamento. Elucidar de modo detalhado a participação do agravante na associação criminosa é matéria de mérito, que deve ser analisada no momento apropriado, que é durante a instrução processual (cf. RHC 92.534/SP, Rel. Ministro REYNALDO SOARES DA FONSECA, Quinta Turma, julgado em 8/2/2018, DJe 21/2/2018). Não há, assim, que se falar em inépcia da denúncia por conter narração deficiente dos fatos" (AgRg no RHC nº 122.377/RJ, Rel. Ministro Reynaldo Soares da Fonseca, Quinta Turma, julgado em 15.09.2020, *DJ* 21.09.2020).

Art. 25, § 1º Equiparam-se aos administradores de instituição financeira (vetado) o interventor, o liquidante ou o síndico.

Além do controlador, dos administradores de instituição financeira (diretores e gerentes), também podem ser sujeitos ativos o ex-administrador, o interventor, o liquidante e o síndico.

Embora o § 1º mencione "o síndico" como sujeito ativo, por equiparação, deve-se atentar que a Lei nº 11.101, de 09.02.2005, que regula a recuperação judicial, a extrajudicial e a falência do empresário e da sociedade empresária, exclui do âmbito de sua incidência a instituição financeira pública ou privada, dentre outras, a saber:

> "Art. 2º Esta Lei não se aplica a:
> I – empresa pública e sociedade de economia mista;
> II – instituição financeira pública ou privada, cooperativa de crédito, consórcio, entidade de previdência complementar, sociedade operadora de plano de assistência à saúde, sociedade seguradora, sociedade de capitalização e outras entidades legalmente equiparadas às anteriores."

Também cumpre destacar que a referida Lei nº 11.101/2005, no entanto, mais adiante, no art. 197, esclarece que enquanto não forem aprovadas as respectivas leis específicas, a Lei nº 11.101/2005 deve ser aplicada subsidiariamente, no que couber, aos regimes previstos no Decreto-Lei nº 73, de 21 de novembro de 1966 (dispõe sobre as seguradoras), na Lei nº 6.024, de 13 de março de 1974 (dispõe sobre a intervenção e a liquidação extrajudicial de instituições financeiras), no Decreto-Lei nº 2.321, de 25 de fevereiro de 1987 (institui, em defesa das finanças públicas, regime de administração especial temporária, nas instituições financeiras privadas e públicas não federais), e na Lei nº 9.514, de 20 de novembro de 1997 (dispõe sobre o Sistema de Financiamento Imobiliário, institui a alienação fiduciária de coisa imóvel).

Dentro deste contexto, *s.m.j*, as instituições financeiras, nos casos cabíveis, podem estar sujeitas a falência, de modo que se mantém a análise dos tipos penais descritos em alguns artigos desta Lei nº 7.492/1986 envolvendo as terminologias "síndico" (atualmente identificado como administrador judicial) e "falência", já que, subsidiariamente, pode ser aplicada a Lei de falência naquilo que não conflitar com os normativos supramencionados.

A intervenção será executada por interventor nomeado pelo Banco Central do Brasil, com plenos poderes de gestão (art. 5º da Lei nº 6.024, de 13.03.1974 – Lei que dispõe sobre a intervenção e a liquidação extrajudicial de instituições financeiras). O parágrafo único dispõe que dependerão de prévia e expressa autorização do Banco Central do Brasil os atos do interventor que impliquem em disposição ou oneração do patrimônio da sociedade, admissão e demissão de pessoal.

Por sua vez, o art. 16 da Lei nº 6.024/1974, dispõe que a liquidação extrajudicial será executada por liquidante nomeado pelo Banco Central do Brasil, com amplos poderes de administração e liquidação, especialmente os de verificação e classificação dos créditos, podendo nomear e demitir funcionários, fixando-lhes os vencimentos, outorgar e cassar mandatos, propor ações e representar a massa em Juízo ou fora dele.

Art. 25, § 2º Nos crimes previstos nesta Lei, cometidos em quadrilha ou coautoria, o coautor ou partícipe que através de confissão espontânea revelar à autoridade policial ou judicial toda a trama delituosa terá a sua pena reduzida de 1 (um) a 2/3 (dois terços).

A previsão contida no § 2º do art. 25 é causa obrigatória de redução de pena, desde que o crime tenha sido praticado em quadrilha (atualmente associação criminosa – reunião de três ou mais pessoas previamente associadas para o fim específico de perpetrar crimes, nos termos do art. 288 do CP, com a redação da Lei nº 12.850/2013) ou coautoria e que o coautor ou partícipe, por meio de confissão espontânea, revele à autoridade policial ou judicial toda a trama delituosa.

Para fins de aplicação deste normativo, impõe-se a conjugação da confissão espontânea do agente somada à sua colaboração para a elucidação de toda a trama criminosa (narrar todos os fatos ilícitos para os quais concorreu e que tenham ou não relação direta com os fatos investigados), o que implica dizer tratar-se de uma espécie de colaboração premiada.

No que diz respeito à colaboração premiada, a garantia é fornecida pela lei, ou seja, a real possibilidade de ver a pena diminuída decorre da conduta de alguém que deseja, sem afirmações dúbias ou inconsistentes, auxiliar os trabalhos da Justiça. O pressuposto, do qual não se pode afastar, é a confiança na Justiça Criminal, com possibilidade de seu direito vir a ser reconhecido, inclusive, em Corte Superior, caso considere inadequada decisão que eventualmente não a reconheça ou que reduza a pena de forma insuficiente.

A efetividade e consistência das informações prestadas somente podem ser aferidas após confronto com outros elementos de prova, não bastando, assim, a simples afirmação do increpado em Juízo. A colaboração premiada pressupõe o esclarecimento dos fatos, da trama criminosa, da organização criminosa, de todos os auxiliares do delito, não cabendo limitar o universo do que deseja esclarecer, tendo por norte o quanto disposto no art. 3º-C, § 3º, da Lei nº 12.850/2013, incluído pela Lei nº 13.964/2019, ou seja, o agente deverá narrar todos os fatos ilícitos para os quais concorreu e que tenham minimamente relação direta com os fatos investigados.

O agente deve esclarecer os fatos investigados, o que não impede a colaboração em maior extensão com relação a fatos ainda não investigados e que poderão vir a sê-los.

Não se pode admitir que os acusados desejem reconhecimento do benefício legal apenas colaborando dentro do universo de seu interesse de revelação, longe, porém, do foco do Estado na colheita de importantes informações de repressão aos delitos.

Cumpre destacar que a confissão prevista como circunstância atenuante no artigo 65, inciso III, alínea "d", do Código Penal, ocorre quando o agente aquiesce com a perpetração do crime tanto na esfera policial como quando interrogado em juízo, destacando-se que tal assunção de responsabilidade pelo ilícito se levada em conta para fins de formação do convencimento judicial, faz com que incida o entendimento plasmado na Súmula nº 545 do Superior Tribunal de Justiça ("quando a confissão for utilizada para a formação do convencimento do julgador, o réu fará jus à atenuante prevista no artigo 65, III, 'd', do Código Penal").

O exame dos aspectos comportamentais do agente para a incidência da sobredita atenuante primeiro deve se ater diretamente à sua personalidade (capacidade de assumir erros e suas consequências) e depois deve se espraiar para a aferição de que ao se dispor a narrar os fatos criminosos já conhecidos (subsidiando as provas outrora amealhadas pelos órgãos de persecução penal em atitude colaborativa pela vinda de informações úteis à elucidação da prática delitiva), evidencia postura proativa em favor da investigação que deve ser valorada positivamente quando da dosimetria da pena.

Todavia, a confissão, por representar apenas a assunção dos fatos delituosos pelo réu (preteritamente desvendados), ainda que retrate a participação de demais agentes no universo criminoso, não tem o alcance de produzir prova em detrimento daqueles. Diversamente, a colaboração premiada ocorre no instante em que o indivíduo confessa o crime ou os crimes e se predispõe a delatar os fatos criminosos aos agentes de persecução penal.

Significa a admissão da própria conduta delituosa com efetivo auxílio aos agentes de persecução penal para o desvendamento de todo o espectro criminoso, adstrito, minimamente, ao alcance do disposto no § 3º do art. 3º-C da Lei nº 12.850/2013, implicando na confissão total, e na individualização da responsabilidade dos demais membros. Assim agindo, ao término da persecução criminal poderá obter os benefícios previstos na legislação.

O instituto da colaboração premiada também se submete ao controle dos juízes federais americanos, que devem, quando haja violação dos princípios que norteiam a política do Departamento de Justiça (Guidelines Principles or DOJ Policy), cujos parâmetros encontram-se no Federal Rules of Criminal Procedure nº 11 (*Fed.R.Crim.P.11*), rejeitá-lo. Por exemplo, quando um *plea agreement* contempla a dispensa de acusações ou o comprometimento de não investigar determinado fato, o juiz somente o aceitará se as acusações que remanescerem corresponderem adequadamente à seriedade do comportamento ilícito e que a aceitação do acordo não enfraqueça os propósitos da Sentença ou vá em direção oposta às diretrizes definidas para esta última.[221]

[221] O'SULLIVAN, Julie R. *Federal white collar crime. Cases and materials. American casebook series.* 2. ed. St. Paul/MN: Thompson/West, 2003, p.1312/1313.

Este instituto tem incidência no ordenamento jurídico brasileiro desde as Ordenações Filipinas (Título CXVI, Felipe II, 1603),[222] sendo também validado no direito estrangeiro. No Brasil faz-se a ele menção em diversos diplomas legais, notadamente no Código Penal (artigo 159, § 4º, com a redação dada pela Lei nº 9.269, de 02.04.1996), na Lei nº 8.072, de 25.07.1990 (artigo 8º, parágrafo único), na Lei nº 8.137, de 27.12.1990 (artigo 16, parágrafo único, acrescentado pela Lei nº 9.080/1995), na Lei nº 9.034, de 03.05.1995 (artigo 6º – este diploma foi revogado pela Lei nº 12.850, de 02.08.2013), na Lei nº 9.613, de 03.03.1998, com a redação dada pela Lei nº 12.683, de 09.07.2012 (artigo 1º, § 5º), na Lei nº 9.807, de 13.07.1999 (artigos 13/15), bem ainda na Lei nº 11.343, 23.08.2006 (artigo 41), na Lei nº 12.529, de 30.11.2011 (artigos 86 e 87), além da Lei nº 12.850, de 02.08.2013 (artigo 3-A e seguintes, incluído pela Lei nº 13.964/2019).

No âmbito internacional, podem ser relembradas a Convenção da O.N.U. de Mérida contra a Corrupção, assinada em 09.12.2003, na cidade mexicana de mesmo nome, ratificada pelo Brasil em 15.06.2005, entrando em vigor internacional em 14.12.2005. Aprovada pelo Decreto-Legislativo nº 348, de 18.05.2005, e promulgada pelo Decreto nº 5.687, de 31.01.2006. É resultado da atuação do Escritório das Nações Unidas contra Drogas e Crime (UNODC), que corretamente recomenda: "Cada Estado Parte considerará a possibilidade de prever, em casos apropriados, a mitigação de pena de toda pessoa acusada que preste cooperação substancial à investigação ou ao indiciamento dos delitos qualificados de acordo com a presente Convenção" (artigo 37, 2).

A colaboração premiada traz à cena um juízo ético-jurídico retributivo-preventivo, vale dizer, prevenção do crime em geral (em relação a toda a sociedade) e especial (no que se relaciona ao réu) com apenamento em grau diferenciado. Pode ser adjetivada como sendo ética, útil e estratégica. Ética, por dar efetividade aos fins político-criminais e à tutela do bem jurídico protegido pela norma, guardando simetria com a justiça social e o bem-estar da coletividade. Útil, por retirar dos órgãos de persecução penal a exclusiva responsabilidade probatória na formação de culpa do agente criminoso (já que ele trará elementos que respaldarão as investigações). E, finalmente, estratégica, notadamente à Defesa, porquanto o réu será agra-

[222] ANSELMO, Márcio Adriano. *Colaboração premiada: O novo paradigma do processo penal brasileiro.* 1. ed. Rio de Janeiro: M. Mallet, 2016, p. 34.

ciado com um apenamento relativizado sem os ônus inerentes ao desenrolar de uma instrução processual penal.

Este instituto deve ser encorajado pelos órgãos de persecução penal ante os evidentes ganhos obtidos com a cessação da prática criminosa, de modo que a adoção da colaboração premiada representa uma possibilidade (talvez a única) da descoberta de graves crimes, com a restituição dos produtos e proveitos das infrações penais, com a prisão de criminosos, dentre outros, numa verdadeira equação custo-benefício.

A natureza jurídica do instituto da colaboração premiada foi gestada pelos precedentes que se formaram ao longo dos anos no âmbito do Supremo Tribunal Federal e do Superior Tribunal de Justiça restando assentada a sua bilateralidade: um negócio jurídico processual e meio de obtenção de prova. Um negócio jurídico processual porquanto, além de ser qualificada expressamente pela lei como meio de obtenção de prova, seu objeto é a cooperação do imputado para a investigação e para o processo criminal, "atividade de natureza processual, ainda que se agregue a esse negócio jurídico o efeito substancial (de direito material) concernente à sanção premial a ser atribuída a essa colaboração."[223]

O Superior Tribunal de Justiça, com lastro neste precedente, reafirmou esta natureza jurídica do instituto, ressaltando ser a colaboração premiada uma técnica especial de investigação, meio de obtenção de prova "advindo de um negócio jurídico processual personalíssimo, que gera obrigações e direitos entre as partes celebrantes (Ministério Público e colaborador), não possuindo o condão de, por si só, interferir na esfera jurídica de terceiros",[224] ainda que venham a ser nominados quando das declarações prestadas, carecendo, pois, interesse dos delatados no questionamento quanto à validade do acordo de colaboração premiada celebrado por outrem.

Inclusive, tais precedentes deram ensejo à edição pela Lei nº 13.964, de 24.12.2019 (Lei Anticrime) do art. 3º-A na Lei das Organizações Criminosas: "o acordo de colaboração premiada é negócio jurídico processual e meio de obtenção de prova, que pressupõe utilidade e interesse públicos."

Ressalte-se, mais uma vez, que o agente colaborador deve elucidar a trama criminosa (o que o difere da figura da testemunha) e deve entregar todos os dados para a confrontação dos crimes que indicar. Assim sendo,

[223] Habeas Corpus nº 127.483-PR, Tribunal Pleno, Relator Min. Dias Toffoli, DJe de 04.02.2016.

[224] RHC 69.988/RJ, Rel. Min. Reynaldo Soares da Fonseca, Quinta Turma, DJe de 07.11.2016.

a pessoa delatada mantém a sua condição de presumidamente inocente até que a veracidade da versão dada pelo agente colaborador seja confrontada e plenamente confirmada pelos elementos de prova por ele entregues. A prova, direta e indireta, obtida a partir do procedimento de colaboração premiada, deve ser suficiente para o limiar da ação penal, devendo ser lastreada em outros elementos apresentados pelo agente colaborador para aferir-se a presença da materialidade dos tipos imputados e indícios de autoria dos agentes delatados.

Especificamente no que diz respeito ao disposto no § 2º do art. 25 da Lei nº 7.492/1986, cuida-se de espécie de colaboração premiada levada a efeito pelo coautor ou partícipe perante a autoridade policial ou judicial, cujo objetivo é desvendar toda a trama criminosa (todos os fatos ilícitos para os quais concorreu e que tenham minimamente relação direta com os fatos investigados) praticada em associação criminosa ou coautoria.

Elisa Fernandes Blasi pontua que: "Não se trata do ato de delatar outros sujeitos, mas sim de uma espécie de colaboração do coautor ou do partícipe com a autoridade pública na persecução criminal da prática delitiva mediante a revelação de todos os fatos relacionados, incluindo-se a identificação dos demais sujeitos", mas que, no entanto, "em muito difere da colaboração premiada prevista na Lei nº 12.850/2013 e que inaugurou no ordenamento jurídico pátrio a existência de um procedimento autônomo de produção de provas (...). Os benefícios penais ao colaborador premiado, previstos na Lei nº 12.850/2013, decorrem de um procedimento formal prévio – no âmbito do qual se desenvolverá a colaboração, com os relatos de fatos, sujeitos e indicação de elementos indiciários – regulado por requisitos objetivos previstos em lei e dependerão, os benefícios penais, da homologação judicial do acordo de colaboração premiada objeto do referido procedimento. A espécie de colaboração premiada prevista no artigo 25, § 2º, em comento, por sua vez, tem incidência nas hipóteses delitivas previstas na Lei nº 7.492/86 praticadas em quadrilha ou bando e confere ao coautor ou ao partícipe o benefício penal da redução de pena, de um a dois terços, diante da sua confissão espontânea e relato de toda a '[...] trama delituosa [...]'. Trata-se do depoimento formal a ser prestado pelo destinatário da norma perante a autoridade policial ou ao juízo competente, no curso da persecução criminal, esteja ela em sede de investigação ou já em sede de processo de conhecimento. Nesse sentido, prescinde-se de qualquer procedimento formal autônomo ou prévio para a tomada do depoimento, bem como de homologação judicial para a obtenção de benefício penal. Ainda, apenas exige-se a existência da confissão espontânea do depoente e o relato de todos os fatos e sujeitos relacionados à prática delitiva, mas não se determina a indicação ou concessão de elementos probatórios do quanto relatado. Ademais, registre-se que a hipótese delitiva deverá ter sido praticada em coautoria ou em associação criminosa, isto é, com 3 (três) ou mais pessoas previamente associadas para o cometimento de crimes, tendo em vista a nova redação dada pela Lei nº 12.850/2013 ao artigo 288 do Código Penal, a qual suprimiu as palavras quadrilha e bando e diminui o número de pessoas necessárias para a formação da associação criminosa. Finalmente, compete asseverar que a redução de pena se destina aos delitos previstos na Lei nº 7.492/86 e sua aplicação, uma vez cumpridas as exigências objetivas da norma penal, consoante assevera Cezar Roberto Bitencourt, é obrigatória e não depende da eficácia persecutória ou probatória do depoimento do sujeito."

Em que pese a alusão doutrinária acima acerca da desnecessidade de apresentar elementos probatórios, *s.m.j.*, pela leitura do § 2º do art. 25, impõe-se a indicação do quanto necessário a fim de corroborar suas revelações.

Em suma, a previsão contida no § 2º do art. 25 é causa obrigatória de redução de pena (de um a dois terços), desde que o crime tenha sido praticado em associação criminosa ou coautoria e que o coautor ou partícipe por meio de confissão espontânea somada à colaboração revele à autoridade policial ou judicial toda a trama delituosa (todos os fatos ilícitos para os quais concorreu e que tenham minimamente relação direta com os fatos investigados). Dispensa, nesse viés, a instauração de qualquer procedimento autônomo, além de desnecessária a homologação judicial para a obtenção do benefício penal.

Jurisprudência: "A Corte de origem, ao decidir pela inaplicabilidade do artigo 25, §2º, da Lei nº 7492/1986, consignou que não ficou demonstrada a coautoria delituosa nem muito menos a existência de quadrilha ou organização criminosa, não tendo o reconhecimento da prática criminosa por parte do acusado implicado no desbaratamento de qualquer trama ou esquema criminoso. Ora, rever tal conclusão, como requer a parte recorrente, no sentido de que o acusado contribui para o desvendamento do crime e identificação de outros sujeitos da prática criminosa, para a aplicação do art. 25, §2º, da Lei nº 7492/1986, demandaria o revolvimento de matéria fático-probatória, o que é inviável em sede de recurso especial, por força da incidência da Súmula nº 7/STJ." (STJ, AgRg no REsp nº 1.756.250/SE, relator Ministro Reynaldo Soares da Fonseca, Quinta Turma, *DJ* de 22.11.2018)

Artigo 26 A ação penal, nos crimes previstos nesta Lei, será promovida pelo Ministério Público Federal, perante a Justiça Federal.

Parágrafo único. Sem prejuízo do disposto no art. 268 do Código de Processo Penal, aprovado pelo Decreto-lei nº 3.689, de 3 de outubro de 1941, será admitida a assistência da Comissão de Valores Mobiliários – CVM, quando o crime tiver sido praticado no âmbito de atividade sujeita à disciplina e à fiscalização dessa Autarquia, e do Banco Central do Brasil quando, fora daquela hipótese, houver sido cometido na órbita de atividade sujeita à sua disciplina e fiscalização.

Competência

O artigo 26 da Lei nº 7.492/1986 (a ação penal será promovida pelo MPF perante a Justiça Federal) em análise com o disposto no artigo 109, VI, da Constituição Federal (VI – os crimes contra a organização do trabalho e, **nos casos determinados por lei, contra o sistema financeiro** e a ordem econômico-financeira), evidencia que nos crimes contra o Sistema Financeiro Nacional a competência será da Justiça Federal. Trata-se, pois, de competência material.

A Terceira Seção do STJ decidiu que:

> "CONFLITO DE COMPETÊNCIA. PENAL. INQUÉRITO POLICIAL INSTAURADO PARA APURAR A PRÁTICA DE CRIME CONTRA O SISTEMA FINANCEIRO NACIONAL. CONDUTA IMPUTADA: EMISSÃO E COMERCIALIZAÇÃO DE TÍTULOS FALSOS DA DÍVIDA PÚBLICA FEDERAL. COMPETÊNCIA DA JUSTIÇA FEDERAL.
>
> 1. Para a fixação da competência da Justiça Federal basta a subsunção formal da conduta aos delitos da Lei nº 7.492/1986, conforme dispõe o art. 109, VI, da Constituição Federal (os crimes contra o sistema financeiro e a ordem econômico-financeira são da competência da Justiça Federal nos casos determinados em lei) e o art. 26 da Lei nº 7.492/1986 (a ação penal, nesses casos, será promovida pelo Ministério Público Federal, perante a Justiça Federal).
>
> 2. Diante do contexto apresentado até o momento, em tese, a conduta de emissão e comercialização de títulos falsos da dívida pública federal reúne os elementos caracterizadores dos crimes previstos nos arts. 7º e 16 da Lei nº 7.492/1986, motivo pelo qual se afigura prematuro afastar a competência da Justiça Federal.
>
> 3. Conflito conhecido para declarar a competência do Juízo Federal da 11ª Vara da Seção Judiciária do Estado de Goiás."

(CC 145.689/GO, Rel. Ministro Antonio Saldanha Palheiro, Terceira Seção, julgado em 26.06.2019, *DJ* 01.07.2019)

Justiça Federal – artigo 109, inciso VI, CF (inaplicação do inciso IV: a competência se dá em razão da matéria e não da pessoa, sendo irrelevante que o delito atente contra bens, serviços ou interesses da União, autarquia ou empresa pública federal (**STF** – RE nº 198.488/DF, Carlos Velloso, 2ª T., *vu*, *DJ* 11.12.1998; HC nº 83279/SC, Marco Aurélio, 1ª T., *vu*, 10.02.2004; RE nº 440097/SP, Carlos Velloso, 03.03.2005); **também os conexos** (Súmulas nºs 122/S.T.J. e 52/TFR).

Em havendo conexão ou continência com crime de competência estadual aplicar-se-á o disposto na Súmula nº 122 do STJ:

> "HABEAS CORPUS. OPERAÇÃO EGYPTO. SUPOSTA INCOMPETÊNCIA DA JUSTIÇA FEDERAL. MANIFESTA IMPROCEDÊNCIA. CASO QUE OSTENTA CONTORNOS DISTINTOS DO CC Nº 161.123/SP (TERCEIRA SEÇÃO). DENÚNCIA OFERTADA, NA QUAL É NARRADA A EFETIVA OFERTA DE CONTRATO COLETIVO DE INVESTIMENTO ATRELADO À ESPECULAÇÃO NO MERCADO DE CRIPTOMOEDA. VALOR MOBILIÁRIO (ART 2º, IX, DA LEI Nº 6.385/1976). INCIDÊNCIA DOS CRIMES PREVISTOS NA LEI Nº 7.492/1986. COMPETÊNCIA DA JUSTIÇA FEDERAL (ART.26 DA LEI Nº 7.492/1986), INCLUSIVE PARA PROCESSAR OS DELITOS CONEXOS (SÚMULA 122/STJ).
>
> (...)
>
> 6. Considerando os fatos narrados na denúncia, especialmente os crimes tipificados nos arts. 4º, 5º, 7º, II, e 16, todos da Lei nº 7.492/1986, é competente o Juízo Federal para processar a ação penal (art. 26 da Lei nº 7.492/1986), inclusive no que se refere às infrações conexas, por força do entendimento firmado no Enunciado Sumular nº 122/STJ.
>
> 7. Ordem denegada."
>
> (STJ, HC 530.563/RS, Rel. Ministro Sebastião Reis Júnior, Sexta Turma, julgado em 05.03.2020, *DJ* 12.03.2020)

Ademais, há a previsão de uma atribuição funcional do Ministério Público Federal para promover a ação penal pública nos delitos previstos nesta *lex specialis*.

O parágrafo único trata da assistência ao Ministério Público Federal, dispondo que, sem prejuízo do estatuído no art. 268 do Código de Processo

Penal ("Em todos os termos da ação pública, poderá intervir, como assistente do Ministério Público, o ofendido ou seu representante legal, ou, na falta, qualquer das pessoas mencionadas no Art. 31"), a Comissão de Valores Mobiliários (CVM) e o Bacen serão admitidos como assistente de acusação quando o delito tiver sido praticado no espectro de atividade sujeita à disciplina e fiscalização desses entes, pontuando no entanto que, nas hipóteses de fiscalização e disciplina da CVM, quando esta for admitida como assistente, o Bacen não poderá figurar como tal.

Manoel Pedro Pimentel explica "a regra geral, portanto, é que o Banco Central poderá habilitar-se como Assistente em praticamente todos os crimes previstos nesta lei especial, porque o Estado é quase sempre *sujeito passivo principal*, podendo, eventualmente, em algumas figuras, haver outros prejudicados, que, como *sujeitos passivos secundários*, seriam igualmente admitidos à assistência." Esclarece ainda que "nos crimes em que o *objeto material* concretizar-se em títulos negociáveis na Bolsa, a Comissão de Valores Mobiliários – CVM poderá figurar como Assistente do Ministério Público, sem prejuízo do mesmo direito conferido a outros particulares ofendidos. Mas, nestas hipóteses, o Banco Central não poderá habilitar-se."

Portanto, de acordo com o normativo do art. 26, o Bacen ou a CVM podem ser admitidos como assistentes de acusação, nas hipóteses em que forem responsáveis pela disciplina e fiscalização, sendo certo, no entanto, que quando a CVM figurar como tal, inviabilizará o ingresso do Bacen. Ainda, de acordo com referido normativo, em ambas as situações, nada impedirá que demais ofendidos ou seus representantes legais igualmente atuem como assistentes acusatórios, nos termos do art. 268 do CPP.

Importante destacar, no que diz respeito aos demais ofendidos ou seus representantes legais (art. 268 do CPP), que, muito embora na maior parte dos crimes o Estado figure como sujeito passivo, algumas figuras delitivas da Lei nº 7.492/1986 admitem eventualmente sujeitos passivos secundários, os quais poderão juntamente com o Bacen ou com a CVM habilitarem-se como assistentes de acusação.

Tomando-se como exemplo o Bacen, enquanto órgão fiscalizatório e de regulação do mercado financeiro, o ingresso como assistente de acusação justifica-se diante dos efeitos deletérios de tais crimes, os quais impactam a credibilidade e o funcionamento do Sistema Financeiro Nacional, sendo a punição dos acusados de inarredável interesse da autarquia, enquanto órgão público representante do Estado. Além dele, se o caso, também poderá ingressar como assistente demais ofendidos ou seus representantes legais, consoante inteligência do art. 268 do Estatuto Processual Penal.

Com efeito, a teor do art. 268 do Código de Processo Penal, é possível a intervenção, como assistente do órgão acusatório na Ação Penal Pública, do **ofendido** ou seu representante legal ou, na impossibilidade, seu cônjuge, seus ascendentes, seus descendentes ou seus irmãos ("Em todos os termos da ação pública, poderá intervir, como assistente do Ministério Público, o ofendido ou seu representante legal, ou, na falta, qualquer das pessoas mencionadas no Art. 31").

Interpretando o dispositivo em tela, especificamente no que concerne ao conceito de "ofendido", o Superior Tribunal de Justiça já teve a oportunidade de assentar entendimento segundo o qual o implemento dos pressupostos necessários para que a vítima seja aceita como assistente de acusação devem ser analisados tendo como premissa a titularidade do bem jurídico lesado ou posto em perigo pela conduta típica imputada ao acusado – a propósito, pertinente trazer à colação o julgado que segue:

> "PENAL E PROCESSO PENAL. RECURSO EM MANDADO DE SEGURANÇA. 1. ASSISTENTE DE ACUSAÇÃO. INGRESSO INDEFERIDO. AUSÊNCIA DE LEGITIMIDADE. CRIME DO ART. 356 DO CÓDIGO PENAL. SONEGAÇÃO DE PAPEL OU OBJETO DE VALOR PROBATÓRIO. CRIME CONTRA A ADMINISTRAÇÃO DA JUSTIÇA. PESSOA JURÍDICA QUE NÃO É A VÍTIMA. 2. BEM JURÍDICO TUTELADO. 3. ART. 268 DO CPP. ROL TAXATIVO. PRECEDENTES DESTA CORTE. EVENTUAL INTERESSE ECONÔMICO. DISCUSSÃO EM SEDE PRÓPRIA. AUSÊNCIA DE DIREITO LÍQUIDO E CERTO. 4. RECURSO EM MANDADO DE SEGURANÇA A QUE SE NEGA PROVIMENTO. 1. É verdade que o instituto da assistência à acusação está ligado a 'visão democrática do Estado e do processo e com a capacidade dele ser um instrumento hábil a viabilizar o controle, em caráter complementar àquele exercido pelo Poder Judiciário, da atividade acusatória do Ministério Público'. Contudo, para o deferimento da habilitação mostra-se imprescindível o preenchimento dos requisitos legais correspondentes. Assim, 'para que alguém – pessoa física ou jurídica – possa ingressar no feito como assistente de acusação, deve demonstrar, nos termos do disposto no art. 268 do Diploma Processual Penal, ser titular do bem jurídico lesado ou posto em perigo pela conduta típica, o que, in casu, não ocorre'. 2. Na hipótese vertente, cuida-se do delito de sonegação de papel ou objeto de valor probatório, previsto no art. 356 do Código Penal – cujo bem jurídico tutelado é a administração da justiça, de titularidade do Estado, enquanto responsável pelo regular andamento das atividades judiciárias. Tutela-se, portanto,

a administração da justiça, lesada com a conduta do advogado ou procurador que interfere, de modo ilegítimo, nos elementos de prova. Nessa linha de raciocínio, resta atingida a proteção do interesse público, afetado pela atuação da Poder Judiciário e, não, do interesse individualizado da parte litigante nos autos extraviados. 3. Nos termos do art. 268 do CPP, a legitimidade para figurar como assistente de acusação é restrita ao ofendido, ao seu representante legal ou, na falta, ao seu cônjuge, ascendente, descendente ou irmão. Dessa forma, a elasticidade que se pretende imprimir ao instituto da assistência contraria o sistema acusatório e o princípio constitucional da duração razoável do processo, causando, ainda, desequilíbrio na relação processual. Em consequência, não se vislumbra, na hipótese, o direito líquido e certo invocado na impetração. Precedentes do STJ. 4. Recurso em mandado de segurança a que se nega provimento." (STJ, RMS 55.901/SP, Rel. Min. NEFI CORDEIRO, Rel. p/ Acórdão Ministro REYNALDO SOARES DA FONSECA, TERCEIRA SEÇÃO, julgado em 14/11/2018, DJe 19/12/2018)

Aliás, fazendo coro ao ora sustentado, decidindo sobre questão relacionada ao pagamento de indenização por seguradora em que utilizado documento falsificado, o mesmo C. Superior Tribunal de Justiça (STJ, RMS 45.395/SC, Rel. Min. Reynaldo Soares da Fonseca, Quinta Turma, *DJ* 29.02.2016) sufragou o posicionamento de que o crime imputado na Ação Penal subjacente (qual seja, o de falsificação ideológica de documento) teria como vítima o Estado (titular do bem jurídico tutelado pela norma penal), razão pela qual a seguradora, ainda que detentora de interesse meramente econômico em face do que poderia ser decidido em sede de persecução penal, não ostentaria a pecha de "ofendida" a permitir seu ingresso na relação processual penal como assistente do *Parquet*, hipótese que tem o condão de chancelar que a análise dos elementos carreados no art. 268 do Código de Processo Penal deve perpassar pelo enfrentamento de quem seria o titular do bem jurídico protegido pelo crime imputado ao acusado para fins de concretização do vocábulo "ofendido" disposto no mencionado preceito legal.

Dentro de tal contexto, lançando mão do posicionamento amplamente predominante na C. Instância Superior à que foi feita menção anteriormente, nota-se que os delitos previstos na Lei nº 7.492/1986 geralmente, a depender da figura delitiva, possuem o objetivo de tutelar apenas a regularidade, a credibilidade e o funcionamento do Sistema Financeiro Nacional (aquele disciplinado, na seara constitucional, pelo art. 192 do Texto Supremo na redação conferida por força da promulgação da Emenda Constitucional nº 40, de 29 de maio de 2003) e, portanto, não imediatamente o eventual patrimônio privado que possa ter sido vilipendiado por condutas imputadas aos agentes infratores.

No entanto, a despeito de geralmente nos crimes contra o Sistema Financeiro Nacional o bem jurídico tutelado ser a credibilidade e o funcionamento do SFN, secundariamente, até mesmo eventuais investidores e a própria instituição financeira, por exemplo, também serão objeto de proteção.

Cite-se, como exemplo, no crime de gestão temerária, como preleciona José Carlos Tórtima:[225] "o bem jurídico a ser tutelado pela norma é a estabilidade e a higidez do Sistema Financeiro Nacional, indispensável à eficiente execução da política econômica do governo. Secundariamente, protegem-se, através de severa ameaça penal, os investidores e o próprio mercado financeiro das funestas consequências de possíveis 'quebras' de instituições, causadas pela cupidez ou irresponsabilidade de seus gestores."

Desta feita, em algumas hipóteses, como no caso da gestão fraudulenta e temerária, sendo objeto secundário de proteção da norma o patrimônio dos investidores e o próprio mercado financeiro, é que pode haver prejuízo material concreto a pessoas, determinadas ou não.

Não obstante, o possível dano gerado pela conduta não se afigura adequado para qualificá-la como insignificante ou não, para fins do reconhecimento do princípio da insignificância, mormente porque a extensão do prejuízo ao bem jurídico tutelado, em algumas situações, não é passível de quantificação.

Falência – No âmbito do Recurso Extraordinário nº 678162, com repercussão geral conhecida (tema 859), levantou-se a questão constitucional no sentido da competência para julgar as ações de insolvência civil em que haja interesse da União, entidade autárquica ou empresa pública federal: se da Justiça Federal ou da Justiça Estadual, considerando o disposto no art. 109, I, da Constituição Federal.[226]

[225] *Crimes contra o sistema financeiro nacional: uma contribuição ao estudo da Lei nº 7.492/1986*. 2. ed. Rio de Janeiro: Lumen Juris, 2002, p. 51.

[226] Art. 109 Aos juízes federais compete processar e julgar: I – as causas em que a União, entidade autárquica ou empresa pública federal forem interessadas na condição de autoras, rés, assistentes ou oponentes, exceto as de falência, as de acidentes de trabalho e as sujeitas à Justiça Eleitoral e à Justiça do Trabalho.

Entendeu-se que a falência e a insolvência da pessoa física são exceções à competência da Justiça Federal de primeira instância, considerando que ambas envolvem, em suas respectivas essências, concurso de credores.

Nesse sentido fixou-se a tese: "A insolvência civil está entre as exceções da parte final do artigo 109, I, da Constituição da República, para fins de definição da competência da Justiça Federal" (STF, RE nº 678162, Rel. Marco Aurélio, Rel. p/ Acórdão: Edson Fachin, Tribunal Pleno, julgado em 29.03.2021, processo eletrônico repercussão geral – mérito *DJ* 13.05.2021).

O objetivo do art. 109, I, da Constituição Federal, ao excluir da competência da Justiça Federal os feitos relativos à falência, ainda que propostos pela União, entidade autárquica ou empresa pública federal, foi o de fazer prevalecer o juízo universal, ante a peculiaridade que envolve a questão.

Estabeleceu-se, portanto, a competência da Justiça Estadual para o julgamento da insolvência civil, falência e recuperação judicial.

Varas especializadas: "não é ilegal, nem fere a Constituição Federal porque os Tribunais possuem atribuição constitucional e autorização legal para especializar Varas, de acordo com os arts. 11 e 12 da Lei 5.010/66, c.c. o art. 11, parágrafo único, da Lei nº 7.727/89" (**TRF/4** – RSE nº 2003.72.05.003426-8/SC, Rel. Des. Fed. Volkmer de Castilho, 8ª T., *vu*, 13.08.2003).

A constitucionalidade da criação das varas criminais federais especializadas em crimes contra o sistema financeiro nacional e crimes de lavagem ou ocultação de bens, direitos e valores foi confirmada pelo Pleno do Supremo Tribunal Federal, quando do julgamento do *Habeas Corpus* nº 88.660, na data de 15.05.2008, razão pela qual a questão resta superada.

Logo, a nossa Corte Suprema afastou alegação de qualquer ilegalidade ou de delegação inconstitucional, pelo menos no que se refere à redistribuição de procedimentos ou inquéritos policiais.

Vale destacar que, em 06.12.2021, o Tribunal Regional Federal da 3ª Região editou o Provimento CJF3R nº 49, dispondo sobre a competência das Varas Federais Criminais no âmbito da Justiça Federal da 3ª Região. Estabeleceu em seu artigo 5º, inciso II, a competência "das 2ª, 3ª, 4ª, 5ª, 6ª, 7ª, 8ª, 9ª e 10ª Varas Federais Criminais da 1ª Subseção Judiciária – São Paulo, denominadas 'Vara Federal Criminal, de 'lavagem' ou ocultação de bens, direitos e valores e crime contra o sistema financeiro e de Execução de ANPP', para processar e julgar matéria criminal, inclusive os crimes contra o sistema financeiro nacional e os crimes de lavagem de dinheiro ou ocultação de bens, direitos e valores deles decorrentes, além dos demais processos e incidentes relativos a essa matéria, as execuções penais decorrentes de Acordos de Não Persecução Penal (ANPP) por ela homologados, as ações de competência da Lei nº 10.259/2001 (JEF Criminal), bem como cartas de ordem, precatórias e rogatórias criminais". As aludidas Varas Federais Criminais da 1ª Subseção Judiciária de São Paulo são consideradas juízo criminal especializado em razão dessa matéria e terão competência jurisdicional em toda a área territorial da Seção Judiciária do Estado de São Paulo, salvo em relação à jurisdição das Subseções Judiciárias de Campinas e Ribeiro Preto, que possuem Varas Federais especializadas nessa matéria (art. 7º). Portanto, a especialização não se restringiu mais às 2ª, 6ª e 10ª Varas Federais Criminais de São Paulo.

Compartilhamento de informações: artigo 2º, § 4º, da LC nº 105, de 10.01.2001 – BACEN e CVM, em suas áreas de competência, poderão firmar convênios com outros órgãos públicos fiscalizadores de instituições financeiras, objetivando a realização de fiscalizações conjuntas, bem ainda cooperação mútua e o intercâmbio de informações para a investigação de atividades.

O artigo 28 da Lei nº 6.385, de 07.12.1976, com a redação dada pela Lei nº 10.303, de 31.12.2001, ressalva que o sigilo não poderá servir de óbice ao intercâmbio de informação entre o Banco Central do Brasil, a Comissão de Valores Mobiliários, a Secretaria de Previdência Complementar, a Secretaria da Receita Federal e Superintendência de Seguros Privados ("**Art. 28.** O Banco Central do Brasil, a Comissão de Valores Mobiliários, a Secretaria de Previdência Complementar, a Secretaria da Receita Federal e Superintendência de Seguros Privados manterão um sistema de intercâmbio de informações, relativas à fiscalização que exerçam, nas áreas de suas respectivas competências, no mercado de valores mobiliários; **Parágrafo único.** O dever de guardar sigilo de informações obtidas através do exercício do poder de fiscalização pelas entidades referidas no caput não poderá ser invocado como impedimento para o intercâmbio de que trata este artigo."

Artigo 27 Quando a denúncia não for intentada no prazo legal, o ofendido poderá representar ao Procurador-Geral da República, para que este a ofereça, designe outro órgão do Ministério Público para oferecê-la ou determine o arquivamento das peças de informação recebidas.

Os crimes previstos na Lei nº 7.492/1986 são de ação penal pública incondicionada, de sorte que independem de representação do ofendido.

A despeito disso, quando a denúncia não for intentada no interregno legal, o ofendido poderá representar ao Procurador-Geral da República, para que este a ofereça, designe outro órgão do Ministério Público para tal consecução ou determine o arquivamento das peças de informações recebidas.

Note-se que a inércia ministerial para fins de aplicação do disposto neste artigo diz respeito ao não oferecimento da peça acusatória no interregno legal, não se aplicando referido normativo quando o MPF ordenar o arquivamento do inquérito policial (ou de quaisquer elementos informativos da mesma natureza), ou ainda, quando se manifestar nos autos, por exemplo, requerendo diligências de investigação.

No que diz respeito à determinação de arquivamento do inquérito policial ou de quaisquer elementos informativos da mesma natureza, o artigo 28, "caput", do Código de Processo Penal, com as alterações promovidas pela Lei nº 13.964/2019, passou a prever que o próprio órgão ministerial ordenará o ato (outrora passava pelo crivo judicial), devendo, no entanto, encaminhar as peças à instância de revisão ministerial (no âmbito do Ministério Público Federal, a Câmara de Coordenação e Revisão), para fins de homologação. Na mesma oportunidade, o Ministério Público atuante em primeira instância deverá comunicar a vítima, o investigado e a autoridade policial.

Tal proceder, nos termos do que dispõe o § 1º do art. 28 do C.P.P, permite à vítima, no caso de não concordância com a determinação de arquivamento, no prazo de 30 (trinta) dias do recebimento da comunicação, submeter a matéria à instância de revisão do Ministério Público.

Lado outro, a teor do § 2º do mesmo normativo, nas ações penais relativas a crimes praticados em detrimento da União, Estados e Município, a revisão do arquivamento do inquérito policial poderá ser provocada pela chefia do órgão a quem couber a sua representação judicial.

No caso da Lei nº 7.492/1986, como já mencionado anteriormente nesta obra, muito embora na maior parte dos crimes ali descritos o bem jurídico tutelado seja a credibilidade e o funcionamento do Sistema Financeiro Nacional, secundariamente, até mesmo eventuais investidores e a própria instituição financeira, por exemplo, serão objeto de proteção. Nesse sentido, os artigos 3º e 4º são pluriofensivos.

Sob esta ótica, tanto o ente federativo Estado poderá se insurgir contra a determinação de arquivamento (§ 2º do art. 28 do CPP), quanto as eventuais vítimas (ofendidos), na forma do § 1º do art. 28 do Estatuto Penal Processual.

Sob o enfoque do art. 27 da Lei nº 7.492/1986, em alguns delitos, em não sendo apenas o Estado o titular do bem jurídico tutelado, os eventuais ofendidos também poderão provocar as providências cabíveis perante a Procuradoria Geral da República, quando o órgão ministerial quedar-se inerte em relação ao oferecimento da denúncia.

De toda sorte, nada obsta que o ofendido proponha ação penal privada subsidiária da pública (art. 29 do CPP) quando a inicial acusatória não for intentada no prazo legal, consoante direito fundamental disposto no art. 5º, inciso LIX, da C.F. (será admitida ação privada nos crimes de ação pública, se esta não for intentada no prazo legal).

Artigo 28 Quando, no exercício de suas atribuições legais, o Banco Central do Brasil ou a Comissão de Valores Mobiliários – CVM, verificar a ocorrência de crime previsto nesta lei, disso deverá informar ao Ministério Público Federal, enviando-lhe os documentos necessários à comprovação do fato.

Parágrafo único. A conduta de que trata este artigo será observada pelo interventor, liquidante ou síndico que, no curso de intervenção, liquidação extrajudicial ou falência, verificar a ocorrência de crime de que trata esta lei.

No âmbito de suas atribuições legais, os órgãos de fiscalização – Bacen e CVM – têm o dever de comunicar ao Ministério Público Federal eventual indício da prática de crime, encaminhando as informações suspeitas de irregularidades, que poderão servir de suporte posteriormente ao oferecimento de denúncia pelo órgão ministerial.

Nesse sentido, destaque-se os seguintes julgados:

> "PROCESSUAL PENAL. HABEAS CORPUS. SONEGAÇÃO FISCAL, DE INFORMAÇÃO À RECEITA FEDERAL E AO BANCO CENTRAL E EVASÃO DE DIVISAS. NULIDADE DA AÇÃO PENAL. ILEGALIDADE DA QUEBRA DOS SIGILOS FISCAL E BANCÁRIO. CONSTRANGIMENTO ILEGAL NÃO-CONFIGURADO. ORDEM DENEGADA.
>
> 1. No âmbito de suas atribuições, o Banco Central tem o dever de comunicar eventual indício da prática de ilícito penal que ocorra no âmbito de sua fiscalização, não caracterizando constrangimento ilegal o envio de informações à Receita Federal e ao Ministério Público Federal acerca de movimentações financeiras suspeitas de irregularidades.

2. Ordem denegada."

(STJ, HC Nº 117.733/PR, Rel. Ministro Arnaldo Esteves Lima, Quinta Turma, julgado em 07.05.2009, DJe 15.06.2009)

"PENAL. EMBARGOS DE DECLARAÇÃO. PRESSUPOSTOS. EXTINÇÃO DA PUNIBILIDADE. MENORIDADE DE UM DOS RÉUS. QUEBRA DO SIGILO BANCÁRIO. NULIDADE. INEXISTÊNCIA. EVASÃO DE DIVISAS. ESPÉCIE DE CONTA CC5. IRRELEVÂNCIA.

(...)

3. Para o BACEN não há sigilo a ser quebrado, pois é dever da Autoridade Monetária conhecer e supervisionar toda e qualquer atividade de natureza bancária, a fim de assegurar o perfeito funcionamento do Sistema Financeiro Nacional. Inocorrência de nulidade face à obtenção dos dados no âmbito da fiscalização efetuada pelo Banco Central. 4. Esta Turma Julgadora pontificou que o crime de evasão de divisas se perfectibiliza independentemente da espécie de conta CC5 utilizada pelo agente."

(TRF4, ACR 0039529-24.2003.4.04.7000, Oitava Turma, Rel. Paulo Afonso Brum Vaz, *DJ* 27.09.2011)

Tais entidades têm o dever de comunicar diretamente ao Ministério Público Federal sem que isso configure ilegalidade, encontrando supedâneo no presente artigo, além do disposto no artigo 12 da Lei nº 6.385/1976 ("Art. 12. Quando o inquérito, instaurado de acordo com o § 2º do art. 9º, concluir pela ocorrência de crime de ação pública, a Comissão de Valores Mobiliários oficiará ao Ministério Público, para a propositura da ação penal") e inciso IV do parágrafo 3º do art. 1º da LC nº 105/2001 – dispõe sobre o sigilo das operações de instituições financeiras e dá outras providências ("§ 3º Não constitui violação do dever de sigilo (...) IV – a comunicação, às autoridades competentes, da prática de ilícitos penais ou administrativos, abrangendo o fornecimento de informações sobre operações que envolvam recursos provenientes de qualquer prática criminosa").

Além disso, o art. 9º da LC nº 105/2001 também preceitua que:

"Art. 9º Quando, no exercício de suas atribuições, o Banco Central do Brasil e a Comissão de Valores Mobiliários verificarem a ocorrência de crime definido em lei como de ação pública, ou indícios da prática de tais crimes, informarão ao Ministério Público, juntando à comunicação os documentos necessários à apuração ou comprovação dos fatos.

§ 1º A comunicação de que trata este artigo será efetuada pelos Presidentes do Banco Central do Brasil e da Comissão de Valores Mobiliários, admitida delegação de competência, no prazo máximo de quinze dias, a contar do recebimento do processo, com manifestação dos respectivos serviços jurídicos.

§ 2º Independentemente do disposto no caput deste artigo, o Banco Central do Brasil e a Comissão de Valores Mobiliários comunicarão aos órgãos públicos competentes as irregularidades e os ilícitos administrativos de que tenham conhecimento, ou indícios de sua prática, anexando os documentos pertinentes."

No âmbito do Banco Central do Brasil já havia previsão quanto ao tema desde 1965, no art. 4º, §2º, da Lei nº 4.728, expondo que "quando, no exercício das suas atribuições, o Banco Central tomar conhecimento de crime definido em lei como de ação pública, oficiará ao Ministério Público para a instalação de inquérito policial."

Como se vê, o objetivo da comunicação prevista na legislação pátria, notadamente neste art. 28 da Lei nº 7.492/1986, é levar ao titular da ação penal pública a ocorrência de indícios de crimes no âmbito do Sistema Financeiro Nacional, com os documentos necessários à apuração ou comprovação dos fatos.

Não há que cogitar acerca da violação de sigilo por parte de tais entes, já que os normativos determinam tal proceder, de modo que, as informações encaminhadas ao Ministério Público Federal não serão consideradas provas ilícitas.

A questão que se põe guarda relação com a possibilidade de compartilhamento dos dados obtidos no âmbito administrativo com o órgão de persecução penal a fim de que seja possível a instauração de investigação (e de posterior ação penal) com o objetivo de aferir a eventual prática de infração penal perpetrada contra o Sistema Financeiro Nacional.

Registre-se que, em 16.07.2019, por meio de decisão monocrática proferida no bojo do Recurso Extraordinário nº 0010713-69.2010.4.03.6109, o Ministro Dias Toffoli decidiu suspender nacionalmente a tramitação de qualquer investigação criminal com base em dados do BACEN, COAF e da Receita Federal compartilhados com o Ministério Público sem que tenha havido prévia manifestação judicial e o fez com espeque no art. 1.035, § 5º, do CPC.[227]

[227] Deve ficar consignado, contudo, que essa decisão não atinge as ações penais e/ou procedimentos investigativos (Inquéritos ou PICs), nos quais os dados compartilhados pelos órgãos

Esta decisão foi exarada na contramão do tratamento internacional conferido à matéria, notadamente da legislação brasileira de lavagem de dinheiro. O art. 14, § 2º, da Lei nº 9.613/1998, dispõe que "o COAF deverá, ainda, coordenar e propor mecanismos de cooperação e de troca de informações que viabilizem ações rápidas e eficientes no combate à ocultação ou dissimulação de bens, direitos e valores." Por sua vez, o art. 15 estabelece que "o COAF comunicará às autoridades competentes para a instauração dos procedimentos cabíveis, quando concluir pela existência de crimes previstos nesta Lei, de fundados indícios de sua prática, ou de qualquer outro ilícito."

A exigência para que haja autorização judicial prévia permitindo o compartilhamento das informações fiscais e bancárias entre tais órgãos, enfraquece a apuração de ilícitos financeiros, fiscais e os de lavagem de dinheiro, afastando o tratamento célere que a questão demanda.

administrativos de fiscalização e controle, que foram além da identificação dos titulares das operações bancárias e dos montantes globais, ocorreram com a devida supervisão do Poder Judiciário e com a sua prévia autorização. Ante o exposto e observada a ressalva acima destacada: 1) determino, nos termos do art. 1.035, § 5º, do CPC, a suspensão do processamento de todos os processos judiciais em andamento, que tramitem no território nacional e versem sobre o Tema 990 da Gestão por Temas da Repercussão Geral; 2) determino, com base no poder geral de cautela, a suspensão do processamento de todos os inquéritos e procedimentos de investigação criminal (PICs), atinentes aos Ministérios Públicos Federal e estaduais, em trâmite no território nacional, que foram instaurados à míngua de supervisão do Poder Judiciário e de sua prévia autorização sobre os dados compartilhados pelos órgãos de fiscalização e controle (Fisco, COAF e BACEN), que vão além da identificação dos titulares das operações bancárias e dos montantes globais, consoante decidido pela Corte (v.g. ADIs nsº 2.386, 2.390, 2.397 e 2.859, Plenário, todas de minha relatoria, julg. 24/2/16, DJe 21/10/16); Consigno que a contagem do prazo da prescrição nos aludidos processos judiciais e procedimentos ficará suspensa, consoante já decidido no RE nº 966.177-RG-QO, cuja ementa transcrevo, na parte que interessa: 1. A repercussão geral que implica o sobrestamento de ações penais, quando determinado este pelo relator com fundamento no art. 1.035, § 5º, do CPC, susta o curso da prescrição da pretensão punitiva dos crimes objeto dos processos suspensos, o que perdura até o julgamento definitivo do recurso extraordinário paradigma pelo Supremo Tribunal Federal. (Tribunal Pleno, Relator o Ministro Luiz Fux, DJe de 1º/2/19 grifos nossos) À Secretaria, para que adote as providências cabíveis, mormente quanto à cientificação dos órgãos do sistema judicial pátrio e dos Ministérios Públicos Federal e estaduais. Oficiem-se, ainda, solicitando informações pormenorizadas a respeito do procedimento adotado em relação ao compartilhamento de dados e ao seu nível de detalhamento das informações aos seguintes órgãos: i) Procuradoria-Geral da República; ii) Tribunal de Contas da União; iii) Receita Federal do Brasil; iv) Conselho de Controle de Atividades Financeiras (COAF); v) Procuradorias-Gerais de Justiça; e vi) Conselho Nacional do Ministério Público; Dê-se ciência desta decisão às seguintes instituições: i) Advocacia Geral da União; ii) Defensoria Pública da União e dos estados; e iii) Conselho Federal da Ordem dos Advogados do Brasil. Cópia da presente decisão deverá acompanhar as missivas.

O julgamento do Recurso Extraordinário nº 1.055.941 foi concluído em 28.11.2019, oportunidade em que foi revogada a tutela provisória anteriormente concedida, que determinou o sobrestamento dos feitos e a suspensão do prazo prescricional dos processos, que foram instaurados em razão de dados compartilhados diretamente pelos órgãos de fiscalização e controle (Fisco, COAF e BACEN) com os Ministérios Públicos Federal e estaduais, contendo informações sobre movimentação bancária e fiscal dos contribuintes em geral, que não se limitaram à identificação dos titulares e dos montantes globais.

Na sessão realizada em 05.12.2019, o Plenário do Supremo Tribunal Federal estabeleceu a seguinte tese de repercussão geral: "1. É constitucional o compartilhamento dos relatórios de inteligência financeira da UIF e da íntegra do procedimento fiscalizatório da Receita Federal do Brasil, que define o lançamento do tributo, com os órgãos de persecução penal para fins criminais, sem a obrigatoriedade de prévia autorização judicial, devendo ser resguardado o sigilo das informações em procedimentos formalmente instaurados e sujeitos a posterior controle jurisdicional. 2. O compartilhamento pela UIF e pela RFB, referente ao item anterior, deve ser feito unicamente por meio de comunicações formais, com garantia de sigilo, certificação do destinatário e estabelecimento de instrumentos efetivos de apuração e correção de eventuais desvios."

Assim, as ações penais que ficaram suspensas retornaram seu curso, anotando-se a suspensão do prazo prescricional no lapso compreendido entre 15.07.2019 e 28.11.2019.

Portanto, o Pretório Excelso afirmou a constitucionalidade do compartilhamento dos dados bancários e fiscais pela Receita Federal e pelo COAF diretamente com o órgão ministerial, evidenciando a necessidade de prévia existência de procedimento administrativo no espectro de referidas entidades.

Elisa Fernandes Blasi[228] ensina que "a UIF/COAF não se confunde com o BACEN ou com a CVM. Entretanto, parte da tese de repercussão geral definida no âmbito do Tema 990 aplica-se ao principal requisito formal referente à comunicação de prática de crimes pelo BACEN e pela CVM ao Ministério Público: a necessária existência prévia dos procedimentos administrativos competentes instaurados pelas referidas autarquias fede-

[228] BLASI. Elisa Fernandes. *Crimes contra o sistema financeiro nacional* [livro eletrônico]: comentários à lei 7.492, de 16.6.86 / Manoel Pedro Pimentel. 1. ed. São Paulo: Thomson Reuters Brasil, 2020.

rais. Assim, o Supremo Tribunal Federal afirmou a constitucionalidade do compartilhamento de dados bancários e fiscais pela Receita Federal do Brasil e pela UIF/COAF, mas assinalou a necessidade da existência de prévio procedimento administrativo competente, corrente no âmbito da RFB e da UIF/COAF, uma vez que tais procedimentos, assim como deve ocorrer no âmbito do BACEN e da CVM, inauguram, após a identificação de indícios de conduta ilícita, a competência destes órgãos de fiscalização e controle para o levantamento do sigilo dos dados fiscais e bancários do sujeito ativo de tal conduta."

Nestes termos, tanto o Bacen quanto a CVM, para o fim do compartilhamento das informações com o órgão ministerial, denotam primordialmente a necessidade da existência prévia de procedimento administrativo, além da verificação de indícios da prática de crime quando do exercício de suas atribuições.

A referida autora também explica que outros requisitos devem ser observados, notadamente os alinhavados no § 1º do art. 9º da Lei Complementar 105/2001 "a comunicação de que trata este artigo será efetuada pelos Presidentes do Banco Central do Brasil e da Comissão de Valores Mobiliários, admitida delegação de competência, no prazo máximo de quinze dias, a contar do recebimento do processo, com manifestação dos respectivos serviços jurídicos", além da instrução com os documentos indispensáveis à verificação de suspeita de crime (art. 9º, "caput", da LC 105/2001 e art. 28 da Lei nº 7.492/1986), os quais "devem ser relacionados, de forma estrita, aos sujeitos ativos das possíveis condutas ilícitas identificadas pelo BACEN ou pela CVM."[229]

Note-se, ademais, que o parágrafo único esclarece que a conduta prevista neste artigo deverá ser observada pelo "interventor, liquidante ou síndico que, no curso de intervenção, liquidação extrajudicial ou falência, verificar a ocorrência de crime de que trata esta lei."

Portanto, é obrigação do Bacen, da CVM e do interventor, liquidante ou síndico, reportar ao Ministério Público Federal qualquer indício da prática de crimes contra o Sistema Financeiro Nacional que forem identificadas no âmbito de suas atribuições.

229 *Op cit.*

Artigo 29 O órgão do Ministério Público Federal, sempre que julgar necessário, poderá requisitar, a qualquer autoridade, informação, documento ou diligência, relativa à prova dos crimes previstos nesta lei.

Parágrafo único O sigilo dos serviços e operações financeiras não pode ser invocado como óbice ao atendimento da requisição prevista no caput deste artigo.

Requisição a qualquer "autoridade" pelo Ministério Público Federal: CF, artigo 129, VIII ("poder de requisitar diligências investigatórias"); Lei Complementar nº 75, de 20.05.1993 (Lei do MPU), artigo 6º, inciso XVIII, "a", c.c. artigo 8º, § 2º (nenhuma autoridade poderá opor ao Ministério Público, sob qualquer pretexto, a exceção do sigilo).

Poder-se-ia argumentar que, pela simples leitura do artigo 29 da Lei nº 7.492/1986, ao Ministério Público seria permitido investigar os crimes praticados contra o Sistema Financeiro Nacional sem que houvesse qualquer empecilho em face dos sigilos constitucionalmente tutelados.

Havia duas objeções a este entendimento: menção ao termo "autoridade", logo não sendo aplicável se dirigida a pessoas privadas (STJ – HC nº 1.458/RS, Rel. Min. José Dantas, 5ª T., *vu*, *DJ* 07.12.1992: "penal. sistema financeiro nacional. instituições privadas. requisição do ministério público federal. sigilo bancário. – crime de desobediência. como tal não se tipificam as escusas da instituição privada solicitada, a qual não se conceitua como 'autoridade' para efeito do art. 29 da lei 7.492/86, c.c. os arts. 2º, 8º, 22 e 38, parágrafos 1º e 2º, da Lei 4.595/64."); sigilo é matéria reservada à lei complementar de modo que seriam inócuas na matéria as disposições veiculadas em lei ordinária (TRF/2 – HC nº 93.02.18736-5/RJ, Chalu Barbosa, 1ª T., *vu*, *DJ* 12.05.1994).[230]

A jurisprudência anterior à Lei Complementar nº 105/2001 majoritariamente era contra a quebra do sigilo bancário pelo Ministério Público sem a interferência da autoridade judiciária (STF – RE nº 215.301/CE, 2ª T., Rel. Min. Carlos Velloso, *v.u.*, *DJ* 28.05.1999).

No entanto, houve entendimento do Supremo no sentido de não ser oponível ao MP o sigilo financeiro diante da origem pública de parte do dinheiro envolvido, levando em conta o princípio da publicidade insculpido no art. 37 da CF (STF – MS nº 21.729/DF, Rel. Min. Marco Aurélio,

[230] BALTAZAR JUNIOR, José Paulo. *Crimes federais*. 9ª ed. rev., atual. e ampl. São Paulo: Saraiva, 2014, p. 759.

Rel. para acórdão Min. Francisco Rezek Pleno, por maioria, *DJ* 19.10.2001: "EMENTA: – Mandado de Segurança. Sigilo bancário. Instituição financeira executora de política creditícia e financeira do Governo Federal. Legitimidade do Ministério Público para requisitar informações e documentos destinados a instruir procedimentos administrativos de sua competência. 2. Solicitação de informações, pelo Ministério Público Federal ao Banco do Brasil S/A, sobre concessão de empréstimos, subsidiados pelo Tesouro Nacional, com base em plano de governo, a empresas do setor sucroalcooleiro. 3. Alegação do Banco impetrante de não poder informar os beneficiários dos aludidos empréstimos, por estarem protegidos pelo sigilo bancário, previsto no art. 38 da Lei nº 4.595/1964, e, ainda, ao entendimento de que dirigente do Banco do Brasil S/A não é autoridade, para efeito do art. 8º, da LC nº 75/1993. 4. O poder de investigação do Estado é dirigido a coibir atividades afrontosas à ordem jurídica e a garantia do sigilo bancário não se estende às atividades ilícitas. A ordem jurídica confere explicitamente poderes amplos de investigação ao Ministério Público – art. 129, incisos VI, VIII, da Constituição Federal, e art. 8º, incisos II e IV, e § 2º, da Lei Complementar nº 75/1993. 5. Não cabe ao Banco do Brasil negar, ao Ministério Público, informações sobre nomes de beneficiários de empréstimos concedidos pela instituição, com recursos subsidiados pelo erário federal, sob invocação do sigilo bancário, em se tratando de requisição de informações e documentos para instruir procedimento administrativo instaurado em defesa do patrimônio público. Princípio da publicidade, ut art. 37 da Constituição. 6. No caso concreto, os empréstimos concedidos eram verdadeiros financiamentos públicos, porquanto o Banco do Brasil os realizou na condição de executor da política creditícia e financeira do Governo Federal, que deliberou sobre sua concessão e ainda se comprometeu a proceder à equalização da taxa de juros, sob a forma de subvenção econômica ao setor produtivo, de acordo com a Lei nº 8.427/1992. 7. Mandado de segurança indeferido)."

O Ministério Público Federal, no âmbito de suas atividades, notadamente no que diz respeito à investigação criminal, com o objetivo de coletar elementos que instruam o inquérito policial ou o processo judicial, necessita obter dados e informações relativos a eventuais investigados, os quais constam nas bases de dados de entidades públicas ou privadas.

Note-se que os dados cadastrais mantidos em bancos de dados públicos e privados, informações eleitorais e comerciais podem ser acessados pela autoridade policial e pelo Ministério Público diretamente. Portanto, a obtenção dessa espécie de dados – considerados em si mesmos (informações pretéritas, estáticas) não está submetida à cláusula de reserva jurisdicional.

Há previsão na Lei nº 12.830, de 20.06.2013 (dispõe sobre a investigação criminal conduzida pelo delegado de polícia), para que a autoridade policial requisite diretamente os dados que interessem à apuração dos fatos (§ 2º do art. 2º); a Lei nº 12.850, de 02.08.2013 (Lei das Organizações Criminosas) também dispõe em seu art. 15 que "o delegado de polícia e o Ministério Público terão acesso, independentemente de autorização judicial, apenas aos dados cadastrais do investigado que informem exclusivamente a qualificação pessoal, a filiação e o endereço mantidos pela Justiça Eleitoral, empresas telefônicas, instituições financeiras, provedores de internet e administradoras de cartão de crédito", além do que o próprio Código de Processo Penal em seu art. 13-A consigna que o membro do Ministério Público ou o Delegado de Polícia poderá requisitar os dados e informações cadastrais. No mesmo sentido, o art. 17-B da Lei de Lavagem de Dinheiro.

Tais normativos reforçam a possibilidade de a autoridade policial e do Ministério Público terem acesso, independentemente de autorização judicial, de dados cadastrais do investigado para fins investigatórios.

O Superior Tribunal de Justiça já teve a oportunidade de manifestar-se no sentido de que "os 'dados cadastrais' referem-se a informações de caráter objetivo que todos possuem, não permitindo a criação de qualquer juízo de valor sobre o indivíduo a partir de sua divulgação. São essencialmente um conjunto de informações objetivas fornecidas pelos consumidores/clientes/usuários sistematizadas em forma de registro de fácil acesso por meio de seu armazenamento em banco de dados de pessoas jurídicas de direito público ou privado, contendo informações como nome completo, CPF, RG, endereço, número de telefone etc" (REsp nº 1.561.191/SP, Rel. Ministro Herman Benjamin, Segunda Turma, *DJe* de 26.11.2018).

Por outro lado, os demais "dados" denotam aspectos da vida privada e da intimidade e possuem proteção constitucional estampada no art. 5º, incisos X e XII, da Constituição Federal, de modo que a sua obtenção demandará autorização judicial.

O Supremo Tribunal Federal, no julgamento do Habeas Corpus nº 91.867/PA (Rel. Ministro Gilmar Mendes, 2ª Turma, *DJe* de 20.09.2012), apreciando questão similar (dados cadastrais telefônicos), considerou que não se confundem comunicação telefônica e registros telefônicos. Ambos recebem proteção jurídica diversa, sendo que a cláusula do art. 5º, inciso

XII, da CF, alberga o sigilo da comunicação de dados e não os dados em si mesmos (enquanto registro, depósito registral).

Ainda, de acordo com o julgado do STJ anteriormente mencionado[231] "os dados cadastrais bancários (informações de seus correntistas tais como número da conta corrente, nome completo, RG, CPF, número de telefone e endereço) estão incluídos na definição de dados cadastrais e não estão, portanto, protegidos por sigilo bancário, que abriga apenas os serviços da conta (aplicações, transferências, depósitos e etc) e não os dados cadastrais de seus usuários."

Portanto, a melhor interpretação para fins do disposto no art. 26 da Lei nº 7.492/1986 é a de que ao Ministério Público Federal deve ser assegurada a requisição direta de informações não acobertadas pelo sigilo constitucional, para fins de instruir feitos investigatórios, como é a hipótese dos dados cadastrais.

Os dados acobertados pelo sigilo constitucional, como por exemplo, os dados bancários e financeiros, devem ser requeridos ao Poder Judiciário, que, mediante autorização judicial fundamentada (art. 93, IX, da C.F.), decidirá sobre o afastamento do sigilo.

Em tais hipóteses, o direito tutelado pela Constituição não poderá ser interpretado como absoluto, de modo a figurar como uma salvaguarda a práticas delitivas, podendo, assim, ceder diante do caso concreto a partir da ponderação de interesses constitucionais em jogo.

Desta forma, ainda que se proteja a privacidade inerente, por exemplo, aos dados bancários do cidadão, justamente porque não há que se falar em direitos fundamentais absolutos, mostra-se plenamente possível o afastamento da proteção que recai sobre esse interesse individual a fim de que prevaleça no caso concreto outro interesse, também constitucionalmente valorizado, que, no mais das vezes, é titularizado por uma coletividade ou por toda a sociedade.

Dentro desse contexto, lançando mão da mencionada ponderação de interesses entre direitos com assento constitucional, mostrar-se-á possível o afastamento do sigilo bancário/financeiro protegido pelo direito fundamental à privacidade nas hipóteses em que se vislumbrar a ocorrência de prática atentatória aos interesses do Sistema Financeiro Nacional, cabendo destacar que ficou a cargo da Lei Complementar nº 105/2001 disciplinar as

[231] REsp nº 1.561.191/SP, Rel. Ministro Herman Benjamin, Segunda Turma, *DJe* de 26.11.2018.

situações em que lícita a ocorrência do afastamento do direito fundamental ora em comento. A propósito:

> "DIREITO PENAL. PROCESSO PENAL. EMBARGOS INFRINGENTES. SIGILO BANCÁRIO. PRIVACIDADE. CONSTITUIÇÃO DA REPÚBLICA. ARTIGO 5º, INCISO X. BANCO CENTRAL. CONTROLE. MERCADO DE CÂMBIO. ACESSO A DADOS ESPECÍFICOS. POSSIBILIDADE. TRANSMISSÃO DE DOCUMENTOS SIGILOSOS AO MINISTÉRIO PÚBLICO. AUTORIZAÇÃO LEGAL. LEI 7.492/86, ARTIGO 28. CONSTITUCIONALIDADE. PROVAS VÁLIDAS. EMBARGOS DESPROVIDOS.
>
> 1. O sigilo bancário ostenta proteção constitucional, o que se dá no âmbito do direito fundamental à privacidade (Constituição da República, art. 5º, X). Trata-se de resguardo da Lei Maior ao indivíduo em sua esfera pessoal e, por conseguinte, ao trato privado de seus assuntos, atividades e interesses. Não obstante isso, pode a legislação infraconstitucional disciplinar hipóteses específicas de levantamento dessa proteção, de maneira a conciliá-la com a tutela de outros interesses igualmente protegidos constitucionalmente, desde que assegurada a mínima intervenção possível nos direitos individuais, e a necessidade concreta da medida. (...)"
>
> (TRF3, 4ª Seção, Embargos Infringentes e de Nulidade 0006960-34.2000.4.03.6181, Rel. Des. Fed. José Lunardelli, *e-DJF3 Judicial* de 25.08.2017)

A Lei Complementar nº 105/2001 (dispõe sobre o sigilo das operações de instituições financeiras e dá outras providências) preceitua em seu art. 1º, § 3º, as hipóteses que não constituirá violação do dever de sigilo por parte das instituições financeiras, dentre elas "IV – a comunicação, às autoridades competentes, da prática de ilícitos penais ou administrativos, abrangendo o fornecimento de informações sobre operações que envolvam recursos provenientes de qualquer prática criminosa."

Perceba, no entanto, que assim não procedeu em relação à requisição direta de dados sigilosos pelo órgão ministerial, o que reforça a ideia da necessidade de o MPF postular o afastamento do sigilo perante o órgão judicial.

A despeito disso, como antes mencionado neste estudo, o STF, em tema de Repercussão Geral, no julgamento do Recurso Extraordinário nº 1.055.941, estabeleceu a seguinte tese: "1. É constitucional o compartilhamento dos relatórios de inteligência financeira da UIF e da íntegra do procedimento fiscalizatório da Receita Federal do Brasil, que define o lançamento do tributo, com os órgãos de persecução penal para fins criminais, sem a obrigatoriedade de prévia autorização judicial, devendo ser resguardado o sigilo das informações em procedimentos formalmente instaurados e sujeitos a posterior controle jurisdicional. 2. O compartilhamento pela UIF e pela RFB, referente ao item anterior, deve ser feito unicamente por meio de comunicações formais, com garantia de sigilo, certificação do destinatário e estabelecimento de instrumentos efetivos de apuração e correção de eventuais desvios."

Como se vê, o Pretório Excelso afirmou a constitucionalidade do compartilhamento dos dados bancários e fiscais pela Receita Federal e pelo COAF diretamente com o órgão ministerial, evidenciando a necessidade de prévia existência de procedimento administrativo no espectro de referidas entidades.

José Paulo Baltazar Junior[232] apresenta, no entanto, importante reflexão. Pondera que a obtenção de dados bancários diretamente pela administração fazendária evidencia uma incongruência, já que o Ministério Público não pode "obter tais informações sem intermediação judicial, uma vez dado tal poder à autoridade fiscal. Mais que isso, a própria LC 105/01, em seu art. 9º, impõe ao BACEN e à CVM o dever de representar ao MP quando verificarem a ocorrência de crime de ação pública, juntando à comunicação os documentos necessários à apuração ou comprovação dos fatos. Parece contraditório possa o MP ter acesso aos documentos em tais circunstâncias, mas não tenha a atribuição de requisitá-los do órgão, desde que mantido o dever de sigilo. Ao depois, sendo o MP o titular da ação penal pública (CF, art. 129, I) e, portanto, destinatário da prova produzida nas investigações policiais, deverá, mais e mais, assumir o papel de coordenação das investigações, aproximando os órgãos fazendários, a polícia, o BACEN, a CVM e o COAF, para tanto, devendo ser facultado ao seu agente o acesso aos documentos bancários, para fazer o juízo sobre a existência ou não de elementos suficientes para dar início à ação penal."

[232] BALTAZAR JUNIOR, José Paulo. *Crimes federais*. Disponível em: Minha Biblioteca, (11th edição). Saraiva, 2017.

Artigo 30 Sem prejuízo do disposto no art. 312 do Código de Processo Penal, aprovado pelo Decreto-lei nº 3.689, de 3 de outubro de 1941, a prisão preventiva do acusado da prática de crime previsto nesta lei poderá ser decretada em razão da magnitude da lesão causada.

O Código de Processo Penal, em seu Título IX e, especificamente, no Capítulo III, dispõe acerca da prisão preventiva, cabendo salientar que tal instituto foi reformulado por força da edição das Leis nºs 12.403, de 04 de maio de 2011, e 13.964, de 24 de dezembro de 2019.

Buscou-se estabelecer que a custódia cautelar deve ser interpretada e ser decretada apenas quando não cabível no caso concreto a sua substituição por qualquer outra medida (também de natureza cautelar) dentre aquelas elencadas no art. 319 do Diploma Processual, ressaltando-se que o indeferimento da substituição mencionada deverá se dar de forma justificada, fundamentada e individualizada (inteligência do art. 282, § 6º, de indicado Código, na redação conferida pela Lei nº 13.964/2019, norteadora de que a prisão cautelar deve ser compreendida como *ultima ratio*). Dentro desse contexto, mostra-se adequada a prisão cautelar quando os postulados que compõem a proporcionalidade (adequação, necessidade e proporcionalidade em sentido estrito) indicarem que a medida excepcional de constrição da liberdade antes da formação da culpa é imperiosa diante do caso concreto.

Por se revestir de natureza cautelar, a prisão preventiva somente poderá ser decretada caso presentes na hipótese concreta tanto o *fumus boni iuris* (chamado especificamente de *fumus comissi delicti*) como o *periculum in mora* (nominado especificamente de *periculum libertatis*), o que, a teor do art. 312 do Código de Processo Penal (na redação decorrente da edição da Lei nº 13.964/2019), consistem na necessidade de prova da existência do crime e de indícios suficientes de autoria (*fumus comissi delicti*) e no fato de que a segregação preventiva tenha como escopo a garantia da ordem pública ou da ordem econômica, a conveniência da instrução criminal ou o asseguramento da aplicação da lei penal (*periculum libertatis*), ressaltando-se, ademais, a necessidade, nos dias presentes, da demonstração de que a liberdade da pessoa poderá gerar estado de perigo ao meio social. Destacou o legislador, outrossim, que a prisão preventiva também poderá ser imposta em decorrência do descumprimento de quaisquer das medidas constantes do art. 319 do Diploma Processual (conforme autorização expressa do § 1º do art. 312 do Código de Processo Penal), bem como que a decisão que a decretar deverá conter motivação e fundamentação acerca do receio de perigo e da existência concreta de fatos novos ou contemporâneos que justifiquem a medida (a teor do disposto no § 2º do art. 312, do Código de Processo Penal).

Sem prejuízo do exposto, ainda que concorrentes no caso concreto os pressupostos anteriormente listados (*fumus comissi delicti* e *periculum libertatis*), faz-se necessária para a decretação da preventiva que a infração penal imputada àquele que se objetiva encarcerar cautelarmente enquadre-se nos parâmetros trazidos pelo art. 313 do Código de Processo Penal: (a) crime doloso punido com pena privativa de liberdade máxima superior a 04 anos; (b) agente já condenado por outro crime doloso, em sentença transitada em julgado, ressalvado o disposto no inciso I do caput do art. 64 do Código Penal; e (c) crime envolvendo violência doméstica e familiar contra a mulher, a criança, o adolescente, o idoso, o enfermo ou a pessoa com deficiência para garantir a execução das medidas protetivas de urgência (independentemente do quantum de pena cominada). Admite-se, ademais, a decretação da preventiva quando houver dúvida sobre a identidade civil da pessoa ou quando esta não fornecer elementos suficientes para esclarecê-la (devendo o preso ser colocado imediatamente em liberdade após sua identificação, salvo se outra hipótese recomendar a manutenção da medida) – art. 313, § 1º, do Diploma Processual Penal.

Por outro lado, a segregação cautelar ora em comento não será admitida quando tiver por finalidade exclusiva antecipar o cumprimento de pena ou for medida decorrente de forma imediata da existência de uma investigação criminal ou de apresentação/recebimento de denúncia (art. 313, § 2º, do Código de Processo Penal). Da mesma forma, conforme comando expresso do art. 314 do Código de Processo Penal, incabível cogitar-se na segregação cautelar em análise se restar verificado pelo juiz, a teor das provas constantes dos autos, que o agente levou a efeito a infração escudado por uma das causas excludentes da ilicitude elencadas no art. 23 do Código Penal (estado de necessidade, legítima defesa, estrito cumprimento de dever legal ou exercício regular de direito).

Importante ser dito, ainda, que a privação de liberdade ora em comento pode ser decretada em qualquer fase da investigação policial ou em sede de processo penal, a requerimento do órgão acusatório, do querelante, do assistente ou por representação da autoridade policial (art. 311 do Código de Processo Penal), devendo a decisão que a decretar, a substituir por outras medidas cautelares ou a denegar ser sempre motivada e fundamentada (seja por força do que prevê o art. 315 do Código Processual Penal, seja, principalmente, em razão do comando inserto no art. 93, IX, da Constituição Federal).

Aliás, trouxe à tona o legislador (por meio da edição da Lei nº 13.964/ /2019) a necessidade de que o juiz, quando da motivação de qualquer medida cautelar (englobando, portanto, a custódia preventiva), indique concretamente a existência de fatos novos/contemporâneos que supedaneariam o expediente (art. 315, § 1º, do Código de Processo Penal), não podendo ser considerada como fundamentada a decisão que: limitar à indicação, à reprodução ou à paráfrase do ato normativo (sem explicar a relação de pertinência com o caso concreto); empregar conceitos jurídicos indeterminados sem deduzir o motivo concreto de incidência ao caso; invocar motivos genéricos e que, assim, poderiam justificar qualquer provimento judicial; não enfrentar os argumentos deduzidos que poderiam infirmar a conclusão do magistrado; limitar a invocar jurisprudência sem identificar o ponto de contato com o caso concreto; ou deixar de aplicar jurisprudência invocada pela parte sem explicar os motivos de sua não aplicação à hipótese concreta (art. 315, § 2º, do Código de Processo Penal).

Consigne-se, ainda, que tal privação de liberdade deve ser analisada sempre com supedâneo na cláusula *rebus sic stantibus*, vale dizer, os pressupostos autorizadores da preventiva devem estar presentes no momento de sua decretação bem como ao longo do período de sua vigência. Nesse sentido, vide o art. 316 do Código de Processo Penal, que estabelece que o juiz poderá, de ofício ou a requerimento, revogar a prisão preventiva se, no correr da investigação ou do processo, verificar a falta de motivo para que subsista, bem como de novo decretá-la, se sobrevierem razões que a justifiquem. Ademais, criou o legislador a obrigação de que a custódia cautelar preventiva seja revista pelo órgão judicante a cada 90 (noventa) dias com o desiderato de se analisar a manutenção de sua necessidade, mediante a prolação de nova decisão devidamente fundamentada, sob pena de a detenção tornar-se ilegal (parágrafo único do art. 316 do Código de Processo Penal.

No que diz respeito ao art. 30 da Lei nº 7.492/1986, deve-se ter em mente, ademais, que a "magnitude da lesão" não será fundamento idôneo para a decretação da prisão preventiva, especialmente porque a ocorrência da lesão não ostenta qualquer cunho cautelar, estando ausente o *periculum in mora*.

Artigo 31 Nos crimes previstos nesta Lei e punidos com pena de reclusão, o réu não poderá prestar fiança, nem apelar antes de ser recolhido à prisão, ainda que primário e de bons antecedentes, se estiver configurada situação que autoriza a prisão preventiva.

A redação deste artigo refere-se à vedação de prestação de fiança pelo réu, bem como à necessidade de seu recolhimento à prisão para que possa apelar nas situações que autorizem sua prisão preventiva.

Com a alteração do Código de Processo Penal pelas Leis nºs 12.403, de 2011, e 13.964, de 2019, a concessão de liberdade provisória, com ou sem fiança, mudou, havendo previsão de medidas cautelares, aplicáveis isolada ou cumulativamente, desde que sejam necessárias para a aplicação da lei penal, para a investigação ou a instrução criminal e, nos casos expressamente previstos, para evitar a prática de infrações penais, bem ainda adequadas à gravidade do crime, circunstâncias do fato e condições pessoais do indiciado ou acusado (artigo 282 do CPP). As medidas cautelares previstas são basicamente as seguintes (artigo 319 do CPP):

> "I – comparecimento periódico em juízo, no prazo e nas condições fixadas pelo juiz, para informar e justificar atividades;
>
> II – proibição de acesso ou frequência a determinados lugares quando, por circunstâncias relacionadas ao fato, deva o indiciado ou acusado permanecer distante desses locais para evitar o risco de novas infrações;
>
> III – proibição de manter contato com pessoa determinada quando, por circunstâncias relacionadas ao fato, deva o indiciado ou acusado dela permanecer distante;
>
> IV – proibição de ausentar-se da Comarca quando a permanência seja conveniente ou necessária para a investigação ou instrução;
>
> V – recolhimento domiciliar no período noturno e nos dias de folga quando o investigado ou acusado tenha residência e trabalho fixos;
>
> VI – suspensão do exercício de função pública ou de atividade de natureza econômica ou financeira quando houver justo receio de sua utilização para a prática de infrações penais;
>
> VII – internação provisória do acusado nas hipóteses de crimes praticados com violência ou grave ameaça, quando os peritos concluírem ser inimputável ou semi-imputável (art. 26 do Código Penal) e houver risco de reiteração;
>
> VIII – fiança, nas infrações que a admitem, para assegurar o comparecimento a atos do processo, evitar a obstrução do seu andamento ou em caso de resistência injustificada à ordem judicial;
>
> IX – monitoração eletrônica."

Ainda há a possibilidade de estabelecimento como medida alternativa à prisão preventiva a prisão domiciliar (artigos 317, 318, 318-A e 318-B, todos do CPP) e a proibição de ausentar-se do país (artigo 320 do CPP).

Quanto à fiança, diante das alterações legislativas, tornou-se inaplicável o artigo 31 da Lei nº 7.492/1986.

No que se refere à segunda parte do artigo 31 da Lei nº 7.492/1986, acerca da necessidade do recolhimento do réu à prisão para que possa apelar, é válido destacar que esta disposição estabelece o mesmo que previa o artigo 594 do CPP, o qual foi revogado pela Lei nº 11.719, de 20.06.2008, além de não ter sido recepcionado pela Constituição de 1988. Estava assim redigido o art. 594: "o réu não poderá apelar sem recolher-se à prisão, ou prestar fiança, salvo se for primário e de bons antecedentes, assim reconhecido na sentença condenatória ou condenado por crime de que se livre solto."

O recolhimento do condenado à prisão – significa dizer, a execução da pena privativa de liberdade antes do trânsito em julgado da sentença condenatória, não pode ser exigida como requisito para o conhecimento do recurso de apelação, sob pena de violação aos princípios constitucionais da não-culpabilidade, da ampla defesa e do duplo grau de jurisdição. Assim, a eventual hipótese de prisão do apelante deve ser vista como medida cautelar, e não como requisito para o conhecimento da apelação.

Nesse sentido, o **STF** no julgamento de um *Habeas Corpus* que se encontrava sobrestado desde 14.09.2004, aguardando a decisão do Pleno, decidiu pela inexigibilidade de submissão à custodia: "descabe condicionar o recurso ao recolhimento do recorrente à prisão. O artigo 594 do Código de Processo Penal – hoje revogado pela Lei nº 11.719/08 – não foi agasalhado pela ordem jurídico-constitucional de 1988" (HC nº 84495 SP, Rel. Min. Marco Aurélio, 1ª Turma, *v.u.*, *DJe* 18.09.2009).

Portanto, o fato de se tratar de crime contra o Sistema Financeiro Nacional não é requisito automático para o encarceramento do agente que permaneceu solto durante a instrução criminal, porquanto ninguém será considerado culpado até o trânsito em julgado de sentença penal condenatória (art. 5º, LVII, do CF).

O C. Supremo Tribunal Federal, em sessão realizada em 07 de novembro de 2019, por maioria de votos, quando do julgamento das Ações Declaratórias de Constitucionalidade nºs 43, 44 e 54, entendeu por bem firmar posicionamento no sentido de que o art. 283 do Código de Processo Penal, em sua redação então vigente ("Ninguém poderá ser preso senão em flagrante delito ou por ordem escrita e fundamentada da autoridade judiciária competente, em decorrência de sentença condenatória transitada em julgado ou, no curso da investigação ou do processo, em virtude de prisão temporária ou prisão preventiva"), era constitucional, razão pela qual somente se mostrava possível a prisão para fins de cumprimento de pena após a sobrevinda do trânsito em julgado do édito penal condenatório – ademais, o mencionado C. Tribunal assentou entendimento segundo o qual a prisão antes de formada a coisa julgada deve estar fincada nas hipóteses legais que permitem a segregação cautelar.

À luz de que provimentos exarados em sede de controle abstrato de constitucionalidade possuem eficácia contra todos e efeito vinculante em relação aos órgãos do Poder Judiciário e da Administração Pública (art. 28, parágrafo único, da Lei nº 9.868, de 10 de novembro de 1999: "A declaração de constitucionalidade ou de inconstitucionalidade, inclusive a interpretação conforme a Constituição e a declaração parcial de inconstitucionalidade sem redução de texto, têm eficácia contra todos e efeito vinculante em relação aos órgãos do Poder Judiciário e à Administração Pública federal, estadual e municipal"), cumpriu aderir ao novel posicionamento firmado sobre a matéria oriundo do C. Supremo Tribunal Federal.

À propósito, vale mencionar que a atual redação do art. 283 do C.P.P, com a redação conferida pela Lei nº 13.964/2019, assim dispõe "Ninguém poderá ser preso senão em flagrante delito ou por ordem escrita e fundamentada da autoridade judiciária competente, em decorrência de prisão cautelar ou em virtude de condenação criminal transitada em julgado."

Acertado, portanto, o entendimento quanto à impossibilidade de decretação de prisão cautelar apenas como decorrência da edição de uma decisão judicial recorrível, porquanto "se há necessidade de se prender, ou ela já se manifestou (e a prisão ocorreu) ou deve ser decretada em decorrência de ato praticado pelo imputado no curso da persecução, e não porque tenha se findado uma fase inevitável de seu julgamento."[233]

Portanto, as razões para que seja decretada a custódia cautelar de alguém devem emergir de atos ou comportamentos do acusado durante a persecução, não devendo ser extraídas do natural e esperado desenvolvimento processual.

[233] MORAES, Maurício Zanoide de. *Presunção de inocência no processo penal brasileiro: análise de sua estrutura normativa para a elaboração legislativa e para a decisão judicial.* Rio de Janeiro: Lúmen Juris, 2010, p. 458-459.

Diante do atual sistema processual penal, o único entendimento possível é o que aplica a regra estatuída no artigo 387, parágrafo primeiro, do CPP (incluído pela Lei nº 12.736/2012), o qual determina o conhecimento do recurso de apelação interposto pelo réu, independentemente da imposição de prisão preventiva ou de outra medida cautelar na sentença condenatória: "o juiz decidirá, fundamentadamente, sobre a manutenção ou, se for o caso, imposição de prisão preventiva ou de outra medida cautelar, sem prejuízo do conhecimento da apelação que vier a ser interposta."

A prisão deverá ter como critério legitimador os pressupostos, requisitos e a finalidade estipulados para a prisão preventiva e não mais uma decorrência de decisões judiciais recorríveis.

Artigo 33 Na fixação da pena de multa relativa aos crimes previstos nesta lei, o limite a que se refere o § 1º do art. 49 do Código Penal, aprovado pelo Decreto-lei nº 2.848, de 7 de dezembro de 1940, pode ser estendido até o décuplo, se verificada a situação nele cogitada.

O § 1º do artigo 49 do Código Penal estabelece que "o valor do dia-multa será fixado pelo juiz, não podendo ser inferior a um trigésimo do maior salário mínimo mensal vigente ao tempo do fato, nem superior a 5 (cinco) vezes esse salário." Por esta redação, cotejada com o artigo 33 da lei especial, pode-se entender que o juiz poderá aumentar em dez vezes o patamar máximo fixado para a sanção pecuniária. Assim, sendo o máximo valor do dia-multa 5 (cinco) vezes o salário mínimo, pelo teor do artigo 33, o limite será de 50 (cinquenta) vezes esse valor.

Usualmente os Tribunais têm assim decidido, conforme pode-se constatar do seguinte julgado: "em razão do caráter argentário do crime, dando maior substância à reprimenda penal por crime cometido em desrespeito à confiança depositada pelo consorciado, eleva-se a pena pecuniária, fixada no mínimo, em dez vezes, na forma do art. 33 da Lei nº 7.492/1986" (**TRF/4** – ACR nº 96.04.19982-0, Rel. Des. Fed. Tânia Terezinha Cardoso Escobar, 2ª T., *v.u.*, *DJ* 15.01.1997).

O STJ no julgamento do Resp nº 1097578, de Relatoria do Ministro Antonio Saldanha Palheiro, *DJ* 02.03.2018, explicitou que "assim, face à referência sobre sua excelente condição financeira pelo acórdão, mantenho o valor do dia multa em cinco salários mínimos, bem como a majoração da pena de multa aplicada, com fulcro no artigo nº 7.492/86, que assim dispõe: Art. 33.

Na fixação da pena de multa relativa aos crimes previstos nesta Lei, o limite a que se refere o § 1º do art. 49 do Código Penal, aprovado pelo Dec.-Lei 2.848, de 7 de dezembro de 1940, pode ser estendido até o décuplo, se verificada a situação nele cogitada.' Aplicando a regra do concurso material (art. 69 do Código Penal) entre os delitos de quadrilha e evasão de divisas, fica o réu definitivamente apenado em 5 (cinco) anos e 8 (oito) meses de reclusão, em regime inicial fechado, pelas negativas circunstâncias judiciais já examinadas, nos termos do art. 33, § 3º, do Código Penal, e multa de 97 (noventa e sete dias-multa), cada qual em 5 (cinco) salários-mínimos, tudo aumentado ao décuplo, na forma do art. 33 da Lei nº 7.492/86."

Não seria inadequado, neste tópico final, retomar a discussão acerca da magnitude dos delitos perpetrados em face do Sistema Financeiro Nacional. Percebe-se que a pena privativa de liberdade se afigura como a única espécie de retribuição compatível com delitos financeiros de grande relevância, já que a aplicabilidade ou a restrição das penas pecuniárias possuem efeito intimidatório muito baixo, porquanto ingressam nos custos da atividade criminosa.

Neste mesmo sentido, deve ser repensada a aplicação das penas restritivas de direitos em substituição às penas privativas de liberdade, uma vez que as exigências de proporcionalidade (gravidade do fato e culpabilidade) e a necessidade de prevenção geral demandam uma resposta mais adequada para o grave delito econômico. A pena deve colimar intentos preventivos, quer especial, quer geral, pois, se certa, pontual e inibidora, terá efeito a nível individual e social.

Referências Bibliográficas

ANDRADE, Manuel da Costa. *A Vítima e o problema criminal*. Coimbra, 1980.

ANSELMO, Márcio Adriano. *Colaboração premiada: O novo paradigma do processo penal brasileiro*. 1. ed. Rio de Janeiro: M. Mallet, 2016.

ARAÚJO, Marina Pinhão Coelho. *Crimes contra o sistema financeiro nacional* [livro eletrônico]: comentários à lei 7.492, de 16.6.86 / Manoel Pedro Pimentel. 1. ed. São Paulo: Thomson Reuters Brasil, 2020.

BALTAZAR JUNIOR, José Paulo. *Crimes federais*. 10. ed. 2. tir. São Paulo: Saraiva, 2016.

BALTAZAR JUNIOR, José Paulo; GONÇALVES, Victor Eduardo Rios. *Esquematizado – legislação penal especial*. Disponível em: Minha Biblioteca, (8th edição). Saraiva, 2022.

BITENCOURT, Cezar Roberto; BREDA, Juliano. *Crimes contra o sistema financeiro nacional e contra o mercado de capitais.* 3. ed. São Paulo: Saraiva, 2014.

BITENCOURT, Cezar Roberto. *Tratado de direito penal econômico*, v. 1. Disponível em: Minha Biblioteca, Saraiva, 2016.

BLASI. Elisa Fernandes. *Crimes contra o sistema financeiro nacional* [livro eletrônico]: comentários à lei 7.492, de 16.6.86 / Manoel Pedro Pimentel. 1. ed. São Paulo: Thomson Reuters Brasil, 2020.

BOITEUX, Fernando Netto. *Contratos mercantis*, 1. ed. Dialética, 2001.

BREDA, Juliano. *Crimes contra o sistema financeiro nacional* [livro eletrônico]: comentários à lei 7.492, de 16.6.86 / Manoel Pedro Pimentel. 1. ed. São Paulo: Thomson Reuters Brasil, 2020.

–. *Gestão fraudulenta de instituição financeira e dispositivos processuais da Lei 7.492/86.* São Paulo: Renovar, 2002.

BREDA, Juliano; TRAUCZYNSKI, Nicole. *Crimes contra o sistema financeiro nacional* [livro eletrônico]: comentários à lei 7.492, de 16.6.86 / Manoel Pedro Pimentel. 1. ed. São Paulo: Thomson Reuters Brasil, 2020.

CANDELORO, Ana Paula P.; DE RIZZO, Maria Balbina Martins; PINHO, Vinicius. *Compliance 360º: riscos, estratégias, conflitos e vaidades no mundo corporativo.* São Paulo: Trevisan Ed. Universitária, 2012.

CARLO VELHO, Masi. *O crime de evasão de divisas na era da globalização.* Porto Alegre: Pradense, 2013.

CASTILHO, Ela Wiecko V. de. *O controle penal nos crimes contra o sistema financeiro nacional.* Belo Horizonte: Del Rey, 1998.

CORREIA, Eduardo. Introdução ao direito penal econômico. *Revista de direito e economia*, nº 3, 1977.

COSTA, Helena Lobo da. *Crimes contra o sistema financeiro nacional* [livro eletrônico]: comentários à lei 7.492, de 16.6.86 / Manoel Pedro Pimentel. 1. ed. São Paulo: Thomson Reuters Brasil, 2020.

DELMANTO, Roberto *et alli*. *Leis penais especiais comentadas.* Rio de Janeiro: Renovar, 2006.

DIAS, Jorge de Figueiredo. *Direito penal. Parte geral. Questões fundamentais da doutrina geral do crime.* Coimbra: Coimbra, 2004.

DONINI, Antônio Carlos. *Crimes contra o sistema financeiro nacional e contra o mercado de capitais.* 3. ed. São Paulo: Saraiva, 2014.

FELDENS, Luciano. *Tutela penal de interesses difusos e crimes do colarinho branco.* Porto Alegre: Livraria do Advogado, 2002.

FORNAZARI JUNIOR. Da Distinção do financiamento das demais operações de crédito para fins da configuração do crime previsto no artigo 19 da Lei nº 7.492/86, *Revista Criminal*, ano 03, vol. 06, jan/mar 2009.

FORTUNA, Eduardo. *Mercado financeiro. Produtos e serviços.* Rio de Janeiro: Qualitymark, 2004.

FRAGOSO, Rodrigo. *Gestão temerária de instituição financeira* (Disponível em: <*http://www.fragoso.com.br/ptbr/arq_pdf/artigos/arquivo71.pdf*>. Acesso em 23.03.2012.

GONÇALVES, Diego Vilhena. Ariovaldo M. (coord.). *Temas relevantes no direito penal econômico e processual penal.* São Paulo: Federal, 2007.

GONÇALVES, Victor Eduardo, R. *et alli. Esquematizado – legislação penal especial.* Disponível em: Minha Biblioteca, (8th edição). Saraiva, 2022.

GRANDIS, Rodrigo de. O crime de evasão de divisas e a retroatividade benéfica da Resolução CMN 4.841/2020. *Boletim IBCCRIM.* Ano 30. nº 354. Maio de 2022.

JEANDIDIER, Wilfried. *Droit Penal dês Affaires.* Paris: Dalloz, 1996.

LARGUIER, Jean. *Droit Pénal des Affaires.* Paris: Armand Colin, 1992.

MACHADO, Agapito. *Crimes do colarinho branco e contrabando/descaminho.* São Paulo: Malheiros, 1998.

MAIA, Rodolfo Tigre. *Dos crimes contra o sistema financeiro nacional: anotações à lei federal nº 7.492/86.* São Paulo: Malheiros, 1996.

MALHEIROS FILHO, Arnaldo. Crimes contra o sistema financeiro: as triangulações e a doutrina da estrada de Santos. *Revista do Advogado da Associação dos Advogados de São Paulo,* nº 53.

MARTINS, Fran. *Contratos e obrigações comerciais.* 16. ed. Forense, 2010.

MORAES, Maurício Zanoide de. *Presunção de inocência no processo penal brasileiro: análise de sua estrutura normativa para a elaboração legislativa e para a decisão judicial.* Rio de Janeiro: Lúmen Juris, 2010.

NOGUEIRA, Guilherme Calmon da Gama; GOMES, Abel Fernandes. *Temas de direito penal e processo penal: em especial na Justiça Federal.* Rio de Janeiro: Renovar, 1999.

NUCCI, Guilherme de Souza. *Leis penais e processuais penais comentadas.* 2. ed. rev., atual. e ampl. São Paulo: RT, 2007.

O'SULLIVAN, Julie R. *Federal white collar crime. Cases and materials. American casebook series.* 2. ed. St. Paul/MN: Thompson/West, 2003.

PAULA, Áureo Natal de. *Crimes contra o sistema financeiro nacional e o mercado de capitais.* Curitiba: Juruá, 2 ed., 2007.

PAULSEN, Leandro. *Crimes federais.* São Paulo: Saraiva, 2017.

PIMENTEL, Manoel Pedro. *Crimes contra o sistema financeiro. Direito penal dos negócios.* São Paulo: Associação dos Advogados de São Paulo, 1990.

–. *Crimes contra o sistema financeiro nacional:* comentários à Lei 7.492, de 16/6/86. São Paulo: RT, 1987.

–. *Crimes contra o sistema financeiro nacional* [livro eletrônico]: comentários à lei 7.492, de 16.6.86. 1. ed. São Paulo: Thomson Reuters Brasil, 2020.

PINHEIRO, Juliano L. *Mercado de capitais.* Disponível em: Minha Biblioteca, (9th edição). Grupo GEN, 2019.

PRADO, Luiz Regis. *Curso de direito penal brasileiro.* 7. ed. rev., atual. e ampl. São Paulo: RT, 2007. v. 1.

–. *Direito penal econômico: ordem econômica, relações de consumo, sistema financeiro, ordem tributária, sistema previdenciário, lavagem de capitais, crime organizado.* 4. ed. rev., atual e ampl. São Paulo: RT, 2011.

–. *Direito penal econômico.* Disponível em: Minha Biblioteca, (9th edição). Grupo GEN, 2021.

RIZZARDO, Arnaldo. *Factoring*, 3. ed. RT, 2004.

RUIVO, Marcelo Almeida. *Criminalidade financeira: contribuição à compreensão da gestão fraudulenta.* Porto Alegre: Livraria do Advogado, 2011.

SCHMIDT, Andrei Zenker; FELDENS, Luciano. O delito de evasão de divisas 20 anos depois: sua redefinição típica em face das modificações da política cambial brasileira. *Revista opinião jurídica*, 2006.

SILVA. Antônio Carlos Rodrigues da. *Crimes do colarinho branco.* Brasília: Brasília Jurídica, 1999.

SOUZA, Renato A. Gomes de. Empréstimos ou Adiantamentos a Pessoas Ligadas. *Revista de Direito Mercantil, Industrial, Econômico e Financeiro*, Ano XXXIV (Nova Série), nº 99, jul./set. 1995.

STOCO, Rui. *Crimes contra o sistema financeiro nacional.* São Paulo: RT, 2017.

SUTHERLAND, Edwin. *White-collar crime – The uncut version.* New Haven: Yale University Press, 1983.

TÓRTIMA, José Carlos. *Crimes contra o sistema financeiro nacional: uma contribuição ao estudo da Lei nº 7.492/1986.* 2. ed. Rio de Janeiro: Lumen Juris, 2002.

TRAUCZYNSKI, Nicole. *Crimes contra o sistema financeiro nacional* [livro eletrônico]: comentários à lei 7.492, de 16.6.86 / 1. ed. São Paulo: Thomson Reuters Brasil, 2020.

PARTE 6

DOS CRIMES CONTRA O MERCADO DE CAPITAIS – LEI Nº 6.385, de 07.12.1976

1. NOÇÕES INTRODUTÓRIAS

A noção de bem jurídico vem passando por sensível mudança para abarcar valores de caráter universal, tais como, o meio ambiente, o consumidor, a ordem econômica etc.

Hans Welzel qualificava-o como sendo "todo estado social desejável que o direito quer resguardar"[234], preexistindo até à construção normativa, daí porque se deve concluir pela sua imprescindibilidade para a comunidade. É por seu meio que o legislador seleciona as condutas que são passíveis de criminalização, diante do valor que representa.

A criminalidade econômica estando inserida na mais recente definição do bem jurídico, que, frise-se, busca a proteção de determinados valores no âmbito coletivo ou difuso, não pode mais, segundo Klaus Tiedemann, ser caracterizada como mera infração ao patrimônio individual, uma vez que nem toda perturbação da vida econômica importa necessariamente violação do patrimônio individual.[235]

A infração penal econômica, pela dimensão dos danos materiais e morais, tem se revelado uma constante ameaça a qualquer sociedade. Manuel da Costa Andrade e Jorge de Figueiredo Dias afirmam, nesse diapasão, que:

> "Pelos danos materiais e morais que provoca, pela sua capacidade de adaptação e sobrevivência às mutações sociais e políticas, pela sua aptidão para criar defesas frustrando as formas de luta que lhe são dirigidas, a criminalidade econômica é uma ameaça séria a minar os alicerces de qualquer

[234] WELZEL, Hans. *Derecho penal alemán*, parte general. Tradução de Juan Bustos Ramírez e Sérgio Yánez Pérez. 11. ed. 4. ed. Castellana. Santiago/Chile: Jurídica, 1997, p. 15.

[235] TIEDEMANN, Klaus. *Poder económico y delito*, p.12. No mesmo sentido, João Marcello de Araújo Júnior (O direito penal econômico. *Revista Brasileira de Ciências Criminais*, nº 25, p. 151).

sociedade organizada. Daí que a invenção de formas eficazes de luta seja hoje preocupação das instâncias governativas, judiciais, policiais, etc., de todos os países."[236]

Em vista disto, buscou-se criar um instrumental adequado que não dependesse de um sistema de infrações limitador da ação estatal para que fosse possível verdadeiramente atingir a criminalidade moderna, de vasta complexidade, e, por esse motivo, de difícil repressão.

Assim, propugna-se o recurso à técnica dos conhecidos delitos de perigo abstrato, no instante de se proceder à tipificação. Evita-se, portanto, tornar o Direito Penal letra morta quando o Direito Administrativo não tem sido suficiente para a repressão e prevenção de crimes que efetivamente causam grande perigo às pessoas.[237]

Dessa forma, alguns sistemas penais, na esteira da tendência de dar efetividade ao Direito Penal, vêm estabelecendo delitos de perigo abstrato e bens jurídicos novos, de caráter difuso, em que os ofendidos não sejam perfeitamente caracterizáveis.

Pierpaolo Cruz Bottini explica que uma das razões "para a proliferação dos crimes de perigo abstrato é o alto potencial lesivo de algumas atividades e produtos. Os resultados desencadeados pela utilização de novas tecnologias afetam ou têm o potencial de afetar um volume crescente de bens jurídicos" e que "nestes contextos, o que importa é evitar ou controlar as condutas e não reprimir os resultados. Não interessa ao gestor de riscos atuar após a ocorrência da lesão, mas antecipar-se a ela, diante da magnitude dos danos possíveis."[238]

Ulrich Beck já evidenciava que com a modernidade e as inovações tecnológicas "a produção social de *riqueza* é acompanhada sistematicamente pela produção social de riscos. Consequentemente, aos problemas e conflitos distributivos da sociedade da escassez sobrepõem-se os problemas e

[236] ANDRADE, Manuel da Costa; DIAS, Jorge de Figueiredo. Problemática geral das infrações contra a economia nacional. *Direito Penal Económico e Europeu: textos doutrinários*, vol. 1, p. 319-320.

[237] Paz de la Cuesta Aguado enfatiza a dificuldade da demonstração da constatação do nexo causal, o que acarreta problemas de prova da existência de um resultado independente da conduta (*Causalidad de los delitos contra el medio ambiente*, p. 16).

[238] BOTTINI, Pierpaolo Cruz. *Crimes de perigo abstrato*. 3. ed., São Paulo: Revista dos Tribunais, 2013. p. 62.

conflitos surgidos a partir da produção, definição e distribuição de riscos científico-tecnologicamente produzidos."[239]

Com o fenômeno da integração econômica em escala mundial, aliado à ampla utilização de tecnologia e as sucessivas crises mundiais, os riscos de atividades atípicas envolvendo o mercado de capitais aumentaram, diante da sofisticação e possibilidades cada vez maiores de comportamentos fraudulentos que afrontam a regularidade do seu desenvolvimento. Surgem, pois, novas percepções de risco e de demandas inseridas no contexto da expansão do Direito Penal.

Nessa toada, as questões atinentes à criminalidade econômica, e, via de consequência, ao mercado de capitais (este compreendido como integrante do próprio Sistema Financeiro Nacional), notadamente no que diz respeito à tutela do bem jurídico, em razão de vivermos em uma sociedade globalizada e de risco, deve ir além dos métodos tradicionais penais que objetivam resguardar questões individualmente consideradas, para abranger aspectos supraindividuais.

No plano internacional, a regulação do Mercado de Capitais evidencia-se com maior rigor a partir de 1929, com a crise da Bolsa de Nova Iorque, com o *Securities Act* (1933) e *Securities Exchange Act* (1934), inclusive, com a criação da *Securities and Exchange Commission* (SEC) nos Estados Unidos da América, tendo as sucessivas crises mundiais intensificado ainda mais essa necessidade de regulamentação e proteção do tema em um espectro transnacional.

A normatização administrativa do tema no Brasil apresenta seus maiores contornos com a Lei nº 6.385, de 07.12.1976, disciplinando sobre o mercado de capitais e criando a Comissão de Valores Mobiliários - CVM (autarquia federal inspirada na *SEC* norte-americana). No mesmo ano, a Lei nº 6.404, de 15.12.1976 (Lei das Sociedades por Ações) também foi importante para a regulação do tema.

No campo penal, tardiamente, surge a Lei nº 10.303, de 31.10.2001[240], que, além de alterar a legislação societária já existente (Lei nº 6.404/1976) e a que criou a Comissão de Valores Mobiliários - CVM e disciplinou o

[239] BECK, Ulrich. *Sociedade de riscos rumo a uma outra modernidade*; tradução de Sebastião Nascimento. São Paulo: Editora 34, 2. ed, p. 23, 2011.

[240] O art. 8º, § 1º, da Lei Complementar nº 95, de 26.02.1998, estabeleceu que as leis entram em vigor no dia subsequente ao vencimento do prazo de vacância: a Lei nº10.303/2001 entrou em vigor 120 dias após sua publicação (art. 9º), ocorrida numa quinta-feira, dia 01.11.2001; portanto, em 01 de março de 2002.

Mercado de Capitais (Lei nº 6.385/1976), também definiu nesta última legislação três delitos (crime de manipulação de mercado; de uso indevido de informação privilegiada; e exercício irregular de cargo, profissão, atividade ou função), respectivamente, nos artigos 27-C, 27-D e 27-E, constantes no capítulo VII-B, intitulado Dos Crimes contra o Mercado de Capitais.

Posteriormente, houve alteração dos tipos dispostos nos artigos 27-C e 27-D pela Lei nº 13.506, de 13.11.2017, bem como do artigo 27-E pela Lei nº 14.317, de 29.03.2022.

O Mercado de Capitais, segmento que atende aos agentes econômicos produtivos quanto às suas necessidades de financiamento de médio e, sobretudo, de longo prazo, essencialmente relacionados com investimentos em capital fixo, como dito, integra o atual sistema financeiro brasileiro.

Marcelo Costenaro Cavali ao versar sobre o tema ensina que "o mercado de capitais não é somente o local em que especuladores ousados e aventureiros arriscam seu dinheiro. É nesse ambiente que as companhias atraem investidores para o financiamento de suas atividades – tendencialmente, os recursos escassos nele aplicados devem fluir para os projetos mais eficientes, contribuindo para o desenvolvimento econômico como um todo. É nele que estão depositados recursos destinados à aposentadoria de milhões de pessoas, especialmente através das entidades fechadas e abertas de previdência complementar. É nesse *locus* virtual que, cada vez mais, os investidores buscam retorno financeiro para seus projetos de vida de médio e longo prazo. E é também nesse âmbito, extremamente delicado para as relações econômicas e sociais, que se verifica uma pulverização dos riscos gerados por pequenos grupos de investidores para toda a economia internacional."[241]

O disciplinamento deste mercado é de responsabilidade da Comissão de Valores Mobiliários, órgão normativo do sistema de intermediação financeira do país, ao qual compete o desenvolvimento e a fiscalização do mercado de valores mobiliários, sujeitando-se à orientação a ser fixada pelo Conselho Monetário Nacional, que estabelece normas regulatórias de cunho geral.

Para além da função normativa (inciso I do art. 8º da Lei nº 6.385/1976 – "regulamentar, com observância da política definida pelo Conselho Mone-

[241] CAVALI, Marcelo Costenaro. *Fundamento e limites da repressão penal da manipulação do mercado de capitais: uma análise a partir do bem jurídico da capacidade funcional alocativa do mercado*; orientador Vicente Greco Filho. Tese (Doutorado – Programa de Pós Graduação em Direito Penal, Medicina Forense e Criminologia) – Faculdade de Direito, Universidade de São Paulo, 2017.

tário Nacional, as matérias expressamente previstas nesta Lei e na lei de sociedades por ações"), fiscalizatória, há ainda, a preventiva (inciso III do art. 8º – "fiscalizar permanentemente as atividades e os serviços do mercado de valores mobiliários, de que trata o Art. 1º, bem como a veiculação de informações relativas ao mercado, às pessoas que dele participem, e aos valores nele negociados"), não se olvidando do caráter sancionatório estatuído em seu no art. 11.

Dentre as táticas de regulação do tema pela CVM deve-se ressaltar aquelas que buscam resguardar a solidez e a confiabilidade do mercado, sempre a partir de uma orientação voltada à preservação da transparência, cujo objetivo é o de minimizar os riscos de atuação indevida no mercado. Ora, quem adentra neste mercado deve ter a segurança de que ele deve no mínimo ser pautado pela transparência.

A Comissão de Valores Mobiliários também adota a sistemática da autorregulação para determinadas atividades no mercado de valores mobiliários, tendo como objetivo o aumento da eficiência da própria atividade regulatória.

De se notar, ademais, dentro da estrutura autárquica (CVM), a criação de um sistema de Supervisão Baseado em Risco, onde se apresentam estrategicamente ações de supervisão e os eventos de risco tidos como prioritários, cujo enfoque é orientar, aumentar a eficácia dos processos de supervisão e fiscalização, mantendo, assim, a integridade do mercado de capitais. No entanto, nem sempre a orientação é suficiente e dentro da própria esfera administrativa (CVM) desenvolvem-se os processos sancionadores.

Desde a Instrução CVM nº 08, de 08.10.1979 (atualmente revogada pela Resolução CVM 62, de 19.01.2022), há a previsão de práticas vedadas no âmbito do mercado de valores mobiliários, com quatro infrações consubstanciadas na criação de condições artificiais de demanda, oferta ou preço de valores mobiliários; manipulação de preço; operações fraudulentas e prática não equitativa (art. 3º), cujas definições estão elencadas nos incisos do art. 2º, a saber: "I – condições artificiais de demanda, oferta ou preço de valores mobiliários: aquelas criadas em decorrência de negociações pelas quais seus participantes ou intermediários, por ação ou omissão dolosa provocarem, direta ou indiretamente, alterações no fluxo de ordens de compra ou venda de valores mobiliários; II – manipulação de preços: a utilização de qualquer processo ou artifício destinado, direta ou indiretamente, a elevar, manter ou baixar a cotação de um valor mobiliário, induzindo terceiros à sua compra e venda; III – operação fraudulenta: aquela em que se utilize ardil ou artifício destinado a induzir ou manter terceiros em erro, com a finalidade de se obter vantagem ilícita de natureza patrimonial para as partes na operação, para o intermediário ou para terceiros; e IV – prática não equitativa: aquela de que resulte, direta ou indiretamente, efetiva ou potencialmente, um tratamento para qualquer das partes, em negociações com valores mobiliários, que a coloque em uma indevida posição de desequilíbrio ou desigualdade em face dos demais participantes da operação.

As infrações administrativas definem conteúdos amplos, o que propicia, *s.m.j.*, maior adequação de condutas, devendo-se registrar, neste ponto, trecho do processo administrativo sancionador nº 19957.005977/2016-18[242], explicitando que "a norma, contudo, é editada de forma propositadamente genérica visando dar maior flexibilidade à atuação da CVM e os tipos administrativos terminam retratando condutas semelhantes, podendo ser de difícil distinção nas práticas de mercado."

De idêntico modo, nos autos do processo sancionador nº RJ 2014/0578 (19957.000594/2015-72), de lavra da CVM, registrou-se que "os tipos administrativos contidos na Instrução CVM nº 08/79 são propositalmente abertos e destinados a conferir flexibilidade à autoridade supervisora do mercado, sem prejuízo de sua coercibilidade face à diversidade de situações possíveis em um mercado em constante evolução. É da essência desses tipos administrativos que eles possam se moldar às circunstâncias que permeiam a conduta investigada, sob pena de esvaziamento de seu comando normativo."

A opção da Comissão de Valores Mobiliários por tipo abertos também restou explicitado na Nota Explicativa CVM nº 14/79, que se refere à Instrução CVM 008/79, dispondo que: "entendeu a CVM conveniente adotar a segunda solução, ampliando, a vista da experiência já acumulada, o alcance dos dispositivos já constantes da Resolução nº 39, e conceituando de forma propositadamente genérica, situações que configuram operações ou práticas incompatíveis com a regularidade que se pretende assegurar ao mercado de valores mobiliários. Dentro dessa ótica é baixada pela CVM a INSTRUÇÃO nº 08/79, que explicita serem vedadas a todos os participantes do

[242] Caso em que restou apurada a responsabilidade pela prática de manipulação de preços no mercado de valores mobiliários por meio da inserção de ordens artificiais de compra e venda no livro de ofertas, modalidade *spoofing*, em infração ao item I c/c item II, letra "b" da Instrução CVM nº 8/1979. Julgamento em 13.03.2018 do primeiro caso de *spoofing*. Disponível em: https://conteudo.cvm.gov.br/export/sites/cvm/noticias/anexos/2018/20180313_Voto_DHM_Spoofing__PAS_20167192__FINAL.pdf. Acesso em 02.06.2023.

mercado a criação de condições artificiais na negociação de valores mobiliários, a manipulação de preço, as operações fraudulentas e o uso de práticas não equitativas."[243]

Também cumpre ressaltar que no mercado de capitais há a possibilidade de se punir tanto na esfera administrativa quanto na esfera criminal.

Nos termos do artigo 12 da Lei nº 6.385/1976, a CVM, ao aferir indícios acerca do cometimento de crime, deverá noticiar o órgão ministerial "quando o inquérito, instaurado de acordo com o § 2º do art. 9º, concluir pela ocorrência de crime de ação pública, a Comissão de Valores Mobiliários oficiará ao Ministério Público, para a propositura da ação penal."

Como se verá adiante, os crimes contra o mercado de capitais, no entanto, exigem uma complementação para o seu aperfeiçoamento, que, no mais das vezes, é obtido por elementos administrativos, o que culmina na delimitação do próprio risco proibido ao bem jurídico.

Verifica-se, dada a especificidade inicialmente implementada pela Lei nº 10.303/2001 e a ampla definição das condutas, a ocorrência de uma profunda inovação por terem sido criados tipos penais antes inexistentes ou inseridos em leis que tratavam de outros assuntos, às vezes, pouco relacionados ao mercado de capitais.

Com efeito, a Lei nº 10.303/2001 instituiu o delito de Manipulação do Mercado, antes capitulado no art. 3º, inciso VI, da Lei nº 1.521, de 26.12.1951, que trata da Economia Popular. Esta última lei, apesar da edição de leis esparsas que retalharam seus preceitos (Leis nºs 7.492/1986, 8.078/1990 e 8.137/1990), veio novamente a sofrer impacto, na medida em que, com a criação do art. 27-C na Lei nº 6.385/1976, o seu teor foi suplantado. Inovou, outrossim, a Lei nº 10.303/2001 porque criou crime antes inexistente na nossa legislação, a figura do Uso Indevido de Informação Privilegiada, ou seja, do *insider trading*. Por fim, incluiu em seu texto o tipo que sanciona o exercício irregular de cargo, profissão, atividade ou função.

Parece não haver dúvida de que se apresentam indispensáveis, para a credibilidade do Sistema Financeiro Nacional, a higidez dos títulos e valores mobiliários, bem como sua regular negociação. A norma visa, pois, proteger o processo de formação de preços no mercado de valores mobiliários.

Importante, aqui, frisar, na esteira do ensinamento de Frederico de Lacerda da Costa Pinto, que:

[243] Disponível em: https://conteudo.cvm.gov.br/legislacao/notas-explicativas/nota014.html. Acesso em 02.06.2023.

"A legitimidade da intervenção penal radica na importância do mercado de valores mobiliários enquanto sector do sistema financeiro, pelas suas funções económico-sociais, nomeadamente a de fonte de financiamento das empresas, espaço de investimento das famílias e de visibilidade dos emitentes, a flexibilização das estruturas societárias ou a gestão do risco económico."[244]

Renato de Mello Jorge Silveira, por sua vez, pontua que "de modo geral, seria de se dizer que, em termos imediatos, e como um todo, os crimes relativos ao mercado de capitais têm como bem jurídico a transparência e a integridade do próprio mercado." Contudo, adverte que "em termos mediatos, no entanto, pode referir-se também ao próprio patrimônio dos investidores."

A despeito de a legislação atinente aos crimes contra o mercado de capitais ter sido inserida no plano interno em 2001, verifica-se ainda uma reduzida quantidade de condenações. Aliás, as penas mínimas previstas são ínfimas, permitindo, no mais das vezes, a suspensão condicional do processo e o acordo de não persecução penal.

Apenas no ano de 2011 foi prolatada pela Justiça brasileira a primeira sentença condenatória criminal pelo uso indevido de informação privilegiada ou *insider trading* (art. 27-D da Lei nº 6.385/1976), proferida pelo Juiz Federal (então Substituto da 6ª Vara Federal Criminal de São Paulo), Dr. Marcelo Costenaro Cavali, em caso emblemático onde os réus negociaram nos Estados Unidos da América, no ano de 2006, valores mobiliários sobre a oferta pública de aquisição de ações da Perdigão S.A., valendo-se de informações privilegiadas, que obtiveram em razão dos cargos que ocupavam na empresa Sadia S.A. A tese central foi mantida pelo Tribunal Regional Federal da 3ª Região (Quinta Turma – 1ª. Seção, Ap. – Apelação Criminal – 45484 – 0005123-26.2009.4.03.6181, Rel. Desembargador Federal Luiz Stefanini, *DJ* 14.02.2013) e nas instâncias superiores. No Superior Tribunal de Justiça foi reconhecida a ocorrência da prescrição da pretensão punitiva estatal, nos termos do art. 109, V, c.c. o art. 110, § 1º, ambos do Código Penal, em relação a um dos réus, sendo que, em relação ao outro, foi dado parcial provimento ao Recurso Especial, para afastar da condenação a imposição de valor mínimo para a reparação a título de danos morais coletivos (REsp nº 1.569.171/SP, Rel. Ministro Gurgel de Faria,

[244] PINTO, Frederico de Lacerda da Costa. Crimes econômicos e mercados financeiros. *Revista Brasileira de Ciências Criminais*, nº 39, jul./set. 2002, p. 28.

Quinta Turma, *DJ* 25.02.2016). No STF foi negado provimento a agravo regimental em recurso extraordinário (ARE 971036 AgR, Rel. Dias Toffoli, Segunda Turma, julgado em 05.05.2017, processo eletrônico *DJ*-111 divulg 25.05.2017 public 26.05.2017), restando mantida a condenação.

Também cumpre destacar que nos últimos anos houve um crescimento exponencial das negociações no mercado de valores mobiliários, especialmente durante a pandemia Covid 2019, o que somado ao alto grau de informatização (operações totalmente eletrônicas), culminaram com o aumento de condutas com nuances distintas das antes praticadas. Como exemplo de práticas manipulativas que se intensificaram, e que além da sanção administrativa pode configurar crime, cite-se o *layering* e *spoofing* (manipulação negocial ou *trade based*), bem como o *pump and dump* e *trash and crash* (manipulação informacional ou *information based*).

A realidade dos *influencers* digitais igualmente impacta esse novo cenário e pode ensejar eventual manipulação informacional e/ou exercício irregular de cargo, profissão, atividade ou função, já que muitos investidores passam a obter informações por meio das mídias sociais.

No entanto, há também que se ter em mente que, se por um lado o aumento das negociações e a utilização dos meios eletrônicos propiciaram a majoração de condutas ao arrepio da legislação, por outro, esse mesmo mercado informatizado veio facilitar a própria persecução, na medida em que, como bem pontuado por Marina Copola[245], "deixa uma trilha de evidências", além de intensificar ainda mais a postura da Comissão de Valores Mobiliários – CVM em comunicar os indícios de crimes ao órgão ministerial.

Feitas tais considerações, o primeiro dispositivo está assim redigido:

2. Manipulação do mercado

Art. 27-C. Realizar operações simuladas ou executar outras manobras fraudulentas destinadas a elevar, manter ou baixar a cotação, o preço ou o volume negociado de um valor mobiliário, com o fim de obter vantagem indevida ou lucro, para si ou para outrem, ou causar dano a terceiros: (Redação dada pela Lei nº 13.506, de 2017)

[245] Evento realizado nos dias 01 e 02 de setembro de 2022 pela EMAG da 3ª Região. Mercado de capitais: diálogos entre o direito penal e o administrativo sancionador. Direção: Desembargador Federal Nino Toldo; coordenação: Pierpaolo Cruz Bottini e Marina Copola.

Pena – reclusão, de 1 (um) a 8 (oito) anos, e multa de até 3 (três) vezes o montante da vantagem ilícita obtida em decorrência do crime. (Incluído pela Lei nº 10.303, de 31.10.2001)

Ante a ausência de específico delito, a Lei nº 1.521/1951 (que dispõe sobre crimes contra a Economia Popular) serviu de lastro para a condenação em primeira instância do investidor Naji Nahas e seu suposto grupo,[246] como também de Elmo Camões Filho e seu hipotético grupo,[247] pelo fato de induzirem terceiros a negociarem valores mobiliários com as cotações manipuladas diante de esquema orquestrado (alta concentração e habitualidade de operações D+0, dissimuladamente, e também nas duas pontas, e manutenção de posições no mercado futuro e de opções, visando à alta artificial, a eliminação da regular e livre formação de preços e a obtenção de lucro fácil, em razão da demanda fictícia criada em detrimento de diversas pessoas físicas e jurídicas, mormente instituições financeiras).

O art. 3º, inciso VI, punia a conduta daquele que provocasse "a alta ou baixa de preços de mercadorias, títulos públicos, valores ou salários por meio de notícias falsas, operações fictícias ou qualquer outro artifício", com detenção, de dois a dez anos, e multa.

Este dispositivo era de difícil aplicação, já que não somente exigia a demonstração do artifício empregado, mas a efetiva alta ou baixa de preços em razão do ardil utilizado, sendo, portanto, espécie de crime material.

Com a edição da Lei nº 10.303/2001, que definiu o delito de Manipulação do Mercado, passou-se a não mais exigir a demonstração da "alta ou baixa de preços", mas apenas a realização de operações simuladas, ou seja, aquelas que não representam a real vontade do investidor, ou, então, a execução de outras manobras fraudulentas.

A redação original do artigo 27-C da Lei nº 6.385/1976 assim dispunha:

> "Art. 27-C. Realizar operações simuladas ou executar outras manobras fraudulentas, com a finalidade de alterar artificialmente o regular funcionamento dos mercados de valores mobiliários em bolsa de valores, de mercadorias e de futuros, no mercado de balcão ou no mercado de balcão

[246] Sentença datada de 08 de outubro de 1997 da 25ª Vara Federal do Rio de Janeiro de lavra de Guilherme Calmon Nogueira da Gama.

[247] Sentença de 28 de outubro de 1997 proveniente da 6ª Vara Federal Criminal de São Paulo do autor.

organizado, com o fim de obter vantagem indevida ou lucro, para si ou para outrem, ou causar dano a terceiros."

Com a Lei nº 10.303/2001 o delito de manipulação de mercado passou a ter maior abrangência, não se resumindo, tal como fazia a Lei de Economia Popular, à exigência da alta ou baixa de valores. Tornou-se suficiente à satisfação da conduta a realização de operação simulada ou de qualquer manobra fraudulenta, mesmo sem a ocorrência da variação de preços. Criou-se, portanto, um crime que dispensa o resultado naturalístico.

Com o advento da Lei nº 13.506, de 13.11.2017, houve alteração na redação do tipo penal para que a realização de operações simuladas ou a execução de outras manobras fraudulentas fossem destinadas a elevar, manter ou baixar a cotação, o preço ou o volume negociado de um valor mobiliário, promovendo, assim, a substituição de um dos especiais fins de agir anteriormente implantados pela Lei nº 10.303/2001, já que a redação de 2017 suplantou a finalidade de alterar artificialmente o regular funcionamento dos mercados de valores mobiliários em bolsa de valores, de mercadorias e de futuros, no mercado de balcão ou no mercado de balcão organizado.

Essa modificação promovida pela Lei nº 13.506/2017, *sm.j*, reduziu o alcance da norma já que o novo especial fim de agir restringe as situações de operações simuladas e manobras fraudulentas às condutas que se destinem a elevar, manter ou baixar a cotação, o preço ou o volume negociado de um valor mobiliário e não mais àquelas em que o especial fim de agir é o de alterar artificialmente o regular funcionamento dos mercados de valores mobiliários. Como bem pontuado por Juliano Breda "o conceito de alteração artificial do regular funcionamento do mercado abrange as operações fraudulentas ou simuladas de elevação, baixa ou manutenção de preços ou volume negociado".

Em resumo, contempla o legislador, além do dolo direto, outros dois elementos subjetivos do tipo: **a)** a finalidade de elevar, manter ou baixar a cotação, o preço ou o volume negociado de um valor mobiliário (como explicitado, a redação originária atribuída pela Lei nº 10.303/2001 previa outra finalidade, qual seja, a de alterar artificiosamente o regular funcionamento dos mercados de valores mobiliários em bolsa de valores, de mercadorias e de futuros, no mercado de balcão ou no mercado de balcão organizado); **b)** O fim de obter vantagem indevida ou lucro, para si ou para outrem, ou causar dano a terceiros.

Esta última finalidade, creio, *s.m.j.*, ser uma redundância do legislador, pois não seria possível cogitar de fraude sem o intuito de prejudicar terceiros com a obtenção de vantagem indevida.

Não havendo a específica intenção prevista no delito em estudo, não estará aperfeiçoado o crime, mesmo se a negociação provocar a alteração da cotação dos valores mobiliários.[248]

Tais elementos subjetivos do tipo acabam por revelar que se cuida de delito formal, cujo resultado não se apresenta imprescindível.[249]

Se, por um lado, a Lei de Economia Popular somente punia a conduta daquele que provocasse a alta ou baixa de preços, a redação do artigo 27-C com os elementos subjetivos do tipo citados, faz com que a tarefa do Ministério Público continue a ser dificultada, já que terá de demonstrar a finalidade do investidor; não, porém, a real manipulação do mercado e a obtenção de vantagem indevida.

Portanto, suficiente à demonstração da prática delitiva, realizar operações simuladas ou executar manobras fraudulentas, devendo o tipo ser também classificado como espécie de crime de perigo abstrato, o que equivale afirmar que competirá ao órgão ministerial a simples demonstração de tais condutas. Estas são, por si só, intrinsecamente perigosas.

Contemplando, ao lado da fórmula específica (*operações simuladas*), fórmula genérica (*outras manobras fraudulentas*), o legislador desejou não apenas especificar a espécie de conduta a ser incriminada, mas toda aquela capaz de prejudicar terceiros com a prática de algum artifício.

O que se deseja com o estabelecimento da proibição de Manipulação do Mercado é garantir o regular e transparente funcionamento deste, enquanto gerador de preços públicos dos ativos financeiros.[250] Ora, a legislação acerca do Mercado de Valores (Lei nº 6.385/1976) contém clara vedação ao prescrever em seu artigo 4º, inciso V, que o Conselho Monetário Nacional e a Comissão de Valores Mobiliários exercerão suas atribuições para o fim de evitar ou coibir modalidades de fraude ou manipulação destinadas a criar condições artificiais de demanda, oferta ou preço dos valores mobiliários negociados no mercado.

[248] Nesse sentido, Modesto Carvalhosa e Nelson Eizirik (*A nova lei das S/A*, p. 539).

[249] Nelson Eizirik e Modesto Carvalhosa asseveram, porém, cuidar-se de tipo material (*A nova Lei das S/A*, p. 540).

[250] Nesse diapasão, Frederico de Lacerda da Costa Pinto (Crimes econômicos e mercados financeiros. *Revista Brasileira de Ciências Criminais*, nº 39, jul./set. 2002, p. 28).

Modesto Carvalhosa e Nelson Eizirik prelecionam que:

> "O processo de formação de preços que se objetiva proteger é o do mercado secundário de valores mobiliários', no qual não existe emissão de títulos novos, mas "mera troca de posições entre os investidores. A função básica do mercado secundário é a de propiciar liquidez aos títulos; para as companhias emissoras, não há, em tais operações, o aporte de recursos para o financiamento de suas atividades. Porém, quanto maior a liquidez dos papéis de sua emissão, mais fácil será a colocação pública de novos títulos que vierem a emitir."[251]

Marcelo Costenaro Cavali, por sua vez, entende que "o mecanismo de formação de preços de valores mobiliários – aspecto inerente à capacidade funcional alocativa do mercado, é o bem jurídico afetado diretamente por práticas de manipulação de mercado. Trata-se de um verdadeiro bem jurídico supraindividual, um pressuposto real de funcionamento eficiente do mercado de capitais, inconfundível com bens jurídicos individuais. Cuida-se, ademais, de bem jurídico revestido de dignidade constitucional, diante da existência na Constituição de várias normas protetivas de interesses atingidos pelas condutas manipuladoras no mercado de capitais."[252]

Interessante observar que, no Código dos Valores Mobiliários português de 1991 (CdMVM), reformado pelo Decreto-lei nº 486, de 13.11.1999, há disposição semelhante no artigo 379. Porém, o seu nº 3 consagrou novo delito, inexistente no tipo autônomo de 1991, de violação do dever de impe-

[251] Conceituam, também, o mercado primário: "no mercado primário verificam-se os lançamentos públicos de novos valores mobiliários, por parte dos emissores, com a interveniência de instituições financeiras, atuando como underwriters, isto é, como subscritores para posterior revenda dos papéis aos investidores, no caso do underwriting firme, ou como meros intermediários, no caso do contrato de melhores esforços." Quanto ao mercado de balcão, aduzem, ainda, que: "(...) é constituído pelo conjunto de operações intermediadas por instituições financeiras, fora de bolsa. No chamado mercado de balcão organizado há uma entidade de mercado de balcão autorizada pela CVM para atuar como centro de negociações, como ocorre com a SOMA. No mercado 'não organizado', inexiste qualquer entidade que centraliza os negócios, os quais ocorrem entre as instituições financeiras habilitadas pela CVM a intermediarem transações com valores mobiliários." (CARVALHOSA, Modesto; EIZIRIK, Nelson. *A nova lei das S/A*, 2002, p. 534-535).

[252] CAVALI, Marcelo Costenaro. *Manipulação do mercado de capitais: fundamentos e limites da repressão penal e administrativa*. São Paulo: Quartier Latin, 2018, p. 391.

dir práticas manipuladoras dentro de um intermediário financeiro, cuidando-se de espécie de crime omissivo puro.[253]

Importante consignar que o lucro a ser obtido jamais pode ser fruto da atuação espúria no mercado que leve a sua obtenção sem riscos. Orientar o Mercado, impondo-o, não pode ter interpretação de legalidade, sob pena de configurar carta aberta à impunidade de investidores ou especuladores que somente conseguem benefícios com artifícios lesivos a inúmeros incautos e não com a livre atuação do Mercado.

Logo, é natural o risco futuro na negociação com valores mobiliários que depende de diversos fatores para o estabelecimento dos preços, sendo um deles, a demanda e a oferta. Aniquilá-los, viola necessariamente as regras previamente estabelecidas. Enfim, a manipulação de preços jamais pode ser considerada praxe no mercado.

Veja-se que, geralmente, analisando uma determinada operação ela pode se apresentar munida de legalidade, mas, procedendo-se a um estudo de seu conjunto, será bem possível indicar uma operação fraudulenta disfarçada em vários negócios. Daí a enorme dificuldade em aplicar o dispositivo.

Comentando os delitos financeiros, Emílio Carlos Dantas Costa aduz ser "comum uma operação ser disfarçada em muitos negócios que, analisados isoladamente, podem parecer legais, mas observados no seu conjunto revelam óbvia ilegalidade (...). As operações e seus resultados têm de ser analisados em conjunto, nunca separadamente."[254]

Não há que se falar na prática do delito de Manipulação do Mercado se a manobra fraudulenta não repercutir efeitos no âmbito da bolsa de valores, do mercado de mercadorias e de futuros, do mercado de balcão ou de balcão organizado, já que o tipo exige negociação nestes mercados.

[253] "Artigo 379. Manipulação do mercado 1 – Quem divulgue informações falsas, incompletas, exageradas ou tendenciosas, realiza operações de natureza fictícia ou execute outras práticas fraudulentas que sejam idóneas para alterar artificialmente o regular funcionamento do mercado de valores mobiliários ou de outros instrumentos financeiros é punido com prisão até 3 anos ou com pena de multa. 2 (...). 3 – Os titulares do órgão de administração e as pessoas responsáveis pela direcção ou pela fiscalização de áreas de actividade de um intermediário financeiro que, tendo conhecimento de factos descritos no nº 1, praticados por pessoas directamente sujeitas à sua direcção ou fiscalização e no exercício das suas funções, não lhes ponham imediatamente termo são punidos com pena de prisão até 2 anos ou pena de multa até 240 dias, se pena mais grave não lhes couber por força de outra disposição legal."

[254] Crimes de colarinho-branco, *Jornal da Tarde*, São Paulo, p. 2, edição de 18.10.1997.

O delito é comum, ou seja, pode ser perpetrado por qualquer pessoa que realizar os elementos do tipo.

Na esfera administrativa, desde a Instrução CVM nº 08, de 08.10.1979, há a previsão de práticas vedadas no âmbito do mercado de valores mobiliários, com quatro infrações consubstanciadas na criação de condições artificiais de demanda, oferta ou preço de valores mobiliários; manipulação de preço; operações fraudulentas e práticas não equitativa. Referido normativo foi revogado pela Resolução CVM nº 62, de 19.01.2022 (mesmo substrato), e continua a vedar as referidas condutas, cujas definições estão elencadas nos incisos do art. 2º: "I – condições artificiais de demanda, oferta ou preço de valores mobiliários: aquelas criadas em decorrência de negociações pelas quais seus participantes ou intermediários, por ação ou omissão dolosa provocarem, direta ou indiretamente, alterações no fluxo de ordens de compra ou venda de valores mobiliários; II – manipulação de preços: a utilização de qualquer processo ou artifício destinado, direta ou indiretamente, a elevar, manter ou baixar a cotação de um valor mobiliário, induzindo terceiros à sua compra e venda; III – operação fraudulenta: aquela em que se utilize ardil ou artifício destinado a induzir ou manter terceiros em erro, com a finalidade de se obter vantagem ilícita de natureza patrimonial para as partes na operação, para o intermediário ou para terceiros; e IV – prática não equitativa: aquela de que resulte, direta ou indiretamente, efetiva ou potencialmente, um tratamento para qualquer das partes, em negociações com valores mobiliários, que a coloque em uma indevida posição de desequilíbrio ou desigualdade em face dos demais participantes da operação.

Portanto, há as sanções administrativas e as sanções penais. Há tanto a manipulação de preço prevista na Resolução 62/2022 quanto a manipulação de mercado estatuída no artigo 27-C da Lei nº 6.385/1976.

Referido tipo penal não faz alusão expressa à necessidade de complementação. No entanto, a sua melhor interpretação requer a análise de elementos obtidos na seara administrativa, até mesmo como forma de se aferir o risco proibido ao bem jurídico.

Neste ponto, Marcelo Costenaro Cavali esclarece que o crime de manipulação de mercado veicula elementos de acessoriedade conceitual, porém sem remeter expressamente a atos administrativos gerais ou individuais. Ainda, segundo o autor "a estrutura linguística dos ilícitos penal e administrativo é de tal maneira intricada que não se visualiza a possibilidade de que o delito se caracterize sem a consumação concomitante de alguma das formas administrativas de manipulação do mercado previstas na Instrução

CVM nº 08/1979", mas que "a recíproca não é verdadeira: nem todas as condutas que caracterizem a infração administrativa de manipulação do mercado subsumir-se-ão à hipótese de incidência do tipo penal. Notadamente, algumas das principais formas de manipulação que consubstanciam práticas não equitativas e operações fraudulentas não preenchem os elementos do tipo penal". Por fim, salienta que "o término do processo administrativo sancionador não é um pressuposto necessário para a persecução penal no crime de manipulação de mercado, de modo que a caracterização da tipicidade material do delito independe da conclusão definitiva da CVM ou do CRSFN a respeito das condutas examinadas. A despeito disso, a depender da complexidade do caso concreto, o desfecho do processo administrativo será relevante para a comprovação da materialidade delitiva, podendo sua ausência, eventualmente, impedir a configuração até mesmo da justa causa."[255]

Vale salientar que nos últimos anos houve um aumento substancial de negociações no mercado de valores mobiliários, o que aliado às práticas totalmente eletrônicas e à pandemia Covid 2019, culminaram com um mercado mais volátil, além da intensificação de condutas que anteriormente não eram tão usuais.

A utilização de negociações em alta frequência (*high frequency trading* ou *HFTs*), realizadas em milésimos de segundos, propicia o surgimento de novos métodos manipulativos, além de gerar uma maior dificuldade na detecção de tais práticas, como por exemplo, em evidenciar a real intenção do agente quando do cancelamento da ordem de ofertas no livro eletrônico antes de sua execução, tal como ocorre no *spoofing* e no *layering*, bem como de discussões atinentes à própria responsabilização, se o programador do algoritmo ou alguém com poder de mando dentro da companhia.

Dentre as formas de manipulação que passaram a ser mais evidenciadas com a evolução desse mercado associado à tecnologia, podemos citar, como visto acima, o *layering* e o *spoofing* (manipulação negocial ou *trade based*), além do *pump and dump* e *trash and crash* (exemplos de manipulação informacional ou *information based*).

Na manipulação negocial não há a disseminação de informações falsas. O estratagema é realizado quando das próprias negociações dos valores mobiliários. No *spoofing*, por exemplo, há a manipulação do preço do ativo

[255] COSTENARO CAVALI, Marcelo. *Manipulação do mercado de capitais: fundamentos e limites da repressão penal e administrativa*. São Paulo: Quartier Latin, 2018, p. 398.

por meio do lançamento de inúmeras ordens de compra e venda no livro de ofertas eletrônico, sem, no entanto, que haja a intenção de concretizá-los, já que tais ordens são canceladas antes de sua realização. O real intuito é simular e influenciar de forma artificial os preços do mercado, propiciando ao fraudador o lucro, com a realização de negócio do outro lado do livro.

Dito de outra forma, cuida-se de "prática abusiva que cria liquidez artificial com ofertas de tamanho fora do padrão do livro de ofertas com o objetivo de influenciar investidores a superar a oferta artificial e gerar negócios do lado oposto do livro. Após negócio, a liquidez artificial na forma de oferta fora do padrão é cancelada.."[256]

Já o *layering* é a "prática abusiva que cria liquidez artificial no livro do ativo via camadas de ofertas em níveis sucessivos de preços com o objetivo de influenciar investidores a superar a barreira criada pela camada e gerar negócios do lado oposto do livro. Após negócio, a liquidez artificial na forma de camadas é cancelada"[257] e o manipulador se beneficia com o movimento artificial de preços.

Tanto o *spoofing* como o *layering* são típicos exemplos de condutas realizadas em livros de ofertas que se organizam eletronicamente, com o objetivo de influenciar a formação de preços de determinado valor mobiliário. Além de estarem inseridos como práticas vedadas no âmbito administrativo, também, poderão caracterizar o delito de manipulação de mercado (artigo 27-C da Lei nº 6.385/1976).

Em hipóteses como tais, a grande dificuldade reside na comprovação da intenção do cancelamento das ordens, as quais muitas das vezes são realizadas de forma muito rápida, em milésimos de segundos, por meio de algoritmos, o que requer um aparato preciso na capacitação dos agentes e de aparelhamento dos órgãos de persecução, inclusive, como o objetivo de propiciar a identificação dos responsáveis.

Já a manipulação informacional ocorre quando há a divulgação de informações inverídicas e até mesmo rumores sobre valores mobiliários, na maioria das vezes disseminadas por indivíduos que ostentam credibili-

[256] BSM Supervisão de Mercados. Disponível em: https://www.bsmsupervisao.com.br/Noticias/2017-04-17-Workshop-Monitoramento-de-Ofertas-em-Spoofing-e-Layering. Acesso em 02.06.2023.

[257] BSM Supervisão de Mercados. Disponível em: https://www.bsmsupervisao.com.br/Noticias/2017-04-17-Workshop-Monitoramento-de-Ofertas-em-Spoofing-e-Layering. Acesso em 02.06.2023.

dade no meio, cujo objetivo é a alteração da cotação dos ativos para lucro indevido.

O *pump and dump* é um exemplo de manipulação informacional, onde há a aquisição de valor mobiliário pelo agente, seguida da propagação de falsa informação inflando o valor do ativo, tendo como objetivo a obtenção de lucro com a posterior alienação. Por sua vez, no *trash and cash* ocorre a forma inversa do *pump and dump*, com a venda dos valores mobiliários e a disseminação de informações inverídicas para depreciar o valor do ativo. Posteriormente, há a recompra e a obtenção de lucro com a transação.

O *scalping* também se trata de uma modalidade de manipulação informacional, levada a efeito por indivíduo que ostenta credibilidade no mercado, o qual passa a influenciar os investidores a negociarem valores mobiliários.

Não menos importante destacar que os *insiders*, ou pessoas relacionadas, as quais devem prezar pela divulgação total de informações sobre a companhia em que atuam (*full disclousure*), e, portanto, detentoras de grande credibilidade, igualmente podem praticar a manipulação.

No âmbito administrativo, o primeiro caso de condenação pela CVM (nº RJ2014/0578 - 19957.000594/2015-72), em 27.05.2019, pela prática de manipulação de preços por meio da divulgação de mensagens otimistas em conta do *Twitter*, de posse de informações significativamente negativas ainda não divulgadas ao mercado e enquanto alienava ações da companhia, foi a do Presidente do Conselho de Administração e acionista controlador da OGX Petróleo e Gás Participações S.A, Eike Batista, indivíduo notoriamente conhecido e que contava à época dos fatos com mais de 1,3 milhões de seguidores.

De acordo com o que consta naquele procedimento "o acusado se valeu de ardil consistente em divulgar no Twitter comentários divorciados da realidade da OGX para atrair dolosamente a atenção dos investidores, a fim de alterar a percepção deles sobre o valor justo da Companhia e, com isso, obter ainda mais vantagem com as suas ilícitas negociações, em infração às regras que buscam preservar a lisura da formação dos preços dos valores mobiliários admitidos à negociação (...) E a conduta torna-se extremamente grave quando é praticada dolosamente pelo acionista controlador, pois, ao se colocar numa indevida posição vantajosa em relação aos demais acionistas e investidores não detentores da informação privilegiada e utilizar-se de meio artificioso para distorcer a realidade dos negócios da companhia e, com isso, influenciar indevidamente o valor da cotação de suas ações, ele fere o regular funcionamento do mercado, abalando a credibilidade que deve existir na formação justa do preço das ações da companhia, razão pela qual deve ser firmemente repreendida."

O fato é que tais hipóteses de manipulação informacional têm sido utilizadas cada vez mais com as mídias sociais.

Além disso, a realidade dos *influencers* digitais impacta diretamente nesse novo cenário, podendo assim, eventual conduta também se amoldar na manipulação informacional, já que muitos investidores passam a obter informações por meio das mídias sociais, além de eventual enquadramento em exercício irregular da atividade. Portanto, as redes sociais passam a ser tidos como verdadeiros veículos de manipulação do mercado.

Note-se que o ofício-circular nº 13/2020/CVM/SIN, traz esclarecimentos quanto a atividade profissional de analista de valores mobiliários em razão da crescente popularização das redes sociais e também em razão do maior interesse do investidor sobre esse mercado por meio dessas mídias, trazendo o importante alerta de que: "utilizar as redes sociais para se manifestar sobre valores mobiliários, ainda que em caráter não profissional, pode constituir infração administrativa prevista na Instrução CVM nº 8/79 e sujeita às penas previstas no artigo 11 da Lei nº 6.385/76, caso tenha por objetivo criar condições artificiais de demanda, oferta ou preço de valores mobiliários, manipular preços, realizar operações fraudulentas ou viabilizar práticas não equitativa, para tentar auferir vantagem para si ou para terceiros, sem prejuízo de poder configurar em tese crime contra o mercado de capitais, nos termos do artigo 27-C da Lei nº 6.385/76."

O caso *GameStop* nos EUA e IRB Brasil Resseguros S.A., também são exemplos recentes de forma de manipulação do mercado de capitais por meio de rede social.

Marcelo Costenaro Cavali e Natalia Naomi Ikeda[258] ao abordarem o tema "atuações no mercado de capitais combinadas em redes sociais", bem explicitam que "as redes sociais permitem que informações falsas ou enganosas sejam disseminadas a um grande grupo de investidores com mínimo esforço, de forma anônima – por meio de pseudônimos – e com um custo relativamente baixo. Assim, qualquer pesssoa com acesso a uma dessas plataformas tem, em tese, capacidade de afetar diretamente o preço de valores mobiliários – ou de outros instrumentos financeiros – por meio de publi-

[258] CAVALI, Marcelo Costenaro; IKEDA, Natalia Naomi. Atuações no mercado de capitais combinadas em redes sociais: apontamentos para a atribuição de responsabilidade administrativa e penal por manipulação de mercado. *Revista Prima Jurídico*. São Paulo, v. 20, nº 2, p. 375-392, jul./dez. 2021.

cações (*posts*). (...) Há alguns anos, legisladores e reguladores preocupavam-se tão somente com manipulação de mercado por parte de *corporate insiders* por serem os únicos atores com acesso a informações relevantes e com posições capazes de influenciar o valor de uma ação. Episódios como o caso *GameStop*, no entanto, deixam claro que a dinâmica do mercado financeiro foi profundamente alterada pelas novas tecnologias e, em especial, pelo uso de redes sociais, tornando possível que qualquer pessoa – ou grupo de pessoas – tenha o poder de alterar significativamente a cotação de uma ação (...). Note-se como o caso *GameStop* se apresenta como um verdadeiro 'ornitorrinco', a colocar em xeque essa classificação. As situações de *squeeze* não foram perpetradas por agentes detentores de domínio de posição dominante no mercado, com elevado poder econômico, mas por centenas de milhares de investidores, agindo conjuntamente, tornando evidente o poder das transformações causadas pelas redes sociais". Dessa forma, e como bem concluem os referidos autores, "se a atuação combinada em redes sociais pode caracterizar a infração administrativa de manipulação de preços, também é possível que se esteja diante de um crime de manipulação de mercado."

De se lamentar o *quantum* de pena fixado no artigo: reclusão de um a oito anos, e multa de até três vezes o montante da vantagem ilícita obtida em decorrência do crime. Ora, a pena privativa de liberdade apresenta-se totalmente em desproporção com aquela fixada nos delitos previstos no Código Penal. Por exemplo, se alguém praticar, em concurso de pessoas, a subtração de um biscoito qualquer, ou de um dispositivo informático qualquer, responderá por furto qualificado (art. 155, § 4º, IV) cuja pena é de reclusão de dois a oito anos e multa. Se a mesma subtração for realizada sem a ajuda de terceiros, a pena mínima será de um ano – a mesma sanção da pessoa que manipular o mercado.

A pena mínima também é idêntica a outros delitos contra o patrimônio praticados sem violência ou grave ameaça, como o de estelionato, lembrando-se que, nestes casos, bastará o dano a uma só pessoa para que eles se aperfeiçoem. Comparando com a sanção prevista no artigo 3º, inciso VI, da Lei nº 1.521/1951 (de 02 a 10 anos de detenção, e multa), percebe-se uma redução, diga-se, censurável, quer da pena mínima, quer da pena máxima.

Doutra parte, somente será possível aplicar a sanção pecuniária na hipótese de efetiva vantagem ilícita, pois, no caso da prática do delito na modalidade tentada, não se poderá impor qualquer pena de multa, por absoluta e criticável falta de previsão expressa.

Jurisprudência:

"RECURSO EM HABEAS CORPUS. CRIMES CONTRA O MERCADO DE CAPITAIS. MANIPULAÇÃO DE MERCADO E INSIDER TRADING. COMPETÊNCIA DA JUSTIÇA FEDERAL. MAGNITUDE DA LESÃO. INTERESSE DA UNIÃO. CRIME CONTRA O SISTEMA FINANCEIRO. DISTRIBUIÇÃO. VARAS ESPECIALIZADAS. SUPOSTA ILEGALIDADE. INEXISTÊNCIA. RECURSO EM HABEAS CORPUS NÃO PROVIDO.

1. Não há dúvidas de que o mercado de capitais – compreendido como o somatório dos diferentes segmentos do mercado de investimentos – integra a ordem econômico-financeira. No ápice do sistema que regula a atividade financeira estatal, está o Conselho Monetário Nacional, cuja estrutura conta com dois outros órgãos: o Banco Central do Brasil e a Comissão de Valores Mobiliários.

2. É inegável a existência de interação entre o mercado de capitais e a economia como um todo, de tal sorte que condutas ilícitas praticadas em seu âmbito podem repercutir não só em relação aos investidores mas também afetar a própria credibilidade e a harmonia do sistema financeiro, com prejuízos econômicos ao país.

3. A regra prevista no art. 109, VI, da CF fixa a competência federal para o processamento e o julgamento dos crimes contra o sistema financeiro e contra a ordem econômico-financeira, desde que determinados por lei, isto é, conquanto haja previsão expressa acerca dos crimes financeiros quanto à competência federal, como ocorre, por exemplo, com a Lei nº 7.492/1986, em seu art. 26. 4. A Lei nº 6.385/1976, ao dispor sobre os crimes contra o mercado de capitais – os quais, ao menos em tese, poderiam atingir o complexo sistema financeiro –, nada previu a respeito da competência. Logo, sob o prisma do art. 109, VI, da Constituição Federal, não se justificaria a vis attractiva do Juízo Federal; entretanto, mostra-se equivocado concluir nessa direção com base na análise isolada do referido dispositivo. É necessário verificar se o delito, como se depreende na espécie, se enquadra em alguma das hipóteses previstas no art. 109, IV, da CF. Precedentes.

5. Em qualquer caso de delito que repercuta no sistema financeiro ou que faça parte dos crimes contra a ordem econômico-financeira, cuja legislação que os prevê não contenha dispositivo específico que importe na fixação da competência federal, há que se avaliar, no caso concreto, a existência de circunstância de fato que demonstre a existência de efetiva lesão a bens, serviços ou direitos da União, de suas autarquias ou empresas públicas.

Assim, nessas hipóteses, mesmo que não haja previsão na legislação infraconstitucional, como é a exigência do art. 109, VI, da Constituição Federal, o delito será processado e julgado perante a Justiça Federal, mas por incidência do disposto no art. 109, IV, da Lei Maior.

6. No caso, a denúncia foi recebida pelos crimes de manipulação de mercado e *insider trading*. A conduta, tal como descrita, foi capaz de movimentar, no mercado, quantia que totalizou um volume de R$ 33.700.460,00. Segundo o Parquet, pela dimensão das perdas, houve reflexo no sistema financeiro, sobretudo pelo prejuízo suportado pelo mercado investidor, da ordem de R$ 70.326.802,80. Em razão disso, os crimes imputados ao recorrente tiveram o condão de afetar ou, ao menos, expor concretamente a lesão a própria credibilidade do sistema financeiro, com possíveis prejuízos a um número elevado de investidores, a justificar a competência federal.

7. Inexiste ilegalidade na distribuição do feito a uma das varas especializadas em delitos financeiros da Justiça Federal, em razão da matéria, visto que os crimes contra o mercado de capitais integram a ordem econômico-financeira.

8. Recurso em habeas corpus não provido."

(STJ, RHC nº 82.799/RJ, relator Ministro Rogerio Schietti Cruz, Sexta Turma, julgado em 27/11/2018, DJe de 6/12/2018.)

"PENAL. OPERAÇÃO INSIDER. CRIME DE MANIPULAÇÃO DE MERCADO. CONDUTAS APTAS A INDUZIR À ALTERAÇÃO ARTIFICIAL DO PREÇO DAS AÇÕES DA MUNDIAL S.A NO MERCADO MOBILIÁRIO. PUMP AND DUMP. OCORRÊNCIA. COMPRA DE AÇÕES EM LOTES MÍNIMOS. CONDUTA SOCIALMENTE ACEITA. IRRELEVÂNCIA NO CASO CONCRETO. DESDOBRAMENTO ACIONÁRIO. EXPOSIÇÃO EXCESSIVA DA EMPRESA NA MÍDIA ESPECIALIZADA. DOLO DE MANIPULAR O PREÇO DAS AÇÕES DA MUNDIAL S.A DEMONSTRADO. DOSIMETRIA DAS PENAS. EXASPERAÇÃO DAS VETORIAIS CULPABILIDADE, CIRCUNSTÂNCIAS E CONSEQUÊNCIAS MANTIDAS. PENA DE MULTA. CÁLCULO BASEADO EM DOCUMENTO IDÔNEO. SUBSTITUIÇÃO DA SANÇÃO CORPORAL POR PENAS RESTRITIVAS DE DIREITOS. READEQUAÇÃO DO VALOR DA PRESTAÇÃO PECUNIÁRIA. SEGREDO DE JUSTIÇA. ACORDO DE NÃO PERSECUÇÃO PENAL. CASO CONCRETO. PECULIARIDADE. NÃO CABIMENTO.

1. O crime previsto no art. 27 – C da Lei 6.385/76, intitulado manipulação de mercado, incrimina a ação de realizar operações simuladas, ou

manobras fraudulentas destinadas a alterar artificialmente o regular funcionamento do mercado de valores mobiliários em Bolsa de Valores, mercadorias e de futuros e no mercado de balcão, com o fim de obter vantagem indevida para si ou para outrem, ou de causar dano a terceiros. 2. Do exame da prova dos autos resulta claro o propósito do réu, que exercia a função de agente autônomo de investimento, de manipular o preço das ações de emissão da Mundial S.A. 3. Tal estratégia (Pump and Dump) consolidou-se através das operações implementadas pelo réu, com vistas ao aumento do volume de negócios envolvendo as ações da empresa, mediante o uso de robôs de alta frequência; pela influência determinante que possuía sobre seus clientes, os quais persuadiu a permanecer no papel, com o objetivo de evitar a queda do preço bursátil, utilizando-se, para tanto, como ferramenta de apoio, as notícias positivas que vinham sendo divulgadas na mídia especializada, acerca da situação da Mundial S.A no mercado. 4. Ficou demonstrado que, com base em informações que tinha condições de obter, em razão de sua condição de acionista, o réu visou a conhecer todas as frentes que poderiam influenciar a alta do papel: sabia quem eram os maiores acionistas da empresa, quais deles estavam sob sua influência, aproveitando-se, ademais, do desdobramento acionário ocorrido no período dos fatos, para alavancar as condutas que vinha implementando para aumentar o volume de negócios envolvendo as ações. 5. Tais fatores conjugados deram causa à construção de um cenário ilusório aos olhos do mercado, onde, supostamente, haveria intenso movimento comprador das ações da Mundial S.A, a sugerir a forte ascensão do papel, a qual, posteriormente veio a provar-se ser fruto de um movimento postiço. 6. Desimporta, no caso concreto, se a compra de ações em lotes mínimos constitui conduta socialmente aceita no mercado mobiliário, porque, na hipótese, aliadamente a ações manipulativas de outras matizes, fora intuita pelo elemento volitivo específico de impulsionar a manipulação do mercado. E tanto foram eficazes essas condutas que o papel da Mundial S.A, empresa historicamente qualificada como uma small caps, dada a baixa liquidez de suas ações, ingressou em uma espiral de alta sem precedente, propulsionando o que ficou conhecido como a "bolha do alicate", porquanto logo em seguida à elevação artificial, as ações amargураram queda abrupta, causando prejuízos a numerosos investidores. 7. O intuito de investir visando ao lucro, a toda evidência, não constitui crime, porquanto se trata de fator inerente às atividades desenvolvidas no mercado mobiliário. O que o ordenamento jurídico não permite é que essa finalidade seja alcançada a qualquer custo, muito menos com o apoio de condutas tipificadas como crimes. 8. O desdobramento acionário, em si, não é um procedimento ilegal, apresentando-se como prática de grande valia, em situações em que uma empresa necessita aumentar a liquidez do seu papel. No caso concreto, ficou demonstrado que o réu aproveitou-se da maior liquidez proporcionada pelo split para incrementar as condutas empreendidas para promover a alteração artificial do preço de emissão das ações da Mundial S.A. Tanto é assim que, no primeiro pregão ocorrido após o desdobramento acionário, foi detectada uma forte sequência de negócios de compra de lotes de 100 ações, realizadas pelo réu em nome próprio e de alguns clientes, o que sustentou a elevação da cotação das ações preferenciais. 9. Apesar de não ter sido demonstrada a participação empírica do réu nos fatos veiculados nas notícias que foram divulgadas a respeito da Mundial S.A, restou demonstrado que o acusado utilizou esse fator, como uma ferramenta de incentivo à aquisição das ações da Mundial S.A por terceiros, a bem de fomentar a sua estratégia de obter vultosos lucros, às custas da alta artificial do papel. 10. A utilização da expertise que possuía o réu, no ramo do mercado mobiliário, na prática do crime, justifica a maior censurabilidade da conduta, com maior razão porque possuía especial dever, enquanto agente autônomo de investimento, de pautar a sua conduta de modo a respeitar a higidez do mercado mobiliário. Exasperação da culpabilidade mantida. 11. Deve ser mantida a negativação da vetorial circunstâncias, pois, ao contrário do que alegou a defesa, houve, sim, a comprovação de que o apelante usou a carteira pessoal de clientes para a prática do crime, agindo, algumas vezes, inclusive, sem o conhecimento prévio destes. 12. O documento indicativo do lucro obtido pelo réu, na prática do crime, foi elaborado pela Comissão de Valores Mobiliários e apurado com base em tabelas demonstrativas do movimento das ações preferenciais e nominativas ocorrido no período dos fatos. Trata-se de documento idôneo, apto a respaldar o cálculo da pena de multa. 13. Deve ser rejeitado o pedido de decretação do segredo de justiça sobre a integralidade do feito, uma vez que a hipótese concreta não se amolda às situações excepcionais que justificam a mitigação da publicidade dos atos processuais. 14. Em virtude das peculiaridades do caso concreto, em que o processo já retornou à primeira instância para o oferecimento de proposta de suspensão condicional do processo, tendo a possibilidade sido de pronto rechaçada pelo Ministério Público, e, à vista do respaldo atual das Cortes Superiores, no sentido de proclamar a inaplicabilidade do instituto aos feitos com denúncia já recebida, deve ser negado o pedido da defesa de baixa dos autos ao primeiro grau de jurisdição, para tratativas de acordo de não persecução penal. 15. Recurso desprovido. Sentença mantida."

(TRF4, ACR 5015871-75.2020.4.04.7100, Sétima Turma, Relator Danilo Pereira Junior, juntado aos autos em 21.10.2020)

A condenação de Eike Batista também ganhou repercussão na esfera penal. Na condição de acionista controlador da sociedade OSX CONSTRUÇÃO NAVAL S/A. e presidente do Conselho de Administração da Companhia, o réu foi condenado nos autos da ação penal nº 0042650-05.2014.402.5101, aos 24.09.2019, pelo juízo federal da 3ª Vara Criminal do Rio de Janeiro (Dra. Rosália Monteiro Figueira), pelos crimes de *insider trading* e de manipulação de mercado, na redação anterior à implementada pela legislação de 2017, em concurso material (art. 69 do Código Penal), sendo certo que para o crime disposto no art. 27-C da Lei nº 6.385/1976 (manipulação de mercado), foi imposta a pena de 4 (anos) e 7 (sete) meses de reclusão, e ao pagamento de 280 (duzentos e oitenta) dias-multa.

Segundo constou na sentença o réu, de forma intencional, teria divulgado ao mercado de capitais, por meio de comunicação institucional, em 07.06.2013, falsa informação de que a empresa OGX extrairia petróleo, a partir da região de seus Campos, utilizando-se de navio plataforma "FPSO OSX 2", no segundo semestre do ano de 2013, quando já havia sido decidido, em reunião realizada, em abril de 2013, pelo comando da companhia proprietária do equipamento – a OSX CONSTRUÇÃO NAVAL S.A., com a participação do acusado na condição de Presidente do Conselho de Administração e acionista controlador da Companhia, o não deslocamento da plataforma da OSX da Ásia ao Brasil. Tal decisão fora omitida propositalmente da divulgação institucional, com o propósito de burlar o mercado, como fato relevante, da alteração do plano de negócios da Companhia OSX CONSTRUÇÃO NAVAL S.A., divulgada ao mercado em 17.05.2013, com o intuito de ludibriar os operadores do mercado de capitais quanto às perspectivas de retorno de seu empreendimento, criando demanda por seus ativos e incrementando suas cotações, tendo sido caracterizado o crime de manipulação de mercado. Até o fechamento desta edição o feito estava em grau de recurso perante o E. Tribunal Regional Federal da 2ª Região.

O delito de Uso Indevido de Informação Privilegiada está tipificado da seguinte forma:

3. Uso Indevido de Informação Privilegiada

Art. 27-D. Utilizar informação relevante de que tenha conhecimento, ainda não divulgada ao mercado, que seja capaz de propiciar, para si ou para outrem, vantagem indevida, mediante negociação, em nome próprio ou de terceiros, de valores mobiliários: (Redação dada pela Lei nº 13.506, de 2017)

Pena – reclusão, de 1 (um) a 5 (cinco) anos, e multa de até 3 (três) vezes o montante da vantagem ilícita obtida em decorrência do crime. (Incluído pela Lei nº 10.303, de 31.10.2001)

§ 1º Incorre na mesma pena quem repassa informação sigilosa relativa a fato relevante a que tenha tido acesso em razão de cargo ou posição que ocupe em emissor de valores mobiliários ou em razão de relação comercial, profissional ou de confiança com o emissor. (Incluído pela Lei nº 13.506, de 2017)

§ 2º A pena é aumentada em 1/3 (um terço) se o agente comete o crime previsto no caput deste artigo valendo-se de informação relevante de que tenha conhecimento e da qual deva manter sigilo. (Incluído pela Lei nº 13.506, de 2017)

A regulação do uso de informação privilegiada torna-se evidenciada a partir da crise de 1929, com a quebra da bolsa de Nova Iorque, tendo sido editada pelo Congresso norte-americano o *Securities Act* (1933) e a *Securities Exchange Act* (1934), inclusive, com a criação da *Securities and Exchange Commission* (SEC). A relevância e a preocupação sobre o tema envolvendo o mercado de capitais ganha contornos mundiais, devendo-se mencionar na Europa o Regulamento (UE) nº 596/2014 e a Diretiva nº 2014/57.

No Brasil, quanto ao tratamento legislativo do uso indevido de informações privilegiadas, a Lei nº 6.404/1976 (dispõe sobre as Sociedades por Ações), em seu artigo 155, § 1º, consignou o dever do "administrador de companhia aberta, guardar sigilo sobre qualquer informação que ainda não tenha sido divulgada para conhecimento do mercado, obtida em razão do cargo e capaz de influir de modo ponderável na cotação de valores mobiliários, sendo-lhe vedado valer-se da informação para obter, para si ou para outrem, vantagem mediante compra ou venda de valores mobiliários", além de, posteriormente, com a Lei nº 10.303/2001, ter havido a inclusão do § 4º ao art. 155 da Lei das S.A., para vedar "a utilização de informação relevante ainda não divulgada, por qualquer pessoa que a ela tenha tido acesso, com a finalidade de auferir vantagem, para si ou para outrem, no mercado de valores mobiliários."

Também no ano de 1976, a Lei nº 6.385 cria a CVM (Comissão de Valores Mobiliários) ressaltando-se o disposto no inciso VII do art. 4º que assegura a observância de práticas comerciais equitativas no mercado de valores mobiliários (anteriormente o enquadramento do uso indevido de informações inseria-se em práticas não equitativas).

A específica regulamentação administrativa sobre o uso indevido de informações privilegiadas foi implementada com a Instrução CVM nº 358//2002, revogada pela Resolução CVM 44, de 23.08.2021 (dispõe sobre a divulgação de informações sobre ato ou fato relevante, a negociação de valores mobiliários na pendência de ato ou fato relevante não divulgado e a divulgação de informações sobre a negociação de valores mobiliários), notadamente o disposto no "caput" do art. 13 ("é vedada a utilização de informação relevante ainda não divulgada, por qualquer pessoa que a ela tenha tido acesso, com a finalidade de auferir vantagem, para si ou para outrem, mediante negociação de valores mobiliários").

Já a responsabilidade penal pelo uso indevido de informação privilegiada (*insider trading*) ocorreu com o advento da Lei nº 10.303/2001, que incluiu o artigo 27-D à Lei nº 6.385/1976. Posteriormente, houve alteração por meio da Lei nº 13.506/2017, que modificou a redação do "caput", além de incluir os §§ 1º e 2º.

A atual figura delitiva pune a utilização de informação relevante de que se tenha conhecimento, ainda não divulgada ao mercado, que seja capaz de propiciar, para si ou para outrem, vantagem indevida, mediante negociação, em nome próprio ou de terceiros, de valores mobiliários, cuja pena é a de reclusão, de 01 (um) a 05 (cinco) anos, e multa de até 03 (três) vezes o montante da vantagem ilícita obtida. Por sua vez, o § 1º prevê a mesma pena para quem repassa informação sigilosa atinente a fato relevante a que tenha tido acesso em razão de cargo ou posição que ocupe em emissor de valores mobiliários ou em razão de relação comercial, profissional ou de confiança com o emissor, além de o § 2º estatuir o aumento da pena em 1/3 (um terço) para o indivíduo que perpetra o crime previsto no "caput" valendo-se de informação relevante de que tenha conhecimento e da qual deva manter sigilo.

Cabe tecer, de início, considerações sobre a definição de valores mobiliários. Muito embora não haja um conceito específico, o artigo 2º da Lei nº 6.385/1976 elenca quais seriam os títulos que se enquadrariam como tais.

O artigo 2º da Lei nº 10.303/2001, como bem adverte Márcia Souza e Silva de Oliveira[259], alterou a denominação prevista no artigo 2º da Lei nº 6.385/1976, consolidando o que já existia na legislação vigente, para abarcar no conceito *os títulos ou contratos de investimento coletivo, que gerem direito de participação, de parceria ou de remuneração, inclusive resultante de prestação de serviços, cujos rendimentos advêm do esforço do empreendedor ou de terceiros* (art. 1º da Lei nº 10.198, de 14.02.2001).

A redação do artigo 2º da Lei nº 6.385, de 07.12.1976 ficou desta forma redigida:

> "Art. 2º São valores mobiliários sujeitos ao regime desta lei:
>
> I – as ações, debêntures e bônus de subscrição;
>
> II – os cupons, direitos, recibos de subscrição e certificados de desdobramentos relativos aos valores mobiliários referidos no inciso I;
>
> III – os certificados de depósitos de valores mobiliários;
>
> IV – as cédulas de debêntures;
>
> V – as cotas de fundos de investimento em valores mobiliários ou de clubes de investimento em quaisquer ativos;
>
> VI – as notas comerciais;
>
> VII – os contratos futuros, de opções e outros derivativos, cujos ativos subjacentes sejam valores mobiliários;
>
> VIII – outros contratos derivativos, independentemente dos ativos subjacentes; e
>
> IX – quando ofertados publicamente, quaisquer outros títulos ou contratos de investimento coletivo, que gerem direito de participação, de parceria ou de remuneração, inclusive resultante de prestação de serviços, cujos rendimentos advêm do esforço do empreendedor ou de terceiros.
>
> § 1º Excluem-se do regime desta Lei:
>
> I – os títulos da dívida pública federal, estadual ou municipal;
>
> II – os títulos cambiais de responsabilidade de instituição financeira, exceto as debêntures."

Conclui-se que o legislador pretendeu incluir uma vasta gama de operações e contratos futuros, normalmente realizados no mercado financeiro, sendo certo que aludido rol deve ser considerado para fins adequação ao tipo penal.

[259] *Dos crimes contra o mercado de capitais.* Revista AJUFE, nº 21, p. 409-423. Brasília, 2004.

No crime disposto no "caput" do artigo 27-D da Lei nº 6.385/1976 o agente se utiliza de informação relevante de que tenha conhecimento, ainda não divulgada no mercado, ou seja, não levada a conhecimento público, para fins de negociação de valores mobiliários e obtenção de vantagem indevida (para si ou para outrem), de sorte a violar o *full disclosure* (direito à informação ou transparência plena).

A disponibilização de informações confiáveis e transparentes devem nortear o mercado de capitais, de modo a reduzir as especulações e propiciar a manutenção de credibilidade no sistema.

Para além disso, deve-se ofertar aos atuantes no mercado, a maior quantia de informações relativas aos valores mobiliários, de modo equânime (direito à equidade de informações), evitando-se, pois, a assimetria informacional. O objetivo é respaldar os investidores para a melhor tomada de decisão, sendo imperioso oferecer, dentro do mercado de capitais, mínimas condições de igualdade. Ora, quanto maior o *disclosure* de uma companhia, mantendo seus investidores informados, maior a transparência e credibilidade no mercado e igualmente o impacto positivo da negociação dos ativos da companhia.

Não por outro motivo a Lei nº 6.404/1976 (Lei das Sociedades por Ações), no § 4º do artigo 157, dentre os **deveres de informar**, estabelece que "os administradores da companhia aberta são obrigados a comunicar imediatamente à bolsa de valores e a divulgar pela imprensa qualquer deliberação da assembleia-geral ou dos órgãos de administração da companhia, ou fato relevante ocorrido nos seus negócios, que possa influir, de modo ponderável, na decisão dos investidores do mercado de vender ou comprar valores mobiliários emitidos pela companhia", bem como em seu próprio "caput" e § 1º ao estipular a necessidade de informação quanto aos seus próprios atos: "O administrador de companhia aberta deve declarar, ao firmar o termo de posse, o número de ações, bônus de subscrição, opções de compra de ações e debêntures conversíveis em ações, de emissão da companhia e de sociedades controladas ou do mesmo grupo, de que seja titular" e " O administrador de companhia aberta é obrigado a revelar à assembleia-geral ordinária, a pedido de acionistas que representem 5% (cinco por cento) ou mais do capital social: a) o número dos valores mobiliários de emissão da companhia ou de sociedades controladas, ou do mesmo grupo, que tiver adquirido ou alienado, diretamente ou através de outras pessoas, no exercício anterior; b) as opções de compra de ações que tiver contratado ou exercido no exercício anterior; c) os benefícios ou vantagens, indiretas ou complementares, que tenha recebido ou esteja recebendo da companhia e de sociedades coligadas, controladas ou do mesmo grupo; d) as condições dos contratos de trabalho que tenham sido firmados pela companhia com os diretores e empregados de alto nível; e) quaisquer atos ou fatos relevantes nas atividades da companhia."

Da mesma forma, o inciso VI do artigo 4º da Lei nº 6.385/1976, dispõe que o Conselho Monetário Nacional e a Comissão de Valores Mobiliários exercerão suas atribuições para o fim de "assegurar o acesso do público a informações sobre os valores mobiliários negociados e as companhias que os tenham emitido", sendo essa uma das estratégias regulatórias adotadas pela CVM para garantir as regras de transparência pelos emissores dos valores mobiliários e que também acabam por minimizar os riscos inerentes às próprias negociações desses ativos.

A Resolução CVM nº 44, de 23.08.2021, notadamente em seu artigo 3º, também aborda sobre os deveres de informar ato ou fato relevante:

> "Art. 3º Cumpre ao Diretor de Relações com Investidores enviar à CVM, por meio de sistema eletrônico disponível na página da CVM na rede mundial de computadores, e, se for o caso, às entidades administradoras dos mercados em que os valores mobiliários de emissão da companhia sejam admitidos à negociação, qualquer ato ou fato relevante ocorrido ou relacionado aos seus negócios, bem como zelar por sua ampla e imediata disseminação, simultaneamente em todos os mercados em que tais valores mobiliários sejam admitidos à negociação.
>
> § 1º Os acionistas controladores, diretores, membros do conselho de administração, do conselho fiscal e de quaisquer órgãos com funções técnicas ou consultivas, criados por disposição estatutária, devem comunicar qualquer ato ou fato relevante de que tenham conhecimento ao Diretor de Relações com Investidores, ao qual cumpre promover sua divulgação.
>
> § 2º Caso as pessoas referidas no § 1º tenham conhecimento pessoal de ato ou fato relevante e constatem a omissão do Diretor de Relações com Investidores no cumprimento de seu dever de comunicação e divulgação, inclusive na hipótese do parágrafo único do art. 6º desta Resolução, somente se eximem de responsabilidade caso comuniquem imediatamente o ato ou fato relevante à CVM.
>
> § 3º Cumpre ao Diretor de Relações com Investidores fazer com que a divulgação de ato ou fato relevante na forma prevista no caput e no § 4º preceda ou seja feita simultaneamente à veiculação da informação por qualquer meio de comunicação, inclusive informação à imprensa, ou em

reuniões de entidades de classe, investidores, analistas ou com público selecionado, no país ou no exterior.

§ 4º A divulgação de ato ou fato relevante deve se dar por meio de, no mínimo, um dos seguintes canais de comunicação:

I – jornais de grande circulação utilizados habitualmente pela companhia; ou

II – pelo menos 1 (um) portal de notícias com página na rede mundial de computadores, que disponibilize, em seção disponível para acesso gratuito, a informação em sua integralidade.

§ 5º A divulgação e a comunicação de ato ou fato relevante, inclusive da informação resumida referida no § 8º, devem ser feitas de modo claro e preciso, em linguagem acessível ao público investidor.

§ 6º A CVM pode determinar a divulgação, correção, aditamento ou republicação de informação sobre ato ou fato relevante.

§ 7º Qualquer alteração nos canais de comunicação utilizados deve ser precedida da: I – atualização da política de divulgação de ato ou fato relevante, nos termos do art. 17 desta Resolução; II – atualização do formulário cadastral da companhia; e III – divulgação da mudança a ser implementada, na forma até então utilizada pela companhia para divulgação dos seus fatos relevantes.

§ 8º A divulgação de ato ou fato relevante realizada na forma prevista no § 4º, I, deste artigo pode ser feita de forma resumida com indicação dos endereços na rede mundial de computadores, onde a informação completa deve estar disponível a todos os investidores, em teor no mínimo idêntico àquele remetido à CVM."

Registre-se, ademais, que a legislação pátria também não definiu o que seria **informação relevante**, de modo que, assim como outros conceitos (tal como o de valor mobiliário), deve ser extraído a partir da intelecção de outros normativos, daí porque a necessidade de alusão à esfera administrativa, porquanto culminará por delimitar o próprio risco permitido.

O artigo 155, § 1º, da Lei nº 6.404, de 15.12.1976 (Lei das S/A.), cuida da obrigação do administrador de companhia aberta de guardar sigilo de qualquer informação obtida, considerando-se esta relevante quando "ainda não tenha sido divulgada para conhecimento do mercado, obtida em razão do cargo e capaz de influir de modo ponderável na cotação de valores mobiliários, sendo-lhe vedado valer-se da informação para obter, para si ou para outrem, vantagem mediante compra ou venda de valores mobiliários".

Para Modesto Carvalhosa e Nelson Eizirik, a informação relevante, assim, pode consistir tanto em decisões dos órgãos da companhia como em fatos ocorridos em seus negócios:

> "No primeiro caso, pode ocorrer, por exemplo, que o conselho de administração delibere a distribuição de um dividendo semestral de alto montante; tal informação é relevante, pois influenciará na decisão dos investidores de negociarem com tais ações. A informação relevante pode estar relacionada a um fato significativo ocorrido nos negócios da companhia, como, no caso de empresa dedicada a prospecção de petróleo, a descoberta de uma jazida importante, que aumentará substancialmente sua produção."[260]

Igualmente cumpre destacar o "caput" do art. 2º da Resolução nº 44/ /2021 definindo ato ou fato relevante, bem como o seu parágrafo único exemplificando os atos ou fatos potencialmente relevantes:

> "Art. 2º Considera-se relevante, para os efeitos desta Resolução, qualquer decisão de acionista controlador, deliberação da assembleia geral ou dos órgãos de administração da companhia aberta, ou qualquer outro ato ou fato de caráter político-administrativo, técnico, negocial ou econômico-financeiro ocorrido ou relacionado aos seus negócios que possa influir de modo ponderável:
>
> I – na cotação dos valores mobiliários de emissão da companhia aberta ou a eles referenciados;
>
> II – na decisão dos investidores de comprar, vender ou manter aqueles valores mobiliários; ou
>
> III – na decisão dos investidores de exercer quaisquer direitos inerentes à condição de titular de valores mobiliários emitidos pela companhia ou a eles referenciados.
>
> Parágrafo único. Observada a definição do caput, são exemplos de ato ou fato potencialmente relevante, dentre outros, os seguintes: I – assinatura de acordo ou contrato de transferência do controle acionário da companhia, ainda que sob condição suspensiva ou resolutiva;
>
> II – mudança no controle da companhia, inclusive por meio de celebração, alteração ou rescisão de acordo de acionistas;

[260] Cf. *A nova Lei das S/A*, p. 547.

III – celebração, alteração ou rescisão de acordo de acionistas em que a companhia seja parte ou interveniente, ou que tenha sido averbado no livro próprio da companhia;

IV – ingresso ou saída de sócio que mantenha, com a companhia, contrato ou colaboração operacional, financeira, tecnológica ou administrativa;

V – autorização para negociação dos valores mobiliários de emissão da companhia em qualquer mercado, nacional ou estrangeiro;

VI – decisão de promover o cancelamento de registro da companhia aberta;

VII – incorporação, fusão ou cisão envolvendo a companhia ou empresas ligadas;

VIII – transformação ou dissolução da companhia;

IX – mudança na composição do patrimônio da companhia;

X – mudança de critérios contábeis;

XI – renegociação de dívidas;

XII – aprovação de plano de outorga de opção de compra de ações;

XIII – alteração nos direitos e vantagens dos valores mobiliários emitidos pela companhia;

XIV – desdobramento ou grupamento de ações ou atribuição de bonificação;

XV – aquisição de valores mobiliários de emissão da companhia para permanência em tesouraria ou cancelamento, e alienação de valores mobiliários assim adquiridos;

XVI – lucro ou prejuízo da companhia e a atribuição de proventos em dinheiro;

XVII – celebração ou extinção de contrato, ou o insucesso na sua realização, quando a expectativa de concretização for de conhecimento público;

XVIII – aprovação, alteração ou desistência de projeto ou atraso em sua implantação;

XIX – início, retomada ou paralisação da fabricação ou comercialização de produto ou da prestação de serviço;

XX – descoberta, mudança ou desenvolvimento de tecnologia ou de recursos da companhia;

XXI – modificação de projeções divulgadas pela companhia; e XXII – pedido de recuperação judicial ou extrajudicial, requerimento de falência ou propositura de ação judicial, de procedimento administrativo ou arbitral que possa vir a afetar a situação econômico-financeira da companhia.”

Portanto, as informações relevantes seriam aquelas que repercutem diretamente e de modo determinante na cotação dos valores dos ativos, de modo a influenciar decisivamente nas negociações dos investidores, ou seja, que possam influir, de modo ponderável, na decisão dos investidores do mercado, de vender ou comprar valores mobiliários emitidos pela companhia.

O dispositivo constante no artigo 27-D, ora comentado, buscou punir a conduta daquele que utiliza informação relevante ainda não divulgada no mercado e, portanto, sigilosa. Há, pois, a necessidade de que a utilização (e não a mera posse como se verá adiante) das informações relevantes ocorra antes do conhecimento público. Visa "tutelar a função pública da informação, enquanto justo critério de distribuição do risco dos negócios",[261] bem como a confiança no mercado de valores mobiliários.

Marcelo Costenaro Cavali, por sua vez, entende que o bem jurídico tutelado é a livre concorrência dos investidores no mercado de capitais, sob a perspectivas de igualdade mínima de acesso às informações relevantes no mercado de capitais, porquanto, a negociação de valores mobiliários com base em informações privilegiadas permite ao seu detentor a concorrência desleal com os demais participantes do mercado.[262]

O STJ também já teve a oportunidade de se debruçar sobre o tema esclarecendo que aludida norma "foi editada justamente para assegurar a todos os investidores o direito à equidade da informação, condição inerente à garantia de confiabilidade do mercado de capitais, sem a qual ele perde a sua essência, notadamente a de atrair recursos para as grandes companhias."[263]

Esse crime prevê comportamentos que são proibidos nos Mercados de Valores. Por exemplo, o artigo 4º, inciso IV, alínea "c", da Lei nº 6.385/1976, com a redação dada pela Lei nº 10.303/2001, deixa evidente a necessidade de o Conselho Monetário Nacional e a Comissão de Valores Mobiliários exercerem suas atribuições visando "proteger os titulares de valores mobiliários e os investidores de mercado contra: o uso de informação relevante não divulgada no mercado de valores mobiliários."

[261] PINTO, Frederico de Lacerda da Costa. Crimes econômicos e mercados financeiros. *Revista Brasileira de Ciências Criminais*, nº 39, jul./set. 2002, p. 28.

[262] CAVALI, Marcelo Costenaro. *Insider trading – Repressão administrativa e penal do uso indevido de informação privilegiada*. São Paulo: Quartier Latin, 2022. p. 201.

[263] REsp nº 1.569.171/SP, Rel. Ministro Gurgel de Faria, Quinta Turma, julgado em 16.2.2016, *DJ* de 25.2.2016.

Referido tipo veio somar-se aos crimes previstos no Código Penal, como por exemplo, o art. 154 (Violação de segredo profissional) e na Lei nº 7.492/1986, art. 18 (Violação de sigilo de operação ou de serviço prestado por instituição financeira), salientando que o delito constante da Lei nº 4.595/1964, art. 38, § 7º (Violação de sigilo bancário), foi revogado pelo art. 13 da Lei Complementar nº 105/2001.

A necessidade de preservação da intimidade das pessoas (art. 5º, itens X e XII, da C.F.) obrigou o legislador a tutelar as informações sigilosas, elencando, como delito, sua quebra, bem como a sua utilização irregular. Não teria sentido apenas coibir a violação da regra que preserva a intimidade das pessoas sem sancionar severamente a simples utilização das informações legalmente obtidas.

Com isto, temos o delito de *Violação de Sigilo Profissional* previsto no artigo 154 do Código Penal que, de forma genérica, pune a conduta de "revelar alguém, sem justa causa, segredo, de que tem ciência em razão de função, ministério, ofício ou profissão, e cuja revelação possa produzir dano a outrem", com a pena de detenção, de três meses a um ano, ou multa.

Este tipo obriga que o sujeito ativo tenha conhecimento do segredo em razão da função, ministério, ofício ou profissão, sendo, por isso, delito próprio. Cuida-se, ainda, de delito formal, já que bastará para a consumação o ato de divulgar, independentemente do prejuízo.

Por outro lado, o delito do art. 18 da Lei nº 7.492/1986 coíbe a conduta daquele que "violar sigilo de operação ou de serviço prestado por instituição financeira ou integrante do sistema de distribuição de títulos mobiliários de que tenha conhecimento, em razão de ofício", com a pena de reclusão, de um a quatro anos, e multa.

Nesta hipótese requer-se, também, o nexo de causalidade entre o conhecimento do sigilo e a especial qualidade do agente (*em razão de ofício*). Trata-se de delito especial, em relação ao artigo 154 do Código Penal, aplicável aos administradores de instituições financeiras ou, ainda, àqueles que agirem por força da orientação destes últimos.

O delito previsto no art.27-D contempla situações nas quais alguém, antes mesmo que a generalidade dos investidores possa conhecer, utiliza no Mercado de Valores Mobiliários informação economicamente relevante a que teve acesso de forma particular. Deve ser classificado como **delito formal**, já que o resultado *vantagem indevida* não é indispensável para a sua consumação, bastando que o sujeito ativo pratique a conduta, ou seja, utilize informação relevante obtida na negociação com valores mobiliários.

Na hipótese da obtenção da vantagem indevida haverá o mero exaurimento do crime. Suficiente, ademais, a potencial capacidade da obtenção da vantagem indevida.

Interessante observar que, mesmo na redação anterior à Lei nº 13.506//2017, em que no "caput" do art. 27-D se exigia do sujeito ativo obrigação ao sigilo, minha posição já era no sentido de se tratar de crime comum, contrariando o entendimento doutrinário da época:

> "Não se cuida de delito próprio e, portanto, não se requer o nexo de causalidade entre o conhecimento do sigilo e o cargo ocupado pelo agente. É que, diferentemente do que constou nos dois outros artigos citados [art. 154 do CP e art. 18 da Lei nº 7.492/1986], aqui o legislador simplesmente coíbe a utilização, mediante negociação, de informação relevante de que tenha conhecimento. Ora, qualquer pessoa que tenha acesso a essa informação, seja em razão do cargo, ou não, poderá ser enquadrada no dispositivo, bastando que negocie com valores mobiliários.[264]
>
> Se, por exemplo, alguém toma ciência da informação porque possui contato facilitado com pessoas que devam guardar sigilo, violará o tipo, juntamente com estas, que também deverão responder pelo delito de Violação de Sigilo.
>
> Logo, apesar da restrição da figura do sujeito ativo àqueles que devam guardar sigilo de informação relevante, referida obrigação passou a constituir um dever não somente dos administradores (art.155, caput e seus parágrafos 1º a 3º, da Lei nº 6.404, de 15.12.1976), como também de *qualquer pessoa que a ela tenha tido acesso, com a finalidade de auferir vantagem, para si ou para outrem, no mercado de valores mobiliários* (§ 4º do art. 155 da Lei nº 6.404/1976 incluído pela Lei nº 10.303/2001).
>
> Muito menos caberia afirmar que o sujeito ativo seria tão-somente os auditores independentes, consultores e analistas de valores mobiliários, pelo fato de o art. 27 estar inserido no capítulo VII, que cuida de tais profissionais.
>
> A intenção do legislador em preservar a posição de igualdade dos investidores, tutelando o risco normal do Mercado, isto é, a regularidade do Mercado de Valores Mobiliários e, por consequência, a Ordem Econômica, não

[264] Roberto Podval, Beatriz Rizzo Castanheira e Mariana de Souza Lima Lauand criticam a maneira como consignou o legislador, criando tipo sem detalhamento das formas de conduta e dos sujeitos ativos, restringindo-o ao uso/negociação pessoal da informação por aquele que deva guardar sigilo (in *Crime de Uso Indevido de Informação Privilegiada*, p. 18-19).

possibilita a interpretação restritiva do sujeito ativo, até porque, como se observou, não foi esse o seu intuito do legislador que, sabiamente, incluiu qualquer pessoa como responsável pela utilização da informação relevante (art. 155, § 4º, Lei nº 6.404/1976)."

Com a modificação trazida em 2017, pela Lei nº 13.506, parece ter ficado claro o fato de se tratar de crime comum. Qualquer pessoa que detenha a informação relevante ainda não divulgada no mercado, seja em razão do cargo, ou não, poderá ser enquadrada no tipo penal. É que houve a exclusão da expressão "da qual deva manter sigilo".

Não menos importante destacar o disposto no "caput" do art. 13 da Resolução CVM 44/2021, ao estatuir ser vedado a qualquer pessoa a utilização de informação relevante ainda não divulgada.

Em sentido contrário, Renato de Mello Jorge Silveira, ao asseverar tratar-se de crime próprio, pontuando que "o foco do tipo penal brasileiro está no dever de sigilo cuja violação fundamenta a norma incriminadora. É certo que tal dever não recai sobre a generalidade das pessoas, mas apenas sobre alguns grupos de profissionais. Não se trata, portanto, de um dever geral, tal qual o de se abster da prática de crimes comuns, mas de um dever especial decorrente de norma ou contrato. Todas as demais pessoas que não estão obrigadas a esse especial dever de sigilo (os *extranei*) não podem assumir a condição de autores do delito de Uso Indevido de Informação Privilegiada, ainda que venham a tomar conhecimento – e a fazer uso – da informação privilegiada."[265]

Impende ainda consignar que, ao contrário dos tipos do art. 154 do C.P. e do art.18 da Lei nº 7.492/1986, não se exige, para sua consumação, o conhecimento de terceira pessoa, bastando a simples utilização pelo agente de informação capaz de propiciar benefício próprio ou de terceiro. Mesmo que este desconheça a informação, persistirá o delito.

Não coíbe, pois, a simples posse da informação, mas apenas o seu uso mediante negociação com valores mobiliários. Ao contrário da disposição constante no nº 3 do artigo 378 do Código dos Valores Mobiliários português (reforma de 1999)[266], no qual veda a simples transmissão de informa-

[265] SILVEIRA, Renato de Mello Jorge. Crime contra o mercado de capitais. Souza, Luciano Anderson de; ARAÚJO, Marina Pinhão (coord.). *Direito penal econômico: leis penais especiais (livro eletrônico)*, v. 1. São Paulo: Thomson Reuters Brasil, 2019.

[266] *Artigo 378º Abuso de informação 1 – Quem disponha de informação privilegiada devido à sua qualidade de titular de um órgão de administração ou de fiscalização de um emitente ou de titular de uma participação*

ção a alguém fora do âmbito normal das funções do agente, o legislador brasileiro desejou restringir o alcance da disposição.

Conforme bem delinearam Roberto Podval, Beatriz Rizzo Castanheira e Mariana de Souza Lima Lauand "utilizar é aqui, portanto, sinônimo de negociar, excluindo-se do tipo as condutas de transmissão da informação, ou de recomendação a terceiro para negociação."[267]

O teor do dispositivo, exigindo efetiva negociação, torna atípica a conduta daquele que, face à informação relevante, mantém posição que antes desejava alterar.

Fica excluída, *ad exemplum*, a conduta do administrador da companhia que, sabendo que esta irá comprar imóveis em determinado local, antecipa-se e os adquire, para depois vendê-los à sociedade, uma vez que faltou o requisito da negociação com valores mobiliários.[268]

Portanto, a utilização da informação relevante para caracterização do tipo penal deve se dar com a negociação de valores mobiliários.

Demais disso, consoante disposto no § 4º do art. 13 da Resolução nº 44/2021 da CVM, a proibição de negociação com informação relevante "não se aplica a subscrições de novos valores mobiliários emitidos pela companhia", fato revelador de que a proibição deve se ater ao mercado secundário.

Neste aspecto, cumpre pontuar a existência de duas formas de serem negociados os valores mobiliários. No mercado primário, a sociedade que emite os ativos faz a colocação inicial no mercado, para que sejam negociados pela primeira vez, enquanto no mercado secundário a negociação já é realizada pelos próprios investidores, porquanto detentores dos títulos.

no respectivo capital e a transmita a alguém fora do âmbito normal das suas funções ou, com base nessa informação, negoceie ou aconselhe alguém a negociar em valores mobiliários ou outros instrumentos financeiros ou ordene a sua subscrição, aquisição, venda ou troca, directa ou indirectamente, para si ou para outrem, é punido com pena de prisão até 3 anos ou com pena de multa. 2 – Na mesma pena incorre quem disponha de informação privilegiada em razão do trabalho ou serviço que preste, com carácter permanente ou ocasional, a essa ou outra entidade ou em virtude de profissão ou função pública que exerça, e a transmita a alguém fora do âmbito normal das suas funções ou, com base nessa informação, negoceie ou aconselhe alguém a negociar em valores mobiliários ou outros instrumentos financeiros ou ordene a sua subscrição, aquisição, venda ou troca, directa ou indirectamente, para si ou para outrem. 3 – Qualquer pessoa não abrangida pelos números anteriores que, tendo conhecimento de uma informação privilegiada cuja fonte seja alguma das pessoas referidas nos nºs 1 e 2, a transmita a outrem, ou, com base nessa informação, negoceie ou aconselhe alguém a negociar em valores mobiliários ou outros instrumentos financeiros ou ordene a sua subscrição, aquisição, venda ou troca, directa ou indirectamente, para si ou para outrem, é punida com pena de prisão até 2 anos ou pena de multa até 240 dias.

[267] In *Crime de Uso Indevido de Informação Privilegiada*, p. 18.

[268] Exemplo citado por Modesto Carvalhosa e Nelson Eizirik (cf. *A nova Lei das S/A*, p. 548).

Trata-se de delito de perigo abstrato, no qual a tarefa do Ministério Público restringir-se-á a demonstrar que a conduta foi realizada (utilização, com negociação de valores mobiliários, da informação relevante), em nome próprio ou de terceiro. Claro que se a conduta não for capaz de propiciar vantagem ao agente ou a terceira pessoa, significa que a informação não era o suficiente importante.[269]

A negociação com valores mobiliários é realizada para a obtenção de vantagem indevida (para si ou para terceiros), devendo ser considerada como indevida a vantagem quando em razão da utilização da informação obtida colocar-se o agente em uma posição de concorrência desleal para negociar no mercado mobiliário.[270]

Cabe sublinhar que este delito admite a forma tentada, pois não se trata de simples utilização, mas esta implica necessariamente, por determinação legal, na negociação com valores mobiliários.

O delito é punido a título doloso.

O dolo exigido é apenas o direto em face da expressão *de que tenha conhecimento*, sem a qual se poderia cogitar do dolo eventual. Assim, a expressão impôs a imputação àquele que apenas utiliza informação sigilosa relevante tendo ciência desta situação.

O crime não prevê a modalidade culposa, de tal sorte que descaberá ao Ministério Público denunciar aquele que *deveria saber ou supor* que a informação era sigilosa, o que obrigará certo esforço processual para demonstração do dolo direto do agente.

Por sua vez, o **§ 1º do art. 27-D**, acrescentado pela Lei nº 13.506/2017, trata-se de nova conduta consubstanciada no repasse de informação sigilosa atinente a fato relevante de que tenha tido acesso em razão de cargo ou posição que ocupe em emissor de valores mobiliários ou em razão de relação comercial, profissional ou de confiança com o emissor.

O repasse da informação pode ser dar por qualquer meio que propicie a transmissão, como por escrito, via *e-mail*, *Whatsapp*, oralmente e até mesmo por determinado comportamento que viabilize a transmissão da informação sigilosa.

[269] Nelson Eizirik e Modesto Carvalhosa afirmam, contudo, que se trata de delito *material*, exigindo a realização do resultado, vantagem indevida na negociação com valores mobiliários (in *A nova Lei das S/A*, p. 548).

[270] CAVALI, Marcelo Costenaro. *Insider trading – Repressão administrativa e penal do uso indevido de informação privilegiada*. São Paulo: Quartier Latin, 2022, p. 223.

Trata-se de crime próprio, somente podendo ser perpetrado pelo indivíduo que ocupa algum cargo ou posição descrita no tipo penal.

O elemento subjetivo do tipo penal é o dolo.

Já o **§ 2º do art. 27-D**, igualmente incluído pela Lei nº 13.506/2017, prevê uma causa de aumento. Como visto, o "caput" do referido artigo versa sobre crime comum, podendo ser levado a efeito por qualquer pessoa, tendo a legislação supramencionada acrescentado o parágrafo ora sob análise para dispor que se o crime descrito no "caput" for perpetrado por aquele que detiver o dever de sigilo, aplicar-se-á a majoração na fração de 1/3 (um terço).

O dever de sigilo pode ser extraído do que consta na Resolução CVM 44/2021, notadamente em seu artigo 8º "Os acionistas controladores, diretores, membros do conselho de administração, do conselho fiscal e de quaisquer órgãos com funções técnicas ou consultivas, criados por disposição estatutária, e empregados da companhia, devem guardar sigilo das informações relativas a ato ou fato relevante às quais tenham acesso privilegiado em razão do cargo ou posição que ocupam, até sua divulgação ao mercado, bem como zelar para que subordinados e terceiros de sua confiança também o façam, respondendo solidariamente com estes na hipótese de descumprimento".

Registre-se ainda que, de acordo com o inciso III do § 1º do art. 13 da mencionada Resolução, presumir-se-á que tanto os acionistas controladores, diretos ou indiretos, diretores, membros do conselho de administração e do conselho fiscal, quanto os indivíduos que tenham relação comercial, profissional ou de confiança com a companhia, que tiverem tido acesso à informação relevante ainda não divulgada sabem que se trata de informação privilegiada, do que se conclui pelo dever de sigilo que devem ostentar, podendo ser citado como exemplo o advogado, o qual, inclusive, tem o dever de sigilo disposto na Lei nº 8.906/1994, já que prevê como infração disciplinar o profissional que violar, sem justa causa, sigilo profissional (inciso VII do art. 34).

A Lei nº 6.404/1976 (dispõe sobre as Sociedades por Ações), em seu artigo 155, § 1º, também consigna sobre o dever do administrador de companhia aberta, guardar sigilo sobre qualquer informação que ainda não tenha sido divulgada para conhecimento do mercado, obtida em razão do cargo e capaz de influir de modo ponderável na cotação de valores mobiliários, sendo-lhe vedado valer-se da informação para obter, para si ou para outrem, vantagem mediante compra ou venda de valores mobiliários.

Demais disso, impende registrar que apenas no ano de 2011 foi proferida pela Justiça brasileira a primeira sentença condenatória criminal pelo uso indevido de informação privilegiada prolatada pelo Juiz Federal (então Substituto da 6ª Vara Federal Criminal), Dr. Marcelo Costenaro Cavali, em caso emblemático onde os réus negociaram nos Estados Unidos da América, no ano de 2006, valores mobiliários sobre a oferta pública de aquisição de ações da Perdigão S.A., valendo-se de informações privilegiadas, que obtiveram em razão dos cargos que ocupavam na empresa Sadia S.A. A tese central foi mantida pelo Tribunal Regional Federal da 3ª Região (Quinta Turma - 1ª. Seção, Ap. - Apelação Criminal - 45484 - 0005123-26.2009.4.03.6181, Rel. Desembargador Federal Luiz Stefanini, *DJ* 14.02.2013) e nas instâncias superiores. No Superior Tribunal de Justiça foi reconhecida a ocorrência da prescrição da pretensão punitiva estatal, nos termos do art. 109, V, c.c. o art. 110, § 1º, ambos do Código Penal, em relação a um dos réus, sendo que em relação ao outro, foi dado parcial provimento ao Recurso Especial, para afastar da condenação a imposição de valor mínimo para a reparação a título de danos morais coletivos (REsp nº 1.569.171/SP, Rel. Ministro Gurgel de Faria, Quinta Turma, *DJ* 25.02.2016). No STF foi negado provimento a agravo regimental em recurso extraordinário (ARE 971036 AgR, Rel. Dias Toffoli, Segunda Turma, julgado em 05.05.2017, processo eletrônico *DJ*-111 divulg 25.05.2017 public 26.05.2017), restando mantida a condenação.

A condenação de Eike Batista também ganhou repercussão. Na condição de acionista controlador da sociedade OSX CONSTRUÇÃO NAVAL S/A. e presidente do Conselho de Administração da Companhia, o réu foi condenado nos autos da ação penal nº 0042650-05.2014.402.5101, aos 24.09.2019, pelo juízo federal da 3ª Vara Criminal do Rio de Janeiro (Dra. Rosália Monteiro Figueira), pelos crimes de *insider trading* e de manipulação de mercado, na redação anterior à implementada pela legislação de 2017, em concurso material (art. 69 do Código Penal). Para o crime disposto no art. 27-D da Lei nº 6.385/1976 (uso indevido de informação privilegiada) foi imposta a pena de 04 (quatro) anos de reclusão e multa em 03 vezes o valor da vantagem ilícita obtida com o crime, correspondente a R$ 31.519.842,00 (trinta e um milhões, quinhentos e dezenove mil, oitocentos e quarenta e dois reais), devidamente atualizado, desde a época do fato (19.04.2013) até o efetivo pagamento. Pela condenação do crime disposto no art. 27-C da Lei nº 6.385/1976 (manipulação de mercado), foi imposta a pena de 4 (anos) e 7 (sete) meses de reclusão, e ao pagamento de 280 (duzentos e oitenta) dias-multa. Foi aplicado o concurso material de crimes, além da fixação, à título de reparação de danos causados pela infração, do valor R$ 82.829.345,52, nos termos do artigo 387, IV do Código de Processo Penal. Até o fechamento desta edição o feito encontra-se em grau de recurso perante o Tribunal Regional Federal da 2ª Região.

Jurisprudência:

"PROCESSO PENAL. ART. 27-D DA LEI Nº 6.385/76. USO INDEVIDO DE INFORMAÇÃO PRIVILEGIADA. ABSOLVIÇÃO SUMÁRIA.

1. O delito de *insider trading* consiste na utilização de informação relevante não divulgada ao mercado, por quem deva manter sigilo, com a finalidade de obter vantagem ilícita. A consumação independe da efetiva obtenção de vantagem ou lucro na negociação com valores mobiliários.

2. O art. 155, § 1º, da Lei nº 6.404/76 estabelece, em termos gerais, o que deve ser considerado informação relevante.

3. A Instrução Normativa nº 358/02, da Comissão de Valores Mobiliários, elenca atos ou fatos considerados relevantes, dispõe sobre o dever de divulgação e veda a negociação de valores mobiliários pelos administradores antes da comunicação ao mercado.

4. Na hipótese de evidente atipicidade do fato narrado na denúncia, admite-se a absolvição sumária (CPP, art. 397, III).

5. Apelação desprovida."

(TRF 3ª Região, QUINTA TURMA, ApCrim - APELAÇÃO CRIMINAL - 77917 - 0002511-03.2018.4.03.6181, Rel. Desembargador Federal André Nekatschalow, julgado em 27.05.2019, e-DJF3 Judicial 1 DATA: 31.05.2019)

"PENAL. PROCESSUAL PENAL. ART. 27-D DA LEI Nº 6.385/76. INSIDER TRADING. INTENÇÃO DE OBTER VANTAGEM INDEVIDA. DÚVIDA SOBRE O DOLO DO AGENTE. ABSOLVIÇÃO.

1. Trata-se de apelação interposta pelo Ministério Público Federal contra a sentença que absolveu o denunciado da imputação de prática do delito do art. 27-D da Lei nº 6.385/76, com fundamento no art. 386, III, do Código de Processo Penal.

2. O tipo penal consiste na utilização de informação relevante não divulgada ao mercado, por quem deva manter sigilo, com a finalidade de obter vantagem ilícita mediante negociação de valores mobiliários. A consumação independe da efetiva obtenção de vantagem ou lucro na negociação.

3. Conta que ao longo do ano de 2014, nas datas compreendidas entre 19.05.2014 a 12.12.2014, foram feitas reuniões internas e externas com consultores, representantes de entidades locais do Estado do Espirito Santo e autoridades regulatórias com o intuito de desenvolver o projeto de pleito de renovação do contrato de arrendamento do TVV - Terminal de Vila Velha, empresa do Grupo LOG-IN, com a Companhia de Docas do Estado do Espirito Santo (CODESA).

4. Contudo, o réu afirma que não tinha conhecimento, quando adquiriu as ações, do pedido de prorrogação antecipada do contrato, que somente lhe foi comunicado por e-mail no dia 08/12/2014, quando retornou de viagem, após, portanto, a compra das ações.

5. A dúvida aqui deve beneficiar o réu. Com efeito, não se sabe exatamente o teor das tratativas anteriores, se seriam de molde a propiciar a informação de que o contrato seria objeto de pedido de prorrogação. Deve-se levar em conta, ainda, que o réu alega ter estado ausente da reunião de 21/11/2014, o que não foi contraditado pela acusação.

6. Outros aspectos devem ser levados em conta em favor do réu. O primeiro deles é o blackout, prazo estabelecido pela própria companhia em que seus diretores ficam impedidos de negociar ações. Foi estabelecido o blackout durante as negociações entabuladas a partir de maio, mas este foi encerrado pela empresa no dia anterior à primeira compra de ações pelo réu, em 27/11/2014. O levantamento da proibição, ainda que disciplina interna da companhia, pode levar à conclusão de que o acusado agia de boa-fé.

7. Outro aspecto a ser considerado é que, comunicado sobre o pedido de prorrogação em 08/12/2014, o próprio acusado sugeriu, conforme os e-mails transcritos na douta sentença, que a empresa fizesse o comunicado de "fato relevante". Também este ato pode denotar a boa-fé do agente, pois a formalização do fato relevante teria o condão de macular as compras por ele realizadas em datas próximas, inferência que seria plenamente factível para um profissional habituado ao mercado de ações e mesmo aos controles exercidos pela CVM.

8. Por fim, a instrução demonstrou que o acusado realizava compras anuais de ações de companhia, assim como outros diretores, como Gustavo Freitas, também ouvido, o que acaba por indicar que as compras acoimadas de delituosas podem ter consistido na prática usual do agente, não revelando o intuito de obter vantagem indevida, como requer o tipo penal.

9. Sendo assim, reconhece-se a dúvida que paira sobre a tipificação do crime, notadamente sobre a existência de dolo por parte do réu.

10. Apelação a que se nega provimento, mantendo-se íntegro o decreto absolutório."

(TRF 3ª Região, QUINTA TURMA, Ap. - APELAÇÃO CRIMINAL - 70824 - 0000143-89.2016.4.03.6181, Rel. DESEMBARGADOR FEDERAL PAULO FONTES, julgado em 22/01/2018, e-DJF3 Judicial 1 DATA:02/02/2018)

"PENAL. PROCESSUAL PENAL. MANIPULAÇÃO DO MERCADO DE CAPITAIS. ART. 27-D DA LEI Nº 6.385/76. USO INDEVIDO DE INFORMAÇÃO PRIVILEGIADA. APELO MINISTERIAL DESPROVIDO.

1. Trata-se de apelação interposta pelo Ministério Público Federal contra a sentença que absolveu o denunciado da imputação de prática do delito do art. 27-D da Lei nº 6.385/76, com fundamento no art. 386, VII, do Código de Processo Penal.

2. A conduta do apelado o elemento típico consistente na informação relevante ainda não divulgada ao mercado. É estreme de dúvida, nos autos, que a incorporação acionária da Maeda pela Brasil Ecodiesel fora objeto de notícia jornalística da Revista Exame, baseada em declarações do executivo Silvio Tini. A matéria, ao contrário do entendimento manifestado pelo Parquet nas razões recursais é bastante enfática quanto aos rumos que seriam tomados pelo novo presidente da empresa.

3. O E. Relator destaca, com propriedade, que o apelado teria participado de alguma forma das negociações subsequentes com a Maeda, de maneira que detinha informações outras ou pelo menos mais detalhadas que aquelas divulgadas pela revista. Não se discorda desse aspecto, mas a verdade é que tais informações suplementares, que viciariam a operação de compra de ações da companhia, não foram explicitadas nos autos; embora se possa de alguma forma intuir que, munido de maiores detalhes, o apelado empreendeu a compra das ações, inclusive em nome de seus filhos, o que pode denotar a falta de boa-fé, ainda assim não se logrou comprovar quais as informações privilegiadas que detinha além da que fora já divulgada.

4. Na dúvida quanto a ser o apelante detentor de outras informações relevantes, parece-me mais consentâneo com o direito penal considerar que a informação a ser levada em conta era aquela que foi divulgada pela revista e que veio a se confirmar depois de alguns meses sem maiores modificações, faltando, portanto, à conduta um dos elementos do tipo. No caso, o mercado já tinha conhecimento dos rumores – mediante declarações de conselheiro da empresa, que chegou a ser punido pela CVM pela divulgação – de forma a acautelar os participantes das negociações e retirar o potencial lesivo da conduta.

5. Apelação desprovida."

(TRF 3ª Região, QUINTA TURMA, Ap. – APELAÇÃO CRIMINAL – 70245 – 0008358-25.2014.4.03.6181, Rel. DESEMBARGADOR FEDERAL ANDRÉ NEKATSCHALOW, julgado em 28/06/2017, e-DJF3 Judicial 1 DATA:03/07/2017)

"PENAL E PROCESSUAL. CRIME CONTRA O MERCADO DE CAPITAIS. ART. 27-D DA LEI Nº 6.385/1976. USO INDEVIDO DE INFORMAÇÃO PRIVILEGIADA – INSIDER TRADING. ALEGAÇÃO DE ATIPICIDADE DA CONDUTA. NÃO ACOLHIMENTO. DOSIMETRIA DA PENA. PENA-BASE. AUMENTO. CULPABILIDADE EXACERBADA. FUNDAMENTO IDÔNEO. PENA DE MULTA. APLICAÇÃO CORRETA. DANOS MORAIS. NÃO CABIMENTO. CRIME COMETIDO ANTES DA VIGÊNCIA DA LEI Nº 11.719/2008. IRRETROATIVIDADE.

1. Não mais subsistem a utilidade e o interesse recursais em relação ao segundo recorrente, em face da superveniência da prescrição da pretensão punitiva, nos termos do art. 109, V, c/c o art. 110, § 1º, ambos do Código Penal.

2. Quanto ao recurso do primeiro recorrente, cinge-se a controvérsia à análise da qualificação jurídica dada aos fatos delineados pelas instâncias ordinárias, notadamente se a conduta praticada pelo agente se subsume ao tipo previsto no art. 27-D da Lei nº 6.385/1976, e ao exame da dosimetria da pena, não sendo o caso de incidência da Súmula 7 do STJ.

3. A responsabilidade penal pelo uso indevido de informação privilegiada, ou seja, o chamado Insider Trading – expressão originária do ordenamento jurídico norte-americano – ocorreu com o advento da Lei nº 10.303/2001, que acrescentou o artigo 27-D à Lei nº 6.385/76, não existindo, ainda, no Brasil, um posicionamento jurisprudencial pacífico acerca da conduta descrita no aludido dispositivo, tampouco consenso doutrinário a respeito do tema.

4. A teor do disposto nos arts. 3º e 6º da Instrução Normativa nº 358/2002 da Comissão de Valores Mobiliários e no art. 157, § 4º, da Lei nº 6.404/1976, quando o insider detiver informações relevantes sobre sua companhia deverá comunicá-las ao mercado de capitais tão logo seja possível, ou, no caso em que não puder fazê-lo, por entender que sua revelação colocará em risco interesses da empresa, deverá abster-se de negociar com os valores mobiliários referentes às informações privilegiadas, enquanto não forem divulgadas.

5. Com efeito, para a configuração do crime em questão, as "informações" apenas terão relevância para esfera penal se a sua utilização ocorrer

antes de serem divulgadas no mercado de capitais. A legislação penal brasileira, entretanto, não explicitou o que venha a ser informação economicamente relevante, fazendo com que o intérprete recorra a outras leis ou atos normativos para saber o alcance da norma incriminadora.

6. Em termos gerais, os arts. 155, § 1º, da Lei nº 6.404/1976 e 2º da Instrução nº 358/2002 da CVM definem o que vem a ser informação relevante, assim como a doutrina pátria, que leciona ser idônea qualquer informação capaz de "influir, de modo ponderável, na decisão dos investidores do mercado", gerando "apetência pela compra ou venda de ativos", de modo a "influenciar a evolução da cotação" (CASTELLAR, João Carlos. Insider Trading e os novos crimes corporativos, Rio de Janeiro: Editora Lúmen Júris, 2008, p. 112/113).

7. No caso concreto, não há controvérsia quanto às datas em que as operações ocorreram e nem quanto ao fato de que o acusado participou das discussões e tratativas visando à elaboração da oferta pública de aquisição de ações da Perdigão S.A, obtendo, no ano de 2006, informações confidenciais de sua companhia – Sadia S.A. – as quais, no exercício de sua profissão, tinha o dever de manter em sigilo.

8. Ainda que a informação em comento se refira a operações, na época, em negociação, ou seja, não concluídas, os estudos de viabilidade de aquisição das ações da Perdição já se encontravam em estágio avançado, conforme decisão proferida no procedimento administrativo realizado na CVM, destacada no acórdão recorrido.

9. Diante do quadro delineado na origem, constata-se que a conduta do recorrente se subsume à norma prevista no art. 27-D da Lei nº 6.385/76, que foi editada justamente para assegurar a todos os investidores o direito à equidade da informação, condição inerente à garantia de confiabilidade do mercado de capitais, sem a qual ele perde a sua essência, notadamente a de atrair recursos para as grandes companhias.

10. Quanto à dosimetria da pena, não prospera a aventada contrariedade ao art. 617 do Código de Processo Penal, que trata da proibição de alterar ou agregar novos fundamentos para justificar o agravamento da pena quando somente a defesa houver recorrido, não se aplicando nas hipóteses em que o Ministério Público também recorre com o objetivo de aumentar a reprimenda, sob o argumento de que a sanção final não se revelou suficiente à reprovação e à prevenção do crime.

11. O cargo exercido pelo recorrente na época dos fatos – Diretor de Finanças e Relações com Investidores da Sadia S.A. – constitui fundamento

idôneo para justificar o aumento da pena-base, "diante da sua posição de destaque na empresa e de liderança no processo de tentativa de aquisição da Perdigão", conforme destacou o acórdão recorrido.

12. Pena de multa aplicada de forma fundamentada, em R$ 349.711,53 (trezentos e quarenta e nove mil, setecentos e onze reais e cinqüenta e três centavos), nos termos dos arts. 27-D e 27-F da Lei nº 6.385/1976 e do art. 71 do Código Penal, com o objetivo de desestimular a conduta ilícita e resguardar a confiança do mercado mobiliário.

13. A despeito de a redação do art. 387, IV, do Código de Processo Penal, conferida pela Lei nº 11.719/2008, estabelecer que o juiz, ao proferir sentença condenatória, "fixará valor mínimo para reparação dos danos causados pela infração, considerando os prejuízos sofridos pelo ofendido", a referida norma, por possuir caráter processual e penal, não pode ser aplicada à espécie, em face do preceito constitucional previsto no art. 5º, XL, da CF/88, que veda a retroatividade da lei penal in pejus.

14. Recurso especial do segundo recorrente prejudicado, em razão do reconhecimento da prescrição da pretensão punitiva; recurso especial do primeiro recorrente parcialmente provido para afastar da condenação a imposição de valor mínimo para a reparação a título de danos morais coletivos."

(REsp nº 1.569.171/SP, relator Ministro Gurgel de Faria, Quinta Turma, julgado em 16/2/2016, DJe de 25.02.2016.)

Com relação à pena, valem aqui as mesmas afirmações por ocasião do comentário do artigo 27-C, ou seja, desproporção da pena privativa em relação aos tipos contra o patrimônio e a sanção pecuniária somente possível se houver efetivo prejuízo (sequer exigido para a consumação delitiva). A mesma crítica vale para o artigo 27-F, que cuida da multa:

Art. 27-F. As multas cominadas para os crimes previstos nos arts. 27-C e 27-D deverão ser aplicadas em razão do dano provocado ou da vantagem ilícita auferida pelo agente.

Parágrafo único. Nos casos de reincidência, a multa pode ser de até o triplo dos valores fixados neste artigo.

Ainda que não haja a apuração no caso concreto do dano ou da vantagem ilícita, discute-se se é possível utilizar-se dos parâmetros dispostos no

Código Penal. Na sentença proferida nos autos da ação penal nº 0042650-05.2014.402.5101, aos 24.09.2019, pelo juízo federal da 3ª Vara Criminal do Rio de Janeiro (caso OSX CONSTRUÇÃO NAVAL S/A.), especificamente quanto ao crime de manipulação de mercado (art. 27-C), foi implementada a condenação do réu à pena de 4 (anos) e 7 (sete) meses de reclusão, e ao pagamento de 280 (duzentos e oitenta) dias-multa "com base no disposto no artigo 49 caput § 1º, 59 e 60 *caput* §1º, todos do Código Penal, haja vista que não foi apurada a vantagem específica que o réu obteve com a prática delituosa" tendo sido utilizado os parâmetros do Código Penal "cada dia multa no valor de 15 salários mínimos, por se tratar de réu com elevado padrão econômico-financeiro."

4. Exercício irregular de cargo, profissão, atividade ou função

Diz o artigo 27-E, por sua vez:

Art. 27-E. Exercer, ainda que a título gratuito, no mercado de valores mobiliários, a atividade de administrador de carteira, de assessor de investimento, de auditor independente, de analista de valores mobiliários, de agente fiduciário ou qualquer outro cargo, profissão, atividade ou função, sem estar, para esse fim, autorizado ou registrado na autoridade administrativa competente, quando exigido por lei ou regulamento: (Redação dada pela Lei nº 14.317, de 2022) Produção de efeitos

Pena – detenção de 6 (seis) meses a 2 (dois) anos, e multa. (Incluído pela Lei nº 10.303, de 31.10.2001)

Semelhante disposição verifica-se nos artigos 7º, inciso IV, e 16, ambos da Lei nº 7.492/1986. O primeiro refere-se à emissão, ao oferecimento, à negociação, de qualquer modo, de títulos ou valores mobiliários sem autorização prévia da autoridade competente. Já, o segundo, cuida da conduta de fazer operar, sem a devida autorização, ou com autorização obtida mediante declaração falsa, instituição financeira, inclusive de distribuição de valores mobiliários ou de câmbio.

O tipo do artigo 27-E contempla a conduta de exercer no mercado de valores mobiliários a atividade de administrador de carteira de assessor de investimento, auditor independente, analista de valores mobiliários, agente fiduciário ou qualquer cargo ou profissão, atividade ou função. Não existe autorização ou registro da autoridade administrativa competente.

O delito é comum, uma vez que pode ser praticado por qualquer pessoa. Importante mencionar que a conduta exige o exercício, o que equivale a dizer, a habitual atividade ou função sem a autorização competente. Por se tratar de delito habitual não há que se cogitar da modalidade tentada. Entretanto, pode-se, em razão da relevância da tutela do bem jurídico, admitir a habitualidade imprópria, bastando que a ação do agente possa se dar por breve tempo ou comportamento.

De relevo ainda realçar que o crime se aperfeiçoará, ainda que se perfaça a título gratuito.

Este delito previsto no artigo 27-E configura norma penal em branco, uma vez que se faz necessária a consulta à legislação disciplinadora do Mercado de Capitais (Lei nº 6.385/1976 e instrumentos normativos da CVM) para se questionar acerca da autorização ou registro competente.

Marcelo Costenaro Cavali entende que referido artigo conjuga três formas de acessoriedade administrativa, já que "incorpora conceitos do direito do mercado de capitais, como os de agente autônomo de investimento, auditor independente e valores mobiliários; alude a atos normativos de caráter geral, ao remeter à exigência 'por lei ou regulamento'; e refere-se a ato administrativo individual, quando demanda que o agente não esteja 'autorizado ou registrado junto à autoridade administrativa competente'."[271]

O artigo 15 da Lei nº 6.385/1976 define a quem compete o sistema de distribuição de valores mobiliários, citando-se: I – as instituições financeiras e demais sociedades que tenham por objeto distribuir emissão de valores mobiliários; II – as sociedades que tenham por objeto a compra de valores mobiliários em circulação no mercado, para os revender por conta própria; III as sociedades e os assessores de investimentos que exerçam atividades de mediação na negociação de valores mobiliários em bolsas de valores ou no mercado de balcão (Redação dada pela Lei nº 14.317, de 2022); IV – as bolsas de valores; V – as entidades de mercado de balcão organizado; VI – as corretoras de mercadorias, os operadores especiais e as Bolsas de Mercadorias e Futuros; VII – as entidades de compensação e liquidação de operações com valores mobiliários.

Por sua vez, o artigo 16 realça depender de prévia autorização da CVM o exercício das seguintes atividades: I – distribuição de emissão no mercado (art. 15, I); II – compra de valores mobiliários para revendê-los por conta

[271] CAVALI, Marcelo Costenaro. *Insider trading – Repressão administrativa e penal do uso indevido de informação privilegiada*. São Paulo: Quartier Latin, 2022, p. 280/281.

própria (art. 15, II); III – mediação ou corretagem de operações com valores mobiliários. Salienta, o seu parágrafo único, que “somente os assessores de investimentos e as sociedades com registro na Comissão poderão exercer a atividade de mediação ou de corretagem de valores mobiliários fora da bolsa” (Redação dada pela Lei nº 14.317, de 2022).

A violação de tais disposições já constitui ilícito administrativo, uma vez que é passível de penalidades como: advertência, multa, inabilitação temporária, até o máximo de 20 (vinte) anos, para o exercício de cargo de administrador ou de conselheiro fiscal de companhia aberta, de entidade do sistema de distribuição ou de outras entidades que dependam de autorização ou registro na Comissão de Valores Mobiliários; suspensão da autorização ou registro para o exercício das atividades de que trata a Lei 6.385/1976; inabilitação temporária, até o máximo de 20 (vinte) anos, para o exercício das atividades de que trata a aludida lei; proibição temporária, até o máximo de vinte anos, de praticar determinadas atividades ou operações, para os integrantes do sistema de distribuição ou de outras entidades que dependam de autorização ou registro na Comissão de Valores Mobiliários; proibição temporária, até o máximo de dez anos, de atuar, direta ou indiretamente, em uma ou mais modalidades de operação no mercado de valores mobiliários. São aplicadas pela CVM, com recurso ao Conselho de Recursos do Sistema Financeiro Nacional (artigo 11 da Lei nº 6.385/1976).

Possuindo pena máxima de dois anos de detenção, o crime insere-se na definição da Lei nº 10.259, de 12.07.2001, em seu artigo 2º, parágrafo único, como delito de menor potencial ofensivo, alterado que foi o conceito até então existente previsto na Lei nº 9.099, de 26.09.1995, artigo 61.

5. Competência

No que diz respeito à competência, a regra inserta no inciso VI do artigo 109 da Constituição Federal estabelece a Justiça Federal para o processamento e julgamento dos crimes contra a organização do trabalho, e nos casos determinados por lei, contra o sistema financeiro e a ordem econômico-financeira, valendo citar como exemplo, o disposto no artigo 26, *caput,* da Lei nº 7.492/1986, que acertadamente prevê a competência da Justiça Federal (a ação penal, nos crimes previstos nesta lei, será promovida pelo Ministério Público Federal, perante a Justiça Federal).

A Lei nº 6.385/1976, no entanto, mesmo com as alterações trazidas pelas Leis nº 13.506/2017 e nº 14.317/2022, nada dispôs sobre a com-

petência da Justiça Federal. O legislador, *s.m.j.*, equivocou-se por não determinar expressamente que ela seria da Justiça Federal, como acertadamente consignou no artigo 26, *caput*, da lei que definiu os crimes contra o Sistema Financeiro Nacional.

O Mercado de Valores de Capitais é um setor do Sistema Financeiro Nacional, o qual, a teor do que dispõe o artigo 192 da Constituição Federal, deve ser estruturado de molde a promover "o desenvolvimento equilibrado do País e a servir aos interesses da coletividade, em todas as partes que o compõem", tendo a entidade autárquica, Comissão de Valores Mobiliários – CVM, a função de órgão normativo do sistema de intermediação financeira do país, especificamente voltada para o desenvolvimento, a disciplina e a fiscalização do Mercado de Valores Mobiliários não emitidos pelo Sistema Financeiro e pelo Tesouro Nacional (a competência do Conselho Monetário Nacional remanesce quanto a normas regulatórias gerais do mercado de capitais – artigo 3º da Lei nº 6.385/1976).

Por outro lado, este capítulo (Sistema Financeiro Nacional) está inserido no Título VII da nossa Magna Carta, que trata da Ordem Econômica e Financeira, lembrando que a Constituição é dividida em títulos.

Ora, há evidente entrelaçamento entre as atividades desenvolvidas no Mercado de Capitais e aquelas típicas das instituições financeiras, tanto é verdade que a CVM tem autorização legal para figurar como assistente de acusação, assim como o Banco Central, nos delitos praticados por violação das disposições da lei que definiu os crimes contra o Sistema Financeiro Nacional (Lei nº 7.492/1986, art. 26, parágrafo único).

De acordo com os ensinamentos de Manoel Pedro Pimentel, ao tratar sobre o artigo 26 da Lei nº 7.492/1986 "a regra geral, portanto, é que o Banco Central poderá habilitar-se como Assistente em praticamente todos os crimes previstos nesta lei especial, porque o Estado é quase sempre *sujeito passivo principal*, podendo, eventualmente, em algumas figuras, haver outros prejudicados, que, como *sujeitos passivos secundários*, seriam igualmente admitidos à assistência." Esclarece ainda que "nos crimes em que o *objeto material* concretizar-se em títulos negociáveis na Bolsa, a Comissão de Valores Mobiliários – CVM poderá figurar como Assistente do Ministério Público, sem prejuízo do mesmo direito conferido a outros particulares ofendidos. Mas, nestas hipóteses, o Banco Central não poderá habilitar-se."

Portanto, de acordo com o normativo do art. 26, o Bacen ou a CVM podem ser admitidos como assistentes de acusação, nas hipóteses em que forem responsáveis pela disciplina e fiscalização, sendo certo, no entanto, que quando a CVM figurar como tal, inviabilizará o ingresso do Bacen. Ainda, de acordo com referido normativo, em ambas as situações, nada impedirá que demais ofendidos ou seus representantes legais igualmente atuem como assistentes acusatórios, nos termos do art. 268 do CPP.

Além disso, os artigos 7º, incisos I a IV (emissão, oferecimento ou negociação de títulos ou valores mobiliários falsos, sem registro prévio de emissão, sem lastro ou garantia e sem autorização da autoridade competente), 8º (exigência de remuneração em desacordo com a legislação sobre serviço de corretagem ou distribuição de valores mobiliários), 9º (fraude à fiscalização ou ao investidor em documento comprobatório de investimento em valores mobiliários), 10 (inserção falsa ou omissão de elemento exigido pela legislação em documentos contábeis de instituição integrante do sistema de distribuição de valores mobiliários), 16 (fazer operar, sem autorização, instituição financeira, inclusive de distribuição de valores mobiliários), 18 (violação de sigilo de operação ou de serviço prestado por integrante do sistema de distribuição de títulos mobiliários) e 23 (prevaricação de funcionário público que atenta contra os interesses e valores da ordem econômico-financeira), que cuidam também do Mercado de Valores Mobiliários, estão inseridos na lei que disciplinou os delitos contra o Sistema Financeiro Nacional, ratificando a natureza financeira das atividades desenvolvidas nos Mercados de Valores.

O artigo 109, inciso VI, da Constituição Federal, como mencionado anteriormente, somente autoriza o processamento perante a Justiça Federal de feitos que versem sobre o sistema financeiro e a ordem econômico-financeira, *nos casos determinados por lei*. Urge asseverar que os crimes contra o mercado de capitais constituem delitos tipicamente de interesse do Sistema Financeiro, de molde que incumbia ao legislador, quer consignar expressamente, quer incluí-los no teor da própria Lei nº 7.492/1986.

A despeito disso, ao invés de se aplicar o inciso VI do artigo 109, deve incidir o seu inciso IV, isto é, infrações penais praticadas em detrimento de bens, serviços ou interesse da União ou de suas entidades autárquicas, de sorte a atrair a competência da Justiça Federal, como, aliás, a jurisprudência mais recente e abalizados doutrinadores tem se posicionado.

A CVM, criada em 1976 (inspirada na *Securities and Exchange Commission – SEC* norte-americana), possui, enquanto a principal entidade reguladora do mercado de capitais, uma série de atribuições, destacando-se a de regulamentar, com observância da política definida pelo Conselho Monetário Nacional, as matérias expressamente previstas nesta lei, exercer a fiscalização permanente das atividades e serviços do Mercado de Valores Mobiliários, podendo aplicar penalidades (arts. 8º, inciso I e III, e 9º, incisos V e VI, ambos da Lei nº 6.385/1976).

O ofendido de tais crimes não é apenas o Estado, mas também a referida entidade autárquica, havendo a preocupação com a preservação do Mercado Mobiliário e, indiretamente, todos aqueles que poderiam ser atingidos com a conduta delituosa.

Impõe-se asseverar, ainda, que apesar de a Lei nº 6.385/1976 não ter autorizado a CVM a funcionar como assistente de acusação, diferentemente da Lei nº 7.492/1986, artigo 26, parágrafo único, é evidente o interesse da referida autarquia federal nos crimes em questão.

Na doutrina, vale pontuar os argumentos defendidos, notadamente por Marcelo Costenaro Cavali, expostos a seguir.

A Lei nº 6.385/1976 dispõe sobre o Mercado de Valores Mobiliários além de criar a Comissão de Valores Mobiliários. Os crimes descritos no seu Capítulo VII-B objetivam a proteção do Mercado de Capitais e foram incluídos pela Lei nº 10.303/2001. Não há menção expressa nesta lei sobre a competência da Justiça Federal, ao contrário do que ocorre com os delitos tipificados na Lei nº 7.492/1986.

O inciso IV do artigo 109 da Constituição Federal dispõe que aos juízes federais compete processar e julgar os crimes políticos e as infrações penais praticadas em detrimento de bens, serviços ou interesse da União ou de suas entidades autárquicas ou empresas públicas, excluídas as contravenções e ressalvada a competência da Justiça Militar e da Justiça Eleitoral.

Por sua vez, o inciso VI, do mesmo artigo, reza que aos juízes federais compete processar e julgar os crimes contra a organização do trabalho e, nos casos determinados por lei, contra o sistema financeiro e a ordem econômico-financeira.

A primeira indagação tangencia-se em saber se os crimes cometidos contra o Sistema Financeiro Nacional são de competência da União tão-somente na hipótese de existir expressa determinação na lei ou se deve conferir uma interpretação mais abrangente?

Há argumentos em ambos os sentidos, como se observa do voto proferido no Recurso Extraordinário nº 502.915-8, pelo Supremo Tribunal Federal, de relatoria do eminente Ministro Sepúlveda Pertence. Embora no citado feito a discussão versasse sobre os crimes contra a ordem econômico-financeira, os fundamentos ali aplicáveis podem ser utilizados, pela identidade de razões.

Os argumentos no sentido de uma interpretação restritiva do dispositivo foram assim descritos pelo Relator, citando o voto do eminente Ministro Marco Aurélio em outro recurso julgado pelo Supremo Tribunal Federal:

> "No tocante à segunda parte, o nobre Relator percebeu bem, sob o ângulo da especialidade, a regra do inciso VI do artigo 109, ao colocar em segundo plano a norma geral do inciso IV desse mesmo artigo. Por esta última, temos que compete à Justiça Federal julgar demandas em que se tenha a prática do ato em detrimento de bens, serviços ou interesses da União. E aqui potencializo o vocábulo interesse. Não é interesse comum, genérico; é um interesse todo próprio, direto; interesse jurídico da União. Já a regra aplicável à espécie, a do inciso VI, revela que o exame dos crimes contra a organização do trabalho são da competência, independentemente de lei, da Justiça Federal e, aí sim, também nos casos determinados por lei, contra o sistema financeiro e a ordem econômico-financeira. Indaga-se: para o tipo que cogita o processo, tem-se uma regra prevendo de maneira incisiva, direta e frontal a competência da Justiça Federal? Não. E não havendo, logicamente, cai-se na vala comum da competência da Justiça do Estado."

O Ministro Sepúlveda Pertence, não aderindo às ponderações do Ministro Marco Aurélio, manifestou a sua divergência nos seguintes termos:

> "Data vênia, contudo, estou convencido de que o artigo 109, VI, da Constituição, não esgota a disciplina quanto à competência da Justiça Federal relativamente aos crimes contra o sistema financeiro nacional e a ordem econômico-financeira.
>
> Referido inciso, na verdade, antes amplia do que restringe a competência da Justiça Federal: possibilita ele, com efeito, que as peculiaridades de determinadas condutas lesivas ao sistema financeiro e à ordem econômico-financeira, possa a legislação ordinária subtrair da Justiça Estadual a competência para julgar causas que se recomenda sejam apreciadas pela Justiça Federal, mesmo que não abrangidas pelo art. 109, VI, da Constituição.
>
> Do contrário, poderiam surgir situações em que o crime seria julgado pela Justiça Estadual mesmo que cometido contra bens, serviços e interesses, por exemplo, do Banco Central, com repercussões quiçá em toda a ordem econômico-financeira brasileira.
>
> Seria impingir ao inciso VI o sentido diametralmente oposto ao que se extrai da interpretação sistemática e teleológica dos demais dispositivos relativos à competência da Justiça Federal."

Assim, nos termos do que considerou o Ministro Sepúlveda Pertence, não haveria sentido firmar-se a competência da Justiça Estadual quando houver interesse da União, o que poderia acontecer se adotada a interpretação literal do dispositivo.

A interpretação que melhor conciliaria os dispositivos seria a que diz que o inciso VI não está limitando o inciso IV – seria um artigo especial – mas pode vir a estendê-lo, firmando a competência da Justiça Federal para o processamento e julgamento de crimes que, em princípio, caberiam à Justiça Estadual.

Em síntese, por este entendimento: compete à Justiça Federal o processo e julgamento dos delitos financeiros mesmo que não afetem bens da União, desde que haja previsão expressa nesse sentido, nos termos do inciso VI, bem como dos delitos financeiros que atingem bens ou interesses da União, das autarquias e das empresas públicas federais (inteligência do inciso IV), haja ou não disposição expressa na lei.

Há que se verificar, então, se o crime versado é um crime financeiro e se contraria ou não bens ou interesses da União.

O Mercado de Capitais integra o Sistema Financeiro Nacional. Nos termos do art. 1º da Lei nº 7.492/1986, considera-se instituição financeira a pessoa jurídica de direito público ou privado, que tenha como atividade principal ou acessória, cumulativamente ou não, entre outras, a custódia, emissão, distribuição, negociação, intermediação ou administração de valores mobiliários. Neste ponto, consigne-se a conceituação trazida por José Paulo Baltazar Junior acerca do tema:[272]

> "O SFN é entendido como o conjunto de órgãos, entidades e pessoas jurídicas que lidam com o fluxo de dinheiro e títulos, incluindo todas as atividades que envolvam circulação de valores, incluindo os mercados financeiro em sentido estrito, de crédito, de câmbio e de capitais, bem como seguros, consórcio, capitalização ou qualquer tipo de poupança. Nesse conjunto, inserem-se os bancos, a bolsa de valores, casas de câmbio, corretoras, empresas de consórcio, de seguro e financeiras.
>
> As funções básicas do sistema financeiro são: mobilização de recursos e sua, alocação no espaço e no tempo, informação e monitoração de empresas, administração e alocação de riscos, facilitação e liquidação de obri-

[272] BALTAZAR JUNIOR, José Paulo. *Crimes Federais*. São Paulo: Saraiva, 9. ed. rev., atual. e ampl., 2014.

gações e pagamentos, além da geração e divulgação de informações, na política conhecida como full disclosure, no âmbito do mercado de valores."

Desta forma, parece evidente que os delitos perpetrados contra este mercado constituem delitos contra o Sistema Financeiro Nacional.

Também inegável que o crime tipificado no art. 27-D – crime contra o sistema financeiro, portanto – afeta interesse direto da União. O comportamento desleal dos *insider traders* ofende, não somente os direitos dos demais investidores, obviamente desprotegidos perante os grandes acionistas e demais detentores de informações privilegiadas, mas também prejudica, de maneira indelével, o próprio mercado, aniquilando a confiança e a lisura de suas atividades.

A Terceira Seção do Superior Tribunal de Justiça, por unanimidade, consagrou a competência da Justiça Federal para o processamento e julgamento do delito tipificado no art. 27-C da Lei nº 6.385/1976, cujas razões amoldam-se à perfeição aos crimes previstos nos arts. 27-D e 27-E, ambos do referido diploma legal. Confira-se a ementa do precedente mencionado:

> "PENAL. CONFLITO DE COMPETÊNCIA. CRIME CONTRA O MERCADO DE CAPITAIS. INTERESSE DA UNIÃO NA HIGIDEZ, CONFIABILIDADE E EQUILÍBRIO DO SISTEMA FINANCEIRO. LEI 6.385/76, ALTERADA PELA LEI 10.303/01. AUSÊNCIA DE PREVISÃO DE COMPETÊNCIA DA JUSTIÇA FEDERAL. ART. 109, IV, DA CONSTITUIÇÃO FEDERAL. APLICAÇÃO. RELEVÂNCIA DA QUESTÃO E INTERESSE DIRETO DA UNIÃO. COMPETÊNCIA DA JUSTIÇA FEDERAL.
>
> 1. O fato de tratar-se do sistema financeiro ou da ordem econômico-financeira, por si só, não justifica a competência da Justiça Federal, embora a União tenha interesse na higidez, confiabilidade e equilíbrio do sistema financeiro.
>
> 2. A Lei 6.385/76 não prevê a competência da Justiça Federal, porém é indiscutível que, caso a conduta possa gerar lesão ao sistema financeiro nacional, na medida em que põe em risco a confiabilidade dos aplicadores no mercado financeiro, a manutenção do equilíbrio dessas relações, bem como a higidez de todo o sistema, existe o interesse direto da União.
>
> 3. O art. 109, VI, da Constituição Federal não tem prevalência sobre o disposto no seu inciso IV, podendo ser aplicado à espécie, desde que caracterizada a relevância da questão e a lesão ao interesse da União, o que enseja a competência da Justiça Federal.

4. Conflito conhecido para declarar a competência do Juízo Federal da 2ª Vara Criminal da Seção Judiciária do Estado de São Paulo, um dos suscitados."

(CC nº 82.961/SP, Rel. Min. Arnaldo Esteves Lima, 3ª S., *DJe* 22.06.2009)

Tais argumentos corroboram ainda mais a competência da Justiça Federal para o julgamento dos delitos previstos na Lei nº 6.385/1976 diante do potencial comprometimento da credibilidade e mesmo risco ao mercado financeiro.

Ademais, como mencionado, a jurisprudência do Superior Tribunal de Justiça tem entendido que o crime disposto no art. 27-C (bem como o do art. 27-D), atrai a competência da Justiça Federal, ainda que ausente na legislação infraconstitucional tal previsão, em razão de lesionar o Sistema Financeiro Nacional, a sua credibilidade e higidez, além de inúmeros investidores, com sérios prejuízos econômicos ao país.

A Corte Superior assevera que ainda que não haja previsão na legislação infraconstitucional, como é a exigência do art. 109, VI, da Constituição Federal, o delito será processado e julgado perante a Justiça Federal, mas por incidência do disposto no art. 109, IV, da Lei Maior. Nesse sentido:

> "RECURSO EM HABEAS CORPUS. CRIMES CONTRA O MERCADO DE CAPITAIS. MANIPULAÇÃO DE MERCADO E INSIDER TRADING. COMPETÊNCIA DA JUSTIÇA FEDERAL. INÉPCIA DA DENÚNCIA, ALEGAÇÃO DE FALTA DE FUNDAMENTAÇÃO DO ACÓRDÃO. NÃO OCORRÊNCIA. MAGNITUDE DA LESÃO. INTERESSE DA UNIÃO. CRIME CONTRA O SISTEMA FINANCEIRO. DISTRIBUIÇÃO. VARAS ESPECIALIZADAS. SUPOSTA ILEGALIDADE. INEXISTÊNCIA. RECURSO EM HABEAS CORPUS NÃO PROVIDO.
>
> (...)
>
> 2. Em qualquer situação de delito que repercuta no sistema financeiro ou que faça parte dos crimes contra a ordem econômico-financeira, cuja legislação que os prevê não contenha dispositivo específico que importe na fixação da competência federal, há que se avaliar, no caso concreto, a existência de circunstância de fato que demonstre a existência de efetiva lesão a bens, serviços ou direitos da União, de suas autarquias ou empresas públicas. Assim, nessas hipóteses, mesmo que não haja previsão na legislação infraconstitucional, como exige o art. 109, VI, da Constituição Federal,

o delito será processado e julgado perante a Justiça Federal, mas por incidência do referido dispositivo.

3. No caso, a denúncia, formal e materialmente apta, foi recebida pelos crimes de manipulação de mercado e *insider trading*. A conduta, tal como descrita, foi capaz de movimentar, no mercado, quantia expressiva que, pela dimensão das perdas, refletiu no sistema financeiro, sobretudo pelo prejuízo suportado pelos investidores.

4. Inexiste ilegalidade na distribuição do feito a uma das varas especializadas em delitos financeiros da Justiça Federal, em razão da matéria, visto que os crimes contra o mercado de capitais integram a ordem econômico-financeira.

5. Recurso em habeas corpus não provido."

(STJ, RHC nº 55.813/RJ, Relator Ministro Rogerio Schietti Cruz, Sexta Turma, julgado em 25.06.2019, DJ de 01.07.2019)

O Tribunal Regional da 3ª Região também apresenta julgado no sentido de que:

"PROCESSUAL PENAL. HABEAS CORPUS. INSIDER TRADING. COMPETÊNCIA. JUSTIÇA FEDERAL. ORDEM DENEGADA.

1. A competência da Justiça Federal não foi reconhecida pela autoridade impetrada tão-só pela presença, no caso, da Comissão de Valores Mobiliários (CVM), autarquia federal em regime especial, vinculada ao Ministério da Economia, que, na condição de órgão fiscalizador de tais transações mobiliárias, levou à aplicação de penalidade administrativa ao paciente e ao seu filho.

2. O que atraiu a competência da Justiça Federal foi o fato de que, conforme o que consta dos autos, o paciente e seu filho teriam se utilizado de informações privilegiadas e realizaram transações vultosas no mercado de capitais (insider trading), lesivas ao sistema financeiro nacional, em prejuízo aos demais investidores e à própria credibilidade do sistema.

3. Ordem denegada."

(TRF 3ª Região, 11ª Turma, HCCrim - HABEAS CORPUS CRIMINAL - 5015361-15.2021.4.03.0000, Rel. Desembargador Federal Nino Oliveira Toldo, julgado em 29.10.2021, Intimação via sistema data: 09.11.2021)

Tais são os tipos que ofendem o Mercado de Valores, andando bem o legislador ao criá-los, mas, de forma censurável, restringir o alcance do delito de *insider trading* e deixar de consignar de maneira clara a competência da Justiça Federal.

BIBLIOGRAFIA

ANDRADE, Manuel da Costa; DIAS, Jorge de Figueiredo. Problemática geral das infrações contra a economia nacional. *Direito Penal Económico e Europeu: textos doutrinários*, vol. 1.

ARAÚJO JÚNIOR, João Marcello de. O direito penal econômico. *Revista Brasileira de Ciências Criminais*, nº 25.

BALTAZAR JUNIOR, José Paulo. *Crimes Federais*. São Paulo: Saraiva, 9. ed. rev., atual. e ampl., 2014.

BECK, Ulrich. *Sociedade de riscos rumo a uma outra modernidade*; tradução de Sebastião Nascimento. São Paulo: Editora 34, 2. ed., 2011.

BOTTINI, Pierpaolo Cruz. *Crimes de perigo abstrato*. 3. ed., São Paulo: Revista dos Tribunais, 2013.

BSM Supervisão de Mercados. Disponível em: https://www.bsmsupervisao.com.br/Noticias/2017-04-17-Workshop-Monitoramento-de-Ofertas-em-Spoofing-e-Layering. Acesso em 02.06.2023.

CAVALI, Marcelo Costenaro; IKEDA, Natalia Naomi. Atuações no mercado de capitais combinadas em redes sociais: apontamentos para a atribuição de responsabilidade administrativa e penal por manipulação de mercado. *Revista Prima Jurídico*. São Paulo, v. 20, nº 2, p. 375-392, jul./dez. 2021.

CAVALI, Marcelo Costenaro. *Fundamento e limites da repressão penal da manipulação do mercado de capitais: uma análise a partir do bem jurídico da capacidade funcional alocativa do mercado*; orientador Vicente Greco Filho. Tese (Doutorado – Programa de Pós Graduação em Direito Penal, Medicina Forense e Criminologia) – Faculdade de Direito, Universidade de São Paulo, 2017.

–. *Insider trading – Repressão administrativa e penal do uso indevido de informação privilegiada*. São Paulo: Quartier Latin, 2022.

–. *Manipulação do mercado de capitais: fundamentos e limites da repressão penal e administrativa*. São Paulo: Quartier Latin, 2018.

CARVALHOSA, Modesto; EIZIRIK, Nelson. *A nova Lei das S/A*. São Paulo: Saraiva, 2002.

COSTA, Emílio Carlos Dantas. Crimes de colarinho-branco, *Jornal da Tarde*,

São Paulo, p. 2, edição de 18.10.1997.

OLIVEIRA, Márcia Souza e Silva de. *Dos crimes contra o mercado de capitais*. Revista AJUFE, nº 21, p. 409-423. Brasília, 2.004.

PINTO, Frederico de Lacerda da Costa. Crimes econômicos e mercados financeiros. *Revista Brasileira de Ciências Criminais*, nº 39, jul./set. 2002.

PODVAL, Roberto; CASTANHEIRA, Beatriz Rizzo; LAUAND, Mariano de Souza Lima. *Crime de uso indevido de informação privilegiada*. Consulta realizada para a Advocacia Podval S/C.

SILVEIRA, Renato de Mello Jorge. Crime contra o mercado de capitais. Souza, Luciano Anderson de; ARAÚJO, Marina Pinhão (coord.). *Direito penal econômico: leis penais especiais (livro eletrônico)*, v. 1. São Paulo: Thomson Reuters Brasil, 2019.

TIEDEMANN, Klaus. *Poder económico y delito*. Introducción al derecho penal económico y de la empresa. Barcelona: Ariel, 1985.

WELZEL, Hans. *Derecho penal alemán*, parte general. Tradução de Juan Bustos Ramírez e Sérgio Yánez Pérez. 11. ed. 4. ed. Castellana. Santiago/Chile: Jurídica, 1997.

PARTE 7

LEI Nº 11.343, DE 23.08.2006

LEI Nº 11.343, DE 23.08.2006

Institui o Sistema Nacional de Políticas Públicas sobre Drogas – Sisnad; prescreve medidas para prevenção do uso indevido, atenção e reinserção social de usuários e dependentes de drogas; estabelece normas para repressão à produção não autorizada e ao tráfico ilícito de drogas; define crimes e dá outras providências.

Art. 1º

Esta Lei institui o Sistema Nacional de Políticas Públicas sobre Drogas – Sisnad; prescreve medidas para prevenção do uso indevido, atenção e reinserção social de usuários e dependentes de drogas; estabelece normas para repressão à produção não autorizada e ao tráfico ilícito de drogas e define crimes.

Parágrafo único. Para fins desta Lei, consideram-se como drogas as substâncias ou os produtos capazes de causar dependência, assim especificados em lei ou relacionados em listas atualizadas periodicamente pelo Poder Executivo da União.

1. Notas introdutórias

A Lei nº 11.343, de 23.08.2006, trouxe alterações em relação aos diplomas anteriores, quais sejam, as Leis nºs 6.368, de 21.10.1976, e a Lei nº 10.409, de 11.01.2002. As mais expressivas no âmbito criminal foram "o tratamento diferenciado em relação ao usuário, a tipificação de crime específico para a cessão de pequena quantia de droga para consumo conjunto, o agravamento da pena do tráfico, a criação da figura do tráfico privilegiado, a tipificação do crime de financiamento ao tráfico, bem como a regulamentação de novo rito processual."[273]

Além disso, a Lei nº 11.343/2006 passou a utilizar a designação transnacional para o tráfico quando ultrapassar as fronteiras de mais de um país, enquanto a lei anterior o qualificava como internacional. A inspiração "para a alteração proveio da distinção apontada pela doutrina entre crimes internacionais, assim entendidos aqueles previstos em tratados internacionais ou aceitos pelo costume internacional, tais como genocídio, crimes contra a humanidade, escravidão ou terrorismo, e crimes transnacionais, definidos como aqueles crimes comuns que apresentam um elemento transnacional, que atravessa fronteiras, embora não estejam previstos ou sejam reconhecidos como crimes pelo direito internacional, sem embargo da utilização de normas de direito internacional para definição da competência ou cooperação internacional."[274]

O enfrentamento às drogas no âmbito internacional sempre foi pautado por leis que não atentavam para o fundamento científico-criminológico ou preventivo, porquanto apenas estavam voltadas à sua completa erradicação. Cristiano Maronna salienta que "em 1961, em Nova Iorque, a Convenção Única sobre Estupefacientes, destinada a proteger a saúde física e moral da humanidade, celebrou a completa e definitiva erradicação do cultivo de ópio (em quinze anos), cannabis e coca (em vinte e cinco anos). Em 1988, em Viena, os países signatários da Convenção sobre as Substâncias Psicotrópicas se comprometeram a erradicar o tráfico ilícito de drogas, além de exigir a tipificação como infração penal da posse e da compra de estupefacientes para consumo pessoal. Em 1998, na Sessão Especial sobre Drogas, foi apresentado o Programa das Nações Unidas para o Controle Internacional de Drogas (PNUCID), intitulado '1998-2008: Um mundo sem drogas. Podemos conseguir'. O New York Times classificou o plano como 'reciclagem de políticas irrealistas'. A Junta Internacional de Fiscalização de Estupefacientes, órgão das Nações Unidas, por seu turno, condena as políticas baseadas na tolerância de países como Holanda e Suíça e repele iniciativas de redução de danos."[275]

[273] GONÇALVES, Victor Eduardo Rios; BALTAZAR JUNIOR, José Paulo. Coordenador: LENZA, Pedro. *Legislação penal especial*. 2 ed.. São Paulo: Saraiva, 2016, p. 79.

[274] BALTAZAR JUNIOR, José Paulo. *Crimes Federais*. 10ª ed. rev., atual. e ampl. São Paulo: Saraiva, 2015, 2ª tiragem, 2016, p. 1158.

[275] MARONNA, Cristiano. *Drogas: aspectos penais e criminológicos. Primeiro Encontro de Mestres e Doutores do Departamento de Direito Penal da Faculdade de Direito da USP.* REALE JÚNIOR, Miguel; TORON, Alberto Zaccharias (Coordenadores). Rio de Janeiro: Forense, 2005, p. 55-56.

Estas políticas e prognósticos não se mostraram capazes de solucionar o grave problema das drogas ao longo das últimas décadas, donde se infere a necessidade de constante revisão e estudo do tema.

Miguel Reale Júnior aponta que a política antidrogas mantida pelos Estados Unidos, de caráter meramente repressivo em relação aos usuários de drogas, não tem sido suficiente para repelir este problema, salientando que se deve "desfazer a visão do usuário como um inimigo, que já penalizado pela dependência ou pela ansiedade na procura de janelas ilusórias em um mundo sem solidariedade, é ademais estigmatizado e perenemente marcado por uma condenação criminal".[276]

A abordagem internacional atual sobre a problemática das drogas tem se pautado na prevenção e na reabilitação, bem como na busca de alternativas à penalização e à detenção de dependentes e consumidores de drogas. O Escritório das Nações Unidas sobre Drogas e Crime - UNODC norteia sua atuação nas convenções internacionais de controle de drogas (Convenção das Nações Unidas Contra o Tráfico Ilícito de Entorpecentes e Substâncias Psicotrópicas - Convenção de Viena de 1988, aprovada no Brasil pelo Decreto nº 154, de 26.06.1991), nas convenções contra o crime organizado transnacional (Convenção das Nações Unidas contra o Crime Organizado Transnacional de 2000, aprovada no Brasil pelo Decreto nº 5.015, de 12.03.2004) e contra a corrupção (Convenção das Nações Unidas contra a Corrupção - Convenção de Mérida de 2003, aprovada no Brasil pelo Decreto nº 5.687, de 31.01.2006), bem ainda nos instrumentos internacionais contra o terrorismo (Convenção Interamericana contra o Terrorismo, assinada em Barbados em 2002, aprovada no Brasil pelo Decreto nº 5.639, de 26.12.2005).

O tráfico ilícito de drogas é considerado crime inafiançável, insuscetível de graça ou anistia, na forma do artigo 5º, inciso XLIII, da Constituição Federal ("a lei considerará crimes inafiançáveis e insuscetíveis de graça ou anistia a prática da tortura, o tráfico ilícito de entorpecentes e drogas afins, o terrorismo e os definidos como crimes hediondos, por eles respondendo os mandantes, os executores e os que, podendo evitá-los, se omitirem"). A Constituição Federal, no artigo 5º, inciso LI, autoriza a extradição de brasileiro naturalizado em caso de envolvimento em tráfico de drogas ("nenhum brasileiro será extraditado, salvo o naturalizado, em caso de

[276] REALE JÚNIOR, Miguel. *Drogas: aspectos penais e criminológicos. Primeiro Encontro de Mestres e Doutores do Departamento de Direito Penal da Faculdade de Direito da USP*. REALE JÚNIOR, Miguel; TORON, Alberto Zaccharias (Coordenadores). Rio de Janeiro: Forense, 2005, p. VII-VIII.

crime comum, praticado antes da naturalização, ou de comprovado envolvimento em tráfico ilícito de entorpecentes e drogas afins, na forma da lei").

A Constituição Federal assegura, no artigo 227, ser "dever da família, da sociedade e do Estado assegurar à criança, ao adolescente e ao jovem, com absoluta prioridade, o direito à vida, à saúde, à alimentação, à educação, ao lazer, à profissionalização, à cultura, à dignidade, ao respeito, à liberdade e à convivência familiar e comunitária, além de colocá-los a salvo de toda forma de negligência, discriminação, exploração, violência, crueldade e opressão" e no inciso VII do § 3º deste artigo dispõe que o direito a proteção especial abrangerá "programas de prevenção e atendimento especializado à criança, ao adolescente e ao jovem dependente de entorpecentes e drogas afins (Redação dada pela Emenda Constitucional nº 65, de 2010)."

A Constituição Federal no artigo 243 disciplina que "as propriedades rurais e urbanas de qualquer região do País onde forem localizadas culturas ilegais de plantas psicotrópicas ou a exploração de trabalho escravo na forma da lei serão expropriadas e destinadas à reforma agrária e a programas de habitação popular, sem qualquer indenização ao proprietário e sem prejuízo de outras sanções previstas em lei, observado, no que couber, o disposto no art. 5º (Redação dada pela Emenda Constitucional nº 81, de 2014)." O parágrafo único deste artigo dispõe que "todo e qualquer bem de valor econômico apreendido em decorrência do tráfico ilícito de entorpecentes e drogas afins e da exploração de trabalho escravo será confiscado e reverterá a fundo especial com destinação específica, na forma da lei (Redação dada pela Emenda Constitucional nº 81, de 2014)."

O combate ao tráfico de drogas, previsto na Lei nº 11.343/2006, dispõe de um instrumento legal denominado "Lei do Abate" (Lei nº 9.614, de 05.03.1998), regulamentada pelo Decreto nº 5.144, de 16.07.2004,[277] que

[277] Este Decreto estabelece os procedimentos a serem seguidos com relação a aeronaves hostis ou suspeitas de tráfico de substâncias entorpecentes e drogas afins, levando em conta que estas podem apresentar ameaça à segurança pública.
Art. 2º Para fins deste Decreto, é considerada aeronave suspeita de tráfico de substâncias entorpecentes e drogas afins aquela que se enquadre em uma das seguintes situações:
I – adentrar o território nacional, sem Plano de Voo aprovado, oriunda de regiões reconhecidamente fontes de produção ou distribuição de drogas ilícitas; ou
II – omitir aos órgãos de controle de tráfego aéreo informações necessárias à sua identificação, ou não cumprir determinações destes mesmos órgãos, se estiver cumprindo rota presumivelmente utilizada para distribuição de drogas ilícitas.
Art. 3º As aeronaves enquadradas no art. 2º estarão sujeitas às medidas coercitivas de averiguação, intervenção e persuasão, de forma progressiva e sempre que a medida anterior não obtiver êxito, executadas por aeronaves de interceptação, com o objetivo de compelir a aeronave sus-

peita a efetuar o pouso em aeródromo que lhe for indicado e ser submetida a medidas de controle no solo pelas autoridades policiais federais ou estaduais.

§ 1º As medidas de averiguação visam a determinar ou a confirmar a identidade de uma aeronave, ou, ainda, a vigiar o seu comportamento, consistindo na aproximação ostensiva da aeronave de interceptação à aeronave interceptada, com a finalidade de interrogá-la, por intermédio de comunicação via rádio ou sinais visuais, de acordo com as regras de tráfego aéreo, de conhecimento obrigatório dos aeronavegantes.

§ 2º As medidas de intervenção seguem-se às medidas de averiguação e consistem na determinação à aeronave interceptada para que modifique sua rota com o objetivo de forçar o seu pouso em aeródromo que lhe for determinado, para ser submetida a medidas de controle no solo.

§ 3ºAs medidas de persuasão seguem-se às medidas de intervenção e consistem no disparo de tiros de aviso, com munição traçante, pela aeronave interceptadora, de maneira que possam ser observados pela tripulação da aeronave interceptada, com o objetivo de persuadi-la a obedecer às ordens transmitidas.

Art. 4º A aeronave suspeita de tráfico de substâncias entorpecentes e drogas afins que não atenda aos procedimentos coercitivos descritos no art. 3º será classificada como aeronave hostil e estará sujeita à medida de destruição.

Art. 5º A medida de destruição consiste no disparo de tiros, feitos pela aeronave de interceptação, com a finalidade de provocar danos e impedir o prosseguimento do voo da aeronave hostil e somente poderá ser utilizada como último recurso e após o cumprimento de todos os procedimentos que previnam a perda de vidas inocentes, no ar ou em terra.

Art. 6º A medida de destruição terá que obedecer às seguintes condições:

I – emprego dos meios sob controle operacional do Comando de Operações Aeroespaciais do Comando da Aeronáutica; (Redação dada pelo Decreto nº 9.077, de 2017) (Vigência)

II – registro em gravação das comunicações ou imagens da aplicação dos procedimentos;

III – execução por pilotos e controladores de defesa aérea qualificados segundo os padrões estabelecidos pelo Comando de Operações Aeroespaciais do Comando da Aeronáutica; (Redação dada pelo Decreto nº 9.077, de 2017) (Vigência)

IV – execução sobre áreas não densamente povoadas e relacionadas com rotas presumivelmente utilizadas para o tráfico de substâncias entorpecentes e drogas afins; e

V – autorização do Presidente da República ou da autoridade por ele delegada.

Art. 7º O teor deste Decreto deverá ser divulgado, antes de sua vigência, por meio da Publicação de Informação Aeronáutica (AIP Brasil), destinada aos aeronavegantes e de conhecimento obrigatório para o exercício da atividade aérea no espaço aéreo brasileiro.

Art. 8º As autoridades responsáveis pelos procedimentos relativos à execução da medida de destruição responderão, cada qual nos limites de suas atribuições, pelos seus atos, quando agirem com excesso ou abuso de poder.

Art. 9º Os procedimentos previstos neste Decreto deverão ser objeto de avaliação periódica, com vistas ao seu aprimoramento.

Art. 10. Fica delegada ao Comandante da Aeronáutica a competência para autorizar a aplicação da medida de destruição.

Art. 11. O Ministério da Defesa, por intermédio do Comando da Aeronáutica, deverá adequar toda documentação interna ao disposto neste Decreto.

autoriza a derrubada de aeronave quando houver suspeita de que esteja sendo utilizada para o transporte de drogas.[278] Esta Lei acrescentou um parágrafo (2º) ao artigo 303 do Código Brasileiro de Aeronáutica (Lei nº 7.565, de 19.12.1986) para estabelecer que "esgotados os meios coercitivos legalmente previstos, a aeronave será classificada como hostil, ficando sujeita à medida de destruição, nos casos dos incisos do caput deste artigo e após autorização do Presidente da República ou autoridade por ele delegada".

O Sistema Nacional de Políticas Públicas sobre Drogas – SISNAD (anteriormente havia previsão no artigo 3º da Lei nº 6.368/1976 do Sistema Nacional Antidrogas) é formado pelos órgãos e entidades da Administração Pública que exercem as medidas de prevenção do uso indevido, a atenção e a reinserção social de usuários e dependentes de drogas, bem ainda a repressão da produção não autorizada e do tráfico ilícito de drogas. Os artigos 3º, 4º e 5º estabelecem sua finalidade, seus princípios e objetivos.

O Decreto nº 5.912, de 27.09.2006, que regulamenta a Lei nº 13.343//2006, nos termos de seu art. 1º, além do artigo 3º da Lei nº 11.343/2006, também dispõe que o SISNAD tem por finalidade articular, integrar, orga-

[278] Esta lei é considerada por alguns doutrinadores como inconstitucional, conforme a lição de Luiz Flávio Gomes: "no dia 03.06.09 pilotos da Força Aérea Brasileira (FAB) dispararam tiros de advertência contra um monomotor que transportava 176 quilos de cocaína, em Rondônia, na região de fronteira do Brasil com a Bolívia. A ação só foi possível por causa da Lei do Abate, que entrou em vigor após ter sido regulamentada em 2004. Foi o Decreto 5.144/2004 que regulamentou os §§ 1º, 2º e 3º do artigo 303 do Código Brasileiro de Aeronáutica (Lei 7.565/1986, que foi modificada em 1998, para permitir o 'abate de aeronaves'). De acordo com nossa opinião são os seguintes os dispositivos constitucionais frontalmente violados pelo citado Decreto: art. 4º, II, VI, VII e art. 5º, caput, incisos II, III, XXXVII, XLVI, XLVII, LIII, LIV, LV, LVII e 2º todos da Constituição Federal de 1988-CF/88. Dentre os dispositivos indicados destacamos os princípios da inviolabilidade do direito à vida, proibição da pena de morte em tempo de paz e devido processo legal. Tais garantias consistem cláusula pétrea, logo, impossível deliberação em sentido contrário. (...) A Lei 11.343/2006 já estabelece normas para repressão ao tráfico ilícito de drogas e define crimes. Na ânsia de defender a sociedade, o legislador infraconstitucional deu solução incompatível com a Lei Maior. O legislador deve criar outras formas de controle que não impliquem em flagrante violação dos direitos fundamentais. Reforçando a inconstitucionalidade da medida ainda podemos citar a possibilidade de erros, como lembra Bruno Barata Magalhães. Há ainda o risco de possível uso político, movido por interesses pessoais e casuísmos. Zaffaroni afirma que é impossível limitar os direitos e garantias de todos os cidadãos em razão da existência de um inimigo, estranho ou hostis e destaca que tal orientação traz o risco de identificação errônea e, portanto, condenações e penas a inocentes." (GOMES, Luiz Flávio *Lei do abate: inconstitucionalidade*. Disponível em: <http://lfg.jusbrasil.com.br/noticias/1990529/lei-do-abate-inconstitucionalidade-29outubro.2009>. Acesso em 01.06.2023).

nizar e coordenar as atividades relacionadas com a prevenção do uso indevido, atenção e reinserção social de usuários e dependentes de drogas e a repressão da produção não autorizada e do tráfico ilícito de drogas.

O SISNAD deve ser entendido como o conjunto ordenado de princípios, regras, critérios e recursos materiais e humanos que envolvem as políticas, planos, programas, ações e projetos sobre drogas, incluindo-se nele, por adesão, os Sistemas de Políticas Públicas sobre Drogas dos Estados, Distrito Federal e Municípios (§ 1º do art. 3º da Lei nº 11.343/2006 – incluído pela Lei nº 13.840/2019) e atuará em articulação com o Sistema Único de Saúde (SUS) e Sistema Único de Assistência Social (SUAS) (§ 2º do art. 3º da Lei nº 11.343/2006 – incluído pela Lei nº 13.840/2019).

Integram o SISNAD: a) o Conselho Nacional Antidrogas (CONAD), órgão normativo e de deliberação coletiva do sistema, vinculado ao Ministério da Justiça; b) a Secretaria Nacional Antidrogas (SENAD), na qualidade de secretaria-executiva do colegiado; c) o conjunto de órgãos e entidades públicos que exerçam atividades de prevenção do uso indevido, atenção e reinserção social de usuários e dependentes de drogas e de repressão da produção não autorizada e do tráfico ilícito de drogas do Poder Executivo Federal e dos Estados, dos Municípios e do Distrito Federal e d) as organizações, instituições ou entidades da sociedade civil que atuam nas áreas da atenção à saúde e da assistência social e atendam usuários ou dependentes de drogas e respectivos familiares, mediante ajustes específicos (art. 2º do Decreto nº 5.912/2006).

2. Conceito de drogas e norma penal em branco

O parágrafo único do artigo 1º da Lei de Drogas dispõe que "consideram-se como drogas as substâncias ou os produtos capazes de causar dependência, assim especificados em lei ou relacionados em listas atualizadas periodicamente pelo Poder Executivo da União".

A Lei de drogas continua a ser uma norma penal em branco, sendo necessária uma complementação advinda de outra norma para que se compreenda o seu âmbito de aplicação e os limites da proibição desejados pelo ordenamento legal. Cuida-se de norma penal em branco heterogênea, na medida em que seu complemento não advém da mesma fonte legislativa, mas da Portaria nº 344/1998 da ANVISA.

Cabe à ANVISA, órgão adstrito ao Ministério da Saúde, realizar o controle das drogas no Brasil por meio da edição de relação que contenha as substâncias de uso proibido. O artigo 66 da Lei nº 11.343/2006 dispõe que "para fins do disposto no parágrafo único do art. 1º desta Lei, até que seja atualizada a terminologia da lista mencionada no preceito, denominam-se drogas substâncias entorpecentes, psicotrópicas, precursoras e outras sob controle especial, da Portaria SVS/MS nº 344, de 12 de maio de 1998."

Assim, estando as substâncias elencadas na referida relação, já são consideradas capazes de causar dependência, ou seja, a dependência é caracterizada desde que a substância conste da aludida portaria.

Em suma, para que um composto químico possa ser considerado como droga deve ter o condão de causar dependência, além de estar descrito em lei ou relacionado em listas atualizadas periodicamente pelo Poder Executivo da União.

De se notar que em havendo alteração do complemento normativo deixando de considerar alguma substância da lista de substâncias entorpecentes, terá o condão de retroagir a fim de beneficiar o réu, havendo *abolitio criminis*, a teor do que dispõe o artigo 2º do Código Penal.

Os arts. 3º a 17 da Lei nº 11.343/2006 versam sobre as finalidades, princípios, objetivos, composição e organização do SISNAD. O Decreto nº 5.912, de 27.09.2006, regulamenta esta Lei que trata das políticas públicas sobre drogas e da instituição do Sistema Nacional de Políticas Públicas sobre Drogas – SISNAD.

Art. 2º

Ficam proibidas, em todo o território nacional, as drogas, bem como o plantio, a cultura, a colheita e a exploração de vegetais e substratos dos quais possam ser extraídas ou produzidas drogas, ressalvada a hipótese de autorização legal ou regulamentar, bem como o que estabelece a Convenção de Viena, das Nações Unidas, sobre Substâncias Psicotrópicas, de 1971, a respeito de plantas de uso estritamente ritualístico-religioso.

Parágrafo único. Pode a União autorizar o plantio, a cultura e a colheita dos vegetais referidos no caput deste artigo, exclusivamente para fins medicinais ou científicos, em local e prazo predeterminados, mediante fiscalização, respeitadas as ressalvas supramencionadas.

O artigo 2º proíbe as drogas, bem ainda o plantio, a cultura, a colheita e a exploração de vegetais e substratos que permitam sua extração ou produção, restando ressalvada "as plantas de uso estritamente ritualístico-

-religioso"[279] e a produção com fins medicinais ou científicos, desde que expressamente autorizada.

No Brasil, pode ser citado como autorização para cultivo de plantas de uso ritualístico-religioso, inserindo-se, portanto, na autorização contida no *caput* do art. 2º, o uso religioso do chá de Ayahuasca, obtido pela decocção do cipó "Banisteriopsis caapi" (jagube, mariri etc) e da folha "Psychotria viridis" (chacrona, rainha etc.)

Esta bebida é utilizada em rituais do movimento conhecido como "Santo Daime" e a possibilidade de seu uso foi objeto da Resolução nº 01, de 25.01.2010, do CONAD (Conselho Nacional de Políticas sobre Drogas) sobre normas e procedimentos compatíveis com o uso religioso da Ayahuasca e dos princípios deontológicos que o informam.

Concluiu a referida Resolução do CONAD que "o uso ritualístico religioso da Ayahuasca, há muito reconhecido como prática legítima, constitui-se manifestação cultural indissociável da identidade das populações tradicionais da Amazônia e de parte da população urbana do País, cabendo ao Estado não só garantir o pleno exercício desse direito à manifestação cultural, mas também protegê-la por quaisquer meios de acautelamento e prevenção, nos termos do art. 2º, 'caput'", Lei 11.343/06 e art. 215, *caput* e § 1º c/c art. 216, *caput* e §§ 1º e 4º da Constituição Federal."

Os artigos 3º a 26 desta Lei não serão objeto de exame nesta obra porquanto referem-se ao Sistema Nacional de Políticas Públicas Sobre Drogas e sobre as atividades de prevenção do uso indevido, atenção e reinserção de usuários e dependentes de drogas.

Art. 27

As penas previstas neste Capítulo poderão ser aplicadas isolada ou cumulativamente, bem como substituídas a qualquer tempo, ouvidos o Ministério Público e o defensor.

[279] Item 4 do artigo 32 da Convenção de Viena sobre Psicotrópicos (no Brasil, o Decreto nº 79.388, de 14.03.1977, promulgou a Convenção sobre Substâncias Psicotrópicas): "o Estado em cujo território cresçam plantas silvestres que contenham substâncias psicotrópicas dentre as incluídas na Lista I, e que são tradicionalmente utilizadas por pequenos grupos, nitidamente caracterizados, em rituais mágicos ou religiosos, poderão, no momento da assinatura, ratificação ou adesão, formular reservas em relação a tais plantas, com respeito às disposições do artigo 7º, exceto quanto às disposições relativas ao comércio internacional".

Não há cominação de pena privativa de liberdade no Capítulo III no qual se aborda o delito insculpido no artigo 28 (porte de drogas para consumo pessoal).

O usuário não mais deve ser visto como um delinquente, porém, em dadas circunstâncias, como um dependente químico, a quem o Estado deve ofertar auxílio. O consumo de drogas acarreta efeitos deletérios à saúde e a dependência que dele pode advir são fatores que demandam contínua atenção, notadamente em razão da violência e da corrupção que por certo estão irmanadas com o tráfico de drogas.

Em se tratando de usuários e dependentes de drogas impõe-se uma análise mais detida, já que "a reflexão acerca da finalidade da pena não pode ser feita de maneira estanque, isolada de um contexto mais amplo. Ela implica necessariamente uma análise sobre a finalidade do próprio Direito Penal, sua legitimação e seu sentido, como expõe Figueiredo Dias: 'À sombra do problema dos fins das penas é no fundo toda a teoria do direito penal que se discute e, com particular incidência, as questões fulcrais da legitimação, fundamentação, justificação e função da intervenção penal estatal'. Nesta linha, pensar sobre a finalidade da aplicação da pena na seara das substâncias entorpecentes significa refletir sobre o papel, a legitimidade e a eficiência do Direito Penal nesta área. A função central do Direito Penal é a consolidação de valores caros e tidos como os mais importantes para a manutenção do convívio social, por meio da proteção dos bens jurídicos mais relevantes para a sociedade, que cristalizam estes valores. Não se podem confundir, todavia, os valores concretizados nos bens jurídicos com os sentimentos sociais. Os valores são sedimentados por um processo lento e gradual que ocorre em uma determinada sociedade, em um determinado momento histórico e são, então, apreendidos pelo legislador, que os expressa em dispositivos legais."[280]

Na forma do artigo 28, as penas a serem aplicadas ao porte de drogas para consumo pessoal, são as seguintes: advertência sobre os efeitos das drogas; prestação de serviços à comunidade; medida educativa de comparecimento a programa ou curso educativo. Em caso de negativa injustificada ou recalcitrância, o agente poderá ser submetido, de forma sucessiva,

[280] COSTA, Helena Regina Lobo da. *Drogas: aspectos penais e criminológicos. Primeiro Encontro de Mestres e Doutores do Departamento de Direito Penal da Faculdade de Direito da USP.* REALE JÚNIOR, Miguel; TORON, Alberto Zaccharias (Coordenadores). Rio de Janeiro: Forense, 2005, p. 105-106.

à admoestação verbal e multa pelo juiz, tal qual estabelecido no § 6º do mesmo artigo 28.

O artigo 27 prevê a possibilidade de aplicação isolada ou cumulativa das referidas penas, sendo certo que o magistrado deverá atentar-se ao disposto no artigo 42 da Lei nº 11.343/2006 ("o juiz, na fixação das penas, considerará, com preponderância sobre o previsto no art. 59 do Código Penal, a natureza e a quantidade da substância ou do produto, a personalidade e a conduta social do agente").

As penas poderão ser substituídas a qualquer tempo, conforme decisão judicial, ouvido previamente o Ministério Público e a defesa. As penas poderão ser aplicadas na transação penal ou na sentença penal condenatória.

Art. 28

Quem adquirir, guardar, tiver em depósito, transportar ou trouxer consigo, para consumo pessoal, drogas sem autorização ou em desacordo com determinação legal ou regulamentar será submetido às seguintes penas:

I – advertência sobre os efeitos das drogas;

II – prestação de serviços à comunidade;

III – medida educativa de comparecimento a programa ou curso educativo.

§ 1º Às mesmas medidas submete-se quem, para seu consumo pessoal, semeia, cultiva ou colhe plantas destinadas à preparação de pequena quantidade de substância ou produto capaz de causar dependência física ou psíquica.

§ 2º Para determinar se a droga destinava-se a consumo pessoal, o juiz atenderá à natureza e à quantidade da substância apreendida, ao local e às condições em que se desenvolveu a ação, às circunstâncias sociais e pessoais, bem como à conduta e aos antecedentes do agente.

§ 3º As penas previstas nos incisos II e III do caput deste artigo serão aplicadas pelo prazo máximo de 5 (cinco) meses.

§ 4º Em caso de reincidência, as penas previstas nos incisos II e III do caput deste artigo serão aplicadas pelo prazo máximo de 10 (dez) meses.

§ 5º A prestação de serviços à comunidade será cumprida em programas comunitários, entidades educacionais ou assistenciais, hospitais, estabelecimentos congêneres, públicos ou privados sem fins lucrativos,

que se ocupem, preferencialmente, da prevenção do consumo ou da recuperação de usuários e dependentes de drogas.

§ 6º Para garantia do cumprimento das medidas educativas a que se refere o caput, nos incisos I, II e III, a que injustificadamente se recuse o agente, poderá o juiz submetê-lo, sucessivamente a:

I – admoestação verbal;

II – multa.

§ 7º O juiz determinará ao Poder Público que coloque à disposição do infrator, gratuitamente, estabelecimento de saúde, preferencialmente ambulatorial, para tratamento especializado.

1. Noções introdutórias

O "caput" deste artigo tipifica a conduta daquele que adquirir, guardar, tiver em depósito, transportar ou trouxer consigo, para consumo pessoal, drogas sem autorização ou em desacordo com determinação legal ou regulamentar e, em seu §1º, a conduta daquele que, para seu consumo pessoal, semeia, cultiva ou colhe plantas destinadas à preparação de pequena quantidade de substância ou produto capaz de causar dependência física ou psíquica.

Não está tipificada a conduta de consumir a droga, porquanto a finalidade da norma é obstar a circulação e a disseminação de seu uso, diante do perigo que traz à sociedade, na medida em que o tráfico de drogas permanece em franca ascensão em razão do elevado número de usuários.

Assim, se alguém for surpreendido usando a droga sem, contudo, haver a possibilidade de se localizar a substância em seu poder não poderá ser punido. O fato será atípico, pois não há punição pelo fato de o agente ter feito uso da droga em momento anterior à sua prisão.

Há necessidade da apreensão da droga e a identificação de seu princípio ativo para a comprovação da materialidade delitiva e posterior submissão à perícia (exame químico-toxicológico). Para a configuração do delito exige-se a efetiva guarda/porte da substância ilícita.

Fernando Capez registra que: "como se percebe, em momento algum, a Lei criminaliza a conduta de usar a droga, mas tão somente a detenção ou manutenção da mesma para consumo pessoal. Tutela-se, aqui, o interesse da coletividade, muito mais que o do próprio usuário, pois o que se pretende coibir é o perigo de circulação da substância, resultante de sua aquisição, depósito ou manutenção pelo agente. A Lei não incrimina o uso, porque o bem jurídico aqui violado é exclusivamente a saúde do próprio consumidor da droga, e nosso ordenamento jurídico não admite que alguém receba uma punição criminal por ter unicamente feito mal a si mesmo. Trata-se do princípio constitucional da alteridade ou transcendentalidade, segundo o qual nenhuma lei pode punir alguém por fazer mal à própria saúde. O Direito Penal só pode tutelar bens jurídicos de terceiros, jamais punir o indivíduo que agride a si próprio. Dessa maneira, o que se quer evitar é o perigo social que representa a detenção ilegal da substância, ainda que para consumo pessoal, ante a possibilidade de circulação da mesma, com a sua consequente disseminação."[281]

Muito embora não haja a imposição de pena privativa de liberdade para o agente que pratique as condutas previstas neste artigo, o fato possui natureza de crime.

O artigo 30 dispõe que "prescrevem em 2 (dois) anos a imposição e a execução das penas, observado, no tocante à interrupção do prazo, o disposto nos arts. 107 e seguintes do Código Penal", em uma clara alusão de que o legislador considerou que a infração estabelecida no artigo 28 trata-se de um crime.

A 1ª Turma do Supremo Tribunal Federal ao apreciar pela primeira vez o tema no ano de 2007 entendeu não ter havido "abolitio criminis", mas apenas despenalização, entendida como exclusão, para o tipo, das penas privativas de liberdade.[282]

A despenalização não retiraria o caráter criminoso da conduta do agente, mas significaria a adoção de medidas substitutivas ou alternativas, de natureza penal ou processual, que objetivam evitar a aplicação de pena privativa de liberdade.

Considerou-se, conforme ementado, que: "o art. 1º da LICP – que se limita a estabelecer um critério que permite distinguir quando se está diante de um crime ou de uma contravenção – não obsta a que lei ordinária superveniente adote outros critérios gerais de distinção, ou estabeleça para determinado crime – como o fez o art. 28 da L. 11.343/06 – pena diversa da privação ou restrição da liberdade, a qual constitui somente uma das opções constitucionais passíveis de adoção pela lei incriminadora (CF/88, art. 5º, XLVI e XLVII). 2. Não se pode, na interpretação da L. 11.343/06, partir de um pressuposto desapreço do legislador pelo 'rigor técnico', que o teria levado inadvertidamente a incluir as infrações relativas ao usuário de drogas

[281] *Impossibilidade da legalização da maconha.* Disponível em: <http://lfg.jusbrasil.com.br/noticias/1818277/impossibilidade-da-legalizacao-da-maconha.> Acesso em 01.06.2023.

[282] STF, 1ª Turma, RE 430.105-QO/RJ, Rel. Min. Sepúlveda Pertence, j. 13.02.2007, *DJ* 27.04.2007, p. 69.

em um capítulo denominado 'Dos Crimes e das Penas', só a ele referentes. (L. 11.343/06, Título III, Capítulo III, arts. 27/30). 3. Ao uso da expressão 'reincidência', também não se pode emprestar um sentido 'popular', especialmente porque, em linha de princípio, somente disposição expressa em contrário na L. 11.343/06 afastaria a regra geral do C. Penal (C. Penal, art. 12). 4. Soma-se a tudo a previsão, como regra geral, ao processo de infrações atribuídas ao usuário de drogas, do rito estabelecido para os crimes de menor potencial ofensivo, possibilitando até mesmo a proposta de aplicação imediata da pena de que trata o art. 76 da L. 9.099/95 (art. 48, §§ 1º e 5º), bem como a disciplina da prescrição segundo as regras do art. 107 e seguintes do C. Penal (L. 11.343, art. 30). 6. Ocorrência, pois, de 'despenalização', entendida como exclusão, para o tipo, das penas privativas de liberdade. 7. Questão de ordem resolvida no sentido de que a L. 11.343/06 não implicou abolitio criminis (C. Penal, art. 107). II. Prescrição: consumação, à vista do art. 30 da L. 11.343/ /06, pelo decurso de mais de 2 anos dos fatos, sem qualquer causa interruptiva. III. Recurso extraordinário julgado prejudicado."

O Supremo Tribunal Federal mantém o entendimento de que a conduta de portar droga para consumo pessoal não perdeu o caráter criminoso.

Renato Brasileiro de Lima também entende ter havido despenalização com manutenção do "status" de crime. Salienta que "o fato de o art. 1º da Lei de Introdução ao Código Penal estabelecer um critério que permite distinguir quando se está diante de um crime ou de uma contravenção não impede que o legislador ordinário adote outros critérios gerais de distinção, ou até mesmo estabeleça para determinado crime – como o fez o art. 28 da Lei nº 11.343/06 – pena diversa da privativa de liberdade, a qual é apenas uma das opções constitucionais passíveis de adoção pela lei incriminadora. Com efeito, de acordo com o art. 5º, XLVI, da Constituição Federal, a lei regulará a individualização da pena e adotará, entre outras, as seguintes: a) privação ou restrição da liberdade; b) perda de bens; c) multa; prestação social alternativa; e) suspensão ou interdição de direitos. Como se percebe, o próprio constituinte originário outorga ao legislador a possibilidade de, por ocasião da fase legislativa de individualização da pena, não apenas aplicar as penas ressalvadas no texto constitucional, como também criar outas penas ali não indicadas expressamente. Afinal, a expressão 'entre outras' constante do referido dispositivo constitucional demonstra que o rol de penas aí previsto é meramente exemplificativo."[283]

[283] LIMA, Renato Brasileiro de. *Legislação criminal especial comentada: volume único.* 9. ed. rev., atual. e ampl. Salvador: JusPODIVM, 2021, p. 1031.

Guilherme de Souza Nucci não concorda ter havido despenalização, porquanto, em sua compreensão, penas existem, porém mais brandas. Salienta que o legislador "optou por outras sanções e está buscando horizonte diverso da punição carcerária. Porém, deixou bem claro - eis aqui o princípio da legalidade - tratar-se de crime, ao qual se cominam penas. Basta a mera leitura do título do capítulo III: 'Dos Crimes e das Penas'. O crime, por si só, é uma ficção jurídica. Afinal, uma conduta qualquer se torna criminosa sempre que o legislador criar um tipo penal (vide o exemplo do assédio sexual). Assim como deixa de sê-lo, quando bem quiser o Poder Legislativo (vide o exemplo do adultério ou da sedução). Por que estaria impedida a idealização e criação de novas modalidades de penas? Nada existe de concreto a sustentar esse argumento. Aliás, a própria Constituição Federal é bem clara ao dispor, no art. 5º, XLVI, o seguinte: 'a lei regulará a individualização da pena e adotará, entre outras, as seguintes: a) privação ou restrição de liberdade; b) perda de bens; c) multa; d) prestação social alternativa; e) suspensão ou interdição de direitos' (grifamos). Ora, o rol não é cumulativo, mas alternativo. Para um determinado crime, pode o legislador eleger, exclusivamente, pena privativa de liberdade, como o fez para o homicídio. Para outro, pode optar pela alternatividade no próprio tipo penal (privação da liberdade ou multa, como ocorreu com a ameaça). Em outro foco, tem a possibilidade de criar um sistema substitutivo: primeiramente, fixa o juiz a pena privativa de liberdade; havendo o preenchimento das condições legais e merecimento por parte do réu, substitui tal penalidade por restritiva de direitos (art. 44, CP). Há, ainda autorização constitucional para idealização de outras penas, além das previstas nessa lista do inciso XLVI do art. 5º. Cremos ser o caso da advertência, hoje uma realidade criada pelo art. 28 da Lei 11.343/2006."[284]

Greco Filho e Rassi consideram que "a Lei inovou em diversos aspectos. Retirou o crime de trazer consigo para uso pessoal das proximidades topológicas do crime de tráfico, colocando-o no título relativo à prevenção do uso indevido, atenção e reinserção social de usuários e dependentes de drogas, a fim de abrandar o estigma da pena criminal, mas andou bem em não descriminalizar a conduta a fim de não enfraquecer a repressão, permitindo sua atuação para a cessação da atividade criminosa. A descriminalização romperia a amplitude da reação social porque teria sido rompida a

[284] NUCCI, Guilherme de Souza. *Leis penais e processuais penais comentadas*. 9. ed. rev., atual. e ampl., vol. 1. Rio de Janeiro: Forense, 2015, p. 314-315.

cadeia criminosa, do grande traficante ao passador. Houve substituição da expressão 'para uso próprio' por 'para consumo pessoal'. A alteração é relevante porque amplia a possibilidade do enquadramento no tipo mais benefício das condutas quando para consumo próprio ou de outrem em caráter pessoal, ou seja, sem o animus de disseminação. Na lei anterior, somente poderia ser aplicado o art. 16, desqualificando-se o art. 12, se o agente trazia consigo para uso exclusivamente próprio, caracterizando-se o então art. 12 se a droga fosse também para uso pessoal de terceiro. O texto atual, portanto, é mais amplo e benéfico, abrangendo situação que era antes considerada injusta, a de se punir com as penas do então art. 12 aquele que, por exemplo, dividia a droga com companheiros ou a adquiria para consumo doméstico de mais de uma pessoa."[285]

Por fim, é importante deixar consignado o entendimento doutrinário que questiona se o legislador embasou a questão no âmbito penal ou se houve um direcionamento para a esfera administrativa. Para Gomes e Sanches,[286] a alteração legislativa deu origem à denominada infração "sui generis", porquanto não é mais considerada crime nem contravenção penal, tampouco uma infração administrativa: "o fato (posse de droga para consumo pessoal) deixou de ser crime (formalmente) porque já não é punido com reclusão ou detenção (art. 1º da LICP). Tampouco é uma infração administrativa (porque as sanções cominadas devem ser aplicadas pelo juiz dos juizados criminais). Se não se trata de um crime nem de uma contravenção penal (mesmo porque não há cominação de qualquer pena de prisão), se não se pode admitir tampouco uma infração administrativa, só resta concluir que estamos diante de infração penal sui generis."

Como destacado precedentemente, e é a tese prevalente, o Plenário do Supremo Tribunal Federal refutou as teses da "abolitio criminis" e da infração penal "sui generis" para o delito previsto no artigo 28, reafirmando a natureza de crime da conduta praticada pelo usuário de drogas, não obstante tenha havido despenalização (Recurso Extraordinário nº 430.105 QO/RJ). Não se trata, portanto, de descriminalização da conduta, contudo, não se tem mais a aplicação da pena privativa de liberdade. O STJ igualmente acena nesse sentido (REsp nº 1.672.654/SP, Relatora Ministra

[285] GRECO FILHO, Vicente; RASSI, João Daniel. *Lei de Drogas anotada: Lei nº 11.343/2006*. São Paulo: Saraiva, 2007, p. 44.

[286] GOMES, Luiz Flávio; SANCHES, Rogério Cunha. *Posse de drogas para consumo pessoal: crime, infração penal "sui generis" ou infração administrativa?* Disponível em: <http://www.lfg.com.br.> Publicado em 12.12.2006. Acesso em 01.06.2023.

Maria Thereza de Assis Moura, Sexta Turma, julgado em 21.08.2018, *DJe* de 30.08.2018).

Esse é o entendimento majoritário da doutrina e da jurisprudência no que tange à **natureza jurídica da infração**, ou seja, o porte de drogas para consumo próprio é crime, tendo apenas havido despenalização, não tendo sido excluído do campo da criminalização. Suprimiu-se a pena de prisão do usuário e implementou-se uma política criminal amparada na prevenção e no tratamento terapêutico, mantendo, no entanto, a criminalização.

Importante destacar que se discute sobre a constitucionalidade da previsão contida no artigo 28. Em síntese, a discussão se circunscreve ao fato de que a criminalização do porte de droga para consumo próprio ofende os direitos fundamentais como a intimidade, a privacidade, a liberdade e a autonomia do usuário, porquanto reprime condutas de autolesão, desrespeitando a vontade individual de colocar em risco a própria saúde (física e mental), havendo, pois, violação ao princípio da proporcionalidade. Sob esta ótica, reprimendas diversas das penais, como as administrativas, seriam mais consentâneas.

Entendimento oposto, com o qual me coaduno, é o de que o bem jurídico tutelado pela norma (saúde pública) seria transindividual de modo que o porte de drogas para consumo pessoal resvalaria não apenas na saúde física e mental do usuário, mas também na sociedade como um todo, o que justificaria a higidez da criminalização do artigo 28 da Lei nº 11.343/2006.

Ora, não se pune o vício do usuário, até porque o artigo em análise sequer elenca o verbo "usar" como figura típica, mas sim o porte, a posse, para consumo pessoal, que, no mais das vezes, culmina com a propagação da droga no meio social, ou seja, devendo ser obstado o perigo social que representa a disseminação ilegal da droga.

Sobre o tema, o STF, aos 09.12.2011, reconheceu a existência de Repercussão Geral no Recurso Extraordinário nº 635.659 (Tema: 0506), interposto pelo Defensor Público Geral do Estado de São Paulo, contra acórdão que manteve a condenação pelo crime de porte de drogas (maconha) para consumo pessoal. Em tal recurso alegou-se a violação ao disposto no inciso X do artigo 5º da Constituição Federal, porquanto o preceito do artigo 28 violaria a intimidade e a vida privada, além do princípio da lesividade.

Iniciado o julgamento, o Relator Ministro Gilmar Mendes, votou pela procedência do Recurso Extraordinário, ou seja, pela inconstitucionalidade da norma do artigo 28 da Lei nº 11.343/2006, que criminaliza o porte de drogas para consumo pessoal. O Ministro Roberto Barroso também deu provimento ao recurso extraordinário com a absolvição do recorrente e o Ministro Edson Fachin deu parcial provimento ao recurso, votando pela inconstitucionalidade da norma no que diz respeito à maconha (*cannabis sativa*), remanescendo a conduta delitiva para o porte para uso pessoal das demais drogas. Até o fechamento desta edição não foi concluído o julgamento, encontrando-se conclusos ao Relator com previsão de julgamento em 21.06.2023.

Guilherme de Souza Nucci considera que o caput do artigo 28 "não se trata de infração de menor potencial ofensivo, mas de ínfimo potencial ofensivo. Além da possibilidade de transação (art. 48, §5º [da Lei de Drogas]), não se imporá prisão em flagrante (art. 48, §2º [da Lei de Drogas]) e, ao final, poderá ser aplicada simples advertência Denominamos de ínfimo potencial ofensivo o crime previsto no art. 28 desta Lei, tendo em vista que, mesmo não sendo possível a transação, ainda que reincidente o agente, com maus antecedentes ou péssima conduta social, jamais será aplicada pena privativa de liberdade. O máximo a que se chega, havendo processo e, buscando-se uma condenação, é atingir as três penas principais (advertência, prestação de serviços à comunidade e/ou frequência a curso ou programa educativo), com as medidas assecuratórias de cumprimento: admoestação e, se nada mais adiantar, multa."[287]

2. Classificação

O sujeito ativo pode ser qualquer pessoa, tratando-se de crime comum. O sujeito passivo é a coletividade.

O elemento subjetivo é o dolo, consistente na consciência e vontade de adquirir, guardar, ter em depósito, transportar ou trazer consigo, substância entorpecente sem autorização ou em desacordo com determinação legal ou regulamentar, acrescido do elemento subjetivo distinto do dolo consubstanciado na expressão "para consumo pessoal". Não está prevista a forma culposa.

Em razão da existência da expressão "para consumo pessoal" é que se traça a distinção com o tráfico de drogas delineado no artigo 33 da Lei nº 11.343/2006, no qual há a finalidade comercial da droga.

[287] NUCCI, Guilherme de Souza. *Leis penais e processuais penais comentadas*. 9. ed. rev., atual. e ampl., vol. 1. Rio de Janeiro: Forense, 2015, p. 320.

O bem jurídico é a saúde pública. A norma do art. 28 tutela não somente a saúde do usuário, porquanto sua conduta não se circunscreve apenas a sua esfera pessoal, tendo potencialidade de lesionar toda a coletividade.

De perigo abstrato, não se exigindo a necessidade de efetivação da lesão ou exposição de perigo ao bem jurídico, consumando-se o crime com a conduta descrita na norma. Prescinde da comprovação da existência de situação que coloque em risco o bem jurídico tutelado (saúde – bem jurídico transindividual). Há uma presunção absoluta a respeito da sua periculosidade.

Formal já que não exige resultado para a sua consumação.

Cuida-se de tipo penal misto alternativo, havendo a consumação com a prática de uma das condutas descritas no tipo ("adquirir", "guardar", "ter em depósito", "transportar" ou "trazer consigo"), sendo certo que ainda que se venha a perpetrar mais de um dos verbos nucleares, remanescerá a ocorrência de crime único. Por certo, tal circunstância poderá ser levada em consideração quando da dosimetria penal para fins de majoração (artigo 59 do CP).

3. Artigo 28 e seus parágrafos

As penas previstas nos incisos do "caput" do artigo 28 consistem em "advertência sobre os efeitos das drogas (I), prestação de serviços à comunidade (II) e medida educativa de comparecimento a programa ou curso educativo (III)".

A aplicação destas penas deve se respaldar na personalidade e conduta social, com observância dos critérios do artigo 42 da Lei nº 11.343/2006 e do artigo 59 do Código Penal, notadamente atentar se o agente é apenas um experimentador da droga, usuário ou dependente e qual o tipo de substância ilícita (natureza e quantidade).

Pode haver a aplicação isolada ou cumulativa das medidas elencadas nestes incisos atentando-se ao grau de reprovação social da conduta. Também cumpre destacar que as penas previstas poderão ser substituídas a qualquer tempo, ouvidos o Ministério Público e o defensor, a teor do que dispõe o artigo 27 da Lei nº 11.343/2006.

A pena de advertência objetiva demonstrar ao agente as consequências negativas do uso de drogas à sua saúde, ao seu conceito e estima social, à estabilidade e harmonia familiar, à comunhão social, buscando despertar valores aptos a ensejar contraestímulo ao estímulo de consumir drogas sem autorização ou em desacordo com determinação legal e regulamentar.[288]

[288] MARCÃO, Renato. *Tóxicos: Lei nº 11.343, de 23 de agosto de 2006: Lei de Drogas: anotada e interpretada*. 11 ed. rev. ampl. e atual. São Paulo: Saraiva, 2017, p. 63.

É a mais branda das penas e é levada a efeito pelo magistrado em audiência específica para isso, tendo, portanto, aplicação imediata, devendo contar com a presença da defesa técnica, sob pena de nulidade absoluta.

A pena de prestação de serviços à comunidade consiste na realização de atividades previstas no art. 46, § 1º, do CP ("a prestação de serviços à comunidade ou a entidades públicas consiste na atribuição de tarefas gratuitas ao condenado") e será, na forma do § 5º do art. 28 da Lei de Drogas, "cumprida em programas comunitários, entidades educacionais ou assistenciais, hospitais, estabelecimentos congêneres, públicos ou privados sem fins lucrativos, que se ocupem, preferencialmente, da prevenção do consumo ou da recuperação de usuários e dependentes de drogas." A prioridade, portanto, é que recaia nas entidades que se ocupem na prevenção das drogas.

No que tange à medida educativa de comparecimento a programa ou curso educativo, o acusado tem o dever de comparecimento para que seja orientado pelos diversos profissionais.

Nucci reputa que a Lei foi falha ao não detalhar o tema. Assim, entende que "a única maneira de se evitar lesão ao princípio da legalidade, porém buscando-se salvar a pena criada, parece-nos que se deva fazer uma analogia com a prestação de serviços à comunidade. Desse modo, o juiz fixaria a obrigação de comparecimento a programa ou curso educativo pelo prazo mínimo de um dia (o que deve ser evitado, pois inócuo) até o máximo de cinco meses. A periodicidade do comparecimento deve guardar correspondência com a estrutura estabelecida pelo curso (duas vezes por semana, durante duas horas, por exemplo). Em caso de reincidência, é ajustável a aplicação dessa medida até o prazo de dez meses, como disposto no art. 28, §4º."[289]

Certamente o programa ou curso educativo devem estar alinhados ao tema sobre prevenção do uso indevido de drogas, atenção e reinserção social de usuários e dependentes.

O § 1º do artigo 28 (figura equiparada) estatui que às mesmas medidas do "caput" consubstanciadas na de advertência sobre os efeitos das drogas, na prestação de serviços à comunidade e na medida educativa de comparecimento a programa ou curso educativo submete-se quem, para seu consumo pessoal, semeia, cultiva ou colhe plantas destinadas à preparação de pequena quantidade de substância ou produto capaz de causar dependência física ou psíquica. Este dispositivo teria aplicação, por exemplo, nos

[289] NUCCI, Guilherme de Souza. *Leis penais e processuais penais comentadas*. 9. ed. rev., atual. e ampl. vol. 1. Rio de Janeiro: Forense, 2015, p. 328.

casos de pessoas que plantam alguns pés de maconha em sua casa visando unicamente o seu consumo. Na hipótese de a plantação permitir a preparação de quantidade considerável, estará caracterizado o delito de tráfico de drogas.

Note-se que para além do dolo igualmente está presente o elemento subjetivo distinto do dolo consubstanciado na expressão "para seu consumo pessoal". Ausente, estar-se-ia diante do delito do artigo 33 do mesmo diploma.

O § 1º do artigo 28 cuida-se de norma especial em relação ao crime de tráfico de drogas estampado no inciso II do § 1º do artigo 33 da mesma legislação, porquanto a finalidade é o consumo pessoal e cujo cultivo deve ser destinado à preparação de pequena quantidade de substância ou produto capaz de causar dependência física ou psíquica.

A Lei não traz a definição de usuário ficando à discricionariedade vinculada atribuída ao magistrado a definição no caso concreto, na forma prescrita no §2º do artigo 28: "para determinar se a droga se destinava a consumo pessoal, o juiz atenderá à natureza e à quantidade da substância apreendida, ao local e às condições em que se desenvolveu a ação, às circunstâncias sociais e pessoais, bem como à conduta e aos antecedentes do agente."

Em havendo dúvida quanto ao objetivo do agente – se para consumo pessoal ou mercancia – a dúvida deve ser decidida em seu favor. Logo, para a adequada tipificação da conduta deve ser aferida a natureza da droga, a quantidade e os demais critérios objetivos e subjetivos insculpidos no §2º, não havendo hierarquia de valores. Assim, para se distinguir o traficante do usuário a lei impõe que o magistrado mensure todos estes elementos diante do caso concreto posto à sua apreciação.

O STF já decidiu que "cabe ao Ministério Público comprovar a imputação, contrariando o princípio da não culpabilidade a inversão a ponto de concluir-se pelo tráfico de entorpecentes em razão de o acusado não haver feito prova da versão segundo a qual a substância se destinava ao uso próprio e de grupo de amigos que se cotizaram para a aquisição" (HC nº 107448, Relator Ministro Ricardo Lewandowski, Relator p/acórdão: Ministro Marco Aurélio, julgado em 18.06.2013).

A finalidade de consumo pessoal deve ser verificada no caso concreto. A autoridade de polícia judiciária, remetendo os autos do inquérito policial ao juízo, "deverá justificar a classificação do delito por ocasião do relatório do inquérito (art. 52, I), ou seja, somente quando entender que o crime não é do art. 28, caso em que não haverá inquérito, mas apenas termo circunstanciado (art. 48, §2º)."[290]

De se notar que o § 3º do artigo 28 dispõe que as penas de prestação de serviços à comunidade e medida educativa (incisos II e III do seu "caput") serão aplicadas pelo prazo máximo de 05 (cinco) meses, enquanto seu § 4º dispõe que em caso de reincidência tais penas serão aplicadas pelo prazo máximo de 10 (dez) meses.

O artigo 28, §3º, prevê o prazo máximo de cinco meses para a aplicação das penas previstas nos incisos II e III do seu "caput", que pode ser dobrado (pelo prazo máximo de dez meses) na hipótese de reincidência, na forma do §4º. Não foi estabelecido um prazo mínimo para os usuários e dependentes, contudo, deve-se atentar que o mínimo tem que ser observado face à impossibilidade de haver pena fixada em horas (inteligência do artigo 11 do Código Penal).

Tem-se entendido que a reincidência de que versa o § 4º do art. 28 da Lei nº 11.343/2006 é a reincidência específica. Nesse sentido:

> "RECURSO ESPECIAL. POSSE DE DROGAS. ART. 28, § 4º, DA LEI 11.343/2006. APLICABILIDADE ÀQUELE QUE REINCIDIR NA PRÁTICA DO DELITO PREVISTO NO CAPUT DO ART. 28 DA LEI DE DROGAS. MELHOR EXEGESE. REVISÃO DO ENTENDIMENTO DA SEXTA TURMA. RECURSO IMPROVIDO.
>
> 1. A melhor exegese, segundo a interpretação topográfica, essencial à hermenêutica, é de que os parágrafos não são unidades autônomas, estando direcionados pelo caput do artigo a que se referem.
> 2. Embora não conste da letra da lei, é forçoso concluir que a reincidência de que trata o § 4º do art. 28 da Lei 11.343/2006 é a específica. Revisão do entendimento.
> 3. Aquele que reincide no contato típico com drogas para consumo pessoal fica sujeito a resposta penal mais severa: prazo máximo de 10 meses.
> 4. Condenação anterior por crime de roubo não impede a aplicação das penas do art. 28, II e III, da Lei 11.343/06, com a limitação de 5 meses de que dispõe o § 3º do referido dispositivo legal.
> 5. Recurso improvido."
>
> (STJ, REsp nº 1.771.304/ES, Relator Ministro Nefi Cordeiro, Sexta Turma, julgado em 10.12.2019, *DJe* de 12.12.2019)

[290] BALTAZAR JUNIOR, José Paulo. *Crimes Federais.* 10ª ed. rev., atual. e ampl. São Paulo: Saraiva, 2015, 2ª tiragem, 2016, p. 1162.

Na hipótese de descumprimento injustificado das medidas previstas nos incisos II e III do caput do artigo 28, o agente ficará sujeito à admoestação verbal para cumprimento do que lhe foi fixado e ou à aplicação de multa (cujos valores serão creditados à conta do Fundo Nacional Antidrogas – art. 29, § único, da Lei nº 11.343/2006), na forma do § 6º do artigo 28. Não se trata de pena, mas de mecanismos para que se assegure o cumprimento das sanções anteriormente impostas.

A admoestação verbal é uma repreensão que o juiz deve fazer ao agente demonstrando que ele deve se sujeitar ao título executivo que decorre da sentença condenatória ou da decisão que homologou a transação penal. Há necessidade de a admoestação ser reduzida a termo próprio em audiência, com a assinatura de todos os presentes ao ato.

Após, dada a oportunidade ao agente e não cumprindo o que fora acordado, deve o magistrado, sucessivamente, estabelecer a pena de multa na forma prevista no artigo 29. Não se pode, ao mesmo tempo, o magistrado admoestar o agente e impor a multa ante a expressão "sucessivamente", constante do § 6º. Esta pena pecuniária possui a finalidade de servir de elemento de coerção ao usuário para que cumpra as medidas fixadas de prestação de serviços à comunidade e de comparecimento a programa ou curso educativo.

Em suma, não cabe a aplicação da multa de forma imediata, tampouco a aplicação simultânea da admoestação verbal e da multa.

Frise-se, a multa do § 6º do artigo 28 não se trata de pena, mas de um mecanismo de coerção a fim de que se cumpra as penas anteriormente impostas, apresentando caráter extraprocessual, jamais podendo ser convertida em pena privativa de liberdade em caso de não pagamento.

Em razão da previsão contida no artigo 28, parágrafo 6º, não há que se falar em delito de desobediência (artigo 330 do CP), porquanto a própria lei dispõe a aplicação da admoestação e multa, além do que como bem pontua Renato Brasileiro de Lima[291] "se a própria sistemática da Lei de Drogas afastou a possibilidade de aplicação da pena privativa de liberdade ao crime de porte de drogas para consumo pessoal, seria um enorme contrassenso se se admitisse que o descumprimento das penas do art. 28 pode vir a tipificar um crime sujeito à pena privativa de liberdade."

[291] LIMA, Renato Brasileiro de. *Legislação criminal especial comentada*. 9. ed. rev., atual. e ampl. Salvador: Juspodvm, 2021, p. 1049.

O § 7º do art. 28 dispõe que "o juiz determinará ao Poder Público que coloque à disposição do infrator, gratuitamente, estabelecimento de saúde, preferencialmente ambulatorial, para tratamento especializado."

A vaga deve ser, preferencialmente, para tratamento ambulatorial, não ficando excluída a alternativa de tratamento em regime de internação, se houver prescrição médica.

A determinação deve estar contida na sentença que homologar a transação penal ou na que condenar o agente. A recusa do dependente (ao usuário não está prevista esta possibilidade) não implica em qualquer outra medida ou sanção, sendo o tratamento gratuito e facultativo.

Os limites de "duração e intensidade do tratamento deverão ser fixados pelo corpo clínico ou interdisciplinar, tomando por base a realidade do infrator, seu grau de envolvimento com as drogas, seu comprometimento com o tratamento, etc. Não há previsão de prazo para que o Poder Público disponibilize a vaga determinada, tampouco regras disciplinadoras da responsabilização do Poder Público ou de seus agentes para a hipótese de descumprimento da ordem judicial."[292]

O delito tipificado no artigo 28 submete-se ao rito da Lei nº 9.099, de 26.09.1995 (artigos 60 e seguintes), conforme prescrição contida no artigo 48, §§1º a 5º, ressalvadas as hipóteses de concurso com os crimes previstos nos artigos 33 a 37 desta Lei. Tratando-se de infração de menor potencial ofensivo a competência está afeta ao Juizado Especial Criminal.

Em regra, é de competência da Justiça Estadual (Juizado Especial Estadual – crime de menor potencial ofensivo), na medida em que não está previsto em tratado internacional, tampouco o artigo 70 da Lei nº 11.343/2006 o incluiu como crime que deve ser julgado pela Justiça Federal (art. 70. O processo e o julgamento dos crimes previstos nos arts. 33 a 37 desta Lei, se caracterizado ilícito transnacional, são da competência da Justiça Federal). Nesse sentido, o julgamento da 3ª Seção do STJ no âmbito do Conflito de Competência nº 144.910/MS (Relator Ministro Reynaldo Soares da Fonseca, julgado aos 13.04.2016).

Quando a pessoa for surpreendida cometendo a infração penal não pode ser presa em flagrante, ao revés, deverá ser encaminhado de pronto ao juizado competente. Se não houver, deverá prestar o compromisso de a ele comparecer, mediante a lavratura do termo circunstanciado e submissão

[292] MARCÃO, Renato. *Tóxicos: Lei nº 11.343, de 23 de agosto de 2006: Lei de Drogas: anotada e interpretada*. 11. ed. rev. ampl. e atual. São Paulo: Saraiva, 2017, p. 67.

aos exames e perícias, sendo após liberado (inteligência do art. 48, § 2º, desta Lei).

Nos termos do § 3º do artigo 48 "se ausente a autoridade judicial, as providências previstas no § 2º deste artigo serão tomadas de imediato pela autoridade policial, no local em que se encontrar, vedada a detenção do agente."

O STF na ADI 3807, aos 29.08.2020, declarou constitucional a lavratura do Termo Circunstanciado pelo magistrado, porquanto não se trataria de ato de investigação:

> "AÇÃO DIRETA DE INCONSTITUCIONALIDADE. § 3º DO ART. 48 DA LEI Nº 11.343/2006. PROCESSAMENTO DO CRIME PREVISTO NO ART. 28 DA LEI Nº 11.343/2006. ATRIBUIÇÃO À AUTORIDADE JUDICIAL DE LAVRATURA DE TERMO CIRCUNSTANCIADO E REQUISIÇÃO DOS EXAMES E PERÍCIAS NECESSÁRIOS. CONSTITUCIONALIDADE. INEXISTÊNCIA DE ATO DE INVESTIGAÇÃO. INOCORRÊNCIA DE ATRIBUIÇÃO DE FUNÇÃO DE POLÍCIA JUDICIÁRIA AO PODER JUDICIÁRIO. AÇÃO DIRETA JULGADA IMPROCEDENTE."
>
> (STF, ADI nº 3807/DF, Relatora Ministra Carmen Lúcia, Plenário)

Do mesmo modo, não há que se falar na possibilidade de prisão preventiva pelo descumprimento das medidas impostas porquanto, *s.m.j*, estar-se-ia violando o princípio da homogeneidade, já que ainda que definitivamente condenado não lhe seria imposta pena privativa de liberdade.

Outra importante questão diz respeito à reincidência. Atualmente tem prevalecido o entendimento de que as condenações anteriores pelo delito ora sob análise não têm o condão de gerar a reincidência porquanto se até as contravenções penais que são punidas com pena de prisão simples não geram, evidenciar-se-ia uma desproporcionalidade possibilitar que o artigo 28 cuja lei sequer comina pena privativa de liberdade seja causa geradora de reincidência.

Nesse sentido, o STJ já decidiu que:

> "RECURSO ESPECIAL. DIREITO PENAL. TRÁFICO DE ENTORPECENTES. CONDENAÇÃO ANTERIOR PELO DELITO DO ARTIGO 28 DA LEI DE DROGAS.
>
> CARACTERIZAÇÃO DA REINCIDÊNCIA. DESPROPORCIONALIDADE.

1. À luz do posicionamento firmado pelo Supremo Tribunal Federal na questão de ordem no RE nº 430.105/RJ, julgado em 13/02/2007, de que o porte de droga para consumo próprio, previsto no artigo 28 da Lei nº 11.343/2006, foi apenas despenalizado pela nova Lei de Drogas, mas não descriminalizado, esta Corte Superior vem decidindo que a condenação anterior pelo crime de porte de droga para uso próprio configura reincidência, o que impõe a aplicação da agravante genérica do artigo 61, inciso I, do Código Penal e o afastamento da aplicação da causa especial de diminuição de pena do parágrafo 4º do artigo 33 da Lei nº 11.343/06.

2. Todavia, se a contravenção penal, punível com pena de prisão simples, não configura reincidência, resta inequivocamente desproporcional a consideração, para fins de reincidência, da posse de droga para consumo próprio, que conquanto seja crime, é punida apenas com "advertência sobre os efeitos das drogas", "prestação de serviços à comunidade" e "medida educativa de comparecimento a programa ou curso educativo", mormente se se considerar que em casos tais não há qualquer possibilidade de conversão em pena privativa de liberdade pelo descumprimento, como no caso das penas substitutivas.

3. Há de se considerar, ainda, que a própria constitucionalidade do artigo 28 da Lei de Drogas, que está cercado de acirrados debates acerca da legitimidade da tutela do direito penal em contraposição às garantias constitucionais da intimidade e da vida privada, está em discussão perante o Supremo Tribunal Federal, que admitiu Repercussão Geral no Recurso Extraordinário nº 635.659 para decidir sobre a tipicidade do porte de droga para consumo pessoal.

4. E, em face dos questionamentos acerca da proporcionalidade do direito penal para o controle do consumo de drogas em prejuízo de outras medidas de natureza extrapenal relacionadas às políticas de redução de danos, eventualmente até mais severas para a contenção do consumo do que aquelas previstas atualmente, **o prévio apenamento por porte de droga para consumo próprio, nos termos do artigo 28 da Lei de Drogas, não deve constituir causa geradora de reincidência.**

5. Recurso improvido."

(STJ, REsp nº 1.672.654/SP, Relatora Ministra Maria Thereza de Assis Moura, Sexta Turma, julgado em 21.08.2018, *DJe* de 30.08.2018) (grifei)

"HABEAS CORPUS SUBSTITUTIVO DE RECURSO PRÓPRIO. INADEQUAÇÃO DA VIA ELEITA. TRÁFICO ILÍCITO DE ENTORPECENTES. ABSOLVIÇÃO OU DESCLASSIFICAÇÃO. IMPOSSIBILIDADE.

EXAME DO CONJUNTO FÁTICO-PROBATÓRIO INCABÍVEL NA VIA ELEITA. CONDENAÇÃO ANTERIOR PELO CRIME DO ARTIGO 28 DA LEI DE DROGAS. REINCIDÊNCIA. DESPROPORCIONALIDADE. PEDIDO DE APLICAÇÃO DA MINORANTE PREVISTA NO § 4º DO ART. 33 DA LEI 11.343/2006. POSSIBILIDADE. PREENCHIMENTO DOS REQUISITOS. REGIME ABERTO E SUBSTITUIÇÃO DA PENA. VIABILIDADE. PENA INFERIOR A 4 ANOS E CIRCUNSTÂNCIAS JUDICIAIS FAVORÁVEIS. HABEAS CORPUS NÃO CONHECIDO. ORDEM CONCEDIDA DE OFÍCIO.

1. O Superior Tribunal de Justiça, seguindo entendimento firmado pelo Supremo Tribunal Federal, passou a não admitir o conhecimento de habeas corpus substitutivo de recurso previsto para a espécie. No entanto, deve-se analisar o pedido formulado na inicial, tendo em vista a possibilidade de se conceder a ordem de ofício, em razão da existência de eventual coação ilegal.

2. As pretensões de absolvição por insuficiência de provas e de desclassificação do delito de tráfico para o delito do art. 28 da Lei nº 11.340/2006, não podem ser apreciadas por esta Corte Superior de Justiça, na via estreita do habeas corpus, por demandar o exame aprofundado do conjunto fático--probatório dos autos. Precedentes.

3. Consoante o posicionamento firmado pela Suprema Corte, na questão de ordem no RE nº 430.105/RJ, a conduta de porte de substância entorpecente para consumo próprio, prevista no art. 28 da Lei nº 11.343/2006, foi apenas despenalizada pela nova Lei de Drogas, mas não descriminalizada, em outras palavras, não houve abolitio criminis. Desse modo, tratando-se de conduta que caracteriza ilícito penal, a condenação anterior pelo crime de porte de entorpecente para uso próprio pode configurar, em tese, reincidência.

4. Contudo, as condenações anteriores por contravenções penais não são aptas a gerar reincidência, tendo em vista o que dispõe o art. 63 do Código Penal, que apenas se refere a crimes anteriores. E, se as contravenções penais, puníveis com pena de prisão simples, não geram reincidência, mostra-se desproporcional o delito do art. 28 da Lei nº 11.343/2006 configurar reincidência, tendo em vista que nem é punível com pena privativa de liberdade.

5. Nesse sentido, a Sexta Turma deste Superior Tribunal de Justiça, no julgamento do REsp nº 1.672.654/SP, da relatoria da Ministra MARIA THEREZA, julgado em 21/8/2018, proferiu julgado considerando desproporcional o reconhecimento da reincidência por condenação pelo delito anterior do art. 28 da Lei nº 11.343/2006. 6. Para aplicação da causa de

diminuição de pena do art. 33, § 4º, da Lei nº 11.343/2006, o condenado deve preencher, cumulativamente, todos os requisitos legais, quais sejam, ser primário, de bons antecedentes, não se dedicar a atividades criminosas nem integrar organização criminosa, podendo a reprimenda ser reduzida de 1/6 (um sexto) a 2/3 (dois terços), a depender das circunstâncias do caso concreto. No caso, tendo em vista que a reincidência foi o único fundamento para não aplicar a benesse e tendo sido afastada a agravante, de rigor a aplicação da redutora.

7. Quanto ao regime e a substituição, tratando-se de réu primário, condenado à pena privativa de liberdade inferior a 4 anos de reclusão, com a análise favorável das circunstâncias judiciais, além da não expressiva quantidade de droga – 7,2 g de crack –, o paciente faz jus ao regime aberto, a teor do disposto no art. 33, §§ 2º e 3º, do Código Penal, assim como resulta cabível a conversão da pena privativa de liberdade por medidas restritivas de direitos, a serem definidas pelo Juízo das Execuções Criminais.

8. Habeas corpus não conhecido. Ordem concedida, de ofício, para conceder a ordem para redimensionar a pena do paciente, fixar o regime aberto e substituir a pena privativa de liberdade por restritiva de direitos."

(STJ, HC nº 453.437/SP, Relator Ministro Reynaldo Soares da Fonseca, Quinta Turma, julgado em 04.10.2018, *DJe* de 15.10.2018) (grifei).

"AGRAVO REGIMENTAL NO HABEAS CORPUS. FURTO QUALIFICADO TENTADO. FALSA IDENTIDADE. DOSIMETRIA DA PENA. MAUS ANTECEDENTES. AGRAVANTE DA REINCIDÊNCIA. CONDENAÇÃO ANTERIOR PELO CRIME DE PORTE OU POSSE DE DROGAS. DESPROPORCIONALIDADE. CONSTRANGIMENTO ILEGAL EVIDENCIADO. AUMENTO MANTIDO POR OUTROS FUNDAMENTOS. IMPOSSIBILIDADE. WRIT CONCEDIDO. AGRAVO REGIMENTAL IMPROVIDO.

1. Conforme o entendimento firmado pela Sexta Turma no julgamento do REsp nº 1.672.654/SP (Rel. Ministra MARIA THEREZA DE ASSIS MOURA, SEXTA TURMA, DJe 30/8/2018), revela-se desproporcional o reconhecimento da reincidência em virtude de anterior condenação pelo delito previsto no art. 28 da Lei nº 11.343/2006, argumento que também se aplica para os maus antecedentes.

2. Descabe o reconhecimento de outros fundamentos para manter o aumento pelos maus antecedentes e reincidência, considerando que a Corte a quo, em apelação, visualizou a multirreincidência, mas ponderou que tal fundamento só foi utilizado para fixação do regime.

3. Agravo regimental improvido."

(STJ, AgRg no HC nº 552.355/SP, Relator Ministro Nefi Cordeiro, Sexta Turma, julgado em 10.03.2020, *DJe* de 16.03.2020)

A Segunda Turma do STF, aos 22.03.2022, por maioria, decidiu que viola o princípio da proporcionalidade a consideração de condenação anterior pelo delito do artigo 28 para fins de reincidência:

"AGRAVO REGIMENTAL EM RECURSO ORDINÁRIO EM HABEAS CORPUS. PROCESSO PENAL. TRÁFICO DE ENTORPECENTES. DOSIMETRIA. REINCIDÊNCIA ASSENTADA EM ANTERIOR REGISTRO DE INCIDÊNCIA AO ART. 28 DA LEI 11.343/2006. ILEGALIDADE. AUSÊNCIA DE FUNDAMENTAÇÃO APTA A JUSTIFICAR A MAJORAÇÃO DA REPRIMENDA. DESPROPORCIONALIDADE. ORDEM CONCEDIDA. RECURSO DO MINISTÉRIO PÚBLICO FEDERAL. MANUTENÇÃO DO DECISIUM. AGRAVO REGIMENTAL DESPROVIDO.

1. A inexistência de argumentação apta a infirmar o julgamento monocrático conduz à manutenção da decisão agravada.

2. Conquanto não ultimado o julgamento do RE 635.659 (Relator Ministro Gilmar Mendes), que discute a constitucionalidade do art. 28 da Lei 11.343/2006, revela-se desproporcional considerar condenação anterior pela prática de porte de droga para consumo próprio como causa hábil a configurar reincidência e afastar a incidência do redutor do art. 33, §4º, da Lei de Drogas.

3. Não se afigura razoável permitir que uma conduta que possui vedação legal quanto à imposição de prisão, a fim de evitar a estigmatização do usuário de drogas, possa dar azo à posterior configuração de reincidência

4. Além de aparente contrariedade com a própria teleologia da Lei 11.343/2006, no que diz respeito à forma de tratamento que deve ser conferida ao usuário de drogas, deve-se ponderar ainda que a reincidência depende, segundo consolidada jurisprudência desta Corte, da constatação de que houve condenação criminal com trânsito em julgado, o que, em grande parte dos casos de incidência do art. 28 da Lei 11.343/2006 não ocorre.

5. Cumpre registrar que, nos termos do art. 63 do Código Penal, verifica-se a reincidência "quando o agente comete novo crime, depois de transitar em julgado a sentença que, no País ou no estrangeiro, o tenha condenado por crime anterior" (grifo nosso). Portanto, o conceito de reincidência

reclama a condenação pela prática de um segundo crime após anterior com trânsito em julgado – e não contravenção penal, por exemplo.

6. O art. 28 da Lei 11.343/2006, por não cominar pena de reclusão ou detenção, não configura crime nos termos da definição contida na Lei de Introdução ao Código Penal, e, assim, não tem a condão de gerar reincidência, instituto disciplinado no Código Penal.

7. Agravo regimental desprovido."

(STF, Ag. Reg. RHC nº 178512/SP, Relator Ministro Edson Fachin, Segunda Turma, j. 22.03.2022).

Renato Brasileiro de Lima[293] também entende pela desproporcionalidade do reconhecimento da reincidência que tenha por fundamento a existência de condenação com trânsito em julgado por delito anterior de posse de droga para uso próprio (artigo 28 da Lei nº 11.343/2006).

4. Princípio da insignificância

O princípio da insignificância incide quando presentes, cumulativamente, as seguintes condições objetivas: mínima ofensividade da conduta do agente, nenhuma periculosidade social da ação, grau reduzido de reprovabilidade do comportamento e inexpressividade da lesão jurídica provocada.

Questiona-se se seria aplicável o princípio da insignificância em se tratando de apreensão de pequena quantidade de droga para consumo próprio. O Ministro Ricardo Lewandowski sustentou argumentos contrários à aplicação deste princípio ao delito do artigo 28 desta Lei.

No julgamento do Habeas Corpus nº 102.940-ES, cuja decisão perdeu o objeto porquanto reconhecida a prescrição na 1ª instância, o eminente Ministro ponderou: "o objeto jurídico da norma em questão é a saúde pública, não apenas a do usuário, uma vez que sua conduta atinge não somente a sua esfera pessoal, mas toda a coletividade, diante da potencialidade ofensiva do delito de porte de drogas. O crime de porte ilegal de drogas é crime de perigo abstrato ou presumido, de modo que, para a sua caracterização, não se faz necessária efetiva lesão ao bem jurídico protegido, bastando a realização da conduta proibida para que se presuma o perigo ao bem tutelado. A presunção de perigo decorre da própria conduta do usuário que, ao adquirir a droga para seu consumo, realimenta esse comércio, pondo em risco a saúde pública. Além disso, existe a real possi-

[293] LIMA, Renato Brasileiro de. *Legislação criminal especial comentada*. 9. ed. rev., atual. e ampl. Salvador: Juspodivm, 2021, p. 1049.

bilidade do usuário de drogas vir a tornar-se mais um traficante, em busca de recursos para sustentar seu vício. Desse modo, estaria presente a periculosidade social da ação, o que inviabiliza o reconhecimento do princípio da insignificância."[294]

O Supremo Tribunal Federal, contudo, tem acenado pela aplicação do princípio da insignificância para o crime de porte de drogas para consumo pessoal (Habeas Corpus nº 110.475/SC, v.u., Rel. Min. Dias Toffoli, 1ª Turma, DJe 15.03.2012). Considerou-se que o fato de o crime configurar um delito de perigo abstrato não pode obstar a adoção do princípio da insignificância. Isso porque, ainda nestas hipóteses, não estaria arredada a necessidade de aferição da lesividade da conduta, vale dizer, se a conduta seria apta ou não para atingir o bem jurídico protegido pela norma.

Naquele momento considerou-se ser necessário que se evidencie a aptidão da conduta para lesar o bem jurídico, não bastando que, pelo simples fato de figurar no rol de substâncias proibidas pela lei, se pressuponha, de forma absoluta, que qualquer quantidade de droga seja capaz de produzir danos à saúde pública.

Entendeu-se não remanescer dúvida de que o Estado deva assegurar a proteção de bens jurídicos supraindividuais, dentre eles, a saúde pública, contudo, não poderá fazê-lo em casos em que a intervenção seja de tal forma desproporcional, a ponto de incriminar uma conduta reconhecidamente inidônea a oferecer perigo ao objeto material do tipo. Confira-se o teor do julgado:

> "EMENTA PENAL. HABEAS CORPUS. ARTIGO 28 DA LEI 11.343/2006. PORTE ILEGAL DE SUBSTÂNCIA ENTORPECENTE. ÍNFIMA QUANTIDADE. PRINCÍPIO DA INSIGNIFICÂNCIA. APLICABILIDADE. WRIT CONCEDIDO.
>
> 1. A aplicação do princípio da insignificância, de modo a tornar a conduta atípica, exige sejam preenchidos, de forma concomitante, os seguintes requisitos: (i) mínima ofensividade da conduta do agente; (ii) nenhuma periculosidade social da ação; (iii) reduzido grau de reprovabilidade do comportamento; e (iv) relativa inexpressividade da lesão jurídica.
>
> 2. O sistema jurídico há de considerar a relevantíssima circunstância de que a privação da liberdade e a restrição de direitos do indivíduo somente se justificam quando estritamente necessárias à própria proteção das pessoas,

[294] Disponível em <http://www.dizerodireito.com.br/2012/02/1-turma-do-stf-aplica-de-forma.html>. Acesso em 01.06.2023.

da sociedade e de outros bens jurídicos que lhes sejam essenciais, notadamente naqueles casos em que os valores penalmente tutelados se exponham a dano, efetivo ou potencial, impregnado de significativa lesividade. O direito penal não se deve ocupar de condutas que produzam resultado cujo desvalor – por não importar em lesão significativa a bens jurídicos relevantes – não represente, por isso mesmo, prejuízo importante, seja ao titular do bem jurídico tutelado, seja à integridade da própria ordem social.

3. Ordem concedida."

Também admitindo a aplicação do princípio da insignificância:

"Penal e processual penal. Habeas corpus. Possibilidade de aplicação do princípio da insignificância em porte de entorpecentes para consumo pessoal.

1. A aplicação do princípio da insignificância, de modo a tornar a conduta atípica, exige sejam preenchidos, de forma concomitante, os seguintes requisitos: (i) mínima ofensividade da conduta do agente; (ii) nenhuma periculosidade social da ação; (iii) reduzido grau de reprovabilidade do comportamento; e (iv) relativa inexpressividade da lesão jurídica.

2. Paciente que portava 1,8g de maconha. Violação aos princípios da ofensividade, proporcionalidade e insignificância. 3. Precedentes: HC 110475, Rel. Min. Dias Toffoli, Primeira Turma, DJe 15.3.2012; HC 127573, Rel. Min. Gilmar Mendes, Segunda Turma, DJe 25.11.2019.

4. Ordem concedida para trancar o processo penal diante da insignificância da conduta imputada."

(STF, HC nº 202883 AgR, Relator Ricardo Lewandowski, Relator p/ Acórdão: Gilmar Mendes, Segunda Turma, julgado em 15.09.2021, processo eletrônico DJe-187 DIVULG 17.09.2021 PUBLIC 20.09.2021).

Nucci alterou posição anterior para passar a admitir o princípio da insignificância para o portador de írrita quantidade de droga e em relação ao crime praticado no contexto militar a despeito da especial legislação que rege a corporação (Código Penal Militar) o autor entende que: "tendo por base a Constituição Federal, cujo baluarte do Estado Democrático de Direito é o princípio da dignidade da pessoa humana, não se deve estabelecer esse nível de desigualdade no contexto penal. Se ao civil torna-se aplicável o princípio da insignificância, parece-nos viável, também em sede militar, considerar a intervenção mínima. Não se descura da disciplina necessária no âmbito militar, mas seja ela aplicada, juntamente com a sanção indispensável, no contexto administrativo, porém, não no cenário penal."[295]

Renato Brasileiro de Lima, a quem me alinho neste entendimento, opõe-se à adoção do princípio da insignificância por entender, dentre outros argumentos, que o bem jurídico tutelado pela norma é a saúde pública, e não apenas a saúde individual do usuário, além do que a reduzida quantidade de drogas integra a própria essência do crime de porte de substância entorpecente para consumo próprio, visto que, do contrário, poder-se-ia estar diante da hipótese do delito de tráfico de drogas.

Além disso, considera que o legislador optou por abrandar as sanções cominadas ao usuário de drogas, afastando a possibilidade de aplicação de penas privativas de liberdade, prevendo outras cominações como forma de possibilitar a sua recuperação.

Dessa maneira, "a intenção do legislador foi a de impor ao usuário medidas de caráter educativo, objetivando, assim, alertá-lo sobre o risco de sua conduta para a sua saúde, além de evitar a reiteração do delito. Nesse contexto, em razão da política criminal adotada pela Lei 11.343/2006, há de se reconhecer a tipicidade material do porte de substância entorpecente para consumo próprio, ainda que ínfima a quantidade de droga apreendida."[296]

O Superior Tribunal de Justiça tem entendido que a caracterização do delito descrito no artigo 28 desta Lei não está condicionada à ocorrência de lesão ao bem jurídico protegido. Bastaria a realização da conduta proibida para a presunção do perigo ao bem tutelado. Isso porque, ao adquirir droga para seu consumo, o usuário realimenta o comércio nefasto, pondo em risco a saúde pública e sendo fator decisivo na difusão das drogas. **Portanto, não tem sido admitida a adoção do princípio da insignificância como causa excludente da tipicidade, pois a reduzida quantidade da droga é da própria natureza do crime de porte de drogas para consumo pessoal.**

No sentido da impossibilidade de aplicação do princípio da insignificância:

> "PENAL. HABEAS CORPUS SUBSTITUTIVO DE RECURSO PRÓPRIO. INADEQUAÇÃO. TRÁFICO DE DROGAS. ABSOLVIÇÃO OU DESCLASSIFICAÇÃO PARA A CONDUTA DO ART. 28 DA LEI Nº

[295] NUCCI, Guilherme de Souza. *Leis penais e processuais penais comentadas*. 9. ed. rev., atual. e ampl., vol. 1. Rio de Janeiro: Forense, 2015, p. 325-326.

[296] LIMA, Renato Brasileiro de. *Legislação criminal especial comentada: volume único*. 9. ed. rev., atual. e ampl. Salvador: JusPODIVM, 2021, p. 1034.

11.343/2006. REEXAME DE FATOS. VIA INADEQUADA. PRINCÍPIO DA INSIGNIFICÂNCIA. INAPLICABILIDADE. CAUSA DE DIMINUIÇÃO DO ART. 33, § 4º, DA LEI Nº 11.343/2006. REDUÇÃO EM 1/6. QUANTIDADE E NATUREZA DA DROGA. QUANTIA INEXPRESSIVA. RÉU PRIMÁRIO E DE BONS ANTECEDENTES. NECESSIDADE DE READEQUAÇÃO DA PENA. REGIME PRISIONAL. PENA INFERIOR A QUATRO ANOS. CIRCUNSTÂNCIAS JUDICIAIS FAVORÁVEIS. MODO ABERTO. SUBSTITUIÇÃO DA PENA PRIVATIVA DE LIBERDADE POR RESTRITIVAS DE DIREITO. POSSIBILIDADE. MANIFESTA ILEGALIDADE VERIFICADA. WRIT NÃO CONHECIDO. ORDEM CONCEDIDA DE OFÍCIO.

1. Esta Corte e o Supremo Tribunal Federal pacificaram orientação no sentido de que não cabe habeas corpus substitutivo do recurso legalmente previsto para a hipótese, impondo-se o não conhecimento da impetração, salvo quando constatada a existência de flagrante ilegalidade no ato judicial impugnado a justificar a concessão da ordem, de ofício.

2. As pretensões de absolvição por insuficiência de provas e de desclassificação do crime de tráfico para o delito do art. 28 da Lei nº 11.340/2006 não podem ser apreciadas por este Corte Superior de Justiça, na via estreita do habeas corpus, por demandarem o exame aprofundado do conjunto fático-probatório dos autos (Precedente).

3. Segundo entendimento reiterado do Superior Tribunal de Justiça, os depoimentos dos policiais responsáveis pela prisão em flagrante são meio idôneo e suficiente para a formação do édito condenatório, quando em harmonia com as demais provas dos autos, e colhidos sob o crivo do contraditório e da ampla defesa, como ocorreu na hipótese.

4. 'Prevalece nesta Corte o entendimento de que afigura-se inaplicável o princípio da insignificância ao delito de tráfico ilícito de drogas, porquanto trata-se de crime de perigo presumido ou abstrato, sendo irrelevante a quantidade de droga apreendida em poder do agente' (EDcl no HC 463.656/SP, Rel. Ministro NEFI CORDEIRO, SEXTA TURMA, julgado em 4/10/2018, DJe 24/10/2018).

5. A teor do disposto no § 4º do art. 33 da Lei nº 11.343/2006, os condenados pelo crime de tráfico de drogas terão a pena reduzida, de um sexto a dois terços, quando forem reconhecidamente primários, possuírem bons antecedentes e não se dedicarem a atividades criminosas ou integrarem organizações criminosas.

6. Na falta de parâmetros legais para se fixar o quantum dessa redução, os Tribunais Superiores decidiram que a quantidade e a natureza da droga

apreendida, além das demais circunstâncias do delito, podem servir para a modulação de tal índice ou até mesmo para impedir a sua aplicação, quando evidenciarem o envolvimento habitual do agente no comércio ilícito de entorpecentes.

Precedentes.

7. Hipótese em que, embora o Tribunal a quo tenha se valido da natureza e da quantidade de droga para fixar o patamar de redução em 1/6, à míngua de elementos probatórios que indiquem a habitualidade delitiva do paciente e considerando sua primariedade, impõe-se a aplicação do redutor do art. 33, § 4º, da Lei nº 11.343/2006 no máximo legal, sobretudo quando não expressiva a quantidade de entorpecente apreendido – 41 pedras de crack (10g). Precedentes.

8. Estabelecida a reprimenda final em 1 ano e 8 meses de reclusão, verificada a primariedade do agente e sendo favoráveis as circunstâncias do art. 59 do CP, o regime inicial aberto é o adequado à prevenção e à reparação do delito, nos termos do art. 33, § 2º, "c", do Código Penal.

9. Preenchidos os requisitos legais do art. 44 do Código Penal, é cabível a substituição da pena privativa de liberdade por restritiva de direitos.

10. Habeas corpus não conhecido. Ordem concedida, de ofício, para fazer incidir a causa de diminuição de pena do art. 33, § 4º, da Lei nº 11.343/ /2006 no grau máximo, redimensionando a pena do paciente para 1 ano e 8 meses de reclusão mais 166 dias-multa, bem como para estabelecer o regime aberto e substituir a pena privativa de liberdade por restritivas de direito, a ser definida pelo Juízo Execução."

(STJ, HC nº 461.377/PR, Relator Ministro Ribeiro Dantas, Quinta Turma, julgado em 13.11.2018, *DJe* de 22.11.2018)

A despeito de o Supremo Tribunal Federal ter interpretado a questão do uso de drogas para consumo pessoal como de menor expressão por não importar em lesão ao bem jurídico tutelado pela norma, deve-se registrar que está pendente de julgamento por força do Recurso Extraordinário 635.659, com repercussão geral da questão constitucional suscitada, no qual se discute a constitucionalidade do artigo 28 da Lei de Drogas, como mencionado anteriormente.

No caso em comento, o recorrente foi condenado à prestação de dois meses de serviços à comunidade por portar três gramas de maconha para consumo próprio. A Defensoria Pública sustenta que essa tipificação penal ofende o princípio da intimidade e da vida privada, previsto no artigo 5º, inciso X, da Constituição Federal.

Alega também que não há lesividade na hipótese do porte de drogas para uso próprio, uma vez que tal conduta não afronta a saúde pública. O Ministro Relator, Gilmar Mendes, votou pela inconstitucionalidade do artigo 28 ao entendimento de que a criminalização estigmatiza o usuário e compromete medidas de prevenção e redução de danos. Destacou também que se trata de uma punição desproporcional do usuário, ineficaz no combate às drogas, além de infringir o direito constitucional à personalidade.

Em seu voto, o relator declarou a inconstitucionalidade do artigo 28 sem redução de texto, de forma a preservar a aplicação na esfera administrativa e cível das sanções previstas para o usuário, como advertência, prestação de serviços à comunidade e comparecimento em curso educativo. Segundo seu entendimento, os efeitos não penais das disposições do artigo 28 devem continuar em vigor como medida de transição, enquanto não se estabelecem novas regras para a prevenção e combate ao uso de drogas.

O Relator votou pela absolvição do réu por atipicidade da conduta e destacou que a descriminalização do uso não significa a legalização ou liberalização da droga, que continua a ser repreendida por medidas legislativas sem natureza penal, assentando que podem haver outras medidas adequadas para lidar com o problema. Cita ainda diversos países que adotaram legislações que optaram por não criminalizar o uso, havendo ainda casos em que a decisão foi tomada pela Suprema Corte, como na Colômbia, em 1994, e na Argentina, em 2009.[297]

O Ministro Roberto Barroso também deu provimento ao recurso extraordinário para absolvição do recorrente e o Ministro Edson Fachin deu parcial provimento ao recurso, votando pela inconstitucionalidade da norma, sem redução de texto, no que diz respeito à maconha (*cannabis sativa*), remanescendo a conduta delitiva para o porte para uso pessoal das demais drogas, tendo absolvido o recorrente por atipicidade da conduta, nos termos do art. 386, III, do CPP. Até o fechamento desta edição não foi concluído o julgamento, encontrando-se conclusos ao Relator.

5. Lei penal mais benéfica e efeito retroativo

A anterior Lei nº 6.368/1976, em seu artigo 16, prescrevia, com pena de detenção, de 6 meses a 2 anos, e pagamento de 20 a 50 dias-multa, as condutas de “adquirir, guardar ou trazer consigo, para o uso próprio, substân-

[297] STF. Disponível em: https://portal.stf.jus.br/processos/detalhe.asp?incidente=4034145. Acesso em 01.06.2023.

cia entorpecente ou que determine dependência física ou psíquica, sem autorização ou em desacordo com determinação legal ou regulamentar."

A redação atual do artigo 28 não prevê pena privativa de liberdade. Assim, todos os condenados com base na redação anterior, que eventualmente estiverem presos, deveriam ser postos em liberdade, com substituição da pena privativa de liberdade pelas sanções previstas no artigo 28. Confira-se, neste sentido: "por força do princípio constitucional da retroatividade da norma penal mais benéfica, deve-se afastar a aplicação de pena privativa de liberdade aos condenados por posse de entorpecente para consumo próprio – art. 16 da Lei nº 6.368/76" (HC nº 55.940/MG, Rel. Ministro OG FERNANDES, *v.u.*, 6ª T., julgado em 07/05/2009, *DJe* 25.05.2009).

6. Crimes por pratica militar

O Código Penal Militar (Decreto-Lei nº 1.001, de 21.10.1969) dispõe sobre o tráfico, posse ou uso de entorpecente ou substância de efeito similar no seguinte artigo:

> **Art. 290.** Receber, preparar, produzir, vender, fornecer, ainda que gratuitamente, ter em depósito, transportar, trazer consigo, ainda que para uso próprio, guardar, ministrar ou entregar de qualquer forma a consumo substância entorpecente, ou que determine dependência física ou psíquica, em lugar sujeito à administração militar, sem autorização ou em desacôrdo com determinação legal ou regulamentar:
>
> Pena – reclusão, até cinco anos.
>
> **Casos assimilados**
>
> § 1º Na mesma pena incorre, ainda que o fato incriminado ocorra em lugar não sujeito à administração militar:
>
> I – o militar que fornece, de qualquer forma, substância entorpecente ou que determine dependência física ou psíquica a outro militar;
>
> II – o militar que, em serviço ou em missão de natureza militar, no país ou no estrangeiro, pratica qualquer dos fatos especificados no artigo;
>
> III – quem fornece, ministra ou entrega, de qualquer forma, substância entorpecente ou que determine dependência física ou psíquica a militar em serviço, ou em manobras ou exercício.
>
> **Forma qualificada**
>
> § 2º Se o agente é farmacêutico, médico, dentista ou veterinário:
>
> Pena – reclusão, de dois a oito anos.

O tipo previsto no art. 290 do Código Penal Militar é o regramento específico para os militares, de modo que não tem incidência o art. 28 da Lei de Drogas em obediência ao princípio da especialidade, tampouco se admite a aplicação do princípio da insignificância.

Cezar Roberto Bitencourt, ao tratar sobre o princípio da especialidade, ensina que "considera-se especial uma norma penal, em relação a outra geral, quando reúne todos os elementos desta, acrescidos de mais alguns, denominados especializantes. Isto é, a norma especial acrescenta elemento próprio à descrição típica prevista na norma geral. Assim, como afirma Jescheck, 'toda a ação que realiza o tipo do delito especial realiza também necessariamente, ao mesmo tempo, o tipo do geral, enquanto que o inverso não é verdadeiro'. A regulamentação especial tem a finalidade, precisamente, de excluir a lei geral e, por isso, deve precedê-la. O princípio da especialidade evita o 'bis in idem', determinando a prevalência da norma especial em comparação com a geral, e pode ser estabelecido 'in abstracto', enquanto os outros princípios exigem o confronto 'in concreto' das leis que definem o mesmo fato."[298]

Neste sentido, confira-se o seguinte julgado:

> "HABEAS CORPUS. CONSTITUCIONAL. PENAL. CRIME DE POSSE DE DROGA EM RECINTO CASTRENSE. ALEGAÇÃO DE INCOMPETÊNCIA DA JUSTIÇA MILITAR. MATÉRIA NÃO APRECIADA PELO SUPERIOR TRIBUNAL MILITAR. IMPOSSIBILIDADE DE SUPRESSÃO DE INSTÂNCIA. INAPLICABILIDADE DO RITO DA LEI Nº 11.719/2008 E DA LEI DE DROGAS NO ÂMBITO MILITAR. INAPLICABILIDADE DO PRINCÍPIO DA INSIGNIFICÂNCIA E INEXISTÊNCIA DE AFRONTA AOS PRINCÍPIOS DA PROPORCIONALIDADE E DA ESPECIALIDADE. PRECEDENTES. DENEGAÇÃO DA ORDEM.
>
> 1. A jurisprudência predominante do Supremo Tribunal Federal é no sentido de que não se pode mesclar o regime penal comum e o castrense, de modo a selecionar o que cada um tem de mais favorável ao acusado, devendo ser reverenciada a especialidade da legislação processual penal militar e da justiça castrense, sem a submissão à legislação processual penal comum do crime militar devidamente caracterizado. Precedentes.

[298] BITENCOURT, Cezar Roberto. *Tratado de Direito Penal*: parte geral, vol. 01, 10. ed. São Paulo: Saraiva, 2006.

2. O princípio do *pas de nullité sans grief* exige, sempre que possível, a demonstração de prejuízo concreto pela parte que suscita o vício. Precedentes. Prejuízo não demonstrado pela defesa.

3. A posse, por militar, de substância entorpecente, independentemente da quantidade e do tipo, em lugar sujeito à administração castrense (art. 290, *caput,* do Código Penal Militar), não autoriza a aplicação do princípio da insignificância. O art. 290, caput, do Código Penal Militar não contraria o princípio da proporcionalidade e, em razão do critério da especialidade, não se aplica a Lei nº 11.343/2006.

4. Habeas corpus denegado."

(STF, Habeas Corpus nº 119.458, Relatora Ministra Cármen Lúcia, 2ª T., *DJe* de 03.04.2014)

7. Impossibilidade de utilização do Habeas Corpus

O delito não é apenado com pena privativa de liberdade e o *habeas corpus* tutela a liberdade de locomoção, de sorte a incidir o teor da Súmula 693 do STF: "Não cabe *habeas corpus* contra decisão condenatória a pena de multa, ou relativo a processo em curso por infração penal a que a pena pecuniária seja a única cominada."

Nesse sentido o STF já decidiu que:

"HABEAS CORPUS. PORTE DE DROGAS PARA CONSUMO PRÓPRIO. ART. 28 DA LEI 11.343/2006. AUSÊNCIA DE PREVISÃO DE PENA PRIVATIVA DE LIBERDADE. IMPOSSIBILIDADE DE AMEAÇA À LIBERDADE DE LOCOMOÇÃO. EXTINÇÃO DA PUNIBILIDADE.

1. Imputada ao paciente a prática da conduta prevista no art. 28 da Lei 11.343/2006 (porte de drogas para consumo pessoal), para a qual não existe previsão de pena privativa de liberdade, está evidenciada a impossibilidade de qualquer ameaça à liberdade de locomoção, de modo que é indevida a utilização deste writ. Precedente.

2. Ademais, o Juízo de origem informa que o processo está arquivado, tendo em vista que foi proferida decisão reconhecendo a extinção da punibilidade em razão da prescrição da pretensão punitiva.

3. Sob qualquer ângulo, não há constrangimento ilegal a ser sanado na via estreita do Habeas Corpus.

4. Habeas Corpus não conhecido."

(STF, HC nº 127.834/MG, Relator Ministro Marco Aurélio, Relator p/ acórdão Ministro Alexandre de Moraes, j. 01.08.2017)

8. Posse de sementes de maconha

A jurisprudência majoritária tem entendido que na semente de maconha não está presente o princípio ativo tetrahidrocanabinol (THC), substância causadora de dependência, de sorte que a posse das sementes consideradas isoladamente não tem o condão de configurar o crime do artigo 28 ou o artigo 33 da Lei nº 11.343/2006.

Nesse sentido, destaque-se o seguinte julgado da Terceira Seção do Superior Tribunal de Justiça:

> "EMBARGOS DE DIVERGÊNCIA EM RECURSO ESPECIAL. IMPORTAÇÃO DE 16 SEMENTES DE MACONHA (CANNABIS SATIVUM). DENÚNCIA POR TRÁFICO INTERNACIONAL DE DROGAS. REJEIÇÃO. RECURSO EM SENTIDO ESTRITO. RECLASSIFICAÇÃO PARA CONTRABANDO, COM APLICAÇÃO DO PRINCÍPIO DA INSIGNIFICÂNCIA. AFASTAMENTO. RECURSO ESPECIAL PROVIDO. PRETENDIDO TRANCAMENTO DA AÇÃO POR ATIPICIDADE. ACATAMENTO DO ENTENDIMENTO DO STF. EMBARGOS DE DIVERGÊNCIA ACOLHIDOS.
>
> 1. O conceito de "droga", para fins penais, é aquele estabelecido no art. 1º, parágrafo único, c.c. o art. 66, ambos da Lei nº 11.343/2006, norma penal em branco complementada pela Portaria SVS/MS nº 344, de 12 de maio de 1998. Compulsando a lista do referido ato administrativo, do que se pode denominar "droga", vê-se que dela não consta referência a sementes da planta Cannabis Sativum.
>
> 2. O Tetrahidrocanabinol – THC é a substância psicoativa encontrada na planta Cannabis Sativum, mas ausente na semente, razão pela qual esta não pode ser considerada "droga", para fins penais, o que afasta a subsunção do caso a qualquer uma das hipóteses do art. 33, caput, da Lei nº 11.343/2006.
>
> 3. Dos incisos I e II do § 1º do art. 33 da mesma Lei, infere-se que "matéria-prima" ou "insumo" é a substância utilizada "para a preparação de drogas". A semente não se presta a tal finalidade, porque não possui o princípio ativo (THC), tampouco serve de reagente para a produção de droga.
>
> 4. No mais, a Lei de regência prevê como conduta delituosa o semeio, o cultivo ou a colheita da planta proibida (art. 33, § 1º, inciso II; e art. 28, § 1º). Embora a semente seja um pressuposto necessário para a primeira ação, e a planta para as demais, a importação (ou qualquer dos demais núcleos verbais) da semente não está descrita como conduta típica na Lei de Drogas.

5. A conduta de importar pequena quantidade de sementes de maconha é atípica, consoante precedentes do STF: HC 144161, Rel. Ministro GILMAR MENDES, SEGUNDA TURMA, julgado em 11/09/2018, PROCESSO ELETRÔNICO DJe-268 DIVULG 13-12-2018 PUBLIC 14-12-2018; HC 142987, Relator Min. GILMAR MENDES, SEGUNDA TURMA, julgado em 11/09/2018, PROCESSO ELETRÔNICO DJe-256 DIVULG 29-11-2018 PUBLIC 30-11-2018; no mesmo sentido, a decisão monocrática nos autos do HC 143.798/SP, Relator Min. ROBERTO BARROSO, publicada no DJe de 03/02/2020, concedendo a ordem "para determinar o trancamento da ação penal, em razão da ausência de justa causa". Na mesma ocasião, indicou Sua Excelência, "ainda nesse sentido, as seguintes decisões monocráticas: HC 173.346, Rel. Min. Ricardo Lewandowski; HC 148.503, Min. Celso de Mello; HC 143.890, Rel. Min. Celso de Mello; HC 140.478, Rel. Min. Ricardo Lewadowski; HC 149.575, Min. Edson Fachin; HC 163.730, Relª. Minª. Cármen Lúcia."

6. Embargos de divergência acolhidos, para determinar o trancamento da ação penal em tela, em razão da atipicidade da conduta."

(STJ, EREsp nº 1.624.564/SP, relatora Ministra Laurita Vaz, Terceira Seção, julgado em 14.10.2020, *DJe* de 21.10.2020)

O STF também já decidiu pela atipicidade da conduta:

"Agravo regimental em recurso extraordinário com agravo. 2. Penal e Processual Penal. 3. Importação de sementes de maconha. 4. Sementes que não possuem a substância psicoativa (THC). 5. Reduzida quantidade de substâncias apreendidas. 6. Ausência de justa causa para autorizar a persecução penal. 7. Precedentes. 8. Agravo regimental desprovido."

(STF, ARE nº 1013705 AgR, Relator Gilmar Mendes, Segunda Turma, julgado em 04.02.2020, processo eletrônico DJe-065 DIVULG 19.03.2020 PUBLIC 20.03.2020)

Há que se registrar, no entanto, que a semente de maconha é proscrita no Brasil e sua importação é proibida, porquanto, o artigo 34 da Lei nº 10.711, de 05.08.2003 (Dispõe sobre o Sistema Nacional de Sementes e Mudas e dá outras providências), estatui que somente poderão ser importados ao Brasil as sementes inscritas no Registro Nacional de Cultivares:

"Art. 34. Somente poderão ser importadas sementes ou mudas de cultivares inscritas no Registro Nacional de Cultivares.

Parágrafo único. Ficam isentas de inscrição no RNC as cultivares importadas para fins de pesquisa, de ensaios de valor de cultivo e uso, ou de reexportação."

A semente de maconha não integra a lista de cultivares inscritas no RNC e, bem por isso, sua importação não é admitida no país, cuidando-se, de crime de contrabando (artigo 334-A do CP).

9. Das Convenções Internacionais que tratam do tema afeto às drogas e da possibilidade conferida de aplicação da cannabis para fins medicinais e terapêuticos

O tema afeto às substâncias entorpecentes e psicotrópicas foi tratado em diversas convenções internacionais, cabendo ser mencionada a Convenção ONU Única sobre Entorpecentes, assinada em Nova York em 30 de março de 1961; a Convenção ONU sobre Substâncias Psicotrópicas, assinada em Viena em 21 de fevereiro de 1971; e a Convenção ONU contra o Tráfico Ilícito de Entorpecentes e Substâncias Psicotrópicas, concluída em Viena em 20 de dezembro de 1988, todas devidamente internalizadas no ordenamento jurídico vigente na República Federativa do Brasil.

Debruçando-se sobre o conteúdo da Convenção ONU Única sobre Entorpecentes de 1961, aprovada pelo Congresso Nacional por meio do Decreto Legislativo nº 5, de 07 de abril de 1964, e promulgada pelo Decreto Presidencial nº 54.216, de 27 de agosto de 1964, nota-se que, a despeito de haver o reconhecimento pela comunidade internacional de que a toxicomania é um grave mal para o indivíduo e um perigo social e econômico para a humanidade, há uma preocupação com a saúde tanto física como moral do ser humano, motivo pelo qual se reconhece que o uso médico de substâncias entorpecentes mostra-se indispensável para o alívio da dor e do sofrimento, prevendo que medidas adequadas devem ser levadas a efeito para garantir a disponibilidade de entorpecentes para tal desiderato medicamentoso ou terapêutico.

Por sua vez, a Convenção ONU sobre Substâncias Psicotrópicas de 1971, aprovada pelo Congresso Nacional por meio do Decreto Legislativo nº 90, de 05 de dezembro de 1972, e promulgada pelo Decreto Presidencial nº 79.388, de 14 de março de 1977, ao mesmo tempo em que esboça a devida preocupação do seio internacional com a saúde e o bem-estar da humanidade decorrente dos problemas sociais e de saúde pública que resultam da utilização de substâncias psicotrópicas (determinando a adoção de medidas de prevenção e de combate ao abuso de tais substâncias), não se descura de pontuar que o emprego de tais expedientes guarda também profundos reflexos na medicina e na ciência, destacando que os contornos médico-científicos permitem a disponibilização de tais substâncias entorpecentes como forma de ajudar no combate ou na desensibilização de enfermidades.

Já a Convenção ONU contra o Tráfico Ilícito de Entorpecentes e Substâncias Psicotrópicas de 1988, aprovada pelo Congresso Nacional por meio do Decreto Legislativo nº 162, de 14 de junho de 1991, e promulgada pelo Decreto Presidencial nº 154, de 26 de junho de 1991, destaca a preocupação da comunidade internacional com a crescente expansão do tráfico ilícito de entorpecentes e de substâncias psicotrópicas nos diversos grupos sociais e, em particular, pela exploração de crianças em muitas partes do mundo, tanto na qualidade de consumidores como na condição de instrumentos utilizados na produção, na distribuição e no comércio ilícito de entorpecentes e de substâncias psicotrópicas, donde é possível concluir, ante o reiterado emprego do termo "ilícito", a coexistência de substâncias entorpecentes empregadas para fins lícitos (como, por exemplo, o medicinal e o terapêutico), fazendo coro com os anteriores diplomas normativos mencionados.

Cotejando o plexo de normas internacionais que tratam do tema drogas, bem como os termos em que tal assunto é versado, depreende-se que o cenário internacional (a repercutir na ordem jurídica interna da República Federativa do Brasil), baseado na necessidade de se resguardar a devida dignidade ao portador de doença, assente na aplicação de substâncias entorpecentes e psicotrópicas para fins de debelação do mal que acomete o cidadão, situação esta que não pode ser encaixada nas regras que visam coibir, internacional ou nacionalmente, a traficância empregada para fins recreativos.

9.1. Do disciplinamento introduzido pela Lei nº 11.343/2006 e da possibilidade conferida de aplicação da *cannabis sativa* para fins medicinais e terapêuticos

Infere-se da ementa da Lei nº 11.343, de 23 de agosto de 2006, sua preocupação em reprimir a produção não autorizada de substâncias empregáveis no tráfico ilícito de drogas ("institui o Sistema Nacional de Políticas Públicas sobre Drogas – Sisnad; prescreve medidas para prevenção do uso indevido, atenção e reinserção social de usuários e dependentes de drogas; estabelece normas para repressão à produção não autorizada e ao tráfico ilícito de drogas; define crimes e dá outras providências"), cabendo destacar a possibilidade conferida à União Federal (art. 2º, parágrafo único) em autorizar o plantio, a cultura e a colheita de substâncias entorpecentes exclusivamente para fins medicinais ou científicos ("pode a União autorizar o plantio, a cultura e a colheita dos vegetais referidos no caput deste artigo, exclusivamente para fins medicinais ou científicos, em local e prazo predeterminados, mediante fiscalização, respeitadas as ressalvas supramencionadas").

Dentro desse contexto, a despeito de indicada legislação tratar como figura típica a traficância nas diversas modalidades insculpidas a partir de seu artigo 33, bem como de prever o porte de drogas para fins pessoais como infração penal (artigo 28 – cuja análise de constitucionalidade encontra-se afeta ao C. Supremo Tribunal Federal por meio do reconhecimento da repercussão geral da questão constitucional no RE 635659 RG, tema 506, de relatoria do Ministro Gilmar Mendes, desde 08 de dezembro de 2011: Constitucional. 2. Direito Penal. 3. Constitucionalidade do art. 28 da Lei 11.343/2006. 3. Violação do artigo 5º, inciso X, da Constituição Federal. 6. Repercussão geral reconhecida), vislumbra-se a existência de permissivo trazido pelo legislador no sentido de que se mostraria possível o emprego de drogas quando necessária à proteção da saúde do ser humano.

Aliás, tal possibilidade encontra seu embasamento em um dos fundamentos da República Federativa do Brasil insculpidos no art. 1º da Constituição Federal, qual seja, a dignidade da pessoa humana ("a República Federativa do Brasil, formada pela união indissolúvel dos Estados e Municípios e do Distrito Federal, constitui-se em Estado Democrático de Direito e tem como fundamentos: (...) III – A dignidade da pessoa humana (...)"), cabendo destacar, outrossim, que o Poder Constituinte Originário erigiu à condição de direito social a saúde (conforme se verifica do art. 6º do Texto Magno: "são direitos sociais a educação, a saúde, a alimentação, o trabalho, a moradia, o transporte, o lazer, a segurança, a previdência social, a proteção à maternidade e à infância, a assistência aos desamparados, na forma desta Constituição").

Dentro do contexto ora exposto, que se forma até mesmo por força das Convenções Internacionais declinadas anteriormente, nota-se a possibilidade de que plantas psicotrópicas tenham seu emprego lícito quando utilizadas para fins medicinais e para objetivos terapêuticos, desde que devidamente autorizado.

Este tema tem sido trazido reiteradamente à apreciação da Justiça Federal em sede de *Habeas Corpus* visando a expedição de salvo conduto para a importação de produto à base de Canabidiol em associação com outros canabinóides nas hipóteses em que o paciente cumpra os requisitos previstos na Resolução RDC nº 17, de 06.05.2015, da Agência Nacional de Vigilância Sanitária – ANVISA.

A princípio, a comprovação do acometimento de doença a ensejar a ministração de substância à base de *cannabis sativa* enseja a realização de perícia oficial ou administrativa, não bastando a mera juntada de relatórios ou de laudos médicos impondo a necessidade de tal substância tendo em vista a unilateralidade e a não oficialidade de tal constatação.

Contudo, o Poder Judiciário pode analisar a viabilidade da expedição de salvo conduto, especificamente quando houver autorização excepcional da importação por meio de procedimento administrativo levado a efeito junto à Agência Nacional de Vigilância Sanitária – ANVISA, dado o preenchimento dos requisitos necessários a tanto nos termos da Resolução RDC nº 17/2015, e após o devido cotejo de tal informação com as apostas nos documentos médicos apresentados ao juízo pelo requerente/paciente dando conta da necessidade de produto derivado de *cannabis sativa* em seu tratamento de saúde e de substâncias que contenham o seu princípio ativo, respeitados, por certo, os limites constantes nas prescrições médicas.

Nestas hipóteses o emprego da *cannabis sativa* é requerido para melhorar a qualidade de vida do paciente sob o pálio do princípio da dignidade da pessoa humana e do direito social à saúde e encontra respaldo para ser deferido na justa medida em que não se denotar que o uso da *cannabis sativa* esteja sendo requerido para fins recreativos (e, portanto, proscrito pelo sistema), cabendo trazer à baila que o art. 14 da Convenção contra o Tráfico Ilícito de Entorpecentes e Substâncias Psicotrópicas de 1988 apenas veda o cultivo ilícito de plantas das quais se extraem entorpecentes (ilicitude esta não condizente com os fins humanísticos pugnados nestas hipóteses) – a propósito:

> "(...) ARTIGO 14 – Medidas para Erradicar o Cultivo Ilícito de Plantas das Quais se Extraem Entorpecentes e para Eliminar a Demanda Ilícita de Entorpecentes e de Substâncias Psicotrópicas
>
> 1 – Qualquer medida adotada pelas Partes em virtude da aplicação desta Convenção não será menos estrita que as normas aplicáveis à erradicação do cultivo ilícito de plantas que contenham entorpecentes e substâncias psicotrópicas e a eliminação da demanda ilícita de entorpecentes e de

substâncias psicotrópicas conforme o disposto na Convenção de 1961, na Convenção de 1961 em sua forma emendada, e no Convênio de 1971.

2 – Cada uma das Partes adotará medidas adequadas para evitar o cultivo ilícito das plantas que contenham entorpecentes ou substâncias psicotrópicas, tais como as sementes ópio; os arbustos de coca e as plantas de cannabis, assim como para erradicar aquelas que são ilicitamente cultivadas em seu território. As medidas adotadas deverão respeitar os direitos humanos fundamentais e levarão em devida consideração, não só os usos tradicionais, onde exista evidência histórica sobre o assunto, senão também a proteção do meio ambiente (...)".

De outra parte, verifica-se que os pacientes necessitam renovar periodicamente no âmbito administrativo o pleito para a importação das sementes vindicadas, mas, durante a vigência da autorização da ANVISA, em sendo deferido o salvo conduto pelo Poder Judiciário, a persecução criminal resta impedida.

A Polícia Federal nestas situações não pode adotar medidas de persecução penal, dentre elas, prisão, investigação, apreensão e destruição, pela importação de sementes da *cannabis sativa*, cultivo e extração do seu óleo, quando tais atividades estiverem relacionadas estritamente ao tratamento do paciente.

Outrossim, a orientação médica deve ser rigorosamente observada e o salvo conduto fica restrito ao tratamento do paciente para a doença constante do procedimento junto a ANVISA, não se estendendo ao tratamento de outras doenças, enquanto perdurarem as condições que ensejaram o seu deferimento, além, por fim, do controle administrativo realizado por este órgão nos limites de sua competência.

Ademais, considerando a excepcionalidade da medida deve ser explicitado a vedação de que demais membros da família ou amigos que frequentem os locais de plantio da *cannabis sativa* e de produção do óleo da planta façam uso delas para outro propósito, podendo ser alvo de prisão e investigação policial.

A Juíza Federal Monica Bonavina em *Habeas Corpus* de sua relatoria enquanto convocada para atuar com substituta no Gabinete Criminal que ocupo perante a 11ª Turma do TRF3, nos primeiros meses do ano de 2023, decidiu tais questões da seguinte forma:

"Do quanto acima foi exposto, tem-se a possibilidade legal de uso de cannabis sativa para fins medicinais.

Resta-nos avaliar se nos moldes propostos pelos pacientes.

Como parâmetro para decidir, por analogia, parto dos elementos mínimo configurados pelo Colendo Superior Tribunal de Justiça nos EDcl no RECURSO ESPECIAL Nº 1.657.156 – R, que fixou a tese: 'A tese fixada no julgamento repetitivo passa a ser: A concessão dos medicamentos não incorporados em atos normativos do SUS exige a presença cumulativa dos seguintes requisitos: i) Comprovação, por meio de laudo médico fundamentado e circunstanciado expedido por médico que assiste o paciente, da imprescindibilidade ou necessidade do medicamento, assim como da ineficácia, para o tratamento da moléstia, dos fármacos fornecidos pelo SUS; ii) incapacidade financeira de arcar com o custo do medicamento prescrito; iii) existência de registro do medicamento na ANVISA, observados os usos autorizados pela agência. Modula-se os efeitos do presente repetitivo de forma que os requisitos acima elencados sejam exigidos de forma cumulativa somente quanto aos processos distribuídos a partir da data da publicação do acórdão embargado, ou seja, 4/5/2018.'

No caso dos autos, no que toca à comprovação, por meio de laudo médico fundamentado e circunstanciado expedido por médico que assiste o paciente, (...), da imprescindibilidade ou necessidade do medicamento, assim como da ineficácia de outros fármacos para o tratamento da moléstia, tem-se os seguintes documentos:

(...)

Considero o requisito atendido.

No que toca à comprovação, por meio de laudo médico fundamentado e circunstanciado expedido por médico que assiste o paciente, (...) da imprescindibilidade ou necessidade do medicamento, assim como da ineficácia de outros fármacos para o tratamento da moléstia, tem-se os seguintes documentos:

(...)

Considero o requisito atendido.

Quanto à incapacidade financeira de arcar com o custo do medicamento prescrito há alegação da parte; todavia, sem provas que o demonstrem.

No que toca à existência de registro do medicamento na ANVISA, como observado na decisão de primeiro grau, os pacientes não comprovaram ter apresentado pedido perante a ANVISA para obter autorização de cultivo da planta para extração do medicamento.

Observo que a RDC ANVISA nº 327/19 prescreve: 'Art. 7º A Anvisa concederá Autorização Sanitária para a fabricação e a importação de produtos de Cannabis'.

Destaco que o paciente (...) obteve junto à ANVISA autorização de importação até dezembro de 2024 do produto 'USAHemp CBD.'

Por sua vez, o paciente (...) obteve junto à ANVISA autorização de importação até agosto de 2024 do produto 'Canna River'; nada consta, entretanto, quanto à autorização para produção medicamentos.

Tenho conhecimento das decisões favoráveis ao pleiteado na inicial, por parte deste E. Tribunal Regional Federal da 3ª Região, bem como do Colendo Superior Tribunal de Justiça.

Entretanto, não havendo tais precedentes efeito vinculante deixo de adotá-los, pelos motivos que passo a declinar.

Primeiro, tenho que o ambiente processual adequado para que os pedidos como os da inicial sejam veiculados seja uma ação de conhecimento no bojo da jurisdição cível, dado que a dilação probatória é essencial. Os pressupostos fáticos para a concessão da tutela jurisdicional demandam dilação probatória e o rito sumário do habeas corpus ou do mandado de segurança não o permite.

Sob essa ótica têm sido julgados inúmeros pedidos de fornecimento de óleo de canabidiol, no âmbito da jurisdição cível, como inclusive já decidido em primeiro grau por esta Magistrada (autos nº PJEC 0052464-90.2020.4.03.6301), em processo judicial que ainda tramita em primeiro grau de jurisdição.

Segundo, o magistrado julgador de primeiro grau pode dispensar a realização de perícia médica, segundo a tese fixada pelo STJ, mas não se trata de dever de dispensar. Assim, o juiz de primeiro grau pode determinar a realização de perícia médica ou ao menos solicitar parecer técnico na plataforma e-NatJus, do Conselho Nacional de Justiça, que inclusive tem um estudo sobre medicamento derivado de cannabis sativa em tratamento de TEA (transtorno do espectro autista), intitulado 'Derivados Da Cannabis E Seus Análogos Sintéticos – Indicação: adultos e crianças com Transtorno do Espectro Autista (TEA)', disponível no site do CNJ: www.cnj.jus.br/e-natjus.

Terceiro, o magistrado pode determinar a realização de prova oral, para os esclarecimentos que entender necessários.

Por exemplo, no caso dos autos, não constato prova documental referente à prescrição de outros remédios, de que tais medicamentos foram adquiridos, a título oneroso ou gratuito, e de que não foram eficazes.

Quarto, o pedido de fornecimento pode ser direcionado ao Poder Público, que tem sido condenado em diversos casos a fornecer medicamentos derivados de 'Cannabis', como se colhe de inúmeros precedentes.

Quinto, especificamente, no Estado de São Paulo foi sancionada a Lei nº 17.618, de 31 de janeiro de 2023, que determina:

'Artigo 1º – Fica instituída a política estadual de fornecimento gratuito de medicamentos de derivado vegetal à base de canabidiol, em associação com outras substâncias canabinóides, incluindo o tetrahidrocanabidiol, em caráter de excepcionalidade pelo Poder Executivo nas unidades de saúde pública estadual e privada conveniada ao Sistema Único de Saúde – SUS.

Artigo 2º – A política instituída tem como objetivo adequar a temática do uso da cannabis medicinal aos padrões de saúde pública estadual mediante a realização de estudos e referências internacionais, visando ao fornecimento e acesso aos medicamentos de derivado vegetal à base de canabidiol, em associação com outras substâncias canabinóides, incluindo o tetrahidrocanabidiol aos pacientes portadores de doenças que comprovadamente o medicamento diminua as consequências clínicas e sociais dessas patologias.

Parágrafo único – São objetivos específicos desta política:

1. diagnosticar e tratar pacientes cujo tratamento com a cannabis medicinal possua eficácia ou produção científica que incentive o tratamento;

2. promover políticas públicas de debate e fornecimento de informação a respeito do uso da medicina canábica por meio de palestras, fóruns, simpósios, cursos de capacitação de gestores e demais atos necessários para o conhecimento geral da população acerca da cannabis medicinal, realizando parcerias público-privadas com entidades, de preferência sem fins lucrativos.

(...)

Artigo 5º – A Política instituída será responsabilidade da Secretaria da Saúde, que definirá as competências em cada nível de atuação.

Parágrafo único – A Secretaria da Saúde, deverá no prazo de 30 (trinta) dias a contar a partir da publicação desta lei, criar comissão de trabalho para implantar as diretrizes desta política no Estado, com participação de técnicos e representantes de associações sem fins lucrativos de apoio e pesquisa à cannabis e de associações representativas de pacientes.

(...)

Artigo 10 – Esta lei entra em vigor 90 (noventa) dias após a data de sua Publicação'.

Assim, o pedido poderá ser dirigido ao Poder Público do Estado de São Paulo nos termos da novel legislação.

Sexto, tenho que a saúde pública como um todo e a individual serão mais adequadamente tuteladas com o fornecimento pelo Poder Público do medicamento, que se alega necessário, preparado em laboratório, sob controles de qualidade, registrado junto à ANVISA, do que caso a produção seja efetivada pela própria pessoa interessada.

Destaque-se que a Resolução Anvisa contém inúmeras balizas a respeito de tais medicamentos, que a meu ver não são atendidas facilmente em produção caseira.

A impetrante menciona a Lei 11.343/2006, que institui o Sisnad e seu artigo 2º:

'Art. 2º Ficam proibidas, em todo o território nacional, as drogas, bem como o plantio, a cultura, a colheita e a exploração de vegetais e substratos dos quais possam ser extraídas ou produzidas drogas, ressalvada a hipótese de autorização bem como o que estabelece a Convenção legal ou regulamentar, de Viena, das Nações Unidas, sobre Substâncias Psicotrópicas, de 1971, a respeito de plantas de uso estritamente ritualístico-religioso.

Parágrafo único. Pode a União autorizar o plantio, a cultura e a colheita dos vegetais referidos no caput deste artigo, exclusivamente para fins medicinais ou científicos, em local e prazo predeterminados, mediante fiscalização, respeitadas as ressalvas supramencionadas'.

Ora, tenho que a lei permita o uso medicinal, mas não confere o direito subjetivo público à pessoa física de produzir seu próprio óleo em domicílio. São situações bem diversas.

Sétimo, é necessário estabelecer prazo para a concessão da tutela jurisdicional, o quantitativo de sementes a serem importadas anualmente, definir se o cultivo será indoor ou outdoor, o destino do lixo produzido com a atividade etc. São questões a serem objeto de dilação probatória, inviabilizada no rito estrito do habeas corpus.

Oitavo, tenho que todo e qualquer medicamento possa ter interação com outros, de modo que a meu ver a permissão deva ter parâmetros factuais para se deliberar a respeito de revisão e acompanhamento periódicos sobre a continuidade do tratamento.

Nono, penso que havendo uma sentença judicial, ainda que proferida por juízo cível, não estaria tipificada conduta delituosa, pois ausente o elemento típico 'sem autorização ou em desacordo com determinação legal ou regulamentar'.

Quanto à necessidade de salvo-conduto poderia ser requerida em habeas corpus uma vez obtida tutela jurisdicional em ação civil e realizada na sede processual adequada toda a prova necessária.

Décimo, no caso dos autos, a impetração menciona (...):

'Ainda o Paciente tem diversos contatos com as Associações que estão presentes dentro do território nacional, as quais fazem pesquisas e ajudam a distribuir os remédios a base de cannabis, e diante disso as associações tem interesse em uma futura parceria técnica cientifica para ampliar e abranger os estudos científicos sobre a cannabis sativa'.

Tenho, pois, que a impetração extrapola o intento de uso pessoal e visa, inclusive, o exercício de atividades profissionais ligadas à cannabis sativa.

O salvo-conduto pleiteado não pode ter todo esse espectro.

De lege ferenda, tenho que seja prudente a criação de um cadastro nacional de pessoas autorizadas a importar sementes de cannabis sativa para fins medicinais.

Encaminhando-me para o fim das minhas considerações, observo em reforço a toda a argumentação supra que a Resolução ANVISA nº 660/2022 não prevê a importação de sementes de cannabis sativa. Portanto, para que uma tutela jurisdicional delibere sobre um 'vazio regulamentar' faz-se necessária muita cautela, pois a atividade jurisdicional estaria a substituir a administrativa, que é permeada de atos e procedimentos que garantam a maior segurança possível no procedimento.

Uma consideração final: em caso de falecimento da parte que possui a autorização judicial para a importação tenho que deva haver uma comunicação para que a importação seja encerrada.

Concluo, pois, que a via estreita do habeas corpus não permite a necessária dilação probatória para o deferimento de tutela jurisdicional tão complexa.

Por todo o exposto, indefiro a liminar requerida.

Requisitem-se as necessárias informações, que deverão ser prestadas no prazo legal.

Após, à Procuradoria Regional da República para o parecer.

Intime-se." (autos nº 5003234-74.2023.4.03.0000 - decisão liminar em 14.02.2023)

9.2. Plantio para uso próprio

A Lei nº 11.343/2006 tipificou como crime o plantio para uso próprio, a teor do que dispõe o § 1º do art. 28, estatuindo que estarão submetidos às mesmas medidas aquele que para seu consumo pessoal, semeia, cultiva ou colhe plantas destinadas à preparação de pequena quantidade de substância ou produto capaz de causar dependência física ou psíquica, pondo fim antiga celeuma doutrinária e jurisprudencial sobre o tema.

No que diz respeito aos pedidos de autorização para cultivo de maconha e extração do princípio ativo para fins medicinais, a Sexta Turma do Superior Tribunal de Justiça apresenta julgados no sentido de que seria possível a concessão de autorização:

> "AGRAVO REGIMENTAL NO RECURSO ORDINÁRIO EM HABEAS CORPUS. PEDIDO DE SALVO-CONDUTO. PLANTIO DE MACONHA PARA FINS MEDICINAIS. POSSIBILIDADE. AUTORIZAÇÃO PARA IMPORTAÇÃO DO MEDICAMENTO CONCEDIDA PELA ANVISA E PRESCRIÇÃO MÉDICA RELATANDO A NECESSIDADE DO USO. AGRAVO PROVIDO.
>
> 1. Hipótese em que o Agravante busca a permissão para importar sementes, transportar e plantar Cannabis para fins medicinais, sob a afirmação de ser indispensável para o controle de sua enfermidade.
>
> 2. Considerando que o art. 2º, parágrafo único, da Lei 11.343/06, expressamente autoriza o plantio, a cultura e a colheita de vegetais dos quais possam ser extraídas substâncias psicotrópicas, exclusivamente para fins medicinais, bem como que a omissão estatal em regulamentar tal cultivo tem deixado pacientes sob o risco de rigorosa reprimenda penal, não há como deixar de reconhecer a adequação procedimental do salvo-conduto.
>
> 3. À luz dos princípios da legalidade e da intervenção mínima, não cabe ao Direito Penal reprimir condutas sem a rigorosa adequação típico-normativa, o que não há em tais casos, já que o cultivo em questão não se destina à produção de substância entorpecente. Notadamente, o afastamento da intervenção penal configura meramente o reconhecimento de que a extração do óleo da cannabis sativa, mediante cultivo artesanal e lastreado em prescrição médica, não atenta contra o bem jurídico saúde pública, o que não conflita, de forma alguma, com a possibilidade de fiscalização ou de regulamentação administrativa pelas autoridades sanitárias competentes.
>
> 4. Comprovado nos autos que o Impetrante obteve autorização da Anvisa para importação do medicamento canábico (fl. 99), e juntada documentação médica que demonstra a necessidade do uso do óleo extraído da Cannabis para o tratamento do quadro depressivo do Recorrente, há de ser concedida a medida pretendida.
>
> 5. Agravo regimental provido para restabelecer a decisão de primeiro grau que concedeu o salvo conduto ao ora Agravante.
>
> (STJ, AgRg no RHC nº 153.768/MG, Relatora Ministra Laurita Vaz, Sexta Turma, julgado em 28.06.2022, *DJe* de 01.07.2022)

"RECURSO EM HABEAS CORPUS. PENAL E PROCESSUAL PENAL. SALVO-CONDUTO. CULTIVO ARTESANAL DE CANNABIS SATIVA PARA FINS MEDICINAIS. PRINCÍPIOS DA INTERVENÇÃO MÍNIMA, FRAGMENTARIEDADE E SUBSIDIARIEDADE. AUSÊNCIA DE OFENSA AO BEM JURÍDICO TUTELADO. OMISSÃO REGULAMENTAR. DIREITO À SAÚDE.

1. O Direito Penal é conformado pelo princípio da intervenção mínima e seus consectários, a fragmentariedade e a subsidiariedade. Passando pelo legislador e chegando ao aplicador, o Direito Penal, por ser o ramo do direito de mais gravosa sanção pelo descumprimento de suas normas, deve ser ultima ratio. Somente em caso de ineficiência de outros ramos do direito em tutelar os bens jurídicos é que o legislador deve lançar mão do aparato penal. Não é qualquer lesão a um determinado bem jurídico que deve ser objeto de criminalização, mas apenas as lesões relevantes, gravosas, de impacto para a sociedade.

2. A previsão legal acerca da possibilidade de regulamentação do plantio para fins medicinais, art. 2º, parágrafo único, da Lei nº 11.343/2006, permite concluir tratamento legal díspar acerca do tema: enquanto o uso recreativo estabelece relação de tipicidade com a norma penal incriminadora, o uso medicinal, científico ou mesmo ritualístico-religioso não desafia persecução penal dentro dos limites regulamentares.

3. A omissão legislativa em não regulamentar o plantio para fins medicinais não representa "mera opção do Poder Legislativo" (ou órgão estatal competente) em não regulamentar a matéria, que passa ao largo de consequências jurídicas. O Estado possui o dever de observar as prescrições constitucionais e legais, sendo exigível atuações concretas na sociedade.

4. O cultivo de planta psicotrópica para extração de princípio ativo é conduta típica apenas se desconsiderada a motivação e a finalidade. A norma penal incriminadora mira o uso recreativo, a destinação para terceiros e o lucro, visto que, nesse caso, coloca-se em risco a saúde pública. A relação de tipicidade não vai encontrar guarida na conduta de cultivar planta psicotrópica para extração de canabidiol para uso próprio, visto que a finalidade, aqui, é a realização do direito à saúde, conforme prescrito pela medicina.

5. Vislumbro flagrante ilegalidade na instauração de persecução penal de quem, possuindo prescrição médica devidamente circunstanciada, autorização de importação da ANVISA e expertise para produção, comprovada por certificado de curso ministrado por associação, cultiva cannabis sativa para extração de canabidiol para uso próprio.

6. Recurso em habeas corpus provido para conceder salvo-conduto a Guilherme Martins Panayotou, para impedir que qualquer órgão de persecução penal, como polícias civil, militar e federal, Ministério Público estadual ou Ministério Público Federal, turbe ou embarace o cultivo de 15 mudas de cannabis sativa a cada 3 meses, totalizando 60 por ano, para uso exclusivo próprio, enquanto durar o tratamento, nos termos de autorização médica, a ser atualizada anualmente, que integra a presente ordem, até a regulamentação do art. 2º, parágrafo único, da Lei nº 11.343/2006."

(STJ, RHC nº 147.169/SP, Relator Ministro Sebastião Reis Júnior, Sexta Turma, julgado em 14.06.2022, *DJe* de 20.06.2022)

No entanto, há julgados da Quinta Turma no sentido de que seria incabível o julgamento pelo Poder Judiciário, uma vez que essa autorização deveria ficar a cargo da ANVISA, órgão técnico com atribuição para tanto:

"AGRAVO REGIMENTAL NO RECURSO ORDINÁRIO EM HABEAS CORPUS. SALVO-CONDUTO. PLANTIO E COLHEITA DE CANNABIS SATIVA PARA FINS MEDICINAIS. CONSTRANGIMENTO ILEGAL INEXISTENTE. ÓRGÃO REGULAMENTADOR. ANVISA. PODER JUDICIÁRIO. JURISDIÇÃO CÍVEL. AGRAVO REGIMENTAL DESPROVIDO.

1. A autorização para cultivo, colheita, preparo e porte de cannabis sativa e de seus derivados para fins medicinais depende da análise de critérios específicos e técnicos, cuja competência é da Agência Nacional de Vigilância Sanitária (ANVISA).

2. A ausência de regulamentação do órgão competente acerca do procedimento de avaliação técnica quanto ao preenchimento dos requisitos da autorização do cultivo e colheita de cannabis sativa para fins medicinais (art. 2º da Lei nº 11.343/2006) não pode ser suprida pelo Poder Judiciário.

3. Compete à ANVISA a regulamentação do procedimento de avaliação técnica quanto ao preenchimento dos requisitos da autorização do cultivo e colheita de cannabis sativa para fins medicinais, pois é o órgão técnico com atribuição para tanto, incumbindo ao interessado, em caso de demora na apreciação ou de indeferimento de pedido, submeter a questão ao Poder Judiciário por meio da via própria na jurisdição cível.

4. Agravo regimental desprovido."

(STJ, AgRg no RHC nº 155.610/CE, Relator Ministro João Otávio de Noronha, Quinta Turma, julgado em 10.05.2022, *DJe* de 13.05.2022)

Art. 29. Na imposição da medida educativa a que se refere o inciso II do § 6o do art. 28, o juiz, atendendo à reprovabilidade da conduta, fixará o número de dias-multa, em quantidade nunca inferior a 40 (quarenta) nem superior a 100 (cem), atribuindo depois a cada um, segundo a capacidade econômica do agente, o valor de um trinta avos até 3 (três) vezes o valor do maior salário mínimo.

Parágrafo único. Os valores decorrentes da imposição da multa a que se refere o § 6º do art. 28 serão creditados à conta do Fundo Nacional Antidrogas.

O descumprimento injustificado da prestação de serviços à comunidade e das medidas de caráter educativo estatuídas nos incisos II e III do artigo 28 pelo agente o sujeitará à admoestação verbal e, persistindo o descumprimento injustificado, caberá a aplicação de multa de 40 a 100 dias-multa. A imposição destas medidas, em caráter sucessivo, tem por objetivo estimular o cumprimento da pena aplicada na sentença ou pena decorrente de homologação da transação penal.

O valor do dia-multa, como regra do artigo 60, "caput", do Código Penal, deve observar a capacidade econômica do agente.

A conduta a que se refere o art. 29 não se relaciona com o crime de porte de drogas para consumo pessoal, mas sim com a recalcitrância do acusado no cumprimento das penas de prestação de serviços à comunidade e de comparecimento a programas educativos.

Como predica Renato Brasileiro de Lima, "nesse momento, pouco interessa o desvalor da conduta de porte de drogas para consumo pessoal, que já fora sopesado pelo juiz ao fixar as penas previstas no caput do art. 28. Para a fixação do número de dias-multa, a 'reprovabilidade da conduta' a que se refere o art. 29 diz respeito ao grau de menosprezo e de rebeldia revelado pelo agente por ocasião do descumprimento das penas anteriormente impostas."[299]

A execução das penas pecuniárias deverá ser realizada pela Fazenda Pública e os valores obtidos devem ser encaminhados ao Fundo Nacional Antidrogas visando o combate às drogas.

[299] LIMA, Renato Brasileiro de. *Legislação criminal especial comentada: volume único.* 9. ed. rev., atual. e ampl. Salvador: JusPODIVM, 2021, p. 1052.

Art. 30. Prescrevem em 2 (dois) anos a imposição e a execução das penas, observado, no tocante à interrupção do prazo, o disposto nos arts. 107 e seguintes do Código Penal.

A prescrição nos casos do delito do artigo 28 possui um prazo de dois anos, envolvendo tanto a pretensão punitiva para a imposição da pena, quanto a pretensão executória. Note-se que não fora obedecido quanto ao interregno prescricional as balizas norteadoras advindas das penas privativas de liberdade, como ocorre no artigo 109 do Código Penal, justamente porque no crime do artigo 28 não fora estabelecida pena privativa de liberdade, de modo que a própria lei extravagante dispôs a respeito.

A parte final do art. 30 desta Lei não deve se referir apenas à interrupção da prescrição, que está prevista no art. 117 do CP, notadamente porque o art. 107 do CP não cuida das causas interruptivas da prescrição, mas sim das diversas causas extintivas da punibilidade, de sorte que a interpretação que tem sido dada é a de que todas as demais questões envolvendo a prescrição (à exceção do prazo prescricional) devem ser extraídas do Estatuto Penal Repressivo (termo inicial, causas de interrupção, suspensão, etc).

Art. 31. É indispensável a licença prévia da autoridade competente para produzir, extrair, fabricar, transformar, preparar, possuir, manter em depósito, importar, exportar, reexportar, remeter, transportar, expor, oferecer, vender, comprar, trocar, ceder ou adquirir, para qualquer fim, drogas ou matéria-prima destinada à sua preparação, observadas as demais exigências legais.

A Agência Nacional de Vigilância Sanitária – ANVISA é o órgão responsável pela edição da relação de substâncias entorpecentes ou que causem dependência física ou psíquica, sendo que a Lei nº 11.343/2006 constitui norma penal em branco.

A autorização está disciplinada pela Portaria SVS/MS 344/1998.

A licença prévia da autoridade competente para a realização das condutas nominadas no art. 31 configura elemento normativo de todos os tipos penais constantes desta Lei. Embora a expressão "sem autorização ou em desacordo com determinação legal ou regulamentar" constante, por exemplo, do art. 33, constitua "fator vinculado à ilicitude, foi inserida nos diversos crimes da Lei de Drogas como verdadeira elementar do tipo penal."

Desse modo, não estando configurada esta elementar, o fato será atípico. Além disso, "eventual erro quanto à presença dessa elementar caracteriza hipótese de erro de tipo, e não de proibição, porquanto incidente sobre elemento constitutivo do tipo legal do crime, nos termos do art. 20, *caput*, do Código Penal."[300]

Art. 32. As plantações ilícitas serão imediatamente destruídas pelo delegado de polícia na forma do art. 50-A, que recolherá quantidade suficiente para exame pericial, de tudo lavrando auto de levantamento das condições encontradas, com a delimitação do local, asseguradas as medidas necessárias para a preservação da prova. (Redação dada pela Lei nº 12.961, de 2014)

§ 1º (Revogado). (Redação dada pela Lei nº 12.961, de 2014)

§ 2º (Revogado).(Redação dada pela Lei nº 12.961, de 2014)

§ 3º Em caso de ser utilizada a queimada para destruir a plantação, observar-se-á, além das cautelas necessárias à proteção ao meio ambiente, o disposto no Decreto nº 2.661, de 8 de julho de 1998, no que couber, dispensada a autorização prévia do órgão próprio do Sistema Nacional do Meio Ambiente – Sisnama.

§ 4º As glebas cultivadas com plantações ilícitas serão expropriadas, conforme o disposto no art. 243 da Constituição Federal, de acordo com a legislação em vigor.

O *caput* do artigo 32 foi alterado pela Lei nº 12.961, de 04.04.2014, visando promover uma rápida incineração das plantas ilícitas apreendidas, inclusive, esta Lei acrescentou à Lei de Drogas o artigo 50-A com previsão de destruição no prazo máximo de trinta dias contados a partir da data da apreensão. A redação do art. 50-A era a seguinte: "A destruição de drogas apreendidas sem a ocorrência de prisão em flagrante será feita por incineração, no prazo máximo de 30 (trinta) dias contado da data da apreensão, guardando-se amostra necessária à realização do laudo definitivo, aplicando-se, no que couber, o procedimento dos §§ 3º a 5º do art. 50".

Atente-se que não obstante o art. 32 não faça menção expressa à necessidade de prévia autorização judicial para a destruição das plantas ilícitas,

[300] LIMA, Renato Brasileiro de. *Legislação criminal especial comentada: volume único*. 9. ed. rev., atual. e ampl. Salvador: JusPODIVM, 2021, p. 1054.

a interpretação que se dava ao tema era o da exigência desta autorização, porquanto remete ao artigo 50-A cuja redação determinava a aplicação no que couber do procedimento dos §§ 3º a 5º do art. 50.

O art. 50 da Lei nº 11.343/2006 dispõe que:

> "Art. 50. Ocorrendo prisão em flagrante, a autoridade de polícia judiciária fará, imediatamente, comunicação ao juiz competente, remetendo-lhe cópia do auto lavrado, do qual será dada vista ao órgão do Ministério Público, em 24 (vinte e quatro) horas.
>
> (...)
>
> § 3º Recebida cópia do auto de prisão em flagrante, o juiz, no prazo de 10 (dez) dias, certificará a regularidade formal do laudo de constatação e determinará a destruição das drogas apreendidas, guardando-se amostra necessária à realização do laudo definitivo.(Incluído pela Lei nº 12.961, de 2014)
>
> § 4º A destruição das drogas será executada pelo delegado de polícia competente no prazo de 15 (quinze) dias na presença do Ministério Público e da autoridade sanitária. (Incluído pela Lei nº 12.961, de 2014)"

Ocorre que a Lei nº 13.840/2019 entrou em vigor e suprimiu a parte final do artigo 50-A, passando a redação a ser a seguinte: "A destruição das drogas apreendidas sem a ocorrência de prisão em flagrante será feita por incineração, no prazo máximo de 30 (trinta) dias contados da data da apreensão, guardando-se amostra necessária à realização do laudo definitivo", ou seja, eliminou-se a aplicação dos procedimentos elencados nos parágrafos 3º a 5º do artigo 50 da Lei nº 11.343/2006. Disto se conclui que as plantações ilícitas, nos termos do artigo 32 da Lei nº 11.343/2006, serão imediatamente destruídas pela autoridade policial, sem a necessidade de autorização do magistrado.

O delegado, no entanto, continuará adotando a precaução atinente ao recolhimento de quantidade suficiente para exame pericial, "de tudo lavrando auto de levantamento das condições encontradas, com delimitação do local, asseguradas as medidas necessárias para a preservação da prova."

No caso de ser utilizada a queimada para a destruição da plantação, além das cautelas necessárias à proteção ao meio ambiente, também deverá ser observado o disposto no Código Florestal – Lei nº 12.651/2012 (Dispõe sobre a proteção da vegetação nativa; altera as Leis nºs 6.938, de 31 de agosto de 1981, 9.393, de 19 de dezembro de 1996, e 11.428, de 22 de dezembro de 2006; revoga as Leis nºs 4.771, de 15 de setembro de 1965, e 7.754, de 14 de abril de 1989, e a Medida Provisória nº 2.166-67, de 24 de agosto de 2001; e dá outras providências), no que couber, dispensada a autorização prévia do órgão próprio do Sistema Nacional do Meio Ambiente (Sisnama).

De se notar que o parágrafo 3º do artigo 32 faz menção expressa ao Decreto nº 2.661/1998 (que regulamenta o parágrafo único do art. 27 da Lei nº 4.771, de 15 de setembro de 1965 – Código Florestal, mediante o estabelecimento de normas de precaução relativas ao emprego do fogo em práticas agropastoris e florestais, e dá outras providências), no entanto, com a edição da Lei nº 12.651/2012 (novo Código Florestal) a questão da proibição do uso de fogo e do controle dos incêndios passou a ser versada nos artigos 38 a 40 desta última lei.

Como se vê, anteriormente à entrada em vigor da Lei nº 12.651, de 25.05.2012, tinha aplicação ao tema o Decreto nº 2.661, de 08.07.1998, que regulamentava o parágrafo único do art. 27 da Lei nº 4.771, de 15 de setembro de 1965 (Código Florestal), relacionando-se à regulamentação de emprego de fogo em áreas agropastoris e florestais.

O § 4º do art. 32 prevê que "as glebas cultivadas com plantações ilícitas serão expropriadas, conforme o disposto no art. 243 da Constituição Federal, de acordo com a legislação em vigor." O procedimento de expropriação das propriedades cultivadas com plantações ilícitas está regulamentado pela Lei nº 8.257, de 26.11.1991.

A CF, no art. 243, dispõe que: "as propriedades rurais e urbanas de qualquer região do País onde forem localizadas culturas ilegais de plantas psicotrópicas ou a exploração de trabalho escravo na forma da lei serão expropriadas e destinadas à reforma agrária e a programas de habitação popular, sem qualquer indenização ao proprietário e sem prejuízo de outras sanções previstas em lei, observado, no que couber, o disposto no art. 5º. (Redação dada pela Emenda Constitucional nº 81, de 2014). Parágrafo único: Todo e qualquer bem de valor econômico apreendido em decorrência do tráfico ilícito de entorpecentes e drogas afins e da exploração de trabalho escravo será confiscado e reverterá a fundo especial com destinação específica, na forma da lei. (Redação dada pela Emenda Constitucional nº 81, de 2014)."

Conquanto não haja norma acerca da definição da competência para a propositura da ação expropriatória, entende-se ser ela privativa da União, podendo a atribuição ser delegada a pessoa de sua administração indireta.[301]

[301] LIMA, Renato Brasileiro de. *Legislação criminal especial comentada: volume único*. 9. ed. rev., atual. e ampl. Salvador: JusPODIVM, 2021, p. 1056. Este autor cita, neste sentido, a lição de

A Lei nº 8.257/1991, em seu art. 1º estabelece que: "as glebas de qualquer região do país onde forem localizadas culturas ilegais de plantas psicotrópicas serão imediatamente expropriadas e especificamente destinadas ao assentamento de colonos, para o cultivo de produtos alimentícios e medicamentosos, sem qualquer indenização ao proprietário e sem prejuízo de outras sanções previstas em lei, conforme o art. 243 da Constituição Federal. Parágrafo único: Todo e qualquer bem de valor econômico apreendido em decorrência do tráfico ilícito de entorpecentes e drogas afins será confiscado e reverterá em benefício de instituições e pessoal especializado no tratamento e recuperação de viciados e no aparelhamento e custeio de atividades de fiscalização, controle, prevenção e repressão do crime de tráfico dessas substâncias."

O art. 4º prescreve que: "as glebas referidas nesta lei, sujeitas à expropriação, são aquelas possuídas a qualquer título."

O art. 15 estatui que: "transitada em julgado a sentença expropriatória, o imóvel será incorporado ao patrimônio da União. Parágrafo único: Se a gleba expropriada nos termos desta lei, após o trânsito em julgado da sentença, não puder ter em cento e vinte dias a destinação prevista no art. 1º, ficará incorporada ao patrimônio da União, reservada, até que sobrevenham as condições necessárias àquela utilização."

Por fim, em seu art. 17 prevê que: "a expropriação de que trata esta lei prevalecerá sobre direitos reais de garantia, não se admitindo embargos de terceiro, fundados em dívida hipotecária, anticrética ou pignoratícia."

Por fim, a Lei que versa sobre a impenhorabilidade do bem de família (Lei nº 8.009, de 29.03.1990) traz uma ressalva a esta condição no inciso VI do artigo 3º quando o bem imóvel tenha "sido adquirido com produto de crime ou para execução de sentença penal condenatória a ressarcimento, indenização ou perdimento de bens." Assim, o imóvel que tenha sido utilizado para o cometimento, por exemplo, do tráfico ilícito de drogas, perderá a cláusula de impenhorabilidade.

Não menos importante destacar que o Plenário do STF, aos 14.12.2016, apreciando o tema 399 da repercussão geral, negou provimento ao recurso extraordinário 635.336 (Relatoria do Ministro Gilmar Mendes), fixando tese nos seguintes termos: "A expropriação prevista no art. 243 da Consti-

José dos Santos Carvalho Filho: *Manual de Direito Administrativo*. 12. ed. Rio de Janeiro: Editora Lumen Juris, 2005, p. 809.

tuição Federal pode ser afastada, desde que o proprietário comprove que não incorreu em culpa, ainda que in vigilando ou in eligendo".

Art. 33. Importar, exportar, remeter, preparar, produzir, fabricar, adquirir, vender, expor à venda, oferecer, ter em depósito, transportar, trazer consigo, guardar, prescrever, ministrar, entregar a consumo ou fornecer drogas, ainda que gratuitamente, sem autorização ou em desacordo com determinação legal ou regulamentar:

Pena – reclusão de 5 (cinco) a 15 (quinze) anos e pagamento de 500 (quinhentos) a 1.500 (mil e quinhentos) dias-multa.

§ 1º Nas mesmas penas incorre quem:

I – importa, exporta, remete, produz, fabrica, adquire, vende, expõe à venda, oferece, fornece, tem em depósito, transporta, traz consigo ou guarda, ainda que gratuitamente, sem autorização ou em desacordo com determinação legal ou regulamentar, matéria-prima, insumo ou produto químico destinado à preparação de drogas;

II – semeia, cultiva ou faz a colheita, sem autorização ou em desacordo com determinação legal ou regulamentar, de plantas que se constituam em matéria-prima para a preparação de drogas;

III – utiliza local ou bem de qualquer natureza de que tem a propriedade, posse, administração, guarda ou vigilância, ou consente que outrem dele se utilize, ainda que gratuitamente, sem autorização ou em desacordo com determinação legal ou regulamentar, para o tráfico ilícito de drogas.

IV – vende ou entrega drogas ou matéria-prima, insumo ou produto químico destinado à preparação de drogas, sem autorização ou em desacordo com a determinação legal ou regulamentar, a agente policial disfarçado, quando presentes elementos probatórios razoáveis de conduta criminal preexistente. (Incluído pela Lei nº 13.964, de 2019)

§ 2º Induzir, instigar ou auxiliar alguém ao uso indevido de droga: (Vide ADI nº 4.274)

Pena – detenção, de 1 (um) a 3 (três) anos, e multa de 100 (cem) a 300 (trezentos) dias-multa.

§ 3º Oferecer droga, eventualmente e sem objetivo de lucro, a pessoa de seu relacionamento, para juntos a consumirem:

Pena – detenção, de 6 (seis) meses a 1 (um) ano, e pagamento de 700 (setecentos) a 1.500 (mil e quinhentos) dias-multa, sem prejuízo das penas previstas no art. 28.

§ 4º Nos delitos definidos no caput e no § 1o deste artigo, as penas poderão ser reduzidas de um sexto a dois terços, vedada a conversão em penas restritivas de direitos, desde que o agente seja primário, de bons antecedentes, não se dedique às atividades criminosas nem integre organização criminosa. (Vide Resolução nº 5, de 2012)

1. Notas introdutórias

As dezoito condutas típicas descritas no "caput" são de fácil compreensão, contudo, há na doutrina questionamento acerca da distinção entre as condutas de "guardar" e "ter em depósito."

Com efeito, "Nelson Hungria entende que 'ter em depósito' é reter a droga que lhe pertence, enquanto 'guardar' é reter a droga pertencente a terceiro. É esse também o entendimento de Fernando Capez. Para Vicente Greco Filho, ambas as condutas implicam retenção da substância entorpecente, mas a figura 'ter em depósito' sugere provisoriedade e possibilidade de deslocamento rápido da droga de um local para outro, enquanto 'guardar tem um sentido, pura e simplesmente de ocultação."[302]

Às condutas descritas no *caput* do art. 33 agrega-se a expressão "ainda que gratuitamente" denotando ser irrelevante se há ou não cobrança de valores e se elas são praticadas com o intuito de lucro.

2. Classificação

O **objeto jurídico** é a saúde pública. A norma não objetiva o dano individual, preocupa-se com o dano coletivo, com o perigo que as drogas representam para a saúde pública.

Cuida-se de **crime comum**, podendo ser praticado por qualquer pessoa, entretanto, na conduta de "**prescrever**", trata-se de **crime próprio**, já que somente quem exerce profissão habilitada à prescrição de drogas (médico, dentista) pode ostentar a qualidade de sujeito ativo do crime. **Sujeito passivo** é a coletividade.

Trata-se de **crime de ação múltipla**. A pluralidade de condutas envolvendo o mesmo objeto material constituirá um único crime, todavia, tratar-se-á de crimes diversos, de crimes autônomos, quando as condutas se referirem a cargas diversas de drogas sem qualquer ligação fática. "Assim, se uma pessoa compra um quilo de maconha e depois o vende e, na semana

[302] GONÇALVES, Victor Eduardo Rios; BALTAZAR JUNIOR, José Paulo. Coordenador: LENZA, Pedro. *Legislação penal especial*. 2. ed. São Paulo: Saraiva, 2016, p. 88.

seguinte, compra mais dois quilos e vende, responde por dois delitos em continuação delitiva, já que as formas de execução foram as mesmas (a compra e a venda). Se o agente, contudo, importa cinquenta quilos de maconha e produz 10 quilos de crack, responderá pelos delitos na forma de concurso material, uma vez que as condutas são diversas (importar e produzir) e o objeto material também."[303]

O STJ já decidiu que "a conduta prevista no art. 33, caput, da Lei nº 11.343/2006 constitui delito formal, multinuclear, e, para sua consumação, basta a execução de quaisquer das condutas previstas no tipo penal, quais sejam: importar, exportar, remeter, preparar, produzir, fabricar, adquirir, vender, expor à venda, oferecer, ter em depósito, transportar, trazer consigo, guardar, prescrever, ministrar, entregar a consumo ou fornecer drogas" (STJ, CC nº 133.560/RJ, Relator Ministro Rogerio Schietti Cruz, Terceira Seção, julgado em 11.06.2014, *DJe* de 17.06.2014).

O crime previsto no art. 33 é punido exclusivamente a título de **dolo**, bastando a consciência e vontade de praticar um dos núcleos verbais dispostos no "caput" do artigo 33.

O **elemento normativo** está contido na expressão "sem autorização ou em desacordo com determinação legal ou regulamentar." Perceba-se que o artigo 31, mediante licença prévia da autoridade competente, autoriza determinadas pessoas, em razão de suas atividades, a produzir, extrair, fabricar, transformar, preparar, possuir, manter em depósito, importar, exportar, reexportar, remeter, transportar, expor, oferecer, vender, comprar, trocar, ceder ou adquirir, para qualquer fim, drogas ou matéria-prima destinada à sua preparação, observadas as demais exigências legais.

As licenças ou autorizações estão previstas em leis ou mesmo nas portarias e demais normativos da ANVISA. Daí tais agentes, agindo nos limites das autorizações, poderão praticar as condutas expressas no artigo 31 sem que haja cometimento de qualquer delito.

De **perigo abstrato**, não se exigindo a necessidade de efetivação da lesão ou exposição de perigo ao bem jurídico, consumando-se o crime com a conduta descrita na norma. Prescinde da comprovação da existência de situação que coloque em risco o bem jurídico tutelado (saúde – bem jurídico transindividual). Há uma presunção absoluta a respeito da sua periculosidade.

[303] *Ob., cit.*, p. 89.

José Paulo Baltazar Júnior e Victor Eduardo Rios Gonçalves entendem que o tráfico ilícito de drogas é um crime de perigo abstrato, "pois o traficante age, evidentemente, com dolo de perigo (vontade de colocar em risco o bem jurídico tutelado – a saúde pública – ainda que não o lese efetivamente). Inexiste ofensa ao princípio da presunção de inocência, pois o traficante, para receber a pena merecida, submeter-se-á ao devido processo legal, com ampla defesa e contraditório. (...) A saúde pública, bem jurídico imaterial, mas que significa a possibilidade de várias pessoas, em número indefinido, adoecerem e, por fim, morrerem, é atingida quando há tráfico ilícito de drogas. Não se trata, no entanto, de delito material, aquele que produz, necessariamente, para sua consumação, resultado naturalístico. É crime de atividade, na modalidade formal, isto é, pune-se apenas a conduta de vender substância entorpecente, por exemplo. Mas, a partir disso, pode ocorrer dano efetivo à saúde pública (exaurimento do delito), com a perda efetiva da saúde de inúmeras pessoas ou até com a morte de viciados. (...) Não se permite ao infrator a prova de que seu comportamento pode ser inofensivo, pois regras de experiência já demonstraram não ser conveniente à sociedade a circulação de determinados tipos de drogas, pois geradoras de maiores problemas do que vantagens a quem delas faz uso."[304] Lado outro, se num mesmo contexto fático o agente levar a efeito mais do que uma conduta nuclear, restará caracterizado crime único, sendo possível, no entanto, a majoração da pena quando da dosimetria, por força do disposto no artigo 59 do Código Penal. Não há necessidade de comprovação da existência de situação que tenha colocado em risco o bem jurídico tutelado pela norma.

O delito do art. 33 da Lei nº 11.343/2006 **consuma** com a prática de algum dos verbos nucleares nele previstos, motivo pelo qual a simples conduta de trazer consigo substância entorpecente já é suficiente para a caracterização do ilícito, que independe da efetiva entrega das drogas ao destinatário (STJ, HC nº 332.396/SP, Relator Ministro Gurgel de Faria, Quinta Turma, julgado em 23.02.2016, *DJe* de 15.03.2016).

É desnecessário, para a configuração do delito previsto no art. 33, "caput", da Lei nº 11.343/2006 "que a droga seja encontrada em poder do acusado ou que haja a efetiva tradição ou entrega da substância entorpecente ao seu destinatário final. O simples ajuste de vontades sobre o objeto, por ocasião da encomenda da droga, basta para constituir a conduta abran-

[304] NUCCI, Guilherme de Souza. *Leis penais e processuais penais comentadas*. 9. ed. rev., atual. e ampl., vol. 1. Rio de Janeiro: Forense, 2015, p. 337-338.

gida pelo verbo 'adquirir'. Inconcebível se falar, por isso mesmo, em meros atos preparatórios" (HC nº 650.712/SC, Relator Ministro Rogério Schietti Cruz, Sexta Turma, julgado em 09.08.2022, *DJe* de 18.08.2022).

Não menos importante destacar que "a aferição do grau de pureza é dispensável para a identificação da natureza e da quantidade da substância transportada, sendo notório que a cocaína, pelo seu alto custo, é misturada a outros produtos para aumentar o lucro dos traficantes, vários deles igualmente nocivos para a saúde pública" (STJ, RHC nº 54.302/SP, Relator Ministro Rogerio Schietti Cruz, Sexta Turma, julgado em 05.03.2015, *DJe* de 12.03.2015).

A natureza e a quantidade de droga apreendida justificam, nos termos do art. 42 da Lei nº 11.343/2006, a majoração da pena-base, ainda que as demais circunstâncias judiciais sejam favoráveis ao agente. Ressalte-se, ainda, que o indivíduo que aceita transportar substância entorpecente de um país para outro, tendo-a recebido de um terceiro, assume o risco de transportar qualquer quantidade e em qualquer grau de pureza, motivo pelo qual tais circunstâncias devem ser consideradas para majoração da pena-base.

Ademais, a cocaína é uma substância com alto poder destrutivo, que produz sérios danos à saúde, tais como dependência física e psicológica, que leva facilmente ao vício e até a morte. A cocaína é capaz de produzir nefastos efeitos na saúde do usuário e, consequentemente, ter um forte impacto na saúde pública de qualquer Estado. Os danos causados são muito maiores que os danos causados por outras substâncias entorpecentes, como a maconha ou o lança-perfume. Por isso, a conduta praticada neste contexto reveste-se de especial gravidade.

Algumas das condutas tipificadas no artigo 33 desta Lei revelam a **instantaneidade do delito**, por exemplo, nas modalidades "vender", "adquirir" e "oferecer".

Contudo, **outras demonstram tratar-se de crime permanente**, dentre elas, as condutas de "expor à venda", "transportar", "trazer consigo", "guardar", "ter em depósito."

A conduta de "trazer consigo" somente caracterizará o crime de porte se a finalidade for exclusivamente para uso pessoal, todavia restará caracterizado o tráfico se se identificar que a droga se destinava a terceiro, independentemente da habitualidade, da quantidade e se houver cessão gratuita da droga ou mercancia.

A grande parte das condutas são permanentes, como mencionado, encontrando-se o agente em flagrante delito enquanto não cessar a permanência.

O Supremo Tribunal Federal tem admitido como lícito o ingresso forçado em residência, sem prévio mandado, desde que haja fundadas suspeitas (fundadas razões) da manutenção da droga em depósito em seu interior. Tem-se entendido que se estaria em situação de flagrância.[305]

Sobre a necessidade da existência de fundadas razões, o STJ tem apresentado alguns julgados:

> "HABEAS CORPUS. PROCESSUAL. TRÁFICO DE DROGAS. NULIDADE DAS PROVAS COLHIDAS NO DOMICÍLIO DO RÉU. FLAGRANTE. AUSÊNCIA DE MANDADO. DENÚNCIA ANÔNIMA/COMUNICAÇÃO APÓCRIFA. AUSÊNCIA DE JUSTA CAUSA. ORDEM CONCEDIDA.
>
> 1. É pacífico nesta Corte o entendimento de que, nos crimes permanentes, tal como o tráfico de drogas, o estado de flagrância se protrai no tempo, o que, todavia, não é suficiente, por si só, para justificar busca domiciliar desprovida de mandado judicial, exigindo-se a demonstração de indícios mínimos de que, naquele momento, dentro da residência, se está ante uma situação de flagrante delito

[305] ".... A cláusula que limita o ingresso ao período do dia é aplicável apenas aos casos em que a busca é determinada por ordem judicial. Nos demais casos – flagrante delito, desastre ou para prestar socorro – a Constituição não faz exigência quanto ao período do dia. 4. Controle judicial a posteriori. Necessidade de preservação da inviolabilidade domiciliar. Interpretação da Constituição. Proteção contra ingerências arbitrárias no domicílio. Muito embora o flagrante delito legitime o ingresso forçado em casa sem determinação judicial, a medida deve ser controlada judicialmente. A inexistência de controle judicial, ainda que posterior à execução da medida, esvaziaria o núcleo fundamental da garantia contra a inviolabilidade da casa (art. 5, XI, da CF) e deixaria de proteger contra ingerências arbitrárias no domicílio (Pacto de São José da Costa Rica, artigo 11, 2, e Pacto Internacional sobre Direitos Civis e Políticos, artigo 17, 1). O controle judicial a posteriori decorre tanto da interpretação da Constituição, quanto da aplicação da proteção consagrada em tratados internacionais sobre direitos humanos incorporados ao ordenamento jurídico. Normas internacionais de caráter judicial que se incorporam à cláusula do devido processo legal. 5. Justa causa. A entrada forçada em domicílio, sem uma justificativa prévia conforme o direito, é arbitrária. Não será a constatação de situação de flagrância, posterior ao ingresso, que justificará a medida. Os agentes estatais devem demonstrar que havia elementos mínimos a caracterizar fundadas razões (justa causa) para a medida. 6. Fixada a interpretação de que a entrada forçada em domicílio sem mandado judicial só é lícita, mesmo em período noturno, quando amparada em fundadas razões, devidamente justificadas a posteriori, que indiquem que dentro da casa ocorre situação de flagrante delito, sob pena de responsabilidade disciplinar, civil e penal do agente ou da autoridade e de nulidade dos atos praticados. 7. Caso concreto. Existência de fundadas razões para suspeitar de flagrante de tráfico de drogas." (RE 603.616, Relator: Min. Gilmar Mendes, Tribunal Pleno, julgado em 05.11.2015, Acórdão Eletrônico Repercussão).

2. Conforme entendimento firmado por esta Corte, a mera denúncia anônima, desacompanhada de outros elementos preliminares indicativos de crime, não legitima o ingresso de policiais no domicílio indicado, estando, ausente, assim, nessas situações, justa causa para a medida.

3. Não havendo, como na hipótese, outros elementos preliminares indicativos de crime que acompanhem a denúncia anônima, inexiste justa causa a autorizar o ingresso no domicílio sem o consentimento do morador, o que nulifica a prova produzida.

4. Habeas corpus concedido para reconhecer a nulidade das provas colhidas mediante violação domiciliar."

(STJ, HC nº 512.418/RJ, Relator Ministro Nefi Cordeiro, Sexta Turma, julgado em 26.11.2019, *DJe* de 03.12.2019)

"RECURSO ORDINÁRIO EM HABEAS CORPUS. TRÁFICO ILÍCITO DE ENTORPECENTES. INVASÃO DOMICILIAR E DO LOCAL DE TRABALHO EFETUADA POR POLICIAIS MILITARES SEM PRÉVIA AUTORIZAÇÃO JUDICIAL. AUSÊNCIA DE JUSTA CAUSA PARA CONCLUIR PELA EXISTÊNCIA DE SITUAÇÃO DE FLAGRANTE. ABORDAGEM DO PACIENTE NA RUA, SEGUIDA DE REVISTA PESSOAL NA QUAL NADA DE ILÍCITO FOI ENCONTRADO EM SUA POSSE. CONDUÇÃO SUBSEQUENTE DO SUSPEITO A SEU LOCAL DE TRABALHO E À SUA RESIDÊNCIA, NOS QUAIS FORAM ENCONTRADOS ENTORPECENTES. NULIDADE DAS PROVAS OBTIDAS NA BUSCA E APREENSÃO. CONSTRANGIMENTO ILEGAL EVIDENCIADO. RECURSO PROVIDO.

1. O Supremo Tribunal Federal definiu, em repercussão geral, que o ingresso forçado em domicílio sem mandado judicial apenas se revela legítimo – a qualquer hora do dia, inclusive durante o período noturno – quando amparado em fundadas razões, devidamente justificadas pelas circunstâncias do caso concreto, que indiquem estar ocorrendo, no interior da casa, situação de flagrante delito (RE nº 603.616/RO, Rel. Ministro Gilmar Mendes) DJe 8/10/2010).

2. A Corte Suprema assentou, também, que "o conceito de 'casa', para o fim da proteção jurídico-constitucional a que se refere o art. 5º, XI, da Lei Fundamental, reveste-se de caráter amplo (HC 82.788/RJ, Rel. Min. CELSO DE MELLO, 2ª Turma do STF, julgado em 12/04/2005, DJe de 02/06/2006; RE 251.445/GO, Rel. Min. CELSO DE MELLO, decisão monocrática publicada no DJ de 03/08/2000), pois compreende, na abrangência de sua designação tutelar, (a) qualquer compartimento habitado, (b)

qualquer aposento ocupado de habitação coletiva e (c) qualquer compartimento privado não aberto ao público, onde alguém exerce profissão ou atividade" (RHC 90.376/RJ, Rel. Min. CELSO DE MELLO, 2ª Turma do STF, julgado em 03/04/2007, DJe de 18/05/2007).

3. Nessa linha de raciocínio, o ingresso regular em estabelecimentos protegidos pela garantia constitucional da inviolabilidade do domicílio depende, para sua validade e regularidade, da existência de fundadas razões (justa causa) que sinalizem para a possibilidade de mitigação do direito fundamental em questão. É dizer, somente quando o contexto fático anterior à invasão permitir a conclusão acerca da ocorrência de crime no interior da residência é que se mostra possível sacrificar o direito à inviolabilidade do domicílio.

4. 'A mera denúncia anônima, desacompanhada de outros elementos preliminares indicativos de crime, não legitima o ingresso de policiais no domicílio indicado, estando, ausente, assim, nessas situações, justa causa para a medida.' (HC 512.418/RJ, Rel. Ministro NEFI CORDEIRO, SEXTA TURMA, julgado em 26/11/2019, DJe 03/12/2019.)

5. Somente a informação de que o paciente tivera envolvimento anterior com tráfico de drogas não autoriza a autoridade policial a conduzi-lo até seu local de trabalho e sua residência, locais protegidos pela garantia constitucional do art. 5º, IX, da CF, para ali efetuar busca, sem prévia autorização judicial e sem seu consentimento, diante da inexistência de fundamento suficiente para levar à conclusão de que, naqueles locais, estava sendo cometido algum tipo de delito, permanente ou não. Precedente: (HC 527.161/RS, Rel. Ministro ROGERIO SCHIETTI CRUZ, SEXTA TURMA, julgado em 26/11/2019, DJe 29/11/2019).

6. No caso concreto, a leitura dos Termos de Depoimento dos condutores do paciente, na ocasião do flagrante, revela que, após terem abordado e revistado o paciente na rua por terem conhecimento de seu envolvimento anterior com o tráfico, e com ele encontrarem apenas T$ 35,00 e um molho de chaves, sem qualquer indício ou investigação prévia sobre local em que poderia haver droga, o paciente foi por eles conduzido primeiro a seu local de trabalho (uma barbearia), onde foram encontrados 14 (quatorze) "eppendorfs" contendo substância semelhante a cocaína, e depois à sua residência, na qual foram descobertos saquinhos plásticos, típicos de embalar drogas, dois comprimidos e, no quarto do autuado, uma balança de precisão.

7. Reconhecida a ilegalidade da entrada da autoridade policial no local de trabalho e no domicílio do paciente sem seu consentimento e sem prévia autorização judicial, a prova colhida na ocasião deve ser considerada ilícita.

8. Já tendo havido condenação do paciente no 1º grau de jurisdição, deve a sentença ser anulada, absolvendo-se o paciente, com fulcro no art. 386, II, do Código de Processo Penal.

9. Recurso provido."

(STJ, RHC nº 126.092/SP, relator Ministro Reynaldo Soares da Fonseca, Quinta Turma, julgado em 23.06.2020, *DJe* de 30.06.2020)

"PENAL E PROCESSO PENAL. RECURSO EM HABEAS CORPUS. TRÁFICO DE DROGAS. ASSOCIAÇÃO PARA O TRÁFICO. NULIDADE. DILIGÊNCIA REALIZADA NO DOMICÍLIO DO RÉU SEM AUTORIZAÇÃO JUDICIAL. FUNDADAS RAZÕES NÃO VERIFICADAS. AUSÊNCIA DE JUSTA CAUSA. APLICAÇÃO DO ENTENDIMENTO FIRMADO NO HC Nº 598.051/SP. RECURSO PROVIDO.

1. A Sexta Turma, ao revisitar o tema referente à violação de domicílio, no Habeas Corpus nº 598.051/SP, de relatoria do Ministro Rogerio Schietti, fixou as teses de que "as circunstâncias que antecederem a violação do domicílio devem evidenciar, de modo satisfatório e objetivo, as fundadas razões que justifiquem tal diligência e a eventual prisão em flagrante do suspeito, as quais, portanto, não podem derivar de simples desconfiança policial, apoiada, v. g., em mera atitude 'suspeita', ou na fuga do indivíduo em direção a sua casa diante de uma ronda ostensiva, comportamento que pode ser atribuído a vários motivos, não, necessariamente, o de estar o abordado portando ou comercializando substância entorpecente", e de que até mesmo o consentimento, registrado nos autos, para o ingresso das autoridades públicas sem mandado deve ser comprovado pelo Estado.

2. No presente caso, o ingresso forçado na casa, onde foram apreendidas as drogas, não se sustenta em fundadas razões extraídas da leitura dos documentos dos autos. Isso, porque a diligência apoiou-se em meras denúncias anônimas e no fato de serem encontradas em poder do acusado algumas porções de drogas, circunstâncias que não trazem contexto fático que justifique a dispensa de investigações prévias ou do mandado judicial para a entrada dos agentes públicos na residência, acarretando a nulidade da diligência policial.

3. Recurso provido para anular as provas decorrentes do ingresso desautorizado no domicílio e as delas derivadas."

(STJ, RHC nº 169.942/MA, Relator Ministro Antonio Saldanha Palheiro, Sexta Turma, julgado em 08.11.2022, *DJe* de 11.11.2022)

A Constituição Federal, em seu art. 5º, inciso XI, autoriza a violação do domicílio nos casos de flagrante delito, durante o dia ou noite, independentemente da existência de autorização judicial. De igual modo, o art. 150, § 3º, inciso II, do CP, dispõe que "não constitui crime a entrada ou permanência em casa alheia ou em suas dependências a qualquer hora do dia ou da noite, quando algum crime está sendo ali praticado ou na iminência de o ser." O art. 303 do CPP, por seu turno, preceitua que "nas infrações permanentes, entende-se o agente em flagrante delito enquanto não cessar a permanência." Desse modo, fica autorizada a prisão em flagrante, independentemente da existência de autorização emitida pelo Poder Judiciário.

O artigo 22 da Lei nº 13.869/2019 (Dispõe sobre os crimes de Abuso de Autoridade) também dispõe ser crime "invadir ou adentrar, clandestina ou astuciosamente, ou à revelia da vontade do ocupante, imóvel alheio ou suas dependências, ou nele permanecer nas mesmas condições, sem determinação judicial ou fora das condições estabelecidas em lei: Pena – detenção, de 1 (um) a 4 (quatro) anos, e multa (...) § 2º Não haverá crime se o ingresso for para prestar socorro, ou quando houver fundados indícios que indiquem a necessidade do ingresso em razão de situação de flagrante delito ou de desastre."

Devem existir, portanto, fundadas razões de que esteja ocorrendo um flagrante delito a justificar, sem autorização judicial, o ingresso forçado em domicílio.

Não se admite a adoção do princípio da insignificância para o delito de tráfico de drogas, subsistindo a relevância penal da conduta ainda que seja pequena a quantidade de droga apreendida, tema que será objeto de análise mais adiante nesta obra.

Nos termos do artigo 5º, inciso XLIII, da CF, bem como o artigo 2º, parágrafo 2º, da Lei nº 8.072/1990 (Lei dos Crimes Hediondos) equipara-se a crime hediondo o tráfico de drogas.

Com efeito, a Lei nº 11.343/2006 não traz textualmente um rol de crimes classificados como tráfico de drogas, ficando a cargo do intérprete essa aferição, sendo majoritariamente aceita a equiparação como hediondo os delitos previstos no "caput" e § 1º do artigo 33, bem como o artigo 34, todos da Lei de Drogas.

A Terceira Seção do STJ, sob o rito dos Recursos Repetitivos, cancelou o Enunciado nº 512 da Súmula daquela Corte, para firmar tese no sentido de que o tráfico ilícito de drogas, na sua forma privilegiada (art. 33, § 4º, da Lei nº 11.343/2006), não é crime equiparado a hediondo. Nesse sentido:

"PENAL E PROCESSUAL PENAL. TRÁFICO ILÍCITO DE DROGAS NA SUA FORMA PRIVILEGIADA. ART. 33, § 4º, DA LEI Nº 11.343/2006. CRIME NÃO EQUIPARADO A HEDIONDO. ENTENDIMENTO RECENTE DO PLENO DO SUPREMO TRIBUNAL FEDERAL, NO JULGAMENTO DO HC 118.533/MS. REVISÃO DO TEMA ANALISADO PELA TERCEIRA SEÇÃO SOB O RITO DOS REPETITIVOS. RECURSO ESPECIAL REPRESENTATIVO DA CONTROVÉRSIA Nº 1.329.088/RS. CANCELAMENTO DO ENUNCIADO Nº 512 DA SÚMULA DO STJ.

1. O Supremo Tribunal Federal, no recente julgamento do HC 118.533/MS, firmou entendimento de que apenas as modalidades de tráfico ilícito de drogas definidas no art. 33, caput e § 1º, da Lei nº 11.343/2006 seriam equiparadas aos crimes hediondos, enquanto referido delito na modalidade privilegiada apresentaria "contornos mais benignos, menos gravosos, notadamente porque são relevados o envolvimento ocasional do agente com o delito, a não reincidência, a ausência de maus antecedentes e a inexistência de vínculo com organização criminosa."

(Rel. Min. Cármen Lúcia, Tribunal Pleno, julgado em 23/06/2016).

2. É sabido que os julgamentos proferidos pelo Excelso Pretório em Habeas Corpus, ainda que por seu Órgão Pleno, não têm efeito vinculante nem eficácia erga omnes. No entanto, a fim de observar os princípios da segurança jurídica, da proteção da confiança e da isonomia, bem como de evitar a prolação de decisões contraditórias nas instâncias ordinárias e também no âmbito deste Tribunal Superior de Justiça, é necessária a revisão do tema analisado por este Sodalício sob o rito dos recursos repetitivos (Recurso Especial Representativo da Controvérsia nº 1.329.088/RS – Tema 600).

3. Acolhimento da tese segundo a qual o tráfico ilícito de drogas na sua forma privilegiada (art. 33, § 4º, da Lei nº 11.343/2006) não é crime equiparado a hediondo, com o consequente cancelamento do enunciado 512 da Súmula deste Superior Tribunal de Justiça."

(STJ, Pet nº 11.796/DF, Relatora Ministra Maria Thereza de Assis Moura, Terceira Seção, julgado em 23.11.2016, *DJe* de 29.11.2016).

O STF também esclareceu que "o tráfico de entorpecentes privilegiado (art. 33, § 4º, da Lei nº 11.313/2006) não se harmoniza com a hediondez do tráfico de entorpecentes definido no caput e § 1º do art. 33 da Lei de Tóxicos" (HC nº 118533, Relatora Ministra Cármen Lúcia, Tribunal Pleno, julgado em 23.06.2016, processo eletrônico *DJe*-199 divulg 16.09.2016 public 19.09.2016).

Também cumpre registrar que o artigo 44 da Lei nº 11.343/2006 dispõe que "os crimes previstos nos arts. 33, "caput" e § 1º, e 34 a 37 desta Lei são inafiançáveis e insuscetíveis de sursis, graça, indulto, anistia e liberdade provisória, vedada a conversão de suas penas em restritivas de direitos."

O Plenário do STF removeu o óbice da parte final do artigo 44 da Lei nº 11.343/2006 declarando incidentalmente a inconstitucionalidade, com efeito *ex nunc* da proibição de substituição da pena privativa de liberdade pela pena restritiva de direito, em razão de ofensa à garantia constitucional da individualização da pena (inciso XLVI do artigo 5º da CF) (HC nº 97.256/RS, Plenário, Relator Ministro Ayres Britto, j. 01.09.2010).

Também não mais subsiste a vedação ao sursis: "é desproporcional e carece de razoabilidade a negativa de concessão de sursis se já resta superada a própria vedação legal à conversão da pena, mormente porque inexiste óbice à concessão dos benefícios na conduta do parágrafo 2º do art. 33 da Lei nº 11.343/06, que pode até ser sancionada com reprimenda mais severa que a do caput quando concedido o benefício do parágrafo 4º do mesmo artigo" (STJ, HC nº 187.874/MG, Relator Ministro Nefi Cordeiro, Sexta Turma, julgado em 17.03.2015, *DJe* de 25.03.2015).

Não há que se falar, ademais, na impossibilidade de se conceder liberdade provisória pela prática do tráfico de drogas:

> "Entorpecentes. Tráfico. Quantidade: cocaína (10,61g) e maconha (6g). Associação criminosa para o tráfico. Posse irregular de munição de uso permitido. Condenação penal ainda não transitada em julgado. Interposição de apelação criminal pela paciente. Denegação do direito de recorrer em liberdade. Inconstitucionalidade da cláusula legal que, fundada no art. 44 da Lei nº 11.343/2006, veda, aprioristicamente, a concessão de liberdade provisória. Precedente (Plenário). Inexistência de obstáculo jurídico à outorga de liberdade provisória. Sentença que, no capítulo referente à manutenção da prisão cautelar da paciente, apoia-se em fundamentos que se mostram divorciados dos critérios adotados pela jurisprudência do Supremo Tribunal Federal. Ausência, no caso, de requisitos mínimos de cautelaridade. Insubsistência da prisão cautelar da paciente. Parecer da Procuradoria-Geral da República pela concessão do "writ" constitucional. Reconhecimento, em favor da paciente, do direito de aguardar em liberdade a conclusão da causa principal até que nela sobrevenha o trânsito em julgado da decisão que a encerrar. "Habeas Corpus" deferido.
>
> – A privação cautelar da liberdade individual constitui medida qualificada pela nota da excepcionalidade, somente se justificando em situações

de real necessidade evidenciadas por circunstâncias concretas efetivamente comprovadas e referidas na decisão que a decretar, observados, sempre, os pressupostos e os fundamentos a que alude o art. 312 do CPP. Precedentes. – Revela-se inconstitucional a cláusula legal que, fundada no art. 44 da Lei nº 11.343/2006 (Lei de Drogas), veda, aprioristicamente, a concessão de liberdade provisória nas hipóteses dos delitos de tráfico ilícito de entorpecentes e de associação criminosa para o tráfico, entre outros. Precedente: HC 104.339/SP, Rel. Min. GILMAR MENDES, Pleno. – Impõe-se repelir, por inaceitáveis, discursos judiciais consubstanciados em tópicos sentenciais meramente retóricos, eivados de generalidade, destituídos de fundamentação substancial e reveladores, muitas vezes, de linguagem típica dos partidários do "direito penal simbólico" ou, até mesmo, do "direito penal do inimigo", e que, manifestados com o intuito de decretar indevidas prisões cautelares ou de proceder a inadequadas exacerbações punitivas, culminam por vulnerar, gravemente, os grandes princípios liberais consagrados pela ordem democrática na qual se estrutura o Estado de Direito, expondo, com esse comportamento, uma inadmissível visão autoritária e nulificadora do regime das liberdades fundamentais em nosso País. Precedentes: HC 85.531/SP, Rel. Min. CELSO DE MELLO, v.g."

(STF, HC nº 132.615/SP, Relator Ministro Celso de Mello, j. 01.06.2016)

O Plenário do STF declarou *incidenter tantum*, aos 27.06.2012, a inconstitucionalidade do § 1º do artigo 2º da Lei nº 8.072/1990 (Lei dos Crimes Hediondos) com a redação dada pela Lei nº 11.464/2007, que determinava o cumprimento de pena dos crimes hediondos em regime inicial fechado (HC nº 111.840/ES, Rel. Ministro Dias Toffoli). Portanto, o regime inicial fechado não é de imposição obrigatória:

"Habeas corpus. 2. Direito Processual Penal. 3. Tráfico de drogas. 4. Regime inicial fechado para cumprimento de pena. 5. Pedido de fixação de regime aberto. Ré primária. Circunstâncias judiciais favoráveis e fundamentação inadequada (gravidade in abstrato do delito). 6. A jurisprudência do STF consolidou entendimento segundo o qual a hediondez ou a gravidade abstrata do delito não obriga, por si só, o regime prisional mais gravoso, pois o juízo, em atenção aos princípios constitucionais da individualização da pena e da obrigatoriedade de fundamentação das decisões judiciais, deve motivar o regime imposto observando a singularidade do caso concreto. Precedentes. Manutenção do regime semiaberto em sede de agravo regimental. 7. Ausência de argumentos capazes de infirmar a decisão agravada. 8. Agravo regimental desprovido."

(STF, HC nº 175070, Relator Ministro Gilmar Mendes, *DJe* 17.10.2019)

Desta forma, para determinação do regime inicial, deve-se observar o artigo 33, parágrafos 2º e 3º, do Código Penal, e o artigo 59 do mesmo Codex, de forma que a fixação do regime inicial adeque-se às circunstâncias do caso concreto.

Ressalte-se que, especificamente quanto ao delito de tráfico ilícito de drogas, também se considerará a natureza e quantidade de entorpecentes como fundamentação idônea para a fixação do regime inicial para cumprimento de pena, nos termos do artigo 42 da Lei 11.343/2006. Nesse sentido:

"PENAL. PROCESSO PENAL. AGRAVO REGIMENTAL NO RECURSO ESPECIAL. TRÁFICO DE DROGAS. REGIME PRISIONAL MAIS GRAVOSO. FUNDAMENTAÇÃO VINCULADA. VEDAÇÃO LEGAL CONTIDA NO ART. 2º, § 1º, DA LEI Nº 8.072/90, NA REDAÇÃO DADA PELO LEI Nº 11.464/2007. INCONSTITUCIONALIDADE. AGRAVO REGIMENTAL IMPROVIDO.

1. Embora possa haver nos autos elementos concretos que justifiquem a imposição de regime mais gravoso, sabe-se que para cada uma das fases de dosimetria das penas, bem como para a fixação do regime prisional, a fundamentação deverá ser vinculada aos motivos declinados pelo julgador.

2. Declarada a inconstitucionalidade do art. 2º, § 1º da Lei nº 8.072/90, que determinava a obrigatoriedade de imposição de regime inicial fechado aos condenados por crimes hediondos ou equiparados, a fixação do regime inicial deve observar os critérios do art. 33, §§ 2º e 3º do Código Penal e do art. 42 da Lei nº 11.343/06, aos condenados por tráfico de drogas.

3. Agravo regimental improvido."

(AgRg no REsp 1512607/RJ, Rel. Ministro NEFI CORDEIRO, SEXTA TURMA, julgado em 22/03/2018, DJe 03/04/2018)

"HABEAS CORPUS SUBSTITUTIVO DE RECURSO. DESCABIMENTO. TRÁFICO DE DROGAS. DOSIMETRIA. PENA-BASE. MAJORAÇÃO. QUANTIDADE E NATUREZA DA SUBSTÂNCIA ENTORPECENTE. QUANTUM DE AUMENTO. DISCRICIONARIEDADE. ART. 42 DA LEI Nº 11.343/06. INCIDÊNCIA DO REDUTOR PREVISTO NO § 4º DO ART. 33 DA LEI Nº 11.343/06. DEDICAÇÃO A ATIVIDADES CRIMINOSAS. IMPOSSIBILIDADE. INEXISTÊNCIA DE BIS IN IDEM. HIPÓTESE DIVERSA DAQUELA TRATADA NO ARE Nº

666.334/RG (REPERCUSSÃO GERAL), DO STF. REGIME FECHADO. POSSIBILIDADE. QUANTIDADE, VARIEDADE E NATUREZA DA DROGA APREENDIDA. SUBSTITUIÇÃO DA PENA PRIVATIVA DE LIBERDADE POR RESTRITIVA DE DIREITOS.

AUSÊNCIA DE PREENCHIMENTO DOS REQUISITOS LEGAIS. CONSTRANGIMENTO ILEGAL NÃO EVIDENCIADO. WRIT NÃO CONHECIDO.

(...)

5. O STF, no julgamento do HC nº 111.840/ES, declarou inconstitucionalidade do § 1º do art. 2º da Lei nº 8.072/90, com a redação que lhe foi dada pela Lei nº 11.464/07, afastando, dessa forma, a obrigatoriedade do regime inicial fechado para os condenados por crimes hediondos e equiparados. Assim, o regime prisional deverá ser fixado em obediência ao que dispõe o art. 33, §§ 2º e 3º, e art. 59, ambos do Código Penal – CP.

In casu, a quantidade, variedade e natureza da droga apreendida, utilizadas na terceira fase da dosimetria para afastar a aplicação do redutor previsto no art. 33, § 4º, da Lei de Drogas, justificam a fixação do regime prisional mais gravoso. Precedentes.

6. Considerando a pena aplicada, no patamar superior a 4 anos, inviável a aplicação da substituição da pena privativa de liberdade por restritivas de direitos, ante o não preenchimento dos requisitos do art. 44, I, do CP.

Habeas corpus não conhecido."

(HC 425.688/SP, Rel. Ministro JOEL ILAN PACIORNIK, QUINTA TURMA, julgado em 17/04/2018, DJe 02/05/2018)

Destaque-se, ademais, a Súmula 719 do STF estatuindo que "a imposição do regime de cumprimento mais severo do que a pena aplicada permitir exige motivação idônea."

Deve-se atentar que em caso de reincidência há necessidade de imposição de regime inicial mais gravoso, conforme dicção do art. 33, § 2º, do Código Penal.

Outra questão a ser destacada é a de que no Recurso Extraordinário nº 1.347.158-SP o STF reconheceu a existência de repercussão geral da questão constitucional e reafirmou a jurisprudência dominante sobre a matéria, no sentido da constitucionalidade da multa mínima prevista no artigo 33 da Lei 11.343/2006, tendo sido fixada a tese de que "a multa mínima prevista no artigo 33 da Lei 11.343/06 é opção legislativa legítima para a quantificação da pena, não cabendo ao Poder Judiciário alterá-la com fundamento nos princípios da proporcionalidade, da isonomia e da individualização da pena."

Em linhas gerais, entendeu-se, com base no compilado de jurisprudências daquela Corte, que o Poder Judiciário não detém competência para interferir nas opções delineadas pelo legislador no que concerne à punição mais severa daqueles que perpetram condutas estatuídas em norma penal incriminadora (STF, RE nº 1.347.158/SP, Relator Ministro Luiz Fux, Plenário, j. 01.01.2021).

Nada impede, porém, que a Defesa solicite parcelamento das penas pecuniárias na eventual impossibilidade de pagamento em parcela única, podendo ser demonstrada junto ao Juízo das Execuções Penais competente a situação desfavorável do agente

A Súmula nº 528 do STJ previa competir ao juiz federal do local da apreensão da droga remetida do exterior pela via postal processar e julgar o crime de tráfico internacional de drogas.

Assim, o local do crime seria onde ocorresse a apreensão da droga oriunda do exterior, não importando, portanto, o local a que se destinava a encomenda apreendida. No entanto, referida Súmula foi cancelada.

Passou-se a entender que a competência nesses casos será a do destino da encomenda apreendida, de modo a proporcionar maior eficiência na colheita de provas e o exercício da defesa de forma mais ampla, o que também culmina por desafogar os centros de distribuição de encomendas, como por exemplo Guarulhos/SP. Nesse sentido:

> "CONFLITO DE COMPETÊNCIA. PROCESSUAL PENAL. TRÁFICO INTERNACIONAL DE DROGAS VIA CORREIO. IMPORTAÇÃO. APREENSÃO DA DROGA EM CENTRO INTERNACIONAL DOS CORREIOS DISTANTE DO LOCAL DE DESTINO. FACILIDADE PARA COLHEITA DE PROVAS DA AUTORIA DELITIVA NO ENDEREÇO DO DESTINATÁRIO DA DROGA. MITIGAÇÃO DA SÚMULA Nº 528 DO SUPERIOR TRIBUNAL DE JUSTIÇA STJ. COMPETÊNCIA DO JUÍZO SUSCITADO.
>
> 1. O presente conflito de competência deve ser conhecido, por se tratar de incidente instaurado entre juízos vinculados a Tribunais distintos, nos termos do art. 105, inciso I, alínea "d", da Constituição Federal CF.
>
> 2. No caso dos autos, a Polícia Federal em Sinop/MT instaurou inquérito policial para apurar a suposta prática de crime de tráfico internacional de drogas, tipificado no art. 33 c.c. os arts. 40, inciso I, e 70, todos da Lei

nº. 11.343/2006, uma vez que, nos dias 23/12/2016, 5/4/2017 e 11/5/2017, no Centro Internacional dos Correios em Pinhais/PR, foram apreendidos objetos postais que continham, respectivamente, 148,47, 30 e 75 g de ecstasy. Apurou-se no procedimento investigatório tratar-se de importação de droga, visto que os objetos postais foram remetidos da Holanda e tinham como destinatários pessoas residentes no município de Sinop/MT, de acordo com o recibo dos Correios.

3. O núcleo da controvérsia consiste em verificar a possibilidade de redimensionar o alcance da Súmula nº 528/STJ, a qual cuida de tráfico de drogas praticado via postal, nos mesmos moldes em que a Terceira Seção desta Corte Superior de Justiça, no precedente do CC 172.392/SP, de minha relatoria, DJe 29/6/2020, flexibilizou a incidência da Súmula nº 151/STJ, no caso de contrabando e descaminho, quando a mercadoria apreendida estiver em trânsito e conhece-se o endereço da empresa importadora destinatária da mercadoria.

4. Conforme Súmula nº 528/STJ, "Compete ao Juiz Federal do local da apreensão da droga remetida do exterior pela via postal processar e julgar o crime de tráfico internacional". Feita a necessária digressão sobre os julgados inspiradores da Súmula nº 528/STJ, constata-se que o ilustre Ministro ROGERIO SCHIETTI CRUZ, no julgamento do CC 134.421/TJ (DJe 4/12/2014), propôs a revisão do seu posicionamento para, exclusivamente no caso de importação de droga via correio (ou seja, quando conhecido o destinatário), reconhecer como competente o Juízo do local de destino da droga. Malgrado tenha vencido a tese pela competência do local da apreensão da droga, em nome da segurança jurídica, a dinâmica do tempo continua revelando as dificuldades investigativas no caso de importação via correios, quando a droga é apreendida em local distante do destino conhecido.

5. "Em situações excepcionais, a jurisprudência desta Corte tem admitido a fixação da competência para o julgamento do delito no local onde tiveram início os atos executórios, em nome da facilidade para a coleta de provas e para a instrução do processo, tendo em conta os princípios que atendem à finalidade maior do processo que é a busca da verdade real" (CC 151.836/GO, Rel. Min. Reynaldo Soares da Fonseca, TERCEIRA SEÇÃO, DJe 26/6/2017).

Ademais, uma vez abraçada a tese de que a consumação da importação da droga ocorre no momento da entabulação do negócio jurídico, o local de apreensão da mercadoria em trânsito não se confunde com o local da consumação do delito, o qual já se encontrava perfeito e acabado desde a negociação.

6. Prestação jurisdicional efetiva depende de investigação policial eficiente. Caso inicialmente o local da apreensão da droga possa apresentar-se como facilitador da colheita de provas no tocante à materialidade delitiva, em um segundo momento, a distância do local de destino da droga dificulta sobremaneira as investigações da autoria delitiva, sendo inegável que os autores do crime possuam alguma ligação com o endereço aposto na correspondência.

7. A fixação da competência no local de destino da droga, quando houver postagem do exterior para o Brasil com o conhecimento do endereço designado para a entrega, proporcionará eficiência da colheita de provas relativamente à autoria e, consequentemente, também viabilizará o exercício da defesa de forma mais ampla. Em suma, deve ser estabelecida a competência no Juízo do local de destino do entorpecente, mediante flexibilização da Súmula nº 528/STJ, em favor da facilitação da fase investigativa, da busca da verdade e da duração razoável do processo.

8. Conflito conhecido para declarar competente o Juízo Federal da 2ª Vara Cível e Criminal de Sinop – SJ/MT, o suscitado."

(STJ, CC nº 177.882/PR, Relator Ministro Joel Ilan Paciornik, Terceira Seção, julgado em 26.05.2021, *DJe* de 08.06.2021)

Artigo 33 § 1º inciso I Nas mesmas penas incorre quem:

I – importa, exporta, remete, produz, fabrica, adquire, vende, expõe à venda, oferece, fornece, tem em depósito, transporta, traz consigo ou guarda, ainda que gratuitamente, sem autorização ou em desacordo com determinação legal ou regulamentar, matéria-prima, insumo ou produto químico destinado à preparação de drogas;

O **bem jurídico** tutelado é a saúde pública.

O **sujeito ativo** é qualquer pessoa. O s**ujeito passivo** é a coletividade.

O **tipo subjetivo** é o dolo.

O crime se **consuma** com a prática de quaisquer das condutas acima descritas.

Não há necessidade de que a matéria-prima isoladamente possua capacidade de causar a dependência química, bem ainda não se impõe que esteja registrada na ANVISA ou no Ministério da Saúde, bastando que tenha as condições e qualidades químicas necessárias, para mediante transformação, resultar em entorpecentes ou drogas análogas.

A matéria-prima isoladamente pode não ser idônea a tal fim, bastando que aglutinada a outra possa produzir a droga. Assim, a matéria-prima pode ser, além das substâncias destinadas exclusivamente à preparação da droga, aquelas que eventualmente possam ser empregadas para este fim.

O éter, a acetona e ácido clorídrico são produtos químicos usados no refino de entorpecente, assim, a apreensão destes itens, a depender do caso concreto, em poder do agente, sem autorização legal, configura o crime do art. 33, § 1º, inc, I, desta Lei, porquanto evidencia que seriam empregados na preparação de drogas.

A posse de sementes de maconha pode ser incriminada?

A jurisprudência majoritária tem entendido que na semente de maconha não está presente o princípio ativo tetrahidrocanabinol (THC), substância causadora de dependência, de sorte que a posse das sementes consideradas isoladamente não tem o condão de configurar o crime do artigo 33 da Lei nº 11.343/2006.

Nesse sentido, destaque-se o seguinte julgado da Terceira Seção do Superior Tribunal de Justiça:

> "EMBARGOS DE DIVERGÊNCIA EM RECURSO ESPECIAL. IMPORTAÇÃO DE 16 SEMENTES DE MACONHA (CANNABIS SATIVUM). DENÚNCIA POR TRÁFICO INTERNACIONAL DE DROGAS. REJEIÇÃO. RECURSO EM SENTIDO ESTRITO. RECLASSIFICAÇÃO PARA CONTRABANDO, COM APLICAÇÃO DO PRINCÍPIO DA INSIGNIFICÂNCIA. AFASTAMENTO. RECURSO ESPECIAL PROVIDO. PRETENDIDO TRANCAMENTO DA AÇÃO POR ATIPICIDADE. ACATAMENTO DO ENTENDIMENTO DO STF. EMBARGOS DE DIVERGÊNCIA ACOLHIDOS.
>
> 1. O conceito de "droga", para fins penais, é aquele estabelecido no art. 1º, parágrafo único, c.c. o art. 66, ambos da Lei nº 11.343/2006, norma penal em branco complementada pela Portaria SVS/MS nº 344, de 12 de maio de 1998. Compulsando a lista do referido ato administrativo, do que se pode denominar "droga", vê-se que dela não consta referência a sementes da planta Cannabis Sativum.
>
> 2. O Tetrahidrocanabinol – THC é a substância psicoativa encontrada na planta Cannabis Sativum, mas ausente na semente, razão pela qual esta não pode ser considerada "droga", para fins penais, o que afasta a subsunção do caso a qualquer uma das hipóteses do art. 33, caput, da Lei nº 11.343/2006.

3. Dos incisos I e II do § 1º do art. 33 da mesma Lei, infere-se que "matéria-prima" ou "insumo" é a substância utilizada "para a preparação de drogas". A semente não se presta a tal finalidade, porque não possui o princípio ativo (THC), tampouco serve de reagente para a produção de droga.

4. No mais, a Lei de regência prevê como conduta delituosa o semeio, o cultivo ou a colheita da planta proibida (art. 33, § 1º, inciso II; e art. 28, § 1º). Embora a semente seja um pressuposto necessário para a primeira ação, e a planta para as demais, a importação (ou qualquer dos demais núcleos verbais) da semente não está descrita como conduta típica na Lei de Drogas.

5. A conduta de importar pequena quantidade de sementes de maconha é atípica, consoante precedentes do STF: HC 144161, Rel. Ministro GILMAR MENDES, SEGUNDA TURMA, julgado em 11/09/2018, PROCESSO ELETRÔNICO DJe-268 DIVULG 13-12-2018 PUBLIC 14-12-2018; HC 142987, Relator Min. GILMAR MENDES, SEGUNDA TURMA, julgado em 11/09/2018, PROCESSO ELETRÔNICO DJe-256 DIVULG 29-11-2018 PUBLIC 30-11-2018; no mesmo sentido, a decisão monocrática nos autos do HC 143.798/SP, Relator Min. ROBERTO BARROSO, publicada no DJe de 03/02/2020, concedendo a ordem "para determinar o trancamento da ação penal, em razão da ausência de justa causa". Na mesma ocasião, indicou Sua Excelência, "ainda nesse sentido, as seguintes decisões monocráticas: HC 173.346, Rel. Min. Ricardo Lewandowski; HC 148.503, Min. Celso de Mello; HC 143.890, Rel. Min. Celso de Mello; HC 140.478, Rel. Min. Ricardo Lewadowski; HC 149.575, Min. Edson Fachin; HC 163.730, Relª Minª Cármen Lúcia."

6. Embargos de divergência acolhidos, para determinar o trancamento da ação penal em tela, em razão da atipicidade da conduta."

(STJ, EREsp nº 1.624.564/SP, Relatora Ministra Laurita Vaz, Terceira Seção, julgado em 14.10.2020, *DJe* de 21.10.2020)

O STF também já decidiu que:

"Agravo regimental em recurso extraordinário com agravo. 2. Penal e Processual Penal. 3. Importação de sementes de maconha. 4. Sementes que não possuem a substância psicoativa (THC). 5. Reduzida quantidade de substâncias apreendidas. 6. Ausência de justa causa para autorizar a persecução penal. 7. Precedentes. 8. Agravo regimental desprovido."

(STF, ARE nº 1013705 AgR, Relator Gilmar Mendes, Segunda Turma, julgado em 04.02.2020, processo eletrônico *DJe*-065 DIVULG 19.03.2020 PUBLIC 20.03.2020)

Em relação ao tráfico de drogas, trata-se de fato atípico, pois a semente não contém o princípio ativo do entorpecente, não se extraindo maconha da semente, mas da planta germinada da semente, se esta sofrer transformação por obra da natureza e produzir as folhas necessárias para a droga.

Há que se registrar, no entanto, que a semente de maconha é proscrita no Brasil e sua importação é proibida, porquanto, o artigo 34 da Lei nº 10.711, de 05.08.2003 (Dispõe sobre o Sistema Nacional de Sementes e Mudas e dá outras providências), estatui que somente poderão ser importados ao Brasil as sementes inscritas no Registro Nacional de Cultivares:

> "Art. 34. Somente poderão ser importadas sementes ou mudas de cultivares inscritas no Registro Nacional de Cultivares.
>
> Parágrafo único. Ficam isentas de inscrição no RNC as cultivares importadas para fins de pesquisa, de ensaios de valor de cultivo e uso, ou de reexportação."

E o seu artigo 41 estatui que: "ficam proibidos a produção, o beneficiamento, o armazenamento, a análise, o comércio, o transporte e a utilização de sementes e mudas em desacordo com o estabelecido nesta Lei e em sua regulamentação. Parágrafo único. A classificação das infrações desta Lei e as respectivas penalidades serão disciplinadas no regulamento."

Esta Lei foi regulamentada pelo Decreto nº 5.153, de 23.07.2004, revogado pelo Decreto nº 10.586, de 18.12.2020. Em seu artigo 105 prevê que "somente poderá ser importado material de propagação de cultivares inscritas no RNC e que atendam às normas e aos padrões de identidade e de qualidade estabelecidos pelo Ministério da Agricultura, Pecuária e Abastecimento, sem prejuízo do disposto no art. 20 e em norma complementar", bem como em seu artigo 106, a saber: "cumpridas as exigências legais estabelecidas em norma complementar, o Ministério da Agricultura, Pecuária e Abastecimento dará a sua anuência, com vistas ao desembaraço aduaneiro e, quando for o caso, efetuará a amostragem do material de propagação importado."

A semente de maconha não integra a lista de cultivares inscritas no RNC e, bem por isso, sua importação não é admitida no país, cuidando-se, nesta hipótese de importação de mercadoria proibida, e, portanto, de crime de contrabando (artigo 334-A do CP).

Renato Brasileiro de Lima entende que se "certificado pelo laudo pericial que as sementes já contêm uma das substâncias listadas como droga pela Portaria SVS/MS 344/98, a conduta do agente deverá ser tipificada, a depender das circunstâncias do caso concreto, como o tráfico de drogas do art. 33, *caput*, porquanto as próprias sementes já podem ser consideradas espécie de droga, ou como a modalidade equiparada do art. 33, § 1º, I, se acaso demonstrado que o agente pretendia utilizar as sementes como matéria-prima para a produção de outras drogas. Como ocorreu a mera apreensão das sementes, sem que o agente tivesse dado início à pratica dos verbos núcleos semear, cultivar ou fazer a colheita, esta conduta não pode ser tipificada como a modalidade do art. 33, § 1º, II. Lado outro, se o exame pericial não conseguir detectar a presença de droga nas sementes apreendidas, subsiste apenas o crime do art. 33, § 1º, I, porquanto não se pode descartar a possibilidade de utilização das sementes como matéria-prima para a produção de drogas. Como observa a doutrina, 'ao se referir à matéria-prima, insumo ou produto químico destinado à produção de drogas, a Lei deixa clara a intenção de criminalizar todo o processo produtivo da droga, desde o seu primórdio e não apenas a partir da existência do princípio ativo. O significado de produzir a partir da matéria-prima não se resume ao simples processo de extração do princípio ativo das plantas; na realidade, engloba toda a cadeia produtiva, que pode sim ter início com a aquisição de sementes para plantação. As sementes constituirão a matéria-prima a partir da qual ocorrerá a lavra da planta e, em seguida, a extração da droga."[306]

Em relação à folha de coca, mais especificamente no que diz respeito ao seu transporte, o STJ tem entendido que a conduta melhor se amolda ao artigo 33, parágrafo 1º, inciso I, da Lei nº 11.343/2006:

> "CONFLITO NEGATIVO DE COMPETÊNCIA. INQUÉRITO POLICIAL. JUSTIÇA FEDERAL X JUIZADO ESPECIAL DA JUSTIÇA COMUM ESTADUAL. TRANSPORTE DE FOLHAS DE COCA ADQUIRIDAS NA BOLÍVIA. CLASSIFICAÇÃO PELA PORTARIA/SVS 344, DE 12/5/1988, COMO PLANTA PROSCRITA QUE PODE ORIGINAR SUBSTÂNCIAS ENTORPECENTES E/OU PSICOTRÓPICAS, E NÃO COMO DROGA. ENQUADRAMENTO NO TIPO DESCRITO NO § 1º, I, DO ART. 33 DA LEI 11.343/2006. COMPETÊNCIA DA JUSTIÇA FEDERAL.
>
> 1. Situação em que o investigado foi flagrado transportando, em seu veículo, 4,4 Kg de folhas de coca (erytroxylum coca) adquiridas na Bolívia, que afirmou seriam destinadas ao consumo em rituais religiosos indígenas

[306] LIMA, Renato Brasileiro de. *Legislação criminal especial comentada: volume único*. 9. ed. rev., atual. e ampl. Salvador: JusPODIVM, 2021, p. 1071.

de mascar, fazer infusão de chá e até mesmo bolo para comer, em instituto espiritualista e xamânico por ele frequentado.

2. Inviável o enquadramento do transporte de folhas de coca no tipo previsto no art. 28 da Lei 11.343/2006, que descreve o transporte de droga para consumo pessoal. Isso porque, a folha de coca ("erythroxylum coca lam") é classificada no Anexo I - Lista E - da Portaria/SVS nº 344, de 12/5/1988 - que aprova o Regulamento Técnico sobre substâncias e medicamentos sujeitos a controle especial - como uma das plantas proscritas que podem originar substâncias entorpecentes e/ou psicotrópicas. Seja dizer, ela não é, em si, considerada droga.

3. A conduta de transportar folhas de coca melhor se amolda, em tese e para o fim de definir a competência, ao tipo descrito no § 1º, I, do art. 33 da Lei 11.343/2006, que criminaliza o transporte de matéria-prima destinada à preparação de drogas.

No caso concreto, caberá ao juízo de 1º grau, que tem a visão completa de todo o conjunto de evidências colhido no autos, averiguar se, efetivamente, o intuito final do investigado era o de preparar drogas com as folhas de coca, tendo em conta, entre outros aspectos, o laudo pericial produzido pela Polícia Federal que assevera que a quantidade de folhas com ele apreendida teria o potencial de produzir, aproximadamente, de 4,4 g (quatro gramas e quatro decigramas) a 23,53 g (vinte e três gramas e cinquenta e três centigramas) de cocaína, a depender da técnica de refino utilizada.

4. Conflito conhecido, para declarar competente o Juízo Federal da 1ª Vara de Corumbá - SJ/MS, o suscitado, para conduzir o inquérito policial."

(STJ, CC nº 172.464/MS, Relator Ministro Reynaldo Soares da Fonseca, Terceira Seção, julgado em 10.06.2020, *DJe* de 16.06.2020)

Indaga-se acerca da possibilidade de concurso de crimes entre as modalidades delituosas do art. 33, *caput*, e as constantes do §1º deste mesmo artigo. Parte da doutrina entende o agente que importa substância entorpecente e também importa a matéria-prima destinada à preparação de substância entorpecente deve ser responsabilizado por dois crimes, em concurso material, formal ou crime continuado, a depender do caso concreto. Tem preponderado, no entanto, o entendimento de que as condutas do §1º do art. 33 possuem caráter subsidiário, assim sua aplicação só é possível se o agente não for responsabilizado pelas figuras do *caput*.[307]

[307] LIMA, Renato Brasileiro de. *Legislação criminal especial comentada: volume único*. 9. ed. rev., atual. e ampl. Salvador: JusPODIVM, 2021, p. 1069.

Artigo 33 § 1º inciso II

II – semeia, cultiva ou faz a colheita, sem autorização ou em desacordo com determinação legal ou regulamentar, de plantas que se constituam em matéria-prima para a preparação de drogas.

O **bem jurídico** tutelado é a saúde pública.

O **sujeito ativo** é qualquer pessoa. O **sujeito passivo** é a coletividade.

O **tipo subjetivo** é o dolo.

O crime se **consuma** com a prática de quaisquer das condutas acima descritas.

O art. 2º desta Lei dispõe que ficam proibidas, em todo o território nacional, as drogas, bem como o plantio, a cultura, a colheita e a exploração de vegetais e substratos dos quais possam ser extraídas ou produzidas drogas, ressalvada a hipótese de autorização legal ou regulamentar, bem como o que estabelece a Convenção de Viena, das Nações Unidas, sobre Substâncias Psicotrópicas, de 1971, a respeito de plantas de uso estritamente ritualístico-religioso. O parágrafo único, de seu turno, estabelece que a União pode autorizar o plantio, a cultura e a colheita dos vegetais referidos no caput deste artigo, exclusivamente para fins medicinais ou científicos, em local e prazo predeterminados, mediante fiscalização, respeitadas as ressalvas supramencionadas.

Importante registrar que não há necessidade de que a planta contenha a substância entorpecente, bastando que ela se constitua em matéria-prima para a sua preparação. Algumas plantas embora não possuam o princípio ativo, ao passarem por processos químicos, o obterão e, portanto, serão matéria-prima para a preparação das drogas.

O § 1º do artigo 28 da mesma legislação cuida-se de norma especial em relação ao crime de tráfico de drogas estampado no inciso II do § 1º do artigo 33 porquanto a finalidade é o consumo pessoal e cujo cultivo deve ser destinado à preparação de pequena quantidade de substância ou produto capaz de causar dependência física ou psíquica.

Artigo 33 § 1º inciso III

§ 1º Nas mesmas penas incorre quem:

III – utiliza local ou bem de qualquer natureza de que tem a propriedade, posse, administração, guarda ou vigilância, ou consente que outrem dele se utilize, ainda que gratuitamente, sem autorização ou em desa-

cordo com determinação legal ou regulamentar, para o tráfico ilícito de drogas.

O **bem jurídico** tutelado é a saúde pública.

Trata-se de **crime próprio**, sendo **sujeito ativo** aquele que tem a propriedade, posse, administração, guarda ou vigilância do local de que se utiliza ou consente que outrem dele se utilize. O **sujeito passivo** é a coletividade.

O **tipo subjetivo** é o dolo.

O crime se consuma com a prática de quaisquer das condutas acima descritas.

Perpetra o crime aquele que **utiliza** ou **consente que terceiro** utilize de local (imóvel ou móvel – carro, avião, barco) de que tem a propriedade, posse, administração, guarda ou vigilância, para o tráfico de drogas.

Na primeira hipótese é necessário que o agente se utilize do local ou do bem, enquanto na segunda hipótese indispensável que o indivíduo consinta para que outro se utilize.

Com relação **à tentativa**, Renato Marcão preconiza que "admite-se apenas na primeira modalidade descrita (utiliza). Considerando que o consentimento é ato instantâneo, e o que o antecede é intrapsíquico, entendemos não ser cabível a tentativa de consentir. Mesmo na hipótese de consentimento expresso que não chega às mãos do destinatário, temos que não se trata de tentativa de consentir, pois o consentimento em si já foi dado. É preciso ter em mente, entretanto, que no mais das vezes, quando se cogitar de tentativa de utilização do local, poderá estar ocorrendo crime de tráfico, em uma das modalidades previstas no *caput* do art. 33 da Lei nº 11.343/2006."[308]

Artigo 33 § 1º inciso IV

§ 1º Nas mesmas penas incorre quem:

IV – vende ou entrega drogas ou matéria-prima, insumo ou produto químico destinado à preparação de drogas, sem autorização ou em desacordo com a determinação legal ou regulamentar, a agente policial dis-

[308] MARCÃO, Renato. *Tóxicos: Lei nº 11.343, de 23 de agosto de 2006: Lei de Drogas: anotada e interpretada.* 11 ed. rev. ampl. e atual. São Paulo: Saraiva, 2017, p. 134.

farçado, quando presentes elementos probatórios razoáveis de conduta criminal preexistente. (Incluído pela Lei nº 13.964, de 2019)

Dentre as inovações trazidas pela Lei nº 13.964/2019 (Pacote Anticrime), deve-se destacar a figura do **agente policial disfarçado, com previsão no inciso IV do § 1º do artigo 33 da Lei nº 11.343/2006**, onde se logrou possibilitar, por meio dessa técnica especial de investigação, que agentes policiais atuem de forma disfarçada para a obtenção de informações relevantes, mesmo sem autorização judicial e sem intervir no curso causal do evento, além da necessidade de existência de elementos probatórios razoáveis de conduta criminal preexistente, o que o distinguiria do flagrante preparado, cuja conduta torna inviável a consumação (crime impossível – Súmla 145 do STF).

Portanto, o agente policial disfarçado, ocultando sua verdadeira identidade, e desde que haja indícios razoáveis de conduta criminal preexistente por parte do suspeito, passa a atuar como se fosse um cidadão a fim de coletar elementos relevantes, não intervindo na voluntariedade da conduta delitiva, ou seja, não inviabiliza a consumação, tal como ocorre com o agente provocador, tornando, assim, lícita a prisão em flagrante do infrator.

Com a inserção deste inciso ao parágrafo 1º do artigo 33 ficou claro que a venda e a entrega da droga ao agente policial disfarçado não caracterizará o flagrante preparado, na medida em que não há provocação ou instigação na prática do delito, sendo necessário, ainda, a presença de indícios de conduta criminal preexistente.

O intento é ceifar o tráfico de drogas realizado de forma pulverizada, em menores quantidades.[309] Exemplifica-se que "se um policial, anonimamente, induz alguém a lhe fornecer determinada quantidade de droga, que, no momento, sequer possuía, sem que houvesse, ademais, quaisquer elementos probatórios razoáveis de conduta criminal preexistente, efetuando sua prisão momentos depois por ocasião da entrega da droga, há de se concluir que o 'tráfico' em questão seria fruto da conduta proativa do agente provocador, caracterizando-se, pois, evidente, hipótese de flagrante preparado. Por outro lado, na eventualidade de haver um levantamento prévio por parte de policiais em um evento qualquer (v.g., balada), demonstrando que determinado indivíduo estaria vendendo drogas em pequenas quan-

[309] LIMA, Renato Brasileiro de. *Pacote anticrime. Comentários à Lei 13.964/2019 artigo por artigo.* Salvador: Juspodivm, 2020, p. 475.

tidades, sem mantê-las consigo antes de receber cada proposta, eventual venda de droga ao agente disfarçado terá o condão de tipificar o crime do art. 33, § 1º, IV, da Lei nº 11.343/06, pouco importando, *in casu*, que com o traficante seja localizada exclusivamente a exata quantidade de droga comercializada."

O objetivo dessa nova figura de investigação foi o de conferir segurança jurídica nas atuações policiais, de modo a afastar, como já dito, o óbice imposto pela Súmula nº 145 do STF (no sentido de que não há crime quando a preparação do flagrante pela polícia torna impossível a sua consumação).

Na I Jornada de Direito e Processo Penal, realizada pelo Centro de Estudos Judiciários do Conselho da Justiça Federal (CEJ/CJF), de 10 a 14 de agosto de 2020, foi aprovado o Enunciado nº 7 dando conta de que "Não fica caracterizado o crime do inciso IV do § 1º do artigo 33 da Lei 11.343/2006, incluído pela Lei Anticrime, quando o policial disfarçado provoca, induz, estimula ou incita alguém a vender ou a entregar drogas ou matéria-prima, insumo ou produto químico destinado à sua preparação (flagrante preparado), sob pena de violação do art. 17 do Código Penal e da Súmula 145 do Supremo Tribunal Federal.

Artigo 33 § 2º Induzir, instigar ou auxiliar alguém ao uso indevido de droga: (Vide ADI nº 4.274)

Pena – detenção, de 1 (um) a 3 (três) anos, e multa de 100 (cem) a 300 (trezentos) dias-multa.

Inicialmente, registre-se que na Ação Direta de Inconstitucionalidade nº 4274, de Relatoria do Min. Ayres Britto, restou decidido que: "o Tribunal, por unanimidade e nos termos do voto do Relator, julgou procedente a ação direta para dar ao § 2º do artigo 33 da Lei nº 11.343/2006 interpretação conforme à Constituição, para dele excluir qualquer significado que enseje a proibição de manifestações e debates públicos acerca da descriminalização ou legalização do uso de drogas ou de qualquer substância que leve o ser humano ao entorpecimento episódico, ou então viciado, das suas faculdades psico-físicas (*DJ* de 02.05.2012).

Na Lei nº 6.368/1976 as condutas hoje previstas no art. 33, § 2º, da Lei nº 11.343/2006 eram equiparadas ao tráfico de drogas, possuindo a mesma pena. Com o advento da legislação posterior a pena foi abrandada (detenção, de um a três anos, e multa de cem a trezentos dias-multa), sendo menos grave, admitindo a suspensão condicional do processo.

A figura delituosa prevista no § 2º do art. 33 não se equipara a crime hediondo, sendo de nota que o art. 44 desta Lei não estende as vedações nele constantes a este delito.

O **bem jurídico** tutelado é a saúde pública.

O **sujeito ativo** é qualquer pessoa. O **sujeito passivo** é a coletividade.

O **tipo subjetivo** é o dolo.

O crime se consuma com a prática de quaisquer das condutas acima descritas.

Nas três condutas, quais sejam, "induzir", "instigar" e "auxiliar", faz-se necessário que o agente objetive uma pessoa certa, de modo que não sendo o incentivo dirigido a pessoa determinada não restará caracterizado o tipo constante do § 2º do art. 33.

"Induzir" é incutir uma ideia em outrem no sentido de fazer uso do entorpecente; "instigar" é incentivar um propósito (uso da droga) já existente em outrem e "auxiliar" seria o apoio material ao uso indevido de droga.

Trata-se de **crime formal,** sendo desnecessário que o induzido, o instigado ou o auxiliado efetivamente faça uso da droga.

Nesse sentido também pontua Renato Marcão[310] que "o tipo em questão visa punir a conduta de terceiro tendente a levar outrem ao consumo de drogas. Sendo assim, não é correto o entendimento segundo o qual a pessoa induzida, instigada ou auxiliada deve efetivamente utilizar a substância proibida. É certo que a redação típica fala em auxiliar alguém a usar droga, entretanto, não quer dizer, efetivamente, alguém que esteja usando, ou que venha a usar. Basta, portanto, o induzimento, a instigação ou o auxílio, independentemente do que venha a acontecer com a pessoa assim induzida, instigada ou auxiliada."

Há quem entenda que o crime somente se consuma com o efetivo uso indevido de drogas por terceiro, após o induzimento, a instigação ou auxílio a pessoa certa. Renato Brasileiro de Lima predica que se "cuida, portanto, de crime de natureza material, o que signifca dizer que a reunião de todos os elementos de sua definição legal e consequente consumação do delito (CP, art. 14, I) somente estarão aperfeiçoados com a ocorrência do resul-

[310] MARCÃO, Renato F. Lei de Drogas. Disponível em: Minha Biblioteca, (12th edição). Editora Saraiva, 2021, p. 86.

tado, a saber, o uso da droga por terceiro. Como a Lei de Drogas silencia acerca do assunto, é plenamente possível a aplicação subsidiária do art. 31 do Código Penal, que dispõe que o ajuste, a determinação ou instigação e o auxílio, salvo disposição expressa em contrário, não são puníveis, se o crime não chega, pelo menos, a ser tentado."[311]

Artigo 33 § 3º Oferecer droga, eventualmente e sem objetivo de lucro, a pessoa de seu relacionamento, para juntos a consumirem:

Pena – detenção, de 6 (seis) meses a 1 (um) ano, e pagamento de 700 (setecentos) a 1.500 (mil e quinhentos) dias-multa, sem prejuízo das penas previstas no art. 28.

A Lei exige que a oferta da droga seja eventual (ou seja, não habitual), gratuita (não pode ter a finalidade de comércio da droga, lucro), que a pessoa que a recebe seja do relacionamento de quem a oferece (ainda que não seja parente) e, por fim, que seja consumida em conjunto, tratando-se do consumo compartilhado.

Como salienta Renato Brasileiro de Lima, "como esta nova figura delituosa contém todos os requisitos descritivos típicos da conduta do tráfico de drogas do art. 33, *caput*, na modalidade 'entregar a consumo', porém acrescidos de mais alguns elementos especializantes (eventualidade, ausência de objetivo de lucro e consumo conjunto com pessoa do relacionamento), forçoso é concluir que, em virtude do princípio da especialidade, deve prevalecer sobre tal figura delituosa (*lex specialis derrogat lex generali*).[312]

A figura delituosa prevista no § 3º do art. 33 não se equipara a crime hediondo, sendo de nota que o art. 44 desta Lei não estende as vedações nele constantes a este delito.

Trata-se de **crime comum**, podendo ser praticado por qualquer pessoa.

Sujeito passivo é a coletividade e aquele a quem foi oferecida a droga.

Trata-se de **crime contra a saúde pública**.

O **tipo subjetivo** é o dolo.

Trata-se de **crime formal**, porquanto o crime se consuma no instante em que a droga é oferecida, ainda que não haja o consumo.

[311] LIMA, Renato Brasileiro de. *Legislação criminal especial comentada: volume único*. 9. ed. rev., atual. e ampl. Salvador: JusPODIVM, 2021, p. 1077.

[312] *Ob. cit.*, p. 1079.

A pena é detenção, de 6 (seis) meses a 1 (um) ano, e pagamento de 700 (setecentos) a 1.500 (mil e quinhentos) dias-multa, sem prejuízo das penas previstas no art. 28. Note-se que a parte final do preceito sancionador aduz à possibilidade de aplicação cumulativa das penas previstas no art. 28, mas isso somente ocorrerá quando houver concurso de crimes, não sendo admitida na hipótese de incidência somente do art. 33, §3º.

Enquadra-se no conceito de infração de menor potencial ofensivo, podendo ser objeto de transação penal.

Artigo 33 § 4º Nos delitos definidos no caput e no § 1º deste artigo, as penas poderão ser reduzidas de um sexto a dois terços, desde que o agente seja primário, de bons antecedentes, não se dedique às atividades criminosas nem integre organização criminosa. (Vide Resolução nº 5, de 2012)

Este parágrafo prevê que nos delitos definidos no *caput* e no § 1º deste artigo, as penas poderão ser reduzidas de um sexto a dois terços, desde que o agente seja primário, de bons antecedentes, não se dedique às atividades criminosas nem integre organização criminosa.

É o denominado tráfico privilegiado.

Há redução da pena privativa de liberdade e de multa se o réu for primário, se ostentar bons antecedentes, se não se dedicar às atividades criminosas e, por fim, se não integrar organização criminosa.[313] São requisitos cumulativos. Todos devem estar presentes para viabilizar a redução da pena.

Sob este enfoque o STJ já se pronunciou que "para aplicação da causa de diminuição de pena do art. 33, § 4º, da Lei nº 11.343/2006, o condenado deve preencher cumulativamente todos os requisitos legais, quais sejam, ser

[313] ATO DO SENADO FEDERAL
Faço saber que o Senado Federal aprovou, e eu, José Sarney, Presidente, nos termos do art. 48, inciso XXVIII, do Regimento Interno, promulgo a seguinte
RESOLUÇÃO Nº 5, DE 2012.
Suspende, nos termos do art. 52, inciso X, da Constituição Federal, a execução de parte do § 4º do art. 33 da Lei nº 11.343, de 23 de agosto de 2006.
O Senado Federal resolve:
Art. 1º É suspensa a execução da expressão "vedada a conversão em penas restritivas de direitos" do § 4º do art. 33 da Lei nº 11.343, de 23 de agosto de 2006, declarada inconstitucional por decisão definitiva do Supremo Tribunal Federal nos autos do Habeas Corpus nº 97.256/RS.

primário, de bons antecedentes, não se dedicar a atividades criminosas nem integrar organização criminosa, podendo a reprimenda ser reduzida de 1/6 (um sexto) a 2/3 (dois terços), a depender das circunstâncias do caso concreto" (STJ, HC nº 510.077/SP, Relator Ministro Reynaldo Soares da Fonseca, Quinta Turma, julgado em 25.06.2019, DJe de 5/8/2019).

O crime de tráfico de drogas é equiparado a crime hediondo, na dicção do art. 5º, inciso XLIII, da CF. Havia entendimento consagrado pelas Cortes Superiores no sentido de que, ainda que sobre ele incidisse a causa de diminuição de pena do § 4º do artigo 33 desta Lei, não estaria suprimida a natureza equiparada a hedionda.[314]

O Superior Tribunal de Justiça por ocasião do julgamento do Recurso Especial nº 1.329.088/RS (Tema 600), julgado sob o rito dos representativos de controvérsia, havia sedimentado que a aplicação do § 4º do artigo 33 desta Lei não afasta de modo algum a natureza hedionda do crime de tráfico de drogas (REsp nº 1.329.088/RS, Relator Ministro Sebastião Reis Júnior, Terceira Seção, julgado em 13.03.2013, *DJe* de 26.04.2013).

No entanto, o Pleno do STF, aos 23.06.2016, decidiu que não é considerado hediondo o delito de tráfico de drogas na modalidade do artigo 33, § 4º, da Lei nº 11.343/2006, nos seguintes termos:

> "HABEAS CORPUS. CONSTITUCIONAL, PENAL E PROCESSUAL PENAL. TRÁFICO DE ENTORPECENTES. APLICAÇÃO DA LEI Nº 8.072/90 AO TRÁFICO DE ENTORPECENTES PRIVILEGIADO: INVIABILIDADE. HEDIONDEZ NÃO CARACTERIZADA. ORDEM CONCEDIDA. 1. O tráfico de entorpecentes privilegiado (art. 33, § 4º, da Lei nº 11.313/2006) não se harmoniza com a hediondez do tráfico de entorpecentes definido no caput e § 1º do art. 33 da Lei de Tóxicos. 2. O tratamento penal dirigido ao delito cometido sob o manto do privilégio apresenta con-

[314] ("... III. A redução da pena, em razão do reconhecimento da causa especial de diminuição, não implica desconsiderar as razões que levaram o legislador constituinte a prever um tratamento mais rigoroso ao tráfico de drogas..." – STJ, HC 165.332/MS, Rel. Min. Gilson Dipp, 5ª T., *DJE* de 22.11.2010). Havia o entendimento de que "1. A aplicação da causa de diminuição de pena prevista no art. 33, § 4º, da Lei nº 11.343/2006 não afasta a hediondez do crime de tráfico de drogas, uma vez que a sua incidência não decorre do reconhecimento de uma menor gravidade da conduta praticada e tampouco da existência de uma figura privilegiada do crime. 2. A criação da minorante tem suas raízes em questões de política criminal, surgindo como um favor legislativo ao pequeno traficante, ainda não envolvido em maior profundidade com o mundo criminoso, de forma a propiciar-lhe uma oportunidade mais rápida de ressocialização" (RECURSO ESPECIAL Nº 1.329.088 – RS (2012/0124208-0), Rel. Min. Sebastião Reis Júnior, 3ª Seção, *DJe* de 26.04.2013).

tornos mais benignos, menos gravosos, notadamente porque são relevados o envolvimento ocasional do agente com o delito, a não reincidência, a ausência de maus antecedentes e a inexistência de vínculo com organização criminosa. 3. Há evidente constrangimento ilegal ao se estipular ao tráfico de entorpecentes privilegiado os rigores da Lei nº 8.072/90. 4. Ordem concedida."

(STF, HC nº 118533, Rel. Cármen Lúcia, Tribunal Pleno, por maioria, julgado em 23.06.2016, processo eletrônico *DJe* 199 DIVULG 16-09-2016 PUBLIC 19-09-2016).

Em razão desse posicionamento, em 29.11.2016, o STJ, sob o rito dos Recursos Retitivos, alterou posicionamento para se adequar ao quanto decidido pelo Tribunal Pleno do Supremo Tribunal Federal (*Habeas Corpus* nº 118.533/MS, Rel. Min. Cármen Lúcia, *DJe* de 19.09.2016), passando a não mais considerar hediondo o crime de tráfico de drogas na sua forma privilegiada.

A mudança de orientação foi tendente a observar os princípios da segurança jurídica, da proteção da confiança e da isonomia, bem como para evitar a prolação de decisões contraditórias nas instâncias ordinárias. Neste sentido, confira-se o seguinte julgado:

"PENAL E PROCESSUAL PENAL. TRÁFICO ILÍCITO DE DROGAS NA SUA FORMA PRIVILEGIADA. ART. 33, § 4º, DA LEI Nº 11.343/2006. CRIME NÃO EQUIPARADO A HEDIONDO. ENTENDIMENTO RECENTE DO PLENO DO SUPREMO TRIBUNAL FEDERAL, NO JULGAMENTO DO HC 118.533/MS. REVISÃO DO TEMA ANALISADO PELA TERCEIRA SEÇÃO SOB O RITO DOS REPETITIVOS. RECURSO ESPECIAL REPRESENTATIVO DA CONTROVÉRSIA Nº 1.329.088/RS. CANCELAMENTO DO ENUNCIADO Nº 512 DA SÚMULA DO STJ.

1. O Supremo Tribunal Federal, no recente julgamento do HC 118.533/MS, firmou entendimento de que apenas as modalidades de tráfico ilícito de drogas definidas no art. 33, caput e § 1º, da Lei nº 11.343/2006 seriam equiparadas aos crimes hediondos, enquanto referido delito na modalidade privilegiada apresentaria "contornos mais benignos, menos gravosos, notadamente porque são relevados o envolvimento ocasional do agente com o delito, a não reincidência, a ausência de maus antecedentes e a inexistência de vínculo com organização criminosa."

(Rel. Min. Cármen Lúcia, Tribunal Pleno, julgado em 23/06/2016).

2. É sabido que os julgamentos proferidos pelo Excelso Pretório em Habeas Corpus, ainda que por seu Órgão Pleno, não têm efeito vinculante

nem eficácia erga omnes. No entanto, a fim de observar os princípios da segurança jurídica, da proteção da confiança e da isonomia, bem como de evitar a prolação de decisões contraditórias nas instâncias ordinárias e também no âmbito deste Tribunal Superior de Justiça, é necessária a revisão do tema analisado por este Sodalício sob o rito dos recursos repetitivos (Recurso Especial Representativo da Controvérsia nº 1.329.088/RS – Tema 600).

3. Acolhimento da tese segundo a qual o tráfico ilícito de drogas na sua forma privilegiada (art. 33, § 4º, da Lei nº 11.343/2006) não é crime equiparado a hediondo, com o consequente cancelamento do enunciado 512 da Súmula deste Superior Tribunal de Justiça."

(STJ, Pet nº 11.796/DF, Relatora Ministra Maria Thereza de Assis Moura, Terceira Seção, julgado em 23.11.2016, *DJe* de 29.11.2016.)

Necessário relembrar que em razão deste julgado foi determinado pela Terceira Seção, na sessão de 23.11.2016, ao julgar a QO na Pet 11.796-DF, o cancelamento da Súmula 512 do STJ (*DJ* 28.11.2016) que tinha a seguinte redação: "a aplicação da causa de diminuição de pena prevista no art. 33, § 4º, da Lei nº 11.343/2006, não afasta a hediondez do crime de tráfico de drogas (Súmula 512, Terceira Seção, *DJe* de 16.06.2014)."

Como se vê, pacificou-se na jurisprudência que o crime estatuído no § 4º do artigo 33 da Lei nº 11.343/2006 não é considerado equiparado a hediondo.

A Lei Anticrime (Lei nº 13.964/2019) veio sedimentar este entendimento e inseriu o § 5º ao artigo 112 da Lei das Execuções Penais (Lei nº 7.210/1984) dispondo que "não se considera hediondo ou equiparado, para os fins deste artigo, o crime de tráfico de drogas previsto no § 4º do art. 33 da Lei nº 11.343, de 23 de agosto de 2006."

Observe-se, neste ponto que a Lei Anticrime apenas afastou a hediondez do tráfico privilegiado, não alterando a forma de progressão do réu condenado e preso por tráfico de drogas não privilegiado que deve observar os percentuais destinados aos crimes hediondos, conforme a previsão do artigo 112 da Lei de Execuções Penais ("...1. A equiparação do tráfico de drogas a delitos hediondos decorre de previsão constitucional assente no art. 5º, XLIII, da Constituição Federal. 2. A jurisprudência desta Corte Superior de Justiça pacificou-se no sentido de que as alterações providas pela Lei nº 13.964/2019 apenas afastaram o caráter hediondo ou equiparado do tráfico privilegiado, previsto no art. 33, § 4º, da Lei nº 11.343/2006, nada dispondo sobre os demais dispositivos da Lei de Drogas. 3. Agravo regimental desprovido" – AgRg no HC nº 748.033/SC, relator Ministro Jorge Mussi, Quinta Turma, julgado em 27/9/2022, DJe de 30/9/2022).

A apreensão de grande quantidade de droga é um dado a ser considerado para se aferir a possibilidade de aplicação desta forma privilegiada, porquanto atenta contra o bem jurídico tutelado diante da potencialidade lesiva e por ser um indicativo de dedicação à atividade criminosa e de participação em organização criminosa.

O Supremo Tribunal Federal sedimentou que o julgador é livre para estabelecer o critério de redução entre um sexto e dois terços no caso do art. 33, § 4º, desta Lei, apenas destacando que o critério da quantidade, natureza e diversidade da droga apreendida com o acusado somente poderá ser usado em uma das fases da dosimetria da pena (Habeas Corpus nºs 112.776/MS e 109.193, ambos julgados pelo Plenário).

O julgador, segundo a discricionariedade motivada, pode estabelecer o valor que entender necessário – jungido aos parâmetros estabelecidos no § 4º do art. 33 – e suficiente para a reprovação do crime, atendendo às peculiaridades do caso concreto. Ele possui o dever constitucional da imparcialidade e deve adotar motivação que permita às partes conhecer os motivos determinantes de sua atuação. Deve proferir uma decisão justa. Todavia, configura constrangimento ilegal a imposição da fração mínima de redução sem que haja fundamentação, conforme entendimento sedimentado pelo STF.

Neste sentido, "esta Corte possui entendimento no sentido de que configura constrangimento ilegal a imposição da fração mínima de redução (§ 4º do art. 33 da Lei 11.343/2006) sem a devida motivação, não sendo permitido ao Tribunal de segunda instância, em recurso exclusivo da defesa, acrescentar fundamentos não utilizados na sentença condenatória, sob pena de incorrer-se em reformatio in pejus. Nesse sentido: HC 108183, Relator(a): Min. LUIZ FUX, Primeira Turma, DJe de 18-10-2012; HC 105768, Relator(a): Min. CÁRMEN LÚCIA, Primeira Turma, DJe de 01-06-2011; HC 103213, Relator(a): Min. CÁRMEN LÚCIA, Tribunal Pleno, DJe de 01-02-2011; HC 98307, Relator(a): Min. RICARDO LEWANDOWSKI, Primeira Turma, DJe de 23-04-2010; HC 93778, Relator(a): Min. EROS GRAU, Segunda Turma, DJe de 15-08-2008. E ainda que tenha concedido parcialmente a ordem para elevar a fração da minorante do art. 33, § 4º da Lei 11.343/06 para 1/4, o STJ também incorreu em reforço argumentativo, ao mencionar que, 'embora devidamente justificada a escolha do menor redutor, verifica-se que, consoante o laudo acostado a fls. 103-104, a quantidade de droga capturada foi mínima – 1,2 gramas de crack, dividida em

10 pedras – mostrando-se por certo desproporcional o patamar escolhido pelas instâncias ordinárias desproporcional e contrário aos critérios de reprovação e suficiência da sanção penal'. Desse modo, não cabe à instância superior, em sede de habeas corpus, incrementar novos fundamentos objetivando suprir eventual vício de fundamentação da decisão originária (cf.: HC 116894, Relator(a): Min. TEORI ZAVASCKI, Segunda Turma, DJe de 08-10-2013; HC 93498, Relator(a): Min. CELSO DE MELLO, Segunda Turma, DJe de 18-10-2012; HC 101980, Relator(a): Min. DIAS TOFFOLI, Primeira Turma, DJe de 04-06-2010; HC 90064, Relator(a): Min. SEPÚLVEDA PERTENCE, Primeira Turma, DJ 22-06-2007; HC 79248, Relator(a): Min. SEPÚLVEDA PERTENCE, Primeira Turma, DJ 12-11-1999; HC 76370, Relator(a): Min. OCTAVIO GALLOTTI, Primeira Turma, DJ 30-04-1998). Como se vê, a quantidade de droga apreendida só foi mencionada a partir do julgamento da apelação exclusiva da defesa, o que não é permitido em nosso sistema penal. Assim, deverá o magistrado de primeiro grau, no que se refere à incidência da causa de diminuição de pena, proceder à nova dosimetria de forma fundamentada" (HC 111674, Rel. Min. Teori Zavascki, 2ª T, DJe de 25.11.2013).

As circunstâncias atinentes à natureza e à quantidade de droga apreendida apenas podem ser empregadas, na primeira ou na terceira fase da dosimetria da pena, de forma não cumulativa.

O Plenário do STF reputou constitucional questão ventilada no Recurso Extraordinário com Agravo nº 666.334/AM reconhecendo a existência de repercussão geral de questão constitucional suscitada e reafirmou a jurisprudência dominante sobre a matéria no sentido de que a valoração da natureza e da quantidade da droga apreendida deve se dar em apenas uma das fases do cálculo da pena, sob pena de *bis in idem* (STF, ARE nº 666334, Relator Ministro Gilmar Mendes, Plenário, DJe 05.05.2014).

Neste sentido, anote-se, ainda, o quanto decidido pelo Tribunal Pleno do STF:

> "HABEAS CORPUS. PENAL. TRÁFICO DE DROGAS. QUANTIDADE DA DROGA APREENDIDA. CIRCUNSTÂNCIA UTILIZADA NA FIXAÇÃO DA PENA-BASE E NA APLICAÇÃO DA CAUSA DE DIMINUIÇÃO DE PENA PREVISTA NO ART. 33, § 4º, DA LEI 11.343/2006. *BIS IN IDEM*. OBRIGATORIEDADE DO REGIME INICIAL FECHADO PARA CUMPRIMENTO DA PENA. INCONSTITUCIONALIDADE DO § 1º, DO ART. 2º, DA LEI 8.072/1990. ANÁLISE DAS CIRCUNSTÂNCIAS JUDICIAIS. SUBSTITUIÇÃO DA PENA PRIVATIVA DE LIBER-

DADE POR SANÇÃO RESTRITIVA DE DIREITOS. IMPOSSIBILIDADE. NATUREZA E QUANTIDADE DE DROGA APREENDIDA. FUNDAMENTAÇÃO IDÔNEA. ORDEM PARCIALMENTE CONDEDIDA.

1. Segundo o art. 42 da Lei 11.343/06, "o juiz, na fixação das penas, considerará, com preponderância sobre o previsto no art. 59 do Código Penal, a natureza e a quantidade da substância ou do produto, a personalidade e a conduta social do agente". Configura ilegítimo bis in idem considerar a natureza e a quantidade da substância ou do produto para fixar a pena base (primeira etapa) e, simultaneamente, para a escolha da fração de redução a ser imposta na terceira etapa da dosimetria (§ 4º do art. 33 da Lei 11.343/2006). Todavia, nada impede que essa circunstância seja considerada para incidir, alternativamente, na primeira etapa (pena-base) ou na terceira (fração de redução). Essa opção permitirá ao juiz aplicar mais adequadamente o princípio da individualização da pena (art. 5º, XLVI, da CF) em cada caso concreto.

2. O magistrado sentenciante considerou a natureza e a quantidade de droga simultaneamente na primeira e na terceira fase de individualização da reprimenda, em flagrante *bis in idem*.

3. Ao julgar o HC 111.840/ES (Pleno, Min. DIAS TOFFOLI), esta Corte, por maioria, declarou incidentalmente a inconstitucionalidade do § 1º, do art. 2º, da Lei 8.072/1990, com a redação que lhe foi dada pela Lei 11.464/2007, afastando, dessa forma, a obrigatoriedade do regime inicial fechado para os condenados por crimes hediondos e equiparados.

4. É firme a jurisprudência desta Corte no sentido de que a vedação de substituição de reprimenda com base apenas na proibição legal ofende o princípio da individualização, cumprindo ao julgador analisar os requisitos do art. 44 do Código Penal. No caso, porém, tal conversão foi negada à luz das circunstâncias do caso concreto.

5. Ordem concedida parcialmente, para determinar ao juízo competente que proceda à nova fixação da pena imposta ao paciente, bem como fixe o novo regime prisional, à luz do art. 33 do Código Penal."

(STF, Habeas Corpus nº 112.776, Relator Ministro Teori Zavascki, Tribunal Pleno, *DJe* de 30.10.2014)

Este entendimento coaduna-se com o quanto disposto no art. 42 desta Lei que prevê que na fixação da pena-base alguns dos fatores preponderantes que devem ser observados pelo julgador são os atinentes à natureza e quantidade da substância ou do produto ("art. 42. O juiz, na fixação das penas, considerará, com preponderância sobre o previsto no art. 59 do Código Penal, a natureza e a quantidade da substância ou do produto, a personalidade e a conduta social do agente").

De se registrar, porém, que **não configura *bis in idem*** a utilização da natureza e quantidade da droga na primeira fase dosimétrica como critério de aumento da pena e posteriormente utilizada na terceira fase da pena para afastar o redutor do § 4º do art. 33, **desde que conjugada com outras circunstâncias do caso concreto.**

Observe-se, então, que a utilização da quantidade e natureza da droga apreendida para elevar a pena-base, na primeira fase dosimétrica, e para afastar a incidência da minorante prevista no § 4º do art. 33 da Lei de Drogas, na terceira fase, por demonstrar que o acusado se dedica a atividades criminosas ou integra organização criminosa, não configura *bis in idem* se as circunstâncias do delito evidenciarem também que o *modus operandi* utilizado na conduta foi elaborado visando a burla da fiscalização sendo a droga escondida em fundo falso de veículo destinado à mercancia ilícita ou, por exemplo, quando restar demonstrado o envolvimento habitual do agente no tráfico de drogas ou ainda quando estiver evidenciada a confiança que os membros da organização criminosa deposita no agente ao confiar-lhe bem de enorme valor para o transporte da droga. Neste sentido, confira-se:

> "PENAL. AGRAVO REGIMENTAL NO AGRAVO REGIMENTAL NO AGRAVO EM RECURSO ESPECIAL. TRÁFICO DE DROGAS. VIOLAÇÃO AOS ARTS. 33, § 4º E 42, AMBOS DA LEI Nº 11.343/2006. APLICAÇÃO DA CAUSA ESPECIAL DE DIMINUIÇÃO DA PENA. IMPOSSIBILIDADE. QUANTIDADE, NATUREZA E DIVERSIDADE DAS DROGAS APREENDIDAS, ALIADO ÀS CIRCUNSTÂNCIAS INDICATIVAS DE DEDICAÇÃO ÀS ATIVIDADES CRIMINOSAS. REVISÃO DE ENTENDIMENTO QUE DEMANDA REVOLVIMENTO FÁTICO-PROBATÓRIO. ÓBICE DA SÚMULA Nº 7 DO SUPERIOR TRIBUNAL DE JUSTIÇA - STJ. INEXISTÊNCIA DE BIS IN IDEM. HIPÓTESE DIVERSA DAQUELA TRATADA NO ARE Nº 666.334/RG (REPERCUSSÃO GERAL) DO SUPREMO TRIBUNAL FEDERAL - STF. AGRAVO REGIMENTAL DESPROVIDO.
>
> 1. Conforme a jurisprudência desta Corte, a quantidade e a natureza da droga apreendida aliadas às circunstâncias do crime indicativas de que o acusado se dedica a atividades criminosas impedem a aplicação da causa de diminuição de pena do art. 33, § 4º, da Lei nº 11.343/06.

1.1. No caso, a causa de diminuição não foi aplicada justificadamente em razão dos entorpecentes apreendidos (405,20 gramas de maco nha, 0,99 gramas de crack, 1,13 gramas de cocaína e 160 comprimidos de ecstasy/MDA, com peso total de 68,33 gramas) –, e das circunstâncias (apreensão de uma balança de precisão, um balde contendo facas, garfos, colheres e embalagens plásticas, dinheiro e anotações relativas à contabilidade do tráfico de drogas). Destarte, o pleito defensivo de aplicação do art. 33, § 4º, da Lei nº 11.343/06, esbarra no óbice da Súmula nº 7 do STJ.

1.2. A utilização da quantidade/natureza da droga apreendida para elevar a pena-base (primeira fase) e para, junto com outras circunstâncias do caso concreto, afastar a incidência da minorante prevista no § 4º do art. 33 da Lei de Drogas (terceira fase), por demonstrar que o acusado se dedica a atividades criminosas ou integra organização criminosa, não configura bis in idem. Diversa é a hipótese tratada no ARE nº 666.334 (Repercussão Geral), no qual o Pretório Excelso passou a considerar bis in idem a utilização da quantidade de droga 'tanto na primeira fase de fixação da pena, como circunstância judicial desfavorável, quanto na terceira, para modular a aplicação da causa especial de diminuição de pena prevista no art. 33, § 4º, da Lei 11.343/2006' (ARE 666.334/RG, Rel.: Ministro GILMAR MENDES, DJ de 6/5/2014).

2. Agravo regimental desprovido."

(STJ, AgRg no AgRg no AREsp nº 1.909.536/SC, Relator Ministro Joel Ilan Paciornik, Quinta Turma, julgado em 29.03.2022, *DJe* de 04.04.2022) (grifei)

Em sendo o réu reincidente não há possibilidade de aplicação da causa de diminuição de pena prevista no § 4º do art. 33 da Lei de Drogas. Não há necessidade de a reincidência ser específica em tráfico de drogas (por exemplo, nomeadamente dupla condenação por tráfico de drogas).

Há questionamentos acerca da possibilidade de aplicação da agravante genérica da reincidência (art, 61, inciso I, CP), na segunda fase da dosimetria da pena, e a sua aplicação na terceira fase para negar a redução do § 4º do art. 33 desta Lei.

O STJ tem entendido não haver impedimento, não configurando *bis in idem*, por considerar que são consequências jurídico-legais distintas de um mesmo instituto. Entende-se que "o referido instituto jurídico é sopesado com finalidades distintas em cada fase de fixação da pena, justamente para se alcançar a justa e correta reprimenda necessária para a reprovação e prevenção do delito perpetrado. Não há falar, portanto, em bis in idem. Precedentes" (AgRg no HC 671.329/SP, Rel. Min. Rogerio Schietti Cruz, 6ª Turma, j. 15.06.2021).

De igual modo, o posicionamento adotado pelo STF, em voto de relatoria do Ministro Ricardo Lewandowski: "não caracteriza bis in idem a consideração da reincidência para fins de majoração da pena-base e como fundamento para a negativa de concessão da benesse prevista no art. 33, § 4º, da Lei Antidrogas. Para a concessão do benefício previsto no § 4º do art. 33 da Lei 11.343/2006, é necessário que o réu seja primário, ostente bons antecedentes, não se dedique às atividades criminosas nem integre organização criminosa" (HC nº 107.274/MS, 1ª T., DJe 25/4/2011).

Entende-se que a reincidência neste caso é sopesada com finalidades diversas em cada fase da dosimetria da pena (como circunstância agravante, na segunda fase, e como impeditivo, na terceira fase, para afastar a incidência da causa especial de diminuição de pena na forma do §4º do art. 33), de modo a alcançar a justa e correta reprimenda para prevenção e reprovação do crime.

Para os que entendem ser impossível, o argumento repousa no fato de que ocorreria *bis in idem*, portanto a reincidência só poderia ser usada para agravar a pena uma única vez. Considera-se que se o julgador, ao apreciar a prova, reputar que a única razão para negar o benefício do § 4º do art. 33 for a reincidência, "deverá considerar tal circunstância somente na terceira fase da dosimetria (negando o redutor), por se tratar de regra específica em relação ao delito de tráfico. A agravante do art. 61, I, do Código Penal, justamente por ser genérica, não poderá ser aplicada."[315]

Não se aplica a causa de diminuição do § 4º do art. 33 desta Lei na hipótese de incidência do delito de associação para o tráfico (art. 35) concomitantemente com o crime de tráfico, já que estaria presente a situação de que os integrantes da associação criminosa se dedicam de forma contumaz a este crime.

Nesse sentido, o STJ já decidiu que "não se aplica a causa especial de diminuição da pena prevista no § 4º do art. 33 da Lei nº 11.343/2006 ao réu condenado também pelo crime de associação para o tráfico de drogas. Precedentes" (HC nº 371.310/SP, relator Ministro Reynaldo Soares da Fonseca, Quinta Turma, julgado em 06.12.2016, *DJe* de 15.12.2016).

[315] GONÇALVES, Victor Eduardo Rios; BALTAZAR JUNIOR, José Paulo. Coordenador: LENZA, Pedro. *Legislação penal especial*. 2 ed. São Paulo: Saraiva, 2016, p. 102.

De idêntica forma "a condenação pelo crime de associação para o tráfico (art. 35 da Lei nº 11.343/2006) denota a dedicação do agente às atividades criminosas e, por conseguinte, por si só, impede a incidência da minorante do art. 33, § 4º, da Lei nº 11.343/2006" (STJ, HC nº 480.782/SP, Rel. Ministra Laurita Vaz, Sexta Turma, julgado em 13.12.2018, *DJe* 04.02.2019).

É pertinente salientar o teor da Súmula nº 501 do STJ que preconiza ser "cabível a aplicação retroativa da Lei nº 11.343/2006, desde que o resultado da incidência das suas disposições, na íntegra, seja mais favorável ao réu do que o advindo da aplicação da Lei nº 6.368/1976, sendo vedada a combinação de leis."

Sobre a impossibilidade da conjugação de partes mais benéficas das referidas normas visando criar uma terceira lei o Plenário do STF já se pronunciou:

> "RECURSO EXTRAORDINÁRIO COM REPERCUSSÃO GERAL RECONHECIDA. PENAL. PROCESSUAL PENAL. TRÁFICO ILÍCITO DE ENTORPECENTES. CRIME COMETIDO NA VIGÊNCIA DA LEI 6.368/1976. APLICAÇÃO RETROATIVA DO § 4º DO ART. 33 DA LEI 11.343/2006. COMBINAÇÃO DE LEIS. INADMISSIBILIDADE. PRECEDENTES. RECURSO PARCIALMENTE PROVIDO.
>
> I – É inadmissível a aplicação da causa de diminuição prevista no art. 33, § 4º, da Lei 11.343/2006 à pena relativa à condenação por crime cometido na vigência da Lei 6.368/1976. Precedentes. II – Não é possível a conjugação de partes mais benéficas das referidas normas, para criar-se uma terceira lei, sob pena de violação aos princípios da legalidade e da separação de Poderes. III – O juiz, contudo, deverá, no caso concreto, avaliar qual das mencionadas leis é mais favorável ao réu e aplicá-la em sua integralidade.
>
> IV – Recurso parcialmente provido."
>
> (STF, RE nº 600817, Relator Ministro Ricardo Lewandowski, Tribunal Pleno, julgado em 07.11.2013, acórdão eletrônico Repercussão Geral – mérito *DJe*-213 divulg 29.10.2014 public 30.10.2014 RTJ vol-00236-01 pp-00204)

Cabe, ainda, apontar a Súmula nº 453 do STF que impede a desclassificação em grau de recurso, devendo ocorrer tão-somente na primeira instância: "não se aplicam à segunda instância o art. 384 e parágrafo único do Código de Processo Penal, que possibilitam dar nova definição jurídica ao fato delituoso, em virtude de circunstância elementar não contida, explícita ou implicitamente, na denúncia ou queixa." Não obstante esta Súmula date de 1964 ela continua em vigor, devendo ser observado que o art. 384 do CPP restou alterado pela Lei nº 11.719, de 20.06.2008.

Como já mencionado, a causa de diminuição de pena do art. 33, § 4º, da Lei nº 11.343/2006, prevê a redução de 1/6 (um sexto) a 2/3 (dois terços) na pena, para o agente que for primário, possuir bons antecedentes, não se dedicar a atividades criminosas e não integrar organização criminosa.

Primeiramente, há de se ressaltar que os fins econômicos do transporte de droga demonstram a existência de uma atividade ou de uma organização criminosa necessariamente subjacente. Diferente seria a hipótese daquele que transporta drogas para entregar a terceiros por questões divorciadas de qualquer sentido econômico, situação que, de plano, ensejaria a aplicação da causa de diminuição em questão (denominadas mulas do tráfico).

Tem-se que analisar se o agente aderiu de modo eventual às atividades da organização criminosa com o objetivo de efetivar o crime de tráfico de drogas que estava em curso quando de sua prisão em flagrante, por exemplo, mesmo que se considere que sua participação estava adstrita ao transporte da substância entorpecente.

A discussão concentra-se, então, em delinear se existem elementos que indiquem seu pertencimento à organização criminosa, ou seja, diferenciar se tal adesão se deu de maneira absolutamente pontual e específica, ou, se ao contrário, denota-se participação com vínculo mínimo de estabilidade, conhecimento a respeito da organização e pertencimento ao grupo criminoso.

O fato de ter aceitado prestar um serviço à organização criminosa (por exemplo, o transporte da droga) não significa, por si só, que a pessoa que efetua o transporte seja um membro desta organização, mormente se no caso concreto não existirem provas ou quaisquer indícios de efetivo pertencimento à organização criminosa.

Tais circunstâncias, evidenciadas pelo *modus operandi* utilizado, acaso existentes indicam que se está diante da chamada "mula", pessoa contratada de maneira pontual com o objetivo único de efetuar o transporte de entorpecentes.

Estas pessoas, via de regra, não possuem a propriedade da droga nem auferem lucro direto com a sua venda, não tendo maior adesão ou conhecimento profundo sobre as atividades da organização criminosa subjacente, limitando-se a transportar drogas a um determinado destino.

Registre-se que se também não existirem dados de realização de outras viagens internacionais em nome da pessoa acusada, seria mais um indicativo de que sua atuação como "mula" tenha ocorrido de forma esporádica e eventual, diferenciando-se do traficante profissional que se utiliza do transporte reiterado de drogas como meio de vida. Em vista desses fundamentos, deve-se entender cabível a aplicação da causa de diminuição prevista no art. 33, § 4º, da Lei 11.343/2006.

A aplicação de tal causa de diminuição deve, entretanto, permanecer no mínimo legal, ou seja, 1/6 (um sexto) e não na fração máxima prevista pelo artigo 33, parágrafo 4º, da Lei Antidrogas, de 2/3 (dois terços) da reprimenda, nitidamente reservada para casos menos graves, a depender da intensidade do auxílio prestado pelo réu.

Deve-se aferir se o agente atuou em favor de uma organização criminosa internacional, contribuindo, ainda que de maneira eventual, com suas atividades ilícitas. De fato, ao aceitar a proposta de transporte de drogas ao exterior, a pessoa tinha ciência de sua colaboração decisiva para o sucesso do grupo.

Confira-se, nesse sentido, entendimento proferido pelo C. Superior Tribunal de Justiça:

> "REGIMENTAL NO AGRAVO EM RECURSO ESPECIAL. TRÁFICO DE DROGAS. DOSIMETRIA. TRANSPORTADOR DE SUBSTÂNCIA ENTORPECENTE. ART. 33, § 4º, DA LEI Nº 11.343/2006. CAUSA ESPECIAL DE DIMINUIÇÃO DA PENA. FRAÇÃO MÍNIMA DE 1/6 (UM SEXTO). CIRCUNSTÂNCIAS CONCRETAS DO DELITO. 1.
>
> Segundo o novo entendimento das Turmas Criminais que compõem a Terceira Seção do Superior Tribunal de Justiça, acompanhando o entendimento firmado pelo colendo Supremo Tribunal Federal, o fato de o agente exercer a função de transportador da droga não afasta, por si só, a incidência da causa de diminuição de pena relativa ao tráfico privilegiado, que deve ser aplicada ao réu primário, de bons antecedentes e que não se dedique à atividade criminosa nem integre organização com tal finalidade. 2. Todavia, firmou-se também no Pretório Excelso que 'a atuação da recorrente na condição de 'mula', embora não seja suficiente para denotar que integre, de forma estável e permanente, organização criminosa, é considerada circunstância concreta e elemento idôneo para valorar negativamente a conduta do agente, na terceira fase da dosimetria, modulando-se a aplicação da causa especial de diminuição de pena pelo tráfico privilegiado, por ter conhecimento de que auxilia o crime organizado no tráfico internacional' (AgRg no AREsp 784.082/MS, Rel. Ministro RIBEIRO DANTAS, QUINTA TURMA, julgado em 23/05/2017, DJe 26/05/2017).

3. No caso, o Tribunal de origem justificou a aplicação da minorante do tráfico na fração mínima de 1/6 (um sexto), uma vez que as circunstâncias empregadas no delito demonstram maior organização da cadeia criminosa e vínculo do acusado com o grupo criminoso, exercendo a função de transportador de elevada quantidade de droga, o que constitui fundamentação idônea. REGIME PRISIONAL MAIS GRAVOSO. MODO FECHADO. QUANTIDADE DO ENTORPECENTE APREENDIDO. CIRCUNSTÂNCIAS CONCRETAS DO DELITO. SUBSTITUIÇÃO DA PENA PRIVATIVA POR RESTRITIVA DE DIREITOS. AUSÊNCIA DE REQUISITO OBJETIVO. INSURGÊNCIA DESPROVIDA.

1. Hipótese em que foi fixado o regime fechado para o início do cumprimento da pena privativa de liberdade imposta, em razão da gravidade concreta da conduta criminosa, demonstrada especialmente pela quantidade do entorpecente apreendido – 994 (novecentos e noventa e quatro) gramas de ecstasy.

2. Mantida a reprimenda no patamar fixado pela Corte local, está prejudicada a análise do pedido de substituição da pena corporal por restritivas de direitos, diante da ausência do requisito objetivo previsto no artigo 44, inciso I, do Código Penal.

3. Agravo regimental desprovido.

(STJ, AgRg no AREsp nº 813.843/SP, Relator Ministro Jorge Mussi, Quinta Turma, julgado em 13.03.2018, *DJe* de 21.03.2018)

Todavia, se a despeito de o réu não possuir antecedentes criminais, denotar-se, do contexto fático, indícios de que sua contribuição para a logística de distribuição do narcotráfico internacional não se deu de forma ocasional, mas vinha ocorrendo de maneira contumaz, de modo a evidenciar que ele se dedicaria a atividades criminosas ou integra organização criminosa, não deve ter incidência a referida causa de diminuição.

Demais disso, se restar evidenciado que o acusado detenha grande confiança dos integrantes da organização criminosa, tal circunstância será incompatível com o papel outorgado a uma pessoa que tenha aderido às atividades criminosas de maneira absolutamente específica e eventual.

Por exemplo, se restar comprovado que o acusado tenha custeado as despesas dos demais agentes, seria mais um indicativo de que efetivamente detinha maior controle e comando da situação delitiva.

Com efeito, tais circunstâncias, bem como o *modus operandi* eventualmente utilizado, destacando-se, por exemplo, a ocultação da droga de modo elaborado, o alto valor que seria pago pelo transporte da droga, afastam a aplicação da causa de diminuição prevista no art. 33, §4º, da Lei 11.343/2006. Nesse sentido:

> "Habeas corpus. Processo Penal e Penal. Tráfico de drogas (art. 33, caput, da Lei nº 11.343/06). Impetração dirigida contra o indeferimento pelo Superior Tribunal de Justiça de medida liminar requerida pelos impetrantes. Pena. Dosimetria. Pretendido reconhecimento da causa de diminuição de pena do art. 33, § 4º, da Lei de Drogas. Valoração negativa da quantidade e da diversidade de drogas na primeira e na terceira fases da dosimetria. Inadmissibilidade. Hipótese, contudo, em que também se valoraram negativamente as circunstâncias da apreensão da droga, concluindo-se que o paciente se dedicava a atividades criminosas. Fundamento suficiente, por si só, para negar o redutor de pena em questão. Inexistência de flagrante ilegalidade. Incidência da Súmula nº 691 da Suprema Corte. Não conhecimento do habeas corpus.
>
> 1. A jurisprudência do Supremo Tribunal Federal veda a consideração cumulativa da quantidade e da natureza da droga na primeira e na terceira fases da dosimetria da pena (Repercussão Geral no ARE nº 666. 33 4, Plenário, Relator o Ministro Gilmar Mendes, DJe de 6/6/14).
>
> 2. A instância ordinária, após valorar negativamente a quantidade e a diversidade de drogas apreendidas na primeira fase da dosimetria, sopesou negativamente essas mesmas circunstâncias na terceira fase, de modo que, se a tanto se tivesse limitado, efetivamente estaria caracterizado indevido bis in idem na dosimetria da pena.
>
> 3. Ocorre que, na terceira fase, em acréscimo, também valoraram-se negativamente as circunstâncias da apreensão das drogas, concluindo-se que o paciente se dedicava a atividades criminosas.
>
> 4. Logo, abstraindo-se a valoração negativa, na terceira fase da dosimetria, da quantidade e da diversidade de drogas, ainda assim subsiste fundamento suficiente, por si só, para negar o redutor de pena em questão.
>
> 5. A Súmula nº 691 do Supremo Tribunal Federal somente admite mitigação na presença de flagrante ilegalidade, abuso de poder ou teratologia, o que não se verifica na hipótese em exame. Precedentes.
>
> 6. Habeas corpus do qual não se conhece.
>
> (STF, HC nº 126971/SP, Relator Ministro Dias Toffoli, Segunda Turma, j. 02.06.2015, DJe-128, publ. 01.07.2015)

No mesmo sentido: (STF - HC 125429 AgR-ED/MS, Rel. Min. ROBERTO BARROSO, Primeira Turma, j. 28/04/2015, DJe-092, publ. 19-05-2015).

Importante ressaltar que, para o afastamento da causa de diminuição em comento, não se exige a comprovação da habitualidade presente na figura típica do art. 35 da Lei nº 11.343/2006.

Bastam elementos que indiquem vínculo mínimo com a organização criminosa e que sua participação no narcotráfico não ocorreu de maneira eventual e específica, como é o caso das chamadas "mulas", contratadas de forma absolutamente ocasional e pontual para realizar o transporte de droga.

Outra situação que desautoriza a aplicação da causa de diminuição da pena ocorre com pessoa que tenha realizado diversas viagens internacionais em curto espaço de tempo, incompatíveis com a declarada condição financeira, indicando que atua como traficante profissional e utiliza-se do transporte reiterado de drogas como meio de vida.

Nestas hipóteses, em sendo o réu foi preso quando transportava droga para o exterior, as viagens realizadas anteriormente se apresentam como elemento de grande relevância para a formação da convicção e apontam para a prática reiterada do crime.

Nesse mesmo sentido, entendimento do C. Superior Tribunal de Justiça, *in verbis*:

> "(...)
>
> 1. No caso, o agravante foi preso em flagrante quando se encontrava na iminência de embarcar para a Istambul/Turquia, levando consigo 3.015 gramas de cocaína, ocultados sob o forro da mala que trazia consigo.
>
> 2. Em consonância com o entendimento desta Quinta Turma, foi ressaltado que a simples atuação do indivíduo flagrado no transporte eventual de droga alheia ("mula") não pode levar à conclusão de que integre organização criminosa para efeito de afastar a incidência da minorante do art. 33, § 4º, da Lei nº 11.343/06.
>
> 3. Todavia, a referida minorante foi afastada pois, no caso, as instâncias ordinárias concluíram, com base nos elementos de prova, que o réu 'não se trata indivíduo que se apresente totalmente desvinculado de organizações criminosas ou sobre quem não pairem indicativos de que tenha como meio de vida a dedicação ao crime, notadamente em razão das anotações de viagens anteriores havidas no passaporte do acusado, viagens estas de curta duração (Azerbaijão - 1 semana; Geórgia - 1 dia) e cujo propósito evidente-

mente não foi aquele mencionado pelo réu na versão que trouxe à baila em seu interrogatório (procura de um trabalho temporário) tudo a indicar que foram realizadas com o mesmo propósito que a viagem feita ao Brasil e que culminou com sua prisão, ou seja, a traficância de drogas."

4. Com efeito, 'esta Corte tem entendido que a atuação como transportador de droga, aliada à presença de elementos que demonstram, concretamente, a vinculação com organização criminosa, é fundamento idôneo para afastar a redução aqui pleiteada.' (AgRg no AREsp 736.510/SP, Rel. Ministro FELIX FISCHER, QUINTA TURMA, julgado em 27/04/2017, DJe 10/05/2017)

5. Ademais, para se acolher a tese de que o paciente não se dedica a atividades criminosas, é necessário o reexame aprofundado das provas, inviável em habeas corpus.

Agravo regimental no habeas corpus desprovido."

(STJ, AgRg no HC nº 241.072/SP, Relator Ministro Joel Ilan Paciornik, Quinta Turma, DJe de 18.08.2017).

Da mesma maneira vem decidindo a C. 11ª Turma do TRF3:

"(...) 1. Não houve impugnação quanto à autoria, materialidade ou dolo do acusado em relação ao cometimento do delito devidamente tipificado no artigo 33, caput, c. c. o artigo 40, caput, I, da Lei 11.343/06, os quais se encontram amplamente demonstrados nos autos, à míngua de quaisquer excludentes de ilicitude ou culpabilidade (rechaçada a alegação de estado de necessidade).

2. Primeira fase da dosimetria: Preservada a pena-base corporal em 06 (seis) anos de reclusão (exasperação correspondente a um quinto), considerando, como circunstâncias preponderantes desfavoráveis, apenas a natureza e a quantidade da droga apreendida, nos termos do artigo 42 da Lei 11.343/06.

3. Segunda fase da dosimetria: A incidência da circunstância atenuante da confissão espontânea, já reconhecida pelo magistrado sentenciante à razão de um sexto, não pode, todavia, conduzir à redução da pena abaixo do mínimo legal, à luz da Súmula 231 do STJ, restando mantida a mesma pena intermediária outrora fixada em 05 (cinco) anos de reclusão. De resto, não se vislumbrou nos autos a presença da atenuante genérica prevista no artigo 65, III, "a", do Código Penal.

4. Terceira fase da dosimetria: Mantida a majoração da pena em decorrência da causa de aumento prevista no art. 40, I, da Lei nº 11.343/06 (trans-

nacionalidade do delito), no percentual mínimo de 1/6 (um sexto), pois presente uma única causa de aumento do referido dispositivo.

5. Com efeito, não há de se falar em bis in idem, porquanto as elementares do delito imputado ("transportar" e "trazer consigo" drogas, sem autorização ou em desacordo com determinação legal ou regulamentar) não guardam qualquer relação intrínseca com a eventual transnacionalidade do crime de tráfico de drogas, de fato, observada na hipótese.

6. Ademais, mantidas inaplicáveis in casu as causas de diminuição de pena previstas no artigo 24, § 2º, do Código Penal (à míngua de estado de necessidade exculpante no caso concreto), e no artigo 33, § 4º, da Lei 11.343/06 (cujos requisitos cumulativos não restaram plenamente atendidos pelo réu na hipótese, ante sua evidente dedicação às atividades criminosas, inclusive, em território brasileiro).

7. Quando consta no passaporte ou em certidão de movimentos migratórios da 'mula' do tráfico que esta realizou viagens anteriores de longa distância e de curta duração (como é o caso do réu, de passaporte colombiano e carteira de identidade permanente de Hong Kong, com diversos registros de entrada e saída, bastante próximos entre si, no Aeroporto Internacional de São Paulo-Guarulhos, notadamente entre 22/10/2015 e 17/08/2016 – fls. 39/40 e 173/178), tal fato é indicativo de que se dedica ao tráfico internacional de drogas como meio de vida, razão pela qual não merece a aplicação da causa especial de redução de pena prevista no § 4º do artigo 33 da Lei 11.343/06. Precedentes deste E-TRF3.

8. Por conseguinte, preservada definitivamente a pena privativa de liberdade do réu em 05 (cinco) anos e 10 (dez) meses de reclusão, pelo cometimento do delito previsto no artigo 33, caput, c. c. o artigo 40, I, da Lei 11.343/06, no mesmo quantum inicialmente fixado na r. sentença.

9. Acompanhando a proporção da pena privativa de liberdade ora preservada, tornou-se definitiva a mesma sanção "cumulativa" de multa então fixada ao acusado pelo magistrado sentenciante, a saber, 583 (quinhentos e oitenta e três) dias-multa, no valor unitário de um trigésimo do salário mínimo vigente à época dos fatos, já tendo em conta a situação desfavorável do acusado (fls. 136/138-mídia), embora adstrito ao limite mínimo estabelecido no artigo 49, § 1º, do Código Penal ("O valor do dia-multa será fixado pelo juiz não podendo ser inferior a um trigésimo do maior salário mínimo mensal vigente ao tempo do fato, nem superior a 5 (cinco) vezes esse salário", g.n), vedada sua pretensa dispensa.

10. De rigor a alteração do regime prisional inicialmente fixado ao réu para o regime semiaberto, nos termos do artigo 33, § 2º, "b", do Código

Penal, e ainda do artigo 387, § 2º, do Código de Processo Penal (computando-se o tempo de sua prisão provisória durante cerca de oito meses, desde 17/08/2016 até a presente data – fls. 02/03 e 164/168), visto que, além de ser primário e não ostentar maus antecedentes, sua pena-base restou exasperada na r. sentença apenas em razão da quantidade e natureza da droga apreendida, na forma do artigo 42 da Lei 11.343/06, o que, por si só, não justificaria a aplicação de regime inicial mais gravoso, como necessário e suficiente à prevenção e repressão do delito no caso concreto, atendendo-se, nesse ponto, ao pleito subsidiário da defesa.

11. Nos moldes do artigo 44, I, do Código Penal, sendo superior a 04 (quatro) anos, deixo de substituir a pena privativa de liberdade imposta a "JORGE IVAN" por eventuais restritivas de direitos.

12. O pedido de aguardar o julgamento do recurso em liberdade fica prejudicado com o julgamento da apelação e a execução provisória da pena.

13. Apelação da defesa parcialmente provida.

(TRF 3ª Região, Ap. – Apelação Criminal nº 70722 – 0008521-26.2016.4.03.6119, Relator Desembargador Federal José Lunardelli, 11ª Turma, julgado em 30.05.2017, e-DJF3 Judicial de 09.06.2017).

O STF tem entendido que à luz da presunção da não culpabilidade a existência de inquéritos policiais e ações penais em curso não constituem fundamento válido para rechaçar a incidência do redutor do § 4º do art.33 da Lei nº 11.343/2006:

"AGRAVO REGIMENTAL EM HABEAS CORPUS. PROCESSO PENAL. TRÁFICO DE ENTORPECENTES. ORDEM CONCEDIDA PARA DETERMINAR A APLICAÇÃO DO REDUTOR DO § 4º DO ART. 33 DA LEI 11.343/2006. MANUTENÇÃO DA DECISÃO. AGRAVO REGIMENTAL DESPROVIDO.

1. A inexistência de argumentação apta a infirmar o julgamento monocrático conduz à manutenção da decisão agravada.

2. À luz do princípio constitucional da presunção da não culpabilidade, a existência de inquéritos ou ações penais em curso não constitui fundamento válido para afastar a incidência da causa de diminuição de pena prevista no art. 33, §4º, da Lei de Drogas. 3. Agravo regimental desprovido."

(STF, HC nº 177670 AgR, Relator Edson Fachin, Segunda Turma, julgado em 31.08.2020, processo eletrônico DJe-234 DIVULG 22.09.2020 PUBLIC 23.09.2020)

Contudo, em julgado da Terceira Seção do STJ entendeu-se que ato infracional pode ser utilizado a fim de se afastar o redutor do § 4º do art. 33: "o histórico infracional pode ser considerado para afastar a minorante prevista no art. 33, § 4º, da Lei nº 11.343/2006, por meio de fundamentação idônea que aponte a existência de circunstâncias excepcionais, nas quais se verifique a gravidade de atos pretéritos, devidamente documentados nos autos, bem como a razoável proximidade temporal de tais atos com o crime em apuração"(STJ, EDcl nos EREsp nº 1.916.596/SP, Relatora Ministra Laurita Vaz, Terceira Seção, julgado em 24.11.2021, DJe de 30.11.2021).

Cumpre salientar, no entanto, que o STJ modificou anterior entendimento para o fim de consignar que inquéritos policiais e ações penais em curso não podem ser levados em consideração a fim de se afastar a aplicação do redutor:

> "RECURSO ESPECIAL REPETITIVO. PENAL E PROCESSUAL PENAL. TRÁFICO DE DROGAS. ART. 33, § 4º, DA LEI Nº 11.343/06. INQUÉRITO E AÇÕES PENAIS EM CURSO. FUNDAMENTAÇÃO INIDÔNEA. PRECEDENTES. RECURSO ESPECIAL PROVIDO, COM FIXAÇÃO DE TESE REPETITIVA.
>
> 1. A aplicação da causa de diminuição de pena prevista no art. 33, § 4º, da Lei nº 11.343/06 constitui direito subjetivo do Acusado, caso presentes os requisitos legais, não sendo possível obstar sua aplicação com base em considerações subjetivas do juiz. É vedado ao magistrado instituir outros requisitos além daqueles expressamente previstos em lei para a sua incidência, bem como deixar de aplicá-la se presentes os requisitos legais.
>
> 2. A tarefa do juiz, ao analisar a aplicação da referida redução da pena, consiste em verificar a presença dos requisitos legais, quais sejam: primariedade, bons antecedentes, ausência de dedicação a atividades criminosas e de integração a organização criminosa. A presente discussão consiste em examinar se, na análise destes requisitos, podem ser considerados inquéritos e ações penais ainda em curso.
>
> 3. Diversamente das decisões cautelares, que se satisfazem com a afirmação de simples indícios, os comandos legais referentes à aplicação da pena exigem a afirmação peremptória de fatos, e não a mera expectativa ou suspeita de sua existência. Por isso, a jurisprudência do Superior Tribunal de Justiça tem rechaçado o emprego de inquéritos e ações penais em curso na formulação da dosimetria da pena, tendo em vista a indefinição que os caracteriza.
>
> 4. Por expressa previsão inserta no art. 5º, inciso LVII, da Constituição Federal, a afirmação peremptória de que um fato criminoso ocorreu e

é imputável a determinado autor, para fins técnico-penais, somente é possível quando houver o trânsito em julgado da sentença penal condenatória. Até que se alcance este marco processual, escolhido de maneira soberana e inequívoca pelo Constituinte originário, a culpa penal, ou seja, a responsabilidade penal do indivíduo, permanece em estado de litígio, não oferecendo a segurança necessária para ser empregada como elemento na dosimetria da pena.

5. Todos os requisitos da minorante do art. 33, § 4º, da Lei nº 11.343/06 demandam uma afirmação peremptória acerca de fatos, não se prestando a existência de inquéritos e ações penais em curso a subsidiar validamente a análise de nenhum deles.

6. Para análise do requisito da primariedade, é necessário examinar a existência de prévia condenação penal com trânsito em julgado anterior ao fato, conforme a dicção do art. 63 do Código Penal. Já a análise do requisito dos bons antecedentes, embora também exija condenação penal com trânsito em julgado, abrange a situação dos indivíduos tecnicamente primários. Quanto à dedicação a atividades criminosas ou o pertencimento a organização criminosa, a existência de inquéritos e ações penais em curso indica apenas que há investigação ou acusação pendente de análise definitiva e cujo resultado é incerto, não sendo possível presumir que essa suspeita ou acusação ainda em discussão irá se confirmar, motivo pelo qual não pode obstar a aplicação da minorante.

7. Não se pode ignorar que a utilização ilegítima de inquéritos e processos sem resultado definitivo resulta em provimento de difícil reversão. No caso de posterior arquivamento, absolvição, deferimento de institutos despenalizadores, anulação, no âmbito dos referidos feitos, a Defesa teria que percorrer as instâncias do Judiciário ajuizando meios de impugnação autônomos para buscar a incidência do redutor, uma correção com sensível impacto na pena final e cujo tempo necessário à sua efetivação causaria prejuízos sobretudo àqueles mais vulneráveis.

8. A interpretação ora conferida ao art. 33, § 4º, da Lei nº 11.343/06 não confunde os conceitos de antecedentes, reincidência e dedicação a atividades criminosas. Ao contrário das duas primeiras, que exigem a existência de condenação penal definitiva, a última pode ser comprovada pelo Estado-acusador por qualquer elemento de prova idôneo, tais como escutas telefônicas, relatórios de monitoramento de atividades criminosas, documentos que comprovem contatos delitivos duradouros ou qualquer outra prova demonstrativa da dedicação habitual ao crime. O que não se pode é inferir a dedicação ao crime a partir de simples registros de inquéritos e ações penais cujo deslinde é incerto.

9. Não há falar em ofensa aos princípios da individualização da pena ou da igualdade material, pois o texto constitucional, ao ordenar que ninguém pode ser considerado culpado antes do trânsito em julgado da sentença penal condenatória, vedou que a existência de acusação pendente de análise definitiva fosse utilizada como critério de diferenciação para fins penalógicos.

10. Não se deve confundir a vedação à proteção insuficiente com uma complacência diante da atuação insuficiente dos órgãos de persecução penal. É certo que não podem ser criados obstáculos injustificáveis à atuação do Estado na defesa dos bens jurídicos cuja proteção lhe é confiada, todavia isso não legitima a dispensa do cumprimento dos ônus processuais pelos órgãos de persecução penal, não autoriza a atuação fora da legalidade e não ampara a vulneração de garantias fundamentais. Se o Estado-acusador não foi capaz de produzir provas concretas contra o Réu acerca de sua dedicação a atividades criminosas, não pode ele pretender que, ao final, esta gravosa circunstância seja presumida a partir de registros de acusações sub judice.

11. É igualmente equivocada a tentativa de se invocar uma "análise de contexto" para afastar o vício epistemológico existente na adoção de conclusões definitivas sobre fatos a partir da existência de processos sem resultado definitivo. Se outros elementos dos autos são capazes de demonstrar a dedicação a atividades criminosas, não há que se recorrer a inquéritos e ações penais em curso, portanto este argumento seria inadequado. Porém, se surge a necessidade de se invocar inquéritos e ações penais em curso na tentativa de demonstrar a dedicação criminosa, é porque os demais elementos de prova são insuficientes, sendo necessário formular a ilação de que o Acusado "não é tão inocente assim", o que não se admite em nosso ordenamento jurídico. Em síntese, a ilicitude do fundamento, que decorre do raciocínio presuntivo contra o Réu que ele encerra, não se altera em face de outros elementos dos autos.

12. Para os fins do art. 927, inciso III, c.c. o art. 1.039 e seguintes, do Código de Processo Civil, resolve-se a controvérsia repetitiva com a afirmação da tese: 'É vedada a utilização de inquéritos e/ou ações penais em curso para impedir a aplicação do art. 33, § 4º, da Lei nº 11.343/06'. A fim de manter íntegra e coerente a jurisprudência desta Corte, nos termos do art. 926, c.c.o art. 927, § 4º, do Código de Processo Civil/2015, fica expressamente superada a anterior orientação jurisprudencial da Terceira Seção deste Tribunal que havia sido consolidada no ERESP nº 1.431.091/SP (DJe 01/02/2017).

13. Recurso especial provido."

(STJ, REsp nº 1.977.027/PR, Relatora Ministra Laurita Vaz, Terceira Seção, julgado em 10.08.2022, DJe de 18.08.2022)

Quanto ao regime inicial de cumprimento da pena entende-se que não é possível a fixação de regime fechado ou semiaberto para o crime de tráfico privilegiado sem a devida justificação, ou apenas em razão de sua gravidade abstrata ou ainda da mera opinião pessoal do julgador.

Frise-se, ademais, ser plenamente possível a substituição da pena privativa de liberdade por penas restritivas de direitos. Nesse sentido:

"PENAL. PROCESSO PENAL. HABEAS CORPUS INDIVIDUAL E COLETIVO. ADMISSIBILIDADE. DIRETRIZES REGISTRADAS PELA SUPREMA CORTE NO JULGAMENTO DO HC Nº 143.641 (PLENO). PRECEDENTES DESTE TRIBUNAL DA CIDADANIA. TRÁFICO PRIVILEGIADO. HIPÓTESES DE APLICAÇÃO DA CAUSA DE DIMINUIÇÃO DE PENA (ART. 33, §4º, LEI Nº 11.343/2006). TRÁFICO. DEFINIÇÃO LEGAL (ART. 112, §5º, LEI Nº 7.210/1984). CRIME NÃO HEDIONDO. CONSECTÁRIOS LÓGICOS EM RAZÃO DESSE RECONHECIMENTO. JURISPRUDÊNCIA CONSOLIDADA DOS TRIBUNAIS SUPERIORES E SÚMULAS DE JURISPRUDÊNCIA. FORÇA NORMATIVA. ESTUDO DO INSTITUTO CONECTAS E DADOS ESTATÍSTICOS QUE CONFIRMAM O DESCUMPRIMENTO REITERADO PELO TRIBUNAL IMPUGNADO. DESRESPEITO AO SISTEMA DE PRECEDENTES. SEGURANÇA JURÍDICA E ESTABILIDADE. ISONOMIA DO JURISDICIONADO. BUSCA À RACIONALIDADE PUNITIVA. PREDICATIVO ÍNSITO AO ESTADO DEMOCRÁTICO DE DIREITO. SUBSTITUIÇÃO DA PENA PRIVATIVA DE LIBERDADE POR RESTRITIVA DE DIREITOS. REGIME PRISIONAL. INDIVIDUALIZAÇÃO DA PENA. PROPORCIONALIDADE.

1. Ante a necessidade de salvaguardar um dos direitos fundamentais mais preciosos do ser humano, a liberdade, o Supremo Tribunal Federal, ao julgar o HC nº 143.641/SP, rompeu com a resistência registrada nos seus precedentes, quanto à inadmissibilidade do uso do writ constitucional de maneira coletiva. Na oportunidade, assentaram-se diretrizes a respaldar o maior espectro do remédio heroico, entre elas: a existência de relações sociais massificadas e burocratizadas, cujos problemas estão a exigir soluções a partir de remédios processuais coletivos, especialmente para coibir ou prevenir lesões a direitos de grupos vulneráveis; o fortalecimento da

abordagem coletiva, em atendimento a maior isonomia às partes em litígio e em prestígio à celeridade processual, mitiga as dificuldades estruturais do acesso das coletividades ao Poder Judiciário.

2. A moldura fática trazida pela Defensoria Pública do Estado de São Paulo – mais de mil presos, que, a despeito da reconhecida prática de crime de tráfico privilegiado, cumprem pena de um ano e oito meses, em regime fechado, com respaldo exclusivo no ultrapassado entendimento de que a conduta caracteriza crime assemelhado a hediondo – permite solução coletiva, por reproduzirem a mesma situação fático-jurídica. Precedente (HC nº 575.495/MG, Rel. Ministro Sebastião Reis Júnior, 6ª T, julgado em 2/6/2020, DJe 8/6/2020).

3. Há anos são perceptíveis, em um segmento da jurisdição criminal, os reflexos de uma postura judicial que, sob o afirmado escudo da garantia da independência e da liberdade de julgar, reproduz política estatal que se poderia, não sem exagero, qualificar como desumana, desigual, seletiva e preconceituosa. Tal orientação, que se forjou ao longo das últimas décadas, parte da premissa equivocada de que não há outro caminho, para o autor de qualquer das modalidades do crime de tráfico – nomeadamente daquele considerado pelo legislador como de menor gravidade –, que não o seu encarceramento.

4. Segundo a interpretação, consolidada e antiga do Supremo Tribunal Federal (HC nº 111.840, Tribunal Pleno, Rel. Ministro Dias Toffoli, DJe 17/12/2013), conforme à Constituição da República, não é considerado hediondo o delito de tráfico de drogas, na modalidade prevista no art. 33, § 4º da Lei nº 11.343/2006 (caracterizada pela quantidade de drogas apreendida não elevada e por ser o agente primário, sem antecedentes penais e sem envolvimento com atividade ou organização criminosa).

5. Em decorrência dessa interpretação, que sobreleva os princípios da presunção de inocência e da individualização da pena, a natureza não hedionda do crime em exame desautoriza prisão preventiva sem a análise concreta dos requisitos do art. 312 do CPP (HC nº 104.339, Tribunal Pleno, Rel. Ministro Gilmar Mendes, DJe 06/12/2012), afasta a proibição, prevista art. 44 da Lei 11.343/2006, de substituição da pena privativa de liberdade pela pena restritiva de direitos (HC nº 97.256, Tribunal Pleno, Rel. Ministro Ayres Britto, DJe 15/12/2010), e impõe, portanto, tratamento penal com "contornos mais benignos, menos gravosos, notadamente porque são relevados o envolvimento ocasional do agente com o delito, a não reincidência, a ausência de maus antecedentes e a inexistência de vínculo com organi-

zação criminosa" (HC nº 118.533, Tribunal Pleno, Rel. Ministra Cármen Lúcia, DJe 19/9/2016).

6. Quanto ao regime inicial para o cumprimento da pena, é clara e reiterada a dicção de enunciados sumulares dos Tribunais Superiores, segundo os quais "A opinião do julgador sobre a gravidade em abstrato do crime não constitui motivação idônea para a imposição de regime mais severo do que o permitido segundo a pena aplicada" (Sum. 718 do STF), "A imposição do regime de cumprimento mais severo do que a pena aplicada permitir exige motivação idônea" (Sum. 719 do STF) e "É vedado o estabelecimento de regime prisional mais gravoso do que o cabível em razão da sanção imposta, com base apenas na gravidade do delito" (Sum. 440 do STJ).

7. Esses julgados, por força do art. 927, III e V, do Código de Processo Civil, aplicável ao processo penal em razão da norma de abertura positivada no art. 3º do CPP, devem ser observados por juízes e tribunais do país, em nome da segurança jurídica, da estabilidade das decisões do Poder Judiciário, da coerência sistêmica e da igualdade de tratamento dos jurisdicionados, que não podem ficar à mercê de interpretações divergentes, sobre questões de cunho eminentemente jurídico, das que lhes conferiram os órgãos de cúpula do Poder Judiciário, incumbidos, por comando constitucional, da função de uniformizar a interpretação e a aplicação da Constituição da República e das leis federais (arts. 102, III e 105, III).

8. A partir da entrada em vigor da Lei nº 13.964/2019, que conferiu nova redação ao art. 112, § 5º, da Lei de Execuções Penais (Lei nº 7.210/1984), "Não se considera hediondo ou equiparado, para os fins deste artigo, o crime de tráfico de drogas previsto no § 4º do art. 33 da Lei nº 11.343, de 23 de agosto de 2006".

9. Deveras, não condiz com a racionalidade punitiva, ínsita a um Estado Democrático de Direito, que a todo e qualquer autor de tráfico de drogas se imponha o cumprimento de sua pena em estabelecimento penal, em regime fechado, e sem direito a qualquer alternativa punitiva, mesmo se todas as circunstâncias judiciais e legais sejam reconhecidas a seu favor (quantidade pequena de droga, primariedade e bons antecedentes do agente, além de não demonstração de seu envolvimento em atividade ou organização criminosa).

10. E não há de ser esse o proceder de agentes do Estado a quem se confia o exercício da nobre função de dizer o Direito, algo que, no âmbito da jurisdição criminal – que expressa o poder punitivo estatal – reclama dose ainda maior de serenidade e ausência de preconceitos.

11. A individualização da sanção penal (alçada a direito fundamental, inscrito no art. 5º, XLVI da Constituição da República) não se limita à quantidade da pena; o seu regime e a modalidade da reprimenda imposta também compõem essa ideia, que carrega em si a proporcionalidade da pena. Se o Código Penal determina que, fixada a sanção em patamar inferior a 4 anos de reclusão, o regime inicial de pena há de ser o aberto quando as circunstâncias forem todas favoráveis ao agente (art. 33, § 2º c/c 59, do CPB), permitindo também substituir a reprimenda privativa de liberdade por restritiva de direitos (art. 44 do CPB), não há razão para impor-se a condenados pela modalidade mais tênue do crime de tráfico de entorpecentes o mesmo regime de pena que, ex vi lege, se costuma impingir somente a quem é condenado por outros crimes, ou mesmo por tráfico, a mais de 8 anos de pena, ou a reincidentes ou portadores de circunstâncias desfavoráveis.

12. A documentação, trazida em aditamento à impetração, alude a 1100 homens e mulheres que cumprem pena em regime fechado no sistema penitenciário do Estado de São Paulo, e sem lhes haver sido autorizada a conversão da privativa de liberdade em restritiva de direitos, a despeito de terem sido condenados à sanção mínima do tráfico privilegiado (1 ano e 8 meses de reclusão), ou, quando muito, a uma pena menor que 4 anos de reclusão. A menos que cumpram pena por outro motivo, são pessoas que se encontram indevidamente recolhidas ao precário sistema penitenciário, onerando ainda mais a sociedade, que poderia se beneficiar com serviços comunitários, houvessem as respectivas sanções reclusivas sido convoladas em restritivas de direito.

13. Se a lei é, na visão de julgadores, benevolente com algum tipo de crime, compete ao Congresso Nacional, legitimado pelo voto popular, modificá-la (sempre sujeito, evidentemente, ao controle de constitucionalidade do Supremo Tribunal Federal). Não cabe ao Poder Judiciário, o uso de discursos metajurídicos de matiz ideológico ou moral, para incrementar o rigor do sistema punitivo e para contornar, com argumentos aparentemente jurídicos, os limites impostos pela lei penal e pela jurisprudência consolidada dos Tribunais Superiores, os quais, como visto, pela Constituição da República têm a especial competência para interpretar e uniformizar a lei federal e a Constituição em última instância, ante idênticas situações fáticas.

14. Estudo feito pelo Instituto Conectas (relatório disponível no sítio do instituto na web) conclui que "ainda que a decisão do STF no HC 118.533 tenha sido o reconhecimento do tráfico privilegiado como um crime comum, afastando-se a hediondez dos casos em que há aplicação da causa

de diminuição do parágrafo 4º do art. 33, com a presente pesquisa verifica-se que juízes de primeira instância, em São Paulo, continuam aplicando tratamento desproporcional ao delito, em comparação com outros delitos sem violência de igual pena."

Alguns julgados – prossegue o relatório – "são expressos em sua afronta à jurisprudência dominante das cortes superiores, tecendo palavras fortes contra a evolução interpretativa e constituindo, dentro da sua esfera de poder, um espaço blindado contra o tratamento proporcional aos condenados por tráfico de drogas, em qualquer grau."

15. Pelos dados do Núcleo de Segunda Instância e Tribunais Superiores – Brasília/DF, a Defensoria Pública de São Paulo em 2019, dos 11.181 habeas corpus impetrados no STJ, a ordem foi concedida em 6.869 feitos, 61,43% das impetrações. Mais ainda, aquela Defensoria evidenciou que, no período da pandemia, conforme Levantamento do Núcleo Especializado de Situação Carcerária da Defensoria Pública de São Paulo, em casos de reconhecido tráfico de menor monta (pouca quantidade de drogas, réus com bons antecedentes e sem provas de anterior atividade ilícita e de integração a organização criminosa), de 64 casos em que Câmaras Criminais do TJSP mantiveram a condenação de acusados por tráfico privilegiado, 53 foram reformadas pelo STJ, ou seja, cerca de 82,80% dos pacientes obtiveram decisão concessiva.

16. Esses dados são a tradução, inequívoca e indesmentível de que o volume de trabalho das Turmas Criminais do Superior Tribunal de Justiça, ocupadas em mais de 50% por habeas corpus oriundos do Tribunal de Justiça de São Paulo (dos 68.778 habeas Corpus distribuídos no STJ em 2019, 35.534 vieram daquele Tribunal), em boa parte se resume a simplesmente reverter decisões que, contrárias às súmulas e à jurisprudência das Cortes Superiores, continuam a grassar, crescentemente, em algumas das 16 Câmaras Criminas daquele Tribunal.

17. Essa insistente desconsideração de alguns órgãos judicantes às diretrizes normativas derivadas das Cortes de Vértice produz um desgaste permanente da função jurisdicional, com anulação e/ou repetição de atos, e implica inevitável lesão financeira ao erário, bem como gera insegurança jurídica e clara ausência de isonomia na aplicação da lei aos jurisdicionados.

18. Em suma, diante da mesma situação factual – tráfico de pequena monta, agente primário, sem antecedentes penais, sem prova de vínculo com organização criminosa e de exercício de atividade criminosa (que não seja, é claro, a específica mercancia ilícita eventual que lhe rendeu a condenação) –, há de reconhecer-se que:

18.1. A Lei nº 7.210/1984 (Lei de Execuções Penais), em seu art. 112, § 5º (com a redação que lhe conferiu a Lei nº 13.964/2019) é expressa em dizer que "§ 5º Não se considera hediondo ou equiparado, para os fins deste artigo, o crime de tráfico de drogas previsto no § 4º do art. 33 da Lei nº 11.343, de 23 de agosto de 2006";

18.2. O Ministério Público, a par da função exclusiva de exercitar a ação penal pública, é também constitucionalmente incumbido da "defesa da ordem jurídica, do regime democrático e dos interesses sociais e individuais indisponíveis" (art. 127, caput, da C.R.), e deve agir de acordo com critérios de objetividade, compromissado, pois, com o direito (custos iuris) e com a verdade (obbligo di veritá, na dicção de LUIGI P. COMOGLIO e VLADIMIRO ZAGREBELSKY, Modelo accusatorio e deontologia dei comportamenti processuali nella prospettiva comparatistica. Rivista Italiana di Diritto e Procedura Penale. Milano: Giuffrè, ano 36, fasc. 2 - aprile-giugno/1993, p. 484). Logo, a acusação formulada pelo Ministério Público há de consubstanciar uma imputação responsavelmente derivada da realidade fático-jurídica evidenciada pelo simples exame do inquérito policial, muitas vezes já indicativa de que não se cuida de hipótese de subsunção da conduta do agente ao crime de tráfico de drogas positivado no caput do art. 33 da LAD.

18.3. A jurisprudência dos Tribunais Superiores - quer por meio de Súmulas (verbetes nº 718 e 719 do STF e 440 do STJ), quer por meio de julgamentos proferidos pela composição Plena do Supremo Tribunal Federal, seguidos por inúmeros outros julgamentos da mesma Corte e do STJ - é uníssona e consolidada no sentido de que:

18.3.1. Não se pode impor regime prisional mais gravoso do que o cabível em razão da sanção imposta, com base apenas na gravidade abstrata do delito e sem a idônea motivação, que não pode decorrer da mera opinião do julgador;

18.3.2. O condenado por crime de tráfico privilegiado, nos termos do art. 33. § 4º, da Lei nº 11.343/2006, a pena inferior a 4 anos de reclusão, faz jus a cumprir a reprimenda em regime inicial aberto ou, excepcionalmente, em semiaberto, desde que por motivação idônea, não decorrente da mera natureza do crime, de sua gravidade abstrata ou da opinião pessoal do julgador;

18.3.3. O condenado por crime de tráfico privilegiado, nas condições e nas ressalvas da alínea anterior, faz jus à substituição da pena privativa de liberdade por restritiva de direitos;

18.3.4. O autor do crime previsto no art. 33, § 4º da LAD não pode permanecer preso preventivamente, após a sentença (ou mesmo antes, se a segregação cautelar não estiver apoiada em quadro diverso), porque:

a) O Tribunal Pleno do Supremo Tribunal Federal – e copiosa jurisprudência das Cortes Superiores – afastou a vedação à liberdade provisória referida no art. 44 da LAD;

b) Não é cabível prisão preventiva por crime punido com pena privativa máxima igual ou inferior a 4 anos (art. 313, I do Código de Processo Penal;

c) O tempo que o condenado eventualmente tenha permanecido preso deverá ser computado para fins de determinação do regime inicial de pena privativa de liberdade (art. 387, § 2º do CPP), o que, a depender do tempo da custódia e do quantum da pena arbitrada, implicará imediata soltura do sentenciado, mesmo se fixado o regime inicial intermediário, ou seja, o semiaberto (dado que, como visto, não se mostra possível a infligição de regime fechado ao autor de tráfico privilegiado).

19. Essas são, portanto, as diretrizes que devem ser observadas – e normalmente o são, pela maioria de juízes e tribunais de todo o país –, por decorrerem de precedentes qualificados das Cortes Superiores (súmulas de jurisprudência, julgamentos pelo Tribunal Pleno do STF, recursos especiais julgados sob o rito dos recursos repetitivos do STJ, e extraordinários em repercussão geral, pelo STF), sobre questões jurídicas assentadas a partir da mesma situação fática, sempre ressalvada, naturalmente, a eventual indicação de peculiaridades do caso examinado, a permitir, mediante idônea e responsável motivação, distinguir a hipótese em julgamento da que fora decidida nos referidos precedentes.

20. Na espécie, a gravidade excepcional do delito não se sustenta, visto que o crime foi praticado em circunstâncias inerentes à caracterização da própria figura delitiva em apreço e, embora apreendidas cocaína e crack, a quantidade da droga, ao contrário do afirmado, não foi relevante (5,6 g no total).

21. Habeas Corpus concedido, para:

21.1. Em relação ao paciente individualizado na impetração, fixar o regime aberto como modo inicial de cumprimento da pena.

21.2. Em relação aos presos que, conforme informação da Secretaria de Administração Penitenciária do Estado de São Paulo, se encontrem na mesma situação (condenados, por delito de tráfico privilegiado, a 1 ano e 8 meses, em regime fechado), fixar o regime aberto.

21.3. Em relação aos presos condenados, pelo delito de tráfico privilegiado, a penas menores do que 4 anos de reclusão – salvo os casos do item anterior – determinar que os respectivos juízes das Varas de Execução Penal competentes e responsáveis pela execução das sanções dos internos reavaliem, com a máxima urgência, a situação de cada um, de modo a verificar a possibilidade de progressão ao regime aberto em face de eventual detração penal decorrente do período em que tenham permanecido presos cautelarmente.

21.4. Aos condenados que atualmente cumprem pena por crime de tráfico privilegiado, em que se reconhecem todas as circunstâncias como favoráveis, e aos que vierem a ser sancionados por tal ilicitude (mesmas circunstâncias fáticas), determinar que não se imponha – devendo haver pronta correção aos já sentenciados – o regime inicial fechado de cumprimento da pena.

Determinação para que se dê cumprimento desta ordem de Habeas Corpus, inclusive para que se providencie, junto aos respectivos juízos, a imediata expedição de alvarás de soltura aos presos que, beneficiados pelas medidas ora determinadas, não estejam presos por outros motivos."

(STJ, HC nº 596.603/SP, Relator Ministro Rogerio Schietti Cruz, Sexta Turma, julgado em 08.09.2020, DJe de 22.09.2020)

1. Aplicação do princípio da insignificância

É inaplicável o princípio da insignificância ao delito de tráfico de drogas, crime de perigo presumido ou abstrato, razão pela qual é irrelevante a quantidade de droga apreendida em poder do agente. Nesse sentido:

"PENAL. HABEAS CORPUS SUBSTITUTIVO DE RECURSO PRÓPRIO. INADEQUAÇÃO. TRÁFICO DE DROGAS. ABSOLVIÇÃO OU DESCLASSIFICAÇÃO PARA A CONDUTA DO ART. 28 DA LEI Nº 11.343/2006. REEXAME DE FATOS. VIA INADEQUADA. PRINCÍPIO DA INSIGNIFICÂNCIA. INAPLICABILIDADE. CAUSA DE DIMINUIÇÃO DO ART. 33, § 4º, DA LEI Nº 11.343/2006. REDUÇÃO EM 1/6. QUANTIDADE E NATUREZA DA DROGA. QUANTIA INEXPRESSIVA. RÉU PRIMÁRIO E DE BONS ANTECEDENTES. NECESSIDADE DE READEQUAÇÃO DA PENA. REGIME PRISIONAL. PENA INFERIOR A QUATRO ANOS. CIRCUNSTÂNCIAS JUDICIAIS FAVORÁVEIS. MODO ABERTO. SUBSTITUIÇÃO DA PENA PRIVATIVA DE LIBERDADE POR RESTRITIVAS DE DIREITO. POSSIBILIDADE. MANIFESTA ILEGALIDADE VERIFICADA. WRIT NÃO CONHECIDO. ORDEM CONCEDIDA DE OFÍCIO.

1. Esta Corte e o Supremo Tribunal Federal pacificaram orientação no sentido de que não cabe habeas corpus substitutivo do recurso legalmente previsto para a hipótese, impondo-se o não conhecimento da impetração,

salvo quando constatada a existência de flagrante ilegalidade no ato judicial impugnado a justificar a concessão da ordem, de ofício. 2. As pretensões de absolvição por insuficiência de provas e de desclassificação do crime de tráfico para o delito do art. 28 da Lei nº 11.340/2006 não podem ser apreciadas por este Corte Superior de Justiça, na via estreita do habeas corpus, por demandarem o exame aprofundado do conjunto fático-probatório dos autos (Precedente).

3. Segundo entendimento reiterado do Superior Tribunal de Justiça, os depoimentos dos policiais responsáveis pela prisão em flagrante são meio idôneo e suficiente para a formação do édito condenatório, quando em harmonia com as demais provas dos autos, e colhidos sob o crivo do contraditório e da ampla defesa, como ocorreu na hipótese.

4. 'Prevalece nesta Corte o entendimento de que afigura-se inaplicável o princípio da insignificância ao delito de tráfico ilícito de drogas, porquanto trata-se de crime de perigo presumido ou abstrato, sendo irrelevante a quantidade de droga apreendida em poder do agente' (EDcl no HC 463.656/SP, Rel. Ministro NEFI CORDEIRO, SEXTA TURMA, julgado em 4/10/2018, DJe 24/10/2018).

5. A teor do disposto no § 4º do art. 33 da Lei nº 11.343/2006, os condenados pelo crime de tráfico de drogas terão a pena reduzida, de um sexto a dois terços, quando forem reconhecidamente primários, possuírem bons antecedentes e não se dedicarem a atividades criminosas ou integrarem organizações criminosas.

6. Na falta de parâmetros legais para se fixar o quantum dessa redução, os Tribunais Superiores decidiram que a quantidade e a natureza da droga apreendida, além das demais circunstâncias do delito, podem servir para a modulação de tal índice ou até mesmo para impedir a sua aplicação, quando evidenciarem o envolvimento habitual do agente no comércio ilícito de entorpecentes.

Precedentes.

7. Hipótese em que, embora o Tribunal a quo tenha se valido da natureza e da quantidade de droga para fixar o patamar de redução em 1/6, à míngua de elementos probatórios que indiquem a habitualidade delitiva do paciente e considerando sua primariedade, impõe-se a aplicação do redutor do art. 33, § 4º, da Lei nº 11.343/2006 no máximo legal, sobretudo quando não expressiva a quantidade de entorpecente apreendido – 41 pedras de crack (10g). Precedentes.

8. Estabelecida a reprimenda final em 1 ano e 8 meses de reclusão, verificada a primariedade do agente e sendo favoráveis as circunstâncias do art.

59 do CP, o regime inicial aberto é o adequado à prevenção e à reparação do delito, nos termos do art. 33, § 2º, "c", do Código Penal.

9. Preenchidos os requisitos legais do art. 44 do Código Penal, é cabível a substituição da pena privativa de liberdade por restritiva de direitos.

10. Habeas corpus não conhecido. Ordem concedida, de ofício, para fazer incidir a causa de diminuição de pena do art. 33, § 4º, da Lei nº 11.343/2006 no grau máximo, redimensionando a pena do paciente para 1 ano e 8 meses de reclusão mais 166 dias-multa, bem como para estabelecer o regime aberto e substituir a pena privativa de liberdade por restritivas de direito, a ser definida pelo Juízo Execução."

(STJ, HC nº 461.377/PR, Relator Ministro Ribeiro Dantas, Quinta Turma, julgado em 13.11.2018, *DJe* de 22.11.2018)

"AGRAVO REGIMENTAL. CONSTITUCIONAL. PENAL. PROCESSO PENAL. TRÁFICO DE DROGAS. PEQUENA QUANTIDADE. PRINCÍPIO DA INSIGNIFICÂNCIA. INAPLICABILIDADE. PRECEDENTES. AGRAVO REGIMENTAL DESPROVIDO."

(STJ, HC nº 217765 AgR, Relatora Ministra Carmen Lúcia, Primeira Turma, julgado em 26.09.2022, processo eletrônico *DJe*-193 divulg 26.09.2022 public 27.09.2022)

No entanto, como já mencionado em outra oportunidade, a Segunda Turma do STF entendeu pela aplicação do aludido princípio em caso de porte de pequena quantidade de droga:

"Penal e processual penal. Habeas corpus. Possibilidade de aplicação do princípio da insignificância em porte de entorpecentes para consumo pessoal. 1. A aplicação do princípio da insignificância, de modo a tornar a conduta atípica, exige sejam preenchidos, de forma concomitante, os seguintes requisitos: (i) mínima ofensividade da conduta do agente; (ii) nenhuma periculosidade social da ação; (iii) reduzido grau de reprovabilidade do comportamento; e (iv) relativa inexpressividade da lesão jurídica. 2. Paciente que portava 1,8g de maconha. Violação aos princípios da ofensividade, proporcionalidade e insignificância. 3. Precedentes: HC 110475, Rel. Min. Dias Toffoli, Primeira Turma, DJe 15.3.2012; HC 127573, Rel. Min. Gilmar Mendes, Segunda Turma, DJe 25.11.2019. 4. Ordem concedida para trancar o processo penal diante da insignificância da conduta imputada"

(STF, HC nº 202883 AgR, Relator Ricardo Lewandowski, Relator p/ Acórdão: Gilmar Mendes, Segunda Turma, julgado em 15.09.2021, processo eletrônico *DJe*-187 divulg 17.09.2021 PUBLIC 20.09.2021)

Art. 34. Fabricar, adquirir, utilizar, transportar, oferecer, vender, distribuir, entregar a qualquer título, possuir, guardar ou fornecer, ainda que gratuitamente, maquinário, aparelho, instrumento ou qualquer objeto destinado à fabricação, preparação, produção ou transformação de drogas, sem autorização ou em desacordo com determinação legal ou regulamentar:

Pena – reclusão, de 3 (três) a 10 (dez) anos, e pagamento de 1.200 (mil e duzentos) a 2.000 (dois mil) dias-multa.

1. Notas introdutórias

As condutas típicas relacionam-se a máquinas e objetos utilizados na fabricação, preparação, produção ou transformação da droga. Deverá ser demonstrada a potencialidade da destinação ilícita de tais objetos para a manufatura da droga, tratando-se de um tipo penal subsidiário em relação ao art. 33, *caput*, desta Lei.

Trata-se de crime equiparado a hediondo.

A princípio, configura apenas o crime de tráfico na situação em que for apreendida droga, mesmo que seja em um ambiente em que se façam presentes alguns desses objetos.

Nesta situação restaria afastado o crime do art. 34, todavia, se ficar evidenciada a autonomia de desígnios, a prática dos crimes em contextos autônomos, responderá o agente pelos crimes em concurso material ou formal impróprio por restarem vulnerados os bens jurídicos dos dois tipos penais.

Como exemplo, a apreensão de drogas em determinado local juntamente com diversos maquinários onde eram produzidos os entorpecentes (laboratório), subsistindo nessa hipótese a violação de dois bens jurídicos distintos, não havendo que se falar em aplicação do princípio da consunção.

Conforme já manifestou o Superior Tribunal de Justiça, o delito capitulado no art. 34 da Lei nº 11.343/2006 constitui crime autônomo em relação ao ilícito previsto no art. 33, *caput*, do mesmo diploma legal. Com efeito, provando-se nos autos que os objetos apreendidos eram destinados à fabricação, ao preparo, à produção ou à transformação de drogas, não há como se reconhecer a incidência do princípio da consunção (Habeas Corpus nº 171.842 – RJ (2010/0082963-5), Rel. Min. Laurita Vaz, 5ª T., *v.u.*, *DJe* de 16.11.2012).

Também nesse sentido:

> "HABEAS CORPUS. PACIENTE CONDENADO PELOS CRIMES TIPIFICADOS NOS ARTS. 33, CAPUT, E 34 DA LEI Nº 11.343/2006, EM

CONCURSO MATERIAL. PEDIDO DE ABSOLVIÇÃO DO SEGUNDO DELITO PELA INCIDÊNCIA DO PRINCÍPIO DA CONSUNÇÃO. INVIABILIDADE. CRIMES AUTÔNOMOS. PRECEDENTES.

1. O princípio da consunção resolve o conflito aparente de normas penais quando um delito menos grave é meio necessário ou normal fase de preparação ou execução de outro mais danoso. Nessas situações, o agente apenas será responsabilizado pelo último crime. Para tanto, porém, imprescindível a constatação do nexo de dependência entre as condutas a fim de que ocorra a absorção da menos lesiva pela mais nociva. Doutrina.

2. O crime descrito no 34 da Lei nº 11.343/2006 busca coibir a produção de entorpecentes, enquanto a norma incriminadora do tráfico de estupefacientes possui como objetivo obstar a disseminação dos materiais tóxicos. Sendo assim, nos termos da orientação jurisprudencial desta Casa, necessário avaliar, para fins de incidência do princípio da consunção, a concreta lesividade dos instrumentos destinados à fabricação, preparação ou transformação dos entorpecentes. Precedentes.

3. Na espécie, os condenados, além de terem em depósito certa quantidade de entorpecentes para fins de mercancia, armazenavam, em significativa escala, maquinários e utensílios – balanças, tachos e substâncias para mistura, com peso total, conforme auto de apreensão, de dezenove quilogramas – que não se destinavam somente à preparação dos estupefaciente encontrados no momento da prisão dos réus, compondo, para além disso, laboratório que funcionava de forma autônoma, proporcionando a preparação de número muito maior de substâncias estupefacientes. Desse modo, inviável a incidência do princípio da consunção, porquanto evidenciada a independência entre as condutas, ou seja, a fabricação ou transformação dos materiais tóxicos não operou como meio necessário para o crime de tráfico de entorpecentes.

4. Habeas corpus denegado."

(STJ, HC nº 349.524/SP, Relator Ministro Antonio Saldanha Palheiro, Sexta Turma, julgado em 18.05.2017, *DJe* de 30.05.2017)

Renato Brasileiro de Lima cita, a título de exemplo, a situação em que "o agente, além de ter em depósito certa quantidade de drogas ilícitas em sua residência para fins de mercancia, possuir, no mesmo local e em grande escala, objetos, maquinário e utensílios que constituam laboratório utilizado para a produção, preparo, fabricação e transformação de drogas ilícitas em grandes quantidades. Nessa situação, as circunstâncias fáticas demonstram verdadeira autonomia das condutas e inviabilizam a incidência do princípio da consunção."[316]

Neste caso afigura-se presente a lesividade ao bem jurídico tutelado pelo art. 33, que é o de evitar a disseminação da droga em razão da proteção à saúde pública, e ao bem jurídico do art. 34 que é o de impedir a produção de droga.

O uso e posse de balança de precisão, por exemplo, para pesar droga para consumo pessoal não implica na subsunção da conduta ao tipo do art. 34, porquanto a preparação a que se refere o artigo refere-se à produção da droga.

Para que se configure a lesão ao bem jurídico tutelado na norma do artigo 34 a ação de possuir maquinário e/ou objetos deve ter o objetivo de fabricar, preparar, produzir ou transformar drogas, visando o tráfico, de modo que ainda que o crime do art. 34 possa subsistir de forma autônoma, não se vislumbra que o agente responda pela prática do aludido delito quando a posse dos instrumentos se configura como ato preparatório destinado ao consumo pessoal de entorpecente (STJ, RHC nº 135.617/PR, Relatora Ministra Laurita Vaz, Sexta Turma, julgado em 14.09.2021, DJe de 30.09.2021).

Art. 35. Associarem-se duas ou mais pessoas para o fim de praticar, reiteradamente ou não, qualquer dos crimes previstos nos arts. 33, *caput* e § 1º, e 34 desta Lei:

Pena – reclusão, de 3 (três) a 10 (dez) anos, e pagamento de 700 (setecentos) a 1.200 (mil e duzentos) dias-multa.

Parágrafo único. Nas mesmas penas do caput deste artigo incorre quem se associa para a prática reiterada do crime definido no art. 36 desta Lei.

1. Notas introdutórias

Para a caracterização do crime de associação para o tráfico é necessária a intenção de se associar com estabilidade e permanência para fins de traficância, o que significa dizer que a reunião ocasional de duas ou mais pessoas não tipifica a conduta.

[316] LIMA, Renato Brasileiro de. *Legislação criminal especial comentada: volume único.* 9. ed. rev., atual. e ampl. Salvador: JusPODIVM, 2021, p. 1092.

Deste modo, não basta, para a configuração do art. 35, a existência do mero concurso de agentes para a prática de crimes, faz-se necessária a vontade de associação de forma estável e permanente.

Neste sentido, confira-se o seguinte julgado: "... 2. O crime previsto no art. 35 da Lei 11.343/2006 está assim descrito: 'associarem-se duas ou mais pessoas para o fim de praticar, reiteradamente ou não, qualquer dos crimes previstos nos arts. 33, *caput* e § 1º, e 34 desta Lei'. O verbo núcleo do tipo aqui é associar-se. Portanto, a caracterização da associação para o tráfico de drogas depende da demonstração do vínculo de estabilidade entre duas ou mais pessoas, não sendo suficiente a união ocasional e episódica. Não se pode transformar o crime de associação, que é um delito contra a paz pública – capaz de expor a risco o bem jurídico tutelado –, em um concurso de agentes. É com propriedade que afirma Vicente Greco Filho: 'Para incidência do caput do delito agora comentado, em virtude da cláusula 'reiteradamente ou não', poder-se-ia entender que também configuraria o crime o simples concurso de agentes, porque bastaria o entendimento de duas pessoas para a prática de uma conduta punível. Parece-nos, todavia, que não será toda vez que ocorrer concurso que ficará caracterizado o crime em tela. Haverá necessidade de um animus associativo, isto é, um ajuste prévio no sentido da formação de um vínculo associativo de fato, uma verdadeira societas sceleris, em que a vontade de associar seja separada da vontade necessária à prática do crime visado. Excluído, pois, está o crime, no caso de convergência ocasional de vontades para a prática de determinado delito, que estabeleceria a coautoria. O tipo é especial em relação ao art. 288 do Código Penal (...). O conteúdo do crime, porém, é igual ao do seu similar (Tóxicos: prevenção-repressão. 14. ed. São Paulo: Saraiva, 2011, página 209). Assim, estabeleceu-se na jurisprudência o entendimento de que a diferença entre o crime em questão e o concurso eventual de agentes está na estabilidade do vínculo. Nessa linha de compreensão: 'Habeas corpus. Processual Penal. Crime de associação para o tráfico (Lei nº 11.343/06, art. 35, caput). Trancamento da ação penal. Inépcia da denúncia e ausência de justa causa. Não ocorrência. Ausência de constrangimento ilegal. Ordem denegada. (...) 3. Verifica-se, pela simples leitura da exordial acusatória, que não há ilegalidade a merecer reparo pela via eleita, uma vez que a denúncia contém descrição mínima dos fatos imputados à ora paciente, principalmente considerando tratar-se de crime de associação para o tráfico, relativamente ao qual a existência do liame subjetivo e da estabilidade associativa deve ser apurada no curso da instrução criminal..."(STF, Habeas Corpus nº 124.164, Rel. Min. Teori Zavascki, 2ª T., v.u., DJe de 24.11.2014).

No sentido da necessidade de estabilidade da associação o STJ também apresenta julgado no sentido de que "reconhecido pelo acórdão atacado que não há ânimo associativo permanente (duradouro), mas apenas esporádico (eventual), a condenação ratificada no Tribunal de origem, quanto ao crime do art. 35 da Lei nº 11.343/2006, é ilegal, ante a atipicidade da conduta" (HC nº 139.942/SP, Relatora Ministra Maria Thereza de Assis Moura, Sexta Turma, julgado em 19.11.2012, DJe de 26.11.2012).

Em outro julgado a Corte supramencionada pontuou que "para a caracterização do crime de associação para o tráfico é imprescindível o dolo de se associar com estabilidade e permanência, sendo que a reunião ocasional de duas ou mais pessoas não se subsome ao tipo do artigo 35 da Lei 11.343/2006" (STJ, AgRg no HC nº 509.521/RO, Relator Ministro Jorge Mussi, Quinta Turma, julgado em 11.06.2019, DJe de 25.06.2019).

Destaque-se, outrossim, o seguinte julgado:

> "AGRAVO REGIMENTAL MINISTERIAL NO HABEAS CORPUS. TRÁFICO DE DROGAS E ASSOCIAÇÃO PARA O TRÁFICO. AUSÊNCIA DE PROVAS SUFICIENTES DA ASSOCIAÇÃO. LOCALIDADE DOMINADA POR ORGANIZAÇÃO CRIMINOSA. PRESUNÇÃO DE ESTABILIDADE E PERMANÊNCIA. IMPOSSIBILIDADE. INEXISTÊNCIA DE DEMONSTRAÇÃO CONCRETA DO VÍNCULO E ESTABILIDADE. ABSOLVIÇÃO MANTIDA. AGRAVO IMPROVIDO.
>
> 1. Firmou-se neste Superior Tribunal de Justiça entendimento no sentido de que indispensável para a configuração do crime de associação para o tráfico a evidência do vínculo estável e permanente do acusado com outros indivíduos.
>
> 2. Ainda que seja de conhecimento o domínio da localidade por facção criminosa e a quantidade de drogas denotem envolvimento com atividades criminosas, não há na sentença ou no acórdão qualquer apontamento de fato concreto a caracterizar, de forma efetiva, o vínculo associativo estável e permanente entre o paciente e a organização criminosa, requisito necessário para a configuração do delito de associação para o tráfico, imperiosa é a absolvição.
>
> 3. Agravo regimental improvido."
>
> (STJ, AgRg no HC nº 471.155/RJ, Relator Ministro Nefi Cordeiro, Sexta Turma, julgado em 13.08.2019, *DJe* de 22.08.2019)

Há necessidade do envolvimento de no mínimo duas pessoas para a prática apenas dos crimes previstos nos arts. 33, *caput* e § 1º, e 34 desta Lei, não havendo necessidade de reiteração da conduta criminosa.

A associação estável e permanente de duas ou mais pessoas pode ser para praticar uma única vez tais crimes, contudo, como afirmado acima, impõe-se que haja um prévio ajuste entre os agentes, de modo que a reunião ocasional não caracteriza o delito.

Renato Brasileiro de Lima consigna que "referindo-se ao crime de associação para fins de tráfico na vigência da antiga Lei de Drogas (revogada Lei nº 6.368/76, art. 14), cuja redação era bastante semelhante à atual, o próprio Supremo já teve a oportunidade de asseverar que 'a associação para o tráfico de entorpecentes, como tipificada no art. 14 da Lei de Entorpecentes, dispensa o elemento mais característico das figuras penais de associação para delinquir, qual seja, a predisposição da *societas sceleris* à prática de um número indeterminado de crimes: para não confundir-se com o mero concurso de agentes, a melhor interpretação reclama à sua incidência o ajuste prévio e um mínimo de organização, seja embora na preparação e no cometimento de um só delito de tráfico ilícito de drogas."[317]

Trata-se de **crime permanente**, estando o agente em flagrante delito enquanto não cessar a permanência.

O crime de associação para o tráfico não é equiparado a hediondo, por não constar expressamente no rol da Lei nº 8.072/1990.

O Superior Tribunal de Justiça firmou compreensão de que o crime de associação para o tráfico não é equiparado a hediondo, já que não está abrangido pelos ditames da Lei nº 8.072, de 25/07/1990 (HC nº 284.176/RJ, Relatora Ministra Laurita Vaz, Quinta Turma, julgado em 26.08.2014, DJe de 02.09.2014.)

Trata-se de **crime formal**, consuma-se com a simples reunião dos agentes, não sendo necessário o cometimento dos crimes para os quais se reuniram.

Responderá, contudo, o acusado em concurso material com o tráfico previsto no *caput* do art. 33 desta Lei quando ficar demonstrada a prática do tráfico e que também houve intenção de organização para obtenção e posterior distribuição de droga, sendo indispensável a demonstração de estabilidade e permanência da associação.

Registre-se que para a configuração do art. 35 não se faz necessária a apreensão da droga, porquanto, por sua natureza formal, pode ter a materialidade evidenciada com supedâneo em outros elementos de prova.

[317] LIMA, Renato Brasileiro de. *Legislação criminal especial comentada: volume único*. 9. ed. rev., atual. e ampl. Salvador: JusPODIVM, 2021, p. 1095.

O STJ apresenta julgado no sentido de que "para a configuração do delito previsto no art. 35 da Lei nº 11.343/06 é desnecessária a comprovação da materialidade quanto ao delito de tráfico, sendo prescindível a apreensão da droga ou o laudo toxicológico. É indispensável, tão somente, a comprovação da associação estável e permanente, de duas ou mais pessoas, para a prática da narcotraficância" (REsp nº 1.598.820/RO, Relatora Ministra Maria Thereza de Assis Moura, Sexta Turma, julgado em 30.06.2016, *DJe* de 01.08.2016).

Como se vê, a ausência de apreensão de drogas na posse direta do agente não afasta a prática do delito de associação ao tráfico.

Mostra-se suficiente apenas que o indivíduo haja concorrido, de alguma forma, para a prática do delito (STJ, RHC nº 93.498/SC, Relator Ministro Rogerio Schietti Cruz, Sexta Turma, julgado em 08.05.2018, DJe de 21.05.2018).

O parágrafo único prescreve que nas mesmas penas do caput deste artigo incorre quem se associa para a prática reiterada do crime definido no art. 36 desta Lei.

É uma modalidade de associação destinada exclusivamente ao financiamento do tráfico. Há, pois, a necessidade de que duas ou mais pessoas estejam associadas de forma estável e permanente.

Renato Brasileiro de Lima entende que não se admite uma associação mista, isto é, "se o legislador restringiu a tipificação do crime do art. 35, *caput*, à associação para a prática dos crimes dos arts. 33, *caput* e § 1º, e 34, é evidente que, para a integralização do número mínimo de dois agentes, não é possível a inclusão de um associado cujo objetivo seja exclusivamente o cometimento do delito de financiamento ao tráfico (art. 36), sob pena de evidente violação ao princípio da legalidade. Na mesma linha, como o crime de associação para fins de financiamento ao tráfico (art. 35, parágrafo único) demanda a presença de duas ou mais pessoas voltadas exclusivamente para a prática reiterada do crime do art. 36, um mero traficante de drogas não pode ser levado em consideração para a tipificação do referido delito."[318]

Há de se observar o princípio da legalidade, de modo que o financiador não pode ser integrante de associação para o tráfico e vice-versa.

Renato Marcão salienta que "na modalidade tipificada no parágrafo único basta que a associação tenha por objetivo praticar o crime do art. 36,

[318] LIMA, Renato Brasileiro de. *Legislação criminal especial comentada: volume único*. 9. ed. rev., atual. e ampl. Salvador: JusPODIVM, 2021, p. 1097.

que já pressupõe para sua configuração a prática reiterada do ato de financiar ou custear. Disso decorre concluir que a expressão 'praticar reiteradamente o crime do art. 36' está marcada por certo equívoco, já que o crime do art. 36, em si, reclama *reiteração* do ato de financiar ou custear. Admitir a expressão como correta ensejaria redundância; seria o mesmo que dizer: praticar *reiteradamente* o ato de financiar ou custear (que para os fins do art. 36 já pressupõe a prática reiterada). Embora não seja necessária a prática efetiva, a intenção de financiar ou custear reiteradamente é imprescindível, devendo ser identificada, inclusive, na análise que se deve proceder na estrutura da associação para tal *constituída*, e o crime poderá estar configurado mesmo que a reiteração do ato de financiar ou custear não se tenha verificado. Em outras palavras, não é preciso que tenha ocorrido reiteração no ato de financiar ou custear para se ver configurado o crime do parágrafo único do art. 35. Basta a intenção de reiterar nas condutas que tipificam o crime do art. 36 (este sim, exige a prática reiterada das condutas para sua tipificação)."[319]

Art. 36. Financiar ou custear a prática de qualquer dos crimes previstos nos arts. 33, caput e § 1º, e 34 desta Lei:

Pena – reclusão, de 8 (oito) a 20 (vinte) anos, e pagamento de 1.500 (mil e quinhentos) a 4.000 (quatro mil) dias-multa.

1. Notas introdutórias

O crime de financiamento ao tráfico é uma inovação desta Lei, pois no ordenamento anterior responderia pelo crime de tráfico de drogas em concurso de agentes (art. 12 da Lei nº 6.368/76, c.c. o art. 29 do CP, com a pena agravada em virtude da incidência da circunstância prevista no art. 62, inciso I, do CP). Agora a conduta é mais severamente punida, tratando-se de um crime autônomo, antes o agente respondia como partícipe.

O artigo ora sob análise diz respeito a crime perpetrado por agente que não se envolve nas condutas de traficância, ou seja, que financia o tráfico de drogas praticado por outrem.

Situação peculiar é a do autofinanciamento para o tráfico de drogas, isto é, quando o agente que financia ou custeia também pratica a traficância.

[319] MARCÃO, Renato. *Tóxicos: Lei nº 11.343, de 23 de agosto de 2006: Lei de Drogas: anotada e interpretada.* 11 ed. rev. ampl. e atual. São Paulo: Saraiva, 2017, p. 196.

O STJ tem precedente no sentido de que nas hipóteses de tráfico de drogas cumulado com o financiamento ou custeio da prática do delito, incidiria o art. 33 com a causa especial de aumento de pena prevista no inciso VII do art. 40 da Lei nº 11.343/2006, explicitando que "o agente que atua diretamente na traficância – executando, pessoalmente, as condutas tipificadas no art. 33 da legislação de regência – e que também financia ou custeia a aquisição das drogas, deve responder pelo crime previsto no art. 33 com a incidência causa de aumento prevista no art. 40, VII, da Lei nº 11.343/2006 (por financiar ou custear a prática do crime), afastando-se, por conseguinte, a conduta autônoma prevista no art. 36 da referida legislação" (STJ, HC nº 306.136/MG, Relator Ministro Rogerio Schietti Cruz, Sexta Turma, julgado em 03.11.2015, *DJe* de 19.11.2015).

Para a referida Corte, em caso de autofinanciamento não haveria que se falar em concurso material entre os delitos de tráfico e de financiamento ao tráfico de drogas, mas sim em condenação do agente nas penas do artigo 33, *caput*, com a causa de aumento da pena do artigo 40, inciso VII, da Lei nº 11.343/2006 (STJ, REsp nº 1.290.296/PR, Relatora Ministra Maria Thereza de Assis Moura, Sexta Turma, julgado em 17.12.2013, *DJe* de 03.02.2014).

Ocorre que em hipótese como tal haveria a perpetração de dois delitos que afrontam o mesmo bem jurídico consubstanciado na saúde pública o que inviabilizaria a dupla incriminação, sob pena de *bis in idem*, de sorte que o agente deve responder pelo delito do artigo 36, restando absorvida a conduta do artigo 33, ante a aplicação do princípio da consunção.

Nesse sentido, Renato Brasileiro de Lima pontua que "o ideal é concluir que o autofinanciador deve responder apenas pelo crime de financiamento, funcionando eventual tráfico por ele praticado como mero *post factum* impunível (...) Com a prática do tráfico de drogas pelo próprio financiador não se causa uma nova lesão ao bem jurídico tutelado pela Lei nº 11.343/06 (saúde pública), senão tão somente o seu incremento. Não se trata de uma nova ofensa, sim de um *continuum* que agrava a ofensa precedente."[320]

Há necessidade de que o indivíduo figure como um financiador contumaz, dedicando-se a esta atividade de forma reiterada. Esta conclusão advém do fato de que "àquele que financia o tráfico de forma isolada (ocasional), está reservada a causa de aumento do art. 40, VII, combinado com o

[320] LIMA, Renato Brasileiro de. *Legislação criminal especial comentada: volume único*. 9. ed. rev., atual. e ampl. Salvador: JusPODIVM, 2021, p. 1100.

art. 33, *caput*, da Lei. O próprio art. 35, parágrafo único, ao tipificar o crime de associação para o financiamento do tráfico, exige, expressamente, que essa união de pessoas vise ao tráfico reiterado. Se houver essa associação reiterada, de duas ou mais pessoas, para o financiamento ou custeio do tráfico, estará caracterizado o crime previsto no art. 35, parágrafo único, da Lei nº 11.343/2006, em concurso material com o do art. 36."[321]

Se não houver a reiteração de atos, o acusado responderá por participação no tráfico, com o aumento da pena em razão do financiamento, na forma do art. 33, *caput*, c.c. o art. 40, inc. VII (art. 40. As penas previstas nos arts. 33 a 37 desta Lei são aumentadas de um sexto a dois terços, se: (...) VII – o agente financiar ou custear a prática do crime).

O financiamento ou custeio deve objetivar a prática de quaisquer dos crimes previstos nos arts. 33, *caput* e § 1º, e 34, ambos desta Lei, não se referindo aos demais tipos penais da Lei de Drogas.

Não se trata de crime equiparado a hediondo, por ausência de expressa previsão legal.

Trata-se de **crime formal**, o crime estará consumado no momento em que houver a entrega do dinheiro ao traficante, independentemente da execução dos crimes previstos nos arts. 33, *caput* e § 1º, e 34, ambos desta Lei. Basta a execução de um só ato com a disponibilização ao traficante do numérario. Não se exige a permanência ou a habitualidade da conduta.

Por se tratar de crime plurissubsistente, **admite-se a tentativa.**

Art. 37. Colaborar, como informante, com grupo, organização ou associação destinados à prática de qualquer dos crimes previstos nos arts. 33, caput e § 1º, e 34 desta Lei:

Pena – reclusão, de 2 (dois) a 6 (seis) anos, e pagamento de 300 (trezentos) a 700 (setecentos) dias-multa.

1. Notas introdutórias

A conduta prevista neste artigo somente se aplica àquele que colaborar, como informante, com grupo, organização ou associação para a prática dos crimes previstos nos artigos 33, *caput* e § 1º, e 34 desta Lei.

[321] GONÇALVES, Victor Eduardo Rios; BALTAZAR JUNIOR, José Paulo. Coordenador: LENZA, Pedro. *Legislação penal especial*. 2 ed. São Paulo: Saraiva, 2016, p. 120.

Neste caso, o informante não pode integrar o grupo criminoso, tampouco praticar o crime de tráfico. O auxílio prestado deve ser idôneo a contribuir para o cometimento dos delitos previstos nos artigos 33, *caput* e § 1º, e 34 desta Lei.

Renato Brasileiro de Lima salienta, seguindo orientação emanada do Supremo Tribunal Federal (Habeas Corpus nº 106.155/RJ, Rel. Min. Luiz Fux, 1ª Turma, *DJe* de 16.11.2011), que "a conduta do 'fogueteiro do tráfico', antes tipificada no art. 12, § 2º, da Lei 6.368/76, encontra correspondente no art. 37 da Lei que a revogou, a Lei 11.343/06, não cabendo falar em *abolitio criminis*. O informante, na sistemática anterior, era penalmente responsável como coautor ou partícipe do crime para o qual colaborava, em sintonia com a teoria monística do art. 29 do Código Penal: 'Quem, de qualquer modo, concorre para o crime incide nas penas a este cominadas, na medida de sua culpabilidade.' A nova Lei de Entorpecentes abandonou a teoria monística, ao tipificar no art. 37, como autônoma, a conduta do colaborador, aludindo ao informante (o 'fogueteiro', sem dúvida, é informante), e cominou, em seu preceito secundário, pena de 2 (dois) a 6 (seis) anos de reclusão, e o pagamento de 300 (trezentos) a 700 (setecentos) dias-multa, que é inferior à pena cominada no art. 12 da Lei 6.368/76, expressando a *mens lege* que a conduta a ser punida mais severamente é a do verdadeiro traficante, e não as periféricas. A revogação da lei penal não implica, necessariamente, descriminalização de condutas. Necessária se faz a observância ao princípio da continuidade normativo-típica, a impor a manutenção de condenações dos que infringiram tipos penais da lei revogada quando há, como *in casu*, correspondência na lei revogadora. Reconhecida a dupla tipicidade, é imperioso que se faça a dosimetria da pena tendo como parâmetro o *quantum* cominado abstratamente no preceito secundário do art. 37 da Lei 11.343/06, de 2 (dois) a 6 (seis) anos de reclusão, *lex mitior* retroativa por força do art. 5º, XL, da Constituição Federal, e não a pena *in abstrato* cominada no art. 12 da Lei 6.368/76, de 3 (três) a 15 (quinze) anos de reclusão."[322]

Na hipótese de o agente colaborar como informante de um único traficante a doutrina tem entendido ser necessária a aplicação da analogia *in bonam partem* para que seja responsabilizado pelo art. 37, cuja pena é bem menor do que a prevista para o art. 33. Assim se a este agente fosse impu-

[322] LIMA, Renato Brasileiro de. *Legislação criminal especial comentada: volume único*. 9. ed. rev., atual. e ampl. Salvador: JusPODIVM, 2021, p. 1101.

tada a participação no crime de tráfico a pena seria superior, em clara violação ao princípio da isonomia, porquanto aquele que colaborasse com grupo, organização ou associação teria uma pena mais branda.

A colaboração prevista no art. 37 deve ser eventual, pois se restar configurado que o sujeito integra uma associação criminosa, mesmo que tendo como função principal a prestação de informações, responderá pelo art. 35.

O tipo descreve a conduta daquele que colaborar, como informante, com grupo, organização ou associação destinados à prática de qualquer dos crimes previstos nos arts. 33, *caput* e § 1º, e 34 desta Lei.

"Grupo" estaria configurado pela mera reunião de pessoas, mesmo que seja para o cometimento de um único crime de tráfico de drogas. A prestação de informações a um mero concurso eventual de agentes já é suficiente para a tipificação do art. 37.

A "organização" deve ser interpretada como a figura prevista no art. 1º, § 1º, da Lei nº 12.850/2013, a saber: "Art. 1º Esta Lei define organização criminosa e dispõe sobre a investigação criminal, os meios de obtenção da prova, infrações penais correlatas e o procedimento criminal a ser aplicado. § 1º – Considera-se organização criminosa a associação de 4 (quatro) ou mais pessoas estruturalmente ordenada e caracterizada pela divisão de tarefas, ainda que informalmente, com objetivo de obter, direta ou indiretamente, vantagem de qualquer natureza, mediante a prática de infrações penais cujas penas máximas sejam superiores a 4 (quatro) anos, ou que sejam de caráter transnacional."

A "associação" deve se valer do conceito do art. 35 desta Lei, ou seja, "associarem-se duas ou mais pessoas para o fim de praticar, reiteradamente ou não, qualquer dos crimes previstos nos arts. 33, *caput* e § 1º, e 34 desta Lei."

Embora seja difícil a configuração da **tentativa**, ela pode ocorrer, por se tratar de crime plurissubsistente, por exemplo, na hipótese de "informações prestadas pelo informante por correspondência serem interceptadas por terceiro antes de chegar aos verdadeiros destinatários."[323]

Há precedente do STJ no sentido de que "o tipo penal trazido no art. 37 da Lei de Drogas se reveste de verdadeiro caráter de subsidiariedade, só ficando preenchida a tipicidade quando não se comprovar a prática de crime mais grave. De fato, cuidando-se de agente que participa do próprio delito de tráfico ou de associação, a conduta de colaborar com informações

[323] *Ob. Cit.*, p. 1103.

para o tráfico já é inerente aos mencionados tipos. Considerar que o informante possa ser punido duplamente, pela associação e pela colaboração com a própria associação da qual faz parte, além de contrariar o princípio da subsidiariedade, revela indevido *bis in idem*" (HC nº 224.849/RJ, Relator Ministro Marco Aurélio Bellizze, Quinta Turma, julgado em 11.06.2013, *DJe* de 19.06.2013).

Art. 38. Prescrever ou ministrar, culposamente, drogas, sem que delas necessite o paciente, ou fazê-lo em doses excessivas ou em desacordo com determinação legal ou regulamentar:

Pena – detenção, de 6 (seis) meses a 2 (dois) anos, e pagamento de 50 (cinqüenta) a 200 (duzentos) dias-multa.

Parágrafo único. O juiz comunicará a condenação ao Conselho Federal da categoria profissional a que pertença o agente.

1. Notas introdutórias

Embora este artigo verse sobre modalidade culposa, não se trata de tipo aberto, já que a Lei mencionou quais são as condutas culposas para que ocorra a tipificação: a) quando o paciente não necessita da droga e ela é prescrita; b) quando a dose é prescrita ou ministrada de forma excessiva e c) quando a substância é ministrada em desacordo com determinação legal ou regulamentar.

Os demais tipos penais da Lei de Drogas não prevêem modalidade culposa, apenas o art. 38 o faz.

Se ocorrer prescrição ou ministração de drogas de forma dolosa, restará configurado o crime do art. 33, *caput*.

As duas primeiras figuras "prescrever ou ministrar, culposamente, drogas, sem que delas necessite o paciente", ou "fazê-lo em doses excessivas", não demandam dificuldade de entendimento, todavia, a parte final do *caput* "ou em desacordo com determinação legal ou regulamentar" deve ser interpretada como uma norma penal em branco, exigindo complementação.

Trata-se de **crime próprio**, só podendo ser praticado por médico, dentista, farmacêutico, enfermeiro, técnico de enfermagem. Exige-se uma especial qualidade do agente.

O sujeito passivo é o paciente que está submetido aos cuidados daquele que prescreveu ou ministrou a droga.

O crime consuma-se no momento em que a droga é ministrada e na modalidade "prescrever" consuma-se com o ato da entrega da receita ao paciente, independentemente da posterior aquisição da droga.

Por se tratar de **crime culposo, não se admite a punição pela tentativa.**

Se em decorrência das condutas previstas neste tipo advier lesão corporal ou morte, o agente deve responder por estes delitos em concurso de crimes com o art. 38.

O parágrafo único dispõe que "o juiz comunicará a condenação ao Conselho Federal da categoria profissional a que pertença o agente."

Não se trata de cominação de pena, cuida-se apenas de uma comunicação que deve ser endereçada ao respectivo Conselho de Fiscalização Profissional (de médicos, odontólogos ou enfermeiros).

O tipo do art. 38 cuida-se de infração de menor potencial ofensivo, devendo o processamento e julgamento recair sobre os Juizados Especiais Criminais.

Art. 39. Conduzir embarcação ou aeronave após o consumo de drogas, expondo a dano potencial a incolumidade de outrem:

Pena – detenção, de 6 (seis) meses a 3 (três) anos, além da apreensão do veículo, cassação da habilitação respectiva ou proibição de obtê-la, pelo mesmo prazo da pena privativa de liberdade aplicada, e pagamento de 200 (duzentos) a 400 (quatrocentos) dias-multa.

Parágrafo único. As penas de prisão e multa, aplicadas cumulativamente com as demais, serão de 4 (quatro) a 6 (seis) anos e de 400 (quatrocentos) a 600 (seiscentos) dias-multa, se o veículo referido no caput deste artigo for de transporte coletivo de passageiros.

1. Notas introdutórias

Este artigo tipifica a conduta daquele que, sob efeito de droga, conduza embarcação ou aeronave, expondo a dano potencial a incolumidade de outrem. Relembre-se que em se tratando de condução de veículo automotor, em via pública, sob efeito de droga, a conduta está prevista como crime no art. 306 da Lei nº 9.503/2007 (Código de Trânsito), sendo cominadas as mesmas penas.

Trata-se de **crime de perigo concreto** em que o legislador refere a condução de embarcação ou aeronave após o consumo de drogas, expondo a dano potencial a incolumidade de outrem.

Assim, a situação de perigo presumida está dentro do próprio tipo penal, devendo estar evidenciado que a incolumidade pública foi colocada em situação de risco pela atuação do agente.

Na hipótese de reiteração da prática delitiva prevista no art. 39, Renato Brasileiro de Lima entende que "apesar de a Lei de Drogas silenciar acerca do assunto, parece-nos possível a aplicação subsidiária do quanto disposto no art. 294 do Código de Trânsito Brasileiro (Lei nº 9.503/97), que autoriza expressamente a suspensão da habilitação para dirigir veículo automotor como medida cautelar que pode ser concedida pelo juiz em qualquer fase da persecução penal. Afinal, consoante disposto no art. 3º do CPP, a lei processual penal admitirá interpretação extensiva e aplicação analógica, bem como o suplemento dos princípios gerais de direito. Logo, como não se pode privar o magistrado do poder cautelar, sob pena de frustração da própria eficácia da persecução penal em curso, há de ser admitida a aplicação analógica da medida cautelar do art. 294 do CTB no âmbito da Lei de Drogas, desde que evidenciada a presença de seus pressupostos legais."[324]

O art. 294 estatui que "em qualquer fase da investigação ou da ação penal, havendo necessidade para a garantia da ordem pública, poderá o juiz, como medida cautelar, de ofício, ou a requerimento do Ministério Público ou ainda mediante representação da autoridade policial, decretar, em decisão motivada, a suspensão da permissão ou da habilitação para dirigir veículo automotor, ou a proibição de sua obtenção." A aplicação desta medida cautelar condiciona-se à presença do *fumus comissi delicti* (prova da existência do crime e indícios de autoria) e do *periculum libertatis.*

Não admite a tentativa.

Art. 40. As penas previstas nos arts. 33 a 37 desta Lei são aumentadas de um sexto a dois terços, se:

I – a natureza, a procedência da substância ou do produto apreendido e as circunstâncias do fato evidenciarem a transnacionalidade do delito;

II – o agente praticar o crime prevalecendo-se de função pública ou no desempenho de missão de educação, poder familiar, guarda ou vigilância;

III – a infração tiver sido cometida nas dependências ou imediações de estabelecimentos prisionais, de ensino ou hospitalares, de sedes de

[324] LIMA, Renato Brasileiro de. *Legislação criminal especial comentada: volume único.* 9. ed. rev., atual. e ampl. Salvador: JusPODIVM, 2021, p. 1108.

entidades estudantis, sociais, culturais, recreativas, esportivas, ou beneficentes, de locais de trabalho coletivo, de recintos onde se realizem espetáculos ou diversões de qualquer natureza, de serviços de tratamento de dependentes de drogas ou de reinserção social, de unidades militares ou policiais ou em transportes públicos;

IV – o crime tiver sido praticado com violência, grave ameaça, emprego de arma de fogo, ou qualquer processo de intimidação difusa ou coletiva;

V – caracterizado o tráfico entre Estados da Federação ou entre estes e o Distrito Federal;

VI – sua prática envolver ou visar a atingir criança ou adolescente ou a quem tenha, por qualquer motivo, diminuída ou suprimida a capacidade de entendimento e determinação;

VII – o agente financiar ou custear a prática do crime.

1. Notas introdutórias

O art. 40 restringe a incidência das majorantes aos crimes tipificados nos arts. 33 a 37, não podendo ser aplicado aos demais. Nada impede a aplicação de mais de uma causa de aumento de pena para uma mesma conduta, na forma do que dispõe o art. 68 do CP, bem como é possível a incidência simultânea das majorantes aos crimes de tráfico de drogas e de associação para fins de tráfico, por se tratar de crimes autônomos cujas penas devem ser calculadas e fixadas em separado.[325]

Para a dosimetria da pena a presença de duas causas de aumento de pena no crime de tráfico ilícito de drogas não é causa obrigatória de majoração da punição em percentual acima do mínimo previsto, a menos que o magistrado, considerando as peculiaridades do caso concreto, constate a existência de circunstâncias que indiquem a necessidade de exasperação.

De acordo com a jurisprudência do STJ a aplicação das majorantes previstas no artigo 40 da Lei de Drogas exige a motivação concreta, não sendo suficiente a mera indicação do número de causas de aumento para a elevação acima da fração mínima. Aplica-se por analogia o disposto na Súmula 443 daquela Corte que dispõe: "o aumento na terceira fase de aplicação da pena no crime de roubo circunstanciado exige fundamentação concreta, não sendo suficiente para a sua exasperação a mera indicação do número

[325] LIMA, Renato Brasileiro de. *Legislação criminal especial comentada: volume único*. 9. ed. rev., atual. e ampl. Salvador: JusPODIVM, 2021, p. 1109.

de majorantes" (STJ, HC nº 489.833/RJ, Relator Ministro Felix Fischer, Quinta Turma, julgado em 26.03.2019, DJe de 01.04.2019).

Art. 40 inciso I As penas previstas nos arts. 33 a 37 desta Lei são aumentadas de um sexto a dois terços, se:

I – a natureza, a procedência da substância ou do produto apreendido e as circunstâncias do fato evidenciarem a transnacionalidade do delito;

Este dispositivo determina que a causa de aumento de pena ocorre se ficar evidenciada a finalidade do cometimento do tráfico com o exterior.

Não há necessidade que tenha efetivamente a saída ou ingresso da droga no território nacional, bastando que haja indícios de que a substância ilícita seja destinada ao exterior.

A legislação anterior fazia alusão à internacionalidade enquanto a atual Lei de Drogas utiliza-se da expressão transnacionalidade.

A "internacionalidade pressupõe transação criminosa envolvendo agentes de duas ou mais nações soberanas, vinculando as pessoas envolvidas. Tanto isso é exato que, sob a égide da lei antiga, reiteradas vezes se decidiu que a simples origem estrangeira da droga não era suficiente para o reconhecimento da internacionalidade do crime de tráfico (STF, HC 77.598-8/PR, 2ª T., rel. Min. Carlos Velloso, j. 22.09.1998, *DJU* de 06.11.1998, RT 760/551). Por outro vértice, para a configuração da transnacionalidade basta que o delito vá além dos limites do território brasileiro, que ultrapasse os limites que envolvem as demarcações do território, o espaço aéreo, águas internas e milhas marinhas, sem que necessite alcançar outra nação soberana, ou, alcançando, sem necessidade de identificação de vínculo entre os agentes envolvidos. Por ter alcance mais dilatado, também envolve a ideia de internacionalidade, que, uma vez identificada, também autoriza a incidência da causa de aumento de pena."[326]

Não há necessidade de vínculo entre países soberanos, bastando a prova de que a droga se destinaria para fora dos limites do território brasileiro.

O STJ editou a Súmula nº 607 estatuindo que "a majorante do tráfico transnacional de drogas (art. 40, I, da Lei nº 11.343/2006) configura-se com a prova da destinação internacional das drogas, ainda que não consumada

[326] MARCÃO, Renato. *Tóxicos: Lei nº 11.343, de 23 de agosto de 2006: Lei de Drogas: anotada e interpretada.* 11 ed. rev. ampl. e atual. São Paulo: Saraiva, 2017, p. 220.

a transposição de fronteiras" (Terceira Seção, julgado em 11.04.2018, *DJe* 17.04.2018).

Também cumpre asseverar que o entendimento jurisprudencial dominante é no sentido de não há *bis in idem* na aplicação da causa de aumento pela transnacionalidade do delito (STF, Habeas Corpus nº 124.108, Relatora Ministra Cármen Lúcia, 2ª Turma, *v.u.*, *DJe* de 13.11.2014).

Neste julgado, a eminente Relatora destacou que a Quinta Turma do Superior Tribunal de Justiça, no julgamento do Agravo Regimental no Recurso Especial nº 1.358.625, cuja Relatoria recaiu sobre a Ministra Laurita Vaz, pontificou não existir *bis in idem* na aplicação da majorante do art. 40, inciso I, da Lei nº 11.343/2006, ao delito de tráfico de drogas, porquanto "os verbos 'importar e exportar' inseridos no tipo podem indicar o transporte de um Estado ou Município para outro Estado ou Município dentro de um mesmo país. Já a causa de aumento referente à transnacionalidade do tráfico majora a pena pelo fato de a droga ser exportada para outro país."

De seu turno, a Defensoria Pública da União, no aludido processo, colocando-se contra este entendimento, asseverou que "com efeito, aquele dispositivo menciona que a pena será aumentada se a natureza, a procedência da substância ou do produto apreendido e as circunstâncias do fato evidenciarem a transnacionalidade do delito. Ocorre que o artigo 33, *caput*, da mesma lei contém no seu tipo penal os verbos importar e exportar, os quais evidenciam tal qual disposto no artigo 40, I, da lei nº 11.343/06, a transnacionalidade do delito. Significa dizer, portanto, que serão aplicadas duas penas em razão do mesmo fato: procedência ou destino do entorpecente. Ora, o princípio constitucional da individualização da pena garante ao condenado que a reprimenda seja aplicada uma única vez em razão de cada fato delituoso ou cada circunstância que o agrave, não sendo permitido que a mesma circunstância, como destino ou procedência da droga, incida tanto na fixação da pena base, como na segunda e/ou terceira fases de dosimetria da pena. Conclui-se, portanto, que o legislador acabou por sancionar duas vezes o mesmo crime, incorrendo em verdadeiro *bis in idem*, razão pela qual faz-se mister a desconsideração do artigo 40, I, da Lei 11.343/06, uma vez que a conduta ali descrita já foi apenada em razão da aplicação do artigo 33, *caput*, da Lei 11.343/06."

A despeito do entendimento esposado pela Defensoria Pública da União, o *caput* do artigo 33 da Lei de Drogas é de ação múltipla e estabelece punição para as diversas condutas nele prevista. Pode ocorrer a situação de o réu ser condenado também por "transportar" drogas, desse modo, parece-nos que a conduta de "exportar" não impede a aplicação da causa de aumento do artigo 40, I, da Lei de Drogas, ao contrário, revela ser necessária a incidência da aludida causa de aumento pela transnacionalidade do tráfico.

O STJ tem entendido que "ainda que o art. 33 da Lei nº 11.343/2006 preveja as condutas de 'importar' e 'exportar', não há *bis in idem* na aplicação da causa de aumento de pena pela transnacionalidade (art. 40, I, da Lei nº 11.343/2006), porquanto o simples fato de o agente 'trazer consigo' a droga já conduz à configuração da tipicidade formal do crime de tráfico" (REsp. nº 1.392.330/SP, Relator Ministro Rogerio Schietti Cruz, Sexta Turma, DJe 20.09.2016). No mesmo sentido: STJ, AgRg no REsp nº 1.873.620/PE, Relator Ministro Joel Ilan Paciornik, Quinta Turma, julgado em 18.08.2020, *DJe* de 24.08.2020).

Renato Marcão considera não ser possível a incidência da causa de aumento de pena se a denúncia imputar tráfico somente na modalidade "importar" ou "exportar" por configurar *bis in idem*. Aduz não ser possível importar, tampouco exportar, sem que ocorra a trasnacionalidade.

Todavia, entende possível a incidência se a denúncia imputar, além das referidas condutas, outros verbos constantes do *caput* do art. 33, quais sejam: remeter, preparar, produzir, fabricar, adquirir, vender, expor à venda, oferecer, ter em depósito, transportar, trazer consigo, guardar, prescrever, ministrar, entregar a consumo ou fornecer drogas, ainda que gratuitamente.

Considera "que tanto a importação quanto a exportação sempre estará atrelada a outra conduta tipificada, daí a possibilidade de incidência da causa de aumento de pena em testilha, quando a denúncia imputar conjuntamente a realização de outro verbo."[327]

Renato Brasileiro de Lima sustenta que não há *bis in idem* na aplicação da causa de aumento de pena pela transnacionalidade com as condutas de importar e exportar previstas no *caput* do art. 33 da Lei de Drogas, porquanto o simples fato de o agente trazer consigo a droga já conduz a configuração da tipicidade formal do crime de tráfico de drogas (cita diversos precedentes jurisprudenciais).[328]

[327] MARCÃO, Renato. *Tóxicos: Lei nº 11.343, de 23 de agosto de 2006: Lei de Drogas: anotada e interpretada*. 11 ed. rev. ampl. e atual. São Paulo: Saraiva, 2017, p. 221.

[328] LIMA, Renato Brasileiro de. *Legislação criminal especial comentada: volume único*. 9. ed. rev., atual. e ampl. Salvador: JusPODIVM, 2021, p. 1111.

Tem-se entendido que para a configuração do tráfico transnacional é indispensável que a droga apreendida no Brasil seja considerada ilícita no país de origem ou de destino. Em não sendo ilícita, ter-se-ia configurado o tráfico interno, atraindo a competência da justiça estadual.

Pode ser citado o exemplo do cloreto de etila por não ser considerado em alguns países substância proscrita. Assim, não constando este componente nas listas de Convenções firmadas entre o Brasil e algum outro país (Argentina, por exemplo), não se configura a transnacionalidade do delito, mas tão-somente violação à ordem jurídica de nosso país ("O entendimento adotado pelo Tribunal estadual está em conformidade com a jurisprudência desta Corte Superior, que se consolidou no sentido de que o tricloroetileno e cloreto de etila, substâncias utilizadas na preparação do entorpecente popularmente conhecido como 'lança-perfume', constituem objeto material típico do delito de tráfico de drogas... – AgRg no REsp nº 2.005.417/SP, relatora Ministra Laurita Vaz, Sexta Turma, *DJe* de 25.08.2022).

Retomando-se à análise do art. 40, inciso I, tem-se que a competência para o processamento e julgamento será da Justiça Federal a teor do art. 109, inciso V, da CF. A transnacionalidade do delito define a competência para o julgamento.

A Súmula nº 528 do STJ foi cancelada (a Terceira Seção, na sessão ordinária de 23.02.2022, ao apreciar o Projeto de Súmula nº 1.258, determinou o cancelamento da Súmula 528 do STJ – *DJe* 24.02.2022). Ela previa competir ao juiz federal do local da apreensão da droga remetida do exterior pela via postal processar e julgar o crime de tráfico internacional. Assim, o local do crime seria onde ocorresse a apreensão da droga oriunda do exterior, não importando, portanto, o local a que se destinava a encomenda apreendida.

No entanto, passou-se a entender que a competência nesses casos será a do destino da encomenda apreendida, de modo proporcionar maior eficiência da colheita de provas e do exercício da defesa de forma mais ampla, o que também culmina por desafogar os centros de distribuição de encomendas, como por exemplo Guarulhos/SP.

Nesse sentido:

"CONFLITO DE COMPETÊNCIA. PROCESSUAL PENAL. TRÁFICO INTERNACIONAL DE DROGAS VIA CORREIO. IMPORTAÇÃO. APREENSÃO DA DROGA EM CENTRO INTERNACIONAL DOS CORREIOS DISTANTE DO LOCAL DE DESTINO. FACILIDADE PARA COLHEITA DE PROVAS DA AUTORIA DELITIVA NO ENDEREÇO DO

DESTINATÁRIO DA DROGA. MITIGAÇÃO DA SÚMULA Nº 528 DO SUPERIOR TRIBUNAL DE JUSTIÇA STJ. COMPETÊNCIA DO JUÍZO SUSCITADO.

1. O presente conflito de competência deve ser conhecido, por se tratar de incidente instaurado entre juízos vinculados a Tribunais distintos, nos termos do art. 105, inciso I, alínea "d", da Constituição Federal CF.

2. No caso dos autos, a Polícia Federal em Sinop/MT instaurou inquérito policial para apurar a suposta prática de crime de tráfico internacional de drogas, tipificado no art. 33 c.c. os arts. 40, inciso I, e 70, todos da Lei nº. 11.343/2006, uma vez que, nos dias 23/12/2016, 5/4/2017 e 11/5/2017, no Centro Internacional dos Correios em Pinhais/PR, foram apreendidos objetos postais que continham, respectivamente, 148,47, 30 e 75 g de ecstasy. Apurou-se no procedimento investigatório tratar-se de importação de droga, visto que os objetos postais foram remetidos da Holanda e tinham como destinatários pessoas residentes no município de Sinop/MT, de acordo com o recibo dos Correios.

3. O núcleo da controvérsia consiste em verificar a possibilidade de redimensionar o alcance da Súmula nº 528/STJ, a qual cuida de tráfico de drogas praticado via postal, nos mesmos moldes em que a Terceira Seção desta Corte Superior de Justiça, no precedente do CC 172.392/SP, de minha relatoria, DJe 29/6/2020, flexibilizou a incidência da Súmula nº 151/STJ, no caso de contrabando e descaminho, quando a mercadoria apreendida estiver em trânsito e conhece-se o endereço da empresa importadora destinatária da mercadoria.

4. Conforme Súmula nº 528/STJ, 'Compete ao Juiz Federal do local da apreensão da droga remetida do exterior pela via postal processar e julgar o crime de tráfico internacional'. Feita a necessária digressão sobre os julgados inspiradores da Súmula nº 528/STJ, constata-se que o ilustre Ministro ROGERIO SCHIETTI CRUZ, no julgamento do CC 134.421/TJ (DJe 4/12/2014), propôs a revisão do seu posicionamento para, exclusivamente no caso de importação de droga via correio (ou seja, quando conhecido o destinatário), reconhecer como competente o Juízo do local de destino da droga. Malgrado tenha vencido a tese pela competência do local da apreensão da droga, em nome da segurança jurídica, a dinâmica do tempo continua revelando as dificuldades investigativas no caso de importação via correios, quando a droga é apreendida em local distante do destino conhecido.

5. 'Em situações excepcionais, a jurisprudência desta Corte tem admitido a fixação da competência para o julgamento do delito no local onde

tiveram início os atos executórios, em nome da facilidade para a coleta de provas e para a instrução do processo, tendo em conta os princípios que atendem à finalidade maior do processo que é a busca da verdade real' (CC 151.836/GO, Rel. Min. Reynaldo Soares da Fonseca, TERCEIRA SEÇÃO, DJe 26/6/2017).

Ademais, uma vez abraçada a tese de que a consumação da importação da droga ocorre no momento da entabulação do negócio jurídico, o local de apreensão da mercadoria em trânsito não se confunde com o local da consumação do delito, o qual já se encontrava perfeito e acabado desde a negociação.

6. Prestação jurisdicional efetiva depende de investigação policial eficiente. Caso inicialmente o local da apreensão da droga possa apresentar-se como facilitador da colheita de provas no tocante à materialidade delitiva, em um segundo momento, a distância do local de destino da droga dificulta sobremaneira as investigações da autoria delitiva, sendo inegável que os autores do crime possuam alguma ligação com o endereço aposto na correspondência.

7. A fixação da competência no local de destino da droga, quando houver postagem do exterior para o Brasil com o conhecimento do endereço designado para a entrega, proporcionará eficiência da colheita de provas relativamente à autoria e, consequentemente, também viabilizará o exercício da defesa de forma mais ampla. Em suma, deve ser estabelecida a competência no Juízo do local de destino do entorpecente, mediante flexibilização da Súmula nº 528/STJ, em favor da facilitação da fase investigativa, da busca da verdade e da duração razoável do processo.

8. Conflito conhecido para declarar competente o Juízo Federal da 2ª Vara Cível e Criminal de Sinop – SJ/MT, o suscitado."

(STJ, CC nº 177.882/PR, Relator Ministro Joel Ilan Paciornik, Terceira Seção, julgado em 26.05.2021, *DJe* de 08.06.2021)

Também deve-se destacar a Súmula 522 do STF pontuando que "Salvo ocorrência de tráfico para o exterior, quando, então, a competência será da justiça federal, compete à justiça dos estados o processo e julgamento dos crimes relativos a entorpecentes."

Sustenta-se muitas das vezes a incompetência da Justiça Federal para o julgamento do feito sob o argumento de que os acusados teriam recebido a droga em território brasileiro. Portanto, não teriam sido responsáveis pela entrada da droga no país.

A despeito desse entendimento, desvela-se a transnacionalidade do tráfico. Isto porque o caráter transnacional do delito não depende, necessariamente, de os próprios autores do tráfico terem transposto fronteiras estatais no curso de sua conduta, mas sim de um vínculo de internacionalidade que a envolva de maneira minimamente próxima.

Como mencionado anteriormente, consoante o artigo 40, I, da Lei nº 11.343/2006, é necessário somente que "a natureza, a procedência da substância ou do produto apreendido e as circunstâncias do fato evidenciem a transnacionalidade do delito", e não que haja a efetiva transposição de fronteiras entre os países, para que se reconheça o caráter transnacional da conduta.

Se o transporte interno de drogas se dá em circunstâncias tais que demonstrem que se trata de um processo uno e iniciado no exterior (ainda que algumas pessoas tenham estritamente importado a droga, com breve armazenamento e subsequente distribuição dos carregamentos rumo a centros de consumo), ou a ele destinado, tem-se delito de caráter transnacional (mesmo que as etapas do processo cumpridas pelos réus se dêem exclusivamente em solo pátrio).

Nesse sentido, a Súmula nº 607 do STJ já citada anteriormente. Assim, se as circunstâncias demonstrarem haver elementos sólidos não só no sentido de que a droga proveio do exterior, mas também de que há um vínculo fático entre a internalização e o posterior transporte da droga para distribuição, não haverá necessidade de comprovação da transposição das fronteiras.

Tratando-se, se o caso, de operações encadeadas entre si, forçosa a conclusão de que se trata de crime de natureza transnacional. Competente, portanto, a Justiça Federal, nos termos do art. 109, V da Constituição Federal.

Ainda que se considere como verdadeiro, por exemplo, o relato de um réu no sentido de que deixou o veículo para ser abastecido em território brasileiro, o fato de ter buscado o veículo no lado brasileiro ou paraguaio da fronteira com o país vizinho, no entanto, é irrelevante. Isso porque o caráter transnacional do delito não depende, necessariamente, de os próprios autores do tráfico terem transposto fronteiras estatais no curso de sua conduta, mas sim de um vínculo de internacionalidade que a envolva de maneira minimamente próxima.

Demais disso, é plenamente possível a aplicação cumulativa da causa de aumento da transnacionalidade e da interestadualidade (incisos I e V do artigo 40), quando caracterizado que a droga oriunda do exterior se destina a mais de um Estado da Federação, sendo a intenção dos agentes distribuir a droga estrangeira por mais de uma localidade do país.

Lado outro, quando não houver a comprovação da intenção da difusão da droga em mais de um Estado, ou seja, "inexistindo difusão ilícita do entorpecente no caminho e comprovado que toda droga será comercializada em um mesmo estado, de fato, não resta configurado o tráfico interestadual."

Nesse sentido (STJ, AgRg no REsp nº 1.744.207/TO, relator Ministro Felix Fischer, Quinta Turma, julgado em 26/6/2018, DJe de 1/8/2018.)

Art. 40 inciso II As penas previstas nos arts. 33 a 37 desta Lei são aumentadas de um sexto a dois terços, se:

(...)

II – O agente praticar o crime prevalecendo-se de função pública ou no desempenho de missão de educação, poder familiar, guarda ou vigilância;

São duas as condutas previstas. A primeira refere-se ao agente que praticar o crime prevalecendo-se de sua função pública.

O artigo 327 do CP conceitua funcionário público, como segue: "considera-se funcionário público, para os efeitos penais, quem, embora transitoriamente ou sem remuneração, exerce cargo, emprego ou função pública. § 1º – Equipara-se a funcionário público quem exerce cargo, emprego ou função em entidade paraestatal, e quem trabalha para empresa prestadora de serviço contratada ou conveniada para a execução de atividade típica da Administração Pública. § 2º – A pena será aumentada da terça parte quando os autores dos crimes previstos neste Capítulo forem ocupantes de cargos em comissão ou de função de direção ou assessoramento de órgão da administração direta, sociedade de economia mista, empresa pública ou fundação instituída pelo poder público."

A Lei não fez referência à espécie de função pública desempenhada pelo agente, de forma que esta causa de aumento de pena terá incidência ainda que a função exercida não se relacione à repressão à criminalidade, desde que dela se prevaleça o agente para o cometimento do crime, ou seja, deverá existir um nexo de causalidade entre a conduta e a atividade funcional do agente.

Deve-se registrar que o art. 56, § 1º, desta Lei, dispõe que: "tratando-se de condutas tipificadas como infração do disposto nos arts. 33, *caput* e § 1º, e 34 a 37 desta Lei, o juiz, ao receber a denúncia, poderá decretar o afastamento cautelar do denunciado de suas atividades, se for funcionário público, comunicando ao órgão respectivo."

A segunda conduta refere-se ao cometimento do crime pelo agente no desempenho de missão de educação, poder familiar, guarda ou vigilância.

O poder familiar está previsto nos arts. 1630 a 1638 do Código Civil, de modo que o cometimento do crime por quem o detém fará com o que haja a incidência da majorante.

A guarda pode ser de fato ou de direito em observância ao quanto disposto nos arts. 33 a 35 da Lei nº 8.069/1990.[329] O parágrafo único do art.

[329] Art. 33. A guarda obriga a prestação de assistência material, moral e educacional à criança ou adolescente, conferindo a seu detentor o direito de opor-se a terceiros, inclusive aos pais. (Vide Lei nº 12.010, de 2009) Vigência

§ 1º A guarda destina-se a regularizar a posse de fato, podendo ser deferida, liminar ou incidentalmente, nos procedimentos de tutela e adoção, exceto no de adoção por estrangeiros.

§ 2º Excepcionalmente, deferir-se-á a guarda, fora dos casos de tutela e adoção, para atender a situações peculiares ou suprir a falta eventual dos pais ou responsável, podendo ser deferido o direito de representação para a prática de atos determinados.

§ 3º A guarda confere à criança ou adolescente a condição de dependente, para todos os fins e efeitos de direito, inclusive previdenciários.

§ 4º Salvo expressa e fundamentada determinação em contrário, da autoridade judiciária competente, ou quando a medida for aplicada em preparação para adoção, o deferimento da guarda de criança ou adolescente a terceiros não impede o exercício do direito de visitas pelos pais, assim como o dever de prestar alimentos, que serão objeto de regulamentação específica, a pedido do interessado ou do Ministério Público. (Incluído pela Lei nº 12.010, de 2009) Vigência

Art. 34. O poder público estimulará, por meio de assistência jurídica, incentivos fiscais e subsídios, o acolhimento, sob a forma de guarda, de criança ou adolescente afastado do convívio familiar. (Redação dada pela Lei nº 12.010, de 2009) Vigência

§ 1º A inclusão da criança ou adolescente em programas de acolhimento familiar terá preferência a seu acolhimento institucional, observado, em qualquer caso, o caráter temporário e excepcional da medida, nos termos desta Lei. (Incluído pela Lei nº 12.010, de 2009)

§ 2º Na hipótese do § 1º deste artigo a pessoa ou casal cadastrado no programa de acolhimento familiar poderá receber a criança ou adolescente mediante guarda, observado o disposto nos arts. 28 a 33 desta Lei. (Incluído pela Lei nº 12.010, de 2009) Vigência

§ 3º A União apoiará a implementação de serviços de acolhimento em família acolhedora como política pública, os quais deverão dispor de equipe que organize o acolhimento temporário de crianças e de adolescentes em residências de famílias selecionadas, capacitadas e acompanhadas que não estejam no cadastro de adoção. (Incluído pela Lei nº 13.257, de 2016)

§ 4º Poderão ser utilizados recursos federais, estaduais, distritais e municipais para a manutenção dos serviços de acolhimento em família acolhedora, facultando-se o repasse de recursos para a própria família acolhedora. (Incluído pela Lei nº 13.257, de 2016)

36 da referida Lei dispõe que: "o deferimento da tutela pressupõe a prévia decretação da perda ou suspensão do poder familiar e implica necessariamente o dever de guarda."

Assim, a causa de aumento de pena incidirá também se o agente praticar o crime em uma situação em que tenha a tutela de alguém, a teor do prescrito nos arts. 36 a 38 do Estatuto da Criança e do Adolescente.[330]

A majorante do art. 40, II, da Lei de Drogas pode ter aplicação nos casos do art. 33, §§ 2º e 3º,[331] desde que estes crimes sejam perpetrados nas circunstâncias da aludida majorante.

Art. 40, inciso III As penas previstas nos arts. 33 a 37 desta Lei são aumentadas de um sexto a dois terços, se: (...)

III – a infração tiver sido cometida nas dependências ou imediações de estabelecimentos prisionais, de ensino ou hospitalares, de sedes de entidades estudantis, sociais, culturais, recreativas, esportivas, ou beneficentes, de locais de trabalho coletivo, de recintos onde se realizem espe-

Art. 35. A guarda poderá ser revogada a qualquer tempo, mediante ato judicial fundamentado, ouvido o Ministério Público.

[330] **Da Tutela**

Art. 36. A tutela será deferida, nos termos da lei civil, a pessoa de até 18 (dezoito) anos incompletos. (Redação dada pela Lei nº 12.010, de 2009) Vigência

Parágrafo único. O deferimento da tutela pressupõe a prévia decretação da perda ou suspensão do poder familiare implica necessariamente o dever de guarda. (Expressão substituída pela Lei nº 12.010, de 2009)Vigência

Art. 37. O tutor nomeado por testamento ou qualquer documento autêntico, conforme previsto no parágrafo único do art. 1.729 da Lei n 10.406, de 10 de janeiro de 2002 – Código Civil, deverá, no prazo de 30 (trinta) dias após a abertura da sucessão, ingressar com pedido destinado ao controle judicial do ato, observando o procedimento previsto nos arts. 165 a 170 desta Lei. (Redação dada pela Lei nº 12.010, de 2009) Vigência

Parágrafo único. Na apreciação do pedido, serão observados os requisitos previstos nos arts. 28 e 29 desta Lei, somente sendo deferida a tutela à pessoa indicada na disposição de última vontade, se restar comprovado que a medida é vantajosa ao tutelando e que não existe outra pessoa em melhores condições de assumi-la. (Redação dada pela Lei nº 12.010, de 2009) Vigência

Art. 38. Aplica-se à destituição da tutela o disposto no art. 24.

[331] Art. 33, § 2º – Induzir, instigar ou auxiliar alguém ao uso indevido de droga: (Vide ADI nº 4.274)

Pena – detenção, de 1 (um) a 3 (três) anos, e multa de 100 (cem) a 300 (trezentos) dias-multa.

Art. 33, § 3º – Oferecer droga, eventualmente e sem objetivo de lucro, a pessoa de seu relacionamento, para juntos a consumirem:

Pena – detenção, de 6 (seis) meses a 1 (um) ano, e pagamento de 700 (setecentos) a 1.500 (mil e quinhentos) dias-multa, sem prejuízo das penas previstas no art. 28.

táculos ou diversões de qualquer natureza, de serviços de tratamento de dependentes de drogas ou de reinserção social, de unidades militares ou policiais ou em transportes públicos;

A majorante neste caso tem incidência em razão de que tais locais seriam mais propícios à disseminação do consumo de drogas em decorrência do grande público que por eles transitam.

A enumeração prevista neste inciso é taxativa, não se amplia o rol por analogia. O STJ tem precedente nesse sentido, qual seja, o da vedação da analogia *in malam partem* e aplicação do princípio da máxima taxatividade penal.

Na hipótese afastou-se a majorante prevista no inciso III do art. 40 porquanto o tráfico de drogas teria sido perpetrado próximo a igreja, localidade não contemplada pelo legislador (HC nº 528.851/SP, Relator Ministro Rogerio Schietti Cruz, Sexta Turma, julgado em 05.05.2020, DJe de 12.05.2020).

Renato Brasileiro de Lima sustenta que "o art. 40, inciso III, deixa claro que a incidência da majorante deve ocorrer não apenas quando a infração tiver sido cometida nas dependências desses locais, mas também quando for praticado em suas imediações. Apesar de não haver conceito legal de imediações, a doutrina sustenta que o termo 'não pode ser convertido em medida aritmética rígida, mas deve ser entendido dentro de critério razoável, em função do perigo maior que a lei procura coibir; as imediações, portanto, abrangem a área em que poderia facilmente o traficante atingir o ponto protegido em especial, com alguns passos, em alguns segundos, ou em local de passagem obrigatória ou normal das pessoas que saem do estabelecimento ou a ele se dirigem."[332]

A infração pode ser tentada, não se admitindo atos de preparação, todavia, como aduzido acima, impõe-se verificar se no local em que o agente se encontrava haveria condições de praticar o crime.

Observe-se, porém, que para a incidência da referida causa de aumento não há a necessidade de que o agente objetive atingir os frequentadores de tais locais, por exemplo, alunos de uma escola. A majorante é de índole objetiva, bastando apenas que o crime seja cometido em suas imediações.

[332] LIMA, Renato Brasileiro de. *Legislação criminal especial comentada: volume único*. 9. ed. rev., atual. e ampl. Salvador: JusPODIVM, 2021, p. 1114.

Neste sentido, confira-se o seguinte julgado:."2. A razão de ser da norma é punir de forma mais severa quem, por traficar nas dependências ou na proximidade de estabelecimento de ensino, tem maior proveito na difusão e no comércio de drogas em região de grande circulação de pessoas, expondo os frequentadores do local a um risco inerente à atividade criminosa da narcotraficância. 3. Na espécie, diante da prática do delito em dia e horário (domingo de madrugada) em que o estabelecimento de ensino não estava em funcionamento, de modo a facilitar a prática criminosa e a disseminação de drogas em área de maior aglomeração de pessoas, não há falar em incidência da majorante, pois ausente a *ratio legis* da norma em tela." (STJ, REsp nº 1.719.792/MG, Relatora Ministra Maria Thereza de Assis Moura, Sexta Turma, julgado em 13.03.2018, DJe de 26.03.2018.).

A causa de aumento de pena pode incidir no caso de o comércio de drogas, dentro do estabelecimento prisional, ser realizado pelo detento, pelo preso que faz a mercancia. A Lei não fez distinção para que a aludida causa de aumento incidisse apenas a agentes externos a estes locais.

Todavia, a referida causa de aumento não faz a exigência de que as drogas efetivamente passem por dentro do presídio, por exemplo, sendo suficiente que o agente comande operações de tráfico de drogas ali de dentro.

O STJ já se pronunciou no sentido de que: "2. A denúncia narra que parte dos acusados de integrar associação criminosa que movimentava grandes volumes de entorpecentes entre estados diversos da federação estavam presos e organizavam a dinâmica da quadrilha por meio de telefones celulares possuídos clandestinamente. Estando os autores dos crimes incluídos no sistema penitenciário, não se pode afastar a conclusão de que seus atos foram praticados no interior do presídio, ainda que seus efeitos tenham se manifestado a quilômetros de distância. 3. O inciso III do art. 40 da Lei nº 11.343/06 não faz a exigência de que as drogas, objeto do crime, efetivamente passem por dentro dos locais que se busca dar maior proteção, mas apenas que cometimento dos crimes tenha ocorrido em seu interior" (HC nº 440.888/MS, Relator Ministro Joel Ilan Paciornik, Quinta Turma, julgado em 15.10.2019, *DJe* de 18.10.2019).

No que tange a transporte público, cabe dizer que para a incidência desta causa de aumento de pena é imprescindível que o comércio objetive alcançar os passageiros, sendo certo que a utilização do meio de transporte pelo agente para o carregamento da droga, para o seu deslocamento, sem que haja a finalidade de mercancia, não poderá dar ensejo à majoração.

Este é o entendimento prevalente no STF e atualmente no STJ. Confira-se os seguintes julgados:

"PENAL. AGRAVO REGIMENTAL EM RECURSO ESPECIAL. TRÁFICO DE DROGAS. CAUSA DE AUMENTO PREVISTA NO ART. 40, III, DA LEI Nº 11.343/2006. UTILIZAÇÃO DE TRANSPORTE PÚBLICO. NECESSIDADE DA EFETIVA COMERCIALIZAÇÃO DA DROGA NO INTERIOR DO VEÍCULO. AGRAVO REGIMENTAL NÃO PROVIDO.

A jurisprudência do Superior Tribunal de Justiça era firmada no sentido de que, para a incidência da majorante prevista no art. 40, III, da Lei nº 11.343/2006, bastava a utilização de transporte público na prática delitiva, sendo irrelevante a prova da efetiva comercialização da droga em seu interior. Entretanto, na esteira do recente posicionamento do Supremo Tribunal Federal (HC nº 119.811/MS e HC nº 118.676/MS), esta Corte Superior passou a adotar a orientação de que, para a aplicação da majorante prevista no art. 40, III, da Lei nº 11.343/2006, é necessária a efetiva comercialização da droga. Precedentes.

Agravo regimental desprovido."

(STJ, AgRg no REsp nº 1490456/RJ, Relator Ministro Ericson Maranho (Desembargador Convocado do TJ/SP), 6ª Turma, *v.u.*, *DJe* 05.06.2015)

"PENAL. AGRAVO REGIMENTAL NO RECURSO ESPECIAL. TRÁFICO DE DROGAS. CAUSA DE AUMENTO PREVISTA NO ART. 40, III, DA LEI Nº 11.343/2006. UTILIZAÇÃO DE TRANSPORTE PÚBLICO. NECESSIDADE DA EFETIVA COMERCIALIZAÇÃO DA DROGA NO INTERIOR DO VEÍCULO. RECURSO A QUE SE NEGA PROVIMENTO.

1. Não prospera a irresignação do Ministério Público estadual, pois a conclusão alcançada pelo Tribunal de origem vai de encontro à orientação jurisprudencial desta Corte Superior firmada no sentido de que a simples utilização de transporte público no tráfico de drogas, sem a efetiva comercialização do entorpecente no interior do veículo, não caracteriza a causa de aumento prevista no art. 40, III, da Lei nº 11.343/2006. Precedentes.

2. Agravo regimental desprovido."

(STJ, AgRg no REsp nº 1.951.166/MG, Relator Ministro Antonio Saldanha Palheiro, Sexta Turma, julgado em 14.12.2021, *DJe* de 17.12.2021.)

Como se vê, não se aplica a causa de aumento do art. 40, inciso III, da Lei nº 11.343/2006, pois, de acordo com o entendimento do Supremo Tribunal Federal, tal dispositivo é referente à traficância de drogas cometida dentro de transporte público (entre outros locais específicos), incidindo somente quando o agente tem a intenção de praticar o comércio do entorpecente em seu interior; ou seja, não é aplicável quando o veículo é utilizado apenas para transportar a droga. Nesse sentido, posição do Supremo Tribunal Federal, conforme se pode observar na leitura da seguinte ementa:

"(...) 1. O entendimento de ambas as Turmas do STF é no sentido de que a causa de aumento de pena para o delito de tráfico de droga cometido em transporte público (art. 40, III, da Lei 11.343/2006) somente incidirá quando demonstrada a intenção de o agente praticar a mercancia do entorpecente em seu interior. Fica afastada, portanto, na hipótese em que o veículo público é utilizado unicamente para transportar a droga. Precedentes. (....)"

4. Ordem concedida, em parte, apenas para afastar a incidência da majorante prevista no art. 40, III, da Lei 11.343/2006."

(STF, HC nº 119811/MS, Segunda Turma, v.u, Relator Ministro Teori Zavascki, j. 10.06.2014, DJe 27.06.2014).

Art. 40 inciso IV As penas previstas nos arts. 33 a 37 desta Lei são aumentadas de um sexto a dois terços, se: (...)IV - o crime tiver sido praticado com violência, grave ameaça, emprego de arma de fogo, ou qualquer processo de intimidação difusa ou coletiva;

A pena dos arts. 33 a 37 será majorada quando os crimes ocorreram com uma das hipóteses elencadas neste inciso. O legislador objetivou atribuir a tais condutas um maior peso já que estaria em risco não somente o bem jurídico tutelado, a saúde pública, mas também a incolumidade de pessoas.

Assim, em havendo o cometimento do crime com violência, grave ameaça, emprego de arma de fogo deverá incidir a majorante, bem ainda quando houver "qualquer processo de intimidação difusa ou coletiva."

Aqui seria o caso de qualquer meio de intimidação às pessoas. É uma fórmula genérica que pretende abarcar diversas situações que têm o condão de lesar mais gravemente o bem jurídico.

Especificamente no que diz respeito a utilização de armas deve-se atentar ao disposto na Lei nº 10.826/2003 (Dispõe sobre registro, posse e comercialização de armas de fogo e munição, sobre o Sistema Nacional de Armas - Sinarm, define crimes e dá outras providências) e ao eventual conflito aparente de normas.

Na hipótese de o agente portar arma de fogo, utilizando-a como método para garantia do sucesso da traficância, *sm.j.*, deverá o delito previsto na Lei nº 10.826/2003 restar absorvido pelo disposto na Lei de Drogas, aplicando-se o princípio da consunção e incidência da majorante do inciso IV do artigo 40 da Lei nº 11.343/2006. Lado outro, caso o agente que esteja portando arma de fogo não a utilize como forma de garantir o tráfico de drogas, a melhor solução será a incidência do concurso de crimes, hipótese que não se poderá falar em incidência da majorante ora sob análise, sob pena de *bis in idem*.

Art. 40 inciso V As penas previstas nos arts. 33 a 37 desta Lei são aumentadas de um sexto a dois terços, se: (...)

V – caracterizado o tráfico entre Estados da Federação ou entre estes e o Distrito Federal;

O tráfico interestadual também é objeto da aplicação da majorante. Não é necessária a efetiva transposição da divisa interestadual para a aplicação desta majorante.

Basta a existência de indícios que apontem que a destinação da droga seja para ultrapassar os limites estaduais, atingir outra unidade da federação, desse modo haverá a incidência desta causa de aumento de pena.

Nesse sentido a **Súmula nº 587 do STJ**: "Para a incidência da majorante prevista no art. 40, V, da Lei nº 11.343/2006, é desnecessária a efetiva transposição de fronteiras entre estados da Federação, sendo suficiente a demonstração inequívoca da intenção de realizar o tráfico interestadual" (STJ, Terceira Seção, julgado em 13.09.2017, *DJe* de 18.09.2017).

Destaque-se, ademais, que é possível a aplicação cumulativa da causa de aumento da transnacionalidade e da interestadualidade (incisos I e V do artigo 40), quando caracterizado que a droga oriunda do exterior se destina a mais de um Estado da Federação, sendo a intenção dos agentes distribuir a droga estrangeira por mais de uma localidade do país.

Lado outro, quando não houver a comprovação da intenção da difusão da droga em mais de um Estado, ou seja, "inexistindo difusão ilícita do entorpecente no caminho e comprovado que toda droga será comercializada em um mesmo estado, de fato, não resta configurado o tráfico interestadual." Nesse sentido (STJ, AgRg no REsp nº 1.744.207/TO, Relator Ministro Felix Fischer, Quinta Turma, julgado em 26.06.2018, *DJe* de 01.08.2018).

Art. 40 inciso VI As penas previstas nos arts. 33 a 37 desta Lei são aumentadas de um sexto a dois terços, se: (...)

VI – sua prática envolver ou visar a atingir criança ou adolescente ou a quem tenha, por qualquer motivo, diminuída ou suprimida a capacidade de entendimento e determinação;

O inciso VI prevê a majoração quando a prática **envolver** ou **visar** atingir criança ou adolescente ou a quem tenha diminuída ou suprimida a capacidade de entendimento e determinação.

A maior vulnerabilidade social de criança ou adolescente é a razão da incidência desta majorante.

Renato Brasileiro de Lima preleciona que "como o inciso VI do art. 40 faz uso das expressões 'sua prática envolver ou visar a atingir', entende-se que a majorante sob estudo deve ser aplicada não apenas quando o traficante visar a tais pessoas, como, por exemplo, na hipótese de alguém que vende drogas para adolescentes nas imediações de uma escola, como também nas hipóteses em que qualquer um dos crimes dos arts. 33 a 37 for praticado em concurso eventual de agentes ou em associação criminosa com alguma pessoa que tenha diminuída ou suprimida a capacidade de entendimento e determinação. Em outras palavras, quando tais pessoas figurarem como vítimas do delito ou como coautoras ou partícipes, há de ser aplicada a referida causa de aumento de pena."[333]

Considera-se, na forma do art. 2º da Lei nº 8.069, de 13.07.1990 (dispõe sobre o Estatuto da Criança e do Adolescente), "criança, para os efeitos desta Lei, a pessoa até doze anos de idade incompletos, e adolescente aquela entre doze e dezoito anos de idade."

Renato Brasileiro de Lima, corroborando entendimento doutrinário de Nucci, salienta que "se a criança ou adolescente já estiverem corrompidos, não há falar em corrupção de menores, respondendo o agente apenas pelo crime de tráfico com a majorante do inciso VI do art. 40. Noutro giro, se o agente corromper ou facilitar a corrupção do menor, introduzindo-o no

[333] LIMA, Renato Brasileiro de. *Legislação criminal especial comentada: volume único*. 9. ed. rev., atual. e ampl. Salvador: JusPODIVM, 2021, p. 1117.

'mundo do crime', deverá responder pelo crime de tráfico por ele praticado em concurso material com o crime do art. 244-B, sem a incidência da majorante do inciso VI do art. 40, sob pena de indevido *bis in idem*, porquanto o agente estaria sendo punido duplamente por conta de uma mesma circunstância, qual seja, a corrupção de menores. Nesse caso, como o tráfico de drogas é crime equiparado a hediondo – e não hediondo propriamente dito, já que não consta do rol do art. 1º da Lei nº 8.072/90-, não se revela possível a aplicação da majorante do § 2º do art. 244-B da Lei nº 8.069/90 ao crime de corrupção de menores, porquanto tal causa de aumento de pena só pode ser aplicada quando a infração cometida ou induzida estiver incluída no rol do art. 1º da Lei nº 8.072/90, o que não ocorre com o tráfico de drogas, que sequer é mencionado neste dispositivo, sendo equiparado a hediondo apenas por força do art. 5º, XLIII, da Constituição Federal, e do art. 2º da Lei nº 8.072/90.[334]

Na hipótese de o cometimento dos referidos delitos da Lei de Drogas se der em concurso com criança ou adolescente com intuito exclusivo da traficância, os crimes da Lei de Drogas absorverão o delito do art. 244-B da Lei nº 8.069/1990, solucionando-se a questão do conflito aparente de normas com a aplicação do princípio da consunção. Nesta situação incidirá a majorante do inciso VI do artigo 40 da Lei nº 11.343/2006.

Pontue-se, como já decidido pelo STJ, no caso de o delito perpetrado pelo agente e pelo menor de 18 (dezoito) anos não estar previsto dentre os crimes dos artigos 33 a 37 da Lei nº 11.343/2006, o réu poderá ser condenado em concurso com o crime do artigo 244-B da Lei nº 8.069/1990 (Resp nº 1.622.781/MT, Relator Ministro Sebastião Reis Júnior, Sexta Turma, *Dje* de 12.12.2016), não havendo nesta hipótese que se falar em incidência da majorante ora sob estudo, sob pena de *bis in idem*.

Não menos importante salientar que a jurisprudência tem considerado que não configura *bis in idem* a incidência da referida majorante tanto para fins de exasperar a pena do tráfico de drogas (artigo 33) quanto para o delito de associação para o tráfico de drogas (artigo 35), tendo em vista tratarem-se de crimes autônomos.

Vale dizer, a participação do menor pode ser utilizada para configurar tanto o crime de associação para o tráfico e, ao mesmo para exasperar como causa de aumento o crime de tráfico. Nesse sentido: STJ, HC nº 250.455/RJ,

[334] *Ob. cit.*, p. 1067-1068.

Relator Ministro Nefi Cordeiro, Sexta Turma, julgado em 17.12.2015, *DJe* de 05.02.2016.

A incidência da majorante prevista no inciso VI do art. 40 desta Lei aplica-se também quando se tratar de pessoa que tiver, por qualquer motivo, diminuída ou suprimida a capacidade de entendimento e determinação.

Aí se incluem pessoas portadoras de deficiências mentais, alcoolistas e viciados em drogas, bem como idosos que tenham diminuída ou suprimida sua capacidade de entendimento e determinação.

Art. 40 inciso VII As penas previstas nos arts. 33 a 37 desta Lei são aumentadas de um sexto a dois terços, se: (...)

VII – o agente financiar ou custear a prática do crime.

Esta causa de aumento de pena não pode ser aplicada aos delitos do parágrafo único do artigo 35 e do artigo 36 na medida em que neles já está insculpido o próprio financiamento ou custeio, sendo aplicável o inciso VII do artigo 40 da Lei nº 11.343/2006 nas hipóteses de custeio ou financiamento eventual.

Por fim, insta destacar que de modo geral o artigo 40 da Lei nº 11.343/2006 conferiu tratamento mais favorável às causas de aumento de pena quando comparado com a lei anterior (Lei nº 6.368/1976), de modo que deve ser aplicado retroativamente:

> "PROCESSUAL PENAL. PEDIDO DE EXTENSÃO EM HABEAS CORPUS. TRÁFICO DE DROGAS. ASSOCIAÇÃO PARA O TRÁFICO. DOSIMETRIA DA PENA. CAUSA DE AUMENTO. INCIDÊNCIA DO PATAMAR MÁXIMO. LEI Nº 6.368/76. AUSÊNCIA DE FUNDAMENTAÇÃO. OCORRÊNCIA. RETROATIVIDADE DA LEI PENAL MAIS BENÉFICA. PEDIDO DE EXTENSÃO. SIMILITUDE DE SITUAÇÃO PROCESSUAL. INEXISTÊNCIA DE ÓBICE INERENTE À CIRCUNSTÂNCIA DE CARÁTER EXCLUSIVAMENTE PESSOAL. APLICAÇÃO DO ARTIGO 580 DO CPP. EXTENSÃO A CORRÉU QUE NÃO REQUEREU O BENEFÍCIO. PEDIDO DEFERIDO.
>
> (...)
>
> II – In casu, o art. 18, da Lei nº 6.368/76 previa o aumento de 1/3 (um terço) a 2/3 (dois terços) da pena pelas majorantes, sendo que o art. 40, da

Lei nº 11.343/2006, diminuiu esse quantum para o intervalo entre 1/6 (um sexto) e 2/3 (dois terços).

III – A lei mais benéfica deve retroagir aos fatos anteriores à sua vigência, de acordo com o art. 5º, inciso XL, da Constituição Federal, e art. 2º, parágrafo único, do Código Penal.

(...)"

(STJ, PExt no HC nº 212.333/SP, Relator Ministro Felix Fischer, Quinta Turma, julgado em 15.12.2015, *DJe* de 02.02.2016.)

Art. 41. O indiciado ou acusado que colaborar voluntariamente com a investigação policial e o processo criminal na identificação dos demais co-autores ou partícipes do crime e na recuperação total ou parcial do produto do crime, no caso de condenação, terá pena reduzida de um terço a dois terços.

1. Notas introdutórias

A confissão prevista como circunstância atenuante no artigo 65, inciso III, alínea "d", do Código Penal, ocorre quando o agente aquiesce com a perpetração do crime tanto na esfera policial como quando interrogado em juízo, destacando-se que tal assunção de responsabilidade pelo ilícito se levada em conta para fins de formação do convencimento judicial, faz com que incida o entendimento plasmado na Súmula nº 545 do Superior Tribunal de Justiça ("quando a confissão for utilizada para a formação do convencimento do julgador, o réu fará jus à atenuante prevista no artigo 65, III, d, do Código Penal").

O exame dos aspectos comportamentais do agente para a incidência da sobredita atenuante primeiro deve se ater diretamente à sua personalidade (capacidade de assumir erros e suas consequências) e depois deve se espraiar para a aferição de que ao se dispor a narrar os fatos criminosos já conhecidos (subsidiando as provas outrora amealhadas pelos órgãos de persecução penal em atitude colaborativa pela vinda de informações úteis à elucidação da prática delitiva) evidencia postura proativa em favor da investigação que deve ser valorada positivamente quando da dosimetria da pena.

Observe-se, de outro lado, que a mera alegação pelo agente de desconhecimento dos fatos não é capaz, por si só, de colocar em xeque o quadro probatório que tenha sido validamente produzido ao longo da instrução processual nem sustentar a sua ignorância no contexto criminoso dentro do qual esteja inserido de flagrância de tráfico transnacional de drogas.

Pode ter o agente agido com dolo eventual, por exemplo, ao não conferir detidamente o pacote que carregava como "favor" para pessoa recém conhecida, aquiescendo, portanto, com a possibilidade de levar consigo quaisquer produtos ilícitos, dentre os quais, inclusive, drogas.

É o que preleciona a Teoria da Cegueira Deliberada (Willful Blindnedd Doctrine) quando o agente se coloca intencionalmente em estado de ignorância para poder alegar desconhecimento de situação fática que se afigura suspeita e de possível ilicitude, a qual, por sua vez, demonstra que assumiu o risco gerado pela sua conduta, isto é, agiu como dolo eventual, a teor do que dispõe o art. 18, inciso I, do Código Penal.

De acordo com Guilherme Nucci, o conceito de dolo eventual "é a vontade do agente dirigida a um resultado determinado, porém vislumbrando a possibilidade de ocorrência de um segundo resultado, não desejado, mas admitido, unido ao primeiro. Por isso, a lei utiliza o termo "assumir o risco de produzi-lo". (...) O que vale por afirmar: o agente quer a ação principal e como que é conivente, diríamos por omissão, com as ações acessórias tão só eventualmente representadas."[335]

Dessa forma, ainda que se cogite a presença tão somente do dolo eventual, nesta hipótese retratada, é incabível a absolvição apenas por uma suposta ignorância de ilicitude intencionalmente arquitetada, já que, ainda que não almejasse diretamente o cometimento do tráfico ilícito de entorpecentes em concreto, assumiu o risco de encaminhar suas condutas para o cometimento do delito. Neste sentido, confira-se os seguintes precedentes (TRF-3 – Ap.Crim. 50004730520204036005-MS, Rel. Des. Fed. Jose Marcos Lunardelli, 11ª Turma, DJF3 Judicial 1, de 01.12.2020; TRF-3 – Ap.Crim. 50058055420194036112-SP, Rel. Des. Fed. Jose Marcos Lunardelli, 11ª Turma, Intimação via sistema data de 27.07.2020).

Feita esta digressão, retoma-se que a confissão, por representar apenas a assunção dos fatos delituosos pelo réu (preteritamente desvendados), ainda que retrate a participação de demais agentes no universo criminoso, não tem o alcance de produzir prova em detrimento daqueles. Diversamente, a colaboração premiada ocorre no instante em que o indivíduo confessa o crime ou os crimes e se predispõe a delatar os fatos criminosos aos agentes de persecução penal.

[335] NUCCI, Guilherme de Souza. *Código Penal Comentado.* 19ª ed. Rio de Janeiro: Editora Forense, 2020.

A colaboração premiada é o desvendamento precoce do crime, de seus autores e partícipes. Pressupõe o esclarecimento dos fatos, da trama criminosa, da organização criminosa, sendo esperado do agente colaborador informações úteis à investigação e para que ao término da persecução criminal possa obter benefícios previstos na legislação (conforme artigo 41 da Lei de Drogas, no caso de condenação, terá a redução da pena de um terço a dois terços).

Significa a admissão da própria conduta delituosa com efetivo auxílio aos agentes de persecução penal para o desvendamento de todo o espectro criminoso, implicando na confissão total, na individualização da responsabilidade dos demais membros, bem como na recuperação total ou parcial do produto do crime. Assim agindo, ao término da persecução criminal poderá obter redução de um a dois terços da pena privativa de liberdade.

Este instituto tem incidência no ordenamento jurídico brasileiro desde as Ordenações Filipinas (Título CXVI, Felipe II, 1603),105 sendo também validado no direito estrangeiro. No Brasil faz-se a ele menção em diversos diplomas legais, notadamente no Código Penal (artigo 159, § 4º, com a redação dada pela Lei nº 9.269, de 02.04.1996), na Lei nº 7.492, de 16.06.1986 (artigo 25, § 2º, acrescentado pela Lei nº 9.080, de 19.07.1995), na Lei nº 8.072, de 25.07.1990 (artigo 8º, parágrafo único), na Lei nº 8.137, de 27.12.1990 (artigo 16, parágrafo único, acrescentado pela Lei nº 9.080, de 19.07.1995), na Lei nº 9.034, de 03.05.1995 (artigo 6º – este diploma foi revogado pela Lei nº 12.850, de 02.08.2013), na Lei nº 9.613, de 03.03.1998, com a redação dada pela Lei nº 12.683, de 09.07.2012 (artigo 1º, § 5º), na Lei nº 9.807, de 13.07.1999 (artigos 13/15), bem ainda na Lei nº 11.343, 23.08.2006 (artigo 41) (ora sob análise), na Lei nº 12.529, de 30.11.2011 (artigos 86 e 87, além da Lei nº 12.850, de 02.08.2013 (artigo 3º-A e seguintes).

No âmbito internacional, podem ser relembradas a Convenção da O.N.U. de Mérida contra a Corrupção, assinada em 09.12.2003, na cidade mexicana de mesmo nome, ratificada pelo Brasil em 15.06.2005, entrando em vigor internacional em 14.12.2005. Aprovada pelo Decreto-Legislativo nº 348, de 18.05.2005, e promulgada pelo Decreto nº 5.687, de 31.01.2006. É resultado da atuação do Escritório das Nações Unidas contra Drogas e Crime (UNODC), que corretamente recomenda: "Cada Estado Parte considerará a possibilidade de prever, em casos apropriados, a mitigação de pena de toda pessoa acusada que preste cooperação substancial à investigação ou ao indiciamento dos delitos qualificados de acordo com a presente Convenção" (artigo 37, 2).

A colaboração premiada traz à cena um juízo ético-jurídico retributivo-preventivo, vale dizer, prevenção do crime em geral (em relação a toda a sociedade) e especial (no que se relaciona ao réu) com apenamento em grau diferenciado. Pode ser adjetivada como sendo ética, útil e estratégica. Ética, por dar efetividade aos fins político-criminais e à tutela do bem jurídico protegido pela norma, guardando simetria com a justiça social e o bem-estar da coletividade. Útil, por retirar dos órgãos de persecução penal a exclusiva responsabilidade probatória na formação de culpa do agente criminoso (já que ele trará elementos que respaldarão as investigações). E, finalmente, estratégica, notadamente à Defesa, porquanto o réu será agraciado com um apenamento relativizado sem os ônus inerentes ao desenrolar de uma instrução processual penal.

Este instituto deve ser encorajado pelos órgãos de persecução penal ante os evidentes ganhos obtidos com a cessação da prática criminosa, de modo que a adoção da colaboração premiada representa uma possibilidade (talvez a única) da descoberta de graves crimes, com a restituição dos produtos e proveitos das infrações penais, com a prisão de criminosos, dentre outros, numa verdadeira equação custo-benefício.

A natureza jurídica do instituto da colaboração premiada foi gestada pelos precedentes que se formaram ao longo dos anos no âmbito do Supremo Tribunal Federal e do Superior Tribunal de Justiça restando assentada a sua bilateralidade: um negócio jurídico processual e meio de obtenção de prova. Um negócio jurídico processual porquanto, além de ser qualificada expressamente pela lei como meio de obtenção de prova, seu objeto é a cooperação do imputado para a investigação e para o processo criminal, "atividade de natureza processual, ainda que se agregue a esse negócio jurídico o efeito substancial (de direito material) concernente à sanção premial a ser atribuída a essa colaboração."[336]

O Superior Tribunal de Justiça, com lastro neste precedente, reafirmou esta natureza jurídica do instituto, ressaltando ser a colaboração premiada uma técnica especial de investigação, meio de obtenção de prova "advindo de um negócio jurídico processual personalíssimo, que gera obrigações e direitos entre as partes celebrantes (Ministério Público e colaborador), não possuindo o condão de, por si só, interferir na esfera jurídica de terceiros",[337] ainda que venham a ser nominados quando das decla-

[336] STF, HC nº 127483, Relator Ministro Dias Toffoli, Tribunal Pleno, *DJe* 04.02.2016.

[337] STJ, RHC nº 69.988/RJ, Relator Ministro Reynaldo Soares da Fonseca, Quinta Turma, julgado em 25.10.2016, *DJe* de 07.11.2016.

rações prestadas, carecendo, pois, interesse dos delatados no questionamento quanto à validade do acordo de colaboração premiada celebrado por outrem.

Inclusive, tais precedentes deram ensejo à edição pela Lei nº 13.964, de 24.12.2019 (Lei Anticrime) do art. 3º-A na Lei das Organizações Criminosas: "o acordo de colaboração premiada é negócio jurídico processual e meio de obtenção de prova, que pressupõe utilidade e interesse públicos."

O agente colaborador deve elucidar a trama criminosa (o que o difere da figura da testemunha) e deve entregar todos os dados para a confrontação dos crimes que indicar. Assim sendo, a pessoa delatada mantém a sua condição de presumidamente inocente até que a veracidade da versão dada pelo agente colaborador seja confrontada e plenamente confirmada pelos elementos de prova por ele entregues.

A prova, direta e indireta, obtida a partir do procedimento de colaboração premiada, deve ser suficiente para o limiar da ação penal, devendo ser lastreada em outros elementos apresentados pelo agente colaborador para aferir-se a presença da materialidade dos fatos imputados e indícios de autoria dos agentes delatados.

Trata-se de benefício passível de incidir no caso concreto quando efetivamente o agente atua no desiderato de permitir a identificação dos coautores e/ou dos partícipes de empreitada criminosa, bem como na recuperação do produto do crime. A propósito, vide os julgados que seguem da lavra do C. Superior Tribunal de Justiça e do TRF3:

> "AGRAVO REGIMENTAL NO RECURSO ESPECIAL. TRÁFICO DE DROGAS. APLICAÇÃO DA MINORANTE. IMPOSSIBILIDADE. ORGANIZAÇÃO CRIMINOSA. SÚMULA 7/STJ. DELAÇÃO PREMIADA. PERCENTUAL DE REDUÇÃO DA PENA. FUNDAMENTAÇÃO IDÔNEA. SUM. 7/STJ. DOSIMETRIA ALTERADA. PENA-BASE FIXADA ACIMA DO MÍNIMO LEGAL. NOCIVIDADE DA DROGA. POSSIBILIDADE. ART. 42, DA LEI 11.343/06. RECRUDESCIMENTO DO REGIME. LEGALIDADE. PENA-BASE ACIMA DO MÍNIMO LEGAL. AGRAVO REGIMENTAL IMPROVIDO. (...) 3. A redução da pena com fundamento no art. 41 da Lei de Drogas é possível desde que as informações dadas contribuam para a identificação dos integrantes envolvidos na organização criminosa. Rever as considerações da instância ordinária para estabelecer a fração de 1/3 ante o reconhecimento do benefício demandaria incursão na análise de fatos e provas, o que é vedado nos termos da Súmula 7/STJ. (...)" (STJ, AgRg no REsp 1482065/SP, 6ª Turma, Rel. Min. Néfi Cordeiro, j. 26.09.2017).

"PENAL E PROCESSUAL PENAL. APELAÇÃO CRIMINAL. TRÁFICO TRANSNACIONAL DE DROGAS. CONFISSÃO ESPONTÂNEA. COLABORAÇÃO PREMIADA. DOSIMETRIA DA PENA. (...) 7. Aplicação da causa de diminuição de pena prevista no art. 41 da Lei nº 11.343/2006 na fração de 1/3 (um terço), pois o acusado indicou o nome de sua aliciadora no Brasil, fornecendo dados sobre a sua identificação, colaborando, assim, com as investigações." (...) (TRF3, ACr 2016.61.05.020954-9, 11ª Turma, Rel. Des. Fed. Nino Toldo, j. 12.12.2017).

De acordo com o artigo 41 da Lei de Drogas, exige-se que a colaboração voluntária possa auxiliar efetivamente na identificação dos envolvidos no crime, bem ainda na recuperação total ou parcial do produto do crime. Deste modo quanto maior for a colaboração, maior será a redução da pena a ser fixada pelo magistrado.

Pode se iniciar na fase policial e se estender até o término da instrução criminal. Todavia, "vagas informações que não colaborem de forma efetiva para a identificação de um suposto coautor não autorizam a aplicação da causa de diminuição de pena da delação premiada" (TRF-3 - ACR 1432 SP 0001432-12.2008.4.03.6125, Rel. Des. Fed. Nino Toldo, data de julgamento: 09.12.2014, 11ª Turma).

É importante ressaltar que, para a aplicação da causa de diminuição do art. 41 da Lei 11.343/2006, pressupõe-se a confissão do agente. Nesse sentido manifesta-se a doutrina: "a palavra colaborar deve ser vista também na acepção de confessar, porquanto esse colaborador para ter a pena reduzida e eventualmente receber o benefício do perdão judicial, por exemplo, tem que ter sido coautor ou partícipe do crime (...)."[338]

Registre-se, ainda que o réu alegue desconhecimento do transporte da droga, apresentando versões inverossímeis com o fito de se desvencilhar do delito imputado na peça acusatória, mas tendo reconhecido a propriedade da bagagem com drogas, bem como fornecendo todas as informações pertinentes à sua contratação e trajeto que faria com a encomenda, faz jus à aplicação da atenuante da confissão espontânea.

Ademais, além da admissão da própria conduta (ainda que invocando erro de tipo), deve ser a ele aplicada a benesse prevista no artigo 41 da Lei de Drogas, se o réu auxiliar os investigadores para que possam inteirar-se do submundo criminoso, trazendo provas intrínsecas da estrutura delituosa,

[338] MOSSIN, Heráclito Antonio; MOSSIN, Júlio César O. G. *Delação premiada: aspectos jurídicos*. 2. ed. Leme: J. H. Mizuno, 2016, p. 229-230.

colaborando, assim, de forma livre, espontânea e voluntária com a autoridade policial na reconstrução do fato, culminando em uma série de desdobramentos relevantes na identificação de outros integrantes da organização criminosa.

Em suma, se o fornecimento de informações for eficaz e levar à desarticulação da organização criminosa e à identificação dos envolvidos, o instituto deverá ser adotado (neste sentido, confira-se: TRF 3ª Região, 11ª Turma, ApCrim 0001109-39.2019.4.03.6119, Rel. Des. Fed. Fausto Martin De Sanctis, Intimação via sistema DATA: 05/09/2022).

A redução da pena ocorre por ocasião da prolação da sentença, com observância do quanto disposto no art. 68 do Código Penal. Também cumpre destacar que para que haja a benesse a colaboração deve ser voluntária, não havendo a necessidade de que seja espontânea.

Demais disso, o artigo 41 da Lei de Drogas faz menção ao agente que colaborar "na identificação dos demais co-autores ou partícipes do crime" o que significa dizer que tal instituto apenas será possível quando se estiver frente a um delito perpetrado em concurso de pessoas.

O STF tem precedente no sentido de que "memoriais escritos de réus colaboradores, com nítida carga acusatória, deverão preceder aos dos réus delatados, sob pena de nulidade do julgamento. Exegese imediata dos preceitos fundamentais do contraditório e da ampla defesa (art. 5º, LV, da CF/88) que prescindem da previsão expressa de regras infraconstitucionais." No mesmo precedente pontuou-se a possibilidade de impetração de *habeas corpus* em casos como tais (STF, HC nº 157627 AgR, Relator Edson Fachin, Relator p/ Acórdão Ricardo Lewandowski, Segunda Turma, julgado em 27.08.2019, processo eletrônico *DJe*-059 divulg 16.03.2020 public 17.03.2020).

Acordos sobre transferência de pessoas condenadas

Registre-se que existe a possibilidade de réus estrangeiros condenados pleitearem, após o trânsito em julgado da sentença, perante o Ministério de Justiça a eventual possibilidade de que o cumprimento de sua pena se dê em seu país de origem.

A questão é tratada pelo Ministério da Justiça e Segurança Pública que elenca os Acordos Multilaterais, Acordos Bilaterais e Acordos de Transferência de Pessoas Condenadas.

Atualmente, o Brasil possui 17 Tratados Bilaterais de Transferência de pessoas Condenadas, em vigor, e quatro Multilaterais.

Segundo o Ministério da Justiça e Segurança Pública, "o instituto de Transferência de Pessoas Condenadas (TPC) para cumprimento de pena em estabelecimentos prisionais em seus países de origem tem cunho essencialmente humanitário, pois visa à proximidade da família e de seu ambiente social e cultural, o que vem a ser importante apoio psicológico e emocional facilitando sua reabilitação após o cumprimento da pena. A Organização das Nações Unidas tem insistido quanto à imprescindibilidade de tal cooperação, dirigindo esforços no sentido de difundir a proposta da transferência de presos como método moderno de reeducação para fortalecer o alicerce de reconstrução pessoal do preso diante da perspectiva de futura vida livre no convívio social."[339]

O Departamento de Recuperação de Ativos e Cooperação Jurídica Internacional (DRCI) é o órgão do Ministério da Justiça e Segurança Pública (MJSP) responsável pelos trâmites de todos os processos administrativos para fins de transferência de pessoas condenadas e é quem realiza a análise de admissibilidade do pedido.

Referências Bibliográficas

BALTAZAR JUNIOR, José Paulo. *Crimes Federais.* 10. ed. rev., atual. e ampl. São Paulo: Saraiva, 2015, 2ª tiragem, 2016.

BITENCOURT, Cezar Roberto. *Tratado de Direito Penal: parte geral*, vol. 01, 10. ed. São Paulo: Saraiva, 2006.

COSTA, Helena Regina Lobo da. *Drogas: aspectos penais e criminológicos. Primeiro Encontro de Mestres e Doutores do Departamento de Direito Penal da Faculdade de Direito da USP.* REALE JÚNIOR, Miguel; TORON, Alberto Zaccharias (Coordenadores). Rio de Janeiro: Forense, 2005.

GOMES, Luiz Flávio; SANCHES, Rogério Cunha. *Posse de drogas para consumo pessoal: crime, infração penal "sui generis" ou infração administrativa?* Disponível em: <http://www.lfg.com.br.> Publicado em 12.12.2006. Acesso em 01.06.2023.

GONÇALVES, Victor Eduardo Rios; BALTAZAR JUNIOR, José Paulo. Coordenador: LENZA, Pedro. *Legislação penal especial.* 2. ed. São Paulo: Saraiva, 2016.

GRECO FILHO, Vicente; RASSI, João Daniel. *Lei de Drogas anotada: Lei nº 11.343/2006.* São Paulo: Saraiva, 2007.

[339] Disponível em: https://www.justica.gov.br/sua-protecao/cooperacao-internacional/transferencia-de-pessoas-condenadas/acordos-de-transferencia-de-pessoas-condenadas/acordos-de-transferencia-de-pessoas-condenadas. Acesso em 01.06.2023.

LIMA, Renato Brasileiro de. *Legislação criminal especial comentada*. 9. ed. rev., atual. e ampl. Salvador: Juspodvm, 2021.

–. *Pacote anticrime. Comentários à Lei 13.964/2019 artigo por artigo*. Salvador: Juspodivm, 2020.

MARCÃO, Renato. *Tóxicos: Lei nº 11.343, de 23 de agosto de 2006: Lei de Drogas: anotada e interpretada*. 11. ed. rev. ampl. e atual. São Paulo: Saraiva, 2017.

–. Lei de Drogas. Disponível em: Minha Biblioteca, (12th edição). Editora Saraiva, 2021.

MARONNA, Cristiano. *Drogas: aspectos penais e criminológicos. Primeiro Encontro de Mestres e Doutores do Departamento de Direito Penal da Faculdade de Direito da USP*. REALE JÚNIOR, Miguel; TORON, Alberto Zaccharias (Coordenadores). Rio de Janeiro: Forense, 2005.

MOSSIN, Heráclito Antonio; MOSSIN, Júlio César O. G. *Delação premiada: aspectos jurídicos*. 2. ed. Leme: J. H. Mizuno, 2016.

NUCCI, Guilherme de Souza. *Código Penal Comentado*. 19ª ed. Rio de Janeiro: Editora Forense, 2020.

–. *Leis penais e processuais penais comentadas*. 9. ed. rev., atual. e ampl., vol. 1. Rio de Janeiro: Forense, 2015.

REALE JÚNIOR, Miguel. *Drogas: aspectos penais e criminológicos. Primeiro Encontro de Mestres e Doutores do Departamento de Direito Penal da Faculdade de Direito da USP*. REALE JÚNIOR, Miguel; TORON, Alberto Zaccharias (Coordenadores). Rio de Janeiro: Forense, 2005.